国家"十二五"重点图书

国际共产主义运动历史文献

第45卷

主　编　王学东
副主编　戴隆斌（常务）　童建挺

共产国际第六次代表大会文献（1）

本卷主编　戴隆斌

中央编译出版社
CCTP
Central Compilation & Translation Press

总　序

国际共产主义运动，是由以马克思主义为指导的无产阶级政党领导的国际性的无产阶级革命运动，其宗旨是推翻资产阶级统治和一切剥削制度，建立和发展社会主义制度，进而最终实现人的彻底解放，建立共产主义社会。

国际共产主义运动迄今已有一百六十多年的历史。19 世纪 40 年代，马克思、恩格斯在创立科学社会主义理论的同时，努力把它与当时西欧无产阶级的革命实践相结合，于 1847 年 6 月创建了第一个国际性的无产阶级政党——共产主义者同盟，亲自拟定并于 1848 年 2 月公开发表了同盟纲领《共产党宣言》。这标志着国际共产主义运动的兴起。

自从共产主义者同盟建立以来，历经第一国际（国际工人协会）、第二国际、第三国际（共产国际），国际共产主义运动由小到大、由弱到强，从西方推进到东方、从欧洲扩展到全球，终于突破资本主义链条上一个又一个薄弱环节，取得了社会主义由一国到多国的胜利。二战后社会主义阵营的建立、民族解放运动的胜利进军、社会主义国家革命与建设的重大成就，为国际共产主义运动史书写了辉煌的篇章。20 世纪末，由于东欧剧变、苏联解体，国际共产主义运动遭遇了严重挫折。但是，历史并没有因此而终结。由《共产党宣言》奠基的国际共产主义运动仍在曲折中前进。各资本主义国家中的共产党、工人党仍在不断探索无产阶级取得解放的道路；中国等社会主义国家仍继续高举社会主义伟大旗帜，为完善社会主义、最终实现共产主义而不懈奋斗。

国际共产主义运动一百六十多年跌宕起伏的发展历程，积累了卷帙浩繁的文献档案，留下了丰富的历史遗产。深入发掘和充分利用这些文献档案，对于我们准确地了解和把握国际共产主义运动的发展进程及各个时期的特点，科学地研究和总结国际共产主义运动丰富且宝贵的经验教训，具有极其重要的意义。特别是无产阶级国际组织，作为国际共产主义运动的重要载体，其文献档案对于国际共产主义运动史研究更是具有特殊的重要意义。

早在1984年春，中国国际共产主义运动史学会就发起编辑出版《国际共产主义运动史文献》。当时由中共中央编译局、中国社会科学院马列主义毛泽东思想研究所和近代史研究所、中共中央党校和中国人民大学等单位共同组建了编辑委员会。编委会商定：这套文献主要收编共产主义者同盟、第一国际、第二国际、第三国际、共产党和工人党情报局这五个国际组织已发表的全部文献档案，包括历次代表大会、代表会议和其他重要会议的记录、决议和有关文件；收编材料力求齐全；凡外国有选编完整的版本者，根据外国版本翻译；凡文件散见于外国不同出版物者，尽力搜集完整，组织力量统一编译；文件完全按照原件翻译，译文力求准确，不作修改删节，以便读者根据完整、准确的第一手材料了解这些国际组织的历史。在当时代管全国哲学社会科学基金的中国社会科学院科研局的资助下，经过编辑委员会、编译工作者和中国人民大学出版社的共同努力，这套文献于1986年开始陆续出版，截至1997年共出版了21卷。

到上世纪末，文献的编辑出版工作遇到了巨大困难。首先是编委会发生了重大变故，主编林基洲、副主编王颖和校纪英相继谢世；其次是出版经费难以为继。为继续出版这套文集，中国国际共产主义运动史学会多方努力，组成以会长顾锦屏为主编的新编委会，从全国哲学社会科学规划办公室争取到一笔资助，于1999—2001年又出版了两卷。此后，因缺乏经费，编辑出版工作完全陷于停顿。

2010 年，在中共中央编译局和中国国际共产主义运动史学会的鼎力支持下，中央编译出版社以这套文献申报国家出版基金项目，获得立项资助。中共中央编译局对此项目高度重视，在国家出版基金资助的基础上，给予了相应的资金支持，组建了新编委会，成立了专门机构负责文献整理和编辑工作，并将这套文献纳入"中央编译局文库"出版规划。

经新编委会研究决定，这套文献定名为《国际共产主义运动历史文献》，在其前身《国际共产主义运动史文献》的基础上重新编辑出版。通过进一步广泛搜集资料和适当改变编辑方式，新《文献》的资料更详尽、收文更齐全。例如，在原《文献》的某些卷次中，对已出版的马克思主义经典著作中译本只列目录，不收正文，而新《文献》则全部依据最新的中译本收录，以方便读者查阅。此外，《国际共产主义运动历史文献》扩大了文献资料的搜集和选材范围，采用开放式结构，规模暂定 60 卷，约 2500 万字。

中共中央编译局和中国国际共产主义运动史学会对这套文献的编辑出版工作给予了强有力的支持，中央编译出版社为这套文献的立项和出版做了大量艰苦细致的工作，文献的前两任编委会和编译工作者在十分困难的条件下为这套文献奠定了良好的基础，中国人民大学出版社为这套文献的重新编辑出版提供了帮助，在此一并表示衷心感谢。

《国际共产主义运动历史文献》

编辑委员会

2011 年 12 月 20 日

编辑说明

共产国际第六次代表大会于 1928 年 7 月 17 日—9 月 1 日在莫斯科举行。出席大会的有 57 个党和 9 个组织的 532 名代表。中国有周恩来、向忠发、李立三、蔡和森、瞿秋白、苏兆征、张国焘等出席大会。大会通过了《共产国际纲领》和《共产国际章程》。纲领总结了无产阶级革命运动的经验，指出资本主义制度一定要崩溃和共产主义一定要胜利的必然性，肯定在资本主义发展不平衡的条件下社会主义可能首先在一个国家胜利的理论，并为各国共产党制订了当前斗争的战略和策略。大会强调民族解放运动的重要意义，阐明殖民地半殖民地国家革命运动的资产阶级民主革命性质及其有可能转变为社会主义革命的发展前景，并为这些国家的共产党提出一系列基本革命要求。大会选举布哈林主持共产国际的决策机构政治书记处的工作。大会提出的《国际形势和共产国际的任务》的提纲，过高地估计世界革命的发展形势，认为资本主义的相对稳定时期业已结束，资本主义的危机即将来临，无产阶级革命运动正在进入第三个发展时期即革命高涨时期。提纲肯定 1928 年 2 月共产国际执委会第九次全会提出的"阶级反对阶级"的口号，要求加强反对社会民主党的斗争，从而使一些国家的共产党犯了宗派主义的错误，为国际反法西斯统一战线的斗争带来不利的影响。在党内斗争问题上，提纲要求各国党把反对右倾机会主义和右倾调和主义的斗争放在一切工作的首位，致使许多国家的共产党犯了斗争扩大化错误，对这些国家的革命造成严重后果。在民族解放运动问题上，代表大会的有关决议否定民族资产阶级在民族民主革命中的积极作用，否定殖民地半殖民地国家的共产党争取中间势力斗争的必要性，使一些国家的共产党犯了关门主义的错误，造成自己的孤立。

共产国际第六次代表大会文献，根据 1929 年苏联国家出版社分 6 册出版的共产国际第六次代表大会速记记录译出。本卷收录的文献包括共产国际第六次代表大会第 1—13 次会议的有关文献，是根据《共产国际第六次代表大会速记记录》（第 1 分册：国际形势和共产国际的任务）（莫斯科—列宁格勒国家出版社 1929 年版）（VI Конгресс Коминтерна. Стенографический Отчет）(Международное Положение И Задачи Коминтерна, Выпуск Первый)（Государственное Издательство, Москва – Ленинград, 1929) 译出的。书中除译者加的译者注外，未注明的脚注为原书或者原作者加的注释，本卷主编加的注释均标明为编者注。

本卷是根据中国人民大学出版社 1991 年出版的《共产国际第六次代表大会文件（1）》进行编辑的。本卷主编依据中央编译局编译马克思主义经典著作的标准重新统一了人名、地名、组织机构名、报刊名等专用名，并对书中个别译文进行了重新校订。

目　录

共产国际第六次代表大会会议记录

共产国际第六次代表大会会议记录

（1928 年 7 月 17 日—7 月 27 日）

第一次会议

(1928 年 7 月 17 日)

代表大会于晚 7 时在联盟大厦开幕。

布哈林致开幕词

同志们！在庆祝了在原沙皇帝国爆发的伟大十月革命十周年之后，在共产国际这一真正革命的国际工人协会成立十周年前夕，共产国际第六次代表大会现在开幕了。这些年来，举行过形形色色的集会，召开过各种各样的会议，进行过多次外交的和非外交的谈判，被国际资产阶级的工具——国际联盟这个对人类最危险的组织牵着鼻子走的资产阶级代理人更是掀起了一阵阵虚假的和平主义喧嚣。我们的国际代表大会——共产国际代表大会，则与我们的敌人召开的上述种种会议和代表大会大相径庭，它是无产阶级革命者的代表大会，是对国际共产主义大军各支队伍的司令部进行严峻检阅的大会。同志们！我们是在无产阶级国家的红色首都第六次聚会。我们首先悼念我们无数的为了国际无产阶级革命事业而抛头颅、献出生命的战友。（全体起立）欧洲无产阶级失去了成百上千优秀的、最忠实的儿子。他们之中的多数人，在凶恶的白色波兰之鹰的利爪下，在皮尔苏茨基元帅的蹂躏下，已经牺牲和正在死亡；在意大利，他们死在社会民主运动的叛徒墨索里尼的皮鞭下；在保加利亚，他们因信奉保加利亚的社会民主主义而遭杀害。但是，有一个国家，它是一个广袤的、遥远的、富于古老文化而现在工人和农民被投入血泊之中的国家。这个国家就是中国，那里的广大群众已奋起反对帝国主义败类，几乎是赤手空拳地同帝国主义的走狗们搏斗。我们成千上万的中国同志在插竹签、剜眼睛的酷刑折磨下死去，在绞索架上就义。他们高呼着"共产主义胜利万岁！无产阶级的党胜利万岁！"的口号倒下去了。

从波兰到日本，从意大利到中国，从印度尼西亚到美洲，为共产主义而奋斗的战士们被戴脚镣、坐电椅，在刽子手的屠刀下，在严刑拷打中就义。现在我们满怀激愤之情，同声哀悼他们。他们永垂不朽！他们无数伟大的名字在无产者心中永存！（全体代表起立，乐队奏《葬礼进行曲》）

值此会议开幕之际，我们向意大利、波兰、中国、保加利亚和许多其他国家身陷囹圄的工人革命战士及其统帅们致以衷心的敬意。在这里，我们向中国、波兰、保加利亚、光荣的意大利和其他国家的同志们致以敬礼。让他们知道，我们无时无刻不在想念着他们。

同志们！在第五次代表大会之后的年代里，我们的运动无论在广度和深度上都有所发展。"共产主义"一词、共产主义运动的组织原则，以及列宁的透彻而准确的论述破天荒第一次传播到辽阔的疆域，传播到新的大陆，传播到更多国家的人民中间，传播到工人阶级新的阶层中去，南美洲破天荒第一次广泛地受到共产国际的影响。中国共产党正成为真正的战斗的革命党，高举革命的马克思主义和列宁主义旗帜前进。

日本共产党人数虽少，但已开始成为一个战斗单位，首次登上了历史舞台。印度是大英帝国这个帝国主义的主要支柱，在那里我们正处于共产主义运动必将取得显著发展的前夕。

与此同时，我们运动的任务也变得极其繁重而艰难了。一度席卷欧洲的初次迸发和波澜壮阔的革命浪潮，已经以资本主义国家工人阶级的失败而告终。资本主义直接崩溃的前景，它即将灭亡的前景，已为略有不同的形势所代替。我们有机会检验了列宁关于资产阶级并非毫无出路的论断的正确性：在许多深受革命运动影响的国家里，资产阶级依然摆脱了困境。现在，资本主义正急匆匆地修筑自己的堡垒；现在，资本主义正在急迫地武装自己。它正在双管齐下，一面修筑堡垒，一面进行武装。资本主义的衰落，走的不是径直的道路，而是曲折的道路，在它衰落的过程中，资本主义制度的个别部分会有局部的改善，会出现我们所说的资本主义稳定时期。而这种情况给共产主义运动造成了新的巨大困难，向共产国际提出了许多新的课题，迫使整个共产国际及其所属各党不得不周密思考并制订出极为复杂的策略以训练和动员工人阶级的力量，迫使共产国际不得不根据资本主义稳定时期矛盾发展的情况，在自己的日常活动中寻求动员群众的新途径，以便掀起新的浪潮，给资本主义以新的、更大的毁灭性打击。

再说在我国，在无产阶级共和国的联盟国家——苏联，建设社会主义的任务也不是轻而易举的。在四面受敌包围的国家中，在经济贫困落后的国家中进行社会主义建设，这是一项宏伟的任务，它使我国工人阶级及其先锋队——我们战斗的共产党面临一系列极其巨大的困难和极其复杂的任务：如果说在资本主义国家，在帝国主义体系的心脏地区，由于形势日益复杂而使各国共产党的策略任务变得复杂起来的话，那么可以说，我们国家和我们的党同样遇到了这种情况。

现在，已经可以看得出来，资本主义的局部稳定将持续若干年，而苏联在新技术基础上进行改造的时期和建设已经过去了一段相当长的时间，在这种情况下，我们应当说，无论是在资本主义国家里，还是在我们这个建设中的社会主义国家里，我们都还没有充分学会把工作开展到应有的水平。比如说，共产国际不是一次，也不是两次提出过在资本主义国家中争取工会、争取群众的任务。但是，我们的敌人——社会民主党人依然强大，我们还没有学会怎样妥善地解决这项任务。在我们苏联，我们也不是一次两次拟订过我们建设的总路线。但是，我们感到，在过去的恢复时期把建设搞上去是一回事，而采用新的组织原则去建设新的工厂则是另一回事。从总体上讲，我们对我们的阶级敌人的认识是十分清楚的，但是我们却没有完全学会如何工作。我们清楚地看到，在西欧各国和美洲，我们的主要敌人——社会民主党正在走向何方，可是，我们却没有学会应该怎样出色地开展工作，以便更坚决、更有效地打击我们的敌人。

同志们！正因为如此，现在任何一个大的共产党都不可能单纯地依靠鼓动性口号去应付一切，现在对我们共产党的领导提出了非常高的要求。正因为如此，现在摆在共产国际面前的一项巨大的任务，可以说是一项最重要的任务，就是要使我们的工作向深度发展，就是要改善我们党的骨干队伍的状况，改善党的领导。

所以，我们现在列入代表大会议程的任何问题，从殖民地问题纲领到较为次要的策略问题，都比三四年前复杂得多。任何一个问题的解决都要求我们大家，要求整个共产主义思想界给予更多的关注、作出更大的努力、付出更辛勤的劳动，以便不仅把握住我们应该做的事情的总的轮廓，而且看到每一个细节，包括不甚引人注目的细节，正确地制定每一个策略步骤，正确地表达纲领的每一个原则。

这是我们在其中生活、工作并同我们的不共戴天的敌人战斗的时代对我们提出的要求。现在，之所以更迫切地需要更加精心、更加娴熟和更加紧张地开展工作，是因为资本主义矛盾的发展，资本主义国家和苏维埃共和国联盟之间对抗的加剧正确凿无疑地引起国家之间的严重冲突，引起大规模的阶级搏斗，这场搏斗的结局将决定人类今后的整个命运。

我们正在迎接人类历史上前所未有的阶级搏斗，正在迎接国际工人运动历史上前所未有的搏斗。面对这样的前景，面对具有世界历史意义的任务，我们应当开好我们的代表大会，通过大会学习到我们集体创造的全部国际经验，通过这次代表大会制定出纲领，以回答千千万万工人、千千万万劳动农民最迫切的问题。在这次代表大会上，我们应该经过深思熟虑，制定切实的、适用于包括从中国到美国在内的一系列国家的策略路线。我们应当开好这次代表大会，使大会的活动能为所属各共产党支部整个近期的工作奠定基础并给它们增添巨大的力量，从而使我们的全部工作更富有成效，使我们各党在革命斗争的具体实践中更有活力，更加忠诚、更加清醒地认识形势，更具备策略上的睿智，在马克思主义的旗帜下，在列宁学说的旗帜下，在国际革命的旗帜下不断前进。

选举主席团

布哈林同志致开幕词以后，大会选举主席团。下列同志当选为主席团委员：

克拉拉·蔡特金（德国），斯大林、布哈林、莫洛托夫、曼努伊尔斯基、皮亚特尼茨基（联共［布］），贝尔、墨菲（英国），台尔曼、雷梅尔（德国），加香、塞马尔（法国），李光①、斯特拉霍夫②（中国），福斯特、洛夫斯通、卡尔顿（黑人）（美国），塞拉、加兰迪（意大利），萨里斯（希腊），伊列克、扎波托茨基（捷克斯洛伐克），科斯切娃、连斯基（波兰），库西宁（芬兰），安贝尔-德罗（瑞士），基尔布姆（瑞典），片山潜（日本），西坎德尔（印度），马纳瓦（印度尼西亚），拉塞尔达（南美），斯托伊科（巴尔干），洛佐夫斯基（工会国际），希塔罗夫、许勒尔（青年共产国际）。

当选的主席团成员在主席台就座。当斯大林同志在主席台上出现

---

① 即苏兆征。——编者注
② 即瞿秋白。——编者注

时，会场上响起了经久不息的欢呼声。主席团全体成员和我们一致起立欢迎斯大林同志。然后，全体高唱《国际歌》。

确定议程

根据主席团的建议，大会通过了下列议程：

1.（1）共产国际执行委员会的工作报告（报告人：**布哈林**）；（2）共产国际监察委员会的工作报告（报告人：**斯图契卡**）；（3）青年共产国际执行委员会的工作报告（报告人：**许勒尔**）。

2. 共产国际纲领（报告人：**布哈林**）。

3. 关于反对帝国主义战争危险的斗争的措施［报告人：**贝尔**（英国）；副报告人：**施内勒尔**（德国）、**加兰迪**（意大利）、**洛夫斯通**（美国）、**巴尔贝**（法国）］。

4. 殖民地革命运动问题［报告人：**库西宁**、**埃尔科利**（意大利）；三位副报告人：**斯特拉霍夫**（中国）、**萨明**（印度尼西亚）和**西坎德尔**（印度）］。

5. 苏联和联共（布）党内状况：（1）苏联的经济状况（报告人：**瓦尔加**）；（2）联共（布）党内状况（报告人：**曼努伊尔斯基**）。

6. 选举。

致贺词

中国共产党代表李光同志的祝词：

我代表中国共产党向共产国际第六次代表大会致以热烈的、兄弟般的战斗敬礼。

共产国际，这个世界革命的总参谋部，被压迫人类的领袖和解放者，正在列宁主义的领导下，将世界无产阶级的革命利益和殖民地人民的民族革命运动联合起来，共同进行反对世界帝国主义的斗争。

共产国际自建立以来，在战无不胜的无产阶级国家的心脏——莫斯科，始终高举着革命的大旗。共产国际把所有国家的被压迫和被剥削的人民集结在自己周围，并引导他们进行斗争。世界革命的熊熊烈火已经把一切被奴役的人们动员起来。我们正在阔步前进，迎接新时代的到来。

中国共产党和中国革命运动，在苏联劳动人民和世界无产阶级的支援下，在共产国际的领导下，不断发展壮大。共产国际在中国组织了一支强大的革命力量。这支力量在最近几年的斗争中，特别是在去年的革命高潮时期，给世界帝国主义以致命的打击。1925 年的上海事件导致了全国性的反帝群众运动，英勇的省港大罢工在 16 个月时间里几乎使香港变为一座荒岛，广州革命军北伐，上海工人三次举行武装起义，汉口和九江爆发占领英租界的事件，武汉成立左派政府，所有这一切使帝国主义在中国陷于窘境，屡受打击，不得不节节败退。

中国的大革命，由于不利的国际环境和世界帝国主义的武装干涉，由于民族资产阶级和小资产阶级上层的无耻背叛，更由于中国共产党领导的严重的机会主义错误，终于遭到惨重失败。为了不惜一切代价以纠正中国共产党领导上的偏差，共产国际直接向党员群众发出了呼吁，改组了中共领导，并且毅然决然地提出了通过武装起义建立苏维埃政权和工农革命民主专政的口号。只有通过这种途径，我们党才能将数十万、数百万劳动者聚集在自己的口号下，以便在必要的时刻向反动派发起反攻。中国革命运动过去是而现在依然是世界革命的主要因素之一。

当前，中国党的任务首先是争取群众，准备掀起新的革命高潮。广州苏维埃起义、目前正在广泛开展的反日运动、农民群众的武装斗争、农会在共产党领导下的不断发展——所有这一切都表明，新的革命浪潮正在到来。

　　同志们！现在中国共产党的处境空前困难。它正在国际反动派施行骇人听闻的恐怖手段的情况下开展活动。它比任何时候都更加需要同共产国际保持最密切的联系，更加需要得到各兄弟党最有力的支持。党希望这次代表大会能为中国革命锻造出更加有力的武器。我以无产阶级和广大劳动群众的名义高呼：

　　中国革命胜利万岁！

　　国际革命胜利万岁！

　　共产国际第六次世界代表大会万岁！

　　共产国际万岁！

日本共产党代表片山潜同志的祝词：

　　我代表日本共产党和日本革命工人向你们致敬。

　　第五次代表大会以来发生了许多事情，但是，最值得注意的事情是资本家向无产阶级、向农民、向全世界共产党的猖狂进攻。

　　法国帝国主义正在叙利亚肆虐。美国帝国主义正企图镇压尼加拉瓜工人和农民的起义。在中国，全世界的帝国主义者正力图消灭那里的革命。荷兰在镇压爪哇的起义。日本帝国主义正在野蛮地压迫和剥削朝鲜和福摩萨①。

　　但是，跟随共产国际前进的工人和农民，革命斗志更加昂扬。英国矿工的总罢工、殖民地各国人民的指路明星——中国革命、向全世界显示了欧洲无产阶级革命气概的维也纳工人起义，以及中国共产党和中国工人同日本共产党和日本无产阶级为反对帝国主义而结成的统一战线，这一切都可作为例证。

　　我们在这里召开代表大会，是为了讨论和解决同世界帝国主义作斗

----

　　①　指我国领土台湾省。——译者注

争的种种问题，讨论和解决同图谋包围我们的社会主义祖国苏联的帝国主义作斗争的种种问题。我谨代表日本共产党向代表大会致以敬礼。

共产国际第六次代表大会万岁！

中国革命万岁！

世界革命万岁！

南美洲代表团代表拉塞尔达同志的祝词：

我以南美洲各国代表团的名义，代表你们在美洲大陆这一地区的战友，向你们致以敬礼。

我以这些代表的名义，向出席这次代表大会的各国共产党表示敬意。我们南美洲年轻的共产党的代表，向在同无产阶级压迫者的英勇斗争中诞生的欧洲老党致敬，首先向苏维埃俄国英雄的党致敬。是它完成了伟大的十月革命，在解放全世界工人的事业中作出了史无前例的伟大创举。

我还要向共产国际致敬。对于全世界的工人来说，共产国际是保护他们，使他们免遭社会党叛徒叛卖行径的侵害，使他们得以摆脱形形色色的压迫者，摆脱国际帝国主义者的唯一力量。

深受美英帝国主义压迫的拉丁美洲各国无产阶级政党寄全部希望于这次代表大会，期望这次大会能给各党输入新的活力，把反对反对派机会主义倾向的思想斗争进行到底。毋庸置疑，第六次代表大会必将成为国际工人运动最重要的阶段之一。

南美大陆年轻的革命运动一向以欧洲共产党老战士们为师，代表这个大陆工人出席这次大会的代表们，要我向在这里聚会的各国无产阶级的代表致敬，他们相信，第三国际的火焰必将越烧越旺，必将取得越来越多的胜利，这也是世界一切工人、一切贫苦农民、一切被压迫人民的希望所在。

墨西哥共产党代表卡里略同志的祝词：

我代表墨西哥共产党向你们致敬。共产国际第六次世界代表大会在国际无产阶级的红色堡垒、反帝运动的首都莫斯科召开了。这次大会将讨论全世界共产党当前面临的革命任务。摆在第六次代表大会面前的是具有国际意义的伟大任务。形势正在变得越来越复杂，帝国主义列强正在疯狂地策划新的世界大战和反苏战争。

我们的国际通过一次又一次代表大会，越来越成为名副其实的一切被压迫者的国际，成为所有国家工人和农民的国际，成为世界各大洲受帝国主义者剥削的殖民地和半殖民地的国际。

拉丁美洲国家现在成了美国帝国主义的后院，成了它在未来战争中的后备军。应当把这些在目前组成帝国主义后备力量的国家变为发达资本主义国家革命无产阶级的同盟军，变为苏联的同盟军，这正是墨西哥及中美、南美各国共产党的任务。我们进行的反对地主和资本家的斗争，就其实质而言，也就是反对美国帝国主义，反对强大而凶狠的世界资产阶级的斗争。

拉丁美洲觉醒了。最近几年，是开展革命斗争的几年，是建设革命组织和创立共产党的几年。现在，拉丁美洲各国都已建立共产党和共产主义小组。我们这些国家的工人和农民响应列宁的号召，响应共产国际的号召，加入了反对帝国主义压迫的斗争。墨西哥持续不断的斗争，尼加拉瓜桑地诺的英勇奋斗，玻利维亚的农民起义，委内瑞拉、哥伦比亚和厄瓜多尔的革命骚动，都告诉人们，拉丁美洲工人和农民奋起打破帝国主义桎梏的日子已经不远了。我们满怀深切的信念：在一场反对苏联的战争中，拉丁美洲必将站在苏联一边。拉丁美洲工人和农民的敌人——帝国主义大国，首先是英国和美国，同样也是苏联的敌人。"把战争指向帝国主义！打倒帝国主义强盗！"这就是现在响遍墨西哥到阿根廷各地的口号。

我们数以百计的优秀同志在斗争中牺牲了。在马卡多斯铁蹄下的古巴，在正在对教会、反动势力和帝国主义作斗争的墨西哥，在戈麦斯将军封建专制统治下的尼加拉瓜和委内瑞拉，以及在智利、玻利维亚、秘鲁、哥伦比亚和巴西（在那里，我们的共产党正不顾种种迫害，坚持地下斗争），到处都有最勇敢、最优秀的工人和农民在为无产阶级革命的伟大事业献出自己的生命。值此第六次代表大会开幕之际，我们向大会保证，我们将毫不懈怠地工作，把牺牲者为之奋斗而未竟的事业进行到底。我们将高举共产主义的旗帜，高举世界革命的红旗，引导千百万群众去同我们的敌人斗争。

向为我们指明胜利道路的俄国无产阶级致敬！

一切被压迫和被剥削者的先锋队——第三国际，即共产国际万岁！

世界革命无产阶级的第六次世界代表大会万岁！

世界革命万岁！

惠特曼代表美国黑人工人和农民向代表大会致贺词：

同志们！美国存在着涉及数百万黑人的严重的种族问题。这些黑人在生产部门受着残酷的剥削，在政治上处于无权地位。并遭到各种形式的限制和迫害。从摆脱奴隶制度、获得解放之时起，黑人就在各种各样不同的组织和运动的旗帜下，为争取真正的自由而不间断地开展斗争，可是，得到的结果却是更大的压迫。

现在，黑人投向共产党一边，把共产党看成是不分种族，代表美国劳苦大众为争取自由而斗争的党。我们正在努力把美国数百万黑人工人团结在共产国际的旗帜之下。我们懂得，唯有共产国际能解放黑人，给黑色人种以真正的自由，帮助他们摆脱资本主义的压迫，而且我们正在作出努力，使所有的黑人都懂得这一点——共产国际正在给黑人带来新的希望。在我们运动的旗帜下，我们正在向南部各州，向我们最落后的地区渗透和发展，我们正力图将革命的火种传播到黑人当中去。

黑人是世界上最大的少数民族之一，却受到来自帝国主义方面的极大的不公正待遇。不管他们是在美国、在东印度，还是在非洲，他们到处都是国际资本和剥削的牺牲品。

美国共产党已深入到南部各州。深入到那里被剥夺了政治权利的黑人中间。美国共产党的目标是要为黑人赢得政治上的平等和社会平等。

同志们！我代表美国正在斗争中的群众向你们致敬。我这次已经是第二次在共产国际代表大会上发言了，我可以说，在第五次世界代表大会以后的四年中，共产国际在争取黑人站到共产主义一边的事业中已经取得了成果。这一事业正在向前发展，而且我们清楚地知道，黑人成为北美合众国革命运动队伍中人数众多的重要集团的日子已经不远了。

印度代表团代表西坎德尔·苏尔同志的祝词：

印度代表团代表印度被压迫的工人和农民向你们致敬，我们向苏联无产阶级致以敬礼，并向大家保证，印度工人和农民将同苏联无产阶级和全世界的工农一起同帝国主义展开斗争。

你们大概已经知道，印度现在正经历着深刻的危机，声势浩大的罢工浪潮席卷了全国。曾在1920—1921年期间遭到严重失败的印度工农，再次掀起了革命运动，并且接着在共产国际的帮助下学会了采取更有效的方法同帝国主义、同英国工党及麦克唐纳之类的领袖（这些人不过是资本主义控制的傀儡而已）等进行斗争。

印度的工人和农民是在1920年才知道俄国革命的真实情况的。俄国革命的消息深深地打动了印度农民的心，所以，印度农民目前思想上有很大的进步。英国帝国主义和我们本国的资产阶级曾企图使印度农民永远处于愚昧无知的落后状态。英国帝国主义耗费巨资，进行反布尔什维主义和反苏宣传。但是，印度无产阶级通过失败和胜利的实际教训，学会了许多东西。它已具有深刻的阶级觉悟，懂得世界上唯一的工农共和国才是它的朋友。

你们都知道，现在发生于印度的冲突是由深刻的危机引起的，英国帝国主义者正在竭尽全力镇压印度的工人和农民运动。帝国主义采取野蛮的手段对印度无产阶级和农民进行报复，但是，它所实行的骇人听闻的迫害只能更加激发劳动群众的阶级觉醒。

印度工人已经清楚地了解国际形势，他们已经认识到国际团结的意义，正力求同全世界的工人建立合作关系。我们在地理上是同其他国家，包括同先进的国家及苏联相互隔绝的。这种地理上的障碍至今仍妨碍着我们同在共产国际出色的领导下奋起斗争的世界无产阶级建立牢固的联系。不过，英国共产党已经给我们派去了组织工作者，帮助我们开展对英国帝国主义和印度资产阶级的斗争。

工农苏维埃共和国万岁！

国际团结万岁！

打倒资本主义！

莫斯科无产阶级的祝词：

科托夫同志代表联共（布）莫斯科委员会和莫斯科无产阶级发言：

"莫斯科的无产者深信，代表大会正确地指出了同帝国主义斗争的途径。莫斯科的无产者和莫斯科的党组织知道，第六次代表大会将采取它所能采取的一切措施，以保卫世界革命的发源地——苏维埃社会主义共和国联盟。苏联工人阶级和劳动群众不止一次地以实际行动表明了他们同所有国家无产者的团结一致，莫斯科的工人阶级和无产者将举行游行，欢迎出席共产国际第六次代表大会的代表，以实际行动再次表明这种团结一致的精神。

莫斯科无产者坚信，世界无产阶级革命胜利到来的日子已经不
远了。"

米特罗科夫代表红军向代表大会致贺词：

"同志们！请允许我代表莫斯科卫戍区全体指战员向你们致以热烈
的兄弟般的红军敬礼！（鼓掌，高呼：'红军万岁！'）你们今天在这里
聚会，研究进一步推动革命前进的世界大事。你们将对世界革命运动及
其在第五次和第六次代表大会之间取得的成就作出总结。你们还将在这
一经验基础上为全世界各共产党制订出总路线，以便使千百万工人阶级
更快走向世界无产阶级革命。两个阵营——全世界的工人阶级阵营和资
产阶级阵营及其走狗们，都在注视着我们的代表大会。前一个阵营怀着
希望注视着大会，期待大会能给他们进一步开展英勇的斗争作出指示。
后一个阵营则暴跳如雷，想把革命运动镇压下去。

同志们！你们在这里作出的一切决议，我们都将认真学习，刊登第
六次代表大会决议和报道大会进展情况的所有报纸，我们红军战士都会
反复地阅读，因为我们始终在培养自己的国际主义情感。（鼓掌，高呼：
'万岁！'）全世界工人阶级的事业就是我们的事业。我们为世界工人运
动的每一次成功而感到欢欣，为它的任何一次失败而深感痛苦。

革命运动正在全世界发展，资产阶级匪徒对革命的仇恨也在加深。
它想把世界革命运动镇压下去，想摧毁这个运动的发源地，摧毁苏联，
策划新的战争。

你们在第六次代表大会上的任务是，要研究如何实行反击，以打破
世界资本的进攻。如果帝国主义者策划发动一场战争，那么，我们应当
把这场战争变为国内战争，使工人阶级能在战争中获得胜利。

我们不要战争，我们不需要大炮和坦克，我们需要耕犁和拖拉机。
但是，如果需要，我们就应当做好准备，而且已经做好防御的准备。一
旦时刻到来，作为联盟的儿子，工人革命中诞生的孩子，我们工农红军

是决不会让自己的母亲受欺侮的！（鼓掌，高呼：'万岁！'）与一切资产阶级的愿望相反，飘扬在苏联的红旗正在燃起革命的火焰，并将继续燃起革命的火焰，直到把资本主义社会的一切腐朽的残余焚烧干净。

共产国际第六次代表大会万岁！

全世界无产阶级革命万岁！"

（代表起立，向发言者欢呼并高唱《国际歌》。）

索科洛夫同志代表航空工厂工人向第六次代表大会致贺词：

他在代表工厂工人向代表大会敬献礼物——该厂工人制造的飞机部件模型时，说道：

"我厂工人现在制造的飞机部件是沙皇时期从未制造过的。但是，身在劳动岗位，我们工人并没有忘记，国际资本强盗正在包围着苏联。我们工人在坚持和平生产的同时，随时准备给苏联的一切敌人以应有的回击。"

塔拉索娃同志向代表大会宣读了红霞工厂工人给代表大会的贺词：

"我们工厂是苏联整个国民经济的一个很小的组成部分，请代表大会的代表们向各国工人讲一讲，我们这个小厂取得了怎样的成就。

我们工厂成长的事实，也和苏联整个国民经济的发展一样，它再次证明，联共（布）在共产国际领导下，引导我们所走的道路是正确的。让形形色色的反对派去继续叫喊我们似乎已经蜕化变质了吧！我们依然坚信并且断言，联共（布）执行的路线是正确的。"

叶夫季希耶夫同志代表巴乌曼区莫斯科电器厂工人致辞：

"同志们！我代表莫斯科电器厂4000名男女工人向你们致以敬礼。我们正在按照建设社会主义的原则建设我们的工厂，并将继续这样做。我厂工人以自己顽强的劳动，组织起了灯泡、探照灯及变压器和钨丝的生产，还建立了绝缘材料车间。许多人不相信我们的建设成就。在我们的上层领导中，也不乏这种缺乏信心者。他们企图分裂我们党的队伍。但是，我们工人十分清楚，通向社会革命的道路只有一条，那就是列宁主义的道路。我们厂的男女工人同样清楚地知道，你们那儿也有信心不足者。但是，我们坚信，你们一定会像我们彻底清除我国的反对派那样，把你们那里的缺乏信心者清除干净。我厂工人请我转告，他们十分关注你们的斗争，尤其关注中国共产党的斗争，他们向中国共产党致以热烈的敬礼。我厂工人还请我向你们转达他们的邀请，欢迎你们到我们工厂来看看我们的劳动情况。我们曾经立志为你们准备一份礼物——建成一座拥有 4000 工人的工厂，这一点我们做到了。我们现在又提出要在下一次代表大会召开时把我们的工厂建设成不是拥有 4000 人，而是拥有 12000 名五金工人的工厂。（鼓掌）

我们深信，到下一次代表大会召开时，你们也将为我们准备好一份礼物——在苏维埃社会主义共和国联盟之外，再增添几个苏维埃共和国！"

科利佐夫同志代表索科尔尼基区工人向代表大会致贺词，他说：

"工人阶级坚信，在共产国际和谐而积极的指导下，其他国家的工人阶级一定能够有组织地给资本家及其走狗以坚决的回击。工人们深信，在苏联的支持下，所有国家无产者在本国升起红旗的时刻已经不远了。"

伊万诺夫同志代表哈莫夫尼基区工人致辞：

哈莫夫尼基区各工厂的工人在同苏联全国无产阶级一道建设社会主义的同时，牢记着共产国际面临的任务。哈莫夫尼基区的共产党员和工人们永远忠于卡尔·马克思和列宁的思想，忠于共产主义思想。

戈尔什科夫同志代表三山纺织厂男女工人致辞：

纺织厂的工人已使劳动生产率超过了战前水平，工人的工资在不断提高。但是，和平生产遇到了帝国主义设置的巨大障碍。一场矛头指向苏维埃共和国联盟的进攻正在策划之中。发言者以三山纺织厂代表团的名义宣布说，我们工人决不会允许对苏维埃社会主义共和国联盟发动突然袭击。（鼓掌）代表大会的代表有义务在回到各地以后，制止威胁着苏联的危险。这不仅是兄弟共产党的义务，而且是它们的责任。

罗戈日－西蒙诺沃区工人代表普里亚尼奇尼科夫同志致辞:

"罗戈日－西蒙诺沃区的工人和职员通过我们这些代表向共产国际第六次代表大会致以衷心的、热烈的敬礼。我们工人时刻注视着资产阶级的种种阴谋活动,因为它们正力图破坏苏联社会主义建设的基础,并以此扼杀世界革命。我们工人随时都做好准备在共产国际这个列宁主义的参谋部领导下奋起保卫被压迫的人民。"

阿班金同志代表莫斯科河南岸区工人致贺词:

五金工人懂得第六次代表大会所面临的任务的严肃性和困难程度。他们深信,代表大会一定能够坚决地、毫不含糊地按照布尔什维克的方式,按照列宁主义的方式解决这些任务。

五金工人们请我们转告自己的西方朋友和东方朋友,他们的俄国兄弟正紧握手中的锤子建设社会主义,同时也决不会放下手中的枪。他们将同自己的外国兄弟一起,在共产国际的领导下,肩并肩地走向世界的十月。

卡尔塔绍娃同志代表伏龙芝纺织厂发言:

"同志们! 请允许我代表伏龙芝工厂 3500 名红色纺织工人向你们表示敬意。我们红色纺织工人是革命的纺织工人。当我们代表团前来参加大会时,我们的女工们对我说,她们保证,不管多么艰巨,她们都将排除万难,沿着这条布满荆棘的道路前进。

同志们! 我们满怀信心和希望,期待在不久的将来,全世界都建立起无产阶级政权,红色的旗帜,列宁同志的旗帜将飘扬在全世界!"

(鼓掌)

戈尔季延科同志代表莫斯科县各工厂致贺词,他在向代表大会代表发言时说:

"祝愿今天的夜晚成为各国无产阶级同革命苏维埃俄国的革命无产阶级进行历史性会见和兄弟般会见的夜晚。

派我们来的同志们要我向你们转达，我们将随时注视你们大会的进展情况。我们将会考虑你们的每一个发言和指示，并把它作为经验教训加以接受，以便沿着列宁指明的道路继续前进。但是，这种领导应当是地地道道的列宁主义的领导，应当是真正革命的领导。我们作为劳动者的阶级，作为无产者的阶级，只有这样的领导我们才会接受。

同志们！你们听到了莫斯科市无产阶级代表对你们代表大会历史性工作的热情洋溢的贺词。但愿这些贺词能成为你们的指路明灯，而且我深信，你们一定能够正确地指明各国无产阶级应走的道路。

你们将在这里，在各国无产阶级的祖国，解决伟大的任务。恕我冒昧地表示，我同意在这里致贺词的莫斯科各工厂代表们所说的话：我们的基本任务及我们的愿望就是，将来不仅能在这里，在苏维埃社会主义共和国联盟欢迎你们，而且能在其他三四个国家去向你们表示祝贺。"

乌鲁莫夫同志代表乌兹别克工人和农民致辞：

十月革命前，乌兹别克一直处于埃米尔统治之下，处于俄罗斯官僚压迫之下。十月革命才使乌兹别克获得解放。在这短短的时间内，乌兹别克取得了十分巨大的成就。出色地实行了土地改革，雇农们获得了土地，全国劳动者的福利大为改善。封建主义被消灭了，大规模解放妇女，使妇女摆脱受奴役地位的工作正在进行。

乌鲁莫夫同志代表乌兹别克工人和农民向第六次代表大会致以热烈的敬礼，并说，乌兹别克的工人和农民随时准备帮助其他国家劳动群众开展革命活动。

切尔尼科夫同志代表红色普列斯尼亚工厂党的积极分子向代表大会致贺词：

发言者指出，这次代表大会是在新的革命力量不断发展壮大的时候召开的；我们党员工人始终密切地注视着共产国际各支部开展的大规模的活动。共产国际代表大会通过的决议和纲领将成为红色普列斯尼亚工厂每个党员必备之书。

发言者还讲到，党员工人不仅注意同经济困难作斗争，而且关心国外的革命运动，他接着说：

"现在，我们红色普列斯尼亚工厂正在开展国际周活动。我们正在学习射击，只要红色参谋部——共产国际一声令下，我们就会向任何国家的无产阶级伸出兄弟般的援助之手。我们普列斯尼亚工厂的共产党员时刻准备着。"（鼓掌）

在莫斯科无产阶级代表致贺词之后，法共代表加香同志以代表大会主席团的名义致答词：

"在这个讲台上向大会表示祝贺的有红军以及莫斯科和苏联各地的许多代表团的代表。主席团谨向他们表示谢意。

我们要告诉那位红军士兵，他在这里发出的声音将会得到出席大会的代表的支持并由他们传播到世界的各个角落去。我们说，这位年轻的普通工人士兵的声音将压倒世界帝国主义一切将军、元帅、外交官和他们的其他奴仆的高谈阔论。这位士兵说，他不仅是苏联红军的一名战士，而且是国际红军和国际无产阶级的士兵。请告诉这位士兵，世界上的一切无产者将把这些话铭记在心。他向苏维埃革命——世界无产阶级革命的母亲发出呼吁时所讲的话，使我们极其兴奋，极为激动。

在这个讲台上发表讲话的莫斯科各工厂的男女工人们，向我们介绍了他们所取得的出色成绩，讲述了他们付出的艰巨劳动。一个濒临危机深渊的国家现在伸直了腰杆，完全站立起来并充分发挥着自己的创造力和生产力。几年不来莫斯科的人，现在来到这里，都对苏联经济奇迹般的发展惊叹不已，对苏联面对整个资本主义世界和帝国主义世界的反对，在毫无任何的外援情况下赢得的前所未有的成就惊叹不已。我们参观过一些工厂，看到了莫斯科一些五金厂和纺织厂的生产情况。所以，同志们，我可以告诉你们，就生产率而言，你们的某些工厂现在绝不比任何一个资本主义的企业逊色。能亲眼看到你们在短短几年内，依靠自己的努力，如此大规模地发展生产，我们是感到无比高兴的。我们还听说，你们制订了宏伟的设想，听说你们要彻底重建整个俄国。你们打算把你们创造性的努力扩展到农村去。你们的计划是要使全世界的生产力来一次革新，这一宏大计划确实令人惊叹不已，但我们认为它不是不可能实现的。

确实，我们中间不少人对俄国革命从未失去过信心。但是，现在我们是怀着无比喜悦的心情目睹我们的希望首次获得实现的情景。四年，同志们，四年时间，你们就使我们大喜过望了。

而且，在这个讲台上，在共产国际开幕式上，我们听到了世界上最受压迫的人民的声音，听到最受屈辱的种族和几个世纪以来备受命运折磨的人们的呼声。第三国际感到自豪的是，它正以自己的旗帜庇护这个深受压迫的世界。共产国际正发挥着巨大的历史作用，它深切关注着备受资本主义、帝国主义和令人诅咒的整个旧世界蹂躏的人们，号召全世界的奴隶们起来举行暴动。

在这里聚会的世界无产阶级的代表们，在向红色莫斯科致以衷心祝贺的同时，也不会忘记第一个发出起义信号的列宁格勒。代表们向俄国工人致敬，向红军士兵们致敬，向苏联农民致敬，向第三国际致敬！"
（热烈鼓掌）

会议主席请德国共产党代表台尔曼同志代表欧洲各国共产党致贺词：

"同志们！我代表共产国际欧洲各支部，向出席这次共产国际第六次代表大会的代表，向俄国无产阶级和国际无产阶级致以革命的敬礼。我首先要讲的是我们所面临的一项最重要的任务，即反对日益严重的反苏战争的危险。从第五次代表大会到第六次代表大会期间，我们看到连续发生了多起把矛头指向苏联的事件，看到帝国主义在经济、政治和军事方面进行了一系列的策划。在意识形态领域同样可以看到帝国主义正集中力量，在所有资本主义国家开展活动，由于德国帝国主义和社会民主党采取了比过去更为坚决的态度，加入为进行反苏战争而建立的阵线，以英国为首的帝国主义反革命联盟正在完成其策划战争的进程。中国军阀建立的残暴的反革命制度是同帝国主义国家的反苏战争准备活动有直接联系的。只需指出若干外部征兆，即可看出从第五次代表大会至第六次代表大会期间战争危险日益严重的程度：如英国通过了劳工法，法国实行了保罗－邦库尔军事法，中国和日本对革命阵线采取了残酷的恐怖手段，印度的革命运动遭到镇压。再如各国对共产党人的迫害，制订加紧军备的计划；此外，还有最近发生在波兰—立陶宛战线的大规模演习，英国舰队在波罗的海炫耀武力以及日本在中国的进攻等，这一切都清楚地表明，反苏战争的危险现在比以往任何时候都更加严重了。在1925年马赛召开的第二国际代表大会上，社会民主党在讨论'东方的战争危险'问题时，公开表示赞成其代表在国际联盟中所持的资本主义立场，提出了明显的不怀好意的说法，诬称苏联正为新战争的爆发推波助澜。我们知道，社会民主党之所以需要散布这种无耻谎言，需要耍弄如此令人吃惊的伪善手法，为的是阻挡和破坏无产阶级群众革命意识的成长，因为这些群众十分经常地表现出对苏联的同情，密切地注视着十年来无产阶级专政发展壮大的情况，并且同俄国无产阶级一道经历着这一专政发展的各个阶段，他们渐渐地相信，同各国革命的无产阶级结成联盟的苏联才是唯一的真正的和平堡垒。第二国际和靠拢它的阿姆斯特丹国际以及卢塞恩国际继续扮演着它们在世界大战时期所扮演的反革命角色，无论出现何种革命形势，它们都十分忠实于这一角色，现在，为了反对革命的反帝阵线，它们采取了更为尖锐和更富侵略性的方式来扮演这一角色。

我们看到，反革命的社会民主党人如今正转向更坚决地支持资本主义，与资本主义资产阶级沆瀣一气，进行反苏的战争准备。

发生于不久前的最新事例是，由社会民主党人领导的斯特来斯曼和赫尔曼·弥勒联合政府已宣告成立。这个社会民主党政府是一个策划反苏战争的内阁，也是推行反动的企业政策和对本国无产阶级实行迫害政策的内阁。

共产国际毫不含糊地宣布，它将进行最坚决的斗争，以反对欧洲的任何社会民主党政府，它将竭尽全力率领无产阶级群众开展斗争，以推翻这些政府。

第二国际及其组织渗透了民族主义思想，毫无顾忌地推行反苏路线，从而加深无产阶级队伍的分裂。因此，共产国际所属各共产党，尤其是它的西欧支部的中心任务应当是，同新的帝国主义反苏战争的威胁作斗争。与此相联系，还应加强斗争，以反对改良主义者在全世界工人阶级队伍中推行的分裂主义政策。除此之外，共产国际所属各欧洲支部还应比过去更清楚地意识到自己的国际任务并以切实的行动实现这些任务。正是在这种形势下，我们应当懂得，现在比以往任何时候都更加需要采取团结一致的国际行动，去支持我们那些正在东方，特别是在中国同日、英、美、法、意等国帝国主义进行英勇斗争的兄弟们。但是，与此同时，各国必须首先组织并开展反对本国帝国主义的斗争。从第五次代表大会到第六次代表大会期间，共产党和革命运动在世界各地均有发展。随着战争危险的增长，共产国际领导的革命阵线也逐步壮大。全世界的资产阶级都十分清楚地意识到这一点。所以，在加紧反苏斗争的同时，它正到处加强对共产主义的进攻。在上次世界大战期间，只有一个力量很弱的革命阵线和几个不大的共产主义团体。现在，已经有一个在共产国际领导下的强大的革命阵线，它随时都做好战斗准备。除此之外，还有不少庞大的群众组织，如德国的红色前线战士同盟。这些组织也将以革命的精神履行自己的任务。战争时期，整个世界的工人阶级及工人阶级的革命队伍未能完成自己的任务，未能将帝国主义战争变为国内战争，以推翻资产阶级，有了1914—1918年及其以后一段时期的经验，群众的革命情绪再次出现上升趋势。苏联正是在现在这个时候开展了国防周活动，动员苏联工人和农民起来保卫全世界无产者的唯一祖国。我们希望共产国际各支部都仿效这一榜样。在全世界开展一次国际性的国防周活动，以保卫苏联和支持反对帝国主义及社会民主党的斗争。共产国际的任务在于，一旦阻止不了整个帝国主义战争，特别是反苏战争的爆发，那就应当动员和教育群众起来把这场战争变为推翻资本主义政府的国内战争。反对帝国主义战争的斗争，就是反对本国资产阶级和社会民主党的日常性斗争。在这战争日益临近的历史时刻，共产国际应当像俄国党和俄国无产阶级在世界大战时期那样，经受住具有世界历史意义的战斗考验。在上次战争期间，列宁领导推翻了血腥的沙皇统治，在地球六分之一的土地上出现了苏维埃政权——全世界劳动者唯一的堡垒。在未来的战争中，毫无疑问，一系列资本主义政府将会崩溃，在凶狠残暴的资本主义废墟上将耸立起一个个苏维埃共和国。反革命的社会民主党人知道，世界大战的可怕情景至今在劳动者心目中仍记忆犹新，他们不会轻易地忘却这场大屠杀。社会民主党对他们对手（这个对手正在进行反对新战争威胁的斗争）的强大感到害怕，对苏联和共产国际感到害怕。帝国主义阵营内部的巨大矛盾、无产阶级的革命运动、东方各国的民族革命运动，这些都是伟大进程的重大征兆，对这一过程的分析，应在第六次世界代表大会的工作中占据应有的地位。共产国际所属各支部应做好准备，在资产阶级企图将群众推入世界大战的时刻，立即将巨大的革命力量动员起来，各支部应在列宁提出的口号下，在布尔什维克党1917年提出的口号下，在推翻本国资产阶级、建立无产阶级专政以及保卫苏联、争取实

现世界社会主义的口号下，率领这些群众投入国内战争。"（热烈鼓掌）

施内勒尔同志宣读红色前线战士同盟的贺信：

"莫斯科

共产国际第六次世界代表大会代表收

1928 年 7 月 11 日于柏林

亲爱的同志们！

德国红色前线战士同盟中央委员会向在莫斯科出席共产国际第六次世界代表大会的各国共产党代表致以热烈的、兄弟般的革命敬礼。

值此代表大会召开之际，全世界具有高度阶级觉悟的工人都将目光转向了莫斯科，德国红色阶级阵线的战士们也以极其关注的心情和极大的兴趣注视着代表大会的活动。

共产国际第六次代表大会的召开，是全世界劳动者国际阶级阵线革命意志的生动体现，是这一阵线日益强大的表现。

世界各地区、世界各国人民都向无产阶级祖国的首都派出了自己的代表，以便讨论无产阶级争取解放的斗争方法和策略，为各国夺取无产阶级革命的胜利创造前提条件。

根据列宁的精神召开的共产国际总参谋部第六次世界代表大会，必将激励全世界的劳动者奋起反对矛头指向苏联的帝国主义威胁，必将使具有阶级觉悟的工人获得犀利的武器，去向改良主义和法西斯主义展开斗争。第六次世界代表大会是在共产主义和革命力量日益发展壮大的标志下召开的。同时，它也是在帝国主义势力和无产阶级的敌人聚集力量反对苏联和反对共产主义的时期召开的。

因此，第六次世界代表大会应当紧密团结共产国际所属各党，把它们融合为一支统一的、团结的钢铁队伍，使他们能胜任伟大艰巨的任务，能克服他们所面临的困难，胜利地将斗争进行到底。

德国红色前线战士热切希望第六次世界代表大会通过自己的工作，能促进全世界劳动群众聚集到共产国际旗帜的周围。我们以兄弟般的情意紧握你们的手并再次宣读联盟的誓言：

无论何时何地，永做革命战士！

无论何时何地，都要为苏联，为世界革命而斗争！

谨向你们致以革命敬礼！

红色阵线万岁！

红色前线战士同盟代主席

维利·莱奥夫

红色青年阵线代主席

韦尔纳·尤尔"

片山潜同志宣读共产国际英国支部、美国支部和日本支部提出的告中国工人农民书：

告中国工人和劳动人民书

共产国际第六次代表大会，向伟大革命的先进队伍——中国无产阶级及在其率领下同帝国主义和资产阶级反动势力进行坚决战斗的亿万劳动者致以热烈的敬礼。

中国工人和农民们！各国无产阶级怀着沉痛的心情分担你们遭受惨重损失的痛苦，为你们获得胜利而欢欣鼓舞。为了在中国推翻帝国主义，为了在世界帝国主义阵线的重要地段打开缺口，需要有自我牺牲和坚忍不拔的精神，而中国劳动人民以其大无畏精神、对革命事业的忠贞以及视死如归的英雄气概震惊了全世界。

成千上万的工人和农民，在反对武装到牙齿的帝国主义的斗争中倒下去了，在卑鄙的国民党刽子手的屠刀下牺牲了，但是革命依然存在，而且革命队伍日益壮大。烈士们永垂不朽！光荣归于高举革命斗争红旗继承先烈事业的战士们！

中国工人们！领导反对整个资产阶级阵营的民族革命斗争，需要有高度的阶级觉悟，能够准确地估计革命的动力和革命征途上的艰难险阻，正确地选择斗争每一阶段应采用的手段。中国革命只有奉行经过斗争实践检验的马克思列宁主义路线，才能取得胜利。为了开展土地革命，为了领导千千万万分散的农民，而不是把自己混同于农民之中，为了警觉地注视不可靠的小资产阶级同盟者的一切动摇现象，并在发觉他们试图实行叛变时就毫不留情地将他们清除出去，中国工人应当把自己组织成为一个能认清自己历史使命的阶级，建立起有群众基础的人数众多的共产党。

年轻的中国无产阶级及其共产党，已从备受帝国主义走狗残酷剥削和愚弄的涣散群众，变成为极其重要的国际革命因素。

大会宣布，它为有中国这支队伍而感到自豪，为中国共产党空前迅速地发展壮大，为中国共产党在斗争前列所表现的英雄气概而自豪，为中国共产党在揭发和纠正自己队伍中的错误时所表现出来的大无畏精神而自豪。

没有一个被压迫国家听不到革命中国敲响的警钟的回声。上海和汉口，海陆丰和广州的范例不仅召唤人们奋起斗争，而且教会人们去夺取胜利。中国革命斗争的经验已成为东方全体劳动人民的共同财富。印度无产阶级正进入革命斗争的新时期，它不仅汲取了1922年本国资产阶级无耻投降的教训！而且也汲取了国民党形形色色背叛行径的教训。印度尼西亚劳动群众的起义被淹没在血泊之中，他们正在聚集新的力量，以中国为榜样重新武装自己的战士。

在**朝鲜、埃及**以及其他地方，农民群众通过中国革命的范例看到，只有同无产阶级结成紧密的联盟并接受其领导，才能从征服者和地主手中夺得土地。在所有的殖民地和半殖民地，无产阶级在自觉地规划各阶段的革命斗争时，往往总以闪耀在广州英雄们旗帜上的口号作为自己的最终目标。帝国主义者的国际反间谍机构到处在跟踪中国革命工人。企图以腐朽的改良主义毒化民族革命斗争的第二国际也最害怕中国革命者的揭露。**上海、广州、汉口的工人，是整个被压迫东方胜利的反帝革命斗争的代表。**

亲爱的同志们，国际无产阶级清楚地认识到，你们的斗争动摇着资本主义制度的基础，你们是无产阶级革命的突击队。你们面临的任务是十分伟大而又极其艰巨的，因为你们要在帝国主义大炮和中国政府疯狂镇压的交叉火力下重振自己的队伍，动员新的力量，吸收新的阶层，以准备向尚为敌人所控制的阵地发起另一次攻击，资本主义国家的革命无产阶级认识到自己的历史职责，将不惜一切牺牲，支持你们进行这一斗争。

共产国际认为有必要声明，迄今为止，资本主义国家的无产阶级，尽管它的个别代表人物表现了英雄主义精神，但未能十分有力地保卫中国的工农革命。第六次代表大会认为它的一项最主要的任务，就是组织无产阶级国际力量去支持中国的民族革命斗争，以加速中国革命的胜利。

在劳动群众的心目中，广州起义是中国工人最伟大的英雄气概的典范。但愿广大工农群众未来的起义能按照始终一贯的、经过彻底检验的列宁主义原则加以组织，并取得国际无产阶级的支持，成为中国的胜利的十月革命。

独立统一的中华苏维埃共和国万岁！

各国被压迫人民胜利的起义万岁！

世界无产阶级革命万岁！

（告中国工农书一致通过）

福斯特（美国）：

同志们！我想向代表大会提出一项关于开展保卫中国革命的国际双周运动的议案。这个运动由红色工会国际出面组织。中国工人和农民正在极端困难的条件下进行革命。全世界帝国主义者在反对他们。中国资产阶级在不断地杀戮中国无产阶级和农民的优秀代表。各国工人必须联合起来支援中国革命。在完成这一任务——组织全世界工人保卫中国革命的过程中，我们会遇到来自第二国际方面的暗中破坏。

世界帝国主义的走狗社会民主党正竭尽全力，阻挠我们动员无产阶级去帮助中国劳动群众。

应当指出，尽管共产国际及其所属各党做了一切努力，工人们仍未能充分地认识到中国革命的意义，未能给予中国革命以应有规模的支持。双周运动的任务首先在于毫不迟疑地向中国无产阶级提供物质援助，与此同时还要给中国革命以积极的援助。运动自今日起，将持续两周。它将在世界各国开展起来。在莫斯科，已由共产国际、红色工会国际、青年共产国际、农民国际、国际工人援助会、国际支援革命战士协会和其他组织的代表组成双周运动中央委员会，有些国家建立了工作组来领导这一运动。红色工会国际正在利用它所拥有的一切条件，广泛开展这一运动。它的杂志已出版一期专刊，强调这项活动的必要性，它还在为这一运动开展广泛的专题宣传。这项运动的内容应包括为中国工人筹款（苏联工会已捐献 10 万卢布），组织游行示威，在"不许干涉中国！"的口号下组织声援委员会，以及开展广泛的保卫中国革命的群众运动。

现在请允许我宣读这个决议案，提请代表大会批准：

支援中国无产阶级的双周运动

共产国际第六次代表大会向一切工人和农民呼吁，向一切同情中国无产阶级民族解放和社会解放的人们呼吁，全力支持红色工会国际于 7 月 17 日至 31 日开展的支援中国工人运动的国际双周运动。

（呼吁书一致通过）

汉宁顿（英国）：

同志们！在就有关法西斯主义的议案发表意见时，我想首先指出，我们有充分的根据将意大利共产党的斗争摆到世界无产阶级斗争的显著位置上来，意大利共产党的斗争堪称为人类历史上最伟大的英勇搏斗之一。在墨索里尼的专制制度下，数以万计的优秀无产阶级战士被投入监狱，备受酷刑，横遭杀害。如今，当最可靠的革命战士在意大利的刑讯室惨遭折磨之时，当数以千计的无产者被流放到荒岛之时，当成千上万的其他人被墨索里尼的法西斯逼得发疯和折磨致死之时，职工大会总委员会——英国工会竟然与公开颂扬法西斯主义的艾尔弗雷德·蒙德先生进行合作。我们英国共产党人坚决同职工大会总委员会这种背叛行为作斗争。我们同正在进行反对法西斯主义斗争的意大利共产党心心相印，紧密团结。意大利共产党为反对法西斯主义，为建立社会主义开展了六年的斗争。我们深信，它一定能够冲破一切疯狂的迫害，赢得胜利，引导意大利工人和农民彻底摧毁法西斯主义，在意大利建立起无产阶级的专政。

谨向大会提出如下议案：

代表大会致各国共产党和全世界劳动人民呼吁书

六年来意大利工人阶级一直受着法西斯制度的压迫。被日益严重的经济危机和社会危机逼得走投无路的法西斯主义正在加紧进行压榨。工人和农民经过50年经济斗争和政治斗争取得的成果正被法西斯主义消灭殆尽。取而代之的是资产阶级建立的贪得无厌的剥削制度。阶级组织被公司所取代，工人和劳动者被强行赶入行会。这种行会是对广大群众进行法西斯监督的工具，因为有了这种行会，工厂和乡村的生活到处都带有苦役般强制劳动的性质。

然而，这种依靠残酷的暴力和迫害来维持的制度，一刻也未能阻挡在共产党领导下进行斗争的工人阶级的反抗。被流放到荒岛或被投入监狱的革命工人达6000人之多，这就证明了无产阶级先锋队的斗争一刻也未停止，证明了他们无与伦比的英雄气概和对法西斯制度的英勇反抗。法西斯资产阶级感到共产党是对它的直接威胁，于是疯狂地向落入他们手中的受害者扑将过去，残酷地折磨他们，卑鄙而怯懦地将他们杀害于监狱的刑讯室中。索齐、里瓦和其他无产阶级英雄的惨死，激起了全世界劳动人民的无比愤怒。法西斯刽子手们的镇压制度正威胁着成千上万名战士的生命。

共产国际第六次代表大会对意大利无产阶级及其共产党表示钦佩，向它们表示无限声援之情。

代表大会热烈地号召普遍地、不懈地开展工作，将无产阶级力量动员起来，同墨索里尼政权进行斗争，在全世界革命群众中掀起反对墨索里尼政权的抗议浪潮。法西斯政权正在疯狂地准备挑起战争。

意大利三分之二的工业部门在为战争进行生产。法西斯意大利——这是一所巨大的监狱，是为帝国主义效劳的一座巨大的军火库。

同志们！

同意大利法西斯主义的斗争，是国际无产阶级的神圣职责。要把你们的力量动员起来，反动法西斯主义和国际反动派的罪恶图谋。把无产阶级群众发动起来去援助意大利法西斯主义的受害者。

打倒血腥的法西斯专政制度！

打倒特别法庭！

打倒屠杀意大利工人和农民的刽子手！

意大利共产党万岁！

反对法西斯主义斗争中的国际团结万岁！

（呼吁书一致通过）

塞马尔（法国）宣读《告苏联工人、农民、红军和红海军战士书》：

告苏联工人、农民、红军和红海军战士书

同志们！

共产国际第六次世界代表大会代表在共产国际旗帜下进行斗争的千百万革命工人和农民，向世界革命的强大的、勇敢无畏的先锋队——苏联工人阶级以及全体劳动农民、红军和红海军战士们致以兄弟般的敬礼。

十年多来，你们为捍卫和巩固你们国家的无产阶级政权作出了不懈的努力。

在无产阶级革命的最初年代，为了反击和粉碎白匪雇佣军及企图以铁拳扼杀胜利了的无产阶级革命的国际资本的军队，你们进行过英勇的搏斗，你们还同图谋破坏和消灭苏维埃政权的国内反革命分子进行过无情的斗争，后来，时代变了，你们又以同样坚韧不拔的毅力，以同样高昂的热情和同样的革命信念投入了社会主义建设的伟大事业。

尽管沙皇制度和资产阶级遗留给苏联无产阶级的破败经济伤痕累累，尽管整个资本主义世界对无产阶级革命进行的社会主义创造怀有刻骨仇恨，并进行了激烈的反抗，可是却不能阻挡无产阶级革命继续胜利地向前发展。

你们恢复并巩固了社会主义工业，你们开展了大规模的国家工业化，从而对整个经济实行了改造，越来越多地排挤了私人资本主义成分。你们还开展了大规模的工作，以实现在集体化道路上改造农民经济的实际任务。

总而言之，你们自力更生，克服一部分与反革命白匪相勾结的专家的罪恶性破坏，一次又一次动员力量与残存的官僚主义祸害进行斗争，终于在建设社会主义的事业中取得了巨大的胜利。

对于全世界的无产阶级和劳动者来说，你们的成就是证明你们创造的制度具有巨大优越性的生动事例和形象化教材。全世界工人通过自己的生活与苏联劳动人民的生活的对比，清楚地看到两者之间的差别正在日益加深。

在那边，资本主义生产的合理化正日益加重对劳动人民的剥削，使劳动人民的物质条件不断恶化！给剥削者带来惊人的利润。在苏联，情况相反，技术的一切发展均为改善工人阶级的处境而服务。

在那边，实行的是 10—12 小时工作日。而在实行八小时工作日的某些地方，则始终有人企图取消它或延长工作日。而在苏联，无产阶级政权已着手实行七小时工作日。

在那边，对少数民族和殖民地人民的迫害和暴力正在不断升级。在苏联，昔日深受沙皇制度压迫而现今自愿加入苏维埃社会主义共和国联盟的各族人民，正在互助合作的环境中自由地发展。

你们的经济实力在增长，无产阶级专政阵地在加强，你们的事业得到其他国家无产阶级和劳动者的支持，这就使资本主义世界更加仇恨，更加暴跳如雷。

因此，国际反动势力正在组织自己的力量，策划对苏联的武装进攻。

所有帝国主义势力和资本主义势力正聚集一起，组成联盟，在无产阶级专政国家的周围形成严密的包围圈。

外交官们和将军们正在耍弄阴谋，训练武装匪徒，加速种种反苏挑衅活动。各国社会民主党人更力图在诽谤苏联方面超过自己的帝国主义主子。

同志们！

共产国际对日益严重的反苏战争威胁的回答是，号召开展声势浩大的动员，发动无产阶级力量起来保卫苏联——所有劳动者的祖国和他们同世界资本主义斗争的堡垒。如果帝国主义强盗胆敢将其罪恶图谋付诸实施，世界各国亿万无产阶级和农民一定站到你们一边，保卫无产阶级革命。在帝国主义者的后方，将会有你们千百万同盟者。你们的同志和兄弟一定会奋起保卫苏联，他们将以坚韧不拔的毅力，发扬高度的自我牺牲精神，同资本主义展开殊死的斗争。

成千上万的无产者和农民将在你们的资本主义敌人的大工厂里，在交通运输部门，在他们的军舰上和军队里，挺身捍卫苏联的红旗，捍卫国际无产阶级的旗帜。我们将为捍卫自己的社会主义的祖国而斗争。我们将开展斗争，争取把罪恶的反苏战争变为反对本国剥削者，争取世界革命胜利的战争。

无产阶级专政万岁！

苏联工人和农民的胜利万岁！

捍卫世界无产阶级革命堡垒的红海军和红军战士万岁！

全世界工人、农民和被压迫人民同苏联的团结万岁！

世界革命万岁！

共产国际第六次世界代表大会

（呼吁书一致通过）

（会议休会）

第二次会议

（1928 年 7 月 18 日）

主席：塞马尔

致贺词

会议主席向与会代表介绍《国际歌》的作曲者狄盖特同志。会议代表向狄盖特同志热烈欢呼并高唱《国际歌》，以示敬意。

茹拉夫廖夫同志代表斯大林铁路修配厂工人致贺词。发言者表示，修配厂的工人正聚精会神地注视着代表大会各项工作的进展情况，他们向大会保证，只要世界革命参谋部——共产国际一声令下，他们就将和世界无产阶级一道投入争取世界革命胜利的战斗。

雅库边科同志以现在正在莫斯科举行的苏联消费合作社中央联社特派员会议代表团的名义致辞。他说，苏联消费合作社在联共（布）领导下，已经取得了巨大的胜利。苏联消费合作社是全世界工人合作组织的一部分，它所取得的成就证明，只有在苏维埃条件下，合作社才有可能繁荣昌盛。

致辞完毕后，由布哈林同志作关于共产国际执行委员会的工作报告。

布哈林作共产国际执行委员会的工作报告

一、现代资本主义的一般分析和资本主义危机的特殊形式

战后发展的三个时期

从上一次共产国际代表大会以来，我们经历了许多事件。为了更好地认识所经历的事件，为了更正确地规划未来，必须把我们所经历的发展阶段同它以前的各阶段联系起来考察，而不是单独地、孤立地加以考察。对整个战后发展的一般估计，自然而然地要把发展分为**三个时期**。

第一个时期是**尖锐的革命危机的时期**，尤其是在欧洲各国。在这个时期，革命发展达到了最高阶段，强大的革命浪潮席卷了整个欧洲。这个时期的顶点是 1920—1921 年。

第一个时期包括俄国的二月革命和十月革命；1918 年 3 月芬兰的工人革命；1918 年 8 月日本的米骚动（因米价上涨引起）；1918 年奥地利和德国的十一月革命；匈牙利的无产阶级革命；1919 年 3 月朝鲜的暴动；1919 年 4 月巴伐利亚苏维埃政权的建立；1920 年 1 月土耳其的资产阶级民族革命；1920 年 9 月意大利工人占领工厂的行动；红军向华沙的进攻也划入这一阶段；最后，还有 1921 年德国的所谓三月发动。

我们看到，这一时期充满了规模巨大而且具有历史意义的革命事件。这些事件极其尖锐地暴露出资本主义制度的瓦解过程，首先是欧洲资本主义的瓦解过程。

应当认为，第一时期到 1923 年底已经结束。1923 年 9 月保加利亚起义以严重失败告终，1923 年秋德国无产阶级再度遭到了失败。

西欧无产阶级的失败成了资产阶级进一步发展的政治前提。这些失败，特别是德国无产阶级的失败，是中欧乃至整个欧洲发展的**第二个时期**的起点。这个时期是资本进攻的时期，是无产阶级进行一般防御斗争，特别是防御性罢工的时期。是资本主义形成某种局部稳定的时期。必须指出，无产阶级的某些防御性战斗也曾达到非常巨大的规模。英国的总罢工和煤矿工人罢工就属于此类规模巨大的防御性战斗。第二个时期给欧洲资本主义和整个世界资本主义带来了更多的"平静和秩序"。直接的革命事件从欧洲大陆转到了殖民地和半殖民地国家。1925 年摩洛哥发生暴动，1925 年 8 月叙利亚发生暴动，同年，中国的伟大斗争趋向尖锐化。在第一个时期，直接革命形势具有明显的**欧洲性质**，而在第二个时期，直接革命形势已成为世界帝国主义的**殖民地外围**的特点了。

从经济的观点，从分析资本主义经济的观点来看，第二个时期可以称为资本主义生产力恢复的时期。在这个时期，资本主义依靠自己政治上的胜利，依靠政治上的相对稳定，力求达到并且已经达到某种经济上的稳定。

紧跟这个时期到来的是**第三个时期，即资本主义改造时期**，这种改造在质和量上都超过了战前的规模。资本主义生产力的提高，一方面是由于技术有了长足的进步，另一方面是由于对资本主义经济联系进行了广泛的改组。但是，随着这种技术改组和经济改组，随着资本主义的迅速托拉斯化，**与资本主义相对抗的力量也在增长，资本主义内部的矛盾以极快的速度在发展着**。

这里首先必须提到**苏联的发展**。同资本主义改造时期"相应"的是苏联的改造时期，即建立新的技术基础以及与此相适应的在社会经济方面（如扩大我国经济的公有化部分）和逐步加强我国生产机构的联合方面进行某种经济改组的时期。**苏联**经济和政治的**发展，中国革命**发展，印度一类国家的骚动，现代世界经济**资本主义成分**内部矛盾的迅速增长以及与这一切相联系的日益严重的**战争危险**——这就是世界发展的另一面，即它的"反面"的情况。

对于第三个时期正在形成的世界形势，必须仔细地予以研究。不认识世界经济和政治的一切基本变化，我们将无法制定正确的政治路线并正确地对待当前的策略问题。

一开始就应当毫不含糊地肯定，现在所说的**资本主义稳定**与几年前相比，在性质上有所不同。在对国际形势进行分析时，我们必须考虑到对这个问题提法上的变化。

现在就来进行分析。

先谈谈目前资本主义世界的**技术**。我们应当承认，一些最重要的资本主义国家经济的**电气化**已有相当大的发展。在**应用化学**方面有很重要的发明。生产合成燃料和原料的新方法、汽车制造方面的贝吉乌斯方法以及人造丝的生产，等等，这些都是当前资本主义工业具有代表性的特点。此外，还须指出下列事实：**轻金属**，特别是**铝**的广泛运用；新机器和新工具，包括新式农业机械（如北美合众国生产的十分复杂的联合农业机械）的推广；**汽车运输业的**发展；**传送系统**的普遍采用；工厂中新的**劳动组织**；标准化、定型化、规格化、大规模的"成批"生产，等等。这一切都是目前资本主义技术发展的最突出的特点。

现在列举有关北美合众国电力生产状况的某些资料如下：

1912 年……………175. 72 亿千瓦小时

1922 年……………476. 59 亿千瓦小时

1926 年……………737. 91 亿千瓦小时

1927 年……………797. 24 亿千瓦小时

可以举出大量令人信服的实例来说明，从数量和质量的观点来考察资本主义经济的发展曲线，我们就会看到它的某种进步。

从下面几个数字中可以看到不同金属的生产增长变化情况及其在世界产品中所占位置的再分配情况。以 1913 年总产量为 100，1926 年不同金属产量增长的情况分别为：

钢……………………… 122

铜……………………… 150

铅……………………… 107

铝……………………… 310

在美国和德国的电力工业、铁路建设和电车车厢制造中，铝在同其他金属的竞争中成功地战胜了对手。

关于人造丝生产的几个数字也颇引人注目。世界人造丝产量（万公斤）如下：

战　　前……………… 1100

1921 年……………… 3000

1925 年……………… 8400

1927 年……………… 12500

如以战前产量为 100，则：

1921 年……………… 173

1925 年……………… 668

1927 年……………… 1036

至于最新发明及其对生产的影响，我们可以举贝吉乌斯方法为例：在德国按照这种方法人工提炼的汽油已占汽油总消费量的 12%。

现在，许多国家，例如德国和英国，都在制订进一步开展技术革新的广泛计划，就经济效果而言，这些革新是有极高价值的，如德国的远距离输送天然气、英国的电气化，等等。不难理解，这些技术成就，即使我们给它打上"引号"，它也无可置疑地表明了社会劳动生产率的提高。例如，京特·施泰因在《柏林日报》写道，在美国，加工工业的总产量与 1923 年度平均定额相比增长了 4.5%，而工人人数减少了 5%。这说明工人的人均生产率提高了将近 30%—40%。

化学工业的发展，无论从一般经济观点来看，还是从另外两个观点，即从（1）**战备**观点（因为化学工业是头等重要的军事工业）和（2）**农业**种植技术领域可能发生的巨大变化的观点来看，都是值得注意的。世界化学产品战前的产值为 100 亿马克①，1923—1924 年度为 180 亿马克，在此期间物价指数分别为 100 和 140。由此可见，化工产品的生产大幅度地增长了。在最重要的资本主义国家中，亚硝酸产品消费量的变化情况如下：

	战前（万吨）	1926 年（万吨）
德国…………	26	43
英国…………	5.4	6.1
法国…………	7.9	15.2
意大利………	2.2	5.4
美国…………	16.7	34.1

资本主义垄断组织的发展，国家资本主义倾向及其对资本主义的意义

我想，对于上述数字无须再评论了，因为数字本身就说明了问题。这些技术上的变化在某些国家，首先是在美国和德国，已接近于技术上的变革，是以一定的方式同国民经济的托拉斯化，同大银行团的形成，而在目前的战后时期，还与各种形式的国家资本主义倾向的增长相联系

---

① 指 1948 年币制改革前的德国旧马克。——译者注

的。我举几个例子。例如，谁都知道存在着像德国染料工业股份有限公司等这样的大托拉斯。谁都知道，英国出现了规模庞大的化学工业托拉斯（如所谓蒙德康采恩，声名狼藉的"蒙德主义"即由此得名）。同志们都知道美国的"美孚石油公司"。我们现在所处的时代，不仅是庞大的企业主组织在资本主义国家内部产生并获得迅速发展的时代，而且是国际大托拉斯形成的时代。我手头有一份大托拉斯统计的清单，不过，现在来念这份清单将会是枯燥无味的。

不久前，我在我们党的代表大会上提出过这样的论点：我们现在看到国家资本主义倾向有某种发展，而且采取的形式不是从前那种实行配给制和带有战争因素所决定的特点的那种"战时资本主义"。（形形色色的社会骗子厚颜无耻地把这种苦役般的战时资本主义称做"战时社会主义"！）现在，托拉斯、卡特尔、银行团同帝国主义资产阶级国家机关日益结合以致融合的过程，正以一种或者不如说以几种新的形式发展着。至于这一过程究竟套上何种外壳，是采取国家出面控制工业企业并加强国家对经济生活的干预形式，还是采取如自由派所说的由所谓资本主义经济组织"自上而下""征服国家"的形式，这一点并不十分重要。当然，对于后一种说法我们应当予以坚决驳斥；既然国家机关已经掌握在帝国主义资产阶级手中，那么再去征服国家也就毫无必要了。这里所说的是帝国主义资产阶级的经济组织同资产阶级的国家机关相结合的组织形式。因此，这种过程采取何种形式的问题是次要的。我在这里只想肯定这一过程的既定事实并加以强调。我们看到，这种过程在意大利、日本、美国和德国所采取的形式虽各不相同，但是，毫无疑问，这一过程是存在的。有些同志以前曾对这一点有所怀疑。但是，从那时以来，从事这一研究的同志出版了一些专著。我指的是武尔姆同志和拉品斯基同志的著作，他们是从国家预算及其结构的观点，从国营和市有工业的发展的观点，从帝国主义资产阶级的企业主组织和国家组织之间的相互关系的角度来研究这个问题的。这方面的全部资料都证实，在当代帝国主义经济的发展中确实存在着国家资本主义倾向。

这一过程产生的**政治后果**如何呢？我们可以由下面的例子中看出：美国有个西奥多·纳彭，他在 1928 年 5 月 19 日《华尔街杂志》发表的一篇题为《主要总统候选人的实业家素质》的文章中写道：

> "如果我们说，他（胡佛）把自己看做是并且确实是美国实业界的主要领导人，这种说法决不是夸大其词。政府机关同实业如此紧密地结合在一起，就像是实业的一个主管部门，这在以往任何时候、任何地方都是未曾有过的……他对大资本（大实业）毕恭毕敬，对大实业家（资本家）赞赏不已。他认为，一个能干大事业的人比十个崇尚空谈而从不想做也做不成什么事情的科学幻想家要强得多。毋庸置疑，胡佛作为总统，将不同于他的任何一位前任。他将是一位处于动态的实业家总统，而柯立芝则是一位处于静态的实业家总统。与迄今为止的政治总统不同，他将是我国的第一任实业家总统。"

由此可见，既然胡佛被描写为托拉斯的总经理，那么，这个事实也就从政治上清楚地表明了资本的托拉斯组织同国家政治组织相结合的过程。

结构的变化

现在产生了下面这样的问题：假设所有这些事实都与实际相符，那么，应当怎样看待我们关于资本主义稳定性的分析呢？应当怎样看待我们关于局部的、暂时的……稳定——加了各种定语和修饰语的稳定——的论断呢？如果我们自己承认技术确有成就，承认托拉斯和资本的其他组织确有发展，如果我们确认资本主义在这个意义上来说已大大加强，那么，究竟怎样认识关于**世界资本主义体系总危机**的问题呢？应当怎样认识我们对于稳定所作的专门的特殊的表述呢？我认为，必须把这个问题明确地提出来并给以明确的回答。否则，就有陷入思想混乱的危险。

让我们先引用一些政治文献资料，引用一点与这一问题相关联的政治资料。几年前我们是怎样认识资本主义体系进一步发展或进一步瓦解的过程的呢？首先，我要提到我们制定第一个纲领草案的时期。当时，我们对于资本主义所处的状况作了如下的表述：资本主义体系正处于瓦解过程——绝对的瓦解过程之中。当时我们对于资本主义今后命运的看法，可以用持续下降的曲线予以表示。

但是，在再次讨论这个草案时，我们得出的结论是，必须作出某种修改。在共产国际第五次代表大会上，我们关于资本主义经济所处的状况和今后命运的论点的表述即已有所不同。后来在使用"稳定"一词的时候，又加上了"局部的"、"暂时的"等限制词。

现在我们提一个问题：在目前，这些定语和限制词有什么意义呢？**一般说来**，它们是否有某种意义呢？如果说它们有意义，那么这是从前的**那种**意义呢，还是在某种程度上**另有意义**呢？在我看来，这些定语现在的意义**和以前是有所不同的**。

我认为，从总体上来说，对我们以前的有关观点可以比较通俗地表述如下：

我们曾认为，我们所看到的生产的某些增长只是发生在这个或那个国家的现象，而且几乎是一种例外。这种增长被看做是不十分典型的现象，被认为是一种偶然产生的"特定的"情况。明天或者后天就会出现另一种过程。我们今天在某个国家看到的技术进步、生产力的增长和景气现象，只是"经济上的昙花一现"，不值得认真对待。

可以而且必须说，当时对形势的这种估计是有一定根据的，但是这种关于稳定，关于相对稳定的估计，在许多方面已经不符合当前的形势了。

现在分别谈一些国家的情况。

美国正在前进。有这样或那样关于美国将出现危机的说法，这些预言也许是正确的。这一点不能排除，甚至是非常可能发生的，但是，发展的总趋势确实是工业增长了，生产也增长了。在那里，用马克思的话来说，"V"（可变资本——劳动力的价值）不仅同"C"（不变资本——生产资料的价值）相比正在减少，而且绝对值也在减少，这在世界史上，在工人运动史上是前所未有的。产业工人的人数正在减少。这在世界历史上，在工人运动史上是第一次大规模地出现的情况。

也许有些同志会说，这是悲观的估计。不对。我们要把乐观和愚蠢区分开来。这是两种不同的事物。如果我们不愿意当蠢汉，那么我们就应当考虑事实。

这是制定任何一种不愚蠢的策略所必需的最先前提。

现在谈另一个国家——德国。不久前，当我写到德国技术和生产力均有发展的时候，"极左派"反共分子马斯洛夫曾大骂过我。现在，只有瞎子才看不见德国资本主义的发展相当迅速，所以，关于新帝国主义的议论绝非出自偶然，急切希望获得"委任统治权"，渴望获得殖民地绝非偶然现象，建造装甲舰等也绝不是偶然产生的现象。

以法国为例。谁都了解，战前的法国和战后的法国有着很大的区别，旧的靠放债过日子的法国也获得了新的特点，现在正变为具有相当实力的工业国家。

以英国而论。总的来说，英国正处于衰落时期，元气大伤，帝国的威力江河日下。但是连英国也正在振作起来。在某些部门，如所谓的新兴工业部门，英国资产阶级在提高生产力方面取得了成功。

假如这些都是事实，那么，我们是否可以说，这就意味着承认资本主义的危机已经消失了呢？或者说这些事实意味着别的什么呢？我甚至想以更尖锐的政治形式提出同样的问题：这样分析是否就是与社会民主党同唱一个调子了呢？

我认为，事物的真实状况是容易理解的。正确的答案应该是：**资本主义的总危机继续存在**，而且**在发展**，虽然危机的**形式**现在**有所不同**。以前，我们研究危机重要症状的方法是：依次研究各个国家，并且说：甲国的资本主义正处于衰落之中，乙国、丙国也处于同样的过程之中，丁国的衰落过程也许没有这样快，但却是必将发生的。与世界上的一切事物一样，我们关于危机的观点也是产生于当时的经济条件。德国当时的状况是已处于经济衰退的最低点。其他许多国家，尤其是中欧各国，也存在着同样的情况。因此，以前的说法对**实际情况**多少有些夸大。现在，危机的旧形式已被新形式所代替——这就是问题所在。

不应当把资本主义和资本主义体系的总危机想象为资本主义几乎在一切国家或者在大多数国家都在走向没落。情况并非如此。资本主义的危机在于，经过上次的直接战争和战后时期，现在整个世界经济发生了根本的**结构性变化**，这些变化必然会千百倍地**加剧资本主义体系的一切矛盾并最终导致资本主义体系的灭亡**。

以苏联的存在这一事实为例，苏联的存在意味着什么呢？首先，这是战后资本主义危机的结果；其次，是危机在继续的表现。因为这是整个资本主义体系中存在的一种发展着的、敌对的、根本相对抗的异体。确是一种异体！难道这不是世界经济中发生的根本性结构变化吗？

力量分布上的变化

我已经指出，直接的革命形势已经转移到东方和整个殖民地外围地区。这也是战后危机产生的结果。资本主义外围地区发生的这种强大的革命震动难道不是深刻危机的表现吗？

其次，美国和力图摆脱美国霸权的欧洲之间的所谓不平衡现象意味着什么呢？这同样意味着世界经济体系中发生的结构变化。最后，资本主义国家国内市场的缩小，殖民地经济的凋敝和赤贫化也以另一种方式，而远不是像在"正常的"资本主义条件下那样，提出了生产与消费之间的比例问题。结果，出现了这样的情况：资本主义体系**只得在前几个阶段危机时期形成的形式中**谋求进一步发展。资本主义不可能把苏联看做**似乎**不存在那样去求得发展。资本主义也不可能把中国革命看做**似乎**没有发生，美国和欧洲之间**似乎**不存在不平衡现象，国内市场**似乎**没有缩小等等那样去求得发展。

这些结构性的变化对于资本主义体系的整个发展，对于前景的估计是具有重大意义的。以资本主义自身始终存在的种种矛盾为例，争夺市场，生产机构的发展超过购买力的增长以及我们所熟知的其他种种矛盾都在发展着。在世界经济发生上述结构性变化的情况下，我们从中可以得出什么结论呢？我认为必然会得出下面这样的答案：既然殖民地正在发生风潮，既然那里的阶级斗争在激烈地展开，这就意味着整个资本主义体系的内部矛盾正在激化。如果像社会民主党人那样不把中国革命当回事儿，那么当然就不存在资本主义的任何严重危机了。如果不存在苏联，那么，资本主义的危机同样也就不存在了。如果社会民主党人竟然认为资本主义的现阶段并不意味着战争不可避免，认为马克思主义关于战争同资本主义的整个发展紧密相联系的观点已经过时，那么，不言而喻，在他们看来，形势自然如同田园诗般的宁静，不存在任何危机！但是，如果这一切是存在的话——而这是**确实存在的**！——那么，问题的提法就该不同了，答案也就会不同了。

如果我们说，稳定正在遭到破坏，那么我要问：根据什么观点可以得出这样的结论呢？不是根据一个、两个、三个国家中资本主义正处于直接崩溃的状态这一观点得出来的。稳定正在遭到破坏的原因在于，在目前形势下资本主义的发展是在新的、由前一阶段形成的范围内进行的，这就反过来促使**一切矛盾极端尖锐化**。而矛盾的这种尖锐化则导致大崩溃，导致大灾难。这就是资本主义不稳定的原因。这就是资本主义的稳定**只能是相对的**稳定的原因。这就是资本主义危机不但没有消失，反而更加深化和更加可怕地发展着的原因。但是，不应当从单独一个国家的角度，而应当从所有国家的**普遍联系**中，从整个世界经济范围中去研究这种危机。同时，必须考虑到帝国主义者之间、资本主义和殖民地之间、各种"资本主义"和苏联之间等诸如此类的相互关系。

资本主义的矛盾正以最尖锐的形式发展着

　　只能这样提出关于稳定的问题。我想，问题的这种提法是十分明确的。在资本主义国家中，许多国家正在发展。但是，这种发展是在战争危机的形势下，是在存在着苏联、东方革命等情况下进行的。内部矛盾愈演愈烈，稳定确实已遭到破坏。这不是因为资本主义在所有国家都在走向没落，而是因为世界经济发生的结构性变化造成了一种新的形势，而且不可避免地导致整个体系的崩溃。当然，这些矛盾也是同各个国家的内部矛盾，同阶级斗争的发展和激化，同革命形势的诸要素的成熟相联系的。但是，这个过程现在不是同个别国家中资本主义直接的经济**破产**的过程相联系，而是同**稳定中矛盾的发展过程相联系**，这些矛盾是同那些**因资本主义危机普遍存在而极端尖锐化**的种种矛盾的发展过程相联系的。

　　我只是概括性地谈到世界经济的某些结构性变化。请允许我对我们敌人营垒中危机现象的提法发表一点意见，而且我将涉及所谓"德国问题"，从某种角度来看，这个问题不是什么别的问题，而是美国和欧洲的相互关系问题。我们想以英国著名统计学家和经济学家**佩什**在去年出版的《地缘政治杂志》第 4 期上发表的文章为例。**佩什**是这样提出问题的：

"现在**全世界的债务国都无力**按照所需要的规模去销售自己的商品，即既能**偿付本身的债务**，又能用出售商品所获之款去采购必需的商品来满足本国的迫切需要。因此，这些国家只好同过去一样，继续**同外国签订巨额借款协定**。但是，债权国也无法按前几年那样的数额提供新的贷款了。如果在近期内不出现松动，那么，整个体系很快就会崩溃……"

佩什接着写道：

"**由此可见，国际信贷体系的垮台已成为咄咄逼人和十分迫切的事了。**如果不迅速采取措施，使债务国有可能依靠本身商品的销售，而不是依靠继续借贷去偿付其债务，那么，这种信贷体系的垮台将是不可避免的。出现危机的症状积累得已经够多的了：**市场商品的过剩；美国失业人数的增长；最重要的工业国，首先是德国的贷款业务数额十分庞大。**"

这位作者预言将出现全面性的灾难。我对这种说法是否正确表示某种程度的怀疑。这里自有其他的利益考虑，而究竟是什么样的利益，这是不难理解的。但是，确有某种根据作出此类判断。

但这个德国问题毕竟是在现代世界经济的危机形式的基础上出现的一个局部性问题。我们现在看到许多极其尖锐的矛盾。这极其尖锐的矛盾正沿着极其不同的方向发展着，如**美国—英国，德国—法国，意大利—法国**，等等。从资本主义内部平静和秩序的观点来看，这都是不平衡的现象，而所有这些不平衡现象还表现于，战后出现了这样的状况：某些国家的真正经济实力与它们拥有殖民地的状况已不相符合。例如，以美国为一方和以英国为另一方，我们可以看到，美国资本有了巨大的增长，而美国迄今为止并不是一个殖民大国。版图扩向全球的英国帝国是一个殖民帝国，可是对于英国恰恰可以说，尽管它握有强大的殖民霸权，它却正处于衰落时期。这种不平衡的现象在其他国家也同样可以看到。以现在的德国为例，从经济技术观点来看，它可是首屈一指的国家，然而，它却既无殖民地，又无委任统治地和保护国。将意大利与西班牙作一比较也是很有意思的。

但是，由于这些矛盾与生产力的增长相联系，由于争夺投资领域的斗争愈演愈烈，所以这只能意味着严重的帝国主义问题——**重新瓜分世界**、殖民地或别的领域——的"重现"，而这就意味着**战争**。从对当今世界经济进行的这种经济分析来看，从帝国主义国家内部特有的关系来看，从资本主义总危机的观点来看，总之，从所有这些起决定作用的观点来看，战争已是**当前的中心问题**。我们必须在策略上和政策上将这个问题摆在首位，其原因就在于此，让社会民主党先生们去叫喊什么战争是我们的纲领吧!? 简直是可耻到极点的胡话，不是一般的扯谎，而是地道的胡诌! 这个问题是客观上存在的中心问题，而我们大家的主观任务是，不按帝国主义的方式，而是按无产阶级的方式去解决这项任务；不是用支持帝国主义战争的办法，而是采用**变帝国主义战争为无产阶级反对资产阶级的国内战争的途径**去解决这项任务。

国家之间的矛盾

显而易见，经济发展过程决定着国与国之间的相应关系，并使之定型化。在分析资本主义国家相互之间一整套政治关系的时候，不同的国家形态之间的严重矛盾十分引人注目，如资本主义国家同殖民地，特别是同中国之间的对抗，资本主义国家同苏联之间的对抗，欧洲（尤其是英国）同北美合众国之间的对抗。至于欧洲各国之间的关系，它之所以具有特殊性，在很大程度上是因为德国的状况发生了变化，德国帝国主义又复活了。我已经指出过，美国的经济实力和政治实力日益增长，而它拥有的殖民地相对地说却微不足道，两者之间存在着巨大的矛盾。这一矛盾产生的影响就是，北美合众国的侵略意向日益严重。"和平渗透"的口号渐渐为公开的政治占领和军事占领所取代。尼加拉瓜发生的事件便是美国政策这种变动的明显的反映。美国在中国的政策也与所发表的一切开明的宣言大相径庭，实质上和军事占领已相去不远了。

美国的侵略性政策遇到了对手——英国的抵制。**英美之间的对抗在目前已成为资本主义国家之间的一切矛盾的中心**。美英之间的冲突渗透到各个领域。在争夺橡胶的一场相当大的冲突中，英国打输了，不得不签订协议。在争夺石油的较量中，英国也被击败了。现在，又面临着一场棉花争夺战。我指的是美国资本正图谋向非洲扩展——向阿比西尼亚并经阿比西尼亚向埃及渗透，北美合众国已把自己的魔爪伸向了印度。

在南美大陆，美国原先已从经济上控制了拉丁美洲的北部地区，现在它在拉丁美洲南部地区同英国的竞争中也相当顺手。我再重复并强调一遍，美英之间的冲突已成为世界经济资本主义成分内部一切矛盾的中心。

德国帝国主义的复活和凡尔赛和约的危机

德国（从欧洲各国之间特殊的关系的观点来看它是相当重要的）正在发生独特的"复兴"现象，**德国帝国主义正在复活**。这意味着什么呢？德国还没拥有自己的陆军，也没有海军，但是，它的地位发生了重大变化，德国曾被打败。经过一场战争"游戏"，德国垄断资本遍体鳞伤。无论是在政治方面，还是在民族方面，德国都陷入了绝境。但是，德国资本依靠贷款，首先是美国的贷款，振兴了自己的事业。德国资本的技术或者更确切地说，德国技术进步的发展创造了欧洲创纪录的数字，在某些领域中，德国甚至创造了世界纪录。至于说到经济方面的改组，那么，德国的托拉斯化过程采取的是传统的形式。规模庞大的托拉斯、这些托拉斯在国际范围内拥有的巨大势力、德国资本在世界市场控制的强大阵地、比较低廉的商品价格、德国资本竞争能力的日益增长——这些都已经成为无可置疑的事实。

显而易见，日益强固的经济基础总会在政治上反映出来：凡尔赛和约的部分条款实际上已失去效力，德国资本的政治地位比前几年大为加强，在西欧国家的共同行动中，德国现在扮演着相当重要的角色，在某些问题上甚至起着左右他人的作用。不难理解，这种发展特点，或者更确切地说德国整个发展的这种趋向，也就是德国垄断资本对外政策欲望不断增长的表现。追求"委任统治地"、保护国和殖民地，在德国已成为一种政治上的时髦。然而，这不单单是一种"时髦"，而是一种更为实际性的东西了。这种"时髦"并非没有实现的可能，因为在各种对抗的演变和力量的搏斗中，在法意、法英、法德、德波等相互交错的关系中，即在欧洲各国这种错综复杂的相互关系中，德国一方面是行动的主体，另一方面又是行动的客体，在某些情况下，一系列国家都会支持德国。与德国资本发展中这一趋向相联系的还有一种现象，即以德国资本的"亲西方方针"为标志的现象。几年以前德国曾处于协约国资本的威胁之下，法国把枪口对准了它，它丧失了牢固的阵地，一段时期内，与苏联结盟成为德国资本的唯一出路。拉帕洛条约和当时德国奉行的对外政策就反映了这种情况。

现在情况变了。随着德国垄断资本的发展，它的殖民主义贪欲也在滋长，德国资本的亲西方倾向愈益明显。不言而喻，在进行分析时不应当简单地看待现有的形势。德国资本发展中这种基本趋向决不排除它去要弄种种计谋和手腕，决不排除它利用其在西方国家和苏联之间所处的中间地位，等等。这是无可辩驳的事实。但是，这些计谋和手腕不可能掩盖德国资本（它自愿让人"强奸"并与其同伙一起反对苏联）发展的基本趋向。

国家之间相互关系的变更和反对苏联的斗争

资本主义的危机也表现于国家之间相互关系眼花缭乱的变化之中。没有一个联盟是牢固而持久不变的，相反，我们大家看到的是力量的组合经常发生变更。但是，欧洲国家的一切重新组合、变化和形形色色的凑合都贯穿着一个基本倾向——部署力量以反对苏联。我们不止一次地谈及这个命题。我不打算在这里详谈有关组织种种所谓小协约国的联盟的问题以及各边缘国家之间和较大的国家之间的种种协定问题，等等。这是连 3 岁小孩也都知道的事实。

如果我在报告第一部分对经济基础所作的分析是正确的话，那么，十分显然，国与国之间这种相互关系乃是反苏战争的准备活动在政治上的表现。据此我们当然也应该制订我们的策略。

为了准备战争

由于上述原因，最重要的资本主义国家的内部发展同样也是在备战的标志下进行的。这种发展过程与社会民主党人关于和平主义已体现于生活之中及"超帝国主义"时代等废话是大相径庭的。下列事实是大家都十分清楚的：扩充军备，通过各种战争法规（如法国的保罗－邦库尔法），以及资产阶级到处都在疯狂地为一旦爆发战争时维护所谓国内的"安宁和秩序"进行准备，等等。英国的臭名昭著的反工会法，墨索里尼发布的"劳动宪章"，在匈牙利、波兰、罗马尼亚以及整个巴尔干各国和意大利等一系列国家中骇人听闻的恐怖统治，精心策划收买某些农民阶层的计划，所谓的"工业稳定"、"蒙德主义"、美国式的收买无产阶级的手段（一面依靠法西斯主义，一面依靠社会民主党）——凡此种种，都属于战时维持国内"安宁和秩序"的手段之列。

国家政权在组织上的变化也是与此相联系的。我已经提到过国家资本主义的倾向，提到企业家组织与资产阶级国家政权机关直接融合的倾向。这种倾向不仅具有一般的经济意义和一般的政治意义，而且从准备战争的观点来看也是意义重大的。如果认为资产阶级是因为看到了企业家组织同资本的政权组织融合是准备战争的手段，从而有意识地去实行这种融合，这种看法是错误的。这一过程带有较浓厚的自发性。但是，在客观上，国家政权的这种演变和国家资本主义倾向的增长毫无疑问是为准备战争的目的服务的。第一次世界大战期间，我们经历过涂上独特色彩的国家资本主义阶段。用德国学者的话来说，那叫做"强制性管理"。作出这种严格规定的基本原因是：生产力大幅度下降，力图在"被围困的堡垒"中采用适当办法合理调节消费。但是，这种努力毫无结果。现在的国家资本主义倾向则是在新的基础上，在资本主义生产力增长的基础上，在资本集中和不采取专门的强制性定额的基础上发展的。毫无疑问，在爆发战争的情况下以及在战争过程中，这种国家资本主义倾向将被用来动员整个国民经济去适应战争目的的需要。

国家政权组织形式的这种演变，资产阶级政治组织和经济组织的这种高度集中，对于后来的整个发展进程有着极其重大的意义。从无产阶级现时的阶级斗争观点来看，这些现象也是十分重要的。还不是所有的人都已经懂得，无产阶级现在与之打交道的不仅仅是个别的企业主或甚至个别的托拉斯，而是作为一个阶级的帝国主义资产阶级的整个组织，正因为这样，无产阶级在每次经济战争中的处境才如此艰难，如此复杂。由于无产阶级直接面对着同资产阶级国家机构勾结在一起的大托拉斯和卡特尔，因此，任何一次罢工都有可能发展为政治性罢工，任何局部性冲突都有可能发展为工人阶级的全面斗争。关于这个主题，我将联系其他问题一起来谈。

现在，我来讲一讲最主要是欧洲国家，首先是讲一讲北美合众国中的阶级状况问题。

二、资本主义各国的国内政治进程

内部矛盾加剧

在分析稳定状态时我曾指出过，这种稳定的相对性表现于不同国家之间的冲突，表现于战争危险之中，表现于帝国主义国家和殖民地国家之间的对抗以及帝国主义世界和苏联之间的对抗。然而，这种状况绝不意味着各个帝国主义国家的内部矛盾不再激化。各资本主义国家的内部矛盾**正在激化，而且不可避免地会不断激化**。但是，这些矛盾的性质已经有所不同。这些矛盾是每个资本主义社会所固有的，现在发生激化则有其**特殊**原因，它正在加剧着阶级斗争。从局部的、暂时的、稳定的发展前景来看，它孕育着战争的因素。

稳定过程对最重要的资本主义内部状况的影响是多方面的。局部稳定是一种具有两面性的过程。一方面是资本主义在技术经济上得到某种程度的加强，另一方面——而这是一刻也不能忘记的——**矛盾在加剧，阶级斗争在激化，失业现象日益严重**。

北美合众国是一个典型的例子，那里的资本主义发展速度最快，但是，随着生产力的提高，失业也越来越严重。这种失业本身就是与生产力的增长有机地联系在一起的。十分清楚，这就说明阶级斗争在激化，美国失业工人人数达 400 万，这不是区区小数。失业的存在也影响到无产阶级的其他阶层。这是资本主义的一个负担。与此同时，稳定也为改善无产阶级某些阶层的物质状况提供了可能。有鉴于此，我们对于无产阶级内部的社会关系也应当加以分析。这里我是以一般方式提出**社会民主党问题**的。

我们过去和现在都说，社会民主党和机会主义均已破产，这种论断完全正确，然而，可恶的社会民主党依然存在。在某些国家中，社会民主党的数量和作用还有所增长。共产国际在德国取得了巨大成就，在遭受了那次失败之后，这些成就显得更加伟大。然而，社会民主党在选举中仍获得 900 万张选票，这可不能等闲视之。在我们的发展和斗争的现阶段，我们应当提出一个问题：产生这种现象的根源何在？

社会民主党继续兴旺的根源

我们通常把产生机会主义的根源问题同殖民地问题，同资本家从殖民地获取超额利润并借此收买工人中上层分子的问题联系起来。德国并无殖民地，那么，德国社会民主党势力有所加强或者说它的阵地还相当牢固，其原因何在呢？为什么这个搞叛卖活动的社会民主党还没有从舞台上消失呢？为什么它还具有如此灵活的周旋能力呢？用狡猾奸诈和善于应付来解释这种现象是不行的，因为这些都起不了决定性作用，不能起左右局势的作用。社会民主党的兴旺与稳定过程有着极为紧密的联系。这一问题的经济内容是相当复杂的。迄今为止，我们讲到超额利润时，指的总是这个或那个国家直接从殖民地榨取的超额利润。美国没有那么多殖民地，而它得到超额利润了没有呢？是的，得到了，我不能详细地来讨论这个问题。我想提醒一下，马克思就分析了一系列现象，大工业国家由于在世界经济中占有巨大比例而取得级差利润，这是由于技术的优越性带来的，而资本主义的超额利润在以后的时期里起着巨大的作用。因此，改良主义的经济基础不仅是直接从殖民地取得的超额利润，而且是通过世界商品流通，在输出资本的技术上取得的利润，不单是从"自己的"殖民地，而且是从所有的殖民地。

　　试以**美国**为例。美国**虽然**不拥有领土归它管辖的大块殖民地，但是，凭借着美国资本的霸权地位，它却不断获取数额庞大的超额利润。

　　再以**英国**而论。其发展曲线处于下降状态，但是，它并没有丧失殖民地霸主地位。英国帝国的基地日益缩小，但终究还存在。在英国国内，无产阶级左倾化的过程还在继续，共产党等组织的影响也在增长，但是，英国帝国主义的垄断统治不会像我们原先估计的那样很快就会崩溃。大英帝国的殖民地垄断地位依然为英国改良主义的生存提供着相当广阔的天地。

　　有关**德国**的情况我已经讲过了。

　　为了弄清社会民主党势力犹存的原因，还须研究一系列极为重要的因素，其中包括许多国家**在内政方面**发生的相当重大的变化。数量相当可观的一批原社会民主党干部或工会干部，现在摇身一变成了国家官员、市政机关负责人和企业主组织的职员。这方面的变化是十分令人瞩目的。这种情况发生于许多国家，首先是德国。改良主义工人组织同企业主团体和帝国主义资产阶级的国家机关相结合，这在实际上就意味着把工会和党的官僚局部地变为国家和企业主组织的职员。这也是资产阶级搞收买政策的一种独特的方法。

关于法西斯主义和社会民主党

　　我认为在法西斯国家中也局部地存在着同样的过程。我们不妨以波兰这样的国家为例，皮尔苏茨基在这个国家建立了军事恐怖组织"射击兵"。这个组织是一种"志愿性"组织。名义上当然是志愿人员自己建立的，然而它却是一种半国家性质的组织。其中有没有波兰社会党工人呢？有，而且他们的数量相当可观，组成了国家结构中的一定阶层。概而言之，社会民主党之所以有力量，就在于我上面描述过的那些经济因素和政治因素。当然，社会民主党的灵活应变能力，它所具有的一定的经验和巧妙的政治手腕等也不无作用。这一切自然起着相当巨大的作用。但是，单凭这一点是难以说清问题的。可以这样说，一方面稳定的过程给社会民主党建立了经济支柱；另一方面，稳定中的矛盾又为共产党的发展提供了土壤。因此，常常可以看到共产党和社会民主党的势力同时得到增长的情况。当然，其他种种原因也要看到，而且不能忽视。以处于社会民主党影响下的各个阶层中发生的社会分化为例。社会民主党的发展有时依靠的就是广大的小资产阶级阶层。在选举中社会民主党还利用资产阶级政党受削弱的机会，把小资产阶级的选票拉到自己一边。必须看到，在一系列国家中，包括在德国和法国，到目前为止，甚至在大企业中，在社会民主党力量比较强的大托拉斯的工人中，我们争取到的骨干分子还是极为有限的。

阶级斗争的激化

稳定中的内部矛盾加剧了各个资本主义国家中的阶级斗争，在现代国家和现代资本主义发生我所说的那些组织结构变化的情况下，这些内部矛盾使各种大大小小的罢工都变成为具有重要意义的政治事件。英国的罢工如此，德国五金工人的罢工如此，今后的罢工同样将会如此。产生这种经济罢工转变为政治罢工现象的原因在于出现了一些特殊的情况：资本托拉斯化，企业主组织同国家融为一体。

这就是各资本主义国家内部矛盾正在加剧的情况。一国资本主义内部矛盾发展的结果是，阶级斗争日渐激化，共产党的影响日益扩大。这一点可以通过许多事实得到说明和证实。我指的是下列种种事实，许多国家，如法国、捷克斯洛伐克、德国出现罢工浪潮；无产阶级日益"左倾化"；对苏联的同情不断增长；无产阶级曾追随过的资产阶级政党，如德国的中央党和意大利的天主教组织发生分裂等。法国和德国的选举结果也表现阶级斗争正在加剧。稳定的过程充满着矛盾，所以，我们也有所发展，即使不是在数量方面，至少是在政治影响方面几乎总是有所发展的。去年，希法亭在社会民主党代表大会上作报告时就曾预言说："同志们，共产党迟早要完蛋。我十分清楚，多年来人们备受可诅咒的失业之苦，我知道通货膨胀期间人们因丧失自己的财产而深感绝望，人们对一切都感到失望，只相信暴力。由于一时的激烈情绪，这些人会去投共产党的票。但是，共产党不会在政治运动方面起任何作用。它时来运转的日子已经不存在了。"实际情况远非如此。共产党正在不可阻挡地发展着。德国的斗争就足以证明这一点，那里的共产党得到325万选民的支持。希法亭如此可悲地失算了！只要不按照社会民主党那种不伦不类的观点，用在国会中所得当选证书的数量来衡量自己的影响的话，那么，法国的选举同样可以证明这一点。随着资本主义稳定中各种矛盾的加剧，我们的政治影响正在日益扩大。但是，与此同时，社会民主党的影响和社会民主党本身也在不断增强。

最近几年来，社会民主党发生了深刻的演变。在谈论社会民主党的时候，如果仍以过去的，比如说，1914年对它的看法来评价它，那将是错误的。1914年8月4日的社会民主党只是现代社会民主党的雏形和幼芽。社会民主党现在的意识形态连类似马克思主义的言辞都已丧失殆尽了。现在，社会民主党的精神食粮是由英国供给的麦克唐纳式的胡言乱语，而社会民主党的领袖们还十分起劲地力图尽可能把这道菜烹调得美味可口一些。

社会民主党的君主专制面目

前几天，梁赞诺夫同志在我党中央机关报《真理报》上公布了拉萨尔和俾斯麦的来往函件。俾斯麦是何等人物，现在一清二楚的了。斐迪南·拉萨尔在给俾斯麦的信中写道，最好建立以"王权"为中心的社会君主政体。这一思想使拉萨尔与俾斯麦亲近起来，激起了他搞政治阴谋的念头。而社会民主党还提出口号："回到拉萨尔时代去。"这种本能地想回到拉萨尔时代去的倾向包含何种内容，我们已经十分清楚。它包含了使诺斯克信徒们和意大利法西斯分子在意识形态上相互接近的某种思想基础。建立王朝统治下的"社会君主专制"，这种意识形态是颇合现在的社会民主党的胃口的。1914 年 8 月，社会民主党背叛了马克思主义，表示拥护保卫资本主义的祖国。在我们的时代，社会民主党是一支自觉地建设资本主义国家的活跃力量。社会民主党的对外政策也是与它的对内政策相一致的。现在，它不仅是在保卫资本主义祖国，从资本主义的观点来看，它已经是本国侵略贪欲的最突出的体现者。现在，在德国难道没有要求为德国取得殖民地的社会民主党人吗？不言而喻，这种人多得很，而且他们完全不加掩饰地提出了这种要求。在德国社会民主党的历史上曾发生过一起希尔德布兰德事件，他在一本书中贩卖了这类思想，结果在开姆尼茨代表大会上被开除出党。而在今天的社会民主党队伍中，一些享有荣誉、受人尊崇的党员竟公开宣扬殖民主义思想。这不是一种偶然现象，也不是绝无仅有的事例。就以第二国际最近通过的关于殖民地问题的决议为例，这个决议可能经过鲍威尔的润色，增添了似是而非的马克思主义基调。我们看到，这个决议把殖民地作了如下分类：某些殖民地应当获得独立；另一些殖民地应置于委任统治之下；还有一些殖民地则现在仍处于必须保留原状的发展阶段。其实，据我所知，在国际联盟的文件中也是这样讲的。由此可见，虚伪的社会党人同帝国主义资产阶级阵营中那些狡猾奸诈之徒毫无二致。

　　不妨再以战争问题、对国联的态度问题和对苏联的态度问题为例。把 1914 年的考茨基同现在的考茨基比较一下，就会发现判若两人，现在的考茨基已是带有露骨的反革命倾向的人了。

社会民主党的反苏活动

　　一切共产党人都应懂得，在未来的战争中，社会民主党的作用就其卑鄙无耻的程度而言，将出乎我们的一切意料之外。当然，对于社会民主党的上层和社会民主党中的无产阶级必须加以区别，在后者的队伍中将会出现严重的危机、分裂、纷乱、改组等。但是，它的上层集团将同帝国主义阵营中罪大恶极的分子沆瀣一气，共同行动。对这一点我们不应有任何疑问。希法亭先生现在就大言不惭地宣扬下述观点：欧洲也存在着失业，产生这种失业现象的原因是资本主义搞得不够好，如果能把苏联拉到资本主义国家的整体中来，那么情况将会好得多，障碍在于它在对外贸易方面实行垄断。由此自然而然会得出这样的结论，无产阶级对打破苏联对外贸易的垄断似乎甚为关切。我要向你们提个问题，这种提法是什么意思呢？这不啻是从思想上为公开发动反苏进攻战争作准备。在希法亭的论点中，暂时还是学究气较重，议论较多。但是，这种经济观点发展下去就会成为十分现实和具体的政治观点。起先只是在理论上形成的东西，尔后就会变为行动。希法亭先生这种说法付诸实践，就意味着反苏战争，而不可能是别的什么。

　　不言而喻，社会民主党的这种演变应当引起我们方面相应的反应。同志们都知道，共产国际执行委员会最近一次扩大全会规定了法国共产党和英国共产党（在某种程度上包括所有的党）在政策上应作的策略转变。这是根据我们的倡议，是根据执行委员会的倡议提出来的。有些同志把这种转变同种次要因素连在一起。但这是不正确的，因为决定实行策略转变的因素是我上面提到的那些因素即社会民主党的整个演变。认为我们是在受到反对派的指责之后竭力表现得"左"一点，等等，这种想法是很幼稚的。这种说法不值得认真对待，不值得答复。决定我们策略的唯一理由是，客观形势发生了变化，各种阶级力量和各种政党力量的对比起了变化，等等。对这个问题应有的态度是，问一问，我们和社会民主党之间的相互关系是否发生了变化？回答是，已经发生了变化。由此是否会引出某种结论呢？是的，是会引出某种结论的。为什么社会民主党人在工会和其他组织中对我们的进攻比以往更加激烈呢？因为我们的政治路线不仅在对外政策的重大问题上，而且在任何其他问题、其他领域，都是同他们的路线截然相反的。就拿一个工厂来说吧。社会民主党在工厂的政策是怎样的呢？国内和平，不搞罢工，工厂委员会与资本家组织合并，全面推行"蒙德主义"——这就是社会民主党对工厂工作的方针，而且不仅仅是对工厂，对托拉斯，对国家，对国际联盟，到处都推行这种方针。这条路线并不是一下子就定型的，它是逐步形成的。但是，既然它已形成，我们应不应该由此得出一定的结论呢？当然应该从中得出有实际意义的结论，否则，我们将被敌人所击败。

三、我们的策略方针

实行转变——是对客观变化作出的正确回答

客观形势的变化迫使我们作这样的策略转变。这是对形势变化作出的正确反应。**英国**就是一个明显的例子。工党过去是一个缺乏党纪的、涣散的组织，现在却变成了大陆型的名副其实的社会民主党。它有党纲，有党的纪律，它正力图用党的纪律来约束我们，企图扩大自己在工会中的势力，从政治上来束缚我们。它正在排除我们的人，向我们发起攻击。如果我们现在仍然墨守过去的陈旧口号，为了不使有组织的无产阶级的共同阵线发生破裂而维持原先的相互关系，那我们就完蛋了，那样我们就会失去自己的政治面貌，从而丧失独立存在的权利。我们将被敌人所击败，所以，不从这种形势中得出结论将是**愚蠢**的。我们应当说：英国党作出这种转变的原因是，客观形势发生了变化，工党采取了新的组织方法，工党和我们党之间出现了新的关系。所有这些才是具有头等重要意义的政治因素。

法国的情况也是如此。社会民主党现在的代表人物保罗－邦库尔和阿尔贝·托马，前者提出过战争法案，后者则吹捧过墨索里尼，这一切绝非偶然。托马和邦库尔分子不但没有被开除，相反，还有人寻找理由为他们辩解，"左派"弗里茨·阿德勒写过一篇不像样的文章，实际上就是为托马给法西斯主义唱赞歌之事进行辩护的。这就是第二国际最"左"倾分子的所作所为，这就是在战争时期为反对战争曾打死过一名部长的人的杰作！

至于谈到法国共产党，那么，还有一系列因素迫使我们不得不改变我们的策略。众所周知，法国共产党内部一直残留着对议会的幻想。不久前举行的选举成为法国党的一个转折点，对于这次转折，不仅应当从选举本身，而且应当从法共今后政策的角度加以评价。既然我们已经断定，我们面临着规模巨大的阶级搏斗，在这场搏斗中，议会主义（就其贬义而言）可能起很坏的作用，那么，我们就应当尽自己所能，同这种陋习实行决裂。

综上所述，我们在策略上的转折是根据形势的客观变化作出的，这种转折成为各个大的共产党实行转变的信号。**改变对社会民主党的态度是实行这种转折的中心政治内容**。对待社会民主党的态度问题，是带关键性的政治问题。加紧开展反对社会民主党的斗争，这就是共产国际目前的政治方针，而且我认为，我们第六次代表大会也应当接受这个口号，接受这个政治方针。与此同时，我要强调指出，在方法上加紧与社会民主党的斗争，绝不是像某些同志想象的那样，就是放弃**统一战线的策略**。相反，我们越是激烈地反对社会民主党，反对它的政治路线，我们就愈要坚决地提出争取群众的问题，包括争取社会民主党的群众和追随它的工人群众的问题，我们就更要有力地为争取这些群众而开展斗争。为了顺利地开展争取这部分群众的斗争，我们应当采取适当的方法来接近他们。只有那些头脑不健全的傻子才会认为，既然我们同社会民主党势不两立，又何必去同社会民主党的工人打交道呢？对于这样一种双重性的任务，还不是所有人都已经弄清楚了。还不是所有的人都已经认真地深入思考了这一问题。**但是，这却是我们现在最重要的和基本的任务之一。**

四、殖民地和半殖民地的革命问题

基本路线的正确性和在中国执行中的错误

在转入从总体上分析我们的基本任务之前，我想再说一下**殖民地运动**问题。我要谈谈中国和印度，但是只讲几点意见，因为这些问题在讨论纲领时，特别是在讨论殖民地问题时，还要部分地涉及。

关于中国革命的问题，我们同我们的反对派有过范围十分广泛的原则性争论。现在，我们可以再来回顾一下中国革命的某些基本问题。大家都知道，中国共产党遭到了惨重的失败。这是事实。试问，这次失败是否同共产国际在中国革命中实行的错误策略有关系呢？也许同资产阶级结盟果真是不明智之举？也许这就是我们的失策之处，就是这个基本错误引出了所有其他错误，从而逐渐地、一步一步地导致了中国无产阶级的失败？对于这个问题，我们大概要在大会专门讨论殖民地问题时十分详细地加以分析，因为这个问题极其重要，有必要以批判的态度认真地加以阐述和探讨。但是，我想，分析一定会证明，错误完全不在这里。

　　总而言之，错误并不在于基本的策略方针，而在于政治行动和在中国实际贯彻的路线。**第一**，在中国革命初期，即与国民党合作时期，错误在于我们党缺乏独立性，在于我们党对国民党批评不力。我们党有时由同盟者变成了国民党的附属品。**第二**，错误在于我们的中国党不理解客观形势的变化，不理解从一个阶段向另一个阶段的转变。例如，在某一段时间内可以和革命的民族资产阶级一道前进，但在某一阶段又要预见到行将发生的变化。对此应有所准备。在缔结任何联盟时，都应当预料到这种变化的可能性，从而做好斗争的准备。在对中国革命的各个阶段进行批判性的分析时，我们看到，中共中央，部分地还有我们驻中国的代表，犯了严重的错误。他们没有考虑到，也没有看到这个转折，因此，当以往的同盟者变成凶恶的仇敌时，他们未能及时地实行转变。**第三**，还是由于这个原因，我们的党有时起了阻碍群众运动，阻碍土地革命和阻碍工人运动的作用。这些错误是无可挽回的致命性错误，当然也就促成了中国共产党和中国无产阶级的失败。在经历了一系列失败之后，党纠正了，而且相当果断地纠正了自己的机会主义错误。但是，这次也同往常一样，有些同志陷入了另一个极端：他们不经认真准备就仓促举行起义，暴露出明显的盲动主义倾向、最低劣的冒险主义。共产国际执行委员会第九次全会标志着中国共产党策略上的变动，但是变动的方向不同于西方。

　　如果运用"左"、"右"之类的术语，我们可以说，法国和英国发生的变动是"向左转"，而中国则是"向右转"。不过，我要事先声明，我并不推崇这种术语。因为它既不太合适，又说明不了任何问题。进行分析，并不只是为了弄清策略。"左"的或"右"的性质，而是要查明策略正确与否，与客观形势是否符合。

中国的革命高潮必然到来

我们对中国革命当前形势的估计是：革命浪潮汹涌澎湃的高峰时期已经结束，以联合群众、积蓄力量、准备迎接伟大革命高潮为主要任务的时期已经开始。

种种客观迹象证明，革命高潮是必然要到来的。以往斗争的全部经验证明，没有波澜壮阔的群众运动，就不可能解决中国革命的问题，而现在已具备胜利完成这项革命的客观前提。但是，这就给我们提出了一项中心任务：必须把群众团结成一个整体，使敌人无法逐步地、采取各个击破的手段来消灭我们这支无产阶级大军。这是一项必须坚决完成的任务，它要求党从立刻举行起义的立场转变为准备起义的政策，即发动群众准备举行最有胜利把握的起义的政策。我认为，第九次全会通过的关于中国问题的决议对于中国共产党的进一步发展是大有帮助的。我希望代表大会的决议将符合那次全会决议的精神。

印度的新进程

在印度是另一种情况，那里的形势和力量对比与中国不同。在中国，在整个一个时期内，在许多年内，资产阶级一直是手拿武器同帝国主义作斗争的。这是事实。印度则不然。在印度，不可能存在印度资产阶级发挥同样革命作用的一个长时期。当然，这并不涉及印度现存的各种小资产阶级政党或恐怖组织。我指的是资产阶级的核心组织，即自治运动党。

我不可能再从经济上来分析印度的形势了，但是我想指出一点，我不同意那种认为印度已不再是殖民地国家、印度正在发生非殖民化进程的观点。这种论断是片面的。与此相反，最近时期以来，即在帝国主义作出某种让步的时期以后，英国帝国主义对整个印度，特别是对印度资产阶级的殖民压迫变得更厉害了。这迫使自治运动党再次对英国帝国主义表示不满。它进行了反抗。但这与拿起武器进行斗争相去甚远。群众运动稍有露头，自治运动党就会转向与英国帝国主义妥协。我讲的群众运动是指群众独立地提出诸如没收土地或保护工人利益等激进口号的那种运动。我认为，当群众独立地进行发动，提出某种程度的革命口号时，自治运动党中那部分资产阶级必将迅速地同英国帝国主义实行妥协。现在，它是在反抗。在某些时候它甚至可能在客观上起一种革命的作用，但是，它绝不可能在较长时期内起革命的作用。毋庸置疑，只要一出现群众运动，资产阶级就会倒向反革命阵营。这一点是必须强调指出的。共产党从一开始就应当明确地指出资产阶级的摇摆性，提出尖锐的口号，从一开始就应该反对资产阶级，使工人群众看清印度资产阶级今后的动向。把对中国的策略机械地搬用于印度是极端危险的。这里必须作专门的分析，根据印度的特殊环境制定特殊的策略。

（会议休会）

第三次会议

(1928 年 7 月 19 日)

主席：福斯特

布哈林作共产国际执行委员会的工作报告（续）

五、我们的基本任务和我们的缺点

要多一点国际主义观念

同志们！现在我讲一讲**关于我们的基本任务和我们的缺点**问题。从我上面所作的关于世界形势的分析中，可以看出我们在策略问题方面的基本方针。首先要说的是关于我们运动的**国际主义观念**问题。不言而喻，在大范围的政策问题已成为各国共产党注意的中心和**战争问题已成为中心问题**的目前时期，有关进行国际主义教育和与此相关联的各国共产党的任务的问题，应当置于共产国际活动的首位。用这个观点来考察我们党的活动，那么，必须指出，尽管各国共产党人数还比较少，但毫无疑问我们在加强共产党的布尔什维克化方面毕竟取得了相当巨大的成绩，我们赢得了相当伟大的胜利，我们可以肯定，我们的影响已经增长，我们从思想上为共产主义占领了新的地区，等等。但是，同共产国际及其支部面临的任务相比，各国共产党的国际主义观念毕竟太少了。最近几年来的实践已经暴露了这些缺点，所以我认为，我们的责任是把这一点完全公开地讲出来。同时，只有公开承认这个事实，才有克服这个缺点的最重要的前提。

在英国罢工期间，我们就曾指出许多党对英国工人阶级支持不力。关于这一点，共产国际几次扩大全会的决议均有记载。除了不多的几个党，首先是联共（布）以外，所有其余的党给予英国无产阶级的支持实在太少了。

在中国发生事变期间也暴露了几乎同样的问题。保卫中国革命的国际运动的规模，与这一时期的客观要求和各党的革命责任是不十分相称的。对中国革命的关注也没有得到充分的表达。报刊方面没有充分报道中国共产党的布尔什维克化和中国工农运动布尔什维克化的情况。没有看到在这方面做过多少较为深刻而系统的工作，也没有在相应的规模上开展广泛的政治运动。各党虽做过种种努力，试图克服这些缺点，但缺乏坚持不懈和有条不紊的工作。因此各党在重大运动期间往往表现得不够理想。

保卫苏联和中国革命

下面我们谈这样一个问题，即关于法西斯主义的问题。我这里指的不仅仅是意大利的法西斯主义，我想略为广泛地提出这个问题，也就是说谈一谈关于意大利的法西斯主义、波兰的法西斯主义和整个法西斯主义问题。各国共产党反对法西斯主义的斗争以及对这个问题的关注都是极其不够的。像北美合众国进攻尼加拉瓜这样的事件，首先在英国共产党方面就没有引起足够的反应。对于兄弟的美国共产党来说，这个问题本应成为其整个工作中的中心问题，连它都不能在应有的规模上开展相应的运动，那么，对于其他党来说更是未予重视了。尼加拉瓜远离欧洲。但是，地理条件不应左右各国共产党的工作。在某些党内，特别是在欧洲，无论是在小党还是大党内，还可以看到某种地方主义的残余，可以看到在对重大国际政治问题的理解方面还存在某些问题。如果我们真想认真地准备应付诸如未来战争这样的具有世界历史意义的事件，那么，我们在目前时期就应当把侧重点放在重大的国际政治问题上，否则，我们就无法认真地做好应付战争的准备。不言而喻，为了顺利地开展这一运动，为了使这一运动获得应有的活力，我们应当把大范围的国际政治问题与有关国家中的日常生活问题和革命工作问题联系起来。这里又会遇到战争问题。因为几乎所有的党内问题，其中包括每个国家的工人运动问题，都要牵连到这个问题。资本的进攻是与资产阶级准备战争的活动相联系的，引起这种进攻的原因是它需要巩固自己的阵地，需要国内和平，为对付工人造成可靠的条件，等等。这是一个很复杂的问题。既要从各种日常问题出发，又要把日常问题作为进一步提出我们的共同口号和任务的基础。这是政策策略上的一种艺术。但这是有利于提出重大政治问题的依据，布尔什维克的策略艺术恰恰就在于：从日常的细小事情出发，提出重大的政治问题。如果我们不懂得这种艺术，如果我们不能对重大的国际问题作出充分的反应，那就意味着，我们不能有条不紊地进行防止战争的工作。我们应当认识到这一点并把它写到我们的决议中去。战争问题、保卫苏联和中国革命的问题，这些都是具有决定意义的核心问题。系统地开展这方面的工作，是各党、共产国际各支部在各自国家内的中心任务。

　　各国共产党的总路线问题，也就是如何看待目前形式的资本主义和采取何种态度对待资本主义国家的问题。而在这个领域中，一些小问题往往会不知不觉地发展为重大的政治问题。以社会民主党的策略方针（我在前面已概略地谈到这点）为例，它就是一条系统的路线。这是一条同企业主组织联合的路线。这条路线从工厂一直通到国际联盟。社会民主党人正在宣扬"工业稳定"和所谓的"美国式"劳资合作方法。这就是当前社会民主党的基本路线。这个基本方针也反映在对外政策方面。但是，我们同社会民主党的冲突是在对内政策问题上，是在同国家的相互关系问题上，以及在关于联盟和如何对待所谓"雇主"组织，即**托拉斯资本**巨头的组织的态度问题上。社会民主党的口号是同托拉斯资本实行联合的口号。在他们看来，阶级斗争问题已不复存在。在经济领域中，他们反对罢工，反对经济斗争，用"工业稳定"取代罢工和经济斗争，用强制性的仲裁代替强化罢工斗争。关于工人组织要不要独立性的问题也被他们偷梁换柱，变成了如何使这些工人组织和企业主组织合作的问题。这是一套完整的策略。按照改良主义的观点，工人组织应当放弃自己的阶级独立性，阶级斗争对这些"老爷们"来说已经"过时了"。社会民主党的路线是要把改良主义的工人组织与垄断资本和垄断资本主义国家的各种组织机构相结合的路线。我们到处可以看到社会民主党坚持推行的这种策略。

下层统一战线策略

我们的策略方针到底是怎样的呢？在所有这些问题上，从基层生产组织到国际联盟，我们所持的策略方针完全与此相反。这是同社会民主党的方针彻底相对抗的方针。我们的方针不是工业稳定，而是阶级斗争；不是仲裁，而是反对强制性的仲裁，打破资本家组织或资本主义国家强加的一切羁绊，冲破束缚罢工运动手脚的种种限制，等等。这就是我们的策略方针。对于这些问题，我们以前曾多次讨论过，在我看来，问题的答案是十分清楚的。从这条策略路线得出的最后一个结论是，实行摧毁资产阶级国家政权的方针，实行革命的方针。我们的这一路线绝不意味着我们摒弃统一战线的策略。但是，随着我们反对社会民主党的斗争的加剧，我们应当给这一斗争增添下面一点变化：现在，在大多数情况下，我们只能贯彻下层统一战线的策略。决不向社会民主党的中央机关发出任何呼吁，在极少数情况下也许可以允许向社会民主党的个别地方组织发出呼吁。但是要在面向社会民主党群众、面向社会民主党普通工人的基础上发出这种呼吁。

统一战线的策略是与我们开展系统的工作问题紧密联系在一起的。

工会工作——一个极为重要的问题

这里的问题不单单是偶尔发动几次运动的问题，所有这些策略性问题首先是系统的工作问题。大家都知道，在共产国际的许多决议中都写有一个论点，即工会工作是这个领域中的一个极其重要的问题。迄今为止，我们看到各党在这方面都存在许多缺点。所以在这次代表大会上，我们将讨论工会工作问题，将对各党的经验进行细致的研究，力求对它进行认真的分析并弄清我们在这方面存在缺点的根源。如果说我们需要作自我批评的话，那么，我认为，在我们进行斗争和工作的战线上，很少有哪个部门比工会工作更需要和更值得进行自我批评了。我们在工会内部的思想影响也有所增长。但是，我们的同志作为工会工作者来说，至今仍然威信不高。我们的工作人员在充当政治领袖，充当大规模政治运动的发起人，充当无产阶级革命阶级斗争的参加者和无产阶级伟大的历史利益捍卫者时，他们的威信是不断提高的。但是，作为工会工作者，作为罢工运动的领导人，他们就不享有很高的威望了。我们的同志在充当政治领袖和充当工会工作者时，其所享有的威信是大不相同的，产生这种差距的原因是，我们在工会工作中存在着各种各样的缺点。我想在这里举几个实例。以法国为例，我们可以看到那里的共产党员在工会运动方面犯了一系列错误。党员与非党员工会会员之间的关系不够正常，因为共产党员指手画脚多，而说服教育少，系统的工作开展不够。另一方面，也确有一些工会工作者在工会中干得"很出色"。但可惜这种工会工作都是按社会民主党的方式干的，专门按照布尔什维克方式提出工会问题和专门按共产主义方式提出问题的情况几乎没有。这种工会工作者也可能在广大会员群众中享有很好的声誉，但从共产主义观点来看，他是不值得赞许的。正如德国发生的某些情况所表明的那样，有些同志对社会民主党的工作方式是如此的习惯，竟然置党的指示于不顾，在选举中不发表党发出的任何号召，如此等等。为了保持其"出色的"工会工作者的名声，他们竟对一般的改良主义工会纪律也俯首听命。这是共产党员在工会工作方面不能令人满意的又一种表现。在罢工运动（这是工会工作中的重大问题之一）期间，我们同样可以看到我们的工会工作者存在着形形色色的相当严重的失误。有时我们会遇到所谓**尾巴主义**的表现，也就是缺乏首创精神，不善于在罢工运动中发挥**领导作用**。举行罢工时，我们往往被群众拖着走，而不是率领群众前进。最近一个时期以来，我们还看到这样一些例子，比如在法国，有些罢工竟与我们完全无关。

另一方面，我们的一些同志在罢工运动中经常玩弄革命的辞藻，却很少注意扎扎实实地去准备与罢工有关的各项运动，不能充分地、准确地估计形势和罢工可能出现的种种情况，不善于选择开始举行罢工和结束罢工的时机，也不善于巧妙地领导罢工斗争，等等，而上述种种品质恰恰是现在所绝对需要的品质，因为在领导罢工方面的情况是极其令人担忧的。从潜在力量来看，几乎任何一次罢工或多或少都存在着转化为重大政治事件的可能。只有深刻认清形势，善于考虑到运动的各个方面，才能很好地进行筹划，如何在这种条件下举行罢工。这里需要的不单单是革命的热情，这种热情当然是需要的，但仅有革命的热情是不够的。还需要熟悉斗争所处的经济条件和政治条件。任何时候的工会运动问题都不像现在这样复杂。而在这一系列错综复杂的问题中，资本的力量和工人阶级的联合力量之间的关系又是最基本的问题。可是，同志们，我们现在的情况是，这些带有特殊性的条件至今常常不为人们所认识。例如，按托拉斯系统实行工厂委员会的联合问题至今仍未获解决，在一些共产党内，甚至在一些发达的资本主义国家内，对实行这种联合也宣传得不够。而宣传这种联合和对斗争实行集中的领导，正是我们对托拉斯资本实行联合作出的回答。现在，我们在工会工作方面开展的斗争不仅仅是针对个别的企业主，而且更多地是针对联合起来的托拉斯资本。"托拉斯"一词应当加以强调，对它应特别加以重视。这就是我们现在面对的特殊情况。

青年问题——主要课题之一

同志们，我们在群众组织工作方面也还存在着一些缺点，尽管我们在这方面取得的成就也不小。我想以这方面工作的一个领域——我们的**青年运动**为例。在这个领域中，我们确有相当大的成绩，首先是在反帝斗争和各次军事战局中。法国青年组织在摩洛哥战争期间的表现，我们的共青团员在反对战争危险的斗争中所开展的整个工作，都是这方面的例证。但是，从另一方面讲，我们又存在着很大的缺点。加入组织的青年同志的人数不是有所下降，就是仍保持在原有的水平上。毫无疑问，青年运动存在着宗派主义倾向，我们的青年国际未能渗透到一切有工人青年群众的组织中去，并在其中扩大自己的影响。迄今为止，我们对青年组织的策略方针还存在着某些狭隘观点。而且这些缺点在最近一个时期可能还有所发展。这是我们工作中一个极其危险的倾向。有些同志意识到出了很大的差错，存在很大的缺点，力图使工作活跃起来，可是却又做过了头，以致几乎使共青团失去其特殊的政治面貌和共产主义面貌。我认为这是不对的。青年组织仍然应当是共产主义的组织。当然，它不应该生搬硬套党的工作方式，但是，在斗争中，总的共产主义方向今后也应当成为共青团发展的基础。

充分发挥工作方法上的多样性和灵活性

那么，我们缺少点什么呢？我们应做到的又是什么呢？这就是**工作方法的多样化**。我们应当努力使青年组织不仅仅对重大的政治问题和重大的政治运动作出反应，而且要让它对各种政治文化问题，对青年们感兴趣的一切问题都作出反应。在所有的领域中，从体育活动到中国革命，我们的青年同志应当按照有关指示（如关于将我们的影响扩大到一切有青年工人的组织中去的指示）的要求，表示自己的意见，有组织地作出政治上的反应。不要搞宗派主义，也不要那种狭隘的、实际上是取消青年运动中统一战线的工作方法。

同志们，**青年问题是我们时代最重要的问题之一**。在西欧、美国和其他一些国家，这个问题对我们来说已成为十分严重的问题。资产阶级发狂似地在争夺青年，而且做得十分巧妙，比我们巧妙得多。被某些人说成是资产阶级文明方式的各种体育组织一般来说都有浓厚的政治色彩。体育组织的意义与政治的中心问题，首先是与战争问题紧密联系的。帝国主义资产阶级对青年进行的军事训练就是众所周知的事实，虽然这种军训有时采取不引人注目的，甚至是与政治不相干的形式，但是，只要从总的发展观点，而不是从孤立的观点来考虑这些事态，就可以看到，在我们的时代，这种军训是含有深远的政治意义的。青年工人兴致勃勃地讲述踢足球如何如何痛快，他无形中就落入了资产阶级织的罗网。形形色色的军体活动代替了强制性的军事训练，这不仅从技术观点来看是如此，从政治观点，从战争问题的观点来看也是如此。如果我们在注重研究重大政治问题的同时不能下工夫渗透到各种群众组织中去（我不是说非要在组织上渗透进去，我指的是我们的影响和政治威望），那么，我们的事业将失去广大的青年人才。

为什么我说青年问题是中心问题之一呢？首先是因为我们对工会问题讲得很多，而对青年运动过分忽视。你们不妨注意一下这方面的某些基本事实。**现在，青年的组织程度比成年无产阶级的组织程度差得多，社会党方面的情况如此，我们方面也是如此。**

这是一种严重的反常的历史现象：战后的一代人，即在战争时期出生的一代人反比战前一代人组织得差。这意味着什么？我认为，这种状况部分地说明，在青年一代中，相当广泛的阶层直接或间接地受到资产阶级的腐蚀，或者说青年中存在着严重的不问政治的情绪。而产生这一情况的原因依然是帝国主义资产阶级的影响，因为资产阶级只要能使青年不发挥作用，它就达到了全部目的。

由此可见，改进我们在青年组织方面的工作是绝对必要的。对此我们应当大声疾呼，我们的大会应当就这方面工作给青年国际发出相应的指示。

更多地注意农民问题

下面我们谈一谈关于**对我们抱同情态度的组织**的问题，虽然我们不能断定，灾难性事件究竟何时、何年、何月将会来临，而且事先猜想发生灾难的时间也是荒谬的，但是，如果说，我们对所面临的灾难性事件的判断是正确的话，那么，我们至少应该懂得，正因为存在着这种发展前景，关于辅助性组织的问题应当起十分重要的作用。也许不久的将来我们就不得不单独地分析有关农民运动和农民国际这类组织的问题。德国和法国的选举结果向我们表明，我们在农业地区的影响不是增长了，而是下降了，法国的情况如此，德国也是如此。这是一个严重的征兆。当然，我们在先进的资本主义国家的农民中开展工作并非易事，但是，应当考虑到，正是这批农民队伍往往被利用来反对我们，此外，还不能忽视资产阶级正在拼命地做这方面的工作。为了争取农民群众，资产阶级正趁共产党对农民工作有所忽视之机，拼命开展各种活动。在某些国家中，我们完全丧失了时机。我们不妨回忆一下罗马尼亚爆发的大规模农民起义。诚然，我们的罗马尼亚共产党当时被搞垮了，但是，当时谁也没有提到过：我们正处于罗马尼亚爆发如此重大事件的前夕。整个共产国际和执行委员会都没有预见到这一事态，没有及时采取必要的措施。虽然当时的情况很困难，而且几乎缺乏任何联系，但是，这仍然是一次重大的失误。当时，事态的发展几乎完全脱离了我们党的影响，所以我们应该由此而对巴尔干各国的农民运动——不仅对罗马尼亚的农民运动，而且对南斯拉夫、保加利亚等国，以及波兰的农民运动，得出某种结论。

我们应该集中更大的注意力于农民问题，从这一观点出发，我们应该帮助农民国际成为一个真正活跃的组织。我无法向你们详细报告这一组织的活动，但是应当说，这个组织多少带有宣传的性质，它的工作归结起来主要是出版发行各种各样的资料，它在组织方面的联系是很不够的。这个组织在人数上虽有所增长，但成员总数是微不足道的。我认为这不单单是农民国际的过错，而且是共产国际的过错，是我们大家的过错。我们没有为这个组织调拨足够的人力，也没有对它的工作给予足够的重视。罗马尼亚的事件及法、德两国的选举的结果都证明了这一点。我们应当在最近的将来就提出这个问题并作出一切努力使它得到改善。

我认为，我们对诸如**反帝同盟**这样的组织也支持得不够。某些同志认为，这个同盟本来就不是一个特别有生机的组织。实际的经验却表明，这个组织具有巨大的潜力和发展前途，而我们为真正帮助这种潜在力量得到发展所作的努力却是何等的微薄。据说，同盟代表大会盛况空前，成了一次政治力量的大示威。须知，这不是偶然的。这次"盛会"之所以成为一次政治大示威，是因为客观上存在着对这种盛会的要求，是因为革命力量真正需要实行联合。从我们总的战略观点来看，我们也应当指出，在我们和同情我们的力量的战线上，共同的据点建立得愈多（但愿在欧洲、亚洲、非洲或其他某个国家都出现这种情况），我们应付灾难性动荡的准备就愈充分，被我们团结到革命阵营里来的真正有活力的组织就会愈多。为什么我们在这个问题上要抱取消主义的观点呢，这一点我真不明白。有时人们往往企图把责任推到客观条件上去，推到非我们所能支配的力量和事件上去。这是一种极坏的做法。过错首先在于我们，因为我们对这个组织的帮助实在太少了。

公开工作和秘密工作相结合

现在我谈另一个问题——**公开工作和秘密工作相结合**的问题。如果我们的分析大体上还算正确的话，那么，我们现在就应该着手开展秘密工作，现在就应该提出将公开工作和秘密工作结合起来的任务。至于谈到秘密工作，我们在许多国家中已经积累了相当丰富的经验。我们在波兰有这种经验，在巴尔干各国，在意大利，现在在日本也有这种经验，在中国积累的经验更为丰富。某些党，首先是西欧无产阶级的党，还没有这种经验。但是，同志们，我们党遭到的进攻正有增无减。我们兄弟的法国党已感到进攻迫在眉睫。对各国党的攻击必将日益加剧。毫无疑问，在战争爆发前夕，甚至在这之前的若干时间内，我们党就会遭到一系列特别法的袭击。这是毫无疑问的。应当预见到这种情况。因此，现在就必须为我们的地下组织打好基础，特别是在陆军和海军中。否则，一旦发生事变，我们将措手不及，我们将因自己缺乏准备而遭受重大的损失。现在，建立秘密组织的问题，包括在陆、海军中建立公开和秘密联系的问题，已是十分尖锐的问题。你们一定会理解，为什么我不展开来讲这个问题，为什么我不能详谈种种细节，提出建议和下达指示。但是，这项任务已经提到了首位，应当采取种种措施使它突出出来。不能泛泛而论，这里需要为我们的地下组织的实际工作制定具体的指示，而且必须把这些指示一一记录在案。

如果我们在工会工作中，在青年组织中以及在与我们关系亲近的组织中能正确地运用统一战线的策略，那么，我们一定能够**消除我们的政治影响增长和组织发展之间那种众所周知的不适应状态**。

官僚主义弊病

鉴于这种情况，我还想就我们的某些缺点谈几句。我认为——而且我要公开讲明这一点——最近以来，不仅在我们党内，即在联共（布）内，而且在许多党的内部，**官僚主义**的毛病日益严重。它有时反映于领导的过分集中，而地方组织完全缺乏任何主动精神，等等。不言而喻，集中是需要的，集中领导也是需要的。这是极其普通的道理。但是，我们的地方组织常常不能发挥自己的主动精神，基层支部不是经常能够感觉到政治生活脉搏的跳动，开展工会斗争的问题在基层支部很少占有地位，担任领导职务的党员和普通党员只在很小的范围内开展工作，真正过党内生活的往往只是一部分担任职务的党员。这是一个很大的缺点。这个缺点同其他缺点是有联系的。我们再三再四地宣传，要使干部队伍活跃起来，吸收新人参加领导工作，把新的人才充实到党的干部队伍中来。可是，要知道，这些新人不可能从天上掉下来，不可能是现成的实践家。他们是在党员干部和党员群众紧张工作的过程中培养出来的。如果我们不能克服这些缺点，那么，挑选干部的工作将会遇到严重困难，因为在党的基层生活脉搏跳动得不甚活泼的情况下，是很难保证顺利地挑选党的领袖和党的干部的。回顾一下党的各次代表大会和共产国际的历次代表大会，就可以看到，参加代表大会的普通工作人员的比重并未增加。这里也暴露出一种倾向，即专门派党的官员，派党的专职干部和领取工资的干部当代表的倾向，这种倾向是存在的。当然，不应该过分夸大这种倾向。但是，必须确认它的存在。这是与一系列相当复杂的党内生活问题有联系的。必须指出，党内生活，特别是基层和生产支部的党内生活脉搏是跳动得不够活跃的。应当承认这种现象的存在，从而改变它。

为改善干部队伍的状况而奋斗

再就我们党和党的干部的文化政治水平，就党内争论问题讲几句。这里仍然存在着党的干部的能力和素养与党员群众的客观要求不相适应的情况。我认为，我们忽视了许多理论课题，我们党的干部对学习抓得太少，党的读物写得太差，不能适应时代的客观要求，我们所花的学习时间太少，对问题的研究不深不透，这也反映到进行辩论的方法上。我在上次代表大会和全会上就说过，我们的党内辩论在很大程度上是恶言相对、互相攻击，暴露出辩论参加者对所讨论的问题缺乏深思熟虑的态度。开展反对各种倾向的斗争，这是我们的拿手好戏。至于如何做到扎实地去研究问题，寻求真正的论据，而不是机械地开展对对手的斗争，这一点我们就没有学到家了。

然而，我们党在发展道路上每前进一步，都要求我们从政治上进行更深入的考虑，要求我们缜密地机断行事，灵活应付并对每一新形势作出反应。这是最重要的课题之一。在我看来，我们应该加倍注意我们的理论水平，更加搞好我们的出版物，组织好我们各个党的学习。

六、共产国际中的倾向

右倾和左倾。右倾是主要危险

　　同志们！现在就**共产国际内部种种倾向**说几句。不久前，共产国际中的主要危险来自所谓"极左分子"，他们企图另建国际组织。在联共（布）党内反对派被击败以后，这种企图也化为乌有了。但是，从反对派的覆灭（所谓的"列宁崩得派"的垮台标志着它已发展到了顶点）的过程中，我们不能不得出某些结论。我们肯定地说，托洛茨基主义就是一种社会民主党倾向。有的同志在内心深处认为，这种说法是言过其实。但是，列宁崩得派的历史表明，反对派的核心人物已经跑到社会民主党人一边去了。这件事是偶然的吗？不，并非偶然。我们清楚地看到所谓"极左分子"和右倾分子之间关系发展的辩证规律。从整个共产国际来看，现在的主要危险是右倾。我在前面分析过的稳定时期以及议会主义的残余、社会民主党的影响和工会工作的某些特点，乃是使这种危险得以滋长发展的主要因素。这种危险在各个党内具有各不相同的形式。它表现在哪里呢？首先表现于一心追求合法化，表现于各党甚至在必须冲破资产阶级合法化框框时也不敢冲破这种框框，对资产阶级的法律不敢越雷池一步。右倾还表现在，比如说，罢工时忽视加强阶级斗争的必要性，在应该举行罢工的地方不去举行罢工。这种右倾还表现在对社会民主党采取了错误的路线，对社会民主党的"左派"领导斗争不力。还表现在各党缺乏国际主义精神。我们看到，甚至大体上执行了正确方针的党，往往也把履行国际主义的义务置之脑后，如同过去对待中国革命那样。这毫无疑问是明显的右倾。这种倾向在工会工作中也有所表现，在那里，有时竟把一般的工会纪律看得高于党的纪律。还有其他各种形式的表现，我在后面还要讲到。由于不了解党与工会之间的相互关系，有时也发生党以共产主义先锋队的身份去直接指挥群众，而不努力采取说服的方法，不去做系统而细致的工作。还暴露出某些根本违背统一战线策略的倾向。

中国在极其严重的右倾时期结束后，又出现了"左"倾。这里的"左"倾的表现形式是盲动主义情绪、盲动主义策略，等等。但是，总的来说，现在脱离正确路线的倾向右比"左"更甚。以法国为例，我们的党迄今依然明显地存在着议会主义传统，我这是指其贬义而言。这种传统在最近举行的选举中就有所表现，出现了抵制实行我们的策略转变和抵制这种策略的倾向。这自然与某种十分严重的议会主义倾向和某些脱离正确的政治路线的机会主义倾向有关。法国党内存在这些倾向的原因在于它有根深蒂固的历史传统，不言而喻，我们兄弟的法国党今后也应当为反对这种现象而斗争，而且要开展系统的斗争并首先说服自己的党员。这里所说的斗争不是仅指反对某个个人的斗争，而是要同法国社会生活和原社会党（其成员不少已加入共产党）生活中根深蒂固的老传统作斗争。

法国党在讨论所谓镇压问题时就出现过这种倾向，一些同志和整个党都犯了错误，到后来才去纠正这些错误。我们看到，兄弟的捷克斯洛伐克党也犯过这种错误。捷克斯洛伐克党是真正的群众性的党，但是，它犯有相当严重的"合法化"的毛病。捷克党有时犹豫不决，不敢发动群众去反对矛头指向它的种种法案。如果经常向政府让步，不采取有力措施去发动群众反对那些矛头指向共产党的政府法案和命令，那么，十分自然，就不可能创造任何条件去发动规模更大，但与资产阶级合法化概念截然抵触的群众性行动了。某些同志对事态将如何发展毫无概念。他们的推论是这样的：到某月某日之前，比如说，到战争爆发之前，我们将在合法范围内开展工作，在这之后我们再改变策略。同志们，这是不对的，准备工作要早做。群众行动应被看做是我们开展斗争的犀利武器之一。把群众发动起来，走上街头，轮番地向资产阶级国家的法制发动攻击，打破它，采取革命的方法（在最严格的意义上讲）占领街头，然后一步步前进，只有经过一系列这样的群众行动并在开展这种行动过程中取得成绩的基础上，只有在这种过程中我们才能做好迎接更大规模、更激烈和更艰苦的群众性战斗的准备。

至于罢工运动和对罢工运动领导不力的例子，比比皆是，有时某个大工厂在酝酿罢工，可是党组织却一无所知。我们在法国就看到过这种情况。

在对待社会民主党的不正确态度方面，我们也有许多例子说明，德国、法国、捷克斯洛伐克等国的不少党都犯了错误。这些不正确的政治倾向有时表现为提出不确切的口号，德国就是一个主要例子，那里有一些同志在并不存在革命形势的情况下，提出什么监督生产的口号，这在客观上等于是按照社会民主党的"经济民主"策略办事，是在参加"工业稳定"体系道路上跨出了一步。可见，在缺乏革命形势的条件下，一个完全正确的革命口号也会转向它的反面。到那时，它就不仅仅是一个不正确的口号而已，它将预示着一条彻头彻尾错误的政治路线。这种右的危险现在已成为我们面临的首要危险，因此，在粉碎了托洛茨基反对派之后，我们理所当然地应该采取十分明确的立场，去反对这些倾向和右倾反对派小集团。

现在，我们应该用批评的态度，用放大镜来看待我们其他的缺点。某些党，甚至可以说相当多数的党，对已经出现的新形势不了解，甚至根本没有看到发生了什么新情况。彭加勒在法国执政时就出现过这种情况。在英国工党和总理事会实行急转弯时，我们也看到过类似的情况。还有一个例子也是发生在英国，那是在社会力量对比出现了新阶段的时候。在德国组织所谓"平民联盟"的时候，我们的反应也很迟钝。

对具体情况估计不足

　　由此可见，几乎每一个党都毫无例外地存在着对形势变化反应过迟的问题。形势变化了，而党却未能作出反应或反应太慢，下达指示性口号过迟等。我认为，共产国际及其领导机构也有这种表现。共产国际也不总是迅速而及时地对新情况、新事件和新出现的形势作出反应的。指示性口号的下达也不是每次都很及时。当需要提出共同的基本口号时，我们往往跟不上工作的需要。有时发生这样的情况：在同一个党内一下子提出了 20 个各不相同的口号，而同时提出 20 个口号，这就使这些口号失去了一切意义，因为党的注意力完全分散了。党的领导机关有时不善于将这些口号统一起来，围绕中心口号提出次要的口号，这是领导方面的一个严重缺点。有时我们却又看到，某些口号本来是正确的，可是在实践中却敷衍了事，得不到令人满意的贯彻。

　　谈到我们各党的工作，就必然要提到弹钢琴，我们党能够而且应当学会弹钢琴，可是，我们却弹得不好。一方面是我们往往提出过多的口号，却没有一个中心口号。另一方面是我们有时光讲一般性的革命道理，忘记和忽视了日常的"琐碎的"斗争口号。我们说同社会民主党的斗争要采取多种形式，因此，加强同社会民主党的斗争的论点是完全正确的，但是，不同社会民主党的工人对话又是错误的。而这种倾向在我们党内是存在的。我们对社会民主党的错误揭露得越多，我们对社会民主党工人就越要多做说服工作，使他们确信我们政策的正确性。

　　迄今为止，我们的党还没有学会**把日常工作问题与我们的主要目标和任务联系起来**。我们往往大讲特讲世界性问题而对解决日常问题毫无作为，或者只顾日常问题而忘记了要把这些问题与重大政治问题联系起来，而且我们各党在许多场合下不能及时地正确阐明当前形势及其特点。我们各党还有一个缺点，就是不能迅速地对具有特殊性的新局势作出反应，不能较快地把握局势和比较清楚地阐明局势，往往不善于提出能概括局势特点的中心口号。对于上述这些缺点我讲得比较多，为的是使我们能够对它进行实事求是的批评，而且我认为，从上次代表大会至今，已有一段相当长的时间，我们也有必要指出并强调**我们共产国际**方面存在的这些缺点和弱点。以组织工作方面的缺点，即对我们的决议执行情况检查不力的问题为例，我们发出过各式各样的通告、公开信和秘密信函，却不去查一查，这些东西是否都得到贯彻执行。我们为此而耗费了许多纸张，可是却不大检查和很少检查我们的决议的实际执行情况。我们不止一次地作出决议，强调我们这里的领导机构应该是名副其实的国际性领导机构，各党应向共产国际执行委员会派出自己最优秀的代表参加常务工作。但是实际上我们依然未能实现这一决定。

反对派别活动

下面我还想强调指出另一件事，固然这件事多少有些脱离本题，但对各共产党的生存却有着重大的意义。我指的是派别活动，这种活动**是没有充分的政治根据和充分的政治理由的。**产生这种现象的原因极其复杂，部分原因在于历史传统。在某些党内，派别纠纷十分严重，以我之见，必须采取一系列非常措施与之进行斗争。请允许我举两个这样的例子。

以南斯拉夫党内的情况为例。严重的派别斗争持续了七年之久，给党造成了严重损害。在最近几次国际会议、代表大会和扩大全会上，我们曾一致肯定，政治分歧已经越来越小了。但是，尽管发表了一个个关于立即停止派别活动的庄严声明，这种斗争却愈演愈烈，结果是党受到了严重破坏——这种情况与其说是警察恐怖活动造成的结果，不如说是党内派别活动造成的恶果。现在，南斯拉夫党正在彻底调整党内力量并在这一基础上进行改组，换上了新人，建立了新的领导班子。谢天谢地，虽然不得已而采取了这种办法，但党总算得到了挽救。不过我认为，要想从中汲取某种教训，有必要再谈一谈这个问题。通过上述种种极端手段和方法，南斯拉夫党内持续多年的危机现在总算有所克服了。

现在，我们又面临新的巨大危险，它正威胁着一个相当大的党——波兰共产党。到现在为止，我没有谈某个具体的党，而只是概括地阐述我们各党的不同缺点并且只是作为例子加以列举，但我认为有责任来单独谈一谈波兰问题。在目前形势下，我们的波兰党所处的地位极其重要。一旦爆发战争，我们兄弟的波兰党将起何等巨大的作用，这是十分清楚的。那时，它将是共产国际可以掌握的主要力量之一。在皮尔苏茨基政变时期，波兰党犯了极其严重的和极其有害的机会主义错误。当时党内各派的领袖毫无例外都犯了这种错误。我们的共产国际早已指出过，决不能把犯这一主要错误的责任推到任何一派身上。波兰共产党最近的一次代表大会持续了三个月之久，因为两派之间在任何一点鸡毛蒜皮的事情上，在每个问题上都有分歧和争论。共产国际的代表则在这次代表大会上一致肯定，波兰党内部的政治分歧实际上几乎已经烟消云散了。而波兰党这次代表大会之所以没有以党的分裂而告终，原因在于执行委员会和共产国际在会后施加了强大的压力。如果我们不干预此事，波兰共产主义运动现在早就会出现两个党了，即使政治上的分歧（我声明对自己所讲的话负完全的责任）缩小到最低限度，情况也会是如此。这都是发生在最近的事情，即在皮尔苏茨基分子赤裸裸地准备发动战争的气氛甚嚣尘上之时。谁都应当明白，对议会的种种攻击绝非神智失常者的胡言乱语，这是一条完整的专制路线，一条把主要矛头指向苏联的路线，而且这个专制政策搞得颇为巧妙，相当灵活。皮尔苏茨基分子在分裂某些反对党方面确实相当得手，它分裂了乌克兰的党，分裂了白俄罗斯村社大会党反对派，等等。皮尔苏茨基分子在国际方面推行的灵活政策也颇成功。（场内有人高喊："它还向工人阶级灌输自己的政策。"）它已渗透到工人阶级之中。在波兰，获胜的不仅仅是我们党，因为还有大批华沙工人投了皮尔苏茨基的赞成票，这是千真万确的。因此，虽然我们党在既定形势下获得了很大的成功，简直可以说是出色的成就，但是，我们从三天前收到的最新报告中得知，华沙的党组织中已经出现了两个委员会。我看，这不能算是共产党和整个共产国际的光彩。（鼓掌）同志们，我还认为（虽然我不是提纲起草人），这次代表大会一定会完全一致地同意专门授权执行委员会采取一切措施以维护我们的团结。（热烈鼓掌）如果我们能有一个以普通工人为首的党，一个以战争时期能像革命战士那样勇敢战斗的工人为首的党，而不是一个由平时争吵不休，危急时刻会断送我们的党的领袖人物的组织，情况将会好些。

七、前景良好

奋起斗争，夺取胜利！

同志们！我对我们的缺点讲得这么多，不是因为我们的总形势和我们活动的总的前景不能令人满意或十分不妙。恰恰相反。在重大的政治问题上，在关于战争危险的问题上，在如何摆脱由于资本主义稳定中的矛盾日益尖锐而造成的窘境的问题上，我们在整个工人阶级中的基础越来越好。我们在殖民地国家中享有压倒一切的影响，在中国这样的国家中，这种影响也是无可置疑的，在印度这样的国家中，我们也已处于享有这种影响的前夜，在全面广泛地提出关于战争危险这种重大问题后，我们还将在西欧国家的工人阶级中获得同样的影响。因此，随着总的矛盾的激化，随着资本主义内部矛盾的激化以及阶级斗争的激化，换句话说，随着当前客观上它充分显露出来的种种条件的产生，我们开展工作的条件和前景是良好的，我们获得胜利的前景也是良好的。没有任何根据说，技术进步、资本主义机体的局部性巩固以及资本主义出现稳定的进程会像社会民主党人所预料的那样，将使我们碰得头破血流。相反，目前形势出现的矛盾是不可避免的，这些矛盾越尖锐，我们的立足点就越广泛、越牢固。当我们学会了——而我们最终当然能学会——把日常工作同重大政治问题联系在一起的时候，我们就能团结起西欧各国广大的工人阶级群众，使资本主义大国的工人运动处于我们的影响之下，我们就能把这些与真正强大的、具有历史意义的殖民地人民的运动联系在一起。这样，当帝国主义举起好战旗帜的时刻到来时，我们的共产国际，我们所有的党和全世界无限广泛的劳动群众便将表示自己的意见。这个意见将掀起国内战争，将同帝国主义作殊死的斗争，它将成为共产国际的胜利召唤！（长时间热烈鼓掌，转为欢呼。代表们起立，高唱《国际歌》。）

许勒尔作《战后时期和青年》的工作报告

我今天的报告要解决两项任务，一是我们应当弄清楚，布哈林同志谈到的那些国际局势问题对于青年和青年的特殊利益产生何种影响，其次是，我们应当着重研究一下青年共产国际作为一个组织，它的状况和发展趋向如何。

布哈林同志在其报告中指出，战争年代出生的青年给他的印象是，在政治方面的组织性不如战前的青年一代。他认为，这也是一种反常现象。我想，在我报告的开头，应当较为认真地加以研究的正是这些问题。毫无疑问，各国共产主义青年团现在的工作对象是新的人才。不作任何说明是不能把这种人才同战前的工人青年等量齐观的，但是，也不能简单地把他们同直接经历过战争和革命的那些工人青年相比。不言而喻，问题并不在于我们现在想组织和争取过来的青年出生于战争时期。这些青年生于战前还是生于战争时期，这一点本身当然并不会给青年打上革命的烙印。问题的核心在于，这些青年，在他们达到对青年运动有特殊意义的年龄，即13—14岁和18—19岁的时候，他们是在什么样的条件下发育成长的。必须指出，近几年来青年共产主义运动的活动条件已经有所变化。我们可以看到，无论是共产主义青年团的普通成员，还是青年共产主义运动的领导干部，在组成成分上都发生了变化。现在我们组织的大部分成员几年前都还没有参加进来，相反，一年以前还在我们组织内的成员，现在有许多人已经退出了组织。怎么会发生这种现象呢？我在下面还要讲到这一点。

　　所以，同志们，我们一开始就应当肯定，共青团在最近几年中已经更新了组织，而且这种更新不仅涉及普通团员，而且涉及大部分领导干部。我想举一个在这方面最为典型的组织，即柏林—勃兰登堡地区共青团组织为例来说明这种现象。1927年我们对这个组织的团员的团龄进行过一次相当准确的调查统计。我们获得的结果是怎样的呢？调查结果表明，该组织65%以上的团员入团只有一年，18%的团员入团两年，3.5%的团员团龄为三年。这就是说，该组织87%的成员是在1924—1927年期间入团的。1924—1927年是资本主义相对稳定的年代，是稳定状态首次以合理化这种激烈的形式表现出来的年代，是革命暂时趋于低落的年代。这个浪潮后来再次高涨起来，但总的说来，那几年正是目前稳定时期的开端。上面提到的占该组织成员总数87%的青年，即1924—1927年期间入团的青年多数不是20岁以上的工人，而是16—19岁的青年。这些青年或是在战争爆发前刚刚出生，或在战争时期和第一次伟大革命浪潮高涨时期还是孩子，所以，他们不能像在这之前参加团组织的青年那样，亲身感受到革命的影响。这些工人青年多数是在稳定时期成长起来的，这个时期虽不无革命因素，但是它对新的青年工人产生的影响不如战后最初几年产生的影响那么强烈，对青年工人的鼓舞和对青年工人认识自己的力量所起的促进作用也不如战后最初年代那么大。我们不应当忽视这一情况，因为它在某种程度上必定会影响到我们开展青年工作的条件，也会帮助我们得出某种有利于青年工作的结论。过分重视这个问题是不正确的，但必须顺便提到它，以便对我们共青团开展活动所处的环境有一个较为明晰的概念。

这种情况无疑地起着某种作用，但我认为，其他一系列主客观条件对我们判断共青团目前的状况和任务具有更为重要的意义。事实是，尽管存在着相对的稳定，但是这种稳定所特有的种种矛盾对青年工作也有影响。这种影响不仅指青年工人与整个工人阶级一样，深受最近时期稳定之害，而且指青年工人在稳定时期所受的特殊的影响。因此，我们可以肯定地说，最近几年以来，青年工人越来越左倾。

现在我想谈几个与资本主义相对稳定有关和与整个国际经济、政治形势有关的问题。

首先谈一谈关于资本主义合理化和青年的问题。使成年工人深受其害的资本主义合理化，其后果也波及青年工人——工资降低、工作日延长、失业增加、对劳动力的剥削更为残酷、现有的劳动保护条件进一步恶化，等等。可以认为，这些都是确凿无疑的事实。十分明显，合理化造成的这些恶果在青年工人身上反映尤为突出。

但是，除此之外，合理化还给青少年带来特殊的恶果。总的来说这些恶果是两重性的，一方面在实行资本主义合理化过程中力图用未受过训练或训练很差的工人来取代熟练工人，从而使熟练工人的作用缩小到了最低限度。这样做的结果又使学徒工进一步缩减。但是，这种现象只见之于大型工业，因为手工业的情况相反，现在正加紧同实行合理化的工业进行竞争，所以它力图以使用学徒工的名义，进一步加紧对青年工人劳动的剥削。由此可见，可以肯定地说，作为合理化所造成的对青年工人的特殊恶果，学徒工将进一步减少，对于大批年轻的工人来说，他们成为熟练工人的机会将会更少。

不过，第二个后果比上面提到的第一方面的后果更为明显：由于实行资本主义合理化，青年在生产中的作用提高了。共产国际代表大会应当重视这一现象，因为这种现象为各国共产党吸收远未枯竭的青年工人后备力量入党提供了广泛的可能性。毫无疑问，在许多场合下成年工人正在被青年工人所排挤（这一点也是可以用许多数字来证明的），因为实行合理化的结果，生产过程愈益简化，同样的工作使用年轻工人或半熟练工人即可完成。但是，不仅要注意到某些工业部门和某些工厂青年工人人数的百分比超过成年工人，还要看到下面一种情况：现在，青年工人在实行合理化的工业中的比重也已有所增加。很明显，现在站在流水作业线旁同成年工人完成同样工作的青年工人，比过去的学徒发挥的作用大，不仅在手工业行业如此，在大型工业中也是如此，因为过去学徒干的活同整个生产过程不发生如此紧密的联系。过去，学徒工放下手中的工作，这对整个生产过程不会产生特别的影响。但在我们现在的时代，如果在流水作业线上工作的青年工人突然中断工作或提出可能导致工作停顿的要求，那么，这个企业的整个生产就会因此而出现比过去严重得多的问题。由此可见，由于实行合理化，青年工人在生产过程中的作用，无论是在青年工人与成年工人的人数比例方面，还是在它所占的比重方面，都大为增长了。但是，尽管如此，青年工人失业人数仍相当可观。

共产国际由此应当得出何种结论呢？首先，它应当考虑到青年工人在经济斗争中，在工人阶级的罢工中日益增长的作用，应当考虑到共产党和革命的工会反对派利用现有后备力量的可能性，因为这一后备军至今很少被我们利用或者根本没有引起我们的注意。事实上，从事生产的青年工人，特别是在实行合理化的企业里工作的青年工人，由于劳动强度日益剧烈，他们比成年工人更愿意参加经济战斗和罢工。这一点必须加以利用。

所以我们要吸收青年工人参加到同托拉斯资本的斗争中去，要利用共产党的这些后备军。为此，就必须开展争取实现青年工人要求的斗争，因为只有这样才能将青年工人吸引到经济斗争中来，进而达到在工会内部将他们组织起来的目的。

但是，我们应当肯定，各国共产党在这方面的工作存在着严重的缺陷。不妨以青工和学徒工参加同托拉斯资本的经济斗争和参加罢工的问题为例。关于这个问题，主要在德国和挪威，我们已经谈论得很多，也进行过许多辩论。我们现在看到的情况是，在大多数国家，学徒工，甚至包括在实行合理化企业中工作的学徒工，是从不参加成年工人签订的集体合同的。他们同企业主另有专门的合同关系，大都按单个签订合同的原则接受工作，即使不按单个签订合同的原则，而按集体合同参加工作，那种集体合同也因包含有种种限制性规定而与成年工签订的集体合同大不相同。他们签订的劳动合同的一个显著特点是禁止学徒工参加罢工。资本家把学徒工参加罢工视为违反合同规定，他们有权开除这些青年工人。

从资本主义法制观念来看，情况就是如此。那么，从阶级斗争观点来看，情况如何呢？从阶级斗争观点来看，情况的特点是：第一，在工业企业中，学徒工成千上万，他们毕竟起着很大的作用；其次，学徒工本身也希望参加斗争。如果在事态发展到工人阶级举行罢工和经济斗争的地步，而又不把学徒工吸收到斗争中来，这无异是对罢工的破坏，换句话说，就是让学徒工被利用去反对成年工。成年工人举行罢工，而学徒工却照常干活。不言而喻，他们在客观上就起着工贼的作用。我们青年共产国际对此究竟应作何表示呢？我们宣布，我们要把学徒工也吸收到经济斗争中来。必须让学徒工也举行罢工。在这一斗争中，我们当然还要刻不容缓地提出学徒工也参加签订集体合同、享受充分的平等权利和废除个人合同等要求。

那么，德国党和挪威党内发生的争论是什么性质的呢？在挪威党内，这个问题是联系当前建筑工人的罢工进行争论的。挪威的情况所以十分糟糕，还有另一个原因，即建筑工人的罢工本身是与法律相抵触的。可以认为，既然整个罢工是违法的，那么，我们共产党人就不必过分地去考虑法律上的细节，过分地担心青年工人有没有罢工的权利。可是，实际情况相反。未参加组织的、非党的学徒工提出要求让他们参加罢工，而共产党和在工会中工作的共产党员却宣布说，为了遵守合同规定，学徒工不应当参加罢工，他们只要不搞工贼活动就行了。于是，在权威组织和权威人士的压力下，共青团不得不放弃让学徒工参加罢工的口号。德国中部爆发罢工期间，德国出现的问题也与此相类似。那里的共青团建议吸收学徒工参加罢工，而党内同志，特别是哈雷地区的党员却仍坚持不让学徒工参加罢工的观点，认为这样会违反他们与企业主签订的合同。他们提出的口号规定，对学徒工只要求他们不搞工贼活动。然而，这个口号是完全站不住脚的。显然，学徒工即使不搞工贼活动，也决不可能避免同企业主的冲突，相反，他们的处境会更困难，因为工厂工人都不上工了，学徒工就更只能听任命运的摆布了。在这种情况下，资本家采取大规模镇压、开除和迫害的手段，比在学徒工直接参加罢工的情况下要容易得多。由此可见，不让积极参加罢工的口号是一个危险的口号，而且这种口号在许多场合下是实现不了的，不管怎么说，学徒工反正是要采取这种或那种方式进行斗争的，不过，在直接参加罢工的情况下，他们更易于开展斗争罢了，因为在直接参加罢工的情况下，所有工人团结一致，就会给他们提供更好的保护。我们看到过许多实例，一些学徒工因参加成年工人的罢工而被开除，后来，由于成年工人提出了要求，他们又恢复了工作，不仅如此，成年工人还争取改变学徒工的劳动条件。

但是，整个问题在于，许多同志并不赞成青年工人参加经济斗争，或者过低估计他们参加战斗的意义。这些同志不愿得出吸收青年工人参加斗争后必然得出的结论，其结论就是：必须让青年工人参加签订集体合同，必须为实现青年工人的要求而斗争。

我们已经说过，在许多场合下，当成年工人，甚至共产党员都反对青年工人参加罢工时，青年工人仍坚持要求参加斗争，这就证明了青年的战斗精神。这一点已为其他许多事实，如青年工人的罢工所证实。最近一个时期，不仅在德国，而且在波兰、挪威、英国、荷兰、捷克斯洛伐克，甚至在突尼斯，青年工人举行罢工的事例越来越多。仅在德国一个国家内，冬季几个月间发生的青年工人罢工事件就不下 18 起。其中一次罢工，参加的青年工人达 900 名。这类罢工取得的成果多半不甚显著，而且大多数是绕过工会领导机关或者是在违背工会领导机关意志的情况下举行的。这就产生了一个问题：能否绕过工会组织或甚至违背它们的意志去举行这类罢工呢？在回答这个问题之前，必须较为详细地谈一谈青年共产国际与工会组织之间的关系。

共青团与工会

我不了解，是否所有的同志都充分地意识到，工会在反对青年工人加入工会组织和放弃对他们的领导方面已走到何种地步。许多国家的立法机构禁止工会吸收 16—17 岁以下的青年工人入会。而许多工会自己也规定最低入会年龄，此外，有些工会组织不把青年工人看成享有平等权利的会员，也就是说认为他们不享有充分的权利。由于这个缘故，工会中青年工人所占比例少得可怜。如果不是为了避免分散我们的注意力的话，我可以举出许许多多例子来证明这一点。青年工人所占比例数低得惊人，就足以说明了。

与此同时，青年工人则要求使他们的利益受到保护。他们常常等不及工会和共青团采取某种措施去维护他们的利益，自发地举行罢工。所以现在问题十分尖锐地摆在我们面前。我认为，整个无产阶级，包括青年工人在内，都应当组织到工会里来。我们认为，工会应当为争取整个无产阶级的利益而斗争，我们同样认为，共产主义青年团在这种情况下应在工会组织中发挥鼓动和促进作用。共青团应当推动工会研究如何维护青年工人利益的问题。但是，必须使共产主义青年团本身也本着这一方向开展工作。必须使共青团在一切可能的地方都能推动工会组织为实现青年工人的要求而同企业主展开斗争。当然，党在这方面应给共青团以一定的支持。诚然，党的支持只能是有限度的，只能在特殊情况下作为一种例外提供这种支持。但一般来讲，不应当忽视这种可能性。共青团独立地开展经济斗争，是把我们的青年组织变为群众性组织的一种有效的方法。

这个问题在某种程度上是与共产党总的工会策略问题相联系的。在一些党内，特别是在德国党内，有些人竟说未经工会允许，不应举行罢工，只有在斗争确有胜利把握时，他们才同意开展斗争。

持这种右倾主张的人自然也反对我们去组织或领导青年工人的罢工，反对共青团违反工会的意愿或同工会同时组织青年工人的罢工活动。十分明显，与工会策略相联系的争论问题，其最尖锐的表现就在这一方面。因为改良主义者正是在工会如何对青年开展工作的问题上最明显地暴露出他们的改良主义本质。如果我们也站到那种立场上去，认为只有在得到工会的批准或大多数工人事先的同意，或事先肯定有获胜把握的情况下，我们才去领导青年工人的罢工，那么，我们就会犯社会民主党所犯的严重错误。我们认为，共产主义青年团应当负起责任，对所发生的每一次青年工人的罢工实行领导并且力求保证成年工人能支持参加罢工的青年。共青团也应当尽力将青年工人组织到工会中去。如果形势有利，如果工人阶级的多数支持我们，如果我们有希望使大多数青年工人参加到斗争中来（而青年在该企业生产过程中又起着重大作用的话），那么，我们自己就应当去组织这种罢工。

但是，共产主义青年团自己去组织青年工人罢工和开展独立的经济斗争的问题仍然是第二位的。在反对资本主义合理化的斗争中，共青团的基本任务是把青年工人组织到工会中去并在工会内部开展工作，以便迫使这些工会进行斗争。

要做到这一点，首要条件是共青团必须在工会中开展工作。过去，我们在这方面的工作犯有很大的错误，那就是 1921 年召开的共产国际第二次代表大会规定，共产主义青年团不应当在工会内部建立自己独立的组织。这项规定不仅涉及工会工作，而且带有普遍规定的性质。第二次代表大会认为，共产主义青年团不依靠某些辅助性的青年组织也照样能维护青年工人的总体利益。大会所指的辅助性组织包括下述形式的青年工会组织，如按革命原则组织起来的青年支部、工会中的青年委员会、"少年突击队"组织以及无产阶级自由思想者组织，等等。我们首先感兴趣的是有关青年支部和工会中的青年组织问题。近两年来，我们纠正了原先在这个领域中所犯的错误，无论在理论上还是在实践上都有不少改进。我们已经认识到有必要在工会内部建立某些形式的组织，而且我们所需要的组织是不使青年工人和成年工人相脱离的组织，是建立在真正的革命原则之上，执行革命任务但又确实具有特色的青年组织。工会内部按革命原则组织起来并受革命领导的青年支部就属于这类组织。我已说过，我们在这方面已经取得了成果，我们在许多国家建立了这类组织。我们有了青年委员会和青年组织，但我们还要同改良主义者歪曲青年支部作用的行为作斗争，同滥用青年支部，把它当成与共产主义青年运动进行较量和把青年工人与成年工人隔离开的组织等行为作斗争。

我们已经在一些国家，首先是法国、英国、比利时、捷克斯洛伐克和挪威建立了这样的组织，结果，我们的工会工作得到了显著改善。为了更多地吸引青年工人参加工会，为了促使工会更多地关心与青年工人有关的问题，上述这种组织是必不可少的。但是，在这方面我们还应当做出更多的努力，要比迄今为止更积极地开展活动。

战争危险和青年工人

现在我讲当代国际形势的第二个大问题——关于战争危险的问题。我将尽量联系青年问题来谈这个问题。战争危险问题现在对青年来说具有新的、更大的意义。我不想重复众所周知的关于谁掌握了青年，谁就掌握了军队的一般道理。将尽量具体地、以新的方式来提出问题。从什么方面讲这个问题对我们具有新的意义呢？首先是从资产阶级军队实行改组产生的后果来讲是如此。

大多数国家正在改组资产阶级军队。这种改组的实质归结起来就是，在和平时期，正规军将只保存具有强大战斗力的基干队伍，而且不言而喻，它的补充将采取全民军事化的方式。全民军事化的任务是给训练有素的基干队伍提供必要的后备军，而这支后备军首先来自青年。我们现在已经看到，某些国家正在采取形形色色的方法实行或即将实行青年的军事化。正如布哈林同志所说，这种军事化往往采取极其狡猾的方式，以建立各种体育组织的名义进行掩护。不过有些国家已经公开传出种种建议，要把青年的军事化变为一种必尽的义务。学校的每个儿童、工厂的每个青年工人，厂办学校中的每个学生和青工，所有在学青年和做工的青年都得接受义务军训。对青年实行军事化，这就向我们提出了许多全新的任务。

迫使我们再次重视战争危险问题的另一个情况是，青年工人在生产中所占的比重发生了变化。我们十分清楚地知道，资产阶级军队的改组计划不仅仅在于改组军队本身和建立必要的后备力量，而且还要使工业适应战争的需要，对工业实行军事化。与过去的战争相比，未来的战争更将是一场技术的战争，因此，青年工人问题将起巨大的作用。因为青年工人在工业和生产中的比重日益提高，所以很清楚，青年工人在反对战争的斗争中和在军事工业部门开展青年工作方面的作用也提高了。

有关这个问题的第一个方面，即关于在军队和与军队有关的组织中开展工作方面，共产主义青年团已经做了许多工作。这是无可争辩的，也是为许多事实所证明了的。至于说到军事工业部门的青年工作，虽然也有所开展，但十分遗憾，我们所做甚少，决不比我们的党做得多。

资产阶级的战争准备和它在这方面对青年的工作并不是局限于对青年进行体力和军事技术的训练。资产阶级正千方百计地在思想上影响青年。他们采取的手段有两种：一是宣扬沙文主义和法西斯主义，二是散布和平主义。我们应当加紧进行反对法西斯主义的斗争和反对对青年实行法西斯化的企图。十分显然，从意识形态的观点来看，进行和平主义宣传，是资产阶级用来对付有组织的青年工人的一种危险的工具。

青年的反军国主义斗争

反对军国主义的斗争和反对帝国主义战争危险的斗争，是共产主义青年团最最重要和紧要的任务。我们的天职就是要广泛地开展顽强的斗争。我们肩负的责任是重大的，因为青年在反对战争危险的斗争中发挥着极其重大的作用。为什么布哈林同志把关于战争危险的问题作为他报告的中心问题呢，这是十分清楚的。为什么据此而提出关于青年国际和争取青年的问题如此重要呢？这同样是很清楚的，因为这个问题是和战争危险问题紧密地联系在一起的。我已经说过，共产主义青年团正在这方面开展认真踏实的工作，首先是在军队内部开展了鼓动和宣传工作。但是，有些团组织在这方面还刚刚起步。

　　在反对军国主义的斗争方面，我们还要根据已积累的经验，研究制订出一套采取多种形式在军队中开展斗争和组织工作的办法。几乎在所有国家中，我们都曾制定过相当广泛的计划，以反映陆海军士兵、预备役军人、新兵的局部要求；我们也曾提出过一系列局部性要求并为之在军队中开展过宣传和鼓动。这项工作不仅涉及长远的要求，还涉及一些极为普通的事情。例如，士兵在军营外穿着制服的权利问题，但是，这些事情与更为重大的问题，如服役期限问题是有联系的。从瓦解军队的观点来看，所有这一切都曾产生过影响并取得过一定的结果。我们不仅为在军队内部开展工作制定了一整套方法，比如，法国的同志还为开展对新兵和预备役士兵的工作研究出了特殊的工作方法，而且现在我们还面临着一项任务，要研究如何对雇佣军士兵开展工作的问题。随着资产阶级军队的改组，如何对职业士兵开展工作，确实具有巨大的意义。

　　至于报刊在战争问题上所起的作用，我们可以根据法国陆军的《军营报》、海军的《让勒古恩报》和有关新兵的机关报《新兵报》作出判断。

　　近一年来，法国发生了 70 次武装暴动事件。参加暴动的有陆海军士兵，有预备役军人。在征召新兵过程中爆发过 60 次示威游行。此外，陆军和海军监狱中也发生过多次示威事件。卡萨布兰卡（摩洛哥）的飞行营下级技术军职人员的“罢工”就是值得指出的一个事例。这一事件表明，反战运动已渗透到殖民地军队之中。那次罢工，准确地说是那次暴动，参加者达到 300 人。海军举行各种检阅时屡屡发生示威事件，这同样是值得一提的。

在反对军国主义的活动方面还存在着许多不足之处，所以我们要毫不掩饰地宣布，当事情涉及青年共产国际的国际政策和国际活动的基本问题的时候，我们特别痛切地感觉到自己缺点的存在。现在还有某些共产主义青年团在实践中十分忽视这项工作，这种状况必须改变。应当把反对军国主义的活动从时断时续的鼓动工作转变为有计划的经常性的工作。我们要在这方面勇往直前地走下去。

我们的经验不是偶然的、点滴的经验，因为共产主义青年团十分认真地抓了陆海军中的工作。而在未来的战争中，在反对战争危险的斗争中，共青团很可能将是共产国际用来瓦解帝国主义军队和资产阶级军队的主要武器。在摩洛哥和叙利亚战争期间，我们不仅在帝国主义国家，而且在殖民地国家都开展了鼓动工作。当法国军队在摩洛哥同当地军队发生冲突时，共青团开展了反对帝国主义战争的活动，而且实际上对当地军队表示了友好和同情的态度。在帝国主义对中国进行武装干涉时，共青团进行了大量的工作。共青团为反对各种舰队进入别国港口开展的活动也是值得一提的。众所周知，帝国主义大国经常派遣自己的舰队进行互访。英国舰队每年远航波罗的海并进行反苏示威，这已成为一种惯例。但是，无论是在哥本哈根、斯德哥尔摩、但泽、赫尔辛福什，还是在雷瓦尔，在波罗的海的任何一个港口，英国舰队只要一停靠，水兵们就会受到各种各样传单的欢迎，这些传单是在有关国家共青团配合下印刷的，传单揭露英国海军远航的真实目的，讲述水兵们应负的阶级责任。共产国际执行委员会和青年共产国际还在侵入中国的帝国主义军队中开展了一定的工作，但我要强调的是，这方面的工作还做得很不够，有待于进一步改善。

至于我们在军队内部工作的组织问题，从最近了解的情况来看，许多事情尚待改进。我们发现，不能仅仅限于建立一批共产主义小组，除了共产主义小组以外，还必须同时建立另一些形式的革命士兵组织，当然是秘密的组织。

但是，我们要为这些组织得到承认和合法地位进行斗争。这类广泛的组织有：士兵俱乐部、预备役军人委员会、新兵委员会、新兵联合会、士兵委员会，等等。还必须提出并宣传在雇佣军中组织职业士兵工会的口号。大家知道，英国有4名共青团员被判处长期徒刑，原因仅仅是他们鼓动士兵组织职业工会（英国的士兵是职业军人）。资产阶级对我们新的工作方法作出的反应，可以证明上述工作方式对于争取士兵转到革命方面来是有益的。我们应当进一步支持这些新的组织形式。

现在谈一谈青年的军事训练问题。我们在这个问题上的立场，是以列宁论裁军的名著中主要阐明的观点为依据的。我们反对资产阶级对青年实行军事训练，但是，我们并非以和平主义思想去反对青年的军训，我们是同这种军事训练的阶级实质进行斗争。我们要与资产阶级对青年实行的军训针锋相对，对青年进行无产阶级的军事训练，就像列宁所要求的那样，在无产阶级的组织中对工人阶级进行自愿的军事训练。我们还要更进一步。我们给自己提出的目标是，根据各国的具体条件，瓦解资产阶级对青年施行军事训练的组织。义务军训组织实质上是军队的组成部分之一。我们对这类组织的态度，与我们对军队中工作的态度是完全一样的。我们将经常不断地要求青年工人（如我们在服兵役问题上所做的那样）参加这类组织，为了无产阶级的利益去学会使用武器；然后，我们再以共产主义的精神在这些组织的内部开展工作以瓦解它。对于志愿性质的军事组织，我们不能对不同国家采取千篇一律的策略。但是，通常都应当开展瓦解这类组织的工作。我们应当派出一批共产党员去开展这项工作。但是，我们并不号召青年工人群众去参加这些志愿军事组织。我们只限于向这些组织派遣共产党员，同时号召该组织中的青年工人团结一致，开展革命的鼓动工作。我们还将宣传和建立无产阶级的自卫组织和工人战斗队。

鉴于上述情况，建立红色前线战士同盟和青年突击队的问题将具有巨大的意义。把红色前线战士同盟单纯地看成是同法西斯主义作斗争的组织，那就大错特错了。红色前线战士同盟要比这广泛得多。红色前线战士同盟是符合列宁关于工人阶级应当建立自己的组织，在无产阶级领导下为本阶级的利益而对无产阶级进行自我军事教育的指示的。当然，红色前线战士同盟不可能像资产阶级的组织和联盟那样公开地、充分地实现自己的任务。因此，我们的工作自然也要根据不同的时机采取不同的方式。但是，就实质而言，红色前线战士同盟首先是与列宁的指示相符合的。列宁的指示要求建立独立的无产阶级组织，以便对无产阶级进行自觉的阶级军事教育。

现在谈谈和平主义问题。我们应当有计划地在青年中开展强有力的反对和平主义的工作。出于这种考虑，我们决定参加在荷兰举行的青年和平主义国际代表大会。这次代表大会是由全世界许多和平主义的、小资产阶级的以及部分资产阶级的青年组织召集的，目的是讨论和平主义问题、战争问题、殖民地问题，等等。我们接到了会议发起单位的邀请。他们邀请我们直接参加代表大会，我们则利用这一机会，从这个代表大会的讲台上进行宣传，反对和平主义，主张用共产主义观点分析战争问题、殖民地问题，等等。我们决定以青年共产国际和几个共青团的名义派代表出席代表大会。这次代表大会是一次地地道道的和平主义把戏，对此，我们是毫不怀疑的。

主张召开这次代表大会，原因是存在着两种倾向。一方面是整个和平主义运动内部的反对派思潮不断增长；仍然信奉和平主义的小资产阶级青年和部分青年工人日益左倾；希望听取共产党人对这一问题的看法和了解共产党的观点的倾向日益强烈。另一方面，帝国主义，主要是英国正在耍弄手腕。具有代表性的事例是，在参加这一国际联合组织并在召开世界大会方面起主要作用的英国和平主义组织中，原英国驻国际联盟的代表塞西尔勋爵起着十分令人注目的作用。显然，这些人，特别是英国人必将竭尽全力把青年工人的同情引向国联一边。

但是，同志们，这些人也向我们发出了邀请，向苏联的共产主义青年团发出了邀请。这一事实反映出小资产阶级青年和平主义运动内部反对派施加的某种压力，而青年工人中的某些阶层是靠拢小资产阶级和平主义运动的。所以我们要利用这种机会，从工农青年群众能听到我们声音的讲坛上去宣传共产主义的主张，宣传我们对战争和殖民地等问题的共产主义观点。

殖民地的青年运动

现在我来谈谈我们在殖民地的工作问题。这是我们联系国际局势应当提出来的第三个主要问题。

首先讲一讲殖民地青年运动的组织形式问题。组织形式问题绝非简单问题。我们认为，殖民地和半殖民地应当分为两类：一类是先进的，比较发达的；另一类是落后的，比较不发达的。发达的殖民地和半殖民地的主要特点是：在阶级分化方面已经迈开步子；国内有了工业；无产阶级和资产阶级之间的界限相当清楚。而比较落后的殖民地在工业发展、无产阶级的成长和阶级划分等方面都无多大进展，封建主义，甚至氏族社会的经济方式在这些地方所起的作用要大得多。我们设想，我们的任务是要在一切殖民地和半殖民地国家建立起共产主义青年团，但是，我们认为，在某些情况下，除了共产主义青年团以外，可以允许某些更广泛的组织形式的存在，共青团可以利用这些形式来开展自己的活动。

在比较发达的殖民地和半殖民地国家，如中国和印度，我们应当组织共产主义青年团。此外，虽非必需，但可以在共青团之外，组织在其领导下的、更广泛的青年组织，以支持民族革命斗争。在落后的殖民地国家，则应把这种可能性看成是一种可以加以利用的机会。在大多数非洲殖民地国家，在我们开展工作的最初阶段，除了共产主义青年团之外，我们在多数情况下还需要更广泛的民族革命组织。

关于我们在中国和印度的工作情况，我还要专门谈到。

迄今为止，青年共产国际的活动主要在较发达的殖民地和半殖民地的影响有所扩大和发展。我们在中国、朝鲜、北非、巴勒斯坦、加拿大、南非（我们的工作开展得较弱）、澳大利亚（在这里也做得不多）和印度（我们刚刚在那里开展工作）建立有自己的组织。如上所述，这些国家多半是较先进的殖民地。在落后的殖民地国家，特别是在非洲，我们的活动几乎毫无进展。

蒙古占有特殊的地位，我们已在那里建立了同情青年共产国际的革命青年联盟。同一度与共产国际有某些联系的蒙古共产党一样，这个革命青年联盟对共产国际也抱着同情的态度。不过，出于某种政治上的考虑（此处不必去详谈），这种联系现在中断了。

我们在南美建立的组织主要是在阿根廷、乌拉圭和智利（我们在智利的地位相当虚弱）。

从我上面介绍的情况中可以看出，青年共产国际已经渗透到殖民地和半殖民地国家，我们已在重要的殖民地和半殖民地建立起自己的组织，但是，我们所做甚少，在我们面前还有广阔的活动余地，还有绝对不能低估的重要工作要去完成。除了反对战争危险的斗争以外，这就是青年共产国际近期内必须予以重视的主要问题。让我们看一看南美大陆的情况，在南美，从委内瑞拉到阿根廷南海岸，骚动事件时有发生，工农群众运动日益广泛，同情共产国际并准备加入共产国际的群众性政党已经存在，但是，只有少数国家建立有青年组织。这是青年共产国际工作中的一大缺陷。如果我们能认真地开展工作和组织运动，那么，毫无疑问，我们有可能在最短时期之内便在那里掀起强大的青年共产主义运动。但迄今为止，由于各种原因，特别是技术上的困难，这项工作的开展一直受到干扰。

但是大家要知道，这里讲的是整个东方，是所有的殖民地和半殖民地。所以，我们大家都十分清楚，正是青年一代在那里发挥着特殊的作用，在革命的现阶段，这种作用比他们在许多资本主义国家里所起的作用还大。

我想较为详细地谈一谈我们在中国和印度的工作经验。

先说中国。总的说来，我们在中国的青年共产主义运动方面获得了良好的、有益的经验。中国共产主义青年团经历了蓬勃发展的阶段。我可略举数例，以兹证明。

中国的共产主义青年团建于1920年，初建时是一种社会主义青年组织，人数很少。到1925年5月爆发上海事件时，这个团体发展到了2900人，其中90％是学生，1926年9月，该组织成员增至9000人，其中49％是学生。最后，到1927年7月，成员达到35000人，其中学生占38％。由此可见，该组织成员逐年增加，学生所占比例下降，而工农青年比例不断增长。1927年7月，即所谓武汉时期，我们的组织在武汉政府辖区内享有一定的合法地位。当时，出现这种状况的原因在某种程度上是由于中国共青团势力的增长，但是，我认为，下面一些数字可能会更使你们感到惊讶。1927年7月，我们有团员35000人。接着是可怕的恐怖时期，我们的同志成千上万地被绞死、被砍头和被活埋，我们的组织被迫转入地下，人数大减。至1927年8月只剩下了15000人。有些同志断定当时共青团只有10000人，反正当时团员数在10000—15000名之间。1927年11月，共青团组织有所恢复，成员数增至20000名，到1928年3月，在继续处于绝对秘密的状态下，我们的中国共青团组织拥有 33000 名成员。（鼓掌）这个数字（33000）还不包括广东省共青团组织的成员。广东省某些地区建立了革命委员会和革命的地方自治机构，此外，还有 45000 名共青团员。因此，我们在中国拥有的团员数超过了 70000 名。即使不把广东省的 45000 名团员计算在内，中国在目前骇人听闻的白色恐怖下仍拥有 33000 名青年共产主义者，这应该说是共产国际和青年共产国际历史上光辉的一页，它表明，即使是处于地下，我们也有巨大的可能不仅在资本主义国家，而且在殖民地国家中把青年争取过来。

还有一个问题：在这 70000 名成员中究竟有多少学生。不超过 22%，而绝大多数是工农青年。以上就是中国共青团在数量上发展的统计资料。

现在就中国共青团的政治路线说几句。我想十分简要地介绍一下共青团在中国大革命时期所持的立场。北伐时期，共青团完全拥护党的政策。它和党一道支持了北伐战争，它与党之间不存在任何重大的分歧。但是，在北伐后期，即 1927 年初，当发现党的领导犯了错误，国民政府也犯了错误并出现偏向时，共青团提出了警告。在 1927 年 3 月上海爆发工人占领该市的斗争中，共青团像在反对蒋介石叛变的斗争中一样，发挥了巨大的作用，表现了崇高的英雄主义精神。当然，共青团也不可能做更多的事了，因为一切都决定于党的领导。在武汉时期，我们即已察觉到共青团和党之间的矛盾在加剧。这个时期，青年共产国际给中国共青团发出的各项指示起了很大的作用。不能想当然地认为，由于中国远在万里之外，所以中国共青团一切都自行其是，只是向青年共产国际报告一下情况罢了。不言而喻，工作重担压在共青团的肩上，但是，我们同中国共青团的联系从未中断过。我们在中国派有代表，而中国共青团也有代表常驻这里，可以说，合作关系是非常密切的，特别是在所谓武汉时期。以共产国际和青年共产国际代表为一方和以党的机会主义领导为另一方之间矛盾激化也正是发生在这个时期。

　　当中国的共青团员看到党的领导越来越向国民党和资产阶级分子投降的时候，共青团和我们的代表提出了警告，反对策划中的投降行为，还发表了相应的声明。声明提出了警告并要求根据共产国际的指示，实行革命的政策。值得注意的是，当时党的机会主义领导对共青团提出的警告和要求是怎样作出反应的呢？陈独秀声称，共青团不必多管闲事。后来，青年共产国际的代表亲自要求在政治局发表意见，可是，不仅不让他讲话，而且想尽各种办法不让共青团明朗的态度和革命声音传进由党的机会主义领导造成的一团糟的气氛中去。这种机会主义策略造成的后果绝不是党和共青团的紧密合作，恰恰相反，造成了它们之间的分裂。因此，我们有权声明，武汉时期的末期，中国共青团不仅没有参与中国党领导的叛卖政策和它的投降活动，而且相反，它做了它权力范围内能做的一切，以求实现共产国际的政策。在共产国际清除中国党领导层和党本身的机会主义分子的时刻，共青团也发挥了很大的作用。共青团不仅在政治方面提供了帮助，而且向党输送了年轻的新生力量，从而促进了中国共产党基本骨干和领导层的充实和改善。

　　但是，我们也应当指出中国共产主义青年团存在的错误。由于中国当时的形势和中国共青团缺乏足够的经验，中国共青团也不可避免地走向极端。这种极端主义的倾向有两种表现：一是"冒险主义"，一是"盲动主义"。我们所说的"冒险主义"，是指一种取代党，不承认党的领导，企图由它来实现对有组织的工人的领导的倾向。出现过一种思潮，认为党已经无所作为了，它从上到下都是机会主义那一套，共青团应当把全面领导的责任担当起来。我们批驳了这种倾向并且克服了这种偏向。至于"盲动主义"，这并非共青团独有的错误，而是整个中国共产主义运动最近一个时期，即今年冬季所犯的共同性错误。这个错误无疑是会造成危害的，但现在也已得到纠正。

　　归纳起来，我们可以说，中国共产主义青年团的发展是相当不错的：它已经由学生运动发展为无产阶级运动，它已由一个年轻的、无经验的派别成长为有良好组织的共产主义青年团，由一个人数不多的团体发展为一个群众性的组织，在经历了各种各样的挫折和彷徨之后学会了正确的布尔什维克策略。

　　所以，我们可以从中国的实践中获得重要的经验，那就是，对于我们共产主义青年团来说，在殖民地国家同样有可能建立群众性的共产主义青年组织。迄今为止，这个问题一直只是进行辩论的对象，而现在已经变成了现实。我们看到，在殖民地也可以建立起共产主义青年团，即使在秘密状态下，也有可能使共青团发展为群众性的组织。

　　有鉴于此，我想简单地提一下有关国民党的青年组织的状况问题。在国民党内建立青年组织的建议，是几位国民党人在 1925 年提出来的。中国共青团曾反对这一建议，认为这是国民党中某些机会主义分子企图建立机会主义的组织，来对付共产党在青年运动中享有的影响。这个问题曾在莫斯科进行过讨论，而且不少同志认为，这种组织有助于更广泛地团结青年。当时没有就这个问题通过任何决议，建议由中国共青团自己作出最后决定，而中国共青团坚持其反对的立场。现在，我们可以说，不在国民党内建立青年组织是对的，因为这种组织对我们毫无助益，反而会给我们带来危害。这种组织恰恰可能成为国民党领导层中机会主义者在殖民地国家青年运动这个棘手问题上同我们进行较量的工具。现在，国民党没有青年组织，也许正是由于不存在这种组织，我们才发展成为群众性的青年团。

　　现在再说印度。我们同意布哈林同志在其报告中提出的总路线。我们认为，印度资产阶级不起革命作用，这个资产阶级目前还保持着奉公守法的反对派立场，但以后一定会转而背叛革命。我们认为，工、农和知识分子联盟应当进行斗争，反对帝国主义、地主和资产阶级的联盟。

由此出发，我们认为，我们在印度的主要任务是组织共产主义青年团。建立这种组织的基础已经存在，但是，现在就说印度已经有了共青团，还为时过早。有人向我们建议，不要组织共产主义青年团，而只需建立一个青年联盟。这个联盟不应当成为共产主义联盟，首先不应当成为无产阶级性质的联盟，而应当是一个学生组织。有人向我们声称，印度的学生在青年中起着决定性作用，因此，我们的主要任务首先是建立学生组织。还有人对我们说，在印度不应当在共产主义旗帜下深入到青年群众中去。我们否定了这种建议，那种非共产主义的、非无产阶级的，而主要由学生组成的资产阶级组织，只能对资产阶级有利，而对我们有害。我们认为，我们应当着手在印度组织共产主义青年团。

然而，我们认为，单靠共青团还不可能把群众发动起来参加运动。问题还没有得到彻底解决。我个人认为，在印度，除了共产主义青年团以外，还应当建立另一个靠拢工农政党的、公开的工农青年组织。当然不是建立一个靠拢统一国民党的国民党青年组织，而是要建立一个靠拢工农政党并在我们共产党领导下的工农青年组织。但是，我再说一遍，这个问题需要进一步讨论。

综上所述，关于殖民地青年运动的问题，归纳起来可以肯定以下几点：一、我们在殖民地有着开展活动的广阔天地；二、在殖民地可以建立共产主义青年团并使它发展成为群众性的组织；三、我们应当加强我们在殖民地的工作。

共青团和群众运动

如果我在这里不提到青年参加最近的选举之事，那就难以充分地说明国际形势对青年经济地位的影响。通过法国和德国的选举，我们看到了青年的积极参与和共青团活动的活跃。这是相当重要的，因为在德国这样的国家，根据新的法律，有 250 万达到 20 岁的青年参加了选举，这是前所未有的。250 万人，这个数字是相当可观的，它是可以对选举的结果产生相当大的影响的。因此，极为重要的一点是，要从共产主义运动的利益出发来看待这一问题。我们手头暂时还没有关于德国青年参加选举的准确统计数字。但是，根据来自资产阶级和社会民主党阵营的传闻，青年参加选举的态度越来越积极，特别是年轻工人中的共产党员选民相当多。

还有一个重要情况需要加以肯定，这就是共产主义青年团不仅首次给党以支持，而且力图在党的鼓动工作范围内以独立组织的身份向青年提出自己的口号。德国的共青团提出了自己的候选人，列入共产党的候选人名单，而且这些候选人向青年开展鼓动工作，向青年发表维护青年特殊要求的演说。效果很不错。在德国来说，这种活动的效果往往令人十分满意。我们看到，共青团在开展宣传鼓动工作中创造了青年十分愿意接受的新方法，从而把青年选民吸引到党的一边来，使我们有可能利用选举运动来扩大共产主义青年的影响。结果，德国共产主义青年团的书记布伦克勒同志以共产党代表身份被选入国会，我们对此感到由衷的高兴。我们希望布伦克勒同志利用议会的讲坛来代表被剥削的、斗争中的青年工人群众讲话。巴尔贝同志（法国）只是因为左翼社会民主党的出卖，缺少 6 票，否则也被选进了议会。总之可以说，青年参加选举，对于我们加强群众工作起了积极的作用。

在同社会民主党斗争中的共青团

现在我来讲一讲我们同社会民主党进行面对面斗争的问题。我想，在这方面我们取得的成绩是相当大的。我不清楚，是否所有的同志都了解这方面的事实。青年社会主义国际现正处于严重的危机之中，处于低落时期，我们这样说绝不是夸大事实，而只是确认赤裸裸的事实。这种危机一方面表现在青年社会主义国际人数的减少，另一方面表现在青年社会主义国际所属支部不断出现反对派集团。

我可以列举几个极为典型的数字，来说明青年社会主义国际成员人数的情况。拿青年社会主义国际 1924 年的人数同现在的人数作一比较。1924 年，青年社会主义国际的人数达到了最高点，而我们青年共产国际当时的人数则有所下降。同志们，请看下列几个颇具代表性的数据。

德国 1923—1924 年度，社会主义青年团中的青年工人为 11 万名，现在，根据该组织自己的统计，只有 5 万名。但我们知道，这个 5 万名的数字也是被夸大了的，实际上德国社会主义青年团现在人数不超过 4 万—4. 5 万人。

奥地利 1923—1924 年度，社会主义青年团中青年工人人数为 3. 4 万人，根据该组织的资料统计，1927 年为 2. 4 万人。然而，我们知道连目前这个数字也是被严重夸大了的，奥地利社会主义青年团的人数最多只有 1. 5 万—1. 6 万名。

比利时 1923—1924 年度社会主义青年团成员人数为 2. 4 万名，1928 年下降到 1. 3 万人。

英国社会主义青年团的危机尤为严重。1926 年，该青年团声称它拥有 9000 名成员。但是，我们清楚地知道，这是谎话，实际上它的成员数不超过 5000 人。根据该组织的统计资料称，现在人数最多只有 1000 人。这里还要补充一句，英国的社会主义工人青年组织是靠拢独立工党，也就是靠拢马克斯顿的党的，而马克斯顿一向是不惜进行左的蛊惑宣传的家伙。尽管如此，英国的社会主义青年团依然处于灾难性的衰落过程之中。

青年社会主义国际的成员总数已由 25 万下降到 12. 5 万人。四五年间人数减少了一半。

　　综上所述，可见青年社会主义国际现在的危机是深重的。社会党人自己也不隐瞒和不得不承认这一点。那么，产生危机的原因何在？我们认为，原因有两个方面，一是工人青年的左倾化，其次，从某种意义上讲，是共产主义青年团开展活动的结果。

　　说到工人青年的左倾化，那么，十分清楚，而且越来越明显，改良主义作为一种政治潮流，正在失去其对青年工人的吸引力。最近以来，这一点变得更为明显了。我不是说，改良主义不再企图采取别的形式，例如，采用体育组织或纯文化组织的形式来扩大它的影响了，但是，事实总归是事实，作为一个政治组织，改良主义正越来越丧失其在工人青年中的影响。渴望参与政治活动的青年工人已经不满足于改良主义，他们或转向共产主义青年团，或干脆脱离改良主义组织。

　　只要看一看青年工人的经济状况，上述情况就可以理解了。布哈林同志已经说过，社会民主党本身的存在在某种程度上靠的是工人贵族和工人官僚的形成，而工人贵族和工人中官僚的出现，一是因为实行合理化，二是由于改良主义联盟的上层和国家机构勾结到了一起。但是，社会民主党赖以存在的这些经济基础不可能同社会民主党的青年发生关系。社会民主党的青年还可能提供若干个官僚，但要形成一个在经济上享有特权地位的青年工人阶层却是不可能的。

　　造成这种特权阶层的经济基础已不存在，改良主义在政治上对青年的影响正在下降，改良主义越来越多地失去了原先跟随它的群众。

　　现在我们来谈一谈共青团的工作在青年社会主义国际遭遇的危机中所起的作用。我们在自己的工作中十分重视这次危机。我们把统一战线的策略同支持青年社会主义国际各支部内真正的工人青年反对派团体联系在一起。首先我们实行了下层统一战线的策略。但是，我们并不局限于统一战线策略，我们还支持了社会主义青年团中的革命反对派，开展了瓦解改良主义组织的工作。

我们在英国的工作，堪称为运用这些方法的范例。我们可以看到，在那里，凡是靠拢青年社会主义国际的独立工党所属青年行会组织都处于分崩离析的状况。青年共产国际的支部则是英国第一个青年组织。改良主义者看到这一点，于是也想建立一个同我们相抗衡的组织并为此而调动了独立工党和英国全部工人报刊机构的力量。然而，却劳而无功，一无所获。我们的组织与那种行会截然不同，公开地主张捍卫青年工人的利益，此外，还结合下层统一战线策略，巧妙地开展了瓦解社会主义国际所属青年组织的工作。无怪乎英国独立工党青年行会组织的领袖们说，他们对统一战线策略的害怕甚于对魔鬼的恐惧，他们惊呼，"这个统一战线夺走了我们的成员"。从一定意义上讲，他们的话是对的。正如实践所证明，统一战线策略是我们争取社会民主党青年组织群众的一种主要手段。与此同时，还需指出的是，全国行会组织内部正在出现左派组织，而且这些左派组织脱离了行会，转向了我们。

社会民主党和社会民主党的工会清楚地知道社会主义青年运动所遭受的危机，正在寻求挽救的方法。第二国际也对青年运动的问题十分担心。但是，在这方面社会民主党面临的任务比我们共产党人面临的任务，要困难得多。

那么，为了挽救青年社会主义组织，社会民主党人究竟把力量集中于什么方面呢？首先，社会民主党人力图把社会主义青年运动残存的组织（如英国）相应地变为各社会民主党的青年支部。其次，社会民主党正在建立大批辅助性的青年工人组织，如青年体育组织、纯文化性质的组织、工会的青年支部、学生支部，等等，并要求这类组织同社会主义青年工人联合行动。这样一来，所有这些体育组织、青年文化或自学组织、学生组织和工会青年支部都得与社会主义青年实行联合并共同形成社会民主党的青年运动，甚至还炮制了一种新的理论。当社会民主党人看到社会主义青年政治运动的分裂已不可阻挡的时候，他们匆匆忙忙地声称，社会主义青年联盟应当是优秀青年的组织，应当是对青年进行政治教育的组织，同时，又应与其他一切青年组织，如体育组织和文化组织以及工会的青年支部等联合在一起，形成一个统一的整体，形成一个代表整个社会主义青年运动的共同组织。我们不能低估社会民主党的这些新的动向。沿着这条道路走下去，社会民主党人无疑地有可能改善自己的处境，诚然，这种改善更多的是扩大它对青年工人的影响，使所有这些群众性组织归它领导，而不是青年政治运动总的状况会得到改善。这就再次证实，我们必须比以往更加努力地在所有这些群众组织中开展工作。

我们应当继续贯彻我们的下层统一战线策略，支持社会主义青年组织内部的反对派，我们必须同那种利用辅助性组织、工会青年支部等为社会主义青年本身的党派利益服务的现象作斗争。

我不想隐瞒下述事实：社会主义青年运动在某些国家是有所发展的。例如，在斯堪的纳维亚国家就可以看到这种情况。但是，我所描绘的情景确实说明了青年社会主义国际总的状况。

现在再来谈一谈资产阶级组织中的工人青年问题。参加资产阶级组织的工人青年和一般劳动青年，其数字一定很大，但是，我们暂时还没有发掘这些分散在资产阶级组织内部的巨大潜在力量，到目前为止，我们在这方面进展甚微，说得准确些，我们还没有真正着手开展这项工作。只有在英国，为和童子军运动作斗争而作过一些尝试，在德国为反对天主教青年运动做过一些工作，以及最近时期在国际范围内开展了反对对青年工人实行法西斯化的斗争。全面开展对资产阶级组织的工作任务正摆在我们面前。这项任务是极为重要的，因为这些组织的一大半成员可望成为适合加入我们组织的人才。在资产阶级的联合会中，有许多工人、农民劳动分子，以及知识分子和小资产阶级分子。资产阶级组织内部已出现某种反对派思潮，因此，可以肯定，这些组织本身将出现左倾化，而这一点也证明了工人青年的左倾化。

我已经说过，在我的报告的第一部分，我想着重讲一讲当前国际形势的关键问题对工人青年运动的影响以及青年共产国际在这方面面临的任务。我们已经看到，这些极端重要的问题是：合理化问题和同托拉斯资本进行斗争的问题，同战争危险作斗争的问题，殖民地问题以及同社会民主党和资产阶级青年运动作斗争的问题。

青年共产国际影响日增

通观国际局势及其对青年运动的影响，我们得到的基本结论是：工人青年的左倾化已成不可阻挡之势，而且这种左倾化表现在各个方面，尽管从某种意义上说，我们开展工作的条件比对那些经历过战争和革命的青年开展工作时要困难一些。其次，我们可以看到，共产主义青年团的政治活动正日益加强，这不仅表现在青年更为积极地参与党的生活，而且表现在他们善于将青年感兴趣的特殊问题同一般政治问题联系起来。但是，青年工人的左倾化是发生在稳定时期，这就给我们的工作造成了一定的困难。这种左倾化的特点是，这项工作在组织方面给共产主义青年带来的成果是很不显著的。

现在谈一谈青年共产国际的实际状况和它的发展趋向，在此必须提出并确切地回答一个问题：青年工人现在总的态度究竟如何。

我们可以肯定，青年共产国际无可争辩地扩大了影响，并不断取得政治上的成果，这是第一位的积极因素。但是，与此同时，我们也要承认另一个更为重要的事实，那就是，这种影响的扩大没有或者几乎没有转化为青年共产主义运动组织上的发展壮大。需要我们着重研究的基本问题是，我们的政治影响日益扩大，而青年共产主义运动总的人数却停滞不动，两者完全不相适应。

有关我们影响扩大的问题，我现在不准备详谈，因为我在报告的第一部分已经阐明了这个问题。我只想指出一点，我们在英国挫败了社会主义青年运动，我们夺得了对新的工人体育运动的领导权，现在仍控制着这种领导权。其次，我们还在英国职工运动方面占据了重要的阵地。在德国和法国，我们在选举中获得的成功是意味深长的；德国开姆尼茨青年日取得的光辉战果也是引人注目的，这是无产阶级青年在共青团影响下举行的一次史无前例的群众性示威活动。我们在法国陆海军中的工作成绩很大。在中国，我们的共青团已成为青年群众的领袖。我们在国际范围内取得的成果表现在组织反战运动和成功地开展了反对青年社会主义国际的斗争，等等。但是，我们不能安于现状，满足于已有的成绩。我们要承认，尽管我们的影响日益扩大，我们在政治上取得了成果，现在的基本问题仍然是：青年共产主义运动在组织方面毫无收获或所获甚微。

在分析青年共产国际迄今为止的状况的时候，我们应以事实为依据，既不能估计过高，也不要估计过低。确切地了解各种数字是很重要的，所以我将择其最主要者介绍如下。

在判断青年共产主义运动在数量上的发展状况时，仅仅把我们所有的组织（包括苏联共青团和中国已建立苏维埃地区的共青团）的总人数加以研究是不够的。必须先做好一定的分类：假设把苏联列宁共产主义青年团除外，而把资本主义国家的共青团分为三类，那么，第一类是大的公开活动的共青团，主要存在于重要的资本主义国家内；第二类是小的公开活动的共青团，主要活动于较小的国家；第三类是不公开的组织。此外，我们还有苏联和中国的苏维埃地区。从这个角度来分析现有数据，我们将得出什么样的概念呢？

以第一类大的公开的共青团，如德国、法国、捷克斯洛伐克、英国、瑞典、北美、希腊、加拿大以及奥地利的共青团为例，我们在那里看到的现象是：大约在 1925 年，我们的运动从某种意义上讲达到了自己发展的顶点。但 1925 年冬至 1926 年初，运动无疑出现了下降趋势。出现这一情况的原因在于我们未能及时找到适合于稳定时期新情况的工作方式。不过，我们的团组织在经历了 1926 年初那次数量上最严重的下降之后，第一类共青团组织总的数量仍然是持续上升的。1926 年 3 月初，第一类团组织人数为 57000 名，现在计有 69000 名。看起来，增长数不特别显著，如果把现有团员数与 1924/1925 年度 3 月份的团员数相比，这种增长就显得更小了。诚然，那个时期的统计数字有所夸大，不过，60000—62000 名的数字是达到过的。与这个数字相比，现在我们拥有 69000 名团员，这当然是一种发展，但增长幅度相当小。总而言之，第一类共青团组织的团员数大致上同 1925 年的水平不相上下，也可以说处于某种稳定状态。但是 1926 年以后，直到最近时期，我们确实看到了一种较为迅速的发展趋势。

再说第二类组织，即较小的共青团。这一类团员数在 1925 年约为 3000 名。现在，又增加了数百名，所以总人数无多大变化。

第三类是不公开的共青团。毫无疑问，这一类组织有较显著的改善，当然主要是靠中国共青团的出色活动。但是，这一类里不包括中国已建立苏维埃的地区。还应记住，在中国开展秘密活动的条件是极其艰苦的，可能比其他国家更为艰苦。1925 年，这类秘密活动的共青团拥有团员数略超过 24000 人。可见，这类共青团的发展是很大的，这当然主要是靠中国，但也并不是只靠中国一个国家。

据此，有必要就开展秘密活动的共青团讲几句。毫无疑问，我们应该肯定地说，这类共青团组织不仅在中国进行了英勇的斗争，开展了十分出色的工作。波兰、意大利和保加利亚的共青团首先就属于这类组织。尽管存在白色恐怖，波兰和保加利亚的共青团组织仍然有所发展，意大利共青团也保住了原有的阵地。正因为这样，地下共青团组织成员人数有所增加。我们向英勇战斗在地下团组织中的同志们致以热烈的敬礼。我们应当比过去更有力地支持他们。

如果不包括苏联和中国的苏维埃地区，整个青年共产国际的人数1925年初为94000人，现在是102000人。增长不甚显著，可以说是保持稳定。但在这种数量的稳定中，又可以看到某种成长和发展的趋向，因为在1926年3月间，即1925年和现在之间的一段时间里，团员数比现在少，只有88000人。如果不把苏联包括进去而把整个中国包括进去，那么，与1925年94000人相比，得出的数字是127000人。如加上苏联，我们在1925年3月拥有团员数为130万，现在拥有团员数为215万名。

为了说明这些庞大的数字，我简要地讲一下由这些数字得出的政治结论。

与我们上一次代表大会相比，所有三类共青团组织，包括公开的、秘密的和小的共青团组织，总的说来在数量上保持了稳定，甚至有小小的增长。但是，最近两年以来，又可以看到持续增长的趋势了。

由此可见，虽然团员总数变化不大，但确实存在着增长趋势。当然，这种增长的趋势还没有达到令人满意的程度。

而且在团组织团员人数保持稳定的问题上还须指出，我们一些重要的团组织，如德国、法国、捷克斯洛伐克和英国的团组织人数最近几年来几乎毫无变化。因此，我们面前摆着一项任务，那就是要弄清产生这种现象的原因。

但是，不能认为，现在在团组织中的团员就是几年前在团组织中的那些团员。柏林共青团组织的成员87%的团龄不超过3年，奥地利60%的共青团成员是1927年7月15日以后加入团组织的。由此可见，近几年来，在总的团员数几乎无变化的情况下，大批涌入团组织的是新的成员。这就是说，我们的组织成员存在着很大的流动性。这种大幅度的流动是值得我们密切注意的严重问题。

为组织上的发展，为组织的群众性而奋斗

布哈林同志指出，对青年工人的组织发展工作做得不够，他讲得是完全正确的。但是，我们没有根据说，近几年来共产主义青年团有组织的成员人数已经减少了。这种说法是不正确的。我们可以毫不夸张地宣布，从上次代表大会以来，共青团的人数几乎没有变化。但不能说人数减少了。相反，近几年来我们组织的成员人数还有增长的趋势。固然，如我所说，现实情况不足以使我们感到高兴，如果我们以此为满足，那就大错特错了。我们无条件地运用自我批评的武器。我们绝对不想夸大我们影响的增长和政治成果的发展程度。正因为如此，我们把人数稳定不变的事实看成是十分不妙的情况。我们认为，这一事实是我们存在严重弱点的征兆，克服这一薄弱环节是我们最为重要的任务。

我想联系这个问题再举几个其他的数字。

青年工人一般的组织状况如何呢？我已说过，青年社会主义国际已丧失其半数成员。这就自然而然地产生一个问题：脱离社会主义青年组织的人到哪里去了呢？转到我们一边的是很小一部分。多数人加入了工会和体育组织，甚至参加了资产阶级组织，还有一部分人索性对青年运动抱消极态度。

我们当然是以十分认真的态度对待这一现象的。令人注目和十分重要的事实是，青年社会主义国际的成员人数减少了一半，而在这一时期中，我们组织的人数没有下降，只是保持在原有的水平上。但是，必须指出，从青年社会主义国际人数的缩减中，我们所得甚少。试比较下列数字：青年共产国际（不包括苏联）共有成员 12.7 万名，如将苏联列宁共产主义青年团包括进去，成员数超过 200 万名。这个数字之外，还

有属于同情组织的成员 6.7 万名。在我们的队伍中（包括同情组织而不算苏联）约有 20 万名成员。青年社会主义国际则只有 12.5 万人。

青年共产国际和青年社会主义国际合计共有成员 32.5 万名（不包括苏联列宁共产主义青年团）。而天主教青年国际拥有成员 240 万，而且其成员中的一半人，即 120 万人，毫无疑问也是我们可以发展的对象，即工人和小农等等。福音教派青年组织拥有成员 115 万，其中半数，即 60 万人是有可能成为我们组织的成员的。由此可见，在天主教和福音教派青年运动中，有 180 万名成员是我们可以发展的对象，而青年共产国际（不包括苏联）和青年社会主义国际加在一起总数也只略微超过 30 万人。这一点说明了什么呢？它说明，大多数青年工人参加的组织还不是改良主义联盟，而是资产阶级组织。

这就在我们面前提出了一项任务，一项我们至今对其意义估计不足的任务。对于我们来说，主要的危险当然在于社会民主党，因为这个党不仅建立有政治组织，而且建立有工会、体育组织等等。但是，同志们，我们已经学会了成功地与社会民主党作斗争。而对于如何同刚才提到的青年组织作斗争，我们却毫无经验。不过，我们面前有着广阔的活动天地。从国际范围来讲，我们比青年社会主义国际的力量强大，但却远远落在资产阶级组织之后。

为了进一步说明上述情况，我想举法国和德国运动中的几个例子。法国是在青年工人政治组织方面缺乏深厚传统的国家。德国则具有较悠久的传统。所以法国几乎不存在改良主义的青年运动。法国的社会主义青年运动成员不超过 1500 人，改良主义工会只有 1.8 万—2 万青年工人。但是，在资产阶级组织中却有大批青年：资产阶级体育组织中 20 岁以下的青年工人超过 9 万人，而在我们影响之下的有组织的工人青年人数少得多。如果我们把整个法国共产主义青年团和参加红色工会、红色体育联合会的所有青年都加在一起计算，20 岁以下的成员人数也不超过 11 万人。把这个数字与资产阶级组织成员总数 100 万人作一比较，就可见到，其成员大多数是在体育组织中。改良主义者几乎根本不把青年工人计算进去。

我们在德国看到的情况略有不同。问题在于德国的青年政治上比较成熟。德国资产阶级体育组织起着巨大的作用。此外，我们在德国的强大对手是改良主义青年组织。在德国的工人体育组织中，20 岁以下的青年工人不少于 32.5 万人。工会中 20 岁以下的青年工人将近 25 万人。可见，在德国，参加阶级组织的青年群众数量是相当庞大的，超过了 55 万人（参加体育组织和工会者），而这些青年是可以置于我们的直接影响之下的。但是，更大量的青年参加了资产阶级组织，而且体育组织也在其中起着主要作用。根据我们的计算，约有 190 万 20 岁以下的青年工人参加了各种资产阶级组织。

我列举上述几个数字，目的是想说明当前青年工人的组织状况，指出我们面临的那些任务。

但是，说青年工人现在政治上的组织程度还不如战前，那是错误的。战前，社会主义青年运动成员数勉强达到 9 万人，尽管当时只有一个国际，而不是现在这样有两个国际。现在有了两个国际，两个国际都算是工人组织，不过一个是光明正大的开展活动，另一个是采取欺骗的手段。两个国际（不包括苏联在内）拥有 30 万青年工人。当然，我们不能认为这种状况已经令人满意了。

青年共产国际存在弱点的原因何在呢？我指的是主观上的原因，指我们可以克服的那些错误和缺点。首先，青年共产国际的活动不完全适应青年人的需要。我们不是想以此说明，共产主义青年不应当研究政治问题，或者应当使自己的政治活动有所限制。我指的是，我们在各方面的工作方法还不太适应青年人的心理，我们的方法还过多地类似一个青年党的工作方法。这是有其历史原因的，是有我们运动发展历史上的原因的，因为我们作为一个共产主义的组织，是产生在还不存在共产主义政党的年代里。但是，不言而喻，我们又必须在各方面适应青年人的需要。

在适应青年需要的生动活泼的"新"方法与政治性活动之间，不应当存在矛盾。关键在于要采取朴实的、更便于青年理解并接受的方法去开展政治活动。

我们存在缺陷的第二个原因是，没有充分地利用辅助性青年组织，如"青年突击队"、自由主义者同盟等。社会民主党人现在有许多辅助性组织为其作后盾，他们把这些组织看做是使濒于灭亡的青年运动复苏的源泉。我们也应当学会在这方面积极地开展工作。过去我们曾在这方面犯过很大错误。但最近一段时期以来，我们采取了争取辅助性组织的坚定方针。

第三个原因是成员流动性大。也就是说，在大批新的成员加入我们组织的同时，也有许多人脱离组织。此外，我们各共青团的工作不甚适应青年的需要。流动性大的另一个原因是我们的组织在内部组织工作上存在着弱点，干部缺乏良好的训练。正因为我们组织的成员流动性很大，所以我们需要富有经验的专职干部。

鉴于上述种种考虑，我们认为，即将召开的青年共产国际第五次代表大会应当在我们共青团的工作方面实行相应的转变。

这种转变究竟应当包括哪些内容呢？

这种必要的变化应当包括：使我们共青团的一般工作方法更多地适应青年特点；经常不断地开展工作以争取群众，争取辅助性组织；克服业已出现的成员流动过大和我们组织工作上的弱点。但是，基本的任务当然是使我们的一切工作方法更适应青年的需要。

为了实现上述转变，我们已经辛辛苦苦地工作了好几年了。例如，从 1926 年起我们就开展了强有力的工作，在我们共青团内部生活中推行新的更有效的工作方法，采用更为生动活泼的方法开展宣传鼓动工作。但是，到目前为止，只有德国的共青团在这方面取得较大的成绩。大多数共青团组织依然模仿党的工作方法，所以内部生活一直十分单调。几次代表大会都曾通过决议，要求成立辅助性青年组织，首先是青年职业组织和青年委员会。我们对体育问题也越来越重视。

很能说明问题的是，在即将召开的青年共产国际第五次代表大会上，除了听取有关青年共产国际的基本工作报告，讨论纲领问题（而且这两点也都是在进行必要的转变的前提下提出的）以及殖民地问题以外，还将提出有关宣传鼓动和体育的问题以及关于实行新的工作方法的问题。

第四次代表大会通过的纲领草案和我们提交第五次代表大会的纲领，都强调了共产主义青年团应发挥列宁曾经指出过的那种极其重要的作用，即共产主义青年团应当成为群众性的共产主义学校。所以，我们应当贯彻共产主义青年团作为共产主义学校的基本原则，当然，这个学校应当是以列宁的战斗精神进行教育的学校。列宁说过，不能把青年工人的共产主义教育同对剥削者进行有效的斗争分割开来，斗争是这种教育的基本内容。我们的不幸就在于，我们还不善于把我们纲领提出的原则指示真正贯彻到实践中去，原因要从共产主义青年团的历史发展中去寻找，因为共青团过去起的是先锋队组织的作用。我们现在要根据我们的纲领更认真地在我们的方法上，在我们的实际工作中实现这些转变。我指的绝不是进行原则的改变，但是，必须使我们的世界代表大会坚定地强调实现工作中这种转折的必要性。

这种转折究竟内容如何呢？正如布哈林同志已经指出过的那样，某些同志根据青年运动的一般状况提出了建议，但这些建议是我们应当坚决摒弃的，因为他们想象中的转折也包括在原则问题上的转折，而那种转折将把我们推到社会民主党对青年运动的观点上去。他们建议我们限制共青团的政治色彩和政治活动。我们对此表示拒绝，因为我们面临的任务不是在这方面。当然，我们在开展政治活动时应当采取适合青年需要的方法，我们应当把自己的工作同青年因一般政治问题而产生的真正的、具体的利益结合起来，但是，我们组织活动的主要内容和过去一样，应当是开展政治斗争。

还有人给我们提出另一种建议，他们的理由是，我们的组织不是原地踏步，就是发展十分缓慢。以此为根据，他们断言，像这样的共青团不可能变成群众性的组织。讲这种话的人实际上想讲的意思是，工人青年的共产主义政治组织不可能成为群众性组织。这些人对我们说，我们不该努力使我们的共青团变为群众性组织，而应当建立一个广泛的半共产主义的、无党派的青年工人组织，共产主义青年则在这个组织中团结青年工人中的优秀分子，起一种内部派别的作用。我们同样拒绝了这种建议，因为它是悲观估计形势和惊慌失措的产物。我们之所以否定这种建议，是因为这种意见的主要观点是认为，共产主义青年团最近几年进展不大，不大可能变为群众性的组织。我们认为，共青团能够并且应当成为群众性组织。我们清楚地知道而且现在还想再次强调，为了达到这一目的，我们当然也需要建立类似的辅助性组织。我们决不认为，共青团应当一花独放。这种想法是错误的。我们的同志既要在独立存在的共产主义青年团中工作，又要在辅助性组织中开展活动，为共青团从中招募成员，以便通过这种途径使共青团也变为群众性的组织。但是，共产主义青年团应当继续成为一个共产主义战斗组织，成为教育共青团员的组织，并以这种姿态发展成为群众性的组织。

当有人对我们讲，应当对自己的政治积极性有所限制的时候，对于我们青年国际来说，重要的是不仅要确定我们的积极性是否适应青年们的利益，还要弄清发我们的政治路线是否正确。如果发现青年共产国际的政治积极性到目前为止果真不符合正确的路线，那么，希望限制共青团政治工作的想法自然是可以理解的了。

我们认为，各国共产主义青年团的政治积极性未能经常地与青年的特殊问题充分联系起来。这是我们应当予以纠正的错误。但是，我们认为，青年共产国际各支部和整个青年共产国际的政治路线在大多数情况下是正确的。这是又一个证明，说明共青团应当保持自己的政治性质。

以共产国际最近时期产生的政治问题，如反对托洛茨基的斗争为例。有一点是毫无争论的，即在共青团组织内部，反对派是微不足道的。有的地方出现过这种反对派，也被迅速地清除了，而且共青团还帮助党本身去清除了反对派。例如，比利时和法国，那里的共青团在克服托洛茨基危险和加强共产党的正确领导方面都发挥了巨大的作用。

第二个重要政治问题涉及我们对待社会民主党采取的新的策略路线问题以及首先在法国和英国采用的策略问题。在我们党内，这条新的路线曾遇到激烈的抵制，但是共青团组织和青年共产国际表现了最大的毅力去实现这条路线，并以此给有关的党，给共产国际提供了很大的帮助。在法国共产党中，共产主义青年团无论是在提出和实际解决自我批评问题方面，还是在纠正错误方面，都发挥了决定性的作用。在法国党最近进行的辩论中，共青团采取了比较正确的立场，同极"左"错误进行了斗争，同时又认为，主要危险仍然是右的倾向。我们的法国同志承认，共青团在这方面起了重大作用。

共青团在英国党实行新的策略时期也发挥了巨大作用。关于中国共产党和中国共青团的活动，我在前面已经讲过了。我们看到，希腊的共青团也积极参加了本国进行的斗争，共青团组织反对了极"左"和右倾倾向。

奥地利的情况相当严重，原因是七月事件以后，社会民主党虽然遭到失败，但共产党不仅没有巩固下来，而且变得更弱了，因为它犯了各种各样十分严重的机会主义错误，总之，它与社会民主党的区别实在太小了。7 月 15 日以后，共青团与共产党之间立即在一系列口号是否正确的问题上，如警察归市管辖问题上，发生了分歧。现在，奥地利党的大多数人在为贯彻共产国际的路线和反对右倾倾向而斗争，共青团也坚定地支持将这一斗争进行到底。

在德国的共青团员中，我们也较少看到"左"的倾向，更少看到右的倾向。右派集团多次企图渗透到共青团中去，但至今毫无所获。

波兰是存在着派别斗争的，因此，不能说共青团的工作没有错误。争论的双方都犯有错误。在这个问题上我们也同意布哈林同志的意见：必须采取果断的措施，建立一个统一的、布尔什维克的领导，以结束这种耻辱的局面。布哈林同志已经提到，波兰党在华沙有两个中央委员会，我还想告诉大家一件闻所未闻的事实，一个所谓的党的书记处竟然蛮横地解散了共青团中央并指定另一批人组成了共青团中央。由此可见，这个集团采取了何等严重的分裂步骤。我们应当在这里，在共产国际的代表大会上，以最最坚决的态度表示对这种行为的抗议。这种方法是完全不适合于共产主义青年团的领导机关的，我们要求得到迅速的援助并惩办肇事者。（鼓掌）

至于捷克党，那儿的共青团组织没有表现出多大的政治积极性。过去，我们的共青团曾犯了过多参与对党的政策问题研究的错误。我们对这种活动进行了限制，结果，共青团又走向另一面，犯了很少去过问党的政策问题的错误。尽管在"红色节"之后捷克共青团表示过抗议，但据了解，它事先并未进行充分的努力，以避免"红色节"的错误，而"红色节"的错误只是捷克斯洛伐克所犯的一系列错误中的一个错误。"红色节"以彻底的失败，以捷克党和整个捷克无产阶级的失败而告终。与其在消极被动中挨打，不如在战斗中流血牺牲。

但是，总的说来，各国共产主义青年团和青年共产国际的政治路线和活动是正确的。我们当然不能掩盖自己的错误和缺点。可是，一般来说，我们没有多少根据认为，对共青团的政治性质应当作出限制。

　　所有这些想法我只是顺便谈谈，为的是强调一下在实行转变中不应当出现的事情。我们最需要改变的是工作方法，以便更适应青年的需要。我们同意，必须在实现我们的原则的基础上去改变我们的工作方法和策略。我们将在我们召开的代表大会上作出这种改变。我们将采取措施，使我们共青团的内部生活、吸收成员的工作方式、宣传鼓动方法、教育和文化工作，以及政治活动适应青年们的需要。我们应当争取广大青年工人群众，吸引他们参加到青年共产国际的队伍中来，为共产国际培养接班人。我们应当在各种体育组织和职工组织中开展更强有力的工作，更好地利用辅助性的青年组织。我们应当在实际行动中把共青团变为教育青年工人的共产主义学校。

　　你们不要低估那些能说明青年共产国际发展情况的事实。在青年共产国际活动的第一阶段——1919 年至 1921 年期间——它曾是无产阶级的先锋队，而且当时的主要任务是为共产国际发展成员和实现与社会民主党的决裂。这是青年共产国际当时要完成的任务。1921 年，青年共产国际从根本上改变了自己的路线，决定由先锋队变为群众性组织，从"青年党"变为青年组织。这一因素至今仍对共青团的工作性质有着一定的影响。不应忘记，青年共产国际一旦确定了转变为群众性青年组织的方针，那就是说，它将建立在新的、迄今为止所不熟悉的基础之上。须知，共青团既不能同战前的、也不能同今天的社会民主党青年组织相比。当青年共产国际决定采取建立共产主义青年群众组织的新方针的时候，资本主义国家里还从未有过这样的组织。这是一个新事物。青年共产国际在集中力量实现这一目标时犯了一些错误，这是很自然的事，这种错误和脱离正确路线的现象是不可避免的。要知道，我们是在无榜样可循的情况下，在资本主义国家中逐步建立新型的青年组织——共产主义青年团的。我们看到了自己的错误。从理论上讲，我们已经纠正了自己的错误，我们还要在实践中纠正它。从 1921 年以来我们一直沿着建立群众组织的道路在前进。我们能达到今天这样的发展水平，是学习了许多东西的。不过，我们现在终于建立起了这种共产主义青年团所应有的正确模型，树立了一种适应我们时代要求的共产主义青年团的可靠的范例。我们建立了一个群众基础极为广泛的工人青年组织，这个组织的形式适合青年的特点，它概括了青年工人斗争和生活的所有各式各样的问题，引导工人青年投入阶级搏斗，把政治斗争作为教育群众的基础，而这个组织本身又是青年工人的共产主义学校，是我们党的后备军。共青团是一个适应青年利益的政治、战斗和教育组织。这是共产主义的群众性组织。

依靠共产国际的帮助，我们已经走过了前一段困难的道路，我们深信，在共产国际的帮助下，我们现在也一定能够对我们的工作方法作出必要的改进。我们正处于必须严肃批评自己的工作方法并作出改进（当然是在我们的原则性纲领的基础上）的时刻，我们一定能实现这些改变。

我们一定会变得更加强大，我们将在共产国际的旗帜之下加紧动员群众。青年共产国际整个前阶段的发展趋向就是建立在这种信念的基础上的。正因为这样，我们希望，共产国际今后也能把青年共产国际当成它的一个最优秀、最勇敢和最忠贞不渝的支部！（热烈鼓掌）

（会议休会）

第四次会议

（1928 年 7 月 19 日）

主席：加兰迪

致贺词

别尔乌辛同志代表老布尔什维克协会向第六次代表大会祝贺。别尔乌辛同志提到苏联劳动群众一贯关注共产国际的活动，并指出第六次代表大会的工作对于世界革命运动具有头等重要的意义，随后宣读了老布尔什维克协会的祝词：

"向共产国际第六次代表大会致最热烈的敬礼！

谨代表老布尔什维克协会及其所有分会向在红色莫斯科召开的、旨在使共产国际无数支部做好战斗准备的共产国际第六次代表大会——世界革命的参谋部致以热烈的祝贺。现在又一个使全世界感到不安的极其重要的问题已经提出来了，这就是殖民地问题。我们毫不怀疑，当我们的同志为了今后能彻底战胜那一伙残暴屠杀工人阶级和绝大部分农民群众的刽子手而被派来此地工作，因此在资本家的走狗们将咬牙切齿地对他们恶意诽谤的时候，全世界的工人和农民必将紧张地注视着云集此地的代表们的工作情况。

我们知道，全世界无产阶级在马克思列宁主义的基础上正日益成为一支强大的革命力量。我们相信，作为这支力量的战斗司令部的共产国际，将鼓舞和组织起千百万无产者和农民，建立战斗队，把帝国主义压迫者及其所有支持者统统从地球上消灭掉。"

雷梅尔同志宣读德国发来的两份贺电:

1. 我们这一群从德意志共和国服苦役的监狱中释放出来而在德国共产党中央委员会大厦集会的政治犯们,向世界革命总部致以最热烈的敬礼。弗里茨·艾伯特和兴登堡强加的苦役对我们来说是一所高级革命学校。我们希望,代表大会的工作将导致最快地推翻资本主义各国的资产阶级统治。

政治犯松嫩贝格、戈尔诺、
勃兰登堡、普列采内

2. 为欢迎获释政治犯而召开三个群众大会的汉堡数千名革命工人,谨向世界无产阶级的红色总部祝贺。为了世界无产阶级的解放斗争和为了保卫苏联免遭帝国主义和改良主义的阴谋破坏,请锻铸出新的武器!我们宣誓将在久经无产阶级阶级斗争考验的红旗下进行斗争并夺取胜利。

斯图契卡作共产国际监察委员会的工作报告

我的发言很短。委员会的书面报告已经散发,内容非常详尽,因此没有必要再作什么补充。我只作一点小的更正。问题是工作报告中有一处刊误:上面排印的白俄罗斯案件是 29 宗,这当然是荒谬的,实际上白俄罗斯案件只有 2 宗,那个 9 字是指波兰和白俄罗斯案件加在一起的总数。

现在谈几句关于国际监察委员会的作用和今后的活动。国际监察委员会是在第五次代表大会上通过选举首次产生的。当时还没有任何人想象得到它将来的意义,因此在叙述它的任务时有些含糊,不够明确。一

方面对任务作了限制，同时另一方面又规定得过宽。当时决定，委员会的任务应当是：（1）审查对共产国际执行委员会各部门的行动所提出的申诉；（2）审理个别党员或整个组织因被开除出党而提出的申诉，并且规定监察委员会的决议只是建议性的，而决定应由共产国际执行委员会作出；（3）检查共产国际执行委员会的财政状况和根据共产国际执行委员会的决议检查某些党的财政状况。

委员会在头几次会议上便已确信，第 2 条提出的任务是委员会所力不胜任的，因为要审理关于被开除出党的所有申诉，意味着要研究成千上万份抗议，特别是来自联共（布）党内的抗议。因此委员会自己对本身的职能作了限制，决定只审查具有政治背景的案件，也就是关于某些同志或整个组织由于政治分歧而受到纪律处分的案件。但是在监察委员会以后的活动中还增加了一些由共产国际书记处和执行委员会转交监察委员会处理的被误为普通纪律处分的案件。在财政检查活动方面，委员会曾对共产国际执行委员会的财政状况进行了检查，然而对国际各支部的财政状况则无法进行检查，因为委员会的 17 名委员，很难凑在一起，几乎从来没有在同一时间留在莫斯科，因而不可能同时出席会议。委员会的决定本应是协商性的，但久而久之逐渐具有了决定性质。诚然，这些决定需要共产国际执行委员会或书记处的批准，不过这正是联共（布）中央监察委员会在实践中逐步确定下来的那种办法。我觉得，这种办法将来也仍然应当保持下去。如果国际监察委员会确实需要的话（我觉得，从工作报告中可以看到，我们的活动在今后也是必需的），那就应当使国际监察委员会具备能够真正积极工作的条件。要规定一种办法，使委员会有一定数量的委员经常留在莫斯科，或至少每隔一段时间到这里来一次。同时必须在章程中更明确地规定国际监察委员会的工作范围。为此我们建议，由代表大会任命的章程起草委员会也将讨论关于国际监察委员会章程的问题，我们将把有关的建议提交该委员会。

我们需要审理的大部分案件都是党内出现各种反对派时期的问题。大家知道，在德国出现第一个右翼反对派时期，过多地采取了开除出党的办法。许多工人老党员被开除了，问题是，似乎除了开除以外就没有任何其他措施可以采取了。在许多情况下，这些工人并没有与党脱离关系，国际监察委员会认为，必须尽一切力量使这些工人恢复党籍。委员会认为，还可采用其他方法来纠正某些党员的错误。我们严格遵循这条路线，实践证明我们是对的。那些我们退还给德共中央监察委员会重新审议的关于被德共开除出党的几个小组的案件，以后得到了顺利的解决。上述小组后来证明，它们都是由忠实可靠的同志组成的。由此可见，我们的观点是正确的。

至于第二个反对派，即极左分子，我们同样审理了相当多的与之有关的案件，例如鲁特·费舍—马斯洛夫案件。从委员会工作角度来看，这些案件中以马斯洛夫一案最耐人寻味。对这些案件的分析证明，国外的青年党员中还没有形成一个十分明确的思想。即一个共产党员在法庭上应当怎样表现自己，在其他官方机构面前应当怎样掌握自己的言行。我们必须坚决地、直率地说，马斯洛夫在他受审期间的行为是错误的，不是共产党员应有的行为。因此国际监察委员会曾经要求执行委员会向各国共产党提出一个总的建议：制订共产党人在法庭受审时基本上符合联共革命传统的行为准则。经过执行委员会批准的这项决定对各国共产党产生了一定的影响。尽管委员会今后还会审理类似的案件，但现在毕竟可以认为这个问题多少已经解决了。

国际监察委员会审理过一系列涉及国外侨民的案件。大家知道，侨居国外好似一种痼疾；一旦侨居国外，党内分歧往往加剧到在实际工作情况下决不会有的程度；并且分歧会带有个人色彩，有时表现为毫无意义的诽谤形式。甚至出现过由此而发展成暗杀的事件，芬兰共产党内就发生过这种情况。大家知道，这个案件当时是以法院审理而告终的。最近以来被提交到国际监察委员会的国外侨民的分歧问题又出现了，但数量不太多，可以称之为旧时的回声。但是也出现过委员会不得不将肆意进行诽谤的同志撤离负责岗位的情况。正如我已指出过的那样，一些最典型的事件已在工作报告中引用；其他详细情况则不宜公布，以免扩散，因此我不准备谈这些情况了。我之所以提到这些细节，只是为了向代表大会证明，国际监察委员会有时必须审理一些需要成立特别委员会来进行讨论的真正重大案件。不过，应当说执行委员会还保持着一种旧的传统：正如在国际监察委员会建立前经常成立专门委员会一样，现在虽然已经有了一定的机构，但在某些情况下仍然组织专门委员会，而且国际监察委员会的成员不是规定必须参加的人员。我觉得，如果国际监察委员会的继续存在被承认是必要的，并且确保它的所有人员正确审查和迅速处理其职权范围内的案件，那么上述委员会将是多余的。我认为这种委员会不过是一种正在逐渐消亡的传统。

还应指出，章程中有一条规定：国际监察委员会不审理有关政治分歧的案件。这是正确的，因为在共产国际内不应有重叠现象，只能有一个权力机关，领导政治方面工作的应当是共产国际执行委员会。因此我们建议，上述条款今后也保留在国际监察委员会的章程中。

国际监察委员会的另一方面活动是审计工作。共产国际没有设立专门的审计委员会，成立这种与国际监察委员会并行的委员会是没有意义的。依我看，监察委员会应当履行审计委员会的职能。我们解决这项任务的方法是，从我们的成员中选举产生了一个常设的审计委员会，但它没有设立自己的机构。并且我们在一段相当长的时期内甚至没有设置担负一定具体工作的秘书。我们请求联共中央监察委员会帮助，给我们派来了一位党员会计，才使我们摆脱了困境。但是，我认为这种状况是不能令人满意的。

某些党的财务结算和财政报表应当受到检查，而且确实经过了国际监察委员会的检查。共产国际执行委员会的现金出纳报表和财政业务，按照章程同样由我们进行了审查。我们认为这方面的活动是正确的，赞同这些活动，当然也提了几点意见，这些意见在某些场合下对工作起了良好的影响。大家知道，秘密的革命政党对财会工作有些马虎。这种状况当然应当改变。秘密革命政党在这方面的工作同样应当毫无差误，甚至应比一般公开政党的财会工作做得更加清楚，更加准确。

我们曾经从总的方面、原则方面对某些党的活动提出了一些意见；我们指出这些党内存在着把所有财政资金拨给中央机关而多少有些忽视党的地方机关的倾向。这特别表现在以下方面：按照预算委员会的分配，上缴党的中央金库的收入至少有20%应当用于地方需要，审计委员会查明，这一点没有得到贯彻。但是我已经说过，监察委员会去年的审计活动并不是完全令人满意的；如果国际监察委员会今后仍然存在，那就应当使它有可能更好地担负这项工作。总的来说，必须使监察委员会在工作上起到比目前更大的作用。

总之，我的建议就是把关于国际监察委员会的权限问题交给章程起草委员会讨论，并向它提出我们的意见。我们总共审理了200多宗案件，但绝大部分案件纯粹是徒有其名。这都是一些因被某个国际支部拒绝介绍他们参加联共（布）的同志提出的申诉，因为大家知道，外国党的成员得不到这种介绍信是不可能转到联共（布）党内的；他们或者不得不按照一般手续参加联共（布），并经过预备期，或者根本入不了党。在这种情况下，我们几乎一直认为，不应强迫某个国际支部发给介绍信，因为该党中央机关自己知道应该介绍谁。比如说，如果有谁退出了党，跑到苏联，那么不言而喻，应当考虑到，这个党必然不会把它认为是逃兵的人介绍出去的。联共同样会持有这种观点，它在某些情况下根据总的原则，即必须经过预备期才接受入党，也是从这个观点出发的。我们认为这种观点是对的，不过，如果某个支部中央机关采取这种行动是基于政治分歧，同时其行动又是错误的，那么情况又另当别论。我已经说过，如果是由于政治原因而不发介绍信，那我们就认为，国际监察委员会有权审理这个案件。我们对章程提出一项修改意见，即国际监察委员会有权自行决定或按照共产国际执行委员会的建议审查关于评价国际所属支部某些成员的共产党员作用和活动的案件，也就是涉及某个同志的所谓党员的精神面貌问题。我们曾受理过这类极其错综复杂的案件。例如出现过党员的职责与纯粹家庭个人问题发生冲突的事例。有些党遇上了五花八门的问题，以致经常要考虑出现这类问题的可能性。不用说，最简单不过的是设立特别机构审理这种问题，而不是由那个在这类情况下应当进行自我谴责的党的中央机关去处理。如果某个支部的中央监察委员会既未接见，又未听取某个同志的意见就把他开除出党，那么，我们总是根据联共中央监察委员会的实践，把这类案件转交该党中央监察委员会重新审议。

以上就是需要简短说明的关于国际监察委员会的情况。（鼓掌）

————

斯图契卡同志报告以后，随即进行了纲领起草委员会、代表资格审查委员会和代表大会秘书处的选举。

选举纲领起草委员会、代表资格审查
委员会和大会秘书处

纲领起草委员会

联共（布）——布哈林，斯大林，李可夫，莫洛托夫，曼努伊尔斯基，斯克雷普尼克，奥新斯基；**德国共产党**——登格尔，施勒特尔；**意大利共产党**——埃尔科利，塞拉；**波兰共产党**——布兰特，连斯基；**法国共产党**——多列士，塞马尔；**英国共产党**——阿诺特，贝内特；**美国共产党**——温斯通，坎农；**爱尔兰共产党**——卡尼；**中国共产党**——斯特拉霍夫，李光，张彪①；**青年共产国际**——许勒尔，希塔罗夫；**捷克斯洛伐克共产党**——霍拉奇，雷曼；**南斯拉夫共产党**——利金；**日本共产党**——片山潜，加藤；**奥地利共产党**——科普勒尼希；**匈牙利共产党**——凯梅尼；**瑞士共产党**——克雷布斯；**瑞典共产党**——弗吕格；**挪威共产党**——赫尔曼森；**爱沙尼亚共产党**——安韦耳特；**保加利亚共产党**——柯拉罗夫；**芬兰共产党**——曼纳；**印度尼西亚共产党**——萨明；**墨西哥共产党**——卡里略；**拉脱维亚共产党**——斯图契卡；**立陶宛共产党**——安加雷蒂斯；**丹麦共产党**——特格森；**荷兰共产党**——阿·德弗里斯；**波斯共产党**——苏尔坦－扎德；**乌拉圭共产党**——萨拉；**巴西共产党**——拉塞尔达；**哥伦比亚共产党**——卡德纳斯；**厄瓜多尔共产党**——帕雷德斯；**比利时共产党**——克南；**加拿大共产党**——斯佩克特；**罗马尼亚共产党**——彼得鲁列斯库；**希腊共产党**——西夫尼奥斯；**南非共产党**——邦廷；**土耳其共产党**——法赫里；**巴勒斯坦、叙利亚和埃及共产党**——海德尔；**印度共产党**——拉贾。

此外，以个人身份参加的有：库西宁，克拉拉·蔡特金，瓦尔加，安贝尔－德罗同志。

代表资格审查委员会

委员：阿诺特、贝内特、贝尔纳、伯恩哈德、塞洛尔、安多尔、费

---

① 张彪是张国焘的化名。——译者注

雷蒂、加兰迪、格热戈斯克夫斯基、格林鲍姆、哈肯、约翰斯顿、曼纳、明希－彼得森、奥皮茨、奥西波夫、皮亚特尼茨基、雷梅尔、萨拉、萨尔蒂斯、什麦拉尔、陈昌、陈璜①、瓦西里耶夫和魏因劳赫。

秘书：阿布拉莫夫。

秘书处

成员：巴尔贝、安多尔、埃尔科利、戈尔基奇、米科洛斯、罗思坦、施内勒尔、什麦拉尔。

（会议休会）

---

① 陈昌、陈璜两人均系音译。——译者注

第五次会议

（1928 年 7 月 20 日）

主席：贝尔

讨论布哈林的报告

明岑贝格（瑞士）：

共产国际第五次代表大会坚决要求各国共产党进行群众鼓动，并在辅助组织和群众组织中开展工作。共产国际执行委员会第七次和第八次扩大全会更加强烈地坚持这一点。已经就这一内容听取了专题报告，召开了特别委员会会议，通过了详细的提纲和决议。遗憾的是，许多国家的共产党没有很好地执行这些指示，在这方面取得的成绩不大。诚然，辅助组织和群众组织中的工作，现在要比 1924、1923 年和更早时期组织得好多了。但是，如果与这方面本应做到的瓦解敌人工作的要求相比，那我们的成果就太微不足道了。某些国家共产党对待群众鼓动问题过分谨慎小心。有一些党的领导机关不知为什么，认为为进行群众鼓动工作所采取的每一步骤都不可避免地会导致机会主义和右倾。甚至还有这样一些同志，他们把在群众组织中进行的工作本身也看做是一种半孟什维克倾向，或至少是低级工作。

这是一个极大的错误，在目前情况下更是如此。布哈林同志在报告中指出，鉴于总的发展过程，特别是各国社会民主党的发展过程，必须使我们与社会民主党的右派或"左"派的斗争更加深入和加强。要知道"左"派集团不仅使社会民主党右派容易玩弄其伎俩，掩饰右派的真实意图，而且在某些有决定意义的问题上对我们的恶毒攻击甚至超过了右派。我只要提一下德国社会民主党所谓的"左"派对待苏联的立场就够了：这个立场大概比整个社会民主党的立场还要凶狠。因此我们应当同社会民主党进行无情的斗争。然而，尽管如此，或确切地说，正因为我们在进行这场斗争，我们就应当尽最大的努力去争取非党工人和社会民主党工人，即使不是直接吸收他们参加共产党，那也要吸收他们参加在他们与共产党之间起桥梁作用的辅助组织。我们向社会民主党进攻的基本原则是，努力促使社会民主党工人加速退出该党及其领导机关。同社会民主党的斗争越激烈，就越要坚决有力地设法使社会民主党工人背离该党的领导集团和争取工人站到我们这方面来。

进行群众鼓动和在群众组织中开展工作问题，其本身与"机会主义政策"或"右"倾毫无共同之处。我知道有一些党的中央委员会非常积极地在辅助组织和群众组织中开展工作，同时还执行着一条非常明确的政治路线。另一方面我也了解有些集团在提到这项工作时只是一笑了之。在这同时，机会主义分子却胡作非为，其恶劣程度超过近年来所发生的一切类似行为。

群众组织和群众鼓动的任务早就由第五次代表大会和共产国际执行委员会以后几次扩大全会详细地进行了阐述。因此我认为具体讨论这些问题是多余的，只需提一下最重要的六点。

我们对群众鼓动、对辅助组织和群众组织究竟寄予什么期望呢？

我们依靠这些组织的帮助要达到的目的是：

1. 我们要使那些袖手旁观、从不参加任何政治生活、还没有投身无产阶级经济斗争和政治斗争、对共产党的宣传漠不关心的千百万工人群众激发起对无产阶级经济斗争或文化斗争的兴趣。

2. 我们的辅助组织应当成为我们与那些虽然还没有勇气跨出最后一步并参加共产党，但同情共产主义运动并准备同我们齐步前进的工人之间的桥梁，而不管他们是无党派的、社会民主党的，还是属于资产阶级政党的（例如德国的中央党）。

3. 我们要在群众组织的帮助下努力扩大共产党的影响范围。

4. 我们要努力把同情苏联和共产主义的各个阶层吸收到组织中来。

出席过以往几次共产国际代表大会的同志大概会记得关于共产主义宣传小组发展为群众性革命政党问题的讨论。这次讨论在第二次代表大会上占了中心地位。近年来的经验证明，无论我们在政治上和组织上作出多大的努力，但无产阶级革命胜利成为事实以前，千百万工人仍然会留在各国共产党的组织范围之外。虽然如此，我们仍应加倍努力地继续我们的工作；我们应当找到新的方法并竭尽全力使无产阶级中尽可能大的、起决定作用的一部分从组织上稳定在各国共产党之内。

但是，我们所努力进行的这些工作遇到很多困难，一方面是因为成千上万的工人害怕加入组织后承担共产党员义务而顾虑重重，另一方面是由于警察和法西斯分子采取的措施所造成的。在许多国家中，如罗马尼亚、保加利亚、南斯拉夫、波兰等，我们共产党的活动是不合法的。随着战争的临近，警察和法西斯加强迫害的危险日益增长，这妨碍我们吸收党员和从组织上巩固党。

这就是为什么除了在组织上加强我们共产党外，还必须把群众团结在庞大群众组织中的原因，共产党作为无产阶级的先锋队必定能吸引这些群众参加夺取政权的最后决斗。群众组织的任务就在于此。

5. 我们应当建立这些组织，使它们对资产阶级政党和社会民主党的进攻给予反击。

6. 辅助组织和群众组织应当成为给我们党的队伍补充新的成员和经过初步锻炼的积极分子的源泉。

所有上述任务对共产主义运动都具有至关重大的意义。

但是在着手这项工作时，我们应当很好地了解工作的规模。关于群众组织谈论过多，并且依我看来，有些轻率。老实说，我们至今还未能建立起自己的群众组织。

无论是国际支援革命战士协会、国际工人援助会（这些虽然都不是共产主义的组织，但都处于我们的影响之下），还是其他这类组织，都不是群众性组织。我们知道有些群众组织已经存在了数十年之久，这就是工会、合作社、政府官员联合会、房客联合会、自由主义者协会，等等。但是，这些组织是敌人掌握的，或在很大程度上是受敌人控制的。我们所掌握的只是一些我们在战后建立的小组织，即尚未拥有大量群众的组织，这只能算是较大的群众组织的萌芽。

由此可见，我们的策略应当是：夺取仍被社会民主党统治的老的群众组织；扩大和加强我们所建立的和由我们领导的所谓辅助组织，并使它们成为真正的群众性组织。

某些党的中央委员会和党内的集团提出了不仅是政治性的，而且是组织性的理由来反对这项工作，他们说，我们的人不够，如果我们要建立辅助组织，那党的力量就更弱了。此外，经常听到这样一种论调：我们不可能以建立一系列重叠的组织来显示自己的阔绰。布哈林同志在报告中已经指出这种说法是绝对错误的。我们的任务是建立尽可能多的枢纽，但是这还不能解决问题。问题在于建立这样的组织不仅仅取决于我们，要知道资产阶级和社会民主党同样在建立辅助组织。库西宁同志在向最近一次全会所作的关于群众组织的报告中说道，我们应当在我们的周围建立一种由辅助组织组成的星系；然而我们没有任何一个党建立了两三个以上的这类组织。而奥地利的社会民主党却在自己周围建立了大概 50 个辅助组织。我建议不了解这项工作的意义的同志们熟悉一下奥地利社会民主党的工作报告，那样他们就会看到，我们的对手社会民主党人是怎样不仅利用工会，而且利用几十个其他组织和联合团体来从思想上和政治上毒害工人阶级和诱导他们反对共产主义的。维也纳的鲍威尔集团走得这样远（当然，我们不打算在这方面仿效他），竟然组织了养兔者民主联合会，甚至还组织了室内花卉无产阶级之友联合会。自然，我决不想鼓动我们也成立类似的组织来与之对抗。但是，我们应当建立真正有助于把非党的和社会民主党的工人群众吸引到我们这一边来的组织。

另一个例子是：德国社会民主党在基尔代表大会上把关于辅助组织的问题作为一项特别议题提了出来。在德国，社会民主党比较成功地对我们进行了广泛的进攻，它在竞争中迫使我们不断后退。一周前，它在法兰克福自由主义者代表大会上把我们排斥出去；一年前，它夺取了"无线电之友"俱乐部。可见敌人没有打瞌睡，它在自己党的周围建立起数百个据点。

各国共产党的责任和任务不是袖手旁观，而是阻挡住敌人在这一段战线上的进攻，并转入反攻。应当在群众组织中开展工作，逐步排除社会民主党的势力，扩大我们自己的影响，此其一。其二，应当建立辅助组织，并把它们变成为群众性组织。其三，必须巧妙地利用有利形势以便超过敌人。

反对进行群众鼓动的人还提出了另一个论点，他们说，发展群众组织会减弱我们党的力量。所有的经验都驳斥了这种说法。在那些共产党的组织比较强的国家，辅助性组织都得到令人满意的发展。自从鲁特·费舍领导的中央委员会垮台以后，取代它而成立的中央委员会大力支持了建立辅助组织和群众组织的一切尝试。由于这样做的结果，在最近的德国国会选举中，以及在各次罢工和大规模示威游行中，共产党才能够利用真正实际的力量，如红色前线战士同盟和其他组织。关于捷克斯洛伐克，可以说情况多少有些相似。那些认为不应建立与党并行的辅助组织的党内集团，所持的是落后的宗派主义观点。

第三点理由是强调工作人员不够。实际上我们只要有一些能用来阻碍敌人占有这些组织和保证我们在其中发挥应有影响的工作人员就行了。在辅助组织中进行工作的并非必须是党员，也可以从未加入组织的工人的庞大后备力量中吸收工作人员来担任这项工作。

我们在确定这项工作的策略时，要经常记住，同我们有工作交往的一些联合组织在组织上是独立的，它们的成员除了共产党员工人外，还有非党工人。

昨天，布哈林在他的报告中对有些党内那种扼杀地方小组和党员主动性的官僚主义的日益泛滥表示愤懑。当然，这是可恶的和有害的现象。但是，压制群众组织的健康的主动精神也同样是恶劣而有害的。

在支持共产国际的主要组织中有红色前线战士同盟和刚刚在德国开展了一场非常成功的大赦运动的国际支援革命战士协会。这场保卫萨柯与万泽蒂的运动表明，国际支援革命战士协会是有力量的。国际工人援助会是一个极其庞大的非党组织。在哈雷、德国中部、萨克森举行罢工时，我们看到，在工人与改良主义的工会领袖之间发生分歧时，这样的组织可能要承担多么巨大的任务。

布哈林同志和共产国际机关中的某些同志低估了反帝同盟的活动：不仅布鲁塞尔的示威游行是近年来规模最大、声势最大的反帝示威游行之一，而且反帝同盟在组织方面的首倡精神已经取得了重大成果。布哈林同志对没有一个国家的共产党表现出对尼加拉瓜的斗争给予关注一事表示遗憾。但是，为什么布哈林同志对墨西哥反帝同盟的工作只字不提？该同盟在墨西哥曾经发起了一场规模极大的群众运动。我不得不断言，共产国际执行委员会的情报部和机关有时没有注意到身边的事，但实际上在一些地方已经活生生地存在着。诚然，反帝同盟不是共产主义组织，但是，它是一个联合了工人团体和民族革命团体并值得我们给予支持的广泛性组织。

不久前，自己主动成立的苏联之友协会也具有巨大意义。我记得，1927 年 11 月在这个大厅里曾经召开了苏联之友代表大会。目前，法国的苏联之友协会已拥有 2 万多会员，英国等国家又成立有这样的组织。这些协会的宗旨是给反战斗争以重大支持。

巨大的任务落在文化教育组织和电影组织的肩上。从现在陈列的统计资料中可以看出，《波将金号铁甲舰》这部电影有 500 万工人看过。这个数字使我们认识到，电影是多么强大的思想教育手段，但我们尚未充分加以利用。

作为群众组织和辅助组织工作的补充，还必须进行党的书籍、杂志和报纸的传播工作。我认为，定期的机关报和书籍可以特别有助于群众鼓动工作普遍取得成功。

代表大会应当对这些问题给予最大的关注，以便在这方面取得比第五次代表大会更好的结果。第五次世界代表大会提出了群众鼓动任务，第六次代表大会应当找到解决这项任务的途径。

在战争危险日益临近的时候，资产阶级、社会民主党和第二国际扩大了自己的群众组织。它们为深入到群众中去建立了各种新的渠道。我们必须在这条战线上也能对敌人进行反击。群众组织和这些组织的扩大对各国共产党的发展具有非常重大的意义。群众鼓动是统一战线策略的实质部分。随着我们从 1919 年成立的共产主义宣传小组转变为真正的群众性革命政党，我们应当也建立我们的辅助组织，并使它们变成拥有千百万工人和同我们一起为夺取各国政权而斗争的群众性组织。

（会议休会）

第六次会议

（1928 年 7 月 23 日）

主席：卡尔顿

讨论布哈林的报告（续）

塞马尔（法国）：

　　法国代表团基本上同意布哈林同志的报告。但是，代表团发言的目的是进一步明确一些问题，改变某些提法，更清楚地阐明提纲中有关法国帝国主义的那一部分内容。

　　关于美国，法国代表团希望更加明确地阐述凯洛格方案的意义及其后果。布哈林同志正确地指出，美英之间的相互关系是国际矛盾的焦点。依我们看来，必须强调美国帝国主义侵略性的日益增强，因为美国帝国主义正在用和平的假面具来掩盖其帝国主义政策的真面目，并为此目的主动提出了"宣布战争为非法"的方案。

　　确实，提纲草案所指出的完全正确：当美国帝国主义力图以烧杀手段迫使南美从属自己时，当它加强自己的殖民掠夺政策和争夺太平洋霸权时，当它把自己的军备扩张到极限，并且不隐瞒今后仍将继续扩军的意图时——与此同时，美国帝国主义却又向各帝国主义国家提出凯洛格方案，邀请它们附和它的"和平意愿"。

　　即使工人阶级有足够的政治觉悟，即使我们共产党有可能揭露凯洛格方案的真正性质，这个方案仍然会在广大群众中散布和平主义幻想。其实，帝国主义分子的本性就是侈谈和平，准备战争。

关于美英关系的紧张程度，可以根据内务大臣希克斯不久前的一次讲话判断出来。作为对凯洛格方案的答复，他声明说：

> "在我们与其他国家一起签署条约的数星期以后，我们将告诉美国：根据你们的建议，我们签署条约，但是我们同时很清楚，你们正在扩大自己的舰队。我们有权向美国和全世界声明，事实胜于雄辩。"

同志们，事实的确证明，扩张军备的不仅是美国，而且是所有帝国主义国家，特别是英国。《每日纪事报》——英国自由党的一家报纸——就这一问题指出，英国用于军备的支出比法国和意大利多一倍，比日本多两倍。

事实说明，所有国家的海军装备程度都超过了自己的战前水平，为裁减军备问题而召开的所有国际会议一次次遭到了失败，特别是英国帝国主义和美国帝国主义正在以最疯狂的速度进行武装。但这决不意味着法国帝国主义在这一军备竞赛中没有扮演角色，这一点也应在提纲中着重指出。

因此，我们建议对凯洛格方案进行简短的说明和批判，以此来补充提纲中谈到美国帝国主义而只是指出美国帝国主义披着和平主义外衣的地方。

但是，我们发言的目的主要是强调法国帝国主义的作用及其经济和军事实力。

当前法国帝国主义采取的是什么政策呢？帝国主义法国作为殖民大国起着头等重要的作用。就殖民地的面积来说，它占第二位。由于它在印度支那拥有领地，无论从经济角度，还是从战略角度来看，它在中国都占有重要地位。它在巴尔干半岛也是最主要的角色之一，与英国和意大利争夺首位。在地中海，它同样起到决定性的作用，力图称雄海上，与意大利和英国的利益不断发生冲突。最后，由于它给予苏俄边境国家特别是罗马尼亚的支持，它在帝国主义分子共同的反苏斗争中扮演了头号角色。

目前法国帝国主义的政策究竟是什么性质的呢？这是一种进行殖民扩张和加强战争机器的政策。

产生这种政策的根本原因是生产增长和销售受到极大限制这二者之间的不相适应：国内市场容量减少，而国外市场又由于受到外国竞争，一部分已经被关闭起来。法国帝国主义需要更廉价的原料和新的销售市场，由此产生了它的殖民扩张政策。此外，它还必须减少生产成本，由此产生了生产的合理化以及与之相联系的一切后果：降低工资，延长工作日，实行流水作业，生活费用上涨，强化反对无产阶级的斗争，等等。我不准备更详细地谈这种情况，法国代表团的其他同志对此将作更全面的阐述。

我主要说明法国帝国主义在殖民地所扮演的角色。法国帝国主义为了使自己能够牢固地站稳脚跟，为了使本国财政状况得到持久的稳定，为了能够最大限度地实行自己的生产合理化政策，它首先必须从自己的殖民地攫取收入；目前它的整个政策都是以加强对殖民领地的剥削为目的。实现这一目的的方法是：没收土地，加紧各种矿藏（铁、煤、钾盐等）的开采，利用这些殖民地例如摩洛哥的大瀑布，实现各个地区的电气化，修筑铁路，加强对当地居民的剥削，等等。

这项加强法国殖民实力的政策曾经是法国资本主义报刊讨论的对象。在这个问题上，所有政党——左派、右派和社会民主党的意见是完全一致的。社会民主党对这项帝国主义政策非常卖力。我可以引证某位将军的话，他在"武装力量委员会"的机关报上就法属西非领地的开发问题谈了自己的意见：

"可以大胆地说，对我们法属西非这个最佳的'热带农场'的开发，总有一天将成为保证法国繁荣昌盛的最可靠的因素之一。无需四分之一世纪的时间，它就能把我们从耗费百亿元用于进口商品，特别是美国商品的困境中解救出来，并在已经发了财的当地居民中为我们提供一个非常有钱可赚的市场。"

同志们，这就是所有报刊以及工业界、金融界的共同意见。还可以肯定，对殖民地加强剥削不仅是为了取得新的原料和新的销售市场，它的另一个目的是加强军事组织，用有色人种部队来加强宗主国的军队。法国帝国主义显示出它依靠殖民地军队来保卫殖民地和利用土著部队并唆使他们互相残杀来进行殖民扩张的意图。这种政策的例子在摩洛哥战争中已经有过，在那次战争中，忠顺的里夫人被用来镇压起义的里夫部落。

在法国进行军事改组前展开的讨论中提出了将来用殖民地军队在欧洲人的统帅下来独立保卫殖民地的主张。因此建议组建一支庞大的殖民地军队，在发生帝国主义战争时可以把它调到本土作战，而在工人阶级进行反对资本主义的国内斗争时又可以同样顺利地用它来镇压工人阶级。帝国主义分子非常清楚，派殖民地军队去镇压罢工工人，要比调遣穿上士兵服装的欧洲工人更加容易。

让我再一次引证在"武装力量委员会"的机关报上发表讲话的那位将军的意见。他说：

"我们时刻都不应忘记我们的国防要求。

难道我们不知道，到1935年将会出现我们军队人数减少的情况，以及为了防止这种情况的发生，我们将必须求助于我们的黑人部队吗？这支黑人部队正在加紧组建，但是它缺少能够保证它有效使用的主要运输工具，我指的是横贯撒哈拉沙漠的铁路。难道我们不知道，即使是为了保卫非洲本身，也必须具有把军队迅速派往战区的能力。"

　　法国帝国主义研究如何在西非和北非之间建立交通联络的方法已经有若干年了。这不仅是为了建立这两块殖民地之间的经济联系，而且是要用非洲内部的力量来同时保卫西非和北非。横穿撒哈拉沙漠的铁路可以把西非军队调到北非，发生世界大战时，还可以再经过地中海把他们调往法国。由此可见，修筑穿过撒哈拉沙漠的铁路无论从法国帝国主义的经济发展，还是从军事发展来看，都具有极其重大的意义。这便是法国人同居住在阿特拉斯南部和塔菲拉勒特的部族不断发生战争的原因之一：法国帝国主义竭力要征服这些妨碍它在摩洛哥的经济发展和实现其扩张政策的不听话的部族。它必须这样做才能把北非和西非联结起来，因为横贯撒哈拉沙漠的铁路必须经过塔菲拉勒特和阿特拉斯，而这两个地区迄今尚未臣服。

　　同志们，十分清楚，这种对殖民地人民的严重剥削，引起了不能不使法国帝国主义感到惊恐不安的起义和战争。近年来，我们就发生过同里夫人的战争和同叙利亚的战争。我们那里还爆发过起义，例如印度支那的农民起义。

　　目前仍在继续进行着所谓平定摩洛哥的战争，也就是镇压不肯臣服的摩洛哥南方部族的战争。正如合理化政策加剧了法国国内的阶级对抗一样，殖民地如此连绵不断的战争增加了法国帝国主义的困境，助长了反抗法国帝国主义的起义、革命运动和战争。

　　与此同时，这项殖民政策使各资本主义国家之间的矛盾更加激化。首先必须指出的是法国和意大利为扩大各自在巴尔干半岛的势力，以及为争夺地中海霸权和占有墨索里尼正在觊觎的突尼斯和丹吉尔而进行的斗争。还可以指出法国帝国主义和英国帝国主义在巴尔干半岛和地中海的斗争，法国和德国之间的斗争。德国已失去其殖民地，因此一面拼命进行经济扩张，一面努力谋求国际联盟让它托管殖民地。

　　但是，这种侵略性和挑衅性日益增强的帝国主义政策要求有强大的军备，确实，近年来我们就是法国帝国主义力量大大增强的见证人。首先是它的军队几乎全部进行了改组，建立了由新兵和预备役军人组成的常备军。同时加强了对青年的军事训练，组建了殖民地军队，在法国东部修筑了要塞，建立起强大的舰队。

不应不提到法国帝国主义最近的一次活动，即在勒阿弗尔的海上示威。所有报刊都认为这次大演习是法国帝国主义炫耀其强大的海军力量。同志们，显而易见，法国帝国主义需要有强大的舰队来保障自己海上交通线的安全，这支舰队对它来说是必要的，因为它正在积极备战，而这场战争的发生或者是由于帝国主义大国之间的矛盾，或者是由于帝国主义的反苏斗争。资本主义报刊对此说了些什么呢？《工业新闻》就勒阿弗尔的海军大演习一事写道：

> "三年前，加斯东·杜梅格①在布列斯特主持了一个同样性质的阅兵仪式。所有专家一致认为，当时他检阅的舰队，兵力有限，其强大之处主要在于具有复兴的意志。三年来走完了一段不短的路程，因为昨天在勒阿弗尔，编队中有80艘舰船，其中半数以上是不久前才补充到舰队中的。"

《工业新闻》认为建立这支海军兵力是正确的，它写道：

> "建立海军有其充分的理由，这不仅是为了保持国防安全，而且是由于必须保卫本土与辽阔的殖民地之间日益繁忙的交通线。"

法国帝国主义实行的殖民扩张政策迫使它惊人地扩大军备。

这项政策还导致对殖民地人民，以及对本土上反对这一政策的工人的残酷镇压。

在对内政策方面，这种残酷的镇压表现在向革命组织疯狂地进攻，

---

① 法国总统（1924—1931年），曾推行军事扩张政策。——译者注

逮捕革命者。法国帝国主义现在打算宣布我们党是非法的。

同志们，我还想指出社会民主党在这项帝国主义政策中扮演的角色。这项政策对工人阶级来说非常危险，因为它是在社会民主党的合作下实施的。社会民主党人协助实行生产合理化，支持军队改组、殖民扩张和国际联盟推行的虚伪的和平政策。社会民主党人保罗－邦库尔在国际联盟内为加强军队的提案进行辩护，并在日内瓦反对苏联的和平提案。这个人同时扮演两个角色，说是国际联盟中的和平主义者，又是法国众议院内的军国主义者，因为他在众议院一贯支持总参谋部的提案。这对于社会民主党和社会党在法国所扮演的角色来说是非常典型的。

法国社会民主党在殖民领地的开发问题上提供了非常有力的和宝贵的援助。社会党对此说了些什么呢？在社会党的提纲中有这样一段话：

> "社会党只希望能够对殖民地人民始终不渝地和日益强化地实施法国的民主原则。"

这句话的含义就是说，要用烧杀手段来实现殖民地化，而在殖民地人民被武力征服之后就将采用这项"民主"政策。

如果说社会党确也主张在殖民地"发展到较高阶段时"实行普选，那么它指的是赋予某些**特殊重要人物**以选举权，"使他们具有与法国公民代表相等的地位，帮助管理自己的国家"。

社会民主党把殖民地看做是法兰西帝国的一部分，与本国的其他地区毫无区别。社会党对殖民政策的态度表现在它投票赞成关于殖民地的预算拨款，以及在提出摩洛哥和叙利亚的殖民战争问题时给政府投信任票。世界劳联①主张在殖民地实行生产合理化，按照它自己的说法，主张对"懒惰的"土著居民采取强迫劳动，理由是"**工业世界不可能放**

---

① 即世界劳工联合会。

弃对边远地区的开发"，这里所说的边远地区就是指殖民地。

所有这一切使我们明白了社会民主党的一贯政策，以及他们不仅为在本土，而且为在殖民地恢复和巩固法国帝国主义的事业所提供的协助。社会民主党人是法国帝国主义在法国国内外的最好的帮凶。保罗－邦库尔就曾经说过，波兰是文明的保卫者。它想要说的是，得到法国帝国主义支持的波兰应当反对苏联，最忠实地捍卫西方文明。

总之，为了使工人阶级了解真相和为了我们党在这次代表大会上以及在提纲中加以采用，有必要强调法国帝国主义的作用、它对于保卫和平所造成的危险性和它参加对苏战争准备的事实。

我之所以坚持这一点，是因为工人阶级中有许多人对战争的危险性估计不足。我们党内，在关于战争不可避免的问题上，甚至在关于法国帝国主义作用的问题上，都同样存在着分歧。一些人说，帝国主义分子害怕发动战争，因为战争将成为革命的信号。另一些人则断言，帝国主义分子之间的矛盾太大了，以致不可能为了达到宣战目的而组成反苏统一阵线。

因此，我们有两种意见：一种是低估战争的危险性；另一种是认为反苏战争是不可能发生的，因为帝国主义分子之间存在着太大的矛盾，这些矛盾不允许组成对苏作战的统一阵线。

但是，我们非常清楚，当矛盾激化，当武装到了极限，当思想准备和军事准备完成，当社会民主党在没有觉悟的工人群众中到处散布护国主义思想的时候，帝国主义分子是无力遏制战争的。

对苏联的多次攻击、挑衅、内部破坏，对苏联驻国外机构的袭击、所有帝国主义分子实行的经济封锁，——这一切都清楚地表明帝国主义分子策划军事进攻的意向。毫无疑问，资本主义国家与苏俄之间的阶级矛盾将使帝国主义国家之间的矛盾退居次要地位。

由此可见，对苏战争的危险乃是最直接的危险，因此必须在提纲中明确指出法国帝国主义参与此事和它所起的头等重要的作用。

我还要再说几句，以便使你们了解我们在反战斗争中所做的一切。另一位法国代表将详细地谈这个问题，但是我想提一下这一点，以免有人说我们对此闭口不谈。

第一，我们进行了思想工作，目的是使无产阶级认清帝国主义战争和反革命战争，并且使帝国主义战争转变为国内战争。我们的党进行了这项工作，有必要使加入共产国际的所有的党都开展这一活动。

我们进行反军国主义的工作是很积极的，后面我们将更详细地向代表大会介绍我们党在这方面的经验。最近一年来，我们在预备役军人中进行了大量工作。我们在反对殖民战争和反对殖民化方面的工作也很努力。

最后，我要特别强调，如果反战斗争不与工业无产阶级的经济斗争密切结合，那么我们的反战斗争将是华而不实的。我们说，反战斗争，这同时也是争取实现最迫切要求的日常斗争。只有在各个工厂组成统一阵线委员会，反战斗争问题才有其坚实的基础，才能把反对帝国主义战争和保卫苏联的斗争同反对生产合理化及其后果的斗争紧密地结合起来。在这些方面，我们党取得了一些成就：我们成功地在各个工厂组成了"苏联之友"委员会。

我的话完了。反战斗争问题和我们面临的其他任务将在对专题提纲的讨论中进一步加以明确。我的发言的目的是，在代表大会上强调法国帝国主义的作用，以便使这一问题提到我们党的首要地位，并吸引工人阶级的大多数去有效地反对战争，如果法国帝国主义和其他帝国主义国家敢于向苏联宣战，就吸引他们站到苏联方面来。

德菲瑟（荷兰）：

荷兰代表团总的来说完全同意布哈林同志报告的基本政治路线。我只想对个别问题提一点意见。布哈林同志对总结所述时期共产国际执行委员会本身的活动讲的太少了，虽然他也寥寥数语地就这项工作作了一定的自我批评。我认为有必要在这里指出，在一些重大的国际行动中，执行委员会要么是完全不作原则性指示，要么是指示的时间过晚。试举一个例子：在英国举行总罢工很久以后才看清楚，在英国必然会爆发大规模战斗，可是执行委员会尽管事先早就制订了正确的路线，但是并没有使共产国际对此做好充分的准备。第二个例子是因萨柯与万泽蒂案件而爆发的运动。在这场虽然是自发的、但持续时间相当长的运动中，我们党始终得不到共产国际应有的指示。当时，我们面临着一系列问题，例如是否应当提出总罢工的口号，这个问题当然只能由共产国际来解决。我们国际工作的另一个缺点是没有及时通报情况。常常在一些重要的政治问题上，例如同托洛茨基反对派斗争的问题，或越飞的那封著名的信的问题。我们党和我们的报纸整整几周内竟一无所知，还有把托洛茨基驱逐出境的消息是否属实，还是并无此事。完全有必要立即详细地向各党通报这些事实。同样的情况在越飞的信的问题上再度发生。关于此事我们很长时间都不知道，这封信是否确实写过，它有什么意义，等等。在共产国际开始对反对派作出反应以前很久，反对派的材料就已在许多国家传播开了。绝对有必要使共产国际改进关于重要情况的通报工作，尤其是涉及苏联情况时更应如此。依我看来，这样做会比散发大量资料、工作报告和其他文件更为合适，我们现在收到了这么多材料，但是这些材料对我们来说并没有现实意义。

布哈林同志谈了某些党和共产国际内官僚主义的症状。我看，他本来尽可以大胆地把这个问题说得更厉害一些。我们认为，共产国际的机构需要实行"合理化"。我们直率地说，也许这个机构相当大的部分可以精简，并应与此同时改进工作质量。另一方面，必须从各个支部抽调大批优秀工作者来加强共产国际的政治领导。现在的情况是，某些著名的领袖被工作压得过重，须知道，这最终可能对共产国际造成严重后果。

布哈林同志指出了目前存在的国家资本主义发展的趋势，总的说这是对的。但是我们不应忘记，同样还存在着相反的趋势。在荷兰，比如说我们常常会碰到来自资产阶级政党的提案：取消诸如电车、煤气工厂之类的国营企业，或把它们卖给私营股份公司，或者成立所谓的合营企业来取代现有的国营企业和地方政府企业。我们用了全部力量同这种趋势作斗争，我们认为，在提纲中同样提一下我所指出的与国家资本主义相反的趋势是合适的。

说几句关于辅助组织的问题。总的说，我们承认这些组织有很大益处。但是，如果只看到好处，而看不到坏处，那就不对了，特别是在小的支部里。这些辅助组织将会造成这样一种危险，即在不正确的领导下，它们可能成为反对党的工具，这种情况过去已经确实发生过。例如在成立反帝同盟时，各国共产党得到指示要对这个创举保持稍远的距离，这就犯了一个错误。由于这项错误政策的结果，以荷兰来说，"左"派社会民主党人和共产国际的其他敌人才有可能同印度尼西亚的民族运动取得联系。辅助组织的过于庞杂对于党的工作能力，特别是一些小的支部来说，实在是沉重的负担。不应当允许辅助组织的工作妨碍党在重要问题上显示出自己本来的面貌。我们认为，简化辅助组织系统是有可能的。例如说在小的支部里，如在荷兰，可以同国际工人援助会和国际支援革命战士协会建立组织联系，但保留这两个组织的行政独立性。

再说几句关于工会政策的问题。在提纲的第 37 条中写道："把未参加组织的工人组织起来，争取改良主义工会，把被开除出去的工会组织起来，在适当的情况下（在工会运动四分五裂的国家里），帮助已争取过来的'自己的'地方组织找到出路，并使它们参加革命的工会联合会。这就是提到议事日程上来的任务。"在这里我们应当明确地说，这种"适当的情况"在荷兰是不存在的。自由工会联合会（改良主义的工会联合会）脱离了红色工会国际，奉行工团主义的一种改良主义工会政策，甚至反对红色工会国际和共产国际。这决不是说我们在为地方组织从现代的工会运动向自由工会联合会的转变作宣传。在荷兰，无论是在自由工会联合会还是在荷兰工会联合会（革命的工会联合会）内，都必须建立革命的、有组织的少数派运动。在可以自由地进行革命性批评的条件下工会运动实现组织统一的口号，仍然如同过去一样是荷兰最现实的口号。最后，我提一点意见，即共产国际应比以往更多地关注小的支部。例如共产国际执行委员会本应在它干预比利时党务以前早就采取行动的。因为很久以前就已经预见到，原领导中的多数必将奉行一条错误的方针，这就是说共产国际执行委员会应当事先采取行动。我们希望代表大会注意这些意见，以便共产国际今后能够更加坚强有力地实现自己的历史任务——领导反对世界资产阶级及其最后支柱社会民主党的斗争。

罗吉奇（南斯拉夫）：

南斯拉夫共产党代表团完全同意布哈林同志关于国际形势和关于我们世界性的党——共产国际的任务的报告和提纲。同志们！南斯拉夫共产党代表团深深感到必须在这个讲台上为共产国际执行委员会采取措施消除了腐蚀我们党的派别斗争特别表示感谢。自从南斯拉夫共产党第三次代表大会以后，党内无原则地进行了一场罪恶的派别斗争。在这之后，共产国际致南共党员的公开信团结了党的所有健康因素。这封公开信成了两个派别领导人的试金石，他们现在应当明确地——而不仅是口头上——或者实行党的政策和遵守党的纪律，或者奉行派别政策和服从派别纪律，不过那样就已经不能再留在党内了。仅根据各个党支部和党组织对公开信的一次讨论情况来看，我们可以满意地说，派性只毒害了知识分子的领导集团，但没有毒害到党的无产阶级分子。我们坚信，在共产国际的帮助下，南斯拉夫共产党在即将召开的党的第四次代表大会上必将彻底清除党内无原则的派性污染，恢复健康后的党将会领导工农群众取得最后胜利。同志们，南斯拉夫共产党的健全和巩固由于巴尔干半岛的战争危险极其紧迫而尤为必要。一伙帝国主义强盗（英国、法国和意大利）越来越成功地在财政方面，从而也在政治方面，迫使巴尔干各国从属自己，把它们变成自己的附庸国，以便一有机会就唆使它们互相作战或对苏作战。南斯拉夫与法国签订的友好条约、与意大利签订的贝尔格莱德协定和内图诺协定、向英国借的贷款和同英国签订的条约、小协约国屈从于法国帝国主义的意志、在法国和英国军事专家监督下进行的大规模军事和政治、组织准备——凡此种种都表明战争的危险在日益增长。巴尔干各国政府完全依附于英国和法国，同时还受到美国资本主义的监督，它们不敢与苏联进行政治和经济交往，成为反苏集团中帝国主义大国掌握的驯服工具。在巴尔干半岛，帝国主义列强之间的矛盾表现得特别尖锐。巴尔干半岛的紧张局势、意大利和南斯拉夫的冲突、南斯拉夫和保加利亚的冲突、南斯拉夫和阿尔巴尼亚的冲突，都不是巴尔干本身地方性的，而是具有国际政治性质。巴尔干半岛战争的爆发必将导致世界规模的冲突。同志们，南斯拉夫共产党面临着巨大而困难的任务，以及由于日益复杂和尖锐的国内政治形势而面临战斗。在这个多民族的国家里，塞尔维亚资产阶级依靠自己军队和战胜国盟军的刺刀，已在战后篡夺了领导权。

克罗地亚族、斯洛文尼亚族、黑山族、马其顿族，以及匈牙利和德意志两个少数民族的劳动群众，都被塞尔维亚资产阶级掠夺一空，这造成了工农业的严重危机。这个危机由于民族压迫引起的政治危机而更加激化。

南斯拉夫的所谓"民主代议制"王朝的议会，自 1921 年开除了 59 名共产党代表以后，成了拥有领导权的大塞尔维亚资产阶级手掌中唯命是从的傀儡。这个资产阶级就在议会的院墙内暗杀了拉迪奇的克罗地亚党的两名代表，以此来酬报该党奴颜婢膝的反对派立场，而且它现在完全公开地通过将军们的法西斯政府采取专政的方针。

其至在巴尔干各国的这些内政问题上，也可以感觉到有伦敦、巴黎和罗马的帝国主义巨头在插手，在他们的帮助下，巴尔干各国政府不断地建立，又不断地被推翻。帝国主义大国对巴尔干各国国内政治事件的影响特别明显地表现在：保加利亚的斯坦博利斯基政府被暴力推翻，阿尔巴尼亚的范·诺利被推翻，希腊和罗马尼亚的事件，英国和法国的武装干涉，以及在意大利和南斯拉夫签订内图诺协定等问题上。

在南斯拉夫这样的经济、政治形势下，必不可免地发生了革命的民族运动和农民运动。不仅在被压迫的民族中，而且在塞尔维亚本身，各种党派的农民大会都一致要求取消农民的所有债务和积欠的租税，提出了工农联合的口号；因为议会中的暗杀事件而举行的革命示威游行，在萨格勒布变成了两周的街垒战；警察拒绝对示威者进行镇压——所有上述现象的发生违反了执政党的意愿，甚至也不合乎反对党的心意，它证明在南斯拉夫的工农群众中有着巨大的革命力量。显然，只有按照列宁主义思想进行领导并且有铁的纪律的统一的共产党，才能够实现党和共产国际的政策。

在消除了以往曾经使党无力采取大规模行动和妨碍党在广大工农群众中扎根的派别斗争以后，党现在可以领导工农运动，开展斗争去反对帝国主义，反对塞尔维亚政府奴颜婢膝地为各帝国主义国家效劳卖力，反对战争和进行军事、政治上的战争准备，反对进攻苏联，争取实现与苏联进行政治和经济交往，反对法西斯专政，争取直至民族分离的民族自决权，争取实现在巴尔干半岛成立由各个独立的工农共和国组成的联邦。

由于这种紧张的政治情况，共产国际执行委员会为加强目前在国际战线一个极其重要地段上进行斗争的南斯拉夫共产党而发出的公开信，其全部意义就格外清楚了。

我们认为，特别重要的任务有以下一些：在各国共产党中加强国际主义精神，并应当有具体的表现；同社会民主党作斗争，在正确采用与社会民主党工人和未参加工会的工人组成统一阵线的策略时，克服在秘密政党中特别容易出现的宗派主义思想；从组织上吸收同情的群众参加辅助组织（如苏联之友、反法西斯联盟、反战运动，等等），从组织上扩大国际支援革命战士协会、国际工人援助会、青年团体和体育团体，在农民群众中进行工作，目的是争取他们站到无产阶级的阶级阵线这边来，或者至少使他们摆脱资产阶级的影响；在工会中进行日常的具体工作。

我们提请共产国际的美国、德国、法国和比利时支部注意有必要在目前处于天主教民族主义者或社会民主党人领导下的数百万巴尔干各国移民中进行工作。上述各支部应与这些移民原来所属国家的支部密切联系，为争取无产阶级移民群众而开展工作。

我们相信帮助我们在南斯拉夫消除了派别斗争的共产国际的丰富经验，确信共产国际执行委员会同样能够依靠波兰党内的无产阶级分子消除该党的派别斗争和消灭各个派别，并帮助波兰共产党保存自己的战斗力。

布哈林同志提纲所揭示的某些支部的政治路线以及工会、青年组织和其他辅助组织的工作中的错误，是根据国际经验分析出来的。这也将帮助南斯拉夫支部克服自己工作的一切弱点，使党成为工人阶级真正的领袖。

南斯拉夫共产党成立 10 周年的日子已经快到了，即将召开的第四次代表大会将对南共以往 10 年的工作进行总结。

同志们，为了协调巴尔干各国的政治路线、策略路线和工会路线，必须使巴尔干地区书记处和巴尔干共产主义联盟为巴尔干各支部之间的密切接触和紧密联系提供更多的条件。因为，事实表明，直到今天，巴尔干各支部相互间缺少足够的联系。这是一个很大的缺陷，为了制订出共同的政治指示和组织指示以及采取联合行动，今后必须使巴尔干各支部的工作协调一致。

福特（美国）：

美国代表团总的来说完全同意布哈林同志在报告中阐述的总路线。但是，我想指出报告中以下两点疏忽的地方。第一，报告没有充分阐明殖民地问题，特别是关于正处在英国帝国主义、法国帝国主义和我要强调指出的美国帝国主义统治下的非洲，以及关于正处在英国帝国主义和美国帝国主义统治下的西印度群岛和海地群岛。第二，布哈林同志在报告中没有充分注意美国共产党的党内斗争，以及这一斗争是怎样影响到党的工会活动，即组织未参加工会的工人和开展黑人工作方面。

首先谈第二个问题。在美国，资本主义的发展和帝国主义政策的发展达到了很大的程度。另一方面，我们看到，美国工人阶级正受到巨大的压力。在美国统治下的尼加拉瓜和海地，殖民地人民所受的压迫日益加重。

党内斗争妨碍了我们在组织未参加工会的工人和开展黑人工作方面的工会活动。对这项工作的重要性估计不足，在红色工会国际最近一次代表大会上，美国代表团的发言相当清楚地暴露了这一点。我们代表团发言反对了那次代表大会的决议和策略路线。一般说，与工会工作有经常、直接联系的同志都认为，在我们党内可以感觉到有某种右的倾向。

党内斗争是我们黑人工作发展道路上的最大阻碍。从美国共产党发生党内斗争的时候起，黑人工作就落后了。这项工作好像一只皮球，被我们党内各个派别和某些成员踢来踢去。

对某些同志在黑人中进行的工作，散布着许多流言蜚语，提出了各种责难。但最严重的问题在于，人们明显地低估黑人工作的意义，特别是近年来这种估计不足已接近于对这项工作的直接抵制。

在美国，黑人居民被吸收到工业部门的进程非常迅速，从 70 年代末起，黑人无产阶级的数量迅速增长，有时每年达 30 万，目前在美国北部和东部的工业中共有 200 多万黑人。这些黑人在美国的主要工业部门工作。此外，还有 150 万黑人在农业部门工作，100 多万黑人担任家庭仆役。居住在美国的所有黑人中，66% 是在南方各州的农村工业和农场中工作。虽然存在着这样庞大的革命力量，虽然国内有一支庞大的黑人产业工人和农业工人队伍，但是在总数 1200 万的美国黑人中，加入我们党的不超过 50 人。我们没有在黑人中组织任何一个工会，可是，就在不久前，一个社会党人在美国黑人中组织了一个反动的工会。这个工会已经存在两年，而我们党在其中没有丝毫影响，所有这一切都是由于我们完全低估黑人工作的重要性而造成的。

但是，比消极对待和低估黑人工作这一现象更为严重的是那种"白人沙文主义"，也就是在美国无产阶级中极为强烈的、或甚至存在于美国共产党员中的那些种族偏见。我们一些积极从事工会运动的黑人同志被赶出工会，而党却不愿花费一点力气去同这种现象作斗争。我们有些黑人同志曾不止一次地向党提出这个问题，但一贯遭到迫害和驱逐。他们甚至被开除出党而跑到世界产业工人组织和其他组织中去。

我们党内一位领导美国黑人工作的黑人党员目前正在纽约，但他不是来这里参加代表大会，而是被黑人问题委员会召来的。他没有出席代表大会的原因是他被毫无根据地指责为右倾。这位同志不仅遭到攻击，甚至还要被开除出党。因为他激烈地攻击美国共产党在黑人工作问题上的策略。

在 4 月 1 日匹兹堡召开的最近一次矿工代表会议上，我们从事矿工活动最积极的一位黑人工作人员因违反这次会议管理委员会规定的议程而遭到没完没了的攻击，他的违反议程的行为表现在他向会议提出了黑人工作问题。有些人甚至责骂他是一名间谍，是为美国反动派服务的，这些责难完全是信口雌黄，毫无事实根据。

同志们，除此以外，我们还有无数事实足以证明，"白人沙文主义"、各种种族偏见甚至对我们某些党员也是有影响的。我不可能谈得太详细，但只要提一下在加里和里士满、在圣保罗工人党代表会议上，在底特律（密执安州）、纽约和密尔沃基（威斯康星州），以及甚至在芝加哥的劳动联合会组织中发生的事情就足够了。在所有上述事件中，我们看到了"白人沙文主义"的明显表现，然而美国共产党却无动于衷，不同这种沙文主义倾向进行任何斗争。

为我们党在黑人工作方面的活动进行辩解、粉饰的任何企图，都是一种近似阳奉阴违的最危险的策略。让我举一个例子。

每当召开重要的代表会议或代表大会，就像我们现在的这次代表大会，或比如说红色工会国际代表大会的时候，美国共产党总要努力加强一下自己在黑人工作方面的活动。例如在 4 月份（很可能我在这里引证的不是太重要的事实，但这一事实毕竟能够说明一些问题），《工人日报》登载了 1100 行关于美国黑人工人的材料，这种罕见的状况使我们感到欢欣。为了评价这一突然的现象，必须回忆前几期的《工人日报》。2 月份整整一个月，只登载了 100 行稍多一点关于黑人的材料；3 月份，这个数量增加到 300 行，最后到 4 月份，正如我已说过的那样，达到了 1100 行难以置信的数字。5 月份重新又看到了这类材料缩减的趋势——共登载了 600 行。在 6 月的头 10 天，不过 100 行稍多一些。我未能把其他各月的报纸都翻阅一遍，但从上述情况中你们已经可以看到，在加强宣传鼓动期间或者在召开代表大会期间，关于黑人工作问题在我们党内就讨论得比较热烈，一般说整个这项工作就比较活跃。

你们知道，我们美国人，无论是资本家，还是共产党人，都是做广告的宣传能手。4月，我们党中央在纽约出版了一份关于黑人工作的著名文献。这一步骤同样可以解释为是在红色工会国际代表大会闭幕后紧接着大力进行的活动，也可以是因为当时纽约有一个研究黑人工作问题的黑人事务特别委员会正在开会的缘故。最后，根据这次代表大会期间这里印发的通报来看，我们党现在正极其坚决地同用私刑杀害黑人的恐怖活动进行斗争。同志们，依我看，所有这些都是沽名钓誉的行为。我们党现在大力进行反对美国国内用私刑杀害黑人的运动，这还是第一次。我但愿相信，这意味着我们党的政策出现了新的转折，但是我觉得，这仅仅是又一个自我吹嘘的例子。

掩饰对黑人工作问题的消极态度的这种倾向的另一个例子，就是企图提出与共产国际代表大会决议相应的口号，或者甚至就引用代表大会的决议。让我举两三个例子。在美国，我们有许多同志常常说：

> "种族偏见是不可能在短期内消除的。在社会主义时期来到以前无法把人们改造过来。让幻想家和信奉基督教的社会党人去梦想'改善人类'吧，这不是革命共产党人的事情。马克思主义者应当考虑到客观事实，承认某些妥协的必要性。共产国际曾多次指出，完全容许对某种偏见（例如，民族偏见、地域偏见，等等）作让步。"

你们还会听到关于短期内不可能消除偏见的同样议论。有人对我们说：

> "我们应当清除我们政策中和我们党的工作中的种族偏见，因为党内不应有任何内部障碍。但是，我们不应当，也不可能干涉我们党员的个人生活和个人兴趣。"

假如我有时间，我还可以再举一些其他例子，来说明美国共产党内某些同志是怎样企图为我们的缺点辩解的。

我完全理解，布哈林同志在报告中决不能只谈我们感兴趣的事。他只应从总的方面对世界形势进行阐述。但是，鉴于他对捷共和波共的党内斗争以及这一斗争可能对国际形势造成的后果都提出了看法，我想，他也应当谈一下对美国共产党这种状况采取坚决措施的必要性。很可能，布哈林同志关于波共的意见也可以作为对我们的指示。

根据共产国际的档案材料来看，近年来，共产国际就黑人工作问题给美国共产党寄去了至少19份决议和各种文件。但是应当说，这些决议没有一项得到贯彻，而且根本没有提交给党讨论。我们党内一小群黑人同志年复一年地进行斗争，要求把这个问题提交给党。现在我们向共产国际代表大会提出这个问题。很可能，其他同志对美国黑人工作问题的讲法会不一样。居住在这里的美国同志中，有些人是阅读《工人日报》的，但是其中也有一些同志现在已同美国失去了联系。就我所知，至少有一些同志在莫斯科的大学里已经学习了两三年。

我提到的这个问题在国际范围内都具有重大的意义，我想就这一点再谈谈以下情况。

必须考虑到，在非洲——东非、黄金海岸等地还有数百万黑人工人。在西印度群岛和海地已经听到预示着反对英美帝国主义的起义即将来临的隆隆雷声。我觉得，布哈林同志应当强调在这些国家和有黑人工人的一切地方都大力开展这项工作的必要性。显而易见，当我们讨论总的殖民地问题时，我们还会回到这个问题上来。但是，我认为，应当使那些与此最密切有关的党，也就是使英共、法共和美共注意有必要在我们这次代表大会上讨论在上述殖民地内开展黑人工人工作的问题。

最后，我要说的是，资本主义的内部矛盾越来越有力地推动资本主义进行殖民扩张。同过去一样，殖民地仍将是最大规模的反帝革命活动的舞台。中国革命摇撼了帝国主义的基础，并作为强大的运动而继续发展。在印度，反对帝国主义的起义已日益酝酿成熟。

下一个澎湃的革命浪潮正在来临，它来自黑人工人和居住有黑人工人的殖民地国家内被压迫的工农群众。我们将看到黑人工人在世界无产阶级的旗帜下为了争取社会主义和支持苏联而斗争。黑人工人将会拥护无产阶级专政。在共产国际旗帜的指引下，黑人工人必将投入推翻全世界资本主义和帝国主义的战斗。

瓦西里耶夫（苏联）：

我想只谈两个问题：各国共产党的组织软弱问题和共青团的工作问题。共产国际的前几次代表大会和全体会议已经指出，各国共产党在无产阶级群众中组织影响的增长大大落后于组织的巩固。近年来，各国共产党政治影响的增长与组织工作的发展之间的差距显著增长，而且仍在继续加大。布哈林同志在报告中证明，广大无产阶级表现出的左倾化并不是偶然现象，而是由当前整个客观形势，即现今资本主义稳定时期的各种条件所造成的。群众的这种左倾化为各国共产党的巩固提供了非常有利的形势。然而，在这里陈列的以及随同共产国际执行委员会工作报告一起分发给同志们的各国共产党人数增长的数字说明，各国共产党人数的发展实际上与它们在广大无产阶级群众中政治影响的增长一点也不适应。原因在哪里呢？对这个问题在兄弟党内传播着两个最流行的意见，而依我看来，这两个意见都是完全错误的。第一种意见是：各国共产党发展的客观困难增大，警察和政府的镇压加强，企业主的恐怖手段增多。这些困难——警察的恐怖手段和企业主的镇压——极大地限制了各国共产党的人数发展和全面巩固的物力条件和人力条件。当然，低估企业主和政府对工人阶级加强压力的影响是完全错误的。但是，如果把共产党的组织软弱只解释为是由于镇压的加强和组织工作困难的增加而造成的，那就是更大的错误了。在德国 1928 年的选举中，大家知道，投票赞成德共候选人名单的无产者有 325 万人，而当时德共党内登记在册的党员共约 15 万人，缴纳党费的平均为 11.2 万—12 万人。试问在这些投共产党票的 325 万德国无产者中，难道没有几百、几千、几万个无产者现在就已经可以参加德国共产党的队伍了吗？

从去年年底鲁尔区最近几次工业冲突的经验中，我们可以举出这样一个事例：克虏伯工厂一个车间的非党工人发起并进行了一次罢工，可是这个车间的共产党支部却对罢工准备情况一无所知，直到宣布罢工以后才参加了罢工活动。

在 1928 年法国大选中，投票赞成共产党候选人名单的选民在 100 万人以上。按照法共中央的材料，约有 30 万无产者积极参加了竞选运动。他们积极地帮助党，法共中央在今年 6 月 2 日公布的正式文件中着重指出了这一点。

法国共产党的人数又有多少呢？按 1928 年 1 月 1 日统计，它共有党员 52000 多人。这是怎么回事，难道在大选期间法共没有从这些积极参加竞选运动的 30 万无产者中吸收一些来补充自己的队伍吗？完全没有。不仅它的人数没有增加，而且在一些党的组织中党员数量还有所减少。

有些人还提出了另一种论点：他们说，不应要求党做到超过它所能做到的事，并且他们还想起了一句成语：巧妇难为无米之炊。

但是，同志们，不应借口说什么党还年轻，它们的领导干部力量弱，它们还存在过去社会民主党的和无政府主义的传统，等等，以此来解释共产党目前组织状况的基本弱点。不用说，应当注意到除了警察制度的各种条件造成的困难以外，还存在有严重影响着党的形形色色的社会民主党、无政府主义之类的传统，不用说，应当注意党的领导人员力量薄弱等。但是，问题不是这样的提法，也不应当这样地提。问题的提法应当是而且必须是这样：为了克服这些客观的和主观的所有困难，也就是克服那些由警察制度和企业主恐怖手段所产生的种种困难，以及由党过去的历史发展所引起的种种困难，党究竟做了些什么呢？当我们从这个角度来分析我们各兄弟党最近时期的活动时，我们应当肯定，情况通常是：**各个党没有为巩固自己的组织去做它们在现有的力量和现有的领导干部的条件下能够做到的任何事情**。原因在哪里？同志们，我认为，主要原因在于没有同共产党内过去社会民主党的做法进行积极的斗争，这种过去的东西在共产党内还很强大，妨碍党向巩固组织和普遍实现布尔什维克化的方向前进。首先是代表大会，随后是各个党根据代表大会的决定，都应当对这个问题给予最大的重视。

只要回忆一下各国社会民主党工作的实质、它们组织工作的基础过去和现在是什么，那么在我们面前就会展现出在很大程度上造成我们党组织软弱的原因。如果我们回忆一下社会党整个组织工作的基本特点：社会党是在企业之外开展活动的；它的活动主要是组织一个又一个的大规模运动，忙于一次又一次的选举；在两个大规模运动之间，社会党内没有任何党内生活；社会党的基层党组织通常很少积极活动；社会党的主要工作通常是由党的议会代表、报纸和党魁去进行的，等等——那么难道我们还不能发现，社会民主党组织工作的这一本质比较完整地反映在各次代表会议和代表大会对各个大规模运动所作的评价么。例如，仍以法国共产党来说，从 1926 年起，法共中央委员会、党的代表会议和代表大会每次都重复说，党所进行的运动暴露了基层党组织的软弱、企业中工作的软弱，暴露了运动基本上是由议会党团和中央机关报《人道报》编辑部的力量进行的，等等。正是从这些评价中，我们真正发现了完整反映社会民主党过去的这一切，确实看到了缺乏批评精神和缺乏自身克服这种社会民主党老传统的革命意志。这股直到现在还严重影响我们各支部的过去的传统力量，特别明显地表现在各支部进行的工会工作中。布哈林同志在报告中着重指出，在工会运动发生分裂的国家内，我们的革命工会，即在该国共产党领导下进行活动的工会，经常在自己的实际工作中采取改良主义工会组织的工作方法。我们只要提醒一下，红色工会国际第四次代表大会的法国委员会曾经从法国矿工统一工会主席那里得到了一个消息说，在北部，那些由工人选举产生的并在工会与广大无产阶级群众之间保持直接联系的矿工统一工会代表，通常都是一些饭馆老板。当我们请他给我们解释这是怎么一回事的时候，才弄清楚，还是从社会党以往时代起就规定了一种办法：把党的专职人员安置在饭馆里当掌柜，为的是用这种方法来保证党有自己的场所。当以后法国北部社会党的这一部分组织改组为共产党的组织时，并没有采取任何措施去消除社会党过去的这种残迹。结果，在法国北部最近几次罢工期间，我们的统一工会始终在阻碍着罢工运动的发展，而不是去推动它和组织它。

同志们，我想，代表大会应当坚定地和硬性地提出一个关于同共产党内这种社会民主党组织工作的残迹坚决斗争的方针。各国共产党应当集中全部力量，统一全党意志，以大型企业、重要工业部门的工作为基础改变工作方式，以便加强工厂支部，从而结束我们现在到处可见的状况。其中也包括在德国共产党内出现的情况。我指的是：党所进行的大规模政治运动，大都没有或很少有工厂支部参加；共产党在大型企业内的力量过于薄弱，特别是在对帝国主义政府进行战争准备有重要意义的企业里和国防工业企业里力量尤其薄弱。发起一场反对进行战争准备的政治大运动，是一件很好的、重要的事情，但是更加重要的，也是各国共产党做得最差的事情，就是在具有军事战略意义的大企业里，如兵工厂、港口、铁路枢纽等地方，坚强有力地和顺利地开展组织工作。我再重复一遍，在这方面，所有的党都做得最差。这是我们党整个工作中最大的缺点之一。绝对无须争辩的是，党应当统一全党意志和集中全部力量，以便在这些企业中夺取阵地并在那里建立起坚强的支部，还要在进行党的一切工作时都应考虑到，拟定的措施能使党在大企业、决定性的工业部门和对战备有重要意义的企业内的阵地加强到什么程度，以及在一旦发生重大事件时党在这些企业内能够起到多大的作用。

同志们，我还想就共青团的工作再说几句。某些同志发表意见认为，许勒尔同志的报告与布哈林同志报告的调子完全不一样。他们指出，布哈林同志非常强调揭露各国共产党工作的缺点，以便表明，为了继续前进多么需要有毫不留情的列宁主义的自我批评，只有这样才能使这些缺点得到暴露和克服，而在许勒尔同志的报告中，特别强调的却是问题的另一方面，即青年共产国际所取得的成绩，至于报告中关于缺点的第二部分，那就太简略了。

由于我们同青年共产国际的交往很密，就我所知，这并不代表青年共产国际的某条路线。不管怎样，我个人认为，从代表大会的工作效果来看，充分利用青年共产国际本身及其组织部提供的材料来对许勒尔同志的批评部分作一些补充，那是重要的，也是必需的。

同志们，我想，共产国际中谁也不会贬低青年共产国际作为共产国际所有革命支部之一的意义，特别是在同共产主义阵线某一方面所表现出的各种倾向作斗争时它所起的作用。

但是，我觉得，青年共产国际参加共产国际所开展的共同政治工作时，不是经常考虑其本身组织的内部情况。让我简单扼要地提一下共产国际第五次代表大会关于青年共产国际问题的决议。共产国际第五次代表大会再次确认过去几次代表大会的决议，肯定这些决议使青年共产国际有可能成为一个群众性的无产阶级青年组织，肯定青年共产国际已朝这个方向前进了几大步，这反映在其数量和质量的不断增长上，而且由于同一时期社会党工人青年组织的衰落，这个进步便更加令人瞩目了。

决议中又写道，青年共产国际在继续目前的发展时，要使这一高涨不是偶然形成，昙花一现，而应保持稳定，要使这一高涨导致青年共产国际成为一个最广泛的工人青年组织，从而把打着社会党旗帜的所有青年组织彻底消灭掉。

决议最终谈到了关于青年共产国际以工厂支部为基础进行改组的问题，决议说，青年共产国际在这方面不仅没有局限于对自己的成员进行思想教育，而且做了远为重要的事情，给在工厂支部的基础上改组自己所有组织的工作创造了条件。决议指出，青年共产国际是这方面的先驱者，这对各国共产党的帮助很大。

按工作报告中的数字来看，情况又是怎样呢？许勒尔同志在报告中宣读的数字表明，青年共产国际在除苏联以外的所有国家中，共有 10 万多成员，由此可见，这远不是什么群众性组织。但是，第五次代表大会所说的某些国家共青团持续的稳定的增长，其情况究竟怎样？我以最重要的一些国家的共青团为例来说：德国共青团员，1925 年为 24000 人，1926 年为 18000 人，1926 年 11 月为 20000 人，1927 年为 19000 人，1927 年底为 20000 人。没有增长，实际上我们是停滞不前。英国共青团员，1925 年为 560 人，1926 年 1 月为 800 人，1926 年 11 月为 1752 人，1927 年底为 1100 人。法国共青团员，1924 年为 7700 人，1925 年为 9000 人，1926 年为 9000 人。捷克斯洛伐克共青团员，1925 年为 8000 人，1926 年为 13000 人，1926 年底为 13000 人，1927 年为 13000 人。

第五次代表大会决议中说得那样好听的工厂支部的情况又怎样呢？青年共产国际组织部报道了工厂支部总数变化的数字，下列数字决不能说明工厂支部的发展和巩固：1924 年 603 个，1925 年 1100 个，1926 年 1900 个，1927 年 805 个，1927 年底 270 个。到 1927 年底，德国共青团所有工厂支部拥有的团员仅占总数的 6%，在捷克斯洛伐克仅占 12%，在法国仅占 8%—10%。只有在共青团是不合法组织的意大利和波兰两个国家中，工厂支部拥有的团员占总数的 40% —45%。

　　共青团渗入到大型企业是共青团整个工作的中心问题，这项工作的情况又怎样呢？青年共产国际组织部提供的数字表明，1927 年德国共青团的一个组织吸收了 131 名新团员。在这些新接受的团员中，也就是1927 年底最近一次赖以增长的人数中，有 84% 是在小企业工作的，只有 16% 在大企业内工作。

　　最后，关于成员流动性问题。同样是青年共产国际组织部就这个问题提出了下列数字：1927 年底，法国为 40%，捷克斯洛伐克为 35% —40%，英国为 20%。

　　我们有许许多多完全没有建立工厂支部的共青团组织。美国共青团是其中的一个。它至今还没有组织起一个工厂支部。我认为，根据上述数字，考虑到确实有大量青年工人现在不仅参加资本主义的生产过程，而且参加了斗争，在资产阶级的组织中青年工人有数十万之多，考虑到这一切，我们确实应当非常认真地想一下，党用什么方法才能帮助共青团克服现状，使共青团能够真正实现第五次代表大会作出的决定。

　　按照这条路线，所有的党毫无例外地都面临着大量工作，因为必须指出，从党对共青团的帮助来看，各地的情况都很差。例如我们有一个党员人数达 15 万之多的群众性的捷克共产党，但是捷克共青团只有13000 人（不完全统计）。我们在捷克的大型企业内建立有工厂党支部，有党员数百人，但却没有共青团的工厂支部，或仅有**一些人数少得可怜的组织**。

特格森（丹麦）：

　　丹麦代表团讨论了布哈林同志的报告和提纲，表示完全同意布哈林同志的意见。

　　布哈林同志认为对社会民主党最有代表性的、并决定着我们对社会民主党的立场的那个发展过程，特别明显地表现在丹麦社会民主党的发展中。

合理化在我们这里还刚刚开始实行。但是，社会民主党已完全、充分地给予支持，正如在稳定资本主义经济的问题上，它始终与资本家步调一致。这从以下情况中可以清楚地看出：

1923 年以前，丹麦在竞争中从德国马克的低兑换率中取得了某些好处。在德国实行道威斯计划以后，当时 1 丹麦克朗涨到兑换 50 马克的水平。丹麦失去了原来由于克朗对德国马克黄金平价的外汇牌价低而造成的特殊地位。官方统计的包括各行业工人的失业人数提供了一个关于克朗的稳定是怎样影响到生产关系的完整概念。从 1922 年到 1927 年期间，失业人数的百分比如下：

所占百分比

1922 年……………………19.7%

1923 年……………………12.7%

1924 年……………………10.7%

1925 年……………………14.8%

1926 年……………………20.8%

1927 年……………………22.3%

1924 年 4 月，社会民主党人通过大选组成了政府。在竞选运动中他们提出了以下口号：提高对 5 万克朗以上资本的课税额，剥夺大庄园并把它们改成工人休养所，改善社会保障，裁减军备，等等。社会民主党人承担起使克朗稳定的任务，但是他们同时千方百计地转移工人阶级的注意力，使他们看不到恰恰是工人阶级不得不为支付稳定克朗的费用而付出增加失业人数的代价。随后，社会民主党政府实行新的所得税，也就是征收劳动居民的所得税来抵偿破产了的农业银行的债务。经社会民主党人同意，这些债务由国家保证支付，到目前为止已经支付了 4 亿克朗。

大选中作出的那些慷慨的许诺，不仅没有一个得到兑现，甚至没有进行过实现这些诺言的微弱尝试。然而社会民主党部长斯陶宁格却猛烈攻击 1925 年工会反对企业主斗争时期的工会运动。斯陶宁格制订了强制仲裁暂行法，并经过国王签署以后予以施行。他的意图是利用这项法令把工人赶回到企业中去。

1926 年，社会民主党人完成了稳定财政的第一阶段，就不得不让位给大地主政府。这届政府提出的目的是：使社会方面的立法越来越差，降低国家官员工资，在减少工人工资问题上国家支持企业主。

社会民主党人在这个时期出色地实行了假反对党的政策，为的是阻碍工人对降低工资的凶狠措施进行斗争。

社会民主党人目前正在为再次成为执政党进行准备。很有可能，他们在明年春天便取得成功。1927 年的社会民主党代表大会赞同该党领袖们在这以前实施的整个政策，并委托他们重新组织一个以课税和实现合理化为口号的政府。

现在，我们的农业同样遭到了严重的危机。

战争期间，由于向各交战国出口农产品有利可图，土地价格惊人地上涨。田庄经常易主。由于对田庄大量增加投资，当时各家银行把所有田庄的 75% 纳入自己的经营范围。农民购买田庄时，借的钱是按 1 克朗为 50 的兑换率，可是现在他们应当付的利息连同应当归还的欠款，则是按克朗与黄金平价相应的兑换率。

北西里西亚的危机尤其严重。在北西里西亚脱离德国以后，那里所有农民原来欠丹麦财政机关的债款现在必须按双重的兑换率归还。除此以外，在脱离德国后，他们被迫从经营畜牧业转为生产油料和脂油。由于德国实行 1925 年的关税法，原来向南方出口牲畜已成了完全不可能的事。

在北西里西亚，我们有着真正的革命形势。社会民主党和资产阶级政府只要有可能，总是企图阻碍农民的革命运动，加剧民族矛盾。

不用说，农业工人的危机也同样严重。尽管他们的工资本来就比较低，可是还经常要一次又一次的减少。组织起来的农业工人只有10%，而产业工人组织起来的却是百分之百。外地城市的非熟练工人，平均工资为每小时1.21克朗，在哥本哈根为1.39克朗。农业工人的工资连一半也不到，约为每小时60欧尔①。

说一说工会运动。当社会民主党领袖们逐渐参加到资本主义稳定过程中去的时候，工会内部产生了反对派，最终导致一个拥有8万名会员的"工人工会"于1926年退出了工会联合会。

这件事的直接原因是社会党人部长们在1925年大罢工期间的立场和斯陶宁格关于强制性仲裁的法案。

现在，工会联合会只拥有各行业工人总数的50%，而其余工人分属23个不同的工会。

共产党人反对"工人工会"退出工会联合会，但是社会党人部长们根据"分而治之"的原则行事，对这次退出进行了挑拨，因为他们失去了在工会运动中的首要地位。

现在他们开始把这场分裂转移到国际舞台。工会联合会在今年5月的代表大会上作出决议，向阿姆斯特丹工会国际建议把不参加联合会的各个工会排除出国际工会组织。一方面，这是力图使左派的"工人工会"失去支柱，另一方面，是想使运输工人的罢工成为不可能的事。与此同时，社会民主党人停止了与不参加阿姆斯特丹工会国际的挪威工会联合会的合作。

丹麦社会民主党在战前曾以要求全面裁军和对青年学生实行军训而

---

①　丹麦1克朗等于100欧尔。——译者注

获得了国际荣誉。不用说，这个观点早就被他们抛弃了，现在社会民主党与资产阶级一起承担了因欧洲力量重新组合而引起的军队改组的责任。

目前，丹麦军队的改组是在英国监督下进行的。军队的防线面向东方，目的是封闭对苏联的包围圈。社会民主党执政时期，在通往波罗的海的厄勒海峡进行了疏浚工程，以便英国军舰能够通过它进入波罗的海。

再谈谈我们党内的状况：1927 年 8 月，在同敌视共产国际的右派领导进行党内初步辩论之后，举行了党的代表大会。在共产国际的帮助下成功地消除了党内的各种倾向，实行了新的方针。从那时起，新的领导终于使党巩固起来了，并部分地实现了布尔什维克化。短期内党员数量增加了一倍，报纸发行量同样增加了一倍，现在我们在工业工人中取得的阵地好得多了，党开始了一场旨在与农业工人和缺少土地的农民更加接近的运动。

西坎德尔·苏尔（印度）：

我想以印度代表团的名义对布哈林同志的提纲草案表示赞同。同时，我必须声明，按照我们的看法，共产国际在九年中根本没有为建立印度共产党做任何事情。共产国际应当认识到，印度具有组织强大的共产党的巨大可能性，因为印度正在兴起一场史无前例的革命高潮。

印度目前的状况极其复杂。英国帝国主义在民族资产阶级的支持下压迫印度工人。同时，它力图摧毁印度工业，破坏某些重要生产部门，以便使英国商品更加容易进口。不仅如此，帝国主义分子还关闭了铁路机车修配厂，造成大量劳动者失业。

毫无疑问，英国帝国主义分子欺压印度资本家，迫使他们为英国在印度的利益服务，但是，无论是英国帝国主义分子，还是本国资本家，都同样对印度工人进行迫害，并尽一切可能挑唆他们采取行动。当工人们不理睬挑拨活动，并且甚至在现行低工资的情况下继续工作时，企业主就宣布同盟歇业。6月第一周举行罢工的有21000名铁路工人，10000名冶金工人，8000名黄麻工业工人（其中600名女工），坎普尔和其他纺织工业区的3500名纺织女工，此外，还有孟买的15万名纺织工人。在整个这次罢工过程中，英国帝国主义鼓励印度资产阶级对工人不作妥协。在这个事实中反映出帝国主义一个值得注意的矛盾：一方面帝国主义分子排挤民族资产阶级；另一方面，帮助他们压迫工人。

罢工期间，孟买和利卢阿一些敢于对迫害提出抗议的工人们惨遭枪杀。印度工人同企业主降低工资和延长工作日的压迫行为进行着顽强的斗争。在印度，工作日平均长达10小时，在有些地区企业主强迫工人每天工作11—12小时，而且对此还并不满足。

英国帝国主义除了摧毁已经牢固建立的工业部门外，还实行一项新的政策，它推动印度资本主义走上建立新的生产部门的道路，例如建立航空工业和水利电力设备生产部门。近几年来为减轻困难曾得到各种援助的制铁工业，现在落到了英国帝国主义的直接监督之下，英国帝国主义在未来战争中将可以利用它。英国帝国主义在准备未来战争的同时，还在印度农村地区制造相应的社会舆论。我不准备谈英国人的战争准备情况，因为这个问题我将在讨论战争危险的条款时加以阐述，现在我要说的只是英国帝国主义在全印度进行着有力的宣传和周密的准备。

鉴于印度革命运动的发展和战争危险的存在，我想再次强调必须制订一个明确的印度工作纲领。不能只是开会，作决议，然后便回到家里，无所作为地虚度光阴。共产国际应当认识到必须在印度组织一个强大的共产党。现在印度已有了强大的运动，可以在同英国帝国主义的斗争中作为革命力量而加以利用。如果当前的运动有一个好的领导，那就更能够推翻在印度的帝国主义了。遗憾的是，3/4的领导人都是反动的工会工作者，他们是英国政府的代理人。我们的不幸是极端缺乏组织者，没有组织者，我们就不能把群众引导到革命方面来。我们软弱无力是因为我们得不到国际无产阶级的足够支持。因此非常需要代表大会特别重视印度的运动，并帮助我们在那里组织起强大的共产党。在讨论殖民地问题时，我将更详细地谈这个题目。

勃登曼（瑞士）：

瑞士代表团将投票赞成布哈林同志的整个提纲草案。但是建议对涉及实际工作的个别条款作一些补充。我想从小党工作的角度首先就执行委员会的活动提几点意见，其次，我想谈谈按我们的看法在提纲中应当更好地加以阐述的几项条款。我要强调，我们认为执行委员会对小党工作的关注非常不够，它把这些不得不在艰巨条件下工作，而且机构比较软弱无力的小党看做是无足轻重的人（quantité negligeable），它很少研究这些小国中党的具体工作问题。

我想举一件事实作为例子：我们党曾经要解决一个在很大程度上关系到党本身今后存在的问题。在好几个月中，我们要求执行委员会就这一问题提出意见。但是执行委员会并不认为有必要回答我们即使用电报提出的询问。而且我们了解到，执行委员会一连好几个星期、好几个月都在研究瑞士的某个问题，而这个问题在我们这里是任何一个工人、任何一个党务工作者、任何一个党委会都决不会感兴趣的，并且从来没有以任何方式提到我们的议事日程上来。如果说共产党应当把自己的工作同工人阶级的日常需要联系起来，以便争取无产阶级群众，这样做是对的话，那么，执行委员会在此地莫斯科把自己的工作同各个党的日常问题联系起来，并试图在这些党的每日工作中帮助它们，支持和指导他们，那就尤为重要了。

依我看，共产国际执行委员会所属机构向各国党提供材料的情况也同样是很不合理的。我有这样一个看法，即共产国际执行委员会庞大的机构只是忙于事务工作，但同执行委员会政治领导的接触非常差。我们经常收到大量的材料，一部分根本无法读完它；为了掌握这些材料就得专门聘请新的党务工作人员；要么收到材料的时间太晚，已经不可能把它具体化，并研究如何应用到某个运动中去，使它适合自己党的工作条件；有时，材料送到时，运动已经结束了。情报和宣传鼓动机关的工作很差，对它们的活动我们是不满意的。

我想再举一个例子来强调这个论点，试以反对派的流放问题来说。如果共产国际在西欧的一家有影响的机关报今天在头版用粗字体报道说，关于反对派流放的消息纯属资本主义野鸡记者的捏造，而明天这同一家报纸又在社论中写道，托洛茨基分子对于把他们只流放到西伯利亚应当感到满意，在这种情况下，人们得到的印象会是什么呢？这样的工作方法破坏工人对我们报纸的信任，从而也破坏他们对共产党的信任。所谓"手榴弹"事件也属于这同一范畴。问题并不是要情报处写一些社论让西欧报刊转载，而是应当将事实通报给各党，那样各党根据事实就多多少少地能够在一定程度上独立地分析事态了。

布哈林同志在报告中还谈到官僚主义，他提到，我们这次代表大会的组成在质量方面不是特别好，因为这次代表大会上来自车床旁的工人太少了。我对这个批评完全同意。但是，如果每次代表大会的准备工作都像这次代表大会一样，工人们得等两三个星期大会才开始，那么将来就根本不存在派来自车床旁的工人参加代表大会的任何可能性了。

我提出这小小几点批评意见，是想着重指出，按照我们的看法，改组共产国际执行委员会的机关工作是绝对必需的。

总之，我们将投票赞成提纲，我们欢迎的首先是提纲对经济形势作了明确的分析。我们在这里已经听到，有些同志认为这个分析不够激进，不够左。我们要反对这种观点，因为首先必须揭露的是现实中存在的东西，从而为我们今后进行工作打下坚固的基础。

我们认为，对涉及党的实际工作的个别条款，应当阐述得更适当一些，更具体一些。这些条款中有一项是关于统一战线问题。我们应当承认，在统一战线策略方面，迄今为止我们的工作是非常不够的。这项统一战线政策主要不过是发表公开信，或者仅限于议会活动。如果我们对社会民主党采取更强硬的立场——就像提纲建议的，以及在英、法等国家中实际上已采取的那样——那么，我们在巩固统一战线方面本来做得就很不够的工作将会更加软弱无力了。因此，我们在提纲中应当坚决强调，尽管我们对社会民主党的立场强硬起来，但必须在我们日常工作的各个方面努力发动工人阶级的统一战线去反对企业主。我们建议对这一条作更加确切的阐述。

我们认为提纲中叙述得不够的第二个问题是工会问题，这个问题无疑是我们整个工作的中心问题。如果在已经过去了4年的今天，重新召开世界代表大会的时候，我们对这个中心问题只是一带而过，那是绝对错误的。在讨论和叙述我们的任务时，我们应当把工会问题提到首要位置。这是必要的，特别是因为恰好最近以来共产党人在工会中取得影响时，改良主义者竭力要把这种影响消除干净，他们不择手段，甚至不惜冒工会本身遭到瓦解的危险，只要能赶走共产党人和拔除共产党的支点就行。我们清楚地认识到，由于存在这种危险，我们应当捍卫工会的团结。但是，我应当着重指出，在领导机构中，也许不是在领导机构本身，但无论如何也是在负责实施执行委员会决定的附属机构和接近共产国际执行委员会的机构中，对这个问题存在着非常不明确的观点。在这方面我们有一个值得注意的经验：当我们这里发生局部分裂，出现大量会员被开除的情况时，瑞士共产党的观点同共产国际执行委员会的观点是一致的。但是，执行委员会的一些附属机构却坚持与我们大不相同的观点。一种观点是似乎必须向改良主义者投降，另一种观点则主张加速瑞士工会的分裂，拒绝团结政策。这种混乱状况是绝对不能容许的，因为它破坏共产国际的威信。在维护团结时，必须划出一条明确肯定的界线，规定一个极限，在到达极限时，为了保持和取得团结，共产党人可以作出某些让步。我们共产党人在实施我们的策略时，不应做过头，从而在工会内部能开展独立的革命工作。

工会方面的另一个问题是，在我们强烈反对改良主义的运动中，我们的一部分工人阶级表现出反工会的情绪。存在着一种巨大的危险，即我们的青年同志中许多人不再认真研究工会运动问题和企业中的工人状况，而仅仅是尽可能强烈地反对改良主义者。我们应当非常有力地强调工会运动在日常斗争中的意义及其在革命决战中的作用。必须强调指出，我们应作出比迄今为止坚强有力得多的努力，在工会内动员工人去对抗企业主。在当前形势下，企业主任何较强的对抗都会导致同改良主义者斗争的加剧。显然，如果我们在提出明确要求的基础上去动员工人，而改良主义者又对这些要求进行阻挠，那么共产党人的立场就要比我们同改良主义者就一般政治课题、国际课题或甚至理论课题进行辩论时要有利得多了。

我还想谈两个问题。第一个是共产党人在体育运动中的工作。我们在这里认定，特别是瓦西里耶夫肯定地说，西欧的青年运动没有做出重大成绩。但另一方面，我们有一个强大的青年运动，这些青年是在体育组织中联合起来的，并且还没有受到改良主义的污染。我们必须深入到这支有成千上万人的青年无产者队伍中去，用我们的工作去争取他们。

我觉得，提纲谈到了国际支援革命战士协会、国际工人援助会和其他辅助组织的作用，但是对我们在那个与工会同样是最大群众组织的体育组织中的工作，提纲却根本一字不提，这是一个很大的疏忽。对合作组织的工作也是如此。经过四年之后我们又来到这里开会，但是对资产阶级和社会民主党在其中对我们猛烈进攻，并以分裂来威胁我们的合作组织的工作情况，我们也是一句话未说。

最后，我强烈地希望，共产国际的机构能进行改组，使共产国际执行委员会的活动与各国党的工作协调一致，使与我们实际工作有关的、为所有普通工作人员指明斗争道路的各项任务都能在提纲中得到更好的和更明确的阐述。

科普勒尼希（奥地利）：

奥地利代表团认为，必须对布哈林同志报告中关于对维也纳七月起义的评价和奥地利马克思主义问题的部分提出一些补充。我们认为，这些问题对于正确分析资本主义稳定局面的目前时期来说非常重要，具有国际意义。总的来说，我们同意布哈林同志提出的对资本主义经济发展的评述，正如我们同意他对资本主义稳定时期矛盾日益增长的叙述一样。我们认为，在评价资本主义稳定局面及其矛盾时，必须注意一个事实，即在个别一些国家，稳定的趋势是不平衡的。因此在总的稳定的情况下，资产阶级也有薄弱的地方。许多资产阶级国家至今未能克服战后危机，资本主义经济的恢复在这些国家遇到很大的困难。产生这些困难的原因，一部分是由于资产阶级总的说来在经济上和组织上落后，由于这些国家中阶级力量对此具有特殊性，此外也由于在战后局势中这些国家经济结构的变化。奥地利也属于这些国家之列。虽然就奥地利来说，我们可以肯定，总的经济状况与战后时期相比有所改善，但我们仍然可以指出，这个国家的稳定局面比大的资本主义国家要差得多，是不够牢固的。这个弱点和这些困难在政治上的表现首先是，在这些国家中，特别是在奥地利，资产阶级不得不采取法西斯手段来克服自己的困难，并依靠法西斯主义。尽管徒劳无益，资产阶级仍然试图把广大无产阶级阶置于这些法西斯组织的影响之下。值得注意的是，在像奥地利这样一些国家里，无产阶级比其他国家组织得更好，但企业内的法西斯却能够利用社会民主党人的帮助甚至渗入到大工业区，控制了那里的比较广泛的无产阶级阶层。这就是为什么我们认为同这个法西斯运动的斗争和共产党在这个斗争中的主动精神具有重大意义的原因。这一点也必须在决议中指出来。

就维也纳七月起义讲几句。我们认为，由于稳定的不平衡性和资本主义发展的矛盾日益加剧，维也纳七月起义具有重大意义。在维也纳七月起义之后，共产国际曾经作过一个决议。决议对维也纳无产阶级这一自发起义的国际意义作了以下的评述：

"维也纳无产阶级自发起义的国际意义在于，它又一次明显地表明资本主义的稳定是不扎实的、不牢固的和暂时的，并且继英国和中国的大规模斗争之后，它再次以事实证明，在资本主义稳定的情况下，群众性的革命斗争不仅没有停止，相反地更加深入，甚至可以激化到起义。从国际阶级斗争的角度来看，维也纳起义非常突出的特点是，自1923年以来，它第一次不顾国际资产阶级努力稳定的一切尝试，再一次在中欧举起了革命的阶级斗争的旗帜，并同资本主义的阶级统治进行了你死我活的斗争。（执行委员会主席团1927年9月16日决议）。"

由此可见，共产国际执行委员会把维也纳起义看做是布哈林同志在报告中称之为资本主义稳定第三时期的进攻信号。鉴于社会民主党在这个问题上持完全对立的观点，这就具有更大的意义。社会民主党把七月十五日事件看做是最后一次爆发的革命行动，按照他们的意见，这次爆发的革命行动正在结束战后危机。我们希望布哈林同志在结束语中更详细地谈谈这个问题，并对七月起义作出更全面的评价。由于在奥地利共产党自己队伍中对7月15日和以后时期的评价还存在分歧，这样做就尤为必要了。除了其观点与社会民主党的评价基本上一致的同志以外，还有另外一些同志，他们有的争辩说，七月十五日事件完全可以看做是起义，有的人则对 7 月 15 日以后总的发展形势持有与党内大多数和共产国际执行委员会意见（见共产国际执行委员会关于七月起义的决议）相反的观点。这些同志断言，虽说是社会民主党人背叛了，但既然共产党在 7 月 15 日以后未能发展壮大，那么这就不仅是由党所犯的和我们已经承认的错误造成的，而且也是客观情况所决定的。他们认为，党以及共产国际执行委员会不正确地评价了 7 月 15 日以后的事态发展，没有看到，由于七月起义失败的结果和客观条件的影响，无产阶级不仅没有向左转，相反地开始向右转了。

从另一个角度来说，维也纳七月起义也是具有国际意义的。按照我们的看法，在 7 月 15 日以后，共产国际执行委员会完全公正地指出奥地利共产党的主要错误之一是，党在起义高涨期间没有提出成立工人苏维埃的口号，没有用这种方法为起义提供一个组织基础。这个问题成为奥地利党内分歧的起点，而反对派所持的观点则是，在当时形势下，如果提出成立工人苏维埃的口号，那将是错误的，因为还缺少与此相应的前提条件。我们认为，代表大会应当根据共产国际执行委员会决议的精神作出决定。由于稳定时期矛盾的不断增长和战争危险的加剧，由于阶级矛盾因生产合理化而日益激烈，完全可以期待爆发新的起义。因此对目前时期在什么条件下可以提出成立工人苏维埃的口号的问题进行具体的研究，毫无疑问具有国际意义，否则，难免有重犯原有错误的可能。至于对社会民主党的评价，我认为，在提纲中应当谈谈关于“奥地利马克思主义”的问题，它是改良主义的一个极其危险的变种。现在，当“奥地利马克思主义”的发展无疑地发生了转折的时候，这就尤其必要了。我们党中央的多数人认为，奥地利七月十五日事件是“奥地利马克思主义”垮台的开始，它已失去了继续发展的基础。按照我们的看法，社会民主党在 7 月 15 日以后的发展情况已证明这一评价是正确的。诚然，有人提出两个论据来反对这个评价：一是奥地利社会民主党在组织上有了发展；二是奥地利共产党在 7 月 15 日以后也没有扩大自己对群众的影响。

关于第一个论据，我们认为，社会民主党最近一年的组织发展已经不是在"奥地利马克思主义"的基础上，而是在奥地利社会民主党转变为明显的修正主义政党的过程中得到的。这个发展的基础同其他彻头彻尾的改良主义政党发展的基础完全一样。至于 7 月 15 日以后奥地利共产党不仅没有壮大，甚至还遭到某些损失的这个无可争议的事实，依我们看，主要是因为奥地利共产党没有同社会民主党完全划清界限，并且犯了一系列严重的错误。许勒尔同志在报告中指出了一系列这样的错误。我们完全同意他的意见。由于犯了这些错误，虽然爆发了七月起义，虽然明显地暴露了奥地利社会民主党的背叛行为，虽然奥地利无产阶级广大阶层无疑地表现出左倾，但是党未能开展相当有力的征收党员的活动并把广大工人群众吸收进来。我们党中央在最近一次全会上，详细地分析了最近一年来总的发展形势，从中得出了应有的结论，明确了党所犯的错误。我们将通过在群众中更加积极地工作来努力改正这些错误。现在，当社会民主党在 7 月的日子里和在以后时期进行背叛的后果已清楚地呈现出来，并为群众所认识的时候，我们认为，在实施正确政策的条件下，我们党可以在同法西斯反动派大力斗争的过程中非常成功地揭穿奥地利社会民主党是工人阶级最危险的敌人。我们认为，彻底揭露"奥地利马克思主义"和一切所谓的"左"派社会民主党人是共产国际各国党的一项重大任务，因此我们提出的问题，不仅对奥地利共产党今后的发展，而且对其他许多党，都有其意义，因此应当成为代表大会讨论的课题。

墨菲（英国）：

我不打算立即谈到布哈林同志专门评论英国共产党的那一部分。英国共产党将请求在今后的讨论过程中谈这个问题。而现在请允许我对布哈林同志的报告作出总的批评性的评价，并阐述英国代表团提出的意见。

首先，我认为，无论是报告，还是提纲，都片面地强调了一些因素，同时又忽视了国际局势中具有巨大意义和在评价世界资本主义和世界革命的发展时应予考虑的一些其他因素。在读到布哈林同志给我们描述世界状况的这一部分时，不能不注意到，对共产国际本身以及所属各党的发展强调得不够。

布哈林同志为了描述从 1917 年开始世界革命以来发生的基本变化而确定了三个时期。第一个时期以德国无产阶级的失败而达到了顶峰，这是对的。但是如果同时指出和强调一下，恰好在同一时期诞生了共产国际和在欧洲无产阶级运动中产生了各国共产党，这难道不是也很重要吗？

第二个时期，即资本主义形成局部稳定的时期，同样不仅是无产阶级进行防御战和遭到严重失败的时期，而且也是共产国际各国党得到巩固和布尔什维克化的时期。我认为，在我们对这个时期的描述中，必须把这两个并行不悖的过程都指出来，因为这同样的过程，在第三个时期又重现于殖民地和半殖民地国家。中国共产党产生于深刻的革命运动之中，并转变为真正的无产阶级革命政党，这是可以用它来与中国无产阶级失败相抗衡的最伟大的成果之一。在印度尼西亚、印度和其他殖民地国家，也可以看到这同一个方面的某种发展。这正是实际的有益的成果，忽视这些成果是欠考虑的。这些成果是最宝贵的无产阶级斗争经验，并且能够保证无产阶级在今后的世界大战中不致孤立无援。正是由于全世界资产阶级认识到这个事实，这才使他们仇恨共产主义运动，决定了他们对运动进行破坏的规模。在对一个历史时期进行总结时忽视了这一点，那就意味着没有注意到列宁学说中一个非常重要的历史论断：

没有久经斗争锻炼的共产党的领导，革命是不可能取得胜利的。

使我不能满意的，还有对第三个时期的叙述，也就是以《世界经济的技术状况和经济状况》为题加以发挥引申的叙述形式。在这里过于机械地把对第二个时期的描述照搬到第三个时期。我们对资本主义不稳定性的评价，正在从以个别国家内部的不稳定性作为比喻而转为承认外部对抗性的加剧，这种加剧是由于内部不稳定性得到克服的这一事实所造成的。当然，如果否定美国取得了巨大的成就，并且正在进行技术革命，或者否定德国在同一方面创造了奇迹，那将是愚蠢的。

但是，能不能说所有国家都取得了这些成就呢？是不是可以像提纲中那样地进行概括，并且在谈到欧洲资本主义和美洲资本主义时，便说德国在资本主义欧洲起主导作用，而美国在资本主义美洲起主导作用，从而把这个刻板公式当做国际形势的全貌呢？如果情况是这样，那就是说我们认为第二个时期已经完全转入第三个时期就是正确的了。然而，情况绝不会像我们所描绘的那样单一。

例如英国资本主义的状况究竟怎样呢？能不能说，它已经从第二个时期转到了第三个时期？英国的经济生活是不是发生了如此深刻的变革，以致我们不得不改变共产国际执行委员会上次全会所作出的关于肯定英国帝国主义没落的基本评价？我觉得，英国经济生活最典型的特点是它已经绝对没有力量阻止煤炭、制铁、炼钢、棉纺等重要工业部门的衰败。前不久，就在上一周，英国政府不得不给煤炭出口商提供新的补贴，而棉纺工业已经好几个月存在严重的内部危机。也许，英国实行的合理化比任何其他国家更意味着对工资和无产阶级工作日的直接损害，以及在提高劳动强度方面对工人阶级进行的总攻。我坚信，按照美国或德国资本主义的类型实行资本主义合理化的可能性是极其有限的。这两个国家无疑在组织基本的生产力方面进行了技术革命。但是，在英国，这样的可能性极其有限，除非是在新的生产部门，而这些部门需要技术革命的程度又最少。关于工业的衰落将使资本家把企业合并起来并进行改组的说法是不正确的，因为蓬勃发展的工业比日益衰败的工业更容易进行合并。

乔舒亚·斯坦普先生在今年 1 月 26 日的《曼彻斯特卫报》（商业版）上描绘了这种状况。他写道：

> "存在着两种合理化——一种是萧条的结果，目的是自卫，另一种是随着工业的高涨而产生的；最近一年来所采取的措施主要属于第二种范畴。由于完全可以理解的原因，舆论比较倾向于支持第一种合理化，然而属于第二种范畴的措施，实际上更容易实现。这是因为，当两个兴旺发达的公司联合起来以便进一步改善自己的状况时，未必会发生严重困难，然而，当两个事业不顺利的企业主为保存自己的资本而斗争，尽一切可能去谋求改善，但又不愿考虑现有事实的时候，不言而喻，他们必然会陷入困难得多的境地。"

英国要实行合理化困难是很大的。处于衰败状态的生产部门需要大量资本，以便建立新厂去代替老厂，此外，大地主的利益、老的经营传统和沉重的国债（英国的国债比任何竞争国的国债要多得多）——所有这些都是压得英国工业下坠的沉重砝码和无法摆脱的包袱。而利润率的降低和销售市场的不足，无助于吸收新的资本。必须考虑到阻碍资本流入英国重工业的这个事实。

这促使我对提纲提出另一个意见。我们的看法是，如果提纲能指出全世界工业化的提高，那么总危机的性质，重新瓜分殖民地的必要性的增大，就能表现得清楚得多。正是这个事实才是产生销售危机的根本原因。英国鲍尔弗委员会提出的关于英国贸易衰落原因的工作报告，其中心思想是承认那些在此以前一直购买英国工业品的国家已实行工业化的这一事实。此外，在工作报告中还承认了英国竞争对手生产力的增长。这些就是阻碍英国国民经济普遍实行合理化的因素，这些因素所起的作用不次于历史方面的因素。这些因素迫使英国更加依赖对殖民地的剥削，并且加深了英国本土经济的寄生性。这种情况再清楚不过地表现出工业不断增长与市场容量有限之间的冲突。

我对报告中这一节内容的另一点批评意见，就是布哈林同志一点没有谈到英国在世界经济中的特殊作用。他只不过顺便提了一下，设想听众都已了解因实行道威斯计划而即将出现的危急情况。我很理解，在报告或提纲中不可能把国际状况的所有细节都包括进去，但是不应忘记，未来的一年从实行道威斯计划的角度来看是最危险的一年。明年必须全部付款，虽然提纲中说，主要的竞争对手将是德国和美国，但是我仍然认为，归根到底损失最惨重的定是英国帝国主义。我提醒同志们，英国与担任主角的美国一起同样在道威斯计划的形成中起了重大作用。从实行这个计划的最初日子起，它就严重影响到英国的采煤工业以及制铁和炼钢工业。正是这个重要的事实决定着英国工业多次进行合理化尝试的性质。这些尝试的结果不是提高了生产力，相反地减少了生产。例如在一郡范围内实行煤炭销售计划和在炼钢工业内限制高炉开工的数量都证明了这一点。这种限制影响到大煤矿公司的采煤。比如说，原先每周采煤 2 万吨的煤矿，现在只能采煤 9000 吨。未必会有谁再反对这样的结论，即这种合理化形式并不是发展生产的形式，相反的，是限制生产力，使生产力适应销售能力的形式。在炼钢工业方面也可以得出类似的意见。在这里，限制高炉开工的数量，是因为英国进口钢制品的数量仍然极大（进口的是半成品），这样一来，对炼钢工业产品的需求就受到了限制。

在这种情况下，不难理解，对英国来说明年将是极其严峻的一年。由于实行道威斯计划的结果，德国的加强竞争将迫使英国或者作出让步（无论如何也要同苏联这个唯一的销售市场达成扩大贸易的协议），或者采取更坚决的步骤去破坏国际关系，加速战争。我觉得，不管道威斯计划是否修改，这都是会发生的，因为德国生产力的发展将使德国能够为争夺市场同英国展开竞争，而且所有取胜的机会都将属于德国。因此我觉得，争夺市场的斗争是不可避免的，这场斗争中的主要当事人将是德国和英国，尤其是英国，它没有能够采取任何重大的合理化措施，使自己有力量同对手竞争。只有用这一点才能解释鲍德温①政府在最近一次预算中在课税方面对企业主所作的重大让步，同一情况迫使政府向煤矿业提供补贴。我希望，如果在我的分析中有错误的话，请予纠正，但是我认为，不考虑英国国民经济的现状是错误的。依我看，毫无疑问，资本主义生产力的增长决不会具有像提纲中所说的那种单一性，如果运用比较法来更明确地描绘出世界工业化的情景，那么毫不妥协的竞争和冲突将呈现得尤为清楚，这种情况的显而易见，即使在提纲中也是承认了的。

根据对形势的这种分析，我们不能不指出另一个严重的疏忽。人所共知，合理化导致失业。在这种情况下，能够忘掉当前全世界约有1000万失业者吗？失业是工业发展和合理化的结果，也是世界经济中的强大因素，这难道不是事实？美国的失业现象是固定不动的，那里有着经常存在的失业大军，这个事实不可避免地将对阶级的相互关系产生影响。因此，改良主义者不可能像以前那样轻而易举地在广大失业群众中进行鼓动。我不想对这个问题谈得太长，因为关于失业还有另一位发言者要说，但是我认为，在评论国际局势时决不应忽视这一重要因素。

现在谈谈提纲的政治部分。在这方面我想请同志们注意几点重要的疏忽。首先，我们没有听到关于最近4年来国际联盟活动的任何一点意见。诚然，有一处提到，需要把国联砸得粉碎，但是提纲中仍然一点没

---

① 英国首相（1923—1924，1924—1929，1935—1937年），保守党领袖。——译者注

有谈到它在近 4 年的活动，也没有谈到它所起的重要作用。决不能忽视这个强盗窝，在那里策划着并执行着形形色色的阴谋活动。国际联盟是欧洲资本主义国家相互竞争的中心、欧洲资本主义同美国资本主义斗争的标志和反苏统一战线的组织者。当然，我没有必要在这个问题上谈得很细，只要提几点就够了：国际联盟在瓜分委任殖民地方面起了什么作用，它在对小国的关系上是怎样执行大国意志的，它又是怎样组织国际经济会议，在阶级合作的基础上把周围的改良主义工会和合作社运动发动起来反对革命力量的。我还要提一下所谓的裁军会议和英国打着国际联盟旗号竭力动员一切力量来组织反苏统一战线的事实。在这种情况下忽视国联的作用难道不是错误吗？同样不应忽视资产阶级已经进行了两年的运动和凯洛格最近的建议。所有这一切都是战前 1912 年海牙和平会议的回光返照。当时就有人说，国际仲裁能保证和平，军国主义分子也不惜花费金钱去增强人们对和平主义的幻想。这同样是准备世界大战的总链条上的一环。现在我们又有凯洛格关于宣布战争为非法的建议。对这个建议同样应看做是对战争的准备。

请允许我对报告中叙述阶级力量重新组合的部分提几点意见。我觉得，这部分对工会和合作社的地位阐述得不够详细。

关于后者，值得注意的是，报告和提纲都完全没有提到国际合作社运动。请从头到尾读一遍提纲，你们不会看到一句关于国际合作社运动的话。然而，现有的合作社社员已不少于 5000 万人，成立了国际合作社联盟。该联盟在我们两次代表大会之间的时期，曾在斯德哥尔摩召开过一次代表大会。在准备孤立苏联和散布对资产阶级有利的幻想方面，该联盟起的作用不比改良主义工会小。这个联盟与国际联盟经济会议统一行动，共同反对苏联的合作社。与此同时，英国合作社履行着某种帝国主义组织的职能，表现在对帝国的忠诚，帮助帝国茶树种植场发展，派代表去庆祝大英帝国的国庆，并且参加了反共宣传活动。能够忽视这样的运动吗？难道这些事实还不够严重？但是，无论在提纲中，还是在布哈林同志的报告中，正如我们已经指出的那样，一个字也没有提到合作社，也没有考虑到共产国际在合作社运动方面的任务。这个疏忽应当纠正，此外还必须讨论党在合作社组织内的工作问题，并作出明确的指示。

　　至于工会，提纲和报告倒是给予了较多的注意，但是所谈的也只是个别国家的工会情况，而没有就世界范围内的工会工作提出总的国际方针和指示。可是，对工会的攻击已成为各地普遍存在的现象，这一事实难道是有巨大的意义吗？英国的反工会法案并非英国特有的措施，它代表着全世界资产阶级对工会的态度。受到资产阶级打击的是共产党和工会，而不是社会党和第二国际，这个事实有其重大意义。我觉得，从这里可以吸取一个非常重要的教训，也就是说，必须把改良主义工会作为一方，把改良主义政党作为另一方，在二者之间加以区别，因为下列事实同样有着不小的意义：进攻目标是指向工会，哪怕是由改良主义领袖领导的工会，但决不是指向改良主义政党。这是一个重要的事实，同样不应忽视。

　　其次，资产阶级不得不采取措施反对工会运动的这一事实说明，工会内部正在逐渐实现革命化过程。这个进程会引起巨大的变化，这种变化将阻碍工会在准备对苏战争方面以及在全面宣战时再扮演过去的那种角色。指出这一点是很重要的。

　　我还觉得，在对国际状况作分析时，不谈红色工会国际、阿姆斯特丹工会国际、美国劳工联合会和太平洋各国工会的状况，不对这整个国际工会运动及其内部的进程提出一个总的看法，那就是在评价资本主义力量和革命力量，即拥护战争和反对战争的两股力量时忽视了一系列因素。依我看，在提纲定稿时应当予以改正。

　　我还想说几句关于另一个被疏忽的问题。英国同志们对提纲中完全不提爱尔兰这一点不可能无动于衷。请你们相信，即使共产国际可以忽视爱尔兰，但英国帝国主义是不会忘掉爱尔兰的。爱尔兰在同英国帝国主义的斗争中曾经起过并且还将起着巨大的作用。不用说，我们可以在总的谈到殖民地国家时也涉及爱尔兰，但是我认为，爱尔兰的状况需要特别提出来，因为共产国际在相当长的时间内对这个国家是不够重视的。我们已经好多年致力于建立爱尔兰共产党，但是，看来它尚不存在，当然，尽管很难相信在爱尔兰国内不具备发展共产党的条件。我们希望这个问题在专门委员会上得到讨论。该是共产国际和英国共产党对此作出某种最后决定的时候了。我们认为共产国际对英国共产党作出明确指示是必要的，这将使英共能够在放手发动那些直接向党靠拢的革命力量方面起到一定的作用。

爱尔兰运动不仅存在于爱尔兰，它在英国也有，但是目前的形势和共产国际与爱尔兰革命力量之间的相互关系妨碍着英国共产党继续自己的工作和不断发展英国的革命势力。我们希望结束这种状况，我要强调，专门委员会应当非常认真地研究这个问题。

爱尔兰革命运动近年来起了重要的作用。它不断地燃起反英的革命火焰。无须怀疑，爱尔兰民族主义反对英国帝国主义的百年斗争可以非常成功地利用来发展那些正在同英国帝国主义进行斗争的力量。

我想代表我们代表团再谈谈美国共产党的问题。我们在代表大会上已经听到了对波共党内派别活动的严厉批评。我们还了解到美国共产党内也有严重的派别斗争。我本人在美国委员会工作过，那里讨论的问题引起了我极大的注意。我很高兴我参加了委员会的工作，这个委员会实际上已消除了美共党内斗争，因为问题涉及的是政治分歧。

我们代表团希望代表大会能考虑到有必要尽一切力量去防止美共党内发生新的派别摩擦。既然我们消除了美国同志间的政治分歧，那么我们就创造了一个有助于统一的紧密团结的党尔后发展的局面。

　　最后，我应当非常满意地指出，提纲内列入了专讲共产国际执行委员会情况的一节和提出了加强共产国际领导的建议。依我看，各国代表团应当对这个问题给予最大的重视。在第五次代表大会以后，我有一年半的时间在共产国际执行委员会担任英国共产党的代表，根据经验我应当直率地说，我们各国党还远远没有掌握国际主义观点，没有认识到自己有义务把共产国际的中央机构变成真正的领导机关。根据经验我可以说，共产国际机构的成员流动性太大，各国党派去的同志只工作一个短时间就又离开了。造成这样一种印象，似乎他们到这里来，只是为了与同志们谈一下他们党所遇到的困难，随后便匆匆地重新回到自己支部的怀抱中去了。世界革命的真正领导权还没有完全集中在共产国际。不仅如此，我觉得最近几个月来，这方面的情况非但没有得到改善，反而更坏了。我请求代表大会的各国代表团讨论这个问题，并清楚地认识到，这是共产国际面临的最重大的问题之一。国际领导应当大大加强，共产国际要成为国际领导机关，而不仅是那些只关心自己问题，在问题解决后便回到自己国家去的党代表们的集会之所。只要这个问题还没有得到满意的解决，我们就不可能在把共产国际变成国际共产党方面取得重大成果。如果各国共产党竭尽全力使共产国际具有真正国际领导机关的性质，那么共产国际必将充满生机，而我们也将成为我们所进行的伟大斗争中的真正动力。我们应当不仅把共产国际看做是解决我们争端的法庭，而且要把它当做我们争取世界革命的斗争中的领袖和领导人。

麦克唐纳（加拿大）：

　　加拿大代表团完全同意布哈林同志对国际形势所作的描述。我们很清楚，加拿大共产党面临的问题与我们一些较大的支部的任务相比，其意义要相对地小一些。然而，由于布哈林同志已经谈到的英国帝国主义和美国帝国主义之间的竞争日益加剧，加拿大在世界总的政治体系中占有重要位置，不久的将来它必然会起到非常重要的作用。

必须指出，在关于加拿大状况的问题上，无论在我们支部，还是在共产国际内，都有很大的摇摆。最初建议我们党采取反对英国资产阶级，其至反对英国王室的斗争策略。按照这一指示，我们应当通过加拿大资产阶级领导人来进行斗争，因为当时把加拿大的资产阶级看做是或多或少受到压迫的资产阶级。可能在 1924 年这样做是对的，但是，加拿大资产阶级最近时期的行为迫使我们改变了政治路线。现在应当把加拿大资产阶级列入英国帝国主义的政治同盟者一伙。

在我谈到加拿大必将在经济上和政治上起到非常重要作用的时候，我指的是以下情况：在上一次大战期间，加拿大提供了一支 40 多万人的装备精良的军队。加拿大拥有巨大的金属资源。且不说黄金，它拥有丰富的锡、铜、锌的矿藏，提供的镍占世界总开采量的 90%。向这个工业投资的是蒙德控制的英国资本（最近几个月以来，我们听到很多关于蒙德主义的话）。布哈林同志已经指出，加拿大把自己的经济利益越来越同美国拴在一起。他又指出，不仅加拿大，而且还有澳大利亚也同美国帝国主义勾结得越来越紧密，美国帝国主义在加拿大的霸权已经有了保证。然而，在某些方面情况毕竟不是那样简单：尽管美国在加拿大的投资达到了 30 亿美元，占美国在国外的资本总额的 40%，但是，英国资本仍然在加拿大继续起到重要作用。不过重要的不仅是这后一种情况。重要的是，尽管英国帝国主义在加拿大的经济地位比较软弱（无疑这是由于英国帝国主义总的实力软弱的缘故），但是英国帝国主义依靠其到处密布的帝国组织网，仍然起到极其反动的作用。在加拿大存在着诸如"不列颠帝国之女"、"帝国之子"之类的组织（这是一种广泛的学生军训组织），为此常常有一些英国帝国主义的密使打着"帝国代表团"的幌子从英国来到这里。英国帝国主义在这里深深地扎下了根，甚至渗透到学校的教学大纲中去，毫无疑问，一旦英国同苏联，或者同美国发生战争，加拿大资本主义的内部矛盾将使加拿大发生严重的政府危机。尽管加拿大自由党政府采取了有利于加拿大"独立"的一系列措施，然而加拿大资产阶级被内部矛盾搞得分崩离析，根本不可能找到实现加拿大完全独立的正确路线。在讨论洛桑条约期间，麦肯齐·金声称，加拿大资产阶级应当从三条道路中选择一条：或者是完全独立；或者是并入美国；或者是走向民族独立的道路并在帝国内部逐步取得完全的独立。然而，尽管在签署凡尔赛条约以后采取了一系列步骤，如：要求在道威斯委员会内有加拿大单独的代表席位，独立自主地与各国签订条约和实行独立的外交政策，任命加拿大驻华盛顿公使，不久前决定任命本国的驻日公使和驻法公使——尽管实行了这些步骤，应当说，加拿大的自由党总理在自己的讲话中总是反复声明对不列颠帝国的忠诚，并且说加拿大将继续实行他称之为旨在加强不列颠帝国本身的政策。

必须指出，加拿大甚至在太平洋也必定会起到重要作用。加拿大西部港口的航运现在已比东部更加繁忙。任命加拿大驻日公使一事证明，这是比加拿大资产阶级所作的一般姿态更为重大的行动。1926 年加拿大对中国和日本的出口超过 6100 万美元，比 1925 年增加了百分之百。

上述种种使加拿大代表团不得不强调指出，尽管爱尔兰、加拿大、南非联邦和澳大利亚的问题当然不如中国、印度、埃及和其他被压迫国家的问题那样意义重大，但是前几个国家中资本主义的发展和这些国家在国际政治中所占的重要位置，应当促使共产国际即使不是现在，至少也在殖民地问题委员会里，指出比迄今为止更加明确的路线，以便所谓自治领地的各个国家内的共产党进行工作。

在加拿大资本主义的发展史上明显地表现出布哈林同志所说的三个时期。布哈林同志指出，我们现在已经不可能单纯地讨论某一个别国家的危机，而应当与世界资本主义总的形势联系起来看待它。最近几年，加拿大资本主义的发展不仅是相对的，而且是绝对的。1921—1924 年，加拿大工业的发展还落后于美国工业的发展，但是在美国经济萧条时期，加拿大的资本主义开始繁荣起来。

我的时间太少了，因此不可能引证许多事实和数字，但是我仍应指出其中的一部分。与1919—1924年时期相比，工人就业指数现在是105。加拿大工业部门的工人现在比加拿大资本主义历史上任何时候都要多。与此同时，加拿大也出现经常的失业现象：在1921年危机期间，加拿大工人总数的25%，即大约有20万人是失业者。目前，按最低统计数字，也有10万人失业。加拿大自由党政府在听取专门委员会的报告以后，恰恰是在并非经济危机时期，而相反地是在加拿大资本主义最繁荣的现在，不得不研究失业问题。

加拿大对英国的贸易不断下降。目前，加拿大从英国的输入只占加拿大进口总额的16.7%，即使把从大英帝国所有地区的输入计算在内，也只能达到22.3%。加拿大向大英帝国各地区的输出仅占加拿大出口总额的39.5%——这无疑是相当大的比重，但毕竟是在下降。从美国的输入达到加拿大全部进口的65%，而向美国的输出达到出口总额的38.5%。在炼钢和采矿工业（煤和金属的开采），以及纺织和化学工业都取得了巨大成绩。在这方面，合理化起了很大作用。最近几年成立了30家大型托拉斯。目前在加拿大一共只有11家银行。银行联合会近几年来取得了极大的成就。两家加拿大银行所拥有的资本相当于其余所有银行资本的总和。

加拿大工人的平均劳动生产率与1917年相比增加了40%。1917年的电能每个工人平均可有5.2马力，而现在每个工人可有10马力。

在结束我关于加拿大经济状况的意见以前，我还想再谈几句布哈林同志已经涉及的问题，即关于国家资本主义问题和国家是怎样收买社会民主党人的。国家资本主义对加拿大资本主义来说不是一件新鲜事。从电力工业一开始出现之时起，电能就已经被政府、国家监督下的公共委员会，以及各省市当局所掌握。本国的铁路属加拿大资产阶级所有，资产阶级通过政府的委员会行使自己对铁路的权利。

他们对工会上层进行了收买（我之所以说工会上层，是因为社会民主党人还未能建立自己的政治组织）。加拿大工联代表大会是美国劳工联合会代表大会人数最多的一个组织，拥有在铁路、建筑业等受保护部门内工作的工人 14 万人，加拿大工联代表大会主席是加拿大政府铁路的经理。代表大会的秘书是加拿大政府官方出版社的社长。不仅如此，在最近 10 年中，找不到一位劳工部长在未被任命担任部长职务前不是著名的工会官员。并且由于国家经常干预工业部门的冲突，这个劳工部长职位就具有越来越大的意义。

所有这一切表明，布哈林同志作的分析对加拿大完全确切。加拿大共产党的工作特别艰巨。我们在同英国帝国主义的斗争中首先提出了加拿大独立的口号。当然，加拿大不能算是殖民地，但是严格说来，也不能算是独立的国家。诚然，加拿大在外交方面越来越多地独立行事。在英埃冲突期间，它要求从条约草案上除去它的签名。在与苏联断绝关系的问题上，加拿大虽然跟着英国帝国主义行事，但是麦肯齐·金却说什么，加拿大政府是由于本身准备承担风险才这样做的，它根本不是在这方面仿效英国，而是从某个时候起自己就已经打算与苏联断交了。尽管这样，由于英属北美领地法的制订，目前加拿大仍然与英国帝国主义有联系。加拿大工人提出的社会要求与这一法令的生效密切有关，因为这个法令明显地、确切地把加拿大联邦政府和各省政府之间的行政权和立法权区分开来。

这项关于英属北美领地的法令保证了加拿大参议院的存在。它不是选举产生的机关，而是由经过任命的议员组成的，并且这些至关重大的任命也受到这项法令的保证。

我们不止一次地听到，"独立的加拿大"的口号没有实际的内容，因为加拿大资产阶级不是受压迫的资产阶级。我们很乐意承认是这样。但是，与此同时，加拿大资产阶级的政策和它同帝国主义的合作，以及共产党为争取社会立法，如失业保险法、老年救济金法、最低工资法，等等，与资产阶级和帝国主义进行的一切斗争——所有这些都与废除英属北美领地法的问题密切有关。这项法令是维系加拿大与英国帝国主义的纽带。我们不得不与美国帝国主义在美国劳工联合会工会官僚中的代理人进行斗争。既然这涉及工会运动，我们就提出了加拿大完全独立的口号。这个步骤无疑地使党处于困难的境地，因为加拿大大多数有组织的工人都参加了美国劳工联合会。针对我们的党发起了一个强大的运动，直到把共产党人开除出工会。对我们来说，重要的问题是联合未参加组织的工人。这样的工人共有 20 万。属于炼钢、采矿、纺织、木器和造纸工业。在汽车工业也有大量非组织工人，不久前我们已着手去联合他们。有时我感到，在对待关于组织非组织工人的可能性的问题上，我们的视野过于狭窄。

我们认为，美国劳工联合会的官僚们不会去联合加拿大和美国未参加组织的工人，而这是共产党或工会左派工作人员应当去做的。我们似乎确信，只要我们不着手去做，这些工人将始终处于组织之外，而美国劳工联合会也不会去做把他们组织起来的任何尝试。然而，必须指出，如果说美国劳工联合会并不想把非组织工人吸收到工会中去，因为这些工人是潜在的革命力量，但它仍然会试图把加拿大汽车工业的工人组织起来，并且无疑地也会努力加强对美国汽车工业工人的影响。既然我们承认有必要去组织工人，那就不应自己欺骗自己，期望美国劳工联合会在加拿大有所作为；也不要一直等到自己认为适宜动手做这项工作之时。

在我们同帝国主义的斗争中，我们不得不一方面同美国帝国主义在工会方面发生冲突，另一方面同英国帝国主义及其近年来对加拿大的大量宣传进行交锋。

有一个明显的例子：加拿大的法裔居民，人数超过了 200 万，在上一次大战期间起过重要作用。魁北克省曾经是那些希望逃避应征者的天堂。曾经对加拿大法裔工人进行过兵役登记，但根本拿他们毫无办法，因为他们烧掉了登记处。然而，目前为了使英国帝国主义深入到加拿大青年中去而实行的所谓武备（军训）制度，恰恰是在魁北克——加拿大的法兰西族省份，比加拿大的其他任何省都扎根得更深。安大略省被认为是英国帝国主义的中心和心脏，而且这个省的工人阶级人数比魁北克省多，尽管如此，但是英国帝国主义关注的却是在魁北克加强和扩大武备运动。这样一来，该省在保卫大英帝国方面就表现出比所谓"忠诚的"安大略省具有更大的积极性。

再重复一遍：一旦英国同苏联或者同美国作战，加拿大都将发生严重的政府危机。关于保卫苏联的问题，不久将派出第一个加拿大工人代表团或工会代表团到苏联去。在组织援助饥民期间，有相当大的一笔钱正是在加拿大工人中募集到的，这使我们有理由期望，我们一定能够顺利地开展一场在加拿大和苏联工人之间建立联系的运动。可以通过组织苏联之友协会和派遣工人和工会代表团到苏联去的办法来达到这一目的。我们不仅以此来巩固相互的联系，而且要发动加拿大群众来保卫苏联。

加拿大共产党有很多弱点，对此现在就无须再说了，因为无论是共产国际，还是加拿大共产党本身，都完全清楚这些弱点。但是，我们期望，我们将来能够在世界共产主义运动中和共产国际内部起到越来越大的作用。我们期望，较小的党的问题将得到比迄今为止更多的关注。不用说，共产国际无论对资本主义国家，还是对自己的支部，都是按照其重要性来区分的。当我们来代表大会的时候，我们就很好地了解了这一点。然而，帝国主义阵营内部的矛盾正在加剧，特别是在加拿大，这种矛盾尤其尖锐。面对着日益增强的竞争必将导致英美帝国主义之间发生冲突的这种形势，我们应当认识到，加拿大、澳大利亚和其他自治领都将起到重要的作用。我们应当比过去更多地注意这些问题，使我们这个不大的支部能够按照列宁主义精神工作，并无愧于共产国际支部的这一称号。

邦廷（南非）：

我注意到，在讨论布哈林同志的报告时，每个发言的人都说："对我们不够重视"。显然，我们不得不代表南非也说这同样的话，因为我们认为我们的事业是重要的。非洲是一个有 1.2 亿人口的大陆。我不可能谈许多关于非洲更多地区的情况，而只是试图说明一下南非被奴役的种族的社会组成。确实，我们应当说，在布哈林同志的讲话以及共产国际的文献中总的来说表现出对这些种族的漠视。理论上我们都懂得殖民地运动的重要性，关于这一点现在我就不说了。至于南非无产阶级的意义，我同意福特同志的意见，即共产国际由于轻视黑人无产阶级的作用而犯了极大的错误。要知道，归根到底殖民地群众的战斗力在很大程度上取决于该殖民地的工人阶级。尤其是在像我们这样的国家，土著居民的斗争目前还不可能导致武装起义。这就是说，他们应当依靠自己的经济武器——罢工和进行政治斗争，现在很难指望比这做得更多的了。不过正是在经济罢工方面，南非无产阶级大概同印度无产阶级一样，表现出非常大的积极性和毅力。

不用说，非洲和甚至南非的大部分黑人居民不是无产阶级，同大多数其他国家一样，居民中农民的人数多于无产阶级。但是不管怎样，在非洲，遭受剥削的居民人数要比可以严格地称之为工人阶级的那一部分多得多。在西非，形式上自由的农民也受到剥削，因为他们从事橡胶收割工作。在南非，我们人数众多的农民为矿场和其他大工业部门以及为农场提供了工人。这样，这些农民部分地从事农业，部分地以当工人来挣钱谋生，因此南非的工人阶级实际上范围很广，斗争时，作为土著居民人数最多的一部分，他们当然地参加了斗争。

　　既然说帝国主义确实是靠殖民地来养肥自己的，既然说帝国主义力量正是建立在殖民地的基础之上，殖民地是它的主要支柱，为它提供超额利润，并使它能够把在本土已经不可能取得足够利润的资本分布到各殖民地，那么，创造这种利润的工人阶级应当也有同样重要的意义。在我们殖民地，同其他殖民地一样，有着规模很大的资本主义企业。南非采金工业是第一流的资本主义工业，对资本主义具有极为重要的作用，尤其是在战争期间。关于黄金的开采情况，决不能说它是"落后的工业"；相反的，它达到了高度的发展阶段。我们这里同样有制铁和炼钢工业，以及各种各样的其他大型企业。你们可以看得出，我们国家并不是一个中世纪的、封建的农民国家。因此我们工人阶级的力量具有巨大意义。我不知道，能不能把工人运动中殖民地的部分看做是最重要的一部分，但是我觉得，它无疑是推翻资本主义政权的非常重要的武器。除此以外，殖民地工人的劳动在使宗主国形成失业大军方面起到很大作用。造成失业的原因很多，但其中之一是一系列工业企业由宗主国迁移到殖民地去。毫无疑问，这是资本主义国家失业人数增多的原因之一。不管怎样，我们的"不文明的"工人（这是有人对我们这里工人的贬称）在对资本主义的进攻中所起的作用，可能并不小于比如美国那样的高度文明的工人。

　　当然，南非民族主义工人中进行的运动还只处于襁褓时期，但这是一个健康茁壮的婴儿，他正在迅速成长，并乐意接受我们的宣传。我们的黑人工人是真正的典型的无产阶级，无愧于工人称号，比任何人也毫不逊色。尽管我们的工人与农民是联系在一起的。尽管他们作为被奴役的种族，处境特别艰难，然而我敢说，他们是真正的无产阶级，不比世界上所有其他工人逊色的典型的无产阶级。他们遭到惊人的剥削。在我们非洲，主仆之间、雇主与工人之间、剥削者与被剥削者之间的关系是这些关系的最典型的例子。约翰内斯堡的第一次黑人罢工是从事最龌龊、最受鄙视的"卡夫尔人"① 劳动的黑人清洁工所举行的罢工。在约翰内斯堡有我们为黑人举办的一所学校，在那里我们用《共产党宣言》作为教材，工人们——一些从工厂、矿场和作坊来的真正工人就按照这份教材进行学习来提高自己。我们学习了《共产党宣言》中对资本主义和无产阶级的表述，我们的学员在认真研究了所学的内容和经过认真讨论之后，总是同意宣言中提出的每一个最细小的问题，认为对这些问题的阐述都是多么地适合于他们自己。他们说："我们也是这样地成了工人，我们同样地被赶出我们的土地和被赶到工业劳动市场，我们同样地失去了家庭生活、财富和文明的生存条件，等等"——同欧洲历史上发生过的完全一样。此外，黑人工人比欧洲工人还有一个优越性，即他们没有受到小资产阶级和帝国主义思想的污染（除外来的宗教外），所有这一切在很大程度上促进了他们的革命化。确实如此，我们在南非成立的一些工联已申请加入红色工会国际。诚然，以往曾经是南非庞大的黑人工会的工商业职员工会投靠了阿姆斯特丹工会国际。但是，共产党发现了这个工会由于修正主义的领导已经与我无益，便决定组织新的工联，这些新的组织已在罢工火焰中经过了战斗洗礼，并且正如我所指出的，正在申请加入红色工会国际。

我声明，共产国际对殖民地群众这方面的活动简直太少关注了。在共产国际纲领草案中我读到了一条论点，根据这个论点，现在有两支主要革命力量：宗主国的"无产阶级"和殖民地的"群众"。请允许我对这样过于笼统的划分表示抗议。我们国家的工人不仅仅是"群众"，他们同其他国家的优秀无产者一样，也是真正的无产者。纲领草案中规定殖民地只要完成一项任务——举行反帝起义。这一切很好，但是我应当

---

① 南非操班图语的居民。——译者注

说，在我们南非曾经发生过的唯一的一次民族运动不是黑种工人进行的，而是荷兰民族主义者发起的。荷兰民族主义者得到自己的一份好处后，现在已与英国和好：他们同意了那些许诺他们徒有其名地实行独立的陈词滥调，因此对他们不可能再寄予特别的希望了。当然，如果南非继续开展民族运动，那很好。但是，如果开展工人阶级运动，我们就可以取得更大的成就。难道一定要说，所有殖民地不管它们各自的特殊条件，都只能起同样的功用，也就是一定要说反帝起义是殖民地的唯一任务，这才是正确的吗？那又怎样来看待殖民地的无产阶级呢，为什么他们的作用要受到这样的限制？无论在纲领草案中，还是在布哈林同志的讲话中，都没有提到殖民地的无产阶级本身，也没有谈到这些殖民地工人的阶级力量。有人认为，作为一个阶级来说，他们将始终是消极的。

有一次在同一位英共党员同志的谈话中，我曾经发表过现在我在这个讲台上所谈的观点，他回答我说："你们怎么可以这样说呢？请你们回想一下英国工人阶级在对待资本主义、解决组织问题等方面的多年经验。要知道所有这些你们都没有。"这我完全同意。但是要知道，我们正在遭受资本主义制度下最残酷的剥削，我们充满着战斗精神和斗争决心。那还需要什么呢？我们没有预料到资本主义在我们这里会得到发展；它自己突然出现，它来时"全副武装"，已经处于高度发展阶段。

对欧洲"无产阶级"和殖民地"群众"所作的这种区别，难道不是我们的"工人贵族"对黑种工人所持态度的准确的再版吗？白种工人的种族"偏见"不在于他一定要杀死黑皮肤的人，而在于他不把后者当做自己的工人同志，而看做是当地"群众"的一员。我们共产党宣布了并且证明了，黑人工人同一切其他工人一样也是无产者。我在这里要向共产国际强调这一点。如果你们把黑人也看做是工人，是无产者，你们就必须完全改变你们对现状的看法。我们应当摆脱这种隐蔽的种族偏见，摆脱"在白人与黑人之间的界线"。如果你们愿意，你们可以把黑人工人称做粗野的、落后的、无知的、退化的，如果愿意，还可以称做野蛮人。他们中的大部分人的确不会读，不会写，但是他们工作，他们创造利润，他们正在组织起来，并将进行斗争。他们占居民的绝大多数，未来是属于他们的。殖民地的无产阶级将成为不仅是殖民地的，而且是全世界的统治阶级。在我们今后的代表大会上，我们将看到非欧洲国家的代表不是仅占2%或3%不到，而是占80%或90%，也就是达到真正与殖民地整个工人阶级力量相适应的那个数量。

我应当说，在对待殖民地工人群众的问题上，红色工会国际似乎比共产国际更为正确。它能考虑实际情况，号召殖民地工人加入红色工会国际的队伍，即作为工人而参加工会组织。

共产国际好像是一根世界链条，而链条的坚固与否是由它最弱一环的坚固性所决定的。像我们这样一些小党也是链条中的一环。目前对我们的这种态度不会加强，而相反地，将会减少我们的作用。既然我们这些党的力量是软弱的，那就应当加强它们。必须改善联系。当你们了解到，大约六个月前我们是处于五六年没有收到共产国际一封信（除通报外）的状态时，你们也许会感到惊奇。我觉得，应当立即重视此事。不管怎样，我们还是请求把我们看做是工人群众的代表，而不要把我们当做非亲生子，当做某些未定型的"群众"的代表。当我来到这里以后，共产国际有一位积极的工作人员对我说，"我们要对你们进行攻击"。我应当说，这是相当拙劣的接待方法，而被接待的这些代表是由绝大多数成员为黑人工人组成的党所派出的。对这个党的代表们采取这种手段，并且在尚未进行某个问题的讨论之前就向他们宣布，说什么"我们要对你们进行攻击"，这是非常奇怪的事。我们到这里来，是为了共同讨论怎样相互加强自己的力量。同志们，我应当说，在我们党内，不管我们之间存在着什么样的分歧，我们是不会这样互相对待的。

我们认为，必须改善共产国际各种不同支部之间的联系。我想以几

次罢工为例来表明，这种联系的不能令人满意已达到了何种程度。大约
三四年前，南非举行了一次海员罢工，这次罢工局部地波及澳大利亚，
甚至在一定程度上波及英国，并且我们在这次罢工中起了领导作用。但
是实际上，我们不仅同共产国际，甚至同英国共产党都未能建立联系。
我们认为，必须改善各党之间的直接联系，这种联系就像共产国际执行
委员会与共产国际各支部之间的联系那样，也是必需的。我完全同意墨
菲同志所说的，不应把事情看做是似乎各国党来到共产国际代表大会的
目的，只是为了每个党不管其他党怎样都要单独地作一次忏悔。我们到
这里来首先是为了在各国党之间建立密切的联系。共产国际——这就是
指我们，指各国共产党，正如墨菲同志正确指出的那样，是我们——共
产国际各支部——担负着建立世界革命领导力量的任务。但是直到目前
为止，在完成这项任务方面做得很少，在我们面前有着大展宏图的广阔
天地。

　　除此以外，还需要说的是，必须非常仔细地研究非洲状况。来自整
个辽阔的非洲出席这次代表大会的，只有一个南非共产党。在我参加的
上次代表大会上曾有埃及的代表，从那时起似乎常有西非代表参加。非
洲是一个非常广阔，但还很少被我们研究的地区。南非的状况显然不同
于这个大陆其他部分的情况。由于本国的政治气氛，南非是所谓的"白
种人的国家"。白人不仅作为殖民主义者、土地所有者或官员可以生活
并确实生活在这里，而且作为各个阶级都有其代表的整个民族生活在这
里，这个民族在好几百年前就已经定居在那里，他们的祖先是荷兰人和
英国人。

　　其他殖民地同样有其不同的条件，需要更深入地加以研究。例如，
在两种资本主义管理方法之间存在着差异：一种是英国官员的管理方法，
这些官员只是在任期内留在殖民地，并且与当地居民毫无共同之点；另
一种是法国的管理方法，更确切地说是强迫当地居民同化的方法。在

"东部"与"西部"的两种管理方法之间同样存在着差异：一种是剥夺土著居民的土地，另一种是把居民固定在自己的土地上。共产国际应当比现在认真得多地研究所有这些问题。我希望，在下一次代表大会上将有各个非洲国家——从北到南，从东到西——的代表参加，他们必将比我们更好地阐述非洲全体居民的需要。我们还看到一种惊人的无知现象。例如前几天有人在这里就我们黑人的情况向我问道："他们是不是荷兰人？"不久前在《国际新闻通讯》上出现了关于南非的一篇令人目瞪口呆的文章，对这种文章还不如称之为奇谈。它完全是用对这个殖民地状况的假报道编成的。这样的东西将会玷污我们正式的机关报，如果可以这样称呼这家报刊的话。诚然，可能有人回答我们说："为什么你们自己不寄去一些优秀的文章？"问题在于我们从前是寄去过文章的，但是我们现在很忙，我们从事这项工作的人太少了。要知道，我们的无产阶级，尽管我已经说过它有种种优点，但大部分人是没有文化的。由于这一切应该原谅我们。不过，对这个问题必须加以研究。

但是，在对殖民地群众给予应有的重视的同时，我们不应忘记非洲白种工人的成就。他们举行了革命大罢工，我觉得，他们有能力再一次举行这样的罢工。无论前者，还是后者，他们都能够为削弱英国帝国主义作出很多贡献。

我们南非共产党现在是各国共产党链条中宝贵的一环。如果我们党得到巩固和发展，如果对待我们的态度像我们应该得到的那样，那么我们可以期望成为这个链条中强有力的一环，并因此能够利用由于我们这样的国家是帝国主义体系中的薄弱点而出现的状况。我们将能够在削弱和消灭资本主义的一个环节中起到很大的作用——完成《共产国际》第一辑的脍炙人口的封面所表示的事业：在这个封面上绘有一条锁链，它绑住了整个地球，但是其中俄国的一环已经被斩断了。

（会议休会）

第七次会议

（1928 年 7 月 24 日）

主席：伊列克

讨论布哈林的报告（续）

邓恩（美国）：

我同意布哈林同志提纲的基本路线，并认为有必要强调以下几点：

1. 战争的危险性和反战斗争——这是指美英之间和美日之间战争的危险性；指与帝国主义的斗争，以及保卫苏联和中国革命；

2. 阶级矛盾和阶级斗争激化；

3. 同工会官僚分子和社会民主党积极进行斗争；

4. 集中我们的力量吸收未加入组织的工人参加新的工会，这对美国特别重要；

5. 加强共产党在日常斗争中以及在具有更普遍意义的群众战斗中作为无产阶级领袖的作用；

6. 这个时期的主要危险来自右面，因此必须同右倾趋势和危险进行有力的斗争。

在提纲关于美国的一节中，我建议详细地阐述下列各点：首先是美国资本主义内部矛盾的激化和成熟；对群众剥削的日益增长和群众的左倾变化；资本主义工业发展不平衡的巨大意义；工人斗争准备的不断加强；有利于壮大党的队伍和提高党领导作用的条件日益增多；中央委员会右倾路线的纠正；根据共产国际指示，我们党纠正这条路线的必要性；坚决执行红色工会国际第四次代表大会关于美国的决议；这个时期不应大张旗鼓地开展组织工人党的运动和斗争，这种口号只应作为宣传口号使用；重点应当放在黑人工作和同党内外的白人沙文主义倾向的坚决斗争上；必须在最近期间立即建立地下的秘密机构。最后在起草美国工人运动的这一部分时，主要应从工人运动的危机及由此产生我们党的任务的角度来叙述。

目前形势（这里是指美国）的特点是：使美国帝国主义遭到破坏的各种基本因素以比过去任何时候都更加尖锐的形式表现出来。例如：美国统治阶级公开地准备以武力把自己称霸世界的计划强加给其他各国；对工业和群众加强军国主义化；把全国划分为若干军区；对美国商品的国际竞争加剧；世界市场缩小，国内市场容量减少，生产过程加快实现合理化，目的是把改组工业的负担转嫁给群众。政府比以往任何时候更加赤裸裸地表现为资本家阶级的执行机关。托拉斯化的结果成立了许多资本主义联合企业，这些公司与国家政权一起，甚至在工资和工作时间等问题的次要冲突中共同对付工人。工会官僚分子和社会党领袖彻底放弃了阶级斗争。所有这些因素现在比过去快得多地导致广大群众对美国民主传统的失望，从"永久繁荣"的幻想中清醒过来，不再被工会运动头目、改良主义分子、自由主义者、社会民主党人之流虚假的正直所欺骗。

这些特点预告阶级冲突的加剧和广大群众斗争的发展。我们党应当准备好挑起领导这场战斗的重担。我们应当为此着重指出，美国帝国主义内部矛盾的加剧再加上世界冲突的发展，将使美国统治阶级难以实现其工业扩张，不能像过去那样轻而易举地对工人群众的思想和行动继续实行统治。

美国再也没有空闲的土地，再也不存在劳力的不足（尽管实际上已经暂时停止外来移民），而这两者对加快美国资本主义发展的速度来说，正如马克思、恩格斯和列宁所指的那样，是具有头等重要意义的两个因素。当今技术的日臻完善只能使工人对昨天更加丧失信心。规模不断增大的经常失业现象现在还只是开始。美国帝国主义不得不采取特殊措施以便阻止群众战斗的爆发，如果发生，就进行镇压。为此，我想谈一个我认为在讨论时曾经模糊不清的问题。

指出美国没有群众性的工人阶级政党，这还不是对下述论点的满意回答：即不久的将来我们可以盼到美国群众左倾势力的增长和普遍性群众战斗的发展。不仅有可能，而且很有可能，由于美国的特殊条件，在美国群众性工人政党产生以前就会发生尖锐的革命性大规模战斗。斗争本身会创造出群众性工人政党，而且这些战斗中有许多战斗将在这个党形成之前就爆发。我再重复一遍：只肯定美国不存在工人阶级的群众性政党，并没有回答关于普遍性群众战斗的前景问题。我们党在执行正确路线和正确工作的情况下一定能够领导面临的战斗。

现在谈几点专门性的意见：

为未加入组织的工人建立新的工会问题。我认为，提纲中这个问题应当提得明确、清楚，因为在我们党内不仅对这个问题至今存在着很大的混乱，而且有着一种非常明显的趋势：歪曲把未加入组织的工人组织起来的整个计划和整个纲领，把他们放在从属于现有反动工会的地位。在这里，我要指出在我们官方机关刊物《共产党人》与登载的佩珀的文章。洛佐夫斯基同志在谈到我们党的工会工作时，把它比喻为"卡德里尔舞"。佩珀在回答他时说，这是"查尔斯顿舞"和"扭摆舞"。我不想参与洛佐夫斯基同志和佩珀同志关于他们两人中谁更懂得舞蹈艺术的争论，但是我可以说，佩珀同志在舞蹈方面所用的术语，比他在组织未加入组织工人的问题上使用的术语和他在这一问题上的具体纲领要正确得多。我希望佩珀同志在进一步研究美国条件的情况下同样能掌握我们在重工业部门工作的正确术语，因为我认为"扭摆舞"和"查尔斯顿舞"归根到底应当属于轻工业的比喻。

佩珀同志依靠的是"将有一批批群众加入现有工会"的理论。他在自己的文章中提到这个可能性不下 8 次之多。我认为，对我们在美国组织未加入组织的工人的纲领来说，这个理论应予否定。它不能成为我们开展这个运动中各项工作的准绳。相反的，我们应当把我们的力量集中于在重工业建立新的工会。认为我们运动的基础主要是现有工会的这种看法，完全没有考虑到最近两年来事态的发展和我们党与工会运动中左派取得的经验，依我看这种趋势是右倾。现有工会在成立以后所进行的活动都是旨在反对在重工业部门劳动的大量未经训练的和半熟练的工人。官僚分子拒绝把这些群众组织起来。我们应当把他们组织到新的产业工会去。只有在官僚分子保证不背叛的条件下，我们才能使没有参加组织的工人参加老的工会，但是很明显，官僚分子不会作出这种保证。

再谈第二个问题，即在美国黑人中开展工作的问题。正如提纲中所正确指出的那样，我们党在这方面的工作很差，非常之差，犯有许多严重的错误。最近两年半中没有在黑人中进行过任何重大的活动，至少部分原因是因为对这项工作的意义没有正确的认识。有人说，南方的黑人群众是"资本主义反动势力的广泛的社会预备力量"。这种说法表明，一些领导同志在自己的文章和讲话中暴露出并未真正理解，也未正确评价农业工人和农民作为无产阶级同盟者的作用。在这次代表大会上，我们也看到了这类不正确观点的例子。在红色工会国际的一份通讯刊物《黑人工人》上登载有《黑人战士》编辑约翰·欧文斯的一篇文章。这篇文章取自 1927 年 8 月号《黑人战士》，这份杂志是美国黑人工人代表大会的正式机关刊物，而这个代表大会是我们党影响下的一个组织。这篇文章暴露出最恶劣的小资产阶级趋势。它是向黑人小资产阶级，同样也是向白人资产阶级的投降书，表达了惠特曼同志、菲利普斯同志和中央委员会其他拥护者起草的声明中所包含的同一趋势。在这份声明中，他们要求取消反对私刑杀人以及反对对黑人采取不平等待遇的斗争。我们在这里看到的确实是向黑人和白人小资产阶级的投降行为，是取消反对种族特权的斗争。这样的趋势必须最坚决地予以制止。

为此我就南非代表的发言讲几句。这是社会民主党式的发言，我认为，代表大会应当注意到"南非是白种人的国家"之类的说法。我认为，代表大会对这位同志只能给予谴责。殖民地人民，特别是千百万黑人工人和农民应当知道，共产国际代表大会现在和将来都不会允许在这个讲台上发表这样的讲话。

现在说几句关于美国共产党党内斗争的问题。英国同志在提到美国共产党党内斗争时，殷勤地建议采用他们为消灭派别斗争而提出的传统口号。他们的口号是："让每个人回家去从事自己的工作"。（喊声："你们听听，你们听听！"）这个口号像一切老生常谈一样，是不错的，但是，在采用它五六年以后，在主要的政治分歧上斗争仍未停止，我们不得不作出结论：必须有某种更好的办法。我们当然欢迎我们英国同志的支持，正如欢迎所有其他兄弟党的支持一样，我们也准备在将来去帮助英国共产党，在他们发生同样的派别分歧时帮助它解决好这些分歧。（笑声）

最后，我认为我们党的危险来自右倾。许多同志都犯了右的错误，但是共产国际的习惯做法是保护这些错误。自我批评成了开玩笑。我们认为，现在有着强烈的右倾趋势，它表现在我们党中央委员会的右倾政策中。在工人党的问题上，在反帝工作、黑人工作、工会工作等所有的群众工作中，都犯了右的错误。这些右倾势头是个威胁，特别在战争危险成为世界局势的决定性因素的目前时刻，威胁更大。坚决执行提纲中指出的路线，实现红色工会国际第四次代表大会通过的美国问题决议，特别是关于组织未加入组织的工人的那一部分，进行消除战争危险的顽强斗争，根据共产国际的路线调动党的一切力量参加群众性战斗——所有这一切在最近时期将保证党得到群众的拥护；所有这一切将帮助党出色地领导规模越来越大的战斗。当美国的群众组织起来并开始反抗美国帝国主义的压迫时，这些战斗是一定会随之发生的。

奥尔布里希同志代表德国红色前线战士同盟代表团向代表大会致贺词。

当代表团在主席台上出现时，全体与会人员热烈欢呼："同志们，向你们致敬！红色阵线万岁！"

红色前线战士同盟代表团向欢迎者回报以三声高呼："红色阵线，红色阵线，红色阵线！"

奥尔布里希（德国）：

同志们，德国红色前线战士同盟代表团应北高加索各工会的邀请，将继续自己的旅程到南方去。代表团受红色前线战士同盟的委托向世界革命的总参谋部致以兄弟般的革命敬礼。你们大家都熟悉在同法西斯主义和帝国主义战争作斗争中诞生的德国红色前线战士同盟的活动情况。四年来我们动员了大量的工人群众参加对帝国主义战争进行战斗的阵线。现在第六次代表大会的中心问题是为消除帝国主义的战争危险而斗争。德国红色前线战士同盟认真地注视着第六次代表大会提出的所有关于反对帝国主义战争的斗争和策略问题。去年，我们亲自经历了红色前线战士同盟组织的几次大规模示威游行。在去年第三次全德集会期间，数十万盟员第一次宣誓"时刻准备保卫苏维埃"。他们清楚地认识到，当前，为消除帝国主义战争危险和反对帝国主义而进行的斗争要求加强保卫苏维埃的斗争。几个月前，我们得到了资产阶级对我们的革命反战活动的回答。资产阶级的前届政府便已打算取缔红色前线战士同盟。你们根据报纸的报道可以知道，我们举行了多么声势浩大的抗议运动，动员了多么庞大的群众来对抗这种以取缔进行的威胁，你们同样知道，资产阶级在这以后终于未敢解散红色前线战士同盟。

我们在转达红色阵线向第六次代表大会的祝贺的同时，还要指出，消除帝国主义战争危险的斗争应当像过去一样仍然是革命运动所注意的中心问题。我们已经亲眼目睹日本武装干涉中国。而且我们同样看到，德国资产阶级在社会民主党领袖的帮助和积极支持下奉行了一项强硬的帝国主义方针。

社会民主党参加了联合政府。在它的领导下仍然执行着资产阶级集团老的方针。国内的帝国主义阵线一如既往地向德国共产主义运动进攻。这是一项分裂群众组织、把革命力量从其中排除出去的方针。在社会民主党的支持下，军备不断加强，改良主义分子正在实行一条最恶毒的共和民族主义路线。例如，在今年的红色前线战士同盟示威游行期间，社会民主党宣布说：当他们社会民主党人主张建设德意志共和国和保卫德意志祖国的时候，共产党人却迫使自己的成员向苏俄宣誓效忠，并以未来美好生活的许诺来安慰他们。

社会民主党正在用这些方法驱使工人阶级做好战争准备。这一切更加促使红色前线战士同盟在共产党的领导下，因而也是在共产国际的领导下，为保卫苏联而进行反对帝国主义战争的斗争。红色前线战士同盟代表团清楚地认识到自己的任务，现在向世界各国共产党的代表们庄严保证：

在反对法西斯主义和帝国主义战争的斗争中成长起来的红色前线战士同盟，将团结一致、齐心协力地继续自己的斗争。我们受 20 万红色前线战士同盟和红色青年突击队的委托向你们转告红色前线战士同盟盟员保卫苏联和反对帝国主义战争的活动情况。我们在把这一情况转告第六次世界代表大会主席团的时候，保证不仅在帝国主义战争爆发时进行反战斗争，而且为了回答帝国主义分子所进行的战争准备，现在正竭尽全力争取社会民主党的工人群众站到革命的反帝阵线一边来。我们保证，在共产党的领导下，在共产国际的领导下，我们将在所有企业、所有群众组织内日复一日地开展革命活动，我们工作的目的是要在德国和全世界胜利地实现无产阶级革命。我们以协会的革命号召来巩固我们的誓言，这个号召已经成为德国所有革命无产者的战斗号召，它就是"红色阵线！红色阵线！红色阵线！"（热烈鼓掌）

加香（法国）：

同志们，主席团认为有责任对我们红色前线战士同盟同志们的祝贺致谢。我们大家非常高兴地听到，德国资产阶级伙同社会民主党企图破坏红色阵线组织的最近一切尝试遭到了可耻的失败。

前线战士同盟的代表们来到我们这里出席大会具有深刻的象征意义。他们建立的红色阵线正在日益巩固。处于红色阵线首要地位的是苏联的红军，跟随红军前进的有我们德国同志的强大组织，以及我们各国共产党的所有战斗组织。

让国际资产阶级不抱任何幻想吧，因为红色阵线不会止步不前，它已经渗入到资产阶级自身的陆军中去，它同时也在向帝国主义的海军内部渗透。

同志们，当帝国主义分子由于进一步扩张的需要而再度发动战争时（这场战争正在临近，战争的阴影已经投射到我们的地平线上），他们很快就会相信，他们的事情不会像 1914 年那样顺利。红色阵线已经成立，世界各国人民从俄军堑壕中首次听到的握手言欢，对世界无产阶级来说不再是空洞的言词，它已在全世界工人的心灵深处得到了反响。由于彭加勒的鲁尔远征，由于对中国的进军，由于摩洛哥的战争，"握手言欢"这个词就具有了生动的现实意义。早在 1919 年，这个词就曾鼓舞法国派到里海的分舰队的光荣水兵奋起斗争。

同志们，我们在此地集会的目的，不是为了制订遥远将来的计划，我们从世界各地来此，是为了解决工人阶级面临的最迫切的问题，其中最主要、最紧急的一个问题，就是防止发生我们红色前线战士同盟的同志刚刚所谈到的那种威胁着我们的战争。

共产国际第六次代表大会应当给无产阶级发出指示做好应付灾难的准备，到那时一切将取决于你们每一个人，到那时要求我们每一个人都拿出全部力量，直到献出自己的生命，使这次通过的决议在各地都得到彻底的贯彻，并使资产阶级和整个世界帝国主义都感到心惊胆战。

资产阶级和国际帝国主义现在十分惊慌。资产阶级知道共产国际的力量，它认识到，它不可能摧毁苏联的实力，一旦它侵犯苏联，所有劳动群众（社会民主党工人也不除外，我们将帮助他们摆脱其领袖的不幸控制）都将万众一心地奋起斗争，给资产阶级旧世界以最后的致命一击！

同志们，德国红色前线战士同盟的同志出席我们代表大会的意义就在于此。我们法国人和德国人，过去有个时期曾经是我们两国工人互相拼杀的见证人，我们应当特别重视德国同志的号召，我们应当共同宣誓，决不让 1914 年事件重演，我们这一方面可以保证，法国无产阶级同样满怀决心建立红色阵线和同全世界工人兄弟般地团结起来。

同志们，这就是我们在这里欢迎德国工人们所要说的话，我相信，当我同我们德国朋友红色前线战士兄弟般握手的时候，我表达了所有与会者的共同感觉和激情。（热烈鼓掌）

伊万诺夫同志代表军事经济工作者向代表大会致贺词：我们注视着西方资本家的每一步行动，他们正在准备进行新的毁灭性的更大战争。

我们也注视着我们西方和东方兄弟共产党的每一个斗争步骤，我们为它们的失败而悲痛，也为它们的胜利而高兴。我们完全支持我国共产党和苏维埃政权的和平政策。如果把战争强加给我们，那么我们将在各地采取各种措施向我们英勇的红军提供一切，使红色后方与红色前线构成一个整体。（鼓掌）与此同时，我们将做我们力所能及的一切，把这场资本主义战争变成国内战争。

斯图尔特（英国）：

为了答谢那些曾经进行和保卫过革命的同志们的祝贺，我们代表大会不仅应对苏联工人和农民在共产党和久经考验的红军领导下取得的巨大胜利，而且应对苏联无产阶级及其光荣的红军在最近10年来全力捍卫革命成果，表示全世界无产阶级的谢忱。

我们欢迎德国红色前线战士同盟和红军代表的声明，并且高兴地、满怀希望地期待在革命热情和积极性方面还落后于苏联的各资本主义大国的无产者能以联共（布）为榜样，表现出坚强的勇气和不可动摇的沿着红军道路前进的决心。正是红军把苏联变成了世界革命的中心和堡垒，变成了全世界被奴役的、被剥夺一切权利的和受压迫的各国人民的希望。

伟大的荣誉属于共产国际，因为革命的红军把自己置于共产国际的领导之下。我们根据经验知道，这些无畏的战士在共产国际面临的大会战中决不会胆怯和退却，他们一定会在推翻世界资产阶级的斗争中占据自己应有的阵地。

因此，我代表共产国际第六次代表大会欢呼：

祝苏联红军朝气蓬勃，日益坚强，不断壮大！（热烈鼓掌）

雷梅尔宣读柏林革命工人的贺电："柏林50万革命工人向第六次世

界代表大会致以热烈的革命敬礼。正如德国共产党是德国无产阶级广大群众的领导者一样，共产国际是全世界无产阶级的领袖。"

拉贾（印度）：

我代表印度代表团欢迎布哈林同志提出的提纲。虽然我必须承认，这个提纲还存在着错误和缺点，特别是在涉及印度问题的部分。

首先，布哈林同志谈到，英国帝国主义的政策阻碍着印度资本家所实现的印度工业的发展，但他却完全没有指出英国政府在战争期间和战后立即开始实施的新的工业化政策。上述说法不完全对，提纲的有关部分应当仔细研究，因为既然采用编年法，那么对工业发展的阻碍是在实行工业化政策以后发生的。

其次，布哈林同志没有提到英国政府新的农业政策，这项政策的任务是实现农业机器化和采用现代耕作法，目的是发展资本主义的农业生产方法，建立富农阶级，以便最终提高农村购买力。

第三，他在提纲中完全没有提到，在印度不同的省内存在有数个工农政党，尽管不能否认，这些政党迄今为止曾是工人同资产阶级进行斗争的组织者。应当说，由于这个斗争，或者像布哈林同志所说的，由于新的民族革命浪潮的高涨，必须给予某些通过工农政党领导着整个运动的我们的共产党员同志以应有的赞扬。

至于组织印度共产党，我个人是赞成的，并且完全同意布哈林同志在提纲中叙述的观点。我认为，大多数印度代表同样赞成立即建立一个强大的、有高度纪律性的共产党。在国内存在人数众多的战斗的工人阶级和赤贫的、政治上成熟的农民群众的条件下，那种认为没有历史所赋予的共产党的领导，工人阶级也能够进行斗争的假设本身就是荒谬的。有人可能反驳我说，工农政党目前正起着共产党的作用。对此我的回答是，眼下这些政党也许确实工作得很好，但是因为这些政党的大门是不加选择地对所有同情改善劳动群众生活条件的人敞开的，所以迟早会出现这些政党被资产阶级及其仆从和小资产阶级等控制的趋势。

与此同时，我应当说，印度共产党完全可以利用这些工农政党作为辅助组织。鉴于中国国民党的背叛，我们不应过分乐观地看待与资产阶级合作的可能性。当然，我们应当利用和加剧外国资产阶级与民族资产阶级之间的对抗，但是我们要记住，印度决不能重演中国的历史悲剧。我越是想到我们中国英勇战士遭受的沉重失败，就越是相信，在印度我们需要有一个强大的共产党，它的任务是：把工人阶级和农民组织起来，夺取工会，利用辅助力量，组织青年革命运动并领导这个运动，利用民族资产阶级和外国资产阶级之间的对抗，揭露资产阶级敌视劳动群众利益的一切行动，最后，组织对军队的宣传工作。所有这一切都要实现，以便最终推翻外国统治，建立无产阶级和农民的民主专政。在代表大会讨论共产国际纲领和殖民地问题时，我将更详细地谈这个问题。

在结束发言时，我代表印度劳动群众呼吁共产国际第六次代表大会不仅要制订一条明确的政治路线，而且要着手实现它。在印度，我们将给欧洲资本主义的急先锋——英国帝国主义以致命的打击。把印度从英国帝国主义的桎梏下解放出来，这是国际范围的问题，为此我请求共产国际所有支部，特别是英国共产党，同我们建立更紧密的接触，以便实现我们的共同目的。

柯拉罗夫（保加利亚）：

保加利亚代表团总的来说同意布哈林同志就共产国际执行委员会工作报告所写的提纲，并将一致投票赞成。

我们代表团认为对目前时期的总的评述和提纲中根据对世界经济的分析所得出的政治性和策略性一般结论是正确的。代表团完全赞同对共产国际某些支部所犯错误的批评和提纲中指出的为纠正这些错误及健全各国共产党而采取的措施。代表团特别欢迎对南斯拉夫共产党所采取的相当果断的措施。我们代表团觉得必须更加坚定地贯彻这些措施。代表团坚决主张必须采取各种措施，如果必要，也可采取政治和组织措施，以便消除波共党内危机。代表团完全同意布哈林同志所说的话：不可能，也不容许在像波兰这样重要的革命战线地段上，让派别斗争造成共产党和整个革命运动分裂的危险。我们代表团还欢迎对罗马尼亚共产党采取的初步措施。今后仍须尽一切力量，使罗马尼亚共产党重新聚集自己涣散的队伍，领导工农群众的革命运动。

我们代表团认为，布哈林同志想把自己的提纲表述得尽可能短一点的愿望造成了一些遗漏之处，依我们看，最重要的遗漏之一是提纲中没有分析农业关系。在分析世界经济时，农业问题及其发展趋势似乎被丢在一旁，被遗弃在黑暗的角落里。第39条中谈到必须深入开展和扩大各国共产党在农民中的工作，但是提纲中没有指出，共产党在这项工作中为什么有和有哪些成功的可能性，是否存在为深入开展和扩大这项工作的有利条件。提纲没有说明各国共产党必须在农民中深入开展工作的理由。

农业问题是各国共产党感到关切的最重要问题之一。毫无疑问，农业方面也呈现稳定状态。我们看到生产力在增长。但是，如果说这是国际范围的，即世界范围的增长，那么必须明确指出，欧洲农业的发展大大落后于欧洲工业的发展。我们在工业、运输业等部门发展中看到的成就，并不是同等程度地再现于农业。因此许多国家正在采取旨在改善农业状况的特殊措施。德国已经把农业保护税率问题提上了议事日程。奥地利已经实行了对某些农产品的保护制度。东南欧的农业目前也在经受极大的危机。在这里，农业的生产费用至今仍高于世界市场上农产品的价格水平。这就引起欧洲这个农业地区深刻的农业危机，这个危机对世界市场来说也是有影响的。所有欧洲国家的议事日程上都提出了旨在用建立信贷制度、发展合作社等办法来帮助农业的一系列措施。

与此同时，农村中正在发生阶级分化和新的社会和政治力量的重新组合。世界大战后曾经在很大程度上反对过资本主义资产阶级的富裕农民，本来已脱离了资产阶级，现在又重新投靠过去。这部分农民与大地主一样也得到资本主义政府的大力支持，并越来越紧密地与政府勾结在一起。结果，我们亲眼目睹了许多具有重大意义的事件。如果说现在美国建立农场主独立政党的运动已经减弱，那么这是由于大资本在农业中影响增强的结果。

在英国，自从自由党通过了劳合－乔治制订的农业纲领草案以后，英国的农场主就重新向资产阶级靠拢。在像奥地利这样的国家，"保卫祖国同盟"这个中农的军事组织成为反革命资产阶级的支柱。在波兰和捷克斯洛伐克，由农民资产阶级和中农组成的农民组织，如"波兰农民党"、农业党等，都彻底转向资产阶级，和它勾结在一起，实行合作政策。在巴尔干半岛同样发生部分中农离开贫农和无产阶级倒向资产阶级的现象。有许多事实，例如：克罗地亚人的农民首领拉迪奇的叛变；罗马尼亚农民党同特兰西瓦尼亚资产阶级民族党的联合；保加利亚农民右派首领的叛变，他们拒绝与工人党和无产阶级合作，而主张与资产阶级政党合作、实行与它们联盟的政策；资本对墨西哥农民的巨大影响，导致农民参加公开的反革命斗争——所有上述事实证明，所有资本主义国家中的富裕农民都出现了向右转的变化。

与此同时，在贫苦农民队伍中可以看到某些相反趋势的加强。大量贫苦农民是资本主义剥削的对象，他们在任何地方都得不到，也不可能得到资产阶级政府的支持。因此这些群众日益左倾，不断革命化。一系列事实证明，贫苦农民群众日益激进。请看这样一些事实：德国小规模葡萄种植者举行革命发动和法国在预备役军人中进行革命宣传鼓动取得成就（须知预备役军人大多出身于农民）；波兰和其他国家农民组织发生分裂，这些组织中的左派脱离这些组织，采取行动同无产阶级合作并拥护工农联盟；保加利亚农民与保加利亚工人在共产党领导下举行革命发动；罗马尼亚不久前爆发农民风潮，农民不顾自己资产阶级领袖的背叛，选择了革命的道路；南斯拉夫克罗地亚农民进行斗争，不久前这场斗争采取了街垒战的形式，以及诸如此类的事实——所有这一切无可争辩地证明了贫苦农民的左倾化和革命化。

布哈林同志的提纲指出，已经得到巩固和稳定的资本主义，其今后的发展将在新的条件下进行。布哈林同志列举了一系列新的条件，即苏联的存在、殖民地的革命运动、中国革命，等等。

但是我觉得，贫苦农民的显著左倾，他们脱离资产阶级和参加无产阶级革命运动，这也是资本主义今后发展所处的新条件之一。

这就是为什么各国共产党应当特别注意农民问题，为什么必须把我们在农民中进行工作的方法加以发展、深入和合理化的缘故。

由此而产生农民国际的工作问题。我应当完全坦率地说，我们不满意农民国际的工作，因为农民国际是独立的组织，这就是说，我们不满意农民国际内共产党人的工作。问题不在于个人的责任。毫无疑问，共产国际对这种不完全令人满意的工作负有很大一部分责任，但共产党人毕竟应当清楚地认识到，农民国际不可能，也不应当成为共产国际的翻版，当然是拙劣的翻版。农民国际应当是一个特殊的组织，它在对待农民群众方面应当研究出自己的独特立场，而不是完全仿效共产党。它应当制订自己的工作方法，它应当练就自己的语言，用这种不同于共产党的语言来同农民群众讲话。在这方面农民国际还没有起到自己应有的作用。它应当转变成我已经说过的资本主义国家和殖民地的那些贫苦农民专有的群众组织，并在他们当中为无产阶级领导下的工农联盟这一口号进行鼓动和宣传。农民国际存在的意义就在于此，它的特殊任务也在于此，它应当解决这个任务。毫无疑问，关心农民国际的共产党人应当全力帮助它。现在，当战争问题这样尖锐的时候，布哈林同志在提纲中也着重指出的这项任务就具有非常重大的意义，因为不仅苏联国境毗连国家的农民群众，而且所有其他资本主义国家的农民，都将在未来战争中提供大部分人力资源。

提纲十分明确地指出资本主义稳定的过程，没有丝毫模棱两可和犹豫不决之处。布哈林同志在这里直截了当地、非常肯定地、不加任何附带说明地指出了，资本主义稳定的过程就是按照这个词的确切含义而进行着的。

但是，即使说这个过程是在世界范围内进行的，也不能说每个国家都存在这个过程，也不能说资本主义稳定的速度各国都一样。由于受资本主义发展不平衡规律的制约，资本主义发展的速度也不尽相同。资本主义的稳定也并非到处一样。由此应当肯定，布哈林同志提纲中作出的政治性和策略性结论具有一般的指导意义，但是在实践中，在每一个国家，根据具体条件不仅可以，而且应当对这些结论作某些修正。我在前面已经强调了一个无可争辩的事实，即巴尔干各国的稳定性是局部性的，具有很大的相对性和极大的不牢固性。在巴尔干半岛，资产阶级不能为自己的阶级统治、为自己的政权奠定坚固的经济基础。

由于这一点，他们不得不采取法西斯手段。我不准备谈那些对巴尔干半岛资本主义稳定的缓慢进程和不快速度起影响作用的因素。在这些因素中占有显著地位的，当然是国际帝国主义和在巴尔干半岛起极大作用的国际金融资本。所有巴尔干国家都处于国际资本的最有力的影响之下。它们的发展只能按照国际资本主义认为可以和所容许的程度为限。大家知道，巴尔干国家是沿着把它们变成国际资本的殖民地的道路发展的。

但是，在巴尔干半岛资本主义稳定的不牢固性中也有着它的政治一面，即政治上的不牢固性。所有的巴尔干国家都正在经历着剧烈的国家政治危机。这个危机常常导致突发事件、内战和政变。巴尔干的内战没有结束，远远没有结束。但是，除此以外，那里的资产阶级还连续不断地准备军事政变和国家政变。试以个别国家来说，在保加利亚，资产阶级尽管不止一次地采取流血手段，但都未能迫使大部分农民服从自己的政权。他们未能使这些农民脱离无产阶级，摆脱共产党的影响，因此也未能孤立无产阶级和彻底扼杀无产阶级革命。与此相反，无产阶级领导下的工农联盟思想在保加利亚的贫苦农民中至今仍然有着极其深刻的反应。

在罗马尼亚，我们看到同样的情况。罗马尼亚的寡头政治用进行土地改革的方法只是暂时地推迟了灾难的发生。但是，罗马尼亚的资产阶级也未能彻底压服农民群众。前一段时期发生的农民风潮就证明了这一点。

贝尔格莱德议会中的几发手枪子弹就绰绰有余地毁灭了年轻的南斯拉夫国家的联合和巩固的全部工作。这个事实证明南斯拉夫经历着深刻的危机。力图在全国建立领导地位的塞尔维亚资产阶级与大部分农民群众及被压迫民族之间的冲突不仅没有解决，而且在不断加深。所有事件表明，资产阶级无力解决这个冲突和消除由此产生的经常性危机。南斯拉夫正经历着巴尔干国家中最深刻的国家政治危机，它比所有巴尔干国家都更接近于发生灾难的地步。

但是，要说明巴尔干的状况，这还不够。必须再加上巴尔干国家政治制度的彻底崩溃，它们的代议制的彻底崩溃。除了意大利以外，任何地方的资产阶级统治制度都没有崩溃到像巴尔干国家这样的程度。巴尔干国家政权的崩溃是最彻底的。在巴尔干各国，政权的继承性不再存在，政府的合法性已经消失。各个政党攫取政权的唯一手段就是发动公开的或伪装的国家政变和军事政变。目前，在所有巴尔干国家中新的危机日渐成熟，这些危机必将导致新的政变。无论是在以资产阶级为一方，以无产阶级和农民群众为另一方之间的阶级斗争方面，还是在资产阶级本身的内部斗争方面，都面临着重大的事件。

我不想在这里谈战争危险的问题。这个问题留到专门的议事日程上去阐述。但是，我仍然应当指出，巴尔干的战争危险是最紧迫的危险，而且这不仅表现在建立反苏联盟方面。这种反苏联盟的思想在巴尔干半岛当然也得到反应。英国帝国主义正竭尽全力和使用各种手段力图把巴尔干国家纳入反苏联盟。帝国主义在巴尔干半岛的矛盾和巴尔干各国之间的矛盾，不断引起严重的危机，这些危机随时随刻都可能变成战争。目前，战争已迫近巴尔干半岛的许多地区。大家都知道由于马其顿问题和阿尔巴尼亚问题所引起的严重的、尖锐的和资产阶级无法解决的冲突。可以十分肯定地说，任何力量，甚至国际资本的全部力量都不能使意大利和南斯拉夫的冲突得到和平解决。迟早这场冲突将比料想的时间更早地导致武装冲突。民族革命运动的存在使情况更加复杂化。巴尔干半岛的民族问题起着极其巨大的作用，并具有国际的和全欧的意义。

布哈林同志在提纲中指出了国际社会民主党的某些发展和加强。总的来说，这是对的，这符合资本主义的稳定趋势。但这不是绝对的法则。例如巴尔干半岛的社会民主党就没有得到任何加强。相反地，尽管实行了专门镇压共产党的白色恐怖制度，社会民主党仍未能在无产阶级和农民中夺取任何较为重要的阵地。由于最近几年巴尔干半岛发生的事件，社会民主党变得虚弱了。但是这里必须指出，在这方面巴尔干半岛不同于意大利：意大利的法西斯不需要社会民主党，并且迫害它，而巴尔干半岛的法西斯却需要社会民主党。假如没有社会民主党，法西斯也会建立它。在不存在社会民主党的地方（例如在希腊），资产阶级政府采取一切措施去建立哪怕是虚有其表的改良主义和社会民主主义。巴尔干半岛的社会民主党，确切地、毫无保留地说，它是资本家的工具和在工人阶级中的密探。它的专门任务就是分裂工人运动，搞垮和削弱革命运动。

此外，它也直接参加摧毁革命工人组织的活动。它比资产阶级更加关心摇摇欲坠的资本主义统治的未来命运。

不久前，希腊改良主义者曾试图分裂工会运动。前几天，我们亲眼看到，他们根据阿姆斯特丹工会国际的指令出卖了总罢工，现在正同政府谈判如何帮助政府彻底搞垮希腊的革命运动。保加利亚、罗马尼亚和南斯拉夫的社会民主党人和改良主义领袖起了同样的作用。在保加利亚，当资产阶级血腥地镇压革命的工人运动时，社会民主党人也积极地参加了。

因此，对我们巴尔干的共产党人来说，十分清楚，我们的策略应当是排除以任何形式同社会民主党人进行的任何合作。我们完全同意，对社会民主党人决不应采取任何上层统一战线策略。只是因为在社会民主党队伍中还有某些无产阶级阶层，只是因为社会民主党对部分无产阶级还保存有一定的影响，所以才谈得上对工人实行下层统一战线的策略，即使这样，还必须无情地揭露社会民主党和改良主义领袖的背叛行为。

第五次世界代表大会以来，所有巴尔干国家的共产党都经历过严重的党内危机。保加利亚共产党在沉重的失败以后最迅速地和最彻底地解决了这次危机。目前，保加利亚共产党内完全团结一致，危机彻底消除，党的所有主要问题得到解决，它正齐心协力地沿着革命的道路前进。

南斯拉夫共产党的危机持续得太长了。布哈林同志十分正确地指出，必须立即消除这一危机，保加利亚共产党欢迎共产国际执行委员会已经采取的一切有力措施。保共认为，南共党内有着大量的革命干部，在南斯拉夫无产阶级和农民中存在着明显的革命思想，因此具备了一切客观条件，可以迅速根除危机，健全党的机体，使它在巴尔干半岛正酝酿着重大事件之时，在巴尔干半岛正策划着战争之时，能够领导起革命运动。

罗马尼亚的情况还要严重一些。党组织已经涣散，失去领导，并且脱离了群众。革命运动正在撇开共产党。共产国际执行委员会采取了某些措施以建立坚强有力的中心。我们希望，在共产国际执行委员会的不断帮助和经常领导的情况下，罗共能够恢复自己的队伍，重新赢得威信，领导起罗马尼亚无产阶级和农民的大规模革命运动。

希腊也曾有过危机。但是可以认为，这次危机已经消除，并且布尔什维克路线和遵循共产国际指示的该党布尔什维克多数派已经完全取得了胜利。

值得注意的是，在所有巴尔干国家的共产党内，党所犯的错误大多是右的错误。必须着重指出，尽管这些党是处于白色恐怖的条件下，但其中任何党都不能保险不出现左的倾向。不过最大的危险仍然是右倾。因此，所有巴尔干国家的共产党应当明确方向，使用全部力量和一切手段同右的危险作斗争。

在结束发言前，请允许我再说几句。我向你们描绘的情景提供了一个关于巴尔干各国共产党极其复杂的工作条件的清晰概念。这些党的任务是极其艰巨的，巴尔干半岛的状况非常复杂，混乱不堪，并且每时每刻都在变化。因此，即使是最布尔什维克化的党也不可能认为自己保险不犯某种错误。问题仅仅是少犯错误和使错误犯得小一些。完全不犯或绝对不犯是不可能的。因此，巴尔干半岛各国共产党有权期待共产国际更多地给予关注，更多地观察它们的活动，及时地就察觉到的倾向作出指示，及时地就它们所面临的危险提出警告。同志们，我认为，如果我请求代表大会在世界代表大会的提纲中专门列入一条，在这一条中哪怕用简短的几句话来阐明巴尔干各国共产党当前最迫切的政治路线和策略路线，以此来表达对巴尔干各国共产党更加亲近和关注的态度，那总不会是布哈林同志提纲中所说的地方主义表现吧。

佩珀（美国）：

在这个讲台上发过言的几位美国同志对布哈林同志的提纲持有某种批评的态度。我要声明，这些同志的讲话只代表他们个人。**我被授权以美国代表团的名义声明，美国代表团完全同意布哈林同志的提纲。**同时，这些同志对提纲提出批评，也是没有什么可以惊奇的：他们有足够的理由这样做。这是因为他们关于美国帝国主义国际状况的观点从根本上就不同于布哈林同志的分析。

必须指出，就在布哈林同志的提纲散发给各国代表团的同一天，在共产国际执行委员会英美书记处内散发了另一个文件，题为《美国共产党内的右的危险》，署名的是比特尔曼、福斯特、坎农等同志。这份文件在第六次代表大会讨论国际状况的问题时具有不小的意义，因为**其中对美国帝国主义及其在国际关系中的作用和地位的分析，根本不同于布哈林同志在他的讲话和提纲中所作的分析。**

让我们研究一下，"美国的"文件和布哈林同志的提纲之间主要的差异在哪里？布哈林同志的提纲是怎样评价美国帝国主义目前的国际作用的？提纲中提出的基本论点如下：

1. 美国帝国主义的发展是直线上升的。

2. 世界经济的重心从欧洲移到美国。

3. 美国帝国主义进行扩张，它的反动性增强，美国帝国主义经济的增长及其实力的强大同有限的殖民地之间的不相适应性日益增大，它的战争准备"不足"。

4. 美国资本的输出曾经是，现在仍然是欧洲资本主义稳定的基础。

5. 技术进步和生产力提高的这一事实本身，促使美国帝国主义的国内矛盾和国外冲突加剧，阶级斗争更加激烈，工人阶级的抵抗加强。

这就是布哈林同志的提纲关于美国帝国主义世界作用的基本路线。

那么，邓恩同志在这里代表他们发过言的那些美国代表所署名的文件又说了些什么呢？我要强调说，这个文件作出的分析根本上是与布哈林同志在提纲中所作的分析背道而驰的。我引用几点作为证明。首先，请注意下面的话：

"对这些矛盾成熟程度的分析表明，**美国资本主义正处于达到自身发展的顶峰的前夕**。"

文件的作者们肯定地说，美国共产党所做的整个阐述都是不正确的，因为这个阐述是以美国帝国主义正在发展这一前提为基础的，相反地没有强调它的潜力正在减弱，他们说：

"这是根据对**美国资本主义潜力减弱**这个问题的正确分析而得出的。"

同一文件断言，"美国共产党对美国帝国主义的状况和目前所处的阶段却另有看法"，也就是说：

"主要注意力放在美国资本主义普遍增长和实力加强的趋势上。"

文件说，**美国共产党错误地强调美国资本主义增长的趋势**。文件把美国共产党的这种判断称之为"危险的修正主义观点"：

"总的来说，这样的阐述将造成对美国资本主义现状的危险的修正主义观点。"

我以上引用的这些话足以证明，在提纲与某些美国同志的"文件"之间存在着根本的区别。布哈林同志在报告中谈到美国资本主义的兴起。斯大林同志就在几天前在列宁格勒谈到美国帝国主义是一颗正在升起的星，而英国帝国主义则是一颗正在降落的星，并且阐明美国是资本主义得到巨大发展的国家。无疑，布哈林同志提纲的中心思想之一是：既然谈的是帝国主义国家，所以整个国际状况的核心是关于美国帝国主义的世界霸权问题。当前，美国资本主义的世界霸权是一切资本主义国际关系围绕其旋转的枢轴。不看到这一点，就是政治上的盲人。不强调这种状况的重要性，就意味着从根本上与提纲背道而驰。

那些硬说美国帝国主义已经走下坡路的同志们认为，**如果我们按照实际情况对事实进行分析，并对现有状况作出现实的评价，如果我们声明，美国资本主义可以继续发展，那就是说，我们是在否认美国帝国主义的国外和国内冲突有加剧的可能性**。这种观点是十分错误的，正确的恰恰是相反的观点。**美国帝国主义的发展和它的经济实力的空前增长速度才是资本主义世界内部最主要矛盾的根源**。不是美国帝国主义"潜力的减弱"，而是它的世界经济霸权才是它同英国帝国主义冲突的根源。

一方面美国帝国主义的经济实力不断增长，另一方面与不列颠殖民帝国、与强大的英国舰队和庞大的法国陆军相比，它没有殖民地，军事力量也较小，两者**不成比例**，这才是当代帝国主义冲突的实际根源。正是美国帝国主义的兴起促使它贪得无厌，野心越来越大，要重新瓜分殖民地和在世界市场上掠取更大份额的虏获物。

关于美国帝国主义潜力减弱的论点没有被事实所证实。我们知道，恰好在不久前美国相当大的地区，即**所谓"牢固的"南方**已开始实现工业化，那么，能说美国资本主义的潜力已消耗殆尽吗？美国现在仍然拥有庞大的后备农业地区，这个地区在美国历史上第一次正在成为高度集中的现代工业的中心之一。农业危机是美国整个资本主义经济的难题之一。农业危机的原因究竟在哪里呢？不管怎样也不在于农产品的减少。相反地，**农业危机的根源在于工业的增长、托拉斯化和技术的迅速发展**。美国资本主义的另一个难题是煤炭业和纺织业的危机。但是这方面的事实同样证明，产生这些局部性危机的原因正是技术进步，特别是这两个部门的重心转移到拥有充足的更便宜的水力能源和更廉价的劳动力的南方。

美国帝国主义还拥有进一步发展的庞大资源和潜在能力。对事实的分析表明，目前经济萧条的特点表现为以下趋势：

1. **蓬勃发展的不可抑制的托拉斯化过程**。提到议事日程上的有：

铁路公司的联合，大托拉斯的联合和各式各样的企业的合并。**目前状况的特点不仅是某些个别公司联合成托拉斯，而且是已经组成的托拉斯又联合成真正的超级托拉斯。**仅在《分析家》的一期杂志上（1928 年 6 月 29 日）就报道了以下的大规模联合："在南方的西弗吉尼亚州和东弗吉尼亚州，控制有 2 亿美元资本的煤炭业协会实行了联合"；"美国钢铁公司和伯利恒钢铁公司——**美国铸钢工业最大的两家托拉斯**——已着手谈判组织美国钢铁输出公司"；"道奇和克莱斯勒兄弟公司将加入汽车工业史上最大的一家联合公司"；"正在进行成立超级托拉斯的谈判，据说，这将是美国汽车工业史上规模最大的联合公司之一……这个联合公司将包括几乎 2000 个单独的工业贸易组织，它们每年的贸易额超过 30 亿美元，在汽车工业中曾经实行过托拉斯化，而这次新的联合乃是规模最大的托拉斯化的榜样，它将一无例外地控制整个文明世界的贸易活动"；"随着拥有 5000 万美元资本的'通用面粉公司'股份公司的成立……这个新的托拉斯成为**世界上本行业规模最大的一个组织**"；"关于史蒂倍克汽车公司和皮尔斯·阿罗汽车公司实行联合的谈判实际上已经结束……这家未来的托拉斯将把拥有超过 1.6 亿美元资产的企业联合起来置于自己的控制之下"；"塔格特公司——这是正在进行谈判准备成立的一家托拉斯，它将控制 2500 万美元的资本，并且将成为由美国生产包装纸和形形色色纸袋的工厂组成的、实行统一监督和统一管理的最大联合公司之一"。

2. 另一个与生产托拉斯化相类似的典型现象是，商品分配的托拉斯化。目前加入商业网的有 3893 个单位，控制着 30 个不同部门的 101536 个零售商店。这些组织在 1927 年进行了约 60 亿美元的贸易业务，即占美国整个零售贸易额的 28%。到目前为止，我们还不能对这种商品分配的崭新过程作出充分的分析。**在资本主义国家的历史上这种分配的托拉斯化过程还没有过先例，并且它为美国的社会主义提供了强**

大的物质基础。

是什么原因造成我们的同志对美国资本的不正确观点呢？我觉得，可以用以下几点来说明他们产生错误的原因：

1. 同志们把目前的**萧条**，即纯粹**暂时的现象**，当做是美国帝国主义**总的衰落**。

2. **他们认为，冲突和矛盾的增长只有在美国帝国主义总的来说走下坡路的情况下才会产生**，而忘记正是美国帝国主义非常迅速的发展才能说明美国与其他帝国主义国家矛盾加剧的原因。他们不理解布哈林同志提纲的基本思想之一，也就是目前状况的基本特点是帝国主义国内外矛盾的增长，而这些矛盾是由技术的发展和资本主义总的增长所引起的。然而，**正是这一点**才是目前"第三时期"不同于战后危机时期的当代特点。这一点甚至就欧洲来说也是对的，毫无疑问，对美国就尤其适合了。世界大战没有给美国资本主义造成紊乱。相反地，它极大地刺激了美国资本主义。美国资本主义本身并不需要稳定，因为它不像欧洲资本主义那样受到战后危机的损害。

3. 某些美国同志产生错误观点的第三个根源是，他们把**美国帝国主义特有的急剧衰落**同目前在所有资本主义国家的帝国主义发展过程中看到的那种衰落的因素，如资本输出、寄生的剥削分子增多、食利者的阶级形成等混为一谈。这些因素的存在并不意味着美国帝国主义的绝对衰落，但标志着美国帝国主义内部矛盾的增长。

4. 最后，他们的错误还有另一个根源，那就是他们**不正确地理解了列宁关于帝国主义一般来说是资本主义的衰落时期这句话的意义**。列宁从来没有说过，帝国主义时代就排除了资本主义加强的可能性，甚至排除了个别国家内资本主义迅速发展的可能性。相反地，列宁写道："如果以为这一腐朽趋势排除了资本主义的迅速发展，那就错了。不，在帝国主义时代，某些工业部门，某些资产阶级阶层，某些国家，不同程度地时而表现出这种趋势，时而又表现出那种趋势。整个说来，资本主义的发展比从前要快得多，但是这种发展……一般地更不平衡了……"①

我扼要地归纳为；美国帝国主义还可能加强，它还没有达到自己发展的顶峰，它还拥有巨大的潜力。当然，与此同时，应当着重指出**美国帝国主义的加强是有限度的**，并且必须分析那些能够促使美国帝国主义衰落的因素。**究竟是什么会使美国帝国主义的增长存在着限度呢？** 我不可能现在作出详细的分析，但不管怎样我尽力列举能够阻碍这一增长的某些因素：

1. **美国的帝国主义侵略政策造成国际政策中的许多困难，这些困难又不可避免地必然在国内状况中反映出来。** 正是美国帝国主义的侵略性引起其他帝国主义国家和拉丁美洲国家的加强抵抗。与此同时，美国帝国主义的侵略性迫使这个国家建立强大的陆海军，从而导致动荡不稳，捐税负担加重，各阶层居民的不满增多和群众对帝国主义侵略政策的抵抗增强。

2. **工业技术发展本身造成局部危机和工人阶级广大阶层的不满。** 南方的工业化引起失业，工资降低，新英格兰各州数十万工人的生活条件恶化。采矿工业的危机使广大矿工群众中的骚乱增多。农需工业中技术的发展（1925 年拖拉机为 20 万台，1927 年为 70 万台）使数十万农场主成为"不需要的人"，并且总的说来，给美国农村广大居民阶层造成危机性局势。

3. **美国政府机构的集权和官僚主义化不断加强。** 美国政府越来越同托拉斯机构相结合。它对美国工人阶级日常生活的干预越来越多。在这种情况下，每次罢工都具有转化为反政府斗争的趋势。

4. **美国资本主义和国际资本主义的相互依赖性日益强烈地表现出**

---

① 《列宁全集》中文第 2 版第 27 卷第 436 页。——译者注

来。欧洲资本主义的衰落不可避免地必然影响到美国帝国主义的命运。

5. 美国不占有英国在几十年内所据有的那种世界垄断地位。它必须同其他强大的帝国主义国家进行斗争，因此可以预见，**美国帝国主义在一个长时期内将无力在美国工人阶级各阶层中收买多少人。**

6. 最后，限制美国帝国主义进一步发展的因素还有：苏联的存在、殖民地革命运动和欧洲无产阶级革命运动的增长。

这才是对美国帝国主义状况的正确评价。现在主要的趋势是，美国帝国主义拥有政治和经济实力，并且还在发展，但同时我们必须知道，存在着强有力的因素，这些因素目前已在发展，它们将阻碍和限制美国帝国主义的增长。

其次，我想谈谈工人阶级的激进化和资产阶级化的问题。

在我已经引证过的某些美国同志的这同一份文件中，同样包含有对美国工人阶级激进化的总的规模和程度的不正确评价。我引用这份文件中的几段：

"可以看到半熟练和不熟练工人（美国无产阶级的基本部分）的不满以及对斗争的积极性和准备程度的**普遍增长**。"

再引一段话：

"在所有工业部门可以看到工人阶级最受剥削的各阶层**广泛的和普遍的激进化**过程。"

最后，文件还进一步发挥，并且不加任何说明就判定美国工人阶级正普遍地"激进化"。文件责备美国共产党，似乎美共"否认美国工人阶级**基本部分广泛的和普遍的左倾或激进化**现象的存在"。

我必须说，我们在上述文件中所看到的这些论点是不符合实际情况的。美国工人阶级正在表现出一定的激进，这是无产阶级某些阶层的激进，某些部门工人的激进。还可以看到不熟练工人的左倾化，但是不能说，这是**普遍的、全国性的**左倾，也不能说，这个过程已经包括美国工人阶级的**基本部分**。我担心，甚至在德国、法国或英国，即在工人阶级激进倾向表现得最明显的那些国家，现在还谈不到，激进或左倾已经包括了工人阶级的基本部分。要知道工人阶级的"基本部分"，这就是指它的大多数，甚至是指无产阶级的绝大多数。即使在德国、英国和法国——工人阶级激进化过程迅速增大，而且这种现象正成为目前状况特点之一的那些国家内，我们当然也不能说，这个过程已经包括工人阶级的**基本部分**，即工人阶级的绝大多数。

有一个明显的矛盾是耐人寻味的。那些现在责备美共中央忽略了美国工人阶级**普遍的激进化过程**的同志，不过 9 个月前，仍然在这里，即在莫斯科责备我们党中央，说它不承认美国工人阶级资产阶级化的强大过程。依我看，美国共产党在 9 个月前所持的立场是正确的，它指出，在出现美国工人阶级明显的资产阶级化倾向的情况下，同时可以观察到另一种在范围和规模上也许不是那样强大的倾向，这就是工人阶级某些阶层激进化的倾向，这种倾向正成为进行共产主义群众工作的坚实基础。我觉得，美国共产党目前所持的立场也是正确的，它指出，**工人激进化的范围在增大，工人进行抵抗的趋势在增强**，但是，这个激进化的过程还不是普遍的过程，还没有包括工人阶级的**基本部分**，而且，与此同时还可以看到工人阶级某些阶层的资产阶级化过程。

正在进行着的过程有其**两面性**：一方面可以看到一定程度的**激进化**，它的范围日益增大；另一方面又可以看到一定程度的资产阶级化过程，换句话说，可以看到工人阶级的**分化**过程。不懂得这种两面性就无法理解现状。

前些日我曾在红色工会国际说过，欧洲的稳定成为改良主义增强的基础，而稳定过程中的内部矛盾则为共产党的发展提供了基础。美国帝国主义的世界霸权成为美国改良主义进一步增长的基础，同时又为美国劳工联合会的进一步壮大提供了可能。由于美国帝国主义的加强而产生的矛盾，从另一方面为群众激进化的增长和共产主义群众运动的加强奠定了基础。

我必须强调，这个过程是两方面的，不看见其中的任何一面，就意味着是政治上的盲人。上述美国同志患了某种奇怪的**政治色盲症**。**他们分不清颜色：他们看到的一会儿只是资产阶级化的白色，一会儿又只是激进化的红色。**对于一个马克思主义者来说，必须把美国工人阶级的分化过程作为辩证的两面过程来分析。

限于时间，我不能详细地分析美国工人阶级对资本家和国家政权的进攻**所进行的抵抗日益增长的情况。**我只想指出，在美共中央五月全会所作的政治决议和关于工会问题的决议中，以及在我们的 1928 年竞选纲领中，都对这个非常重要的事实作了详尽的全面的分析。

让我来说明一下美国工人阶级激进化所独有的特点。我觉得，我们现在无须重复那些关于美国工人阶级基本部分普遍表现左倾的一般言论，而应当尽力对美国激进化过程的**范围、限度、形式和特点**进行**具体的**分析。

目前，激进化范围受到限制是由以下因素所决定的：

1. 资本主义政党之间没有重大的政治分歧；

2. 资本主义政党之间现有的分歧比 1924 年以来所有时期都要小得多；

3. 现在不像 1924 年那样存在第三党；

4. 现在既没有全国性的，也根本不存在群众性的、有利于组织工人政党的运动；

5. 美国工人阶级的基本部分现在仍然支持老的资本主义政党，同志们，我不得不谈到这一点，这实在是非常令人不快的事，但既然是事实，也就无可奈何了。12 个铁路"联谊会"不久以前还是美国工人阶级独立的（虽然是修正主义的）政治运动所依靠的基本力量，可是仅仅几周前，它们竟然声明拥护候选人胡佛竞选总统。1924年曾经支持参议员拉福莱特组织第三党运动的美国劳工联合会，今年将支持民主党候选人阿尔·斯密斯竞选。

6. 美国的社会党已经不再是无产阶级政党，而美国共产党又还不是群众性政党。美国工人阶级尚未能建立起对千百万工人有影响的群众性政党。

上述事实清楚地表明，是什么情况使美国工人阶级的激进化，特别是政治上的激进化受到了限制。但是，仅仅根据已组织起来的、在很大程度上由工人贵族控制的工人运动来判断美国工人的激进化过程，难道是正确的吗？当然是不正确的。正如美共中央五月全会政治决议所肯定的那样，判断目前状况的**基本因素是对不熟练和半熟练工人群众的情绪和行动的分析**。我们肯定地说，工人阶级最受剥削的阶层正表现出相当明显的激进化过程。这一点已为采矿、纺织和缝纫工人的罢工所证实。

美国的这个过程不同于某些欧洲国家中的激进化而具有某些特点。在德国，激进化过程表现于政治领域，但在工会运动方面是落后的。工人们在政治问题上乐意跟着德国共产党走，同时却不承认德共在罢工斗争中的领导。在美国，我们看到的情况恰恰相反。连有左倾思想的工人也仍然不同意承认美共的政治领导，但与此同时却越来越乐意在罢工时服从共产党的领导。福斯特在红色工会国际的讲话中完全正确地指出（他的这次声明截然不同于他的其他声明），美国共产党目前是美国工人每次罢工和每次大规模罢工运动中的动力和主力，并且它已在美国左翼少数派运动中取得了领导权。然而必须指出，在政治问题上同是这些工人却仍然支持社会党或老的资本主义政党。

失业现象目前在美国已是一种十分经常的现象，失业问题已属于美国当前状况的主要问题之一。有些同志责怪布哈林同志，说他对失业问题没有给予足够的重视。我觉得，这种责难是不公道的，因为布哈林同志详细地阐明了目前的失业现象，说它是一种标志着**工业预备大军经常不断增长的现象**，对于数十万、数百万工人来说是一种经常性的失业。

有一些同志觉得，布哈林同志关于经常性失业和关于美国工人阶级总数绝对的减少的论点不可避免地将导致"机会主义"。我认为，这种责备是毫无意义的，也是毫无根据的。这些同志是这样议论的：如果工人阶级的人数不断减少，就意味着资产阶级只靠机器而无需工人就可以维持生产过程，换句话说，也就是资产阶级能够用某种"协调的"方法解决资本主义所固有的矛盾。这样的理解当然是荒谬的。为什么？这是因为，即使资产阶级果真能够把千百万工人群众，即工人阶级的基本部分排挤出生产过程，我们也仍然不会有一个没有工人、没有阶级的社会。**数以千万计的工人由于经常性失业而被排挤出生产过程，这并不意味着协调的发展，而是意味着革命局势的存在**。同志们，总不应该忘记，被排挤出生产过程的，甚至不再参加生产的那些工人，仍然是无产者，是要吃东西而且不得不同饥饿的死亡作斗争的人。笼罩着千百万工人的经常性失业不仅不会成为资本主义"协调"发展的基础，而且相反地是促使有这种失业现象存在的所有国家革命局势加剧的最强有力的因素之一。

经常性失业的前景并非资本主义"协调的"发展，而是革命过程的加速。

显然，阶级斗争的加剧和无产阶级抵抗的加强不允许资本主义把大部分工人阶级排挤出生产过程。然而，另一方面必须指出，资本主义可以在一定程度上调节这个过程。在美国存在着**禁止外国移民入境法**，由于这条法令，在国外出生的工人，每年有数十万人被阻而进不了美国。此外，还可能从**美国**向其他比较年轻的资本主义和半资本主义国家进行**移民**。但是，企业工人绝对人数减少的趋势有可能再度暂时中止，因为工业预备大军增多的基本原因是新市场的发展跟不上技术发展的高速度，但是也有可能，美国由于实行帝国主义的侵略政策，能够从其他帝国主义那里夺得一系列市场，从而吸收目前成为"过剩的"千百万无产阶级群众参加生产。

否认资本主义历史上的这种新现象，意味着不是同布哈林同志，而是同事实进行论战。有关美国的这些事实是清晰的，雄辩有力的。1927年工厂工业的产量比 1919 年提高了 26%。同一时期，在工厂生产部门就业的雇佣工人减少了整整 98 万。这样，在产业工人总数比 1919 年减少 11% 的条件下，工业产量在 1927 年提高了 26%。换句话说，每个工人的平均产量增长了 40%。同一趋势不仅表现在工厂中，而且出现于铁路部门：1927 年铁路工人和职员的人数比 1919 年几乎减少了 20 万。在这个时期成为"过剩的"矿工人数几乎达到 25 万。总计，**至 1927 年底，在工厂工业、采矿工业和铁路部门工作的工人比 1919 年几乎减少了 150 万**。并且工人人数这样的绝对减少是与工业的"繁荣"和产量的迅速增长同时出现的。美国共产党在 1928 年的竞选纲领中对这种现象作了清楚的分析：

"与资本积累增长的同时，出现了工人人数相对的减少，而在当前甚至是绝对的减少过程。"

世界上任何一个国家都不像美国这样，呈现出国家机构与金融资本相结合的这种明显趋势。布哈林同志在讲话中引用了华尔街机关报的话，这家报纸把胡佛称为"实业家总统"。我们曾痛斥柯立芝总统为"工贼总统"，我们也完全有权称胡佛为"资本主义合理化的总统"。

美国托拉斯和国家机构相结合的过程之所以如此迅速并且几乎已经完成，有其一系列特殊原因。这并非偶然，因为美国政治和经济发展的整个历史进程决定了这种联合的过程。国家机构的托拉斯化是以比任何其他国家更大、更快的速度进行的。

在其他资本主义国家，资产阶级中央集权的官僚军国主义国家机构是在金融资本时期以前就发展了的。而在美国，80 年代以前还没有任何中央集权的官僚军国主义国家机构。美国与欧洲国家发展中的这种差异，马克思早就指出过并进行了分析，列宁也不止一次地引证了这一点。美国**中央集权的官僚国家机构的发展过程只是在帝国主义时代才与金融资本和托拉斯的增长并行不悖地开始的。**

在美国，国家机构与托拉斯资本迅速地直接结合的另一个原因是：**美国从来不像欧洲国家那样存在过封建主义制度。**通常在封建主和城市资产阶级之间进行斗争的结果是：产生了君主政体控制下的中央集权的官僚主义国家机关，但是这种阶级斗争从来没有在美国历史上起过任何作用。历史事件的整个过程决定了欧洲的状况，即资产阶级的国家政权在其发展初期不是由资产阶级本身，而是由**官僚**阶层掌握的，例如在法国就是这样，或者掌握在普鲁士的**容克地主**手中，或者像英国那样掌握在**拥有土地**的贵族手中。为了把历史发展前一时期的残余势力清除出国家机构的关键部门，金融资本和托拉斯的代表不得不在帝国主义时期进行长期的斗争。**在美国，金融资本无需同容克地主和中央集权的官僚国家政权的贵族执政者进行斗争。**美国金融资本可以不经过斗争就比其他任何资本主义国家的金融资本更充分地掌握国家机构。

请让我引证几个数字，这些数字可以表明，美国中央集权的官僚国家机构发展多么晚。1884 年美国联邦政府国家职员的整个编制还没有超过 13780 人。请不要忘记，这是在一个其本身就几乎是幅员辽阔的大陆的国家里。到 1912 年，即临近世界大战前，中央国家机构已经增加到 278000 人。而现在，即 1928 年，联邦政府官僚机构人员已达 559138 人。国家职员（包括联邦政府的职员和各州、各个地方机关的职员）的总数**目前已达 300 万**。这样，从 80 年代起到最近时期，职员人数从 13000 人增加到 300 万人。显然，任何其他国家不像美国这样，国家机构在与金融资本结合的同时如此迅速地扩大。**看看美国各个主管部门领**

导人的姓名，会使你感到，你是在读一份托拉斯、银行和股份公司董事会成员的名单。

同志们，最后再谈几句关于美国共产党内的右倾危险。由几位美共领导同志签名正式递交共产国际的文件题目是《关于美国共产党内的右倾危险》。那就让我们分析一下美共的右倾危险问题。总的来说，我们是否存在右倾危险呢？是的，存在着这种危险。在一个工人贵族如此强大的帝国主义强国内不可能没有。右倾危险当然是存在的，所以**美国共产党代表团**对布哈林同志提纲中关于美国的部分**提出修正是完全正确的**。我们建议作如下修正：

"必须使美国共产党中央继续并加强同右倾的斗争。"

我认为有责任指出美国共产党同右倾危险作斗争的一个光辉范例。我认为非常引人注目的是，这份专门阐述"美国右倾危险"并责备美共中央执行右翼政策的文件，却**只字未提美国共产党过去曾经犯过的一个极大的主要的错误**。这份文件竟"忘记了"提示这个非常严重的右倾错误，哦！我觉得，忘记提这件事决非偶然。我指的错误不是在过去发表的某篇文章或偶尔讲话中，而是在 1924 年竞选纲领中所犯的右倾错误。那些现在责难美共已成为右翼政党的同志们自己就是 1924 年时美共中央的领导人。因此这些同志对 1924 年竞选纲领中实行的政治路线负有全部责任。这个竞选纲领关于**在工业部门立即实行国有化、工人监督和民主**的部分是这样写的：

"工人党赞成所有大型工业——铁路、采矿业、大工厂、交通运输部门**立即实行国有化**，主张把在这些部门工作的工人组织起来，使他们在实行国有化以后**参加**对这些部门的**管理**和领导，以便**由此发展工业民主**，直到工业由那些生产国家财富的人实施监督。"

同志们，这段声明是 1924 年美国工人党竞选纲领的一部分。这个纲领是由那些责备中央现有成员实行右翼政策的同志们所提出和传播的。你们可以看到，1924 年的竞选纲领要求在资本主义社会里，在没有无产阶级专政的情况下和还在革命前就对整个工业立即实行国有化。纲领中谈到工人参加管理工业，换句话说就是实行阶级合作。其中又谈到，应当在今天的资本主义社会里就发展"工业的民主"；纲领还抱有幻想，似乎在工人阶级夺取政权并取得对国家政权和对工业的监督以前就能得到工业民主。我必须说，同样的错误在两年后，即 1926 年，在党的竞选纲领中又重犯了，尽管形式上不是这样愚蠢。

我们党的这两个竞选纲领都谈到实行国有化和工人监督的政策，布哈林同志在这里把它评价为走向社会民主党路线的一步。然而这些同志对这种倾向、这样大的错误，甚至没有提到，他们想充当美国共产党列宁主义政策的垄断者，但在草拟和签署这份题为《关于美国共产党内的右倾危险》的文件时，却对上述错误不批判，不指出，不改正。

关于立即实行国有化和工人监督的错误观点出现于 1924 年，也就是在上述同志主持中央的时候。**在这以前，美国共产党在这些问题上的路线是正确的。**在 1923 年第五次党代表大会通过的重新修改了的纲领中并不存在这个错误。甚至由我们同志所写的农工联合党的纲领也坚决抛掉了过去工人政党关于国有化的老幻想。还在 1923 年，我在自己的那个关于工人政党的小册子中就十分清楚地谈到这一点：

"它（纲领）抛弃改良主义的逐步国有化的幻想，并公开声明，在工人和农民能够实行国有化和公有制以前，他们首先应当夺取政权和取得对政府权力的监督。"

早在 1923 年，即在共产国际纠正布兰德勒关于对工业实行工人监督的错误以前，美国共产党就站在这个正确的立场上。

1924 年和 1926 年竞选纲领中的错误在 1928 年 5 月的最近一次竞选

纲领中得到了纠正。纠正这些重大错误的主动性不是来自签署这份称为《关于美国共产党内的右倾危险》的文件的同志，而是来自被他们斥之为右翼的中央执行委员会。我必须着重指出，如此出人意外地发现自己是"左派"的同志，本身却是在实行工人监督和立即国有化问题中错误政策的首倡者，而且他们对 1924 年和 1926 年竞选纲领的正确性一次也没有感到怀疑过，甚至在专门分析美共近年来犯有的一切所谓"右倾错误"的文件中，他们也"忘记"提示一下这个最重要的和最大的右倾错误。

美国共产党不隐瞒自己的错误。中央犯的错误是不是很多？是的，很多。中央有没有缺点？有缺点。中央在策略路线上的错误是不是很多？是的，很多。中央是不是进行自我批评，是不是努力改正自己的错误和缺点？我必须最坚决地声明，它是这样做的。只要指出中央五月全会关于工会问题的决议就足够了。这个决议对我们所犯的一切错误都毫不留情地进行了批评。读一下五月全会的政治决议，你们就会看到，它坦率地承认并纠正了中央所犯的错误。

谁也不会提出异议，正是现在的中央指出了党的前两个纲领中关于立即实现国有化、对工业监督和工业民主问题的极大错误。美国共产党目前的行动纲领则没有这样严重的右倾。

美国共产党，以及我们寄予希望的整个代表大会，都能对指责美共中央是右派或是它奉行右派政策的这种言论给予驳斥。仅仅根据我所说的文件中对美国帝国主义的绝对错误的分析和评价就提出这样严重的责难，是尤其不对的。

布伦克勒（德国）：

在我们这次世界代表大会议程的第一项中同时列入了青年共产国际的工作报告，这一事实是共产国际活动中一个良好的和具有典型意义的征候。必须争取青年劳动者的问题从来没有像现在这样坚定、绝对地提到共产国际的面前，当前全世界资产阶级正把争夺无产阶级和农民青年群众作为它准备帝国主义战争的最重要的手段。这就是为什么对我们这些共产国际的代表来说，极其重要的是要弄清，青年共产国际的影响在农民和无产阶级青年中究竟传播得有多远。为了阐明这一点，再一次引用某些资料将不是多余的。

青年共产国际在人数上是共产国际最强大的支部，它总共有 225 万人。但是，这样庞大的数量主要是依靠苏联共青团的成员多而造成的。除苏联共青团以外，各国共青团目前共有 12.7 万人。

在已加入共青团的青年工人这个总数中，还应当加上那些参加了青年共产国际的同情组织和辅助性组织的青年工人以及青年农民。在共青团被取缔时，这些同情组织和辅助性组织却是合法存在的，如：德国的红色青年阵线，法国的反法西斯支队，以及在共青团被取缔的一些国家中的许多合法政治组织，其总数有 7 万人。

但是，不能不指出青年共产国际的另一方面活动（遗憾的是，这次没有接触到这个问题，不过它在我们共青团的活动中却占有颇为显著的地位），这就是目前拥有 4 万成员的儿童团。

这正是青年共产国际及与其紧密联系的同情组织的组织状况。仅仅这些数字便已表明，与我们的共产党相比，共青团的组织成分还远不是令人满意的。诚然，这些数字丝毫不能说明共青团发展的本身情况：是停滞不前，还是向前发展。为此目的我们做了另一个统计，不久前在戈尔基奇同志的小册子中引用了这个统计。它是由执行委员会根据 10 个最重要的合法活动的共青团的资料制成的（因为只有在合法条件下工作的共青团才能公布成员的人数，就自己的政治和组织发展状况及影响程度提供一个清晰的概念）。

我们研究这 10 个合法的共青团从 1926 年春季以来的增长情况，并把这整个时间分成每6个月为一期，就可以看到以下情景：

1926年春为5.7万人，以后各期为6.1万和6.5万人，目前我们有6.9万人。从这些最主要的合法共青团的数字中可以看到，即使没有理由说开始出现明显的停滞状况，那也可以指出青年共产国际成员的数量增长是非常不够的。我再一次强调，这一·数量的发展绝对不能令人满意，青年共产国际的总的状况是无法用目前的客观条件来进行辩解的。

青年共产国际的定期刊物和书籍所载的资料同样符合我们青年共产国际上述的组织状况。如果我今天还要提到儿童团问题，那也只是为了促使世界代表大会注意我们儿童团的情况是非常、非常之不妙。前面我已说过，我们所有儿童团的人数，不包括苏联儿童在内，只有4万人。与资产阶级和社会民主党的儿童组织的庞大数字相比，这简直是太微不足道了。我们儿童组织的增长情况同样不妙：人数急剧下降。这里不能称为停滞。这里必须清楚地、明确地肯定成员的人数已经倒退，而且这恰恰是发生在像德国、英国、挪威、法国这些最重要的支部里。我们之所以能够把青年共产国际成员的总数保持在原有水平，只是因为最近时期我们在拉丁美洲、中国、蒙古成立了几个新的共青团。我认为，如果我们注意到了组织的人数，又考虑到了我们当前首要的、最危险的敌人即社会民主党，那么，我们把上面提到的事实看做是我们在组织和政治方面的消极面，那将不会是错误的。我在上面指出过，青年共产国际一些最重要的组织最近以来在政治活动方面取得了虽然不是足够的，但毕竟是一定的进步。在这些国家中，社会民主党的青年团，与我们的情况相反，正经历着组织上和政治上的深刻危机。这里，我可以提出这方面最适当的一个例子，那就是德国如此强大的社会民主党的青年组织，这个德国社会民主党的青年工人目前只有4万人。最近几年它的人数大大减少；因为不久前它还有10万多团员。我们在整个社会党青年国际中也可以看到同样的发展情景。这种状况不仅是客观原因造成的，而且是我们的青年组织和青年共产国际长期地、始终不渝地和正确地运用统一战线策略的结果。

在转入研究社会民主党儿童组织的人数时，我们应当预先说明，工人子女的政治作用，不言而喻不像已经参加生产的工人青年的作用那样重要。然而，工农儿童的教育工作对我们来说是非常重要的，因为依靠儿童组织来进行更新接替对共青团有巨大意义。必须指出，在我们共产党的儿童组织人数日趋减少的地方，社会民主党青年组织却在最近期间使儿童组织获得几乎创纪录的增长。试以德国为例。当德国社会党青年组织无论怎样努力也摆脱不了已经持续多年的经常性危机状态时，社会民主党的儿童组织却在最近几年走完了下列的发展道路：两年前在德国还没有任何一个稍许重要的儿童组织，目前儿童组织已拥有 10 万多成员。这里的发展情况与在我们组织中可以看到的情况截然相反，而且我们的情况首先应当归咎于我们共产党和共青团在无产阶级儿童运动方面的方法不当和积极性不高。

若干时间以前，我们在青年共产国际的执行委员会中已经讨论过我们国际青年运动的状况问题。早在本届代表大会以前就对我们的工作方法提出了修改方针的要求。根据布哈林同志的提纲可能形成这样一种印象，似乎提纲指出必须改变工作方法，只是现在才作为一个问题提到我们面前的。但是，情况并非如此。我们青年共产国际早就在研究改变工作方法的问题。还在 1925 年，在我们青年共产国际的各国共青团内最先产生了必须修改工作方法使其更加适应青年工作性质的想法。1926 年 2 月，青年共产国际执行委员会全体会议首次在这方面制定了明确的路线。我们是怎样在实践中进行这项工作的呢？应当说——这也是 1928 年春青年共产国际执行委员会全体会议所确认了的——个别国家的共青团在实施我们的决议时遇到了极大的困难，这是一些我们在作出决定时（1926 年）没有预见到的困难。我们不得不肯定地说，几乎只有德国共产主义青年团采用了这些新的工作方法。我们在德国共青团内运用这些新的工作方法也确实达到了一定的完善程度。仅指出采用这些新的工作方法的必要性是不够的；应当清楚地、明确地说明，这些新的工作方法是什么，应当怎样把它同我们老的传统工作方法联系起来，我们各国共青团面临着怎样的危险。在我们的第一个决议中——这是1926年春青年共产国际执行委员会全体会议通过的决议——谈到了这些新的工作方法对于我们的意义和重要性。新的工作方法并不是什么别的东西，而是在企业、工会、陆海军、体育组织内采取适合于工农青年思维方式、经验和思想情绪的群众性政治工作的指南。乍一看可能会觉得——这种看法也可能在很大的程度上引起严重的后果——似乎强调这些新的工作方法的必要性就意味着在某种程度上修改对我们生产支部工作和我们工会整个活动的评价。还有可能产生这样的观点和这样的趋势——实际上这已经发生了——似乎目前我们认为工会工作或共青团通过我们支部进行的经济斗争不那么重要了。实际上情况不是这样。问题不在于把共青团的整个活动从企业和工会转到其他方面，问题在于使这项工作的进行更适合于工人青年。因此，我们应当讲清楚我们关于这些青年工作新方法的观点。如果我们想使共青团成为群众性组织，我们应当在它们的日常实际工作中创造三个条件。第一，它们应当作为无产阶级和农民青年的政治领导者；它们应当把主要注意力放在政治生活问题上，特别是使工人青年感兴趣的问题上，放在成立工会、服兵役、关于帝国主义战争和他们的经济状况等问题上。它们应当在所有这些问题上实行一条明确的政治路线，所谓"明确的"路线，如果可以这样表达的话，那就是"青年路线"。这样一条清楚明白的路线是共青团群众工作的重要条件。第二，它们应当在工人青年通过生产支部进行的日常斗争中，以及在工会斗争中代表工人青年的经济利益。只有这样，它们才能变成群众性组织，即具有双重含义的群众性组织：一种含义是每个青年共产主义者在企业中都成为同事们的领导者，另一种含义是吸收青年参加组织和深入到群众中去。第三，同志们，应当使这项工作的形式不同于党的工作方法。共青团不应当简单地成为党的翻版，它不应当是第二个党，而应是采用符合工人青年思想方式的工作方法的青年组织。

我们不应当因此而忘记另一个情况：如果我们想巩固我们的青年团，我们就必须使共青团具有坚固的基础，这就是强大的无产阶级儿童运动。但是，现在我们儿童团的力量非常薄弱，比共青团还要薄弱，如果情况始终像现在这样，那么儿童团今后也将是共青团的薄弱基础。只要一些党团员否认群众工作必要性的错误观点在儿童团中仍然占统治地位，我们的群众工作就必然面临巨大的、无法克服的困难。

由于上述情况，各国共产党在与共青团的相互关系中面临着几项任务。

首先，重要的是政治领导问题。党应当对我们的工作方法和对共青团的政治领导形式有一个清楚的概念。目前共产国际的一些大党拒绝担负领导工人青年罢工的责任，一些共产党反对把党内辩论移到青年组织中去，如果想使我们的共青团获得正确的领导，那么这种情况就应当彻底根除。对于那些企图把共青团变成无定型的工人青年联盟的做法，同样应当给予有力的回击。

其次，我想再指出一个在党与青年的相互关系上迄今尚未揭示的情况。这就是工作人员从共青团转到党内的问题。请看一下我们各国党由共青团成员进行补充所占比重的统计。这个统计提供的数字是2%—5%。我们共青团只有少数团员在团龄期满以后入党。在这方面不仅是共青团员的过错，产生这种现象的原因，应当从党没有充分在共青团内进行挑选，即党组织没有充分挑选人才方面去寻找。上述现象之所以产生，还因为没有正确使用从共青团入党的青年同志。这就是应当引起共产国际更加重视的问题。

最后，我应当说，如果我们按照共产国际将作出的决议行事，那么共产国际和青年共产国际就能完全武装起来反对帝国主义战争，并使帝国主义战争转变为国内战争，而共青团的活动在顺利实施这场斗争中必将起到巨大的作用。

汉宁顿（英国）：

我代表英国代表团想谈的问题，主要的不是涉及布哈林同志谈过的，而是他忘记谈到的内容。布哈林同志对世界资本主义的经济状况作了精辟的分析。他谈了由于争夺市场而发生的冲突；他指出了殖民地国家是怎样同宗主国开始竞争的；他向我们阐述了，工业由于科学发明的应用和技术的发展而在提高工人劳动生产率方面取得了什么样的结果；他谈到了托拉斯和卡特尔的发展，以及那些推动资本主义走上合理化道路的力量。所有这一切他都阐明了，但有一个问题没有提到，这个问题与上述问题密切相关，并且实际上是由上述问题产生的，这就是失业问题。布哈林同志在提纲中强调了在工会、工厂、青年、反帝同盟等组织内加强党的工作的必要性。但是，他只字未提党员在失业者中进行工作的问题。

刚才发言的佩珀同志对失业问题不屑一顾，好像这个问题与共产国际的关系甚小。按他的话，一位英国代表说过，似乎布哈林同志在报告中没有注意失业问题。据佩珀同志的意见，我们甚至不可能指望布哈林同志在报告中谈失业问题。尽管失业无疑是非常严重的问题，尽管在失业中蕴藏着各种各样的革命可能性，但是按佩珀同志的话说，这个问题仍然不是那样重要得足以写在布哈林同志的工作报告中。

我倾向于认为，佩珀同志对这个严重的问题考虑得太少了，否则就不会这样说了。佩珀同志是代表美国共产党代表团发言的，而在这个国家里到处是大量失业，目前共有失业者约425万人，因此这就更加令人惊奇了。

请允许我就这个问题谈谈英国代表团的意见。我们认为，不注意这个广阔的工作领域，即在失业者中开展活动，乃是共产国际非常严重的错误。毫无疑问，失业是现代资本主义最大的问题之一。在资本主义上升的发展时期，拥有一支能够提供廉价劳动力的失业大军有时对企业主是有利的，这是一支与在业工人进行竞争的队伍，是一支在工业部门发生冲突时可以利用来打败工人的队伍。然而，目前失业已增长到这样大的规模，以致成为资本主义社会的最严重问题之一。失业现在是资本主义最大的经济矛盾之一。它威胁着资本主义制度的稳定。

布哈林同志强调了在群众中工作的意义。假如我有足够的时间，我可以从布哈林同志的提纲中引证许多地方来表明，他在工会工作、企业工作等方面谈得多么详细。使人觉得，除了工会、工厂、企业等，就不存在别的什么活动领域了。

现在让我们匆匆地看一下美国、英国、意大利和德国的状况。还可以提一下殖民地，例如新西兰、加拿大、南非的失业情况。在德国，目前失业大军的人数，按政府资料，已达 118 万人。在英国，据政府统计，失业者共有 119 万人。在意大利，失业人数达 50 万。在美国，我已经说过，失业大军的总数大致为 450 万。我所举的英国数字只包括在职业介绍所登记的失业者；同时还有成千上万的失业者因未领救济金而未列入这个数目内，因此目前英国失业者的总数更接近于 200 万，而不是接近 125 万。在英国，200 万的失业者意味着约有 12% 的劳动居民没有工作。在英国的煤炭工业地区，失业人数达到 25 万，必须指出，在像南威尔士这样的地区，没有其他工业能够吸收这么多失业者。因此这里存在着经常的失业大军，如果这些地区不开发新的矿井，或是这些失业者不能迁居到其他地区，那么他们就永远得不到工作。

在这种状况下能不能肯定地说这支庞大队伍对共产国际没有重要意

义呢？难道失业只是临时性的现象，而不是资本主义的现实的和严重的问题？如果它是资本主义社会涉及千百万工人的严重问题，那么共产国际应当考虑它，并制订一条关于失业的明确的政治路线。忽视这个很大的工作领域，就是犯了与忽视工会工作同样重要的错误。

请允许我扼要地谈谈表明党在失业者中工作重要性的几个基本因素。这也许对佩珀同志来说是特别感兴趣的。

首先，失业大军对在同资本主义斗争中进行群众鼓动和发展革命力量具有巨大意义。

其次，我们党领导下的失业者组织是工业冲突时期同企业主斗争的强大武器。

第三，失业与战争准备有密切联系。

第四，失业者是在反对资本主义工业合理化的斗争中可以利用的一支力量。

第五，失业是一股力量，在它的帮助下可以摧毁社会民主党的实力。

现在我们稍许详细地谈谈这五个因素。

为什么失业是可以用来反对资本主义的力量？为什么它属于进行群众鼓动的领域？不言而喻，这是显而易见的，未必再需要加以解释。人们失去工作，过着半饥半饱的生活这一事实本身，便已经把它们变成一群不满现实的人，他们准备进攻，准备听取我们党对他们说的一切，因为党给他们带来了战斗纲领。不言而喻，在失业者通常所处的绝望状况下，只有战斗纲领对于他们才是适合的。让我举几个在英国失业者中进行群众鼓动的例子。我觉得，我们作为共产国际的一个支部，可以把在英国失业者中进行过的工作引为骄傲。在我们党的领导下和在全国失业者委员会（这是一个运动，其中有我们党的最著名的同志在工作）的旗帜下，对失业者的群众鼓动是使英国的所谓"贫民法"起革命作用的手段之一。在 1920 年以前，官方是不允许运用"贫民法"来帮助有劳动能力的失业者的。在英国所有城市进行的、有成千上万工人参加的大规模群众示威游行迫使政府对"贫民法"作了修改，从而使由所谓地区的"贫民慈善救济机关"发给有劳动能力的失业者救济金的做法得以合法化。我们在群众中进行的大规模鼓动，迫使 1924 年的工党政府提高了社会保险补助金和改善了获得补助金的一般条件。

我要提一下我们前一个时期活动的情况，即南威尔士矿工向伦敦的进军。当时没有大规模的经济战斗，因为英国职工大会总理事会拒绝进行任何斗争，推行保证工业和平的政策。南威尔士矿工的进军可以说是 1927 年英国最大的一次群众行动。由于这次进军，可以看到一系列不平常的现象。甚至直到现在，英国的所有资本主义报刊仍然非常关心南威尔士煤炭工业地区的状况。设立了援助穷苦的失业采煤工的基金。成立了研究这些地区状况和寻找改善办法的公共委员会。曾经反对进军和力图搞垮进军的工党任命了几个特别委员会，派去访问南威尔士。在调查后，这些委员会要对南威尔士的状况提出最为详尽的工作报告。据最新消息，政府同意给英国煤炭的出口以补贴。所有这一切，正如我们知道的那样，是解决不了失业问题的治标办法，但是，这些措施是在 1927 年南威尔士采煤工向伦敦进军的影响下才实行的。

我还可以提出许多其他的大规模宣传鼓动运动，特别是 1922 年的饥饿大进军，在那次进军中来自全国各地的参加者有 5000 多人。

现在谈第二个问题。失业与战争准备有什么联系呢？首先我要提醒，在像英国这样存在着所谓志愿兵制军队的国家，新兵经常是由失业者，即从处于恶劣的经济状况、过着半饥半饱生活的人们中招募的。

英国在最近两个月内实行了一项新的失业者保险法。请注意一些数字，这些数字可以说明对 18—21 岁，即恰恰是对英国军队所需要的年龄范围内的失业青年减少补助金的情况。对于 20—21 岁的青年人，补助金减少了 4 先令，由原先的 18 先令减少到 14 先令。对 19—20 岁失业者的补助金减少了 6 先令，这样就降到 12 先令。对 18—19 岁的失业者，削减到每周 10 先令，也就是减少了 8 先令。难道这样的缩减与战争准备问题没有联系吗？这项关于失业的新法令是鲍德温政府根据布莱恩伯格委员会的工作报告制订的。工党有 3 名代表参加了这个委员会（其中有一个英国职工大会总理事会的成员），他们同布莱恩伯格勋爵和其他资本家签署了这份工作报告。不寻常的是，在公布布莱恩伯格工作报告以前，发表了一份关于英国军队的工作报告，这份报告表明，招募到英国军队的新兵数量减少了。在关于英国军队的这份报告中把新兵数量的减少归咎于给失业青年的补助金额太高。我们看到，紧接着这份报告公布之后，恰恰是兵士补充来源的那一部分工人青年的补助金降低了。补助金的减少是为了用饥饿的威胁来迫使失业者去当兵。同志们，我们应当记住，在有 200 万失业者的情况下，经常存在着一旦宣战他们将被组成志愿军队的危险，特别是如果政府同意为第一批征召的志愿兵提供特殊条件时更是如此，而政府是完全可能这样做的。我们的责任是在失业者中进行教育运动。我们不反对失业者到军队去，如果他们去当兵时是一些有阶级觉悟的无产者，如果他们在适当时刻能够利用自己的技术素养和军事素养去为工人的利益，而不是为资本家的利益服务的话。我们应当使失业者变成同政府斗争的因素。我们应当尽可能做到，使当兵者在未到军队以前已经具有阶级觉悟。这就是说，党应当在失业者中进行工作。

怎样利用失业者作为在工业发生冲突期间同企业主斗争的工具呢？企业主在与那些了解反对资本主义斗争性质的有组织的失业者打交道时，要把这些有组织、有阶级觉悟的失业者作为工贼来使用，那就难多了。最近 8 年来，在所有英国工业冲突中没有发现过出现工贼的情况。1920 年以前和战前，经常有大批失业者准备去抢罢工者或因同盟歇业而被解雇的工人留下的工作，而最近 8 年这种情况之所以没有发生，正是由于党在失业者中进行了工作的缘故。

怎样能够在反对合理化的斗争中利用失业者呢？我们知道，合理化意味着失业的增长。我们看看总理事会的代表乔治·希克斯不久前在伦敦召开的代表会议上就征集工会会员问题说了些什么。我们的代表在代表会议上彻底批驳了希克斯，因为他坚持同蒙德谈判的政策。我们的同志向希克斯和其他代表显示出我们是很了解合理化的后果的。乔治·希克斯在回答中承认，合理化意味着对工人的剥削更为加强，它导致工业中劳动的更大分工，导致排斥熟练劳动，它意味着取消工会对劳动的一切保护，而这可能会妨碍生产的增长。他承认，合理化意味着以最低限度数量的生产工人来榨取最大限度的生产力，合理化不可避免地使失业人数增多。不仅是希克斯，就连艾尔弗雷德·蒙德先生本人也是这样说的。不久前蒙德在《曼彻斯特卫报》发表的一篇文章中，在坚持合理化政策的同时，承认合理化会增加失业现象。

我说过，英国的煤炭工业地区有大量的失业人员。在不久前苏格兰和约克郡的煤炭工业实行合理化以后，仅这两个地区的失业人数在最近 4 个月内就增加了 3 万人。这对共产国际来说有没有什么意义呢？这是不是向我们提出了某种问题？这是不是开辟了一个新的活动领域？是的，我们获得了非常好的机会可以动员失业群众并在他们中间进行鼓动反对合理化造成的结果，因为我们可以向失业者表明，合理化不仅不能使他们回到生产中去，而且相反地，还会把更多的劳动者抛到街头。我们利用群众鼓动可以把失业者的力量联合起来，共同反对那些想使工业实行合理化的人们。同时，这也会使支持合理化政策的社会民主党的影响遭到损害。在这方面还可以引述另一个事实。在矿工向伦敦进军期间，英国职工大会总理事会利用工会运动中央机关来破坏这次进军。尽管西特林指示在矿工从南威尔士向伦敦进军途中的各地区工人组织不要给矿工以任何支持，但我们仍然决定，进军必须举行。我们希望工人们作出响应，当然我们并没有估计错误：在进军者经过的或宿营的每一个城市都举行了群众示威，工人们还为进军伦敦的矿工组织了欢迎会。这一切都是在不顾英国职工大会总理事会和工党执行委员会的阻挠的情况下进行的。在从南威尔士到伦敦的整个途中，我们粉碎了官方机构的对抗行动，从而表明不管总理事会作出什么指示，群众还是愿意联合起来帮助那些抗议南威尔士贫困状况的人们的。这意味着什么？这是一次对社会民主党人的反击，使他们在英国的影响遭到破坏。

我不能更详细地谈这个问题，因为我没有时间来谈它了。

现在谈另一个问题。目前，英国职工大会总理事会准备公布一个把失业者组织起来置于自己监督之下的计划。实际上这意味着什么呢？正当总理事会与蒙德携手合作共同实施意味着增加失业人数的合理化政策时，总理事会制订出把失业者组织起来的计划，这难道不是令人感到奇怪的巧合吗？我敢肯定，这里决没有任何偶然性。我不可能指出总理事会和蒙德之间有什么书面协定，但我认为，不需要有丰富的想象力，就能想象出总理事会与艾尔弗雷德·蒙德所联合的一群企业主之间已就制止失业日益增长的问题达成了协议。并且总理事会将会组织失业者，使他们保持安定。依我看，这是总理事会的一种伎俩，真实情况就是这样。

我们怎样担负起组织失业者的这项任务呢？共产国际应当委托各个支部按照英国现在组织的形式成立失业者的群众组织。这就是组织失业者参加日常斗争和参加争取补助金和争取支持的斗争。我们党是可以掌握对失业者的领导权的，因为党向他们提出了战斗性的政策，而这是社会民主党人不可能办到的。因此各国共产党可以赢得对失业者斗争的领导权。这场斗争不应是某个党偶尔采取的孤立行动。共产国际应当承认失业问题在全世界的重要意义，并拟定党在失业者中间进行工作的基本方法。

　　我们能够做到这一点，我们可以在失业者中间着手开展活动并取得领导权，因为社会民主党人在失业者中没有进行任何工作。这方面的情况不像工会运动那样，工会运动的领导权是属于社会民主党人的。我们正在为从社会民主党人的手中夺取对工会的控制权而斗争，但是社会民主党在失业方面还没有影响，群众是愿意跟共产党走的。如果我们不去领导失业者，社会民主党就会去做，过若干年后共产国际将不得不说："在我们面前呈现出一个开展工作的广阔天地——我们应当深入到失业者的队伍中去，使他们摆脱社会民主党人的影响。"如果我们竟然忽视这个重要的问题，忽视资本主义机体上的这块溃疡，那么我们就不能说，我们真正是群众的领袖。失业者是一群不满现实的人。我们应当认真地在他们中间开展工作。我们应当使他们的不满成为有组织的不满，我们应当掌握对失业者的领导权，引导他们同资本主义斗争，利用他们来推翻资本主义和建立共产主义。

　　（会议休会）

第八次会议

（1928 年 7 月 25 日）

主席：斯特拉霍夫

讨论布哈林的报告（续）

琼斯（美国）：

美国代表团完全同意布哈林同志的提纲。我只是想强调一下提纲中的以下几个问题。

第一个问题是，世界上最强大的帝国主义大国美国的地位日益巩固，美国帝国主义在墨西哥、尼加拉瓜和中美洲其他国家，在海地、圣多明各、维尔京群岛和其他西印度群岛岛屿，在菲律宾和南美各地的侵略性相应增强。最近，橡胶种植业在利比里亚兴起，这也是应当提及的事实，因为将有成千上万来自殖民地的黑人工人在这一工业部门工作，这将为美国向非洲渗透创造条件。

第二个问题是，美国力图与其他帝国主义列强一道，以"门户开放"政策为掩护，将中国革命镇压下去。美国在这方面的劲头正越来越大。炮轰南京便是鲜明的例证，这一事件的细节你们大家都会记得。我们应当同帝国主义的这种侵略行为进行斗争，加强我们对美国失业工人和未参加组织的工人的工作，因为这些人加入陆海军后便会成为帝国主义的工具。

　　还必须努力争取北美黑人工人与来自殖民地的工人——居住在美国的中国人、日本人、墨西哥人、非洲人之间的团结一致，把他们组织起来并吸收他们参加我们的党。

　　我们可以通过自己的青年组织、学校和社会团体以及这些人常去的俱乐部等开展好这项工作。这是反对帝国主义进攻的一种颇有成效的方法。

　　第三个问题是，美国和英国在经济上的竞争十分尖锐，而且愈演愈烈。

　　第四个问题是工会工作。应当特别注意对未参加组织的工人的组织工作以及对老工会组织的工作。

　　最后一个问题是黑人的组织问题。布哈林同志极其尖锐地提出了这个问题，他在提纲中至少两次提到并强调了这个问题。但是，为了达到这一目的，必须提高各党党员的理论水平。

　　由于时间有限，我不打算详谈所有这些问题，只想涉及最后两个问题，那就是未参加组织的黑人工人的组织问题和为此而必须解决的黑人的组织问题。党应当比迄今为止花费更多的精力开展这项工作。工人宣传联盟执行委员会同样应当有黑人参加。

　　根据布哈林同志的提纲和他后来在报告中强调指出的问题，我们认为，帝国主义国家的所有共产党都应当开展斗争，反对对居住在这些国家中的少数人种和少数民族及与他们有联系的人实行的"白人沙文主义"。

　　我们的代表大会至少应该有一名南非共产党的黑人代表出席，因为南非党内黑人党员人数超过了白人，而且这个党是共产国际的一个重要的支部。

　　美国共产党内的沙文主义比共产国际任何其他支部都更严重。正是由于这个原因，美国党内的黑人党员少得可怜，而美国的黑人人口达

1200 万之多。我可以举出许多事例来说明，由于我们党内存在沙文主义和机会主义的立场，没有采取有力的措施反对种族偏见的种种表现，因此使我们党的工作受到不良影响，使组织黑人的工作受到阻碍。布尔什维克党内不应有种族偏见的立足之地，不管它以何种形式表现出来，都应当采取果断措施予以反对。这里不允许用任何客观条件和社会民主党思想残余之类的语言来进行辩解。布尔什维克应当有能力克服它，谁做不到这一点，谁就不能在共产党中立足。

为了进行辩解，有人搬出了其他许多理由。比如，有人说，战争时期和战后，由于工业部门大量吸收工人工作，结果，加剧了白人工人和黑人工人在经济上的竞争。这种说法基本上是对的，但它不能成为白人工人工会上层诬称黑人是潜在的工贼的根据。可是，这种观点在我们的某些党员头脑中，特别是在工会宣传联盟中，也有所反映。

我们知道黑人在一些场合下被迫扮演这种角色的原因，所以毫无必要在这次会上去谈论它。

由于不懂得对北美人口中最受压迫的黑人劳动群众开展工作可能调动起来的潜在革命力量，所以导致了对这项工作重要性的估计不足。美国帝国主义者大大早于我们理解了这种革命潜力，如果不是受时间限制的话，我可以列举许多例子说明这一点。

所有这一切造成了一种不利于党内黑人工人人数增长的不健康气氛，这也可以说是黑人之所以成为不稳定因素以及不少黑人对党存在敌对情绪和离开党的队伍的主要原因。另有一些人说，不幸的是我们黑人同志加入党以后依然保持着黑人的身份。这种说法是对的。但是，产生这种情况的原因在于现有的环境迫使我们这样做。我们自己思想上也有过分强调主观因素的倾向，这是我们应当纠正的，我们应当表现出更多的主动精神，更多地关心全党的工作。我所提到的党内目前存在的那种气氛必须改变，必须开展斗争，以便消除这种不信任的情绪。

存在这种气氛的主要原因之一是，我们过去没有系统地开展足够有力的斗争以反对沙文主义。只是在最近一段时期，我们才看到开始对种族偏见展开坚决的斗争。但这还不够。例如，底特律党组织采取了迅速而果断的措施，开除了一名党员，处分和撤销了另一些人的工作。但是，还需要再前进一步。根据政治局的记录，中央委员会有两名成员与此事有牵连。如果这一情况属实，那么，必须采取严厉措施处理这两名中央委员。

不能说党没有作出任何努力来组织黑人（福特在下面插话："表现在什么地方呢？"），也不能说我们在这方面什么都没有干。我们作过某些尝试。如果说由于犯了种种错误，由于缺乏明确的路线，我们未能取得成果，那是另一回事。主要是在最近几年，我们确曾作过努力，提一提其中的某些方面并加以阐述，是完全适当的。例如，召开黑人工人代表大会，就是这种尝试。这次尝试未获成功，因为代表大会准备不足、领导无方，但它终究是作了某种努力的证明。还曾做过努力，以期吸收更多的黑人参加全党性工作，这项活动还应更广泛地开展起来。

曾试图把黑人组织到各种协会中去，但这些工作同样开展得不够有力。帕塞伊克发生罢工时，也曾在黑人中做过某些工作，在黑人矿工中做过一点工作，但是，还不够有力，所以我们应当继续加强这方面的工作。

在最近的选举运动中和最近的一次党代表大会上，250 名代表中有25 人积极参加了各种委员会的工作。我们的选举纲领对黑人问题阐述了极其明确的意见，但是，我们不仅要把纲领写好，还要在行动中贯彻好，使写在纸上的东西得到实现。

不久前我们还曾试图渗透到南部各州中去。这是一项很重要的任务，我们应当尽力做好它。

我们在工作中犯有许多错误，原因是整个党的工作和黑人同志的工作还没有紧密地配合起来。一度曾出现过一种倾向，想把这项工作托付给几位党对他们已不再有影响的同志去做。布哈林同志谈到必须提高各共产党的理论水平，这对我们党也是完全适用的。我们应当自上而下地加强对全体党员的思想教育，促使他们懂得在黑人中开展工作的意义，懂得在一切地区党组织中同黑人相互密切配合的必要性。我们应当有十分明确的纲领和未来工作的明确路线。

同志们，我还就美国共产党内部的状况讲几句，然后就要结束我的发言了。我知道，我们党的领导犯了一些重大的右的错误，但是，因此而断言我们党的领导的整个政策都是右的政策，那是不正确的。其次，因为存在这些错误，就去搞派别斗争，那不是纠正这些错误的正确途径。

至于在黑人中开展工作时所犯的错误，那是整个党犯的错误，而不应当把它作为某一派的错误来议论。在不久前才加入我们党的黑人中间，有不少人在开展批评时有一种过分强调主观的倾向。我已经了解到，产生这一倾向是有客观原因的，但是，我们还是应当克服它。

我完全同意那位同志的意见，必须采取断然措施反对一切企图重新挑起我们党内派别斗争的行为。这位同志说，对黑人的工作问题在我们党内变成了一个足球，被双方踢来踢去。我自己不止一次经历过党内的斗争，所以完全同意他这个比喻。然而我们应当作出一切努力，使这个问题不再成为派别斗争的足球。要想保持事物的现状，最可靠的办法之一就是，让自己受骗并且相信所谓在轻视这项工作方面，党内的某一派比另一派责任更大。而我要说，整个党对这项工作都是忽视的。

如果少数派说他们在对黑人的工作问题上发表了相当有力的言论，那么，这一点应当在会议记录中反映出来。如果实际情况不是如此，那么，少数派就不能少负责任。

会上有人提到一位应当同我们代表团一起来参加会议的同志。我指

的是莫尔同志。他可能有某些反党观点，我并不打算为他的观点进行辩
护。我已经说过，有些客观情况往往要对这些观点负责。如果说这位同
志果真对反党活动负有责任的话，那么，他的错误应该纠正。我要声
明，这位同志应当被派到莫斯科来，因为我认为，他还没有对党失去信
心，因为他作为美国黑人工人代表大会的正式领袖还起着巨大的作用，
而且我认为（这是我个人的看法），他可以被党挽救过来，因为他还年
轻，还可以改正错误，应该邀请他来出席会议。当这个问题被提交英美
书记处讨论时，美国共产党全体领导人都反对这位同志前来莫斯科。这
样一来，就十分不明智地在这方面搞起了派别争论，这样做至少是无助
于这位同志的。

我们中某些同志特别强调，他们愿意比别人更多地承认自己过去的
错误。这种态度是正确的。在莫斯科承认自己犯了错误，这是回心转意
的好事。但是，对我们产生印象的将不是他们在这里承认些什么，而是
他们回到美国后实际上做些什么。当我们对黑人的工作在黑人委员会中
遭到批评的时候，某些同志企图进行辩解，这同样是不对的。

最后，我想再次强调加强黑人中的组织工作的必要性。我们应当承
认，对黑人群众的工作，对我们来说是可以产生巨大的革命潜力的。他
们是我们手中的强大武器，是可以用来对付美国帝国主义的强大武器。
我们的责任就是要把这些群众组织起来。只有完成了这一任务，我们才
有可能动摇美国帝国主义的基础。

格拉哈姆（捷克斯洛伐克）：

我想谈一谈提纲的第二段，这一段阐述国际关系和所谓内政问题，
因此，我还将涉及捷克斯洛伐克在帝国主义大国共同行动中所起的
作用。

这里的基本问题是资本主义世界对苏联的态度问题。布哈林同志将

这个问题摆在首位，这是对的。但是，由于提纲中有关段落结构安排上的失当，这个头等重要的问题的意义又被缩小了，它被置于与帝国主义大国本身之间相互关系问题的同等地位。可是，要知道，这两个问题无论在内容上还是在性质上都是互有区别的。

以帝国主义国家为一方和以苏联为另一方之间的矛盾，不是别的，而是激化到了极点的阶级矛盾。一边是掌握了国家政权的无产阶级，另一边是执政的资产阶级。

帝国主义国家之间的矛盾，甚至像英美之间已发展到对抗规模的那种矛盾，就实质而言，乃是两个相互竞争的集团之间的矛盾。就本身的社会意义来说，这些矛盾是不能同阶级矛盾等量齐观的。总之，从原则上考虑，这两个范畴既不应当并列于同等地位，就其意义来讲，也不应当前后衔接。

然而，不仅从原则上考虑，不能把这两个问题混为一谈；从策略上，即从宣传上考虑，也十分重要。鉴于一旦爆发战争，资本主义国家的工人群众中还存在着强烈的"保卫祖国"的思想倾向，因此，我们在日常工作中必须特别明确地强调帝国主义的反苏战争和帝国主义阵营内部的战争之间存在着原则性的阶级区别。否则，我们就会削弱我们为保卫苏联免受帝国主义进攻而开展的宣传效果。布哈林同志在其提纲中阐述策略任务的一节（第6节第30条）里，间接地提到了这一点，但在我现在所说的一段内容中，却完全没有直接提到正在策划中的反苏战争的阶级性质。

我之所以认为，提纲中应有专门的一节来讲这个问题，以便从原则上阐明资本主义世界和苏联之间矛盾的性质以及这些矛盾发展的具体阶段和形式，原因就在于此。

由于问题涉及的是帝国主义大国之间的矛盾，所以布哈林同志提纲的基本思想无疑是正确的。重点是谈美国与英国的相互关系。提纲中的一个新的观点是，强调指出了德国在欧洲帝国主义势力的格局发生变动中所起的作用，特别是德国的亲西方方针对这一格局变化所起的影响。总的来说，这个观点也是可以同意的。

然而，我认为有一种看法是错误的，即似乎德国加入反苏联盟，便意味着迄今为止帝国主义在欧洲最主要的矛盾——英法之间的矛盾就此消失，现在好像就剩下了意法之间的矛盾。英法之间争夺欧洲霸主地位的斗争，同它们在殖民地问题上的矛盾一样，仍在继续，而且意大利帝国主义（它当然也追求自己的目的）在其中扮演着英国代理人的角色。诚然，英法之间出现了某种"接近"，因为两个力量悬殊的对手（如现在的法国，它的阵地正一个个地丧失）之间这样的关系也可以称之为接近。这是在英国占据霸权地位之下发生的"接近"。当法国在小协约国和巴尔干问题上连遭挫折的时候，德国新帝国主义的崛起及其亲"伦敦"色彩重于亲"巴黎"色彩的方针，无疑地对欧洲帝国主义内部力量的变更有着决定性的意义。因为德国虽然严重地依赖于美国，却力图推行自己的帝国主义政策和摆脱美国的影响，所以应当承认，欧洲力量格局现在出现的变化是对英国有利的，但是不应忘记，法国帝国主义今后同样会竭尽全力，希图改变这种关系，使之有利于己。我们指出这一切的目的是想说明，英法矛盾今后仍将是欧洲帝国主义内部最最主要的矛盾。而提纲草案没有指出这一点。

尽管帝国主义力量的格局变化无常，令人眼花缭乱，但是不难看出，欧洲主要存在着两种趋向：**第一种倾向是主要的、最为重要和稳定的倾向**，即组成反苏联盟的倾向；**第二种倾向是变化较大的倾向**（因为资本主义的欧洲严重依赖于美国），这种倾向激化的趋势是欧洲资本主义国家正组成反对美国的联盟。两种倾向都是英国带头搞起来的，它企图由它充当盟主，组成欧洲资本主义国家联盟，第一反对苏联，第二反对美国。我看提纲在这个问题上是存在缺陷的，因为它没有指出反苏联盟是以英国为首的，而最近一个时期发生的种种事件充分证实，共产国际前几次全会即已作出的上述判断是绝对正确的。

希图组成统一的反苏阵线，自然会遇到巨大的困难，这是相互竞争的资本主义大国之间的矛盾所决定的。它们之间的利害冲突有时是如此地激烈，以致上升到第一位，使帝国主义国家格局变更中基本的反苏倾向都被冲淡。这种情况特别是在中欧，在意大利和南斯拉夫大、小协约国和匈牙利之间的政治关系方面，表现得尤为明显。但是，起决定作用的帝国主义大国力图把借助战争解决帝国主义矛盾的问题推迟到向苏联发动军事进攻之时。它们将在何种程度上获得成功，这是另一回事。但是，这种倾向是存在的，应当估计到这种倾向并在提纲中给予应有的注意。有人说，这样做会把帝国主义大国间发生战争的危险置于次要地步，这种想法是没有根据的，何况我们对问题的提法有助于提高我们为保卫苏联而开展的宣传工作的说服力并帮助它取得成功。

总之，根据我的看法，提纲中必须更为鲜明地突出以下几个问题：

（1）资本主义世界和苏联之间矛盾的阶级性质；

（2）英国是反苏阵线的为首者这一事实；

（3）英法矛盾和过去一样，仍然是欧洲帝国主义间的主要矛盾；

（4）帝国主义者主观上企图将其相互间的军事冲突推迟到向苏联发动军事进攻之时。

以上就是我想就提纲所发表的意见。现在谈捷克斯洛伐克所处的国际地位。

捷克斯洛伐克完全受制于帝国主义大国，它的国际地位也是由此决定的。捷克斯洛伐克是**英国和法国**争夺的对象。最近以来，**德国**的影响无疑在增长。竞相争夺对捷克斯洛伐克控制权的帝国主义大国企图：**首先**，扩大自己的剥削范围；**第二**，在与主要竞争者的斗争中夺取阵地；**第三**，把捷克斯洛伐克拉入反苏联盟。竞争中的每个国家都各将上述倾向中的某一倾向置于首位。

英国的主要企图是将捷克斯洛伐克拉入反苏联盟；法国则把对捷克斯洛伐克的政治影响看得最重，把它当做与日益严重的来自英国和德国新帝国主义的压力相抗衡的力量；而对德国来说——至少在目前时期如此——实行经济扩张是起主要作用的因素。

当然，捷克斯洛伐克的资产阶级过去和现在都试图不顾自己所处的从属状态，在某种范围内实行独立的政策。顺便说一句，小协约国就是这种倾向的一种表现，作为经济上最强的成员国，捷克斯洛伐克力图在其中起领导作用。小协约国是在法国的保护下成立的，它也是法国的政治工具。小协约国的基本任务是保证和平条约的执行，而在这方面法国帝国主义的利益和小协约国成员国资产阶级的利益是一致的。

德国帝国主义的复活和由此而引起的欧洲力量分布的变化必然会动摇小协约国的地位。事实上，我们就是小协约国垮台的见证人。小协约国各个国家在圣哥达冲突问题和意南冲突中的态度就是鲜明的例证。小协约国的垮台，一方面是英国势力增长的直接反映和德国帝国主义日益加强的间接反映，另一方面则是法国帝国主义影响衰落的表现。与此同时，在小协约国解体的过程中也可以看到我所说的英国同法国某种接近的成分。这在意南冲突中反映最为明显，在发生冲突的过程中法国一直促使南斯拉夫对意大利帝国主义采取忍让态度。这就是在目前英法两国相互关系中也可以看到的接近过程，虽然所占比例还不大。

英国和意大利都从自己的政策利益出发利用和平条约造成的矛盾。为此，它们软硬兼施，诱惑和鞭打并用。一方面百般承诺，另一方面威胁恐吓。它们答应在修改特里阿农条约时给匈牙利以帮助，以此威胁小协约国成员国。但是，它们的主要目的是联合所有这些国家，组成在它们控制之下的反苏联盟。

在英国对捷克斯洛伐克的政策中，这一点反映得最为明显。对遵守和平条约，特别是特里阿农条约的关心，使捷克斯洛伐克资产阶级无论在军事还是在政治方面都同法国帝国主义联系在一起。法捷之间经济联系不多，但法国对捷克斯洛伐克的影响很大，原因就在于此。由于同样的原因，英国主要是在**政治方面**——在修改特里阿农条约问题上对捷克斯洛伐克施加压力。罗瑟米尔的鼓动性宣传和意大利示威性地表示支持匈牙利关于修改条约的要求，都可以作为施加这种压力的明显例子。第二个带有**军事**性质的攻击发生在圣哥达冲突和向匈牙利偷运意大利武器的时候。第三个行动是**经济**性质的运动。这就是英国降低蔗糖的税收，这对捷克斯洛伐克向英国输出精制糖块造成了严重的障碍。了解制糖工业对捷克斯洛伐克的意义和英国在捷克斯洛伐克出口中所占的极大比重的人，一定会理解英国这一举动的严重性。除此之外，英国对捷克斯洛伐克施加压力的做法，对捷克斯洛伐克同其他国家签订贸易协定也有不良的影响。英国帝国主义无疑向这里伸出了很长的魔爪。

捷克斯洛伐克资产阶级对英国日益增强的压力作出了何种反应呢？它的反应是，金钱退却，交出阵地，始终一贯而且颇为卖力地表示愿为英国的基本目标服务，也就是说采取最紧密联系的方式靠拢反苏统一阵线和参加反苏战争的准备。我们有各种性质的有说服力的例子，足以证明这一点。

一类例子属于**国际性**事例。捷克斯洛伐克至今不承认苏联政府，尽管这样做给它的经济利益带来严重的损害。捷克斯洛伐克正逐步同德国"接近"，而这不仅仅是出于经济需要的压力，而且是在英国的压力之下发生的。捷克斯洛伐克对法西斯帝国主义的挑衅行为不置一词，而且在英国的压力下，正在寻求同匈牙利"妥协"的途径。

第二类例子属于**内政**方面的事例。在捷克资产阶级同少数民族资产阶级，特别是德国资产阶级接近的同时，捷克斯洛伐克的资产阶级一方面在捷克斯洛伐克组成多民族的资产阶级政府联盟（当然，内政问题在组成这一政府过程中起着明显的作用），另一方面正加紧迫害无产阶级群众运动，企图在一旦发生战争时确保自己的后方稳定。在采取这一步骤时，捷克斯洛伐克资产阶级甚至并不想掩盖英国在这种向无产阶级，特别是向共产党进攻中所起的重大影响。一遇机会，它就喋喋不休地宣称，国外，也就是英国，对捷克斯洛伐克"不信任"的主要原因是，捷克斯洛伐克还存在着一个群众性的地下共产党。捷克斯洛伐克资产阶级最近在政治、法律、行政各方面耍弄的手腕，目的都是为了扼杀革命的无产阶级阶级运动。

　　第三类是**社会**性质的例子。同各地一样，在捷克斯洛伐克，资本家组织同国家机构的结合以及改良主义上层同国家机构和资本家组织的结合正加速进行。捷克和斯洛伐克的社会民主党完全支持捷克斯洛伐克资产阶级的对外政策，而且经常带头诽谤苏联。更有甚者，社会民主党的一位代表在罗瑟米尔发言时，还第一个公开表示捷克斯洛伐克自愿在反苏斗争中为英国效劳，声称捷克斯洛伐克将是比匈牙利更好的对付布尔什维主义，即对付苏联的屏障，说英国利用匈牙利作为自己的工具是不智之举。德国社会民主党对捷克斯洛伐克资产阶级的政策不满只是由于这项政策还不能使德国资产阶级完全满意，因为它"依然带有原来的亲法色彩"。现在，捷克斯洛伐克的政策向德国和英国方面作了变化，所以也就受到德国社会民主党方面的充分赞赏了。

　　捷克斯洛伐克资产阶级与社会民主党同时在为自己准备法西斯后备力量。虽然在捷克斯洛伐克代表**正式的法西斯主义**的只是一小撮冒险分子和无赖，但是，法西斯主义得到政府和资产阶级的支持，即使不是近期，将来也无疑是一种危险。此外，资本家们正加紧在企业中培植法西斯主义，他们在企业中建立黄色"工会"，这些工会都由大资本的党——国家民主党实行直接的政治领导。这个运动自然还不够稳固，但是来自这方面的危险却比来自"官方的法西斯主义"方面的危险严重得多。除此以外，资产阶级还在形形色色的行会和联合会的名义下组织和武装一种**法西斯警察**。属于这类组织的其他组织有：叫做农民骑兵队的射击协会、传统的民族体育组织"雄鹰"、教权主义体操联合会"鹰"，等等。最后，由于法西斯主义和改良主义实质上只是同一事物的两个侧面，所以捷克的社会民主党体操联合会和亲"社会党"的特种兵团战士联合会都属于捷克资产阶级的后备军。这种组织中有数十万而不是数万无产者、半无产者、农民和小资产阶级，所以，法西斯主义在捷克斯洛伐克的社会基础是十分广泛的。值得注意的还有，捷克斯洛伐克资产阶级正在起劲地鼓吹工会国家化，特别是在当前，它正在改良主义上层分子的积极协助下力图使合作社运动与国家机构和资本家机构实行同化。

第四类现象属于**军事技术**性质。这类现象可以证明捷克斯洛伐克主要为了英国的利益而在准备反对苏联的战争。捷克斯洛伐克建立有不受议会监督的特别军备基金，这项基金不包括在经常的军费预算之内。法律上规定缩短服兵役期限，实际上服役期仍为 18 个月。军官和士官队伍在扩大。士兵被剥夺了选举权，并且加强了纪律约束。仿效法国的榜样召开了专门军事会议并且正在郑重其事地考虑按照保罗－邦库尔的法国模式颁布一项法令。兵工厂的生产搞得火热，规模越来越大。航空工业和化学工业享受国家的津贴，新的化工部门正在建立。捷克斯洛伐克向中国的反革命势力提供武器，并且打算变成为反苏战争服务的巨大军火库。

简单地说，所有这一切都证明，捷克斯洛伐克现在已经是反苏联盟中一个积极活跃的因素，在策划的反苏战争中，它将担负重大的任务。捷克斯洛伐克摇摆于法国和英国以及某种程度上和德国之间，这是无可争辩的事实，但它并没有使上述倾向发生任何变化。

与此同时，**捷克斯洛伐克和匈牙利之间**无疑存在着爆发战争的危险。决不能低估这一危险。但是，如果承认我们在开头部分阐述的论点，即帝国主义大国有意将它们相互之间军事冲突的爆发推迟到从军事上消灭苏联的时候的论点，是正确的话，那么，面对资本主义世界和苏联之间的基本矛盾，捷克斯洛伐克和匈牙利之间比较次要的冲突就退居第二位了。捷克斯洛伐克资产阶级表示愿意在反苏活动中为更大的帝国主义强国的利益服务，指望通过这种办法加强自己在同匈牙利这个对手斗争中的地位。

捷克斯洛伐克共产党是怎样为反对捷克斯洛伐克资产阶级这种外交方针而斗争的呢？我不打算在狭义上谈捷共同战争危险所作的斗争，我只能概括地讲一讲。总的说来，捷克斯洛伐克共产党对与捷克斯洛伐克对外政策有关的所有事件、现象和问题都没有作出足够的反应。不错，最近一次党代表大会确实在这个问题上采取了正确的观点：确认英国在捷克斯洛伐克的影响日益增长并把这一影响的增长与捷克斯洛伐克被逐步拉入反苏阵线同等看待。但是，在同这一倾向进行的实际斗争中，我们往往落在形势之后，或是局限于在报刊上进行宣传。例如，对罗瑟米尔的发言作出回答的问题，在几个月内一直是斯洛伐克和乌克兰喀尔巴阡山地区目前最紧迫的、也是引起广大群众注目的问题，可是我们却严重耽误了开展运动的时机，即使后来开展了运动，但也未能超出报刊的范围。在圣哥达冲突期间，我们没有给资产阶级政党和社会爱国党的诽谤以应有的回击，而我们在议会中和报刊上开展的运动又未能与群众运动结合起来。至于在捷克斯洛伐克向中国输出武器的问题上，我们在发表宣言之前一直持消极的态度，只是在报刊上开展了相当无力的运动。最后，当捷克斯洛伐克资产阶级紧张忙碌地向广大政治觉悟不高的群众宣传共产党的存在是捷克斯洛伐克在对外政策上遭到困难的主要原因的时候，我们也没有在群众中给这一运动以应有的回击。然而，十分清楚，如能这样做，那对于争取党的合法存在是会有重大意义的。

捷克斯洛伐克共产党存在这些缺点的原因，首先是由于捷克斯洛伐克的无产阶级运动一向存在着地方主义的陋习；其次是因为没有通过对国际问题认真而有计划的分析，充分地开展反对这种陋习的斗争；最后，在日常工作中、发言中和做鼓动工作时还不很善于把这些问题同工人阶级迫切的现实斗争和利益结合起来。

尽管存在这些缺点，但是，仍可肯定，捷共在上述领域向前大大跨进了一步，与前几年相比，捷共在解决国际问题方面取得了可观的成绩，如能在党内创造一定的前提条件，它在这方面的布尔什维克化进程也必将以更快的速度向前发展。

黑克尔特（德国）：

鉴于总形势的变化，共产国际第九次全会决定开展强有力的斗争以反对改良主义。布哈林同志在其报告中强调指出，我们对改良主义的策略上的这一变化，要求我们加紧开展工作。十分明显，改良主义者们也必将采取相应的办法来对付共产国际发出的战斗号召。我们看到，在一系列国家中，改良主义对思想激进的工人，特别是在工会组织中的工人的进攻已极度激化。改良主义者对反对派的这次猛烈进攻导致的结果是，我们的队伍中出现了某种不积极贯彻第九次全会决议，特别是与这些决议精神完全一致的红色工会国际第四次代表大会各项决议的消极态度。在许多国家中还有一些同志为这种消极态度寻找根据，说什么红色工会国际代表大会的决议是危险的，它是鲁特·费舍时代德国采用过的方法的重演。不仅如此，他们甚至说，由于我们采取的策略和所通过的决议，我们自己正在挑动人们开除持反对态度的工会工作者和对反对派采取阿姆斯特丹国际所采取的行动。最后，他们还声称，根本不需要作这些决议。说什么产生这些决议是出于某种急不可待的情绪；改良主义背叛工人阶级已不止一次，因此，使人不可理解的是，现在没有发生任何变化，那么有什么必要改变我们的态度呢？与这种情况相反，我们必须指出，最近几个月来，改良主义对工人运动队伍中持反对态度的人的进攻在数量方面也大大加强了。这种对反对派的进攻在所有国家都发生了，而且改良主义采取的手段是十分残酷无情的。改良主义者到处分裂工会，排挤工会组织中持反对态度的优秀领导者。在考察这一事态的过程中，必须说，黑格尔关于数量转化为质量的一句老话是正确的。总之，即使仅从改良主义者发动攻击的数量看，也可看到，情况发生了变化。但是，这种变化不仅涉及攻击的数量，而且涉及攻击的质量。改良主义同资产阶级国家的共同语言越多，它参加资产阶级的经济建设活动越卖力，它把资产阶级经济的顺利发展同工人阶级的利益越是混为一谈，那么，它就必然会对工人阶级中的革命部分，对工人阶级中的马克思部分发动更激烈的进攻。这一点在改良主义者的一切行动中都有所暴露，如他们对资本主义国家的态度，他们的民族局限性，这种局限性弄得他们把资本主义的复苏也当成工人阶级的任务加以宣传。这也是他们对仲裁问题的态度所造成的。他们必须赞成强制性仲裁，因为靠这种办法才能缓和和消除资本主义制度的某些矛盾。出于同样的原因，改良主义对合理化也同样采取了欢迎和鼓励的态度，而不去区分是资本主义制度条件下的合理化还是另一种经济制度条件下的合理化。在它看来，重要的是合理化本身，所以任何经济制度下的合理化都是好的。这就是改良主义不能也不愿同合理化造成的后果作斗争的原因所在。不错，它承认合理化造成的事实，它对美国经济创造了所谓奇迹并给工人提供高工资，而其他国家却做不到这一点感到惊奇。改良主义不理解，造成这种情况的原因是什么，为什么像德国这样的国家不可能达到这样的高工资。所以它要阻拦工人利用形势开展争取提高工资的斗争。按照改良主义者的看法，按照他们的理论，这种斗争不会改善工人阶级的处境。例如，德国工厂工人联合会（化工部门工人参加这一组织）的改良主义者就是这样解释这一点的，他们说，通过与化工部门领导人的谈判，工资提高了 6 分尼，而同一地区五金工人通过 4 周罢工才提高工资 5 分尼。总之，通过同资本家进行的不打乱经济活动的谈判，比依靠罢工更容易取得某种收获。不言而喻，这种理论必然使改良主义走向蒙德主义，走向保持工业稳定的思想，走向工人阶级和资本主义相互关系的新理论和经济民主论。这种理论也把改良主义同民族资本的利益拴在一起，使它丧失一切按国际团结精神行事的能力，相反，它得同希望实现国际团结和开展严肃斗争的工人去斗争。我们在英国煤矿工人罢工期间就看到过这种例子。当时，改良主义者提出的问题不是如何帮助英国的矿工取得同资本家斗争的胜利，他们提出的问题是，如何帮助我国的资本家重新夺回他们在战争时期丧失的那部分市场，怎样为由于实现合理化而日益发展的经济获取更多的市场？由此可见，他们捍卫的是民族煤炭工业的利益。在捷克斯洛伐克、比利时等国，我们也看到了同样的情况。总之，到处都有这类现象。发表有利于声援矿工斗争的言论的工人遭到迫害，被开除出工会。

我们看到，改良主义者支持本国统治阶级的战争政策完全是有意识的，因为战舰、士兵以及潜艇都是为保卫本国市场所必需，都是为了保证或扩大本国工业对世界市场的贪欲。因此，在资本主义遇到危机的国家中，改良主义总是暴露出它极端偏向于法西斯主义的倾向。改良主义充斥着保证工业稳定的思想，再往前走一步，就会发展为法西斯主义，就会去维护侵略性的对外政策，就会拥护采取严厉手段对付本国的革命分子。

总之，我们已经看到，改良主义终究还是有变化的，所以我们不能不比迄今为止更为坚决得多地同它斗争。不言而喻，这一斗争将会产生它的后果。

但是，除了这些主观上的原因之外，也有客观上的原因，经济形势的变化也要求我们采取比过去坚决得多和严肃得多的态度去同改良主义斗争，并且更明确地同它划清界限。

相对的稳定未能转化为持久的稳定，所以在分析资本主义大国的资本主义经济时，我们可以看到，出现了相当严重的动摇不定的分子。根据已经查实的事实，美国的失业工人人数已超过 400 万，世界出现了煤炭危机，美国过剩的矿工人数已达 30 万，英国过剩的矿工也有此数，德国有 5 万名矿工被列入裁减之列。在这种情况之下说资本主义在改造中是不恰当的，这样会把我们引向完全错误的方针。

合理化使资本主义的这种状况更为加剧，而且激化速度很快。生产能力的增长速度十分惊人，生产能力与市场容量之间的比例失调越来越明显。这种比例失调的情况是如此地严重，以致一些出名的资本家也不得不公开承认这一点。大化学企业、萨克森的林纳康采恩的经理、商业顾问济歇尔在 7 月 20 日的《探索报》上发表了一篇题为"成绩何在？"的文章。他在文中证实说，在所有实行合理化的生产部门，价格不是下降了，而是提高了，他还提出了资产阶级经济学大权威人士、瑞典经济学家卡塞尔曾提出过的问题："这一问题的根源是否在于工资的提高呢？"卡塞尔断言，由于工人享有工资升降的控制权，在实行合理化的部门中便出现了价格上涨的现象。济歇尔则认为，不能断言造成这种状况的原因是工人对工资的控制权。他接着写道："遗憾的是，日内瓦国际经济会议拒绝研究这种价格上涨现象。"他不同意那种认为工资提高是造成价格上涨的原因的看法，还提出了一个颇为有趣的观点："在没有可能采取适当方法扩大销售的情况下，合理化只能使产品涨价，而不是降价。"他认为，这应当是所有人都清楚的。

总之，一位担任领导人的资本家说，合理化导致了价格的上涨，原因不在于工资，而是其他的因素。他在文章结尾发表了一个有趣的见解：

"而有一件事实是奇怪的：引起价格上涨的原因不是由于缺乏原料、粮食或生产资料（因为这些货物的指数是与货币贬值的总水平相一致的），而仅仅是因为那些工业部门极其卖力地推行了合理化。合理化是否正确，完全要看价格是否下降，如果它不能为国民经济减轻这个负担，或者甚至引起价格的上涨（如现在显然存在的那样），那最好放弃它。"

实行合理化的结果不是降低，而是提高了价格，这意味什么呢？要知道这可是套在资本主义头上的绞索，要摆脱它只有两个办法：为重新瓜分市场而发动战争；或是向工人阶级发动新的大规模的进攻。

对此必须有明确的认识，对这些情况决不能有所忽视。问题在于我们应当根据这一前景来确定自己的政策。最近的将来是否会爆发战争，虽然可能性很大，但我们不敢肯定。但是，资本家向工人阶级发动大规模进攻，这一点已无可怀疑，所有国家都已存在这种现象。保持工业部门的稳定，只是资本家向工人阶级进攻的一种隐蔽的形式。在所有国家中，工人的劳动强度和生产力都提高了，可是，他们的实际工资并未提高。这一事实应当成为我们在工运队伍中开展整个活动的依据。我们应当再次采取进攻政策，因为只有借助于进攻性政策，共产国际才能团结无产阶级去反对资本家和机会主义者，给无产阶级指明新的方针。对此我们应具有充分的信心，否则，我们就不能克服面临的困难。在所有资本主义国家无产阶级广大群众再次振奋斗争意志的现在，特别需要指出这一点。

因此，有一种理论是应该坚决予以驳斥的，这种理论说什么，改良主义所维护的幻想或改良主义的幻想在工人阶级头脑中已经扎根，似乎我们就应当从这些幻想出发去考虑问题。这种理论会给我们造成极为不利的情况。所以必须同这种论点展开严肃的斗争。所以我们必须如第九次全会提纲指出的那样，同共产国际队伍中的右倾思潮作毫不留情的斗争。有人认为，似乎不能选举没有得到改良主义者控制的工会所承认的罢工委员会，似乎没有改良主义领袖参加就不能开始斗争，否则就要失败，似乎执行那样的政策就会把我们引向盲动主义，对于所有这些观点都必须开展有力的斗争。放弃斗争就意味着无产阶级必将失败无疑。改良主义者不可能也不会进行斗争，因此我们应当领导工人组织的斗争，而且我们没有权利说，只有在胜利有保证的情况下我们才去领导这场斗争。在斗争的开始阶段谁也不能保证有这种必胜的可能。否则就会曲解马克思和恩格斯提出的思想，这个思想的含义就是，工人运动的发展不会由胜利到胜利，直至最后高奏凯歌，我们也要经历一系列的失败。在引导工人向资本主义进攻的时候，在工人进行防御和无法避免失败的时候，应当使这种失败不至于涣散工人队伍，而要带领他们投入新的更强大的进攻。

这就是我们在罢工战略方面应当学会和必须规定的东西。

我还想就统一运动问题说几句话。看来在英国和其他一些国家里，超越社会民主党领袖和改良主义组织的领袖而与他们的工人建立统一战线的初步尝试没有取得预想的效果。某些同志由此得出结论，认为根本应该抛弃统一战线策略。布哈林同志把这种观点称做是错误的观点，我看是有充分根据的。不过，我们应当完全公开和明确地宣布，只有当统一战线策略打破牢固扎根于工人阶级头脑中的种种幻想时，它才是有意义的。如果像德国出版的《统一》杂志发表的那种说法："必须相信，您对社会民主党是革命党这一点并未失去信心"，那么，这种说法决不会有利于统一的事业，相反，会模糊工人阶级的意识，给我们队伍中的敌对分子增添力量。这种错误无论如何应该避免。尤其应该避免重犯挪威的同志们和芬兰的同志们所犯的那些错误。这些同志被中央党人说服了，同意不该批准哥本哈根协定和芬兰—挪威—俄国条约，因为他们（仍然是受中央党和特兰美尔的影响）认为，必须向阿姆斯特丹国际的领袖们提出建议，以便同他们一道在阶级斗争的基础上（这是当然的）

建立广泛而全面的工人联合组织。阿姆斯特丹国际对我们的挪威同志和芬兰同志的回答是，他们根本不考虑改变自己对共产党人的态度，不考虑改变他们根据 1924 年维也纳代表大会通过的决议所采取的反对派立场。我们应当通过这些事实学到一些东西，更坚定、更果断地反对改良主义，少把眼睛盯住上层人物，而要在对我们实行工人群众的革命化最需要的地方，即大型企业中争取统一战线的基层群众。我们应当完全公开地宣布，共产党和革命的工会运动还没有在大型企业深深扎根。遗憾的是，我们仍然只是小型企业工人的组织，是夹带着许多工人贵族阶层和小资产阶级思想残余的组织。如果我们不把党的全部力量用来组织大型企业的工人，那么，我们就不会有群众基础，当形势发展到必须进行革命战斗的时候，我们就不可能赢得对工会运动的领导权。所以我们恳请大会坚决指出，第九次全会通过的各项决议（工会国际第四次代表大会又将这些决议具体化了）应当成为所有共产党的共同财富，各国共产党都必须全力帮助红色工会国际成为能率领工人阶级进行革命罢工斗争的强大因素。

萨穆埃尔松（瑞典）：

我想就布哈林同志的报告谈几点意见。这些意见与报告提出的政治路线毫不矛盾，相反，是进一步强调布哈林同志的观点。虽然我讲的意见只涉及世界一侧的一个角落，即我们党活动于其中的瑞典。

我们代表团基本上同意布哈林同志的提纲。诚然，我们代表团对提纲的讨论尚未结束，可能提出的修改建议和其他建议将在以后提交给委员会。

我国的资本主义迄今为止一直是带有地方色彩的资本主义，可是现在它不仅力图在国际市场站稳脚跟，而且企图直接按帝国主义的方向行事。这首先是指火柴托拉斯——克雷于格康采恩，这个托拉斯的火柴已经成功地销售到了除苏联之外的世界各个地方。这个托拉斯从不隐瞒它使用的美国式收买手段，它向全世界公开它的做法，向陷于破产境地的国家提供数量不等的贷款，以便保持它在这些国家销售火柴的垄断地位。它买下了整个的工业部门，而且出色地变换着付款的条件。例如，几个星期之前，它买下了匈牙利一家火柴工业托拉斯，而给政治上处于领导地位的大地主所有的工厂所付的款大大超过给其他工厂所付的数额。这个原先纯属瑞典的企业，后来吸收了美国资本，接着又吸收了英国资本，现在是到处吸收资本。我国还有一些这种性质的其他企业，尽管表现形式还不像这样突出。所有这些企业都明目张胆地直接采用着帝国主义的行为方式，一心热衷于成为帝国主义大国的据点和参与反对苏联的阴谋活动。例如，瑞典的一家造纸业大托拉斯不久前在哥本哈根召开了一次国际会议，以便共同瓜分世界报纸市场。一些制造分离器和滚珠轴承的工厂也值得一提。

由此可见，我们也被卷入了（虽然速度比中欧国家慢一些）会导致将来战争的事件，我们那里也不乏自愿为战争准备提供直接服务的势力。一个引人注目的例子是，瑞典社会民主党主席不久前曾就这个问题发表如下见解，他说，瑞典加入国际联盟十分可能使瑞典处于将来不得不参加对苏作战的境地。

同一现象的另一面是，由于存在着垄断企业，对付工人阶级更有了极大的方便。例如，几个月前，我们那里的马达制造公司——斯德哥尔摩"通用汽车公司"所属各大工厂宣布举行罢工，可是工人们失败了，主要原因就是那个企业在欧洲、在丹麦和荷兰等地还有一批工厂，而这些工厂的生产照样进行，毫未停顿。资产阶级报刊便利用工人罢工失败的事例，渲染美国式资本主义方法获得了巨大胜利。

在现在正在进行的瑞典矿工罢工过程中，就有一大批工贼在继续装货。满载矿石的轮船驶往什切青和鹿特丹，由组织好的码头工人在那里卸货，而且谁也不会想到，这是属于抵制装卸的货物。

垄断企业为资本家各个击破工人提供了条件。我觉得，共产国际和红色工会国际对这种情况注意得太少了。不错，就这个问题所写的理论材料是有的，瓦尔加和其他同志都曾写过这方面的材料，但是，迄今为止，在这方面所做的实际工作是十分不够的。

瑞典资本主义的稳定过程取得了很大的成绩，合理化达到了很高的水平，顺便说一句，在瑞典—美国联营火柴托拉斯内部情况也是如此，那里的工人们说，新机器是对他们的抢劫，使他们失去了面包。

我国出现的另一重要情况是，整个工业部门不断发生严重冲突、同盟歇业和罢工。现在，矿山机械制造业局部性的总罢工仍在进行。这个工业部门加入工会的工人们同兄弟的俄国工会订有协议，从 1 月 1 日起，每周可从俄国工会得到 3 万克朗支援罢工款。资产阶级对此暴跳如雷，而工人却从中看到，同俄国阶级兄弟的团结正在产生实际的效果。与此相反，阿姆斯特丹分子几乎对运动不提供任何一点援助。从我们方面来说，我们正努力利用俄瑞协定，把它作为走向工会的国际团结的一项最好的措施。

除此之外，两三个月前我们那里的造纸工业部门和一部分锯木厂爆发了严重的冲突。共产党人赢得并控制了对这几次大规模冲突的领导权，而且与社会民主党领袖和改良主义领袖们的愿望相反，我们引导斗争取得了最后胜利。斗争开始阶段，领导权控制在社会民主党人手中，他们先后三次打算同企业主签订失败主义的协定，三次都被共产党人阻止住了。这样，我们第一次从社会民主党人手中夺得了领导权。

再就强制性仲裁问题讲几句。资产阶级不久前实行了一项针对工人和工会运动的强制性法令。我们动员工人同这项反工会法令展开了斗争。斗争中，我们提出了"举行 24 小时罢工以抗议这项暴力法案"的口号。

　　社会民主党却坚决反对这一行动，认为那是小题大做。经过我们的宣传，工人对社会民主党的立场产生了不满，他们希望斗争，他们要求进行斗争。社会民主党不得不迁就工人们的情绪，宣布实行 3 小时总罢工以示抗议。这就使我们党处于不错的地位。第一，与社会民主党的愿望相悖，抗议罢工终于举行了；第二，我们实际上成功地引导工人向社会民主党展开了斗争，因为社会民主党原则上不反对强制性仲裁，甚至还以过去的执政党的身份在这方面表现它的主动精神。我们在有些地区还使罢工超过了工会领袖们规定的 3 小时期限。参加这次抗议罢工的工人约有 30 万，这一事实是很值得一书的。但是，我们党并不因此而满足，它正极其坚定地继续开展反对强制性仲裁法令的斗争。我们提出的口号是："决不承认强制性仲裁！废除强制仲裁法！取消一切协定！"

　　我们把这一斗争看做是在国际范围内同依靠资产阶级法制瓦解工人阶级队伍的企图作斗争的一环。当前挪威建筑工人的斗争就是以这种态度开展斗争的光辉实践。

　　我们那里也有蒙德主义这种国际性现象，许多工会领袖都是蒙德先生理论的积极拥护者。瑞典最大的工会办的《五金工人报》公开地介绍瑞典工业的困难处境，还要求工人随时想到企业主的力量和在当前劳动市场出现冲突时不要忘记他们的力量，这是露骨地宣传失败情绪。有时还有这种情况：工会联合会的一些先生们准备同企业主组织的代表一起，共同讨论社会苦难——失业问题。往往某个万贯家财的银行老板、一个贫困不堪的纺织女工或一个瑞典皇子都可能成为提出召开会议讨论各阶级间实行社会和睦问题的倡议人。

　　布哈林同志在谈到社会民主党的时候说过，社会民主党在国家机构和市政机构取得的地盘越来越多了，因此，它直接关心的是如何维护国家和市政机关的利益，也就是说关心着如何直接地采取行动反对无产阶级和无产阶级进行的斗争。我们那里经常出现这种情况。例如，社会民主党的市政官员就网罗过一批工贼，目的是促使他们自己党的同志、参加罢工的工人遭到失败。

伴随着普遍的右倾和社会民主党接近资产阶级的倾向而出现的是，对无产阶级的一系列叛卖行为：推行实行武装的纲领（连许多保守党人也赞赏这一纲领）；减轻大资本的税收负担；实行新的关税；加紧对苏联的诽谤；掀起反对工会团结的运动，特别是企图阻挠哥本哈根团结会议的工作，想使这项工作彻底失败。

可是，与此同时，社会民主党却力图装出一副样子，似乎它奉行的是反对派的政策并同右翼阵营作斗争。而实际上它的斗争矛头是指向左翼阵营。目前，社会民主党的打算是在秋季选举后单独组成或与资产阶级联合组成政府。我们十分清楚地知道这个社会民主党政府的含义和性质，可以预料，一旦社会民主党在选举中获胜，今后必将对工人阶级采取敌视的态度和措施。

再就社会民主党内部的所谓反对派讲几句。这个反对派的成分是五花八门的，一部分是根本不属于左派分子的和平主义者，还有某些巧于心计的知识分子，这些知识分子想通过自己持反对派立场的办法在工人阶级面前为社会民主党涂脂抹粉。最后，还有被我们党开除出去的一批追随霍格伦的分子。同一切的叛徒一样，他们属于彻头彻尾的坏分子。

危险当然在于这批假反对派暂时还能欺骗工人群众，这样一来，他们就会延缓社会民主党衰败的过程，在一定程度上帮助社会民主党巩固自己的阵地。

随着时间的推移，无产阶级的左派也在出现。但是，他们没有形成为一个稳定的反对派。倒是职工运动中的左派比较稳定。

我们党就是在这样的气氛中斗争的，在这场斗争中我们赢得了新的党员。从党发生最后一次分裂以来，我们的党员人数增加了1倍多，从7000人发展到16000人。与此同时，我们还使党的思想水平有所提高。

一个党前进了，可是却引起共产国际组织部的某种怀疑，甚至向我们提出诸如"这种发展是否健康"这样的问题。这种现象在共产国际中是很少见的。

我们究竟是怎样赢得新的党员的呢？你们可以想象得到，这当然是不无困难和颇为艰巨的。不能说他们早已站到我们门口，只等吸收进来。绝不是这种情况。我们是在斗争中，在同资产阶级和社会民主党进行激烈的斗争中争取到这些党员的。我要再次坚决地强烈指出，这是在同社会民主党进行的斗争中赢得的。

我不妨列举我们开展过的几次运动：

反对社会民主党加强海军的政策的运动。

反对强制性仲裁的运动。

保护萨柯和万泽蒂的运动。这也是反对社会民主党的运动，因为社会民主党不想组织这次运动。

我们的市政选举。

为回击社会民主党的反苏诽谤和第二国际以"反对没有民主的国家的运动"口号为伪装而进行的反苏活动，我们成功地开展了一次活动。与上述口号针锋相对，我们提出了"反对民主的和不民主的资本主义国家"的口号。以第二国际名义发起运动的策烈铁里先生遭到了令人注目的失败。

为争取工会团结而开展的运动。

支援失业工人的运动。

反对工贼的活动。

领导造纸工业部门工人的斗争并使他们赢得了胜利。

领导当前的矿工大罢工，等等，等等。

我们结合上述各次运动和活动，都开展了征集党员的工作。

除此之外，我们每年都要开展几次专门征集党员的运动，这已成为我们的一个良好的传统，因为通过这种办法我们才在实际上击败了霍格伦。

在所有这些运动中，我们都激烈地抨击了社会民主党人，并与他们的路线针锋相对，向工人们阐明我们自己的路线。我们几乎不让自己有一点喘息的机会，因为运动接连不断，一个接着一个。所有这些运动对活跃基层党组织的工作起了很大的推动作用。

当然，像我们这样的党，在一个无产阶级革命性较差的国度里开展工作，不可能没有缺点和弱点。理论力量不足，学习较差，对农民、妇女运动和合作社的工作开展较差等都属于这类缺点。但是，我们党的布尔什维克化过程不断取得进展，而且我们希望，这一过程今后也不会中断。

总之，我认为我们的发展是健康的，因为我们的党员一部分来自共青团，一部分是通过多次的运动才争取来的。在艰苦的斗争中发展的同志，本身就是革命者而且又愿意和我们一道进行斗争的同志是不可能成为不可靠分子的。

恰恰相反，如果大会能讨论下面这样的问题，那倒是很恰当的：为什么许多支部在思想方面进步很快？却不见它们在组织发展上有什么成就呢？这是怎么回事？有条件公开活动的党却没有取得进展（虽然资产阶级正是在最近时期采取比以往任何时候都更残酷、更激烈的手段对付我们，而且白色恐怖使一批又一批无产阶级遭受牺牲）。而这些都是发生在社会民主党日复一日地背叛社会主义的时候。如果说四年来由于社会民主党搞了一系列如此可耻的反对工人阶级的行为，因而使共产国际没有可能在组织上争取广大群众的话，那么，我觉得提出下面的希望是合适的，即希望共产国际的领导机关能再次审查一下这样的问题：是否有必要再次强调一下列宁关于"接近群众"的口号并要求将这一口号付诸实施。

多列士（法国）：

塞马尔同志在其发言中详尽地阐述了当前资本主义阵营矛盾的发展情况。而我受法国代表团的委托，就我们党的策略和党内状况问题发言。

我想讲一讲布哈林同志正确地称之为共产国际及其主要支部策略的"转折点"所包含的内容及我们各党有可能实行这种转折的思想因素和政治因素。

当前的形势是，随着合理化的进展，出现了一个复杂的过程，一方面是工人阶级的左倾化，另一方面是工人阶级的改良主义幻想有所抬头，因此，无产阶级队伍本身发生着某种分化现象。问题就在于，在这种形势之下应当如何提出争取群众的问题。

某些同志有时只愿作泛泛的考虑，认为现在左倾化还只是个别现象。可是，这个问题并不那么简单。当无产阶级的某些阶层因所谓"合理化"的政策而大受其害的时候，它的另一些阶层却处于较为优越地位。由于受政府的政策及企业主和社会民主党的政策的影响，在无产阶级的某些阶层中再次出现了某种幻想，这样一来，我们党和处于共产党影响下的工会组织在执行任务时感到特别艰巨和复杂。不过，总的原则是十分清楚的，首先，我们应当在工人阶级中受剥削最深和能起重大作用的阶层中加强我们的工作。例如，在法国，就要在人数多达250万的外国工人中、在非熟练工人中、在青工中、在女工中、在殖民地工人中加强工作。我们必须善于组织实现工人阶级日常要求的斗争，正确表达这些要求，要使某一些口号同工厂和组织中的每一个具体场合相适应，通过这些口号应能发动所有无产阶级群众，发动整个工人阶级。

不过，要做到这一点必须具备两个条件：第一，必须在对待社会民主党，包括在统一战线策略问题上采取正确的立场；第二，认真地从事工会工作和组织工作。

在这里有人已经讲到，目前共产党和社会民主党的影响在平行发展。让我们来看一看，当前社会民主党的活动依靠的是哪些人。我们认为，社会民主党依靠的是在合理化的当前阶段处于相对说来比较有利地位的那些无产阶级阶层，是那些熟练工人。他们不仅在合理化的这个最初阶段没有受到过分严重的剥削，而且有时甚至能够增加工资。此外，社会民主党还依靠国家官员和职员，以及还有——这一点十分重要——怀有左倾情绪的小资产阶级的已经向左转的阶层。这种现象在各种国家都可以看到。在社会党最近一次图卢兹代表大会上，法国社会党首领勃鲁姆宣称："我们党在农村取得了胜利，但在工业中心城市遭到失败：这种状态可能最终导致我们运动的重心发生转移。"

这无疑包含着不能再把社会民主党看做是几乎完全以无产阶级为依靠对象的无产阶级即工人阶级组织的主要原因之一，而许多同志却仍然这样认为。我们看到社会民主党及其所有分子（普通党员、党的领导干部，以及支持党的选民）的社会成分的质的变化和改变，而这些变化同时既是社会民主党政策的原因，又是其政策的结果。我不准备对在这里已经谈论很多的问题多作说明，但是，我想着重强调从中必然要得出的一个结论，那就是：共产党和社会党根本不可能抱有某种共同的目的，所有人都应当看清社会党并不想实现（即使用合法的和和平的方式）社会主义，无论如何也不能把社会党同共产党的革命策略混为一谈，因为仅仅只有共产党一心力求实现社会主义。必须区分两种各不相干的现象：引导人们走向社会主义的政策和避开社会主义而巩固资产阶级地位的"社会党人"的政策。

但是，还在去年11月份，在向党员发表了表述我党选举策略和总政策的基本路线的"公开信"之后，就有一些同志写道，我们同社会民主党有共同的目的和任务！

如果正直的社会民主党工人以为我们同社会民主党抱有共同的目

的，以为我们的分歧只涉及策略问题，以为我们只不过比社会党人更加"坚毅"，以为社会党人最终会走向同一个目的，那么在这种情况下谈论共产党和社会民主党的共同目的，就是欺骗这些工人和支持他们的幻想。

同样，也不能相信左的辞藻，以为在社会民主党内部似乎有一个左翼派别，他们将采用和贯彻一种与一般被认作是右派社会党人的纲领不同的纲领。

当然，在各国社会党内部会出现各种不同的因素影响这些党的总的政策。有时来自社会党工人的抵制就是这样的因素，因为社会党人不得不用左的词句来争取这些工人以便实行同资产阶级合作的政策。因此，右派社会党人也好，左派社会党人也好，他们尽管采用不同的方法和不同的词句，实行的却是同一种政策，追求的是同一个目的。我们直到现在仍然坚持认为这样一种观点是正确的，因为在最近一次中央全会上法国代表团的某些同志针对我们提出的必须在共产党和同资产阶级相勾结的整个社会党之间划清界限的论点，提出应当在社会党内部划清界限，说我们的任务就在于争取这个党的左翼，以便借以加深左翼与右翼之间的鸿沟。按照这种说法，似乎果真能够把社会民主党分成为右翼和左翼了。

某些同志断言，我们的路线实质上是否认统一战线策略。同志们，绝非如此。我们同社会民主党的斗争日益尖锐绝不意味着要放弃统一战线策略。这只能意味着，我们应当更加注意下层的统一战线，更加注意工厂中的直接斗争。

法国只在北部地区有真正的社会民主党。直到最近，社会民主党在这个地区的无产阶级中拥有压倒一切的影响。而且应当说，这种状况对我们那些领导这个地区的组织并对我们的选举策略有批评意见的同志们也并非毫无影响。但是即使在那里，而且尽管社会党首领们掀起了一个针对我们的狂热的宣传运动，说什么"你们共产党人的做法对反动派有利"，工人们——包括共产党人、社会党人和改良主义者——自从这场宣传运动以来已经不止一次地实行统一战线，而这种情况以前一次也不曾有过。

我们同社会党的斗争使我们便于向社会党的工人解释我们的政策，而且这种斗争除此之外丝毫也不妨碍例如在阿鲁恩、格维吕、昂赞矿区、马尔勒山区等地贯彻我们的统一战线策略。

下面谈谈关于必须认真开展工会工作的问题。首先是组织工作。法国的情况是，在 1300 万—1400 万工人中参加工会的只有 100 万人。很明显，我们的任务是把我们的工作转向没有组织起来的这 1200 万—1300 万工人。必须按照产业原则重新组织工会运动，做到把我们的运动自上而下地大大集中起来，但与此同时还要通过吸收大量工人参加工会工作、参加讨论工会组织面临的各种问题的方法来加强自下而上的民主。必须把工人的日常要求记载下来。最后还必须以完全不同的方式提出工会运动统一的问题。这个问题我们议论得太久了，而且纯粹是从各种组织（改良主义组织和革命组织）上层人物之间无休止的谈判和确定相互关系的角度出发讨论的。必须强调指出，工会运动团结统一问题的重心不在于领袖们举行谈判，而在于我们同改良派工人进行共同的斗争。这一点可以看得更加清楚了，因为法国改良主义首领奉行的同国家经济委员会合作、同政府机关合作的政策，使我们能够有力地向工人们证明，这些首领们无论如何也不可能为无产阶级的利益而斗争，他们在任何情况下都反对无产阶级的利益。

我还想就统一总工会问题谈几句话。由于我们共产党对这个组织具有影响，因而也要对它的纲领和策略承担责任。必须指出，当前在我们革命工会运动内部，由于企业主和政府的压力以及改良主义幻想再次抬头，正在出现改良主义思潮。我们甚至看到倾向于"自治主义"和

"联邦主义"的趋势，以及企图参加资本家和工人平起平坐的各种组织
的某种愿望。有人把参加这类组织不是当做革命工会不断提出抗议的形
式，而是当做某种合作。所有这些趋向，就其迄今为止的表现形式而
言，说明存在一种同共产党的工会路线作斗争的某种暗流。这种对抗行
动还没有表现为公开的形式。这些人还没有公开宣布说他们认为共产党
在工会方面的某一种行动方式不正确。暂时这种不满情绪表现为党和工
会关系中的某种尴尬局面。很明显，工会和党的关系中的这种不正常现
象是存在分歧的结果。但是问题的实质并不在于工会和党的关系的这种
表面现象，而在于必须使参加工会的工人和我们自己的工会骨干认识
到，应当在工会运动中贯彻革命的路线。

我们同意布哈林同志关于两种极端倾向的评论。联系到工会工作，
那就是说：一方面，自然不能纯粹从形式上和机械地领导工会运动，另
一方面也不能在政治上和思想上对再度出现并重新泛滥的无政府改良主
义思潮让步。我们反对那种根本不理解工会工作实质，只是机械地和纯
粹从形式上领导工会的荒谬理论，但是我们同样反对不久前作为决议案
提交政治局的那种"工会中立"的机会主义理论。我们不同意这样一
种观点，即认为为了领导工人阶级的斗争必须掩饰党的作用。相反，我
们以为，这里需要的是紧密的合作，我们的党必须最直接地参加无产阶
级的经济斗争。党应当站在工人阶级一切战斗，甚至最微小的战斗的最
前列。这样做绝不会削弱工会的作用，工会的独特任务仍然是十分大
量的。

我还想仅用几句话再谈一谈我们的选举策略。我们的选举策略证
明，法国共产党决意修改自己的斗争方法。这里涉及的问题更为广泛，
不仅仅是我们对待社会民主党的态度。这里说的是同所有的议会传统实
行全面的无情的决裂，这类议会传统直至最近还一直腐蚀着我们党；这
里说的是同"共和制纪律"的旧思想决裂，这种旧思想或多或少公开

地把我们党同小资产阶级和社会民主党的组织联系在一起。在选举中我们党独立对抗所有党派，我们的策略的意义就在于此。我们是否达到了自己的目的呢？我看，是达到了。我们不仅达到了预定的目的，而且还使处于共产党影响之下的工人理解了我们策略的实质。我可以举出以下事实来证明：在第一轮选举中共产党获得107万张选票；在第二轮选举中，进行选举的选区减少了（从612个减少到439个），我们还是得到了82万张选票，虽然在这些选区内我们第一轮选举时获得88万张选票。换句话说，资产阶级大大施加压力和社会民主党不遗余力地开展反对我们的宣传运动，都未能对追随共产党的主要工人群众造成重大影响。我们成功地在一个全新的领域发动政治战斗，而工人们还是跟着我们走的。

无论在整个工人阶级中还是在社会党内部，后果都已经发生。选举后的第二天，社会党队伍中出现异常的慌乱现象。直到最后一分钟，社会党领袖还不相信共产党竟会采用自己的新策略。他们甚至期望一旦我们如此天真地试图采用这种新策略，工人们一定会离开我们。选举后第二天，像隆盖、齐罗姆斯基这样一些人物都不得不公开承认，布尔什维主义果然已经深深渗入无产阶级内部，而且空前第一次造成如此深刻的破坏（"深刻"一词是他们在写文章时经常使用的）。可见，我们选举策略的结果使他们惊慌到何等程度。

我们的任务之一是同"左派"政党决裂。请允许我不作任何解释从左派杂志即资产阶级刊物中摘引一段文字。从中大家可以看出，我们是怎样向法国工人提出问题的，以及取得的成功有多么巨大。以下引自1928年5月5日《埃弗尔报》：

"只要承认一点就足够了，那就是共产党人使自己置身于**左派政党之外。他们把自己从政治生活和议会生活中一笔勾销了。**

饶勒斯的朋友们一直说，好的社会党人应当是一个'完全的'共和派，可是现在仍有这样一批缺少心眼的人，他竟设想**共产党人**是某种**超社会党人**。

我们现在清楚地知道，在共产主义与社会主义之间有一道不可逾越的鸿沟。如果说以前，尽管存在个别的**理论差异**，中间的工人只是根据各自'红色'的深浅程度来判断左派政党之间的差别，那么现在共产党已经不再是左派政党或极左派政党了。共产党如今置身于法兰西共和国之外。"

这说明，我们的目的已经达到，共产党已经脱离了"民主和议会的轨道"。不过是否所有党员都完全一致呢？不！个别的动摇不定现象是难免的。反对决裂的是党的下层。党严厉地谴责了对党的策略有意识或无意识进行消极抵制的人们。经过这一运动，在选举结束的两三周之内，凡是出现对党和共产国际宣布的选举策略消极抵制的地方，都作出决议把罪有应得的人开除出党和采取严厉的惩戒措施。我举一个例子即可说明，法国党对于破坏党纪的现象是善于作出反应的。我们第一次提出要求，并且做到了由选出的代表辞去议会的代表职务。这里说的是关于奥兰同志的事。在安德尔省议会一个选区中，激进派和社会党人投票支持共产党员奥兰，但是在这个省议会的其他选区中共产党员都投票支持社会党人和激进派。正如我在前面所说，我们党的下层对执行我们选举策略的这种消极抵制现象反应十分强烈，以致我们能够要求奥兰同志辞去他的议会代表职务。这件事具有重大意义，因为它说明法国共产党确实决心摆脱旧的议会传统。

我还想提一提我们党的内部形势。如上所述，我们的选举策略显示出，共产党决意纠正自己以前的错误。不过，在我们工作的所有其他领域，党也应当表现出它在按照新的方式行动，已经实现了"转折"。但是，实行这种新政策的条件之一，是必须在党的队伍中明确地提出问题，必须说服法国共产党的普通党员和我们党的积极分子，让他们相信这种转变是确实必需的。

我想提出一些看法来论证我们提出的对布哈林同志提纲中涉及法国共产党内部形势部分的修改意见。

我们认为，把反右倾斗争的问题同克服左倾的问题混为一谈是不正确的。我们提议加强提纲中涉及反右倾斗争的段落。

在法国共产党内首先应当反对机会主义，因为在我们看来机会主义是党的最大的危险。我们那里的机会主义是在什么样的基础上产生的呢？机会主义表现为明显不了解当前的形势，对战争危险性半信半疑，不理解现今在殖民地开展起来的解放运动，对工人阶级左倾化的过程估计不足，对社会民主党的作用判断错误，以及最后还有存在"民主主义"的幻想。支持机会主义的有在工人阶级队伍中产生和传播的种种幻想——如关于通过政府和资本家的政策以及通过社会民主党的政策有可能得到改良和改善的幻想。

在实际上机会主义的倾向表现在以下一些方面：

（1）对法国帝国主义的作用估计不足。我们这里存在同帝国主义作斗争的趋势，但主要是指同邻近大国的帝国主义，如英国帝国主义作斗争（例如涉及对中国的干涉），而且正是在这种情况下认为法国帝国主义的利益是同英国帝国主义的利益完全不同的。（却忘记了印度支那的事！）有人认为，法国帝国主义在赤裸裸地干涉中国的政策方面不会步英国帝国主义的后尘。例如，这种思想在涉及沃伊科夫事件、涉及召回拉柯夫斯基问题时就有所反映。当时不少同志不相信法国政府会参加帝国主义者反对苏联的统一阵线。

（2）对政府进行镇压的性质判断不正确。当我们一开始就说新的镇压浪潮说明政府和资本家决意着手实现合理化，改组军事机构，并从根本上准备进行帝国主义战争时，有些同志对这类镇压行动的真实意义估计不足，认为这些只不过是一种议会手法，而且强调说萨罗无非是想把几个共产党人投入监狱，以便在议会中构成右派占多数的局面。这种想法是从非常狭隘的、受到局限的角度看待镇压行动的问题。"合法主义"、"守法主义"就是从这种态度中产生的。中央委员会的许多同志便这样心平气和地把自己交给了当局。这一点我们必须加以强调，因为这种"合法主义的"守法心理还没有得到彻底地清除，例如对地下工作的实质缺乏认识就是一种表现。

（3）对工人阶级运动的发展制造障碍。对这个问题我不准备多说，因为有的同志在这里已经谈论了不少。

（4）对待选举策略采取了不正确的态度。这种态度往往导致对我们的策略有意识地进行怠工，公开投票支持社会党和资产阶级的代表，甚至进行消极的对抗。

（5）对无政府改良主义者作出让步，从而在工会方面背离了正确的路线。

（6）最后，是在组织问题上进行修正，如在组织工厂支部委员会问题上提出"战略撤退"，而理由只不过是这些支部并不能始终提供预期的效果。固然，并没有人公开主张取消工厂支部，但实际上向我们提出的所谓"战略撤退"正是引向这种结果。

所有这些倾向存在已经将近一年了。不少同志在党的领导层内，甚至在党员大会上，明确地为自己的错误观点辩护。另外一些同志采取中派的模棱两可的立场，这隐藏着一种极大的危险。他们宣称在原则上同意党根据共产国际路线所作的总的分析和指出的总的前景，但是实际上，在评价日常事件时却同我们有分歧，而更坏的是不执行正确的路线。事实上他们妨碍同机会主义倾向作斗争，妨碍同右派作斗争，因为他们同意右派的观点。

因此，同志们，我要再一次声明，我们认为法国共产党最重要的任务是同右的危险作斗争。

至于说到左的倾向，那么它们常常是普通工人对领导机关的机会主义的一种健康的反应。要把这些真正的无产者从某些把他们推上错误道路的糊涂虫和夸夸其谈者的影响下解脱出来，最好的办法毫无疑问在于执行坚定的正确的政策。

在谈到共产党的内部形势时布哈林同志说，这里指的不仅仅是同个别人的斗争，而主要的是同各种传统的斗争。我们完全同意这种提法。我们认为，不应当把共产国际及其各支部当前面临的重大政治问题归结为同个别人的斗争。不过我们觉得在这次十分必要而又有益的辩论中对于我们的积极分子所持的立场闭口不提也是错误的。

我们还想强调指出，法国共产党的积极分子曾经为"纠正"我们党的"路线"而奋斗，现在坚决准备把全党、全体干部争取到党和共产国际的政策方面来。不过，纠正党的路线的条件之一是应有政治保证和组织保证，以便确有可能在法国共产党内和共产国际内贯彻这条正确的路线。

西夫尼奥斯（希腊）：

希腊代表团完全同意布哈林同志报告提出的总的路线，不过认为必须对以下问题作些补充：（1）农民经济和农民的状况；（2）农民的政治积极性和他们的政治阶级趋向；（3）无产阶级同资产阶级之间为争取农民群众而进行的斗争。我们认为这些补充是完全必要的，因为包括希腊在内的不少国家都是农业国。之所以必须对这些问题进行分析，是为了使我们在农民中开展工作时有一个牢固的基础。

南斯拉夫党的罗吉奇同志和保加利亚党的柯拉罗夫同志已经扼要地介绍了巴尔干半岛的一般情况，请允许我极其简短地叙述一下希腊目前的形势。国内最近的事态，如农民举行武装起义、城市小资产阶级及手工业者等的发动遭到血腥镇压等，证明希腊工农群众正在向左转。尽管资产阶级大力加强恐怖手段，它仍未能取得重大效果，未能摧毁工人和农民群众的抵抗。

毫无疑问，希腊工农群众向左转的趋势是战后尖锐经济危机的结果，是希腊资产阶级在国联，也就是在伦敦大金融资本家庇护下实施稳定政策的结果。最近一次解散议会和自由资产阶级领袖、欧洲帝国主义的代理人和奴仆韦尼泽洛斯的出头露面，说明一次新的政治危机正在国内呈现出来。帝制派资产阶级和自由资产阶级的对抗，同英、法、美三国资产阶级内部的对抗密切关联，目前正越来越趋于尖锐化。最近的事态有力地说明，希腊帝制派和自由派的斗争正再一次激化起来。

分析了希腊的经济形势和政治形势，必然会认定，国内的稳定局面并不巩固。希腊的稳定局面动摇不定，极不牢固。

在对外政策方面，君主制资产阶级也好，自由资产阶级也好，都是英、法帝国主义的驯服工具。此外，还应指出，在南斯拉夫和希腊之间在萨洛尼卡亦即马其顿问题上存在矛盾。希腊已成为英意联盟的代理人。苏联和希腊的贸易条约被废止，最近意大利、希腊和土耳其之间正在进行缔约谈判，这一切也都说明战争危险的存在。

现在我谈一谈社会民主党在希腊的作用。说实在的，希腊并不存在社会民主党。试图起社会民主党作用的是以帕帕纳斯塔西欧为首的所谓民主联盟。在工会内部存在社会党分子，或者更确切地说，存在社会法西斯分子，但是不能认为社会法西斯分子的影响在增长。目前，左翼的影响大约控制了工会运动的50%—60%。近期的罢工运动足可作为工会中左翼的影响的具体检验和证明。这次声势浩大的罢工运动，尽管社会法西斯分子暗中破坏和政府极力镇压，仍然发动了近4万名工人。

至于说到党内状况，应当说我们有一个相当强大的反对派，有中派、取消派和托派，这些都具有明显的反革命新孟什维主义倾向。同志们，可以说党在共产国际路线基础上胜利地同这些反对派派别进行了斗争并消灭了它们。

　　至于党的组织工作，那么在这方面是有成绩的。这只要把目前党的状况同它以前的状况对比一下就行了。目前党拥有 2291 名党员，其中工人占 59.3%，职员和其他成分占 8.7%，农民占 31.9%。共有基层支部 314 个，其中大企业的产业支部占 24%，小企业的产业支部占18.5%，街道支部占 18.47%，乡村支部占 39%。是否可以认为这种情况令人满意了呢？不，因为有大量工厂，特别是希腊工业中心的工厂，连一个共产党员也没有。

　　党的秘密机关极其薄弱。在战争和阶级斗争尖锐的条件下（而这样的情况眼看就要来临），我们目前这样的秘密机关将无法胜任工作。因此，毫无疑问，必须得出的结论是：采取相应措施加强党的秘密机关。

　　说到共产国际和红色工会国际的领导问题，我们不得不遗憾地确认，希腊代表团不认为巴尔干书记处对希腊共产党的领导是令人满意和足够努力的。我们要求共产国际、红色工会国际、国际支援革命战士协会和农民国际更加关心希腊共产党。

　　鉴于巴尔干的形势相当尖锐，希腊代表团认为，代表大会必须成立一个专门的巴尔干委员会，以便研究巴尔干半岛的总的形势，并且概略地确定巴尔干半岛各国共产党的当前任务。我们希望代表大会接受我们的提议。接受这个提议是完全必要的。

瓦尔加（苏联）：

　　同志们，我们这次代表大会的任务是在对前一时期进行分析的基础上作出战略上的结论，并且提出今后几年的迫切任务。毫无疑问，在今后几年内战争的危险将占据中心位置，因此整个共产主义运动在这个时期内的主要任务在于防止苏联所面临的危险。布哈林同志在自己的提纲和报告中以很大篇幅谈到这项主要任务。他详尽地描绘了帝国主义之间的矛盾、帝国主义大国同殖民地之间的矛盾，以及资本主义同苏联之间

　　的矛盾。十分自然，按照这种精神拟定的提纲和报告，对于工人阶级队伍中各种演变过程的分析，以及局部地也包括对于资本主义经济基础中各种演变过程的分析，就描述得稍嫌简略。我想尽可能来弥补一下这个疏漏。

　　布哈林同志说道，近几年来像美国这样一些大国的巨大经济进步几乎具有了——用他的话说——技术革命的性质。如果确实如此（实际上也确实如此），那么工人阶级的经济基础和结构必然要发生重大的变动。生产机构和推动它运转的工人是相互不可分离的。如果生产机构发生了根本的变化，工人阶级的状况也必然要发生变化。

　　如果我们从经济角度来研究技术变动，那么这些变动相当于单位产品中工作时间比重的减少，换句话说，也就是生产率的极大提高。生产率的这种提高确实存在，我还可举出这方面的一些例子。这种提高是两种原因、两种因素的结果：劳动生产率的提高和劳动强度的增加。劳动生产率的提高是技术变化的直接结果。这就是说，在消耗同等人力的情况下，工人开动改进过的、扩充了的设备在同一时间内可以使加工的物体发生比以前更有效的改变。劳动强度的增加是说，在同一时间内工人要消耗比原先更多的体力。这两种因素通常是同时发生的，但并非必然如此。恰好最近一段时间我们看到这样一些例子，那就是在合理化过程中劳动强度极大地增加，但是劳动生产率，或者说工人开动的设备的生产率，仍然原封未动。不过通常劳动生产率的提高和劳动强度的增加这两种因素是平行发展的，两者加在一起使生产率大大提高。最近四五年内我们都亲眼看到这类现象。

　　据此，我想谈一谈在我看来是新技术的结果的一些重要的方面。第一是新型失业现象的出现。这种失业现象我本想称之为结构性失业，它与我们一向所知道的工业后备大军在经济上是不同的。其次是广大无产阶级群众出现均匀化的趋向。第三是产业无产阶级出现向工业大国全境分散的趋向。第四是存在一种产生新型特权工人，即新型工人贵族的趋势。

先从失业现象谈起。

战前也存在工业后备大军，但人数相对不多，而且在经济形势好转时会分散消失。可是现在我们看到的是另一个过程。我们长期以来所持的观点是，1921 年严重危机后出现的大量失业现象是战争、欧洲贫穷化、新的关税、海外各国工业化趋势等所造成的结果。我们倾向于把这种大量失业现象看做为危机的直接结果。但是，同志们，我想最近几年的经验正在迫使我们改变这种判断。让我援引几个粗略的统计数字。战前 1907—1913 年期间，亦即 1907—1908 年大危机发生影响的时期，德国参加工会的工人中失业工人平均占 2%—3%。但是最近 5 年我们在德国看到的数字是：1923 年为 9.65%。1924 年为 13.5%，1925 年为 6.7%，1926 年为 18%，1927 年为 8.8%。这就是说，这 4 年内，即 1924—1927 年德国国民经济迅速高涨的年份，失业工人平均占 12%。而 1927 年即德国经济形势最有利的一年中，这个数字几乎是 9%。十分清楚，同志们，把这一切看做为一般性的，由经济形势曲线和工业循环不同阶段所造成的失业现象，是错误的。

我们还看到在英国也存在这种现象。那是失业工人在 1923 年占 2%，而最近 6 年内一直是 10% 或更多。不过下面一种情况具有决定性的意义：在美国这样一个资本实力雄厚、一直在向上发展的国家里也出现了大量失业现象，而且失业现象与原先的不同也表现得最为明显。失业现象的这种新特点表现为：美国工业资本所使用的劳动力的数量在绝对减少。也就是说，情况并不是马克思认为对资本主义具有典型性的那种情况：可变资本在全部资本中的比重不断减少，但可变资本的绝对数值不断上升，工人的数目不断上升。**现在我们看到美国在工业中就业的工人人数在绝对下降。**

　　请允许我对这些从美国统计资料中摘出的数字向你们做一些解释。在生产领域中流通并以生产资本形式出现的工业资本，亦即工人直接创造剩余价值的那种资本，当所有其他形式的资本只获得工业资本所实现的部分剩余价值时，这种资本 1919 年在美国剥削 2500 万工人，1925 年则剥削 2300 万工人。这就是说，工人人数减少了 200 万，而产业工人从 1070 万人减少到 970 万人。但是，同志们，1925 年是经济形势极好的一年，尽管工人数量减少，总生产额，即所生产商品的总量，增加到极大的规模。如果我们以农业、采矿、工业（从狭义上讲）和交通运输（铁路）这四种主要工业资本为例，那么我们就会发现：以 1919 年工人的数字为 100，1925 年**工人人数**为 93％，即减少了 7％，而**产品总量**为 120％，即提高了 20％，劳动生产率为 129％，即提高了整整 30％。其中仅工业一项，劳动生产率的提高在 6 年之内就达到 40％。

　　同时，使我十分惊奇的是布哈林同志谈到这个问题时竟同意京特·施泰因在《柏林日报》上发表的文章的观点。这个京特·施泰因绝对不是杰出的德国新闻记者。他使用的是商业部的数字，而这些数字美国和英国的报纸已经使用了不知多少次，而且在共产党的报刊上以及部分地在苏联的报刊上也已经刊载过。老实说，布哈林同志在这个问题上引用京特·施泰因的材料，那给他的荣誉就太多了。

　　不过还是让我回来谈我们的主题吧。在劳动生产率极度增长的条件下，工人数量不断减少这种现象意味着什么呢？这意味着，技术进步，以及劳动生产率的提高和劳动强度的增加，超过了市场扩大的可能。原先在战前的情况是：由于技术进步的结果，每天都有工人被抛向街头，但是与此同时由于资本主义销售市场不断在扩大，这些工人，至少在资本主义高度发达的国家中，又重新找到工作。这种技术进步的结果首先反映在印度、中国和一切偏僻的地区，那里出现手工业者的失业现象，最后导致几百万人饿死。现在我们则看到，市场的扩大已不足以使主要帝国主义国家中被抛向街头的工人找到一口饭吃。这种新形式的失业现象不仅在美国有，在英国也同样存在。如果我们从英国接受保险的工人数中除去在流通领域中就业的工人以外，那我们就可以看到：1923 年初在工业和交通运输业中就业的有 837 万工人，到 1928 年初为 790 万人，也就是说同样减少了 50 万人。我觉得正好在美国和英国特别明显地反映出产生结构性失业现象的趋势，这并非偶然现象。在我看来，其原因部分地在于美国和英国国内资本主义销售市场的继续扩大已经十分困难了。

国内市场的扩大是怎样进行的呢？简要地说，那就是农民变成了农场主，也就是说，本来首先为满足自身需要进行生产的农民开始为市场生产，现在成为生产者，他们出售自己的产品，又购回资本主义工业生产的产品。大家知道，这个过程是分几个阶段逐步完成的：首先从农民经济中分离出纺织工业，然后是农业工具的制造业，然后是建筑业等。在美国，事情已经发展到这样的程度，即农民已经把自己产品的 80% 以上，几乎 90%，都投入市场，而且不言自明，也买回相应数量的资本主义工业产品。综上所述，可以看出，原来一度促进资本主义销售市场扩大的推动力，亦即独立的农业生产者从自然经济向资本主义商品经济过渡所产生的推动力在美国已经几乎终止，而在英国依我看已经完全消耗殆尽。自然，这并不意味着这个过程在世界市场亦即在全世界范围内已经完成，这一点根本谈不到。但迄今为止美国工业仍以供应国内市场为主。美国向国外输出的工业产品至今不到 6%。因此，如此巨大的飞跃式的技术进步无法找到相应的扩大国内市场的可能性，等等。于是就出现了这种结构性失业现象，这种失业现象不是一种景气现象，显然是当前资本主义衰退时期所特有的失业现象。顺便指出，从中可以看出黑克尔特同志把所有各国都存在失业现象作为反对已经出现的资本主义正在改建的论据是完全不正确的。如果我所讲的不错，那么失业现象就越来越不再成为经济形势的指标。有一种情况完全可能存在，那就是尽管存在极其大量的失业现象而对资本家来说暂时仍然存在极好的经济形势。

由此可以得出什么结论呢？第一，争夺销售市场的斗争近期将日趋激烈。帝国主义大国将尽力扩大自己的国外市场，以补充与它们的技术进步相比容量过小的国内市场。它们将特别致力于把自己的商品投向国外市场，但是扩大国外销售市场的可能性也是有限的。海外各国也正在实现工业化，高税率的保护性关税政策到处都在抵制工业商品输入，禁止进口等，这一切都限制着国外销售市场的扩大。

可以有一定把握地预言，在近期内这一过程还将继续存在下去，失业现象将成为经常存在的、愈益严重的现象。

为了避免引起争论，我想指出，我的说法和罗莎·卢森堡的观点绝不相同。罗莎·卢森堡的理论认为，如果没有独立的生产者，没有第三者，那么实现剩余价值以及进一步积累就不可能。这种讲法自然是不对的。不过，如果说这种讲法在理论上就经不起任何批评，那么这也不意味着独立生产者即农民、手工业者转变为资本主义经济的历史过程不会引起资本主义市场容量真正迅速扩大。

卢森堡所一再坚持的没有"第三者"存在就不可能进行积累的理论，同由于农民转变为农场主致使资本主义销售市场急剧扩大的历史事实，是两个不同的事物。这两件事各不相同，不能把它们等量齐观。

那么，同志们，从这个事实可以得出什么样的结论呢？看来，以共产党为其先锋队的庞大工人大军在近期将分为有工作的和失业的两个部分，而后面一部分人的数量绝不是无足轻重的。如果工人中有12%的人完全没有工作，另外有6%、8%、10%或15%的人不能经常有工作，那么这就是说，整个工人阶级中将近1/5的人都受到失业现象之害。这也就是说，每一个工人都经常处于失业的威胁之下！同志们，对于我们的斗争来说这又意味着什么呢？依我看来，佩珀同志说我们斗争的条件自然得到改善是不正确的。依我看，这里应当划清一定的界限。对于原先意义上的工会斗争来说，对于为在资本主义制度范围内改善劳动条件而斗争来说，长期存在的大量失业现象无疑是一种障碍，并且大大增加了工会斗争的困难。不过从另一方面说，一旦革命形势来到，一旦爆发了夺取政权的斗争，这种大量失业现象将成为一种强大的推动力，使在死亡线上挣扎的工人们更加坚强，大大增强他们的革命毅力。

还有一个问题：为什么近几年来美国尽管存在严重的失业现象，但无产阶级的生活水平还有所提高？固然，提高的范围和程度并不像美国官方资料所显示的那样大。我们在这里看到某种矛盾现象：一方面存在大量失业现象；另一方面与之并存的是工资较高，而且部分地还在提高。

不过我想对此可以比较简单地加以解释。那就是：美国工厂的劳动强度增强到了这样的程度，以致只有伙食较好的工人才能真正经受得了难以忍受的速度。如果让伙食极差的工人们进入宛如一架压榨工人体力的庞大机器的美国工厂，那么几天之后他们就要病倒。举一个粗浅的例子。每一个车夫都知道，要是他的马明天要拉重载，那他今天就要好好饲喂，不然马就会一步也拉不动。美国工人所处的境况恰恰就是这样。由于劳动强度极大，有的工厂规定工间必须按时休息，有的工厂经常转而采用每周工作五天的制度，因为不这样做，在目前工人体力消耗的速度下，工人无法经受得了。

现在谈第二个问题，即关于工业大国中工业进一步扩大从而工人向全国各地到处分散的趋势问题。在这方面具有决定意义的是电气化的影响，向远距离输送高压电力的影响。这样一来，加工工业就不必集中在煤矿附近。现在我们看到，由于有可能输送高压电力，出现了许多巨大的工业区。这一点在美国表现得最为明显，那里的工业已经大规模从东北部向南部迁移。而南部各州 15 年以前连一家工厂也没有，现在则出现了一个庞大的新兴工业。在英国我们也看到同样的过程，那里的工业也正在向南方和东南方"搬迁"。我们还亲眼看到新的工业正在意大利北方兴起，以及诸如此类的现象。

同志们，我认为这种过程对于我们未来的斗争，无论在经济方面还是在战略方面，都具有完全特殊的意义。我们的主要骨干产业工人，已经不再是仅仅集中在工业国的某些主要地区，而这些国家的广大地区也不再是纯粹的农业区。1923 年，当我们具体设想似乎即将来到的德国革命的进程时，我们曾认为会出现一条地理上的界限：农业地区暂时仍将处在资产阶级的统治之下，而无产阶级专政起先只在大的工业地区取得胜利。目前我们看到的趋势是：工业正在向工业国的全境分散扩张，这样一来工业无产阶级，从而也包括共产党，就能在全国各地获得据点。

第三个新的因素是新技术的出现导致**工人阶级均匀化**的倾向。在这方面起主要作用的是流水线作业法的采用和化学工业的迅猛发展。要知道，化学工业不是机器性工业，而是仪器性工业。这两者发挥作用的结果，熟练工人和非熟练工人之间的差别开始消失，多数乃至绝大多数工人都是所谓经过培训的工人。

使用传送带工作把劳动过程分解为一些最简单的操作方法，这种操作方法任何一个工人几天就可以掌握。现在越来越具有重大意义的化学工业开始在很大程度上取代了机械操作和耕作劳动，化学工业不用什么熟练工人。在化学工业部门没有熟练工人，只有化学家、工程师。例如，在法本化学康采恩的各企业中有 20% 的人是工程师、化学家和技师，而所有其他人员（除极少数例外）都是工资很低的受过培训的工人。这个事实在战略上十分重要，因为它同失业现象相反，对于整个工人阶级来说不是造成差别，而是相互拉平。

　　第四种因素是产生了工人中的特权阶层，不过不是在熟练劳动的基础上和原先列宁所说的工人贵族的那种基础上产生的。我们看到的是，由于存在失业现象，大企业中出现了一种新的工人阶层，他们为了使自己的工作得到保障不惜始终充当资本家的奴仆和整个工人阶级的敌人。我指的是采用传送带工作时能决定工作速度的工长们。他们的工资收入只比其他工人稍多一些，但不会被开除。我指的也包括所谓"技术援助协会"（"Technische Nothilfe"）会员，那些充斥美国工厂的大量密探、工贼、特务，等等。耐人寻味的是，在这里恰好形成了这批工人阶级的腐化分子、工贼，同工会代表及改良主义政党工作人员的某些阶层之间的衔接点。凡是存在革命工会，存在强大共产主义运动的地方，改良主义工会、联合工会以及其他种种工会的代表越来越不必担心失业，因为他们正在由无产阶级的代表变为资本家的代理人。这样就产生了一种新的卖身投靠的特权工人阶层，他们在失业现象严重威胁的条件下能够使自己的地位得到保障。

　　联系到上述情况，我还想提到失业现象的另一种后果，那就是受到失业现象威胁特别严重并试图同资本家的进攻进行斗争的那些工会人数日益减少。就在这两天我看到英国矿业工会为召开年会而公布的一些材料。这些材料极其值得重视。英国矿业工会 1925 年拥有 95.8 万名会员，而 1926 年为 78.5 万人，到现在则为 62.6 万人。这就是说，近两年来，这个工会的会员减少了 1/3 以上。如果我没有搞错的话，那么在美国矿工工会中这一过程发生的还要早些。

　　这样我们就看到，失业现象使资本家有可能做到：或者把工会变成为资本主义的附属机构，在意大利、波兰以及部分地也在德国就是这样，或者在斗争中将它们摧毁，使之丧失战斗能力。

　　我的意见是，最好在提纲中用某种方式提到因实行合理化、因发生技术进步而发生的变化（即使这些变化在目前还并不十分明显）。正如某些同志已经指出的那样，在提纲中只有一处顺便提到失业现象。我以为在提纲中增加一节关于工人阶级内部所发生的结构性变化以及特别是关于失业现象的影响和新的特点的说明是适当的。

拉塞尔达（巴西）：

首先我想提一个小意见。布哈林同志的提纲中提到，共产主义运动现在才第一次波及拉丁美洲国家。同志们，这不完全正确。并不是共产主义运动现在第一次波及拉丁美洲，而是共产国际现在第一次对拉丁美洲的共产主义运动表示出兴趣。在墨西哥、巴西、阿根廷、乌拉圭、智利，甚至在危地马拉，我们这些国家的共产党从1920年起，亦即差不多从共产国际一成立之日起就已存在。但是共产国际直到现在才开始关注拉丁美洲问题。我们希望共产国际的关注不要减弱，希望我们这几个暂时还不大的共产党能够成长为真正群众性的共产党。

拉丁美洲在国际政治中的作用正在日益加强。拉丁美洲是实力最雄厚的帝国主义和世界上实力最雄厚的资产阶级的后方。所有同志都强调指出美国的世界霸权地位。美国并没有把这种霸权最终归功于有拉丁美洲这个宏大的经济基础。美国帝国主义早已从和平占有政策转向武装干涉政策。

自1900年起，美国对尼加拉瓜、圣多明各、巴拿马、波多黎各实行武装干涉。这几个国家全都驻有美国军队。

美国在拉丁美洲的投资占有美国国外投资总数的46%。这就十分明显地突出说明了拉丁美洲对于美国的重要性。美国资产阶级在南美的最大竞争对手是英国帝国主义。美国正在逐步战胜英国，两个帝国主义之间争夺南美洲市场和原料产地的斗争从未如此激烈。

在帝国主义疯狂进攻过程中阶级矛盾在不断发展。拉丁美洲无地和少地的农民已经开始行动。南美洲正处于土地革命的前夜；随着帝国主义压迫的加强，无产阶级的阶级觉悟也在日益提高。不过美国资产阶级清楚地看到来自革命工人运动方面的危险，因而竭尽全力试图控制拉丁美洲的工会运动。它正通过泛美劳联这样做。这个组织是美国资产阶级用来瓦解拉丁美洲无产阶级的御用机构。泛美劳联的首领是美国帝国主义的直接代理人。在墨西哥油田、秘鲁和智利的矿井、巴西种植园，成千上万的无产者在帝国主义剥削的压迫下做工。把这些群众争取到我们一边来，把他们组织起来并有力地支持他们反对资本主义压迫的现实斗争，这就是我们在拉丁美洲的居于第一位的任务，主要的任务。一旦爆发反对苏联的战争，我们就要全力以赴阻止向帝国主义军队供应阿根廷的粮食、阿根廷的冻肉，制止为军事工业运送石油和原料。打倒帝国主义！为拉丁美洲摆脱帝国主义剥削而斗争！打倒勾结帝国主义剥削工农群众的本国资产阶级！这就是我们在即将来临的战争中的口号。

卡里略（墨西哥）：

我们代表团赞同布哈林同志的报告。我想简略地谈一谈对于拉丁美洲国家具有特殊意义的一些问题。美国目前是帝国主义的中心。美国是世界经济中最强大的帝国主义因素。美国拥有拉丁美洲国家这样一个强大的后方，大大有利于美国帝国主义的发展。拉丁美洲蕴藏有美国资产阶级进一步发展工业所需要的原料资源。帝国主义对中美洲和南美洲的渗入越来越具有侵略性。美元政策腐蚀并收买着拉丁美洲各国政府，它们和美国资产阶级结合在一起剥削这些国家的财富和劳动力。美军占领尼加拉瓜开始了美国为建立独霸中美洲和南美洲的统治而发起的公开武装斗争。我想着重强调，一旦发生新的帝国主义战争和反苏战争时这些国家的重要性。这些国家在战争中将成为帝国主义的后备军。我们的任务是使拉丁美洲的工农群众成为无产阶级革命的后备军。

一旦战争发生，我们的口号应当是：向帝国主义宣战，为民族解放而斗争，反对帝国主义豢养的拉丁美洲封建集团和军阀的专政。在我们这些国家里如果不同时进行反对帝国主义霸权的斗争，就无法开展农民争取土地的斗争。而反对民族资产阶级的斗争必不可免地要转变为反对帝国主义的斗争。

我完全同意有些同志的看法，他们指出提纲对于土地问题太不重视。这个问题必须得到更详尽的研究。在我们这些国家里，没有农民群众参加，要进行认真的斗争是不可思议的。千百万贫农和无地农民群众争取土地的斗争，是拉丁美洲革命运动日程上的第一项议题。迄今为止，有一些同志还并不理解，不能把我们这些国家的农民同中欧的农民和巴尔干国家的农民，或者甚至同沙皇时代俄国的农民相提并论。根据前面所说的情况，我想对这些同志也说几句话。我们的农民生活在极端可怜的条件下，他们的生产工具极端原始，以至于怎样也不能把他们算作有产阶级，算作小资产阶级。这是千百万半无产者群众，我们的任务不能局限于使他们保持中立，我们应当把他们当做直接的同盟军争取过来。在整个拉丁美洲，没有一个国家不是农民群众占居民的绝大多数，因此我们党在土地问题上的方针和对待农民运动的态度对于党在革命中的作用具有决定性的意义。中国革命的经验，保加利亚的经验就足以令人信服，因而党在这方面宁可做得太多，而不能做得太少。

美国帝国主义的粗暴进攻使我们这些国家的阶级斗争日益激化。墨西哥和中美洲持续不断的革命行动和反革命活动说明，这种分化现象正在日益加剧。委内瑞拉、哥伦比亚、秘鲁和玻利维亚处于土地革命的前夜。巴西的政治骚乱已经持续了许多年，墨西哥革命与反革命相互更迭之快是任何国家也不曾有过的。近几年来，我们这些国家的共产党在拉丁美洲已经站稳了脚跟。以前我们只是一些宣传小组，现在我们已是不折不扣的共产党，而且我们深信明天我们将成为群众性的党。很长一段时间以来，在我们墨西哥共产党内，大家认为我们党不可能发展成为真正群众性的政党。现在我们已经纠正了这种错误观点，而且可以毫不夸大地说，我们党是国内唯一的全国范围的有组织的工人政党。

下面就工会问题再谈几句。我们觉得，工会问题上的路线规定得不十分明确。往往红色工会国际推行一条路线，而共产国际又推行另一条路线。我们坚决要求在工会问题上制订一条统一的路线。我们相信，统一战线策略今后仍将是我们工会工作的基本原则。只要正确运用革命的统一战线策略，同改良主义领袖和工会官僚的斗争不会削弱，只会加强。只有坚持不懈地开展工会工作，我们才能够使我们的口号，与改良主义分子的攻击相反，受到参加工会的墨西哥工人的普遍欢迎。

在统一战线策略问题上的任何一点动摇不定，都会给我们的工会工作造成致命的恶果。因此我再重复一遍：在工会问题上必须要有统一的路线，不能有红色工会国际的独特政策，必须要有统一的共产国际的工会策略，所有党员、所有共产国际党团都应当遵照执行。

在拉丁美洲，反帝同盟要担当起特别重大的作用。这个附属组织有可能成为真正广泛的群众组织。同外国资本的霸权地位作斗争，是广大工农群众同主张民族革命的小资产阶级接近的基础。这种斗争不是宣传鼓动问题，而是直接行动的问题。尼加拉瓜的战斗、墨西哥和中美洲接连不断的国内战争就证明了这一点。布哈林同志已经指出，共产国际对于反帝同盟重视不够。关于反帝同盟的问题必须看成具有国际政治意义的问题。对我们最为不利的首先是美国党对中美洲和南美洲反帝同盟的意义估计不足。美国不存在真正反帝的组织。在美国同志有可能建立这样的组织以前，他们就无法认真地进行反对美国帝国主义的斗争。我们共产党人一定要强调拉丁美洲无产阶级和美国无产阶级利益的一致性。墨西哥的改良主义者同美国劳联相互保持联系，这有助于改良主义者麻痹墨西哥工人的注意力和欺骗他们，借口说一旦发生什么事情美国的改良主义工会组织能够阻止美国干涉墨西哥。我们应当以拉丁美洲和北美革命工人运动的统一战线同墨西哥和美国的改良主义者的联盟相抗衡。这是我们党最重要的任务之一。

最后再谈一谈我们这些党内的右的和左的倾向。右的倾向反映在关于拉丁美洲国家发生革命的可能性问题上。某些同志认为，在美国工人打败自己的资产阶级并推翻美国帝国主义之前，拉丁美洲国家的无产阶级不可能取得政权。这是典型的改良主义论点，我们应当对这种倾向进行坚决的斗争。另一种右的倾向在于轻视农民问题。墨西哥党已经完全克服了土地问题上的改良主义思潮。但是在拉丁美洲其他国家的党内，许多同志在农民问题上采取完全消极的立场。第三种亦即可能是最危险的右的倾向在于：同小资产阶级联合，承认小资产阶级在土地革命以至在整个革命中的领导权，并且用同民族小资产阶级的革命辞藻，毫无区别的革命辞藻掩盖党的真实面貌。这是我们这些党内最危险的倾向，同这种倾向作斗争是我们党当前的主要任务。此外，还存在极左的倾向，这在工会问题上更为突出。很长时间以来，我们还不得不同反对在改良主义工会中进行工作的思潮进行斗争。现在，至少在墨西哥党内，我们已经完全克服了这些危险。

布哈林关于必须从思想上做好准备的意见我们完全支持。但是我们应当指出，尽管我们曾经一再提醒，共产国际却至今根本不帮助西班牙语国家的党吸取理论知识。迄今为止，没有出版过一本西班牙语的共产主义书刊。共产国际的主要文件没有用西班牙文发表过，正因为如此我们的同志们很难在政治上和思想上有所提高。我们请求共产国际执行委员会在最近的将来用西班牙文出版主要的材料，并提供给我们这些党。

再谈谈墨西哥的情况。从报纸上你们都已知道，7月1日选出的总统被杀害。这预示着墨西哥在最近期间即将爆发新的国内战争。在同美国帝国主义作斗争方面，墨西哥是美洲大陆上的主要据点。拥有资源丰富的油田和矿场的墨西哥就紧靠美国的大门。只有在工人、农民夺得政权以后，墨西哥才能获得正常发展的可能。墨西哥无产阶级和农民的斗争就是反对美国帝国主义、反对世界上最强大的资产阶级、反对苏联的最凶恶的敌人的斗争。正因为如此，这场斗争具有国际意义。我们深信，一旦爆发反苏战争，墨西哥的工人、农民必将同帝国主义斗争，而即将到来的战争必将在拉丁美洲国家引起革命。

同志们，我们将高举共产主义的旗帜，国际团结和世界革命的旗帜。

共产国际万岁！

世界革命万岁！

萨拉（乌拉圭）：

南美洲国家代表团决定就它们认为最重大的问题由三个代表分别陈述自己的观点。

首先我表示完全赞同我们代表团其他成员的提法，即拉丁美洲在世界经济及革命运动中，以及在反对帝国主义的斗争中、在反对战争危险的斗争中和在农民问题上，具有重大的经济意义。

我必须首先简要地说明拉丁美洲的经济和政治形势。

在拉丁美洲所有国家中，只有智利除外，占统治地位的是农业资本主义，农业经济。土地集中在少数人手中。工业还处于萌芽阶段。轻工业最为发展。

正因为如此，我们的无产阶级人数较少，广大农民阶层过着忍饥挨饿的生活。

在拉丁美洲的所有国家中（除去小资产阶级占统治地位的墨西哥和在最近一次选举后由工业资产阶级和小资产阶级政党掌握政权的阿根廷共和国），政权都掌握在大农业资本家手中。拉丁美洲各国政府一般说来不是美国帝国主义的工具，就是英国帝国主义的工具。巴西政府密切依赖英国帝国主义，其他拉美国家都或多或少地屈从于美国帝国主义的统治，处于它的直接影响之下。

大多数拉丁美洲国家政府都是毫不掩饰的大农业资产阶级专政。它们的所作所为违背广大工农群众的意愿，并且野蛮地镇压任何革命运动。高压手段和恐怖统治笼罩着秘鲁、哥伦比亚、委内瑞拉、尼加拉瓜、整个中美洲、古巴岛和安的列斯群岛。哥伦比亚不久前颁布了一项严厉的法令，矛头针对工农运动，特别是共产主义运动。拉丁美洲的这种局势促成了巴西、委内瑞拉、哥伦比亚等国的革命形势。可以有把握地说，这些国家已经面临资产阶级民主革命。墨西哥也充满了革命的气氛，不过那里酝酿的是农民革命。我们不知道这场革命何时爆发，无法指明日期和钟点，但我们确认革命不可避免，而且很快即将发生。这次革命在开始阶段将同时既是资产阶级民主革命，又是反对帝国主义的革命。在其发展过程中，如果工人阶级和它的先锋队共产党有能力成为革命运动的领导者，那么就有可能把这场资产阶级民主革命变为工农革命。正因为如此，我们才认为共产国际和国际共产主义运动必须真正认识到拉丁美洲革命运动的重要意义。

现在谈谈工会运动。拉丁美洲的工会运动还较年轻，因而也相当薄弱。不过可以把它看做是"革命"运动。除了墨西哥的各工会团结了墨西哥大部分无产阶级外，参加拉丁美洲其他国家工会的工人只占全体工人的很小一部分。不过这些工会对群众的政治影响大大超过它们的有组织的力量。例如，每当工会决定宣布总罢工时都事先广泛开展宣传工作，如果提出的要求是与工人群众密切相关的，那么响应号召和参加运动的就不仅是有组织的工人，而是全体工人群众，其人数相当于工会基干会员的5倍或10倍。

原先拉丁美洲的工会运动处于无政府主义者的影响之下，如今这种影响已不再存在。但是，在南美洲我们受到威胁的是来自美国改良主义和欧洲改良主义即泛美劳联和阿姆斯特丹国际的改良主义的危险。

泛美劳联和阿姆斯特丹国际是怎么一回事呢？泛美劳联无非是美国帝国主义在南美工人运动中的代理人，它的任务是把工人运动和进行反帝斗争的工人群众引向与革命相反的方向。它力求腐蚀工会领袖，把工会置于自己的影响之下，以便美国帝国主义能够轻而易举地侵入拉丁美洲。至于阿姆斯特丹国际，它是欧洲帝国主义的代理人，它为欧洲帝国主义效劳正如同泛美劳联为美国帝国主义效劳一样。

值得注意的是，拉丁美洲泛美劳联的建立在时间上与具有革命倾向的大的工会联合会的成立正好一致。泛美劳联的政策是收买工人运动的领袖，而这种做法在某种程度上已经取得成功。众所周知，墨西哥全国劳动联合会的首领已经接受了美国帝国主义及其代理人的影响。

大家知道，波多黎各的工会官僚就在工人联合会章程中提到，必须把波多黎各变成美国的一个省。

一批委内瑞拉工人运动的革命领袖几年前曾去美国。泛美劳联的首领们企图把他们争取到自己方面，使他们在自己国内放弃反对美国帝国主义的斗争。很有可能，他们现在回去后将开始进行有利于美国帝国主义的宣传。

阿姆斯特丹国际从来不曾关心过拉丁美洲的工会运动，现在它突然表现了极大的兴趣。不久前，它在日内瓦召开了拉丁美洲各组织真正的和冒充的代表们的会议，并签署了一项协议，规定代表应尽力在自己国内为改良主义工会运动打下基础。

阿姆斯特丹国际如此登台表演并非偶然。欧洲帝国主义经过战争遭到严重损失。它没有足够的力量同美国帝国主义在南美洲进行竞争。不过现在它已经相对地和局部地获得稳定局面并医治了自己的创伤：它已经增加了生产并需要有新的市场。它感到实力已经够大，足以同美国资本主义一决雌雄。这就是阿姆斯特丹国际急于在拉丁美洲为欧洲帝国主义打下基础的原因之一。

另一个原因是，红色工会国际在最近一次代表大会上决定采取有力措施在拉丁美洲组织革命的工会运动。

红色工会国际在拉丁美洲的行动引起了欧洲改良主义即阿姆斯特丹国际的抵制。毫无疑问，此后泛美劳联对此也必将大力加强争夺拉美无产阶级的活动。

那么我们在拉丁美洲的任务是什么呢？共产国际在美洲大陆这一部分地区的任务是什么呢？我们应当同欧洲改良主义和美国的改良主义进行激烈的斗争，并尽一切可能阻止美国和欧洲的改良主义毒素渗入工人运动，因为这种毒素会削弱工人运动同帝国主义作斗争的力量。

根据红色工会国际在蒙得维的亚的倡议而建立的革命工会拉丁美洲书记处已经开始工作。1929 年 5 月，在蒙得维的亚应当召开主张阶级斗争的拉丁美洲各工会的总的代表大会。

我们认为，有了这个书记处，有了这次代表大会和在大会上将要建立的组织，我们将有可能有力地开展斗争，以捍卫拉丁美洲工人运动的革命的反帝的性质，以及运用工人运动来解放工农群众。

必须提请我们南美洲各个年轻的党重视这项重大的任务，以便它在任何情况下都不轻视这项工作，并且防止这些国家中的改良主义危险。应当激起所有无产阶级对将于 1929 年召开的拉丁美洲代表大会的热切关注。

必须尽力使这些代表大会取得决定性的成就。红色工会国际和共产国际应当全力支持我们，以便我们能够加强拉丁美洲运动的革命性质，并且推进这个运动，使这个运动成为我们各种发动以及我们反对美国帝国主义的整个斗争的中心。

我们断然宣称，我们同帝国主义的斗争能否成功，在很大的程度上取决于同美国和欧洲的社会帝国主义的斗争能否成功。

再谈几句关于青年的问题。布哈林同志在自己的报告中批评所有共产党都对青年工人的分量估计不足。这个批评对我们这些拉丁美洲的党也是完全适用的。在我们这些国家中，共产主义的青年组织或者根本没有，或者力量十分薄弱。这些国家的共产党没有认识必须争取青年工人，这是极大的错误。大家知道，青年工人最易于接受我们的宣传鼓动，最有战斗力，而且与传统的偏见格格不入。因此吸收他们参加组织比成年人更加容易。迄今为止，所有党都忽视这个任务。现在应当端正这方面的路线，并且应当更多地注意争取青年工人和在每一个国家建立群众性的共青团组织。

最后，我谈谈群众组织的工作。布哈林同志在自己的报告中提到，必须在同党平行的正在建立的或现有的所有群众组织中积极开展工作。我们认为，我们运动的主要组织是工会和农民联盟。对它们应当予以最大的关注和最大的支持。但是，在拉丁美洲还有三个组织应当起巨大的作用，而且能够变成为群众性的组织。这就是反帝同盟、国际支援革命战士协会和红色体育国际。

反帝同盟，正如在我之前发言的同志所指出的那样，将在拉丁美洲起重大的作用。当前形势极其有利于既争取和组织无产阶级和农民群众，又争取和组织反帝的小资产阶级群众。

对于反帝同盟必须认真予以关注，并把它变成一个群众性的组织。

至于国际支援革命战士协会，那么在拉丁美洲大多数国家镇压和白色恐怖肆虐的条件下，由于它参加了工农运动的日常斗争，拥有很大的威望。它起着巨大的作用，能在每一个国家争取到成千上万名工人。

体育组织在南美也能团结千千万万个工人。在阿根廷、乌拉圭、智利、秘鲁以及在所有国家中，广大工人群众都爱好体育，资产阶级也利用体育向工人灌输沙文主义和资产阶级思想。资产阶级主要致力于争取青年，也就是我们应当予以极大关注的青年。要同资产阶级的体育组织作斗争，要用具有明显阶级性的工人体育组织与之相抗衡。在乌拉圭和阿根廷，我们只花费了相对不多的时间和精力就通过体育组织团结了二三千人。我们以为所有各国党都可以建立这类组织，并把它们变成群众性的组织。

此外，我们还认为共青团拥有一切必要的前提，足以成功地吸收体育青年中的优秀分子加入我们的组织。

我的发言就此结束。拉丁美洲代表团清楚地意识到它所面临的任务。它相信，拉丁美洲各国共产党依靠共产国际的坚强有力的始终一贯的支持，能够履行自己的职责，为了无产阶级的事业把工农群众争取过来。

（会议休会）

第九次会议

（1928 年 7 月 25 日）

主席：福斯特

讨论布哈林的报告（续）

丽贝卡·邦廷（南非）：

首先我认为有必要说明，为什么这次代表大会没有来自南非的黑人代表。这是因为技术性的障碍使这些同志未能来到莫斯科。我们本身也因为未能与这些同志一起离开南非而感到非常遗憾。但是只有取得护照的人才能离开南非，而黑人代表直到最后 1 分钟也未能取得护照。正是由于这个原因，黑人代表未能来到这里，而决不是我们有什么种族偏见。琼斯同志在今天早晨的会议上提到这一点，可他是很清楚这一情况的。

我想谈一点布哈林同志在其报告中未提及的有关共产国际活动的一个方面的问题，即克拉拉·蔡特金领导下的妇女部的工作问题。我觉得，这项工作值得引起我们的重视。

我不清楚，是否我们所有的党都有可能建立专门的机构来开展这项工作。在我们南非是没有这种可能的。我们只有一两个人专职从事党的工作，其余的人都是利用业余时间进行党的工作的。

我同样不能够肯定，建立专门机构进行妇女工作是否会在男性工作人员中造成这样一种印象，即他们可以对这一工作不再负责任，如果是这样，我们今后可能取得的成绩将比现在还要小。

代表大会本身就证明了，妇女工作开展得很不够。为什么出席大会的女代表这样少？难道不是因为我们的妇女部宁愿去建立在党影响下的党外妇女组织而不努力去吸收妇女入党所造成的吗？妇女部采取的工作方式，不仅所有的妇女代表应该加以讨论，而且整个代表大会应该进行讨论。我们大家都应该承认，妇女工作有着极大的意义，因为特别是在今天的生活中，妇女发挥着重要的作用。作为一名女工，妇女同男人（他们远比妇女较早就成为劳动市场的对象）处于竞争的关系。而作为母亲，妇女担负着管教下一代的责任：即使在苏维埃俄国，儿童在一定年龄之前也主要是处在父母影响之下，在资本主义国家中更是如此。然而男人却往往看不起对孩子进行教育的任务，甚至在一些共产党员的家庭里也可以看到这种现象。

我们党的一批老党员没有把自己的孩子培养成战士。就以我们的大部分领导同志为例，他们的孩子干什么呢？这些孩子是否成长为共产党员去继承父辈的事业呢？这些孩子通常都不参加革命运动，他们并没有填补父辈离去后的空位。

为什么会这样呢？难道不是因为男人通常都不同自己的妻子和孩子们讨论政治问题造成的吗？男人们认为，家庭成员还未成熟到能同其讨论政治问题的程度，所以不让子女的母亲了解这些事情。

我们在南非本地居民中也经常看到这种对待家庭成员的态度。尽管他们的妻子也经常工作，有时还背孩子去上班，而且对工人阶级争取解放的斗争抱着满腔热情的态度，可是，当她们去参加集会时，男人们就感到不高兴。有时候妻子的积极性比她的丈夫还高。但是，男人们认为妻子是他们的私有财产，是他们花几头牛的代价从其父母处讨来的。一个男人为了攒钱买个妻子（也为了交税，养活自己和供养亲人）被迫成为现代资本主义的剥削对象，受雇于矿井和工厂。如果他们能多挣得几英镑，他会再买上一两个妻子，虽然应该说这种"奢侈生活"已经成为过去了。现在只有为数不多的人才能过这种生活。但是不管怎么说，在黑人的心目中妻子就是他的私有财产，就是他的农奴，他可以为了保护她而去斗殴，但从不把妻子看成是与他平等的人。我们共产党人的责任，是要加速消灭这些原始部族的传统，并促使男工和女工能够在平等的基础上共同为自身的阶级利益而斗争。

尽管存在着种种困难，但是，只要作为无产者的母亲本身有可能成为有阶级觉悟的人，那么，她比其他任何人都更能激起子女对现行制度的仇恨。

该是男人不再把妇女看成玩物的时候了；要对妇女进行政治教育，而不要只知对其献殷勤。毫无疑问，一般男人害怕自己的妻子参加政治活动后，便不再关心他舒适的家庭生活了。但是，共产党员在任何情况下都应该懂得，妇女并不是为了使男人快活而存在的，也不是为了没完没了地操劳个人的家庭事务而存在的，妇女应当和男人一样，有她自己更重要的责任。在目前这种自然情况下，妇女被培养成为个人主义者，而妇女也照样地以这种精神去教育自己的子女，希望她的孩子经过自身的奋斗，能有机会登上社会阶梯的上层，也就是说进入既使她本人，又使她孩子沦为奴隶的压迫阶级行列。

这样一来，希望自己和母亲都能摆脱工人困苦生活条件的孩子，就不知不觉地变成了本阶级的叛徒。

罢工时也同样出现这种情况，由于贫困而造成的愚昧无知，工人的妻子往往成了积极的工贼。她只看到罢工会使她丈夫失去在工作时，每周带回家来的少得可怜的几先令，除此之外，她什么也看不见。因此，她想尽一切办法去阻止丈夫参加罢工或不让他成为工会积极分子，怕丈夫因此而失去工作。这样一来，工人的妻子不是积极地去加强工人运动，而是成了削弱工人运动的真正根源。

我认为，妇女部的活动，应当比迄今为止更多地放在家庭妇女和女工方面，培养她们成为共产党员并引导她们投入党的工作中去。其次，我认为不仅是女共产党员，而且是男共产党员和全党都应该给自己提出这项任务。

凯梅尼（匈牙利）：

匈牙利代表团基本上同意所提出的提纲，但认为有必要作几点补充。我想在这里谈一谈我们党特别感兴趣的 4 个问题。

首先是关于法西斯主义问题和法西斯主义同社会民主党的关系问题。

提纲正确地强调了现代社会民主党发展的性质，即改良主义工人运动的上层同各种企业主组织，以及同帝国主义国家逐渐结合。因此必须强化我们反对社会民主党的斗争。

提纲还正确地划分了法西斯主义的典型模式，给意大利和波兰类型的法西斯主义下了定义，称之为"独特形式的资本主义"和"恐怖主义的大资本家专制独裁形式"。但是，这是否就包括了所有的法西斯主义形式呢？我们认为不是这样。东南欧和巴尔干国家政权的法西斯特征多少有些不同于这种典型模式，但仍应看做是法西斯主义的一种类型。也许可以这样说，匈牙利、罗马尼亚、保加利亚等国那种"不纯正的"法西斯主义形式在于，资本主义—帝国主义本身正主动地力求扩大其社会基础：它利用流氓无产阶级、失去社会地位的知识分子和小资产阶级的社会团体来扩大传统的国家机构；它使始终存在的失业大军中的一部分人脱离有阶级觉悟的工人，把他们组织到扮演工贼角色的官办工会中去，在利用各种社会团体扩大国家机构的同时，还试图借助保守的社会政策来腐蚀整个工人运动，而国家则力图在各阶级之间扮演仲裁者的角色。这里是指国家政权的那种独特的拿破仑主义而言，这种拿破仑主义的国家政权不是什么别的东西，而是有别于典型形式的法西斯主义的一个变种。在这里资产阶级对工人阶级，特别是对工人阶级有阶级觉悟的先锋队实行的恐怖主义是以甜言蜜语和社会政治方面的小恩小惠为补充的，对国家政权结构的法西斯改造是以形式上保留议会制度来掩盖的。如果可以这样来表达的话，我们在匈牙利看到的这种清清楚楚的法西斯主义是一种"干巴巴的法西斯主义"——它一开始就是国家法西斯主义，一开始就是一种官方的法西斯主义。

匈牙利的反革命采用了拿破仑主义的全部手段：对共产党员和左派工人施行暴力，在剥夺工人罢工权利和使工会国家化的同时却又对工人实行保险。这里相当重要的一点，是匈牙利社会民主党积极地鼓励并支持这种拿破仑式的法西斯计划和反革命行动。社会民主党欢迎法西斯的社会政策，支持强制性的国家仲裁，它已经不是形式上的而是实际上赞成工会的国家化。由此可见，由于社会民主党的所作所为，法西斯国家采取公开的恐怖手段来消灭无产阶级独立的阶级组织已成为不必要的事了，因为社会民主党本身正变成匈牙利法西斯主义社会制度中的一个环节；它自身就在采用独特的形式使工人运动法西斯化（诚然，这种法西斯化不是一种"典型的形式"，但终归是一种法西斯化的表现）。在这种情况下，首先出现了一个问题：这样的匈牙利社会民主党是否还是"自由的"工人政党呢？我们认为，它已经不可能完全符合这个称号。这样的社会民主党已经处于从自由的工人政党向法西斯工人政党转化的过程中。它正摇摆于自由工党和法西斯工党的政策之间。

这里又出现了一个问题：这是否仅仅指匈牙利社会民主党而言呢？我想不是。我们认为类似这样的变化可以说或多或少已成为社会民主党法西斯化的共同趋向。因为相对稳定时期国家资本主义趋向的加强，必然产生现代国家政权的拿破仑主义倾向。这种趋向表现于国家政权对待工人运动的态度方面。这方面我只指出强制性仲裁和美国的工会法两件事。可见社会民主党的作用在于它企图采用所谓"和平的"引导方法把工人运动纳入这个帝国主义国家政权的拿破仑主义体系中去，以代替血腥镇压工人阶级的典型法西斯做法。目的和结果依旧不变。看来只是做法和手段变了一点花样。现在不是什么资产阶级见机行事，摇摆于法西斯政策和同社会民主党结盟的政策之间，现在这种所谓摇摆现象已经渗透到社会民主党内来了。社会民主党本身现在就摇摆于自由工党政策和法西斯工党政策之间。我想，对社会民主党这种发展特点和法西斯主义同社会民主党之间关系所作的分析，应当在提纲中有所反映。这一点对于那些既有社会矛盾，又存在着民族矛盾的国家尤为重要，因为这种民族矛盾使统治民族有可能利用拿破仑主义去毒害工人，推动他们去反对被压迫民族的工人。统治民族的社会民主党往往会变成法西斯的工贼组织，被居统治地位的民族资产阶级用来反对被压迫民族的工人。只要回忆一下捷克斯洛伐克和波兰的情况就足够了。

匈牙利代表团要说的第二个问题是农民问题。

提纲强调必须使农民工作，特别是农业国家的农民工作活跃起来，因此必须使农民国际的工作活跃起来。这是绝对正确的。如果我们既看到罗马尼亚农民在民族农民党在阿尔巴尤利亚组织的游行示威中显示了多么强大的力量，另一方面又能注意到这一运动的资产阶级领袖们的变节行为；如果我们能注意到有多少农民群众追随克罗地亚农民党；如果我们能考虑到匈牙利农民是怎样受了反革命的欺骗和农民群众中积聚了多少易燃的物质；如果除了这一切之外我们再能注意到，我们对这些农民运动的影响是多么的微小，那么事情就十分清楚了：我们必须以极其严肃的态度把这个问题提到议事日程上来。

欧洲农业国家的农民群众中发生了什么事情呢？

我们认为主要是两件事：

一是农民中劳动阶层逐渐脱离资产阶级的进程加快。战后，农民曾同资产阶级组成统一的民族阵线，在已实现所谓民族解放的国家里尤为突出。这个时期执政的民族资产阶级之所以能与农民结成统一阵线，靠的是实行各种各样的资产阶级土地改革，当然，与这种脱离资产阶级的倾向相对抗的还有另外阻碍这一进程发展的倾向。对农业采取的所谓辅助性措施，如贷款和海关保护政策等就属于这种倾向。

以匈牙利为例，相当广泛的农业合作运动是得到国家扶植的。资产阶级力图尽可能广泛地同农民阶层保持统一阵线。不论出于何种观点，从经济因素出发支撑国内市场在这里同样起着巨大的作用。但是，主要的趋势仍然是贫苦农民正在逐渐离开资产阶级。

其次，是农民的分化过程日益严重，一面是广大农民群众日益贫困和无产阶级化，另一面是少数上层农民发财致富和日益上升。这个过程发展的结果是劳动农民群众日益左倾，可是共产党至今未能从政治上和组织上对农民队伍中发生的这些变化作出反应。因此，对农民的领导转到了持反对立场的或受民族压迫的资产阶级手中。罗马尼亚和南斯拉夫的情况就是这样。

匈牙利农民脱离反革命以及农民的分化具有其独特的形式：匈牙利的农民党——小农党几乎完全被融合于执政的大资产阶级和大地产主的党之中。农民党在全国范围内不复存在，只有几个地方的农民党组织还在勉强支撑。

匈牙利的农民组织就这样因上层被收买而垮掉了。这里值得注意的是，匈牙利的反革命一方面几乎完全摧毁了农民自己的政治组织；而另一方面却又力图促使得到政府支持的农民社会团体活跃起来。农村的这种法西斯化是在农村的知识分子、政府当局和富农的领导下进行的。所以这种法西斯化意味着教育农民群众不问政治。当然，农民群众组织性极度降低的原因还在于农民上层已被收买和出现了法西斯化。

　　从上述这一切情况中首先应得出什么结论呢？

　　从中应得出的结论是，共产党活跃农民工作的主要任务除了路线、口号和其他工作以外，还要能够找到与这种阶级变动、这种分化和农民群众组织性下降等情况相适应的组织形式。

　　诚然，活跃农民国际的工作十分重要，但是，这种活跃不是首先去活跃农民国际的机构，而是要使我们在不同的国家里找到相应的具体的农民国际的组织形式。柯拉罗夫同志说，农民国际还应当制定出自己本身的、有别于共产党的工作方法。这是正确的。但需补充一句，即为了顺利地开展工作，农民国际应该在不同国家里找到自己本身的组织形式。

　　我们应该学习别人的经验，学习波兰党的经验，波兰党通过左翼农民党对农民施加影响。甚至在德国也组织了左翼农民党，我们应该从这一个事实中得出某种结论。而在罗马尼亚强大的农民运动处于如火如荼的时期，我们却未能对其施加任何影响，我们也应当从这一事实中吸取教训。经常有人谈到建立"辅助性组织"。我想，农民需要的恰恰就是这样的辅助性组织。

　　按照我们的看法，这些农业国家在极大程度上是资本主义稳定中的薄弱点，所以更有必要从扩大我们对农民的影响的角度出发，重新研究这个问题，在这方面我们完全同意奥地利代表团和柯拉罗夫同志关于稳定存在着不平衡性的观点。工人阶级在农民运动的帮助下，在一定的条件下是能够把这些国家变成对帝国主义平衡的突破口的。

　　我们想提出的第三个问题是对共产国际组织作某种改革的问题。以农民问题为例，我们在这方面有一定的具体经验。波兰党、保加利亚党和其他党的经验更多。匈牙利党属于总的德捷书记处，因为匈牙利与这个国家集团最为接近。但在农民问题上，我们能向德国党学到的东西，比如说，就要比向波兰党学到的少得多。

再说，处于秘密状态下的党即使它们在政治上属于不同的国家集团，也应当交流经验。如何开展地下工作，存在着一系列问题：如工作方法问题、组织形式问题、公开工作和秘密工作相互配合的形式问题。这些问题是可以脱离开不同国家的具体条件而作为多少带有共同性的问题，作为秘密工作的国际经验加以研究的。

通过这种有计划的交流地下工作的经验，我们可以为各党开展工作提供极大的方便，减少为取得这些经验而付出的牺牲。我们提请共产国际执行委员会注意，必须找到相应的组织形式，使各党能就专门问题相互交流经验。我指的是，比如说，就地下工作的方式和方法问题举行有关党的讨论会。如果关于准备开展地下工作的提纲是对处于公开活动的党而言，那么，我们的建议就显得更有必要了。

总的来说，希望能具体地关注一下某些党在某些问题上，特别是在外交政策问题上行动的协调问题。

例如，关于修改特里阿农和约的问题，即匈牙利反革命在什么口号下实行秘密武装和进行战争准备的问题就属于这类问题。这个问题不仅涉及我们党，而且涉及捷克斯洛伐克党、罗马尼亚党和南斯拉夫党，以及意大利党，因为意大利的法西斯主义是霍尔蒂政权及其战争准备的主要庇护者。难道各国共产党没有必要在这个问题上建立起必要的合作吗？我们认为这是必要的。类似这种协调各党活动的做法之所以更为必要，是因为通过这种办法还可以使地方主义得到克服。而克服地方主义是极端必要的事，对于那些袖手旁观、不注意国际阶级斗争战场上资本主义—帝国主义主要地段情况的小党更是如此。

坎农（美国）：

布哈林同志在其提纲草案中强调必须强化我们反对社会民主党和所有改良主义组织的策略，并号召各国共产党加强反对改良主义趋势的斗争。这个政治方针在全世界范围内是正确的，对美国来说同样是正确的，尽管有人企图把美国说成是例外，从而将其"排除"在这个方针之外。美国也存在着右的危险，而洛夫斯通—佩珀集团把持的中央委员会中多数派的机会主义政策加剧了这一危险的严重性。

当代美国帝国主义的发展条件为美国工人扩大斗争提供了良好的前景和可能，为我们党在这一斗争中巩固自己的领袖地位提供了足够的机会。国际矛盾日益加剧，大批失业现象，工人遭到进攻，推行合理化，工资下降等，这就是美国当前形势的特点。美国的工人运动出现了深刻的危机：企业主的进攻和官僚们的背叛，使工人阵线受到严重的削弱和破坏。另一方面，作为对这一事态的反应，我们看到工人的反抗正在日益增强，半熟练工人和不熟练工人也在准备开展斗争。

半熟练工人和不熟练工人中的左倾化和激进化过程正不断发展和扩大，当然，这种左倾化和激进化是在美国，而不是欧洲人所理解的那种左倾化和激进化。美国工人经过最近几年的消沉后觉醒起来而向左转了，对于美国工人来说，更强烈地表示不满情绪和开展更深刻、更尖锐的斗争的时期已经到来。我们党中央的多数派没有发觉这种情况，没有得出相应的结论，也没有根据这一时期斗争日益加剧和由此而出现各种可能的特点来确定自己的政治路线。

面对工人日益严重的不满，面对工人日益增强的斗争情绪和日益频繁出现的群众加入战斗的征兆，党中央多数派仍然采取过分谨慎的立场。党中央多数派坚持其对事物的保守观点，奉行保守的政策，这在党的各方面工作中都有所表现，他们犹豫动摇，不断退却。

中央委员会的这种政策，使党在诞生以来几次出现有重大历史机会可以利用的时刻陷于瘫痪状态。我们向共产国际代表大会提出这一问题，是想争取使这一路线得到纠正，使党能走上继续领导群众前进的道路。在我们向美国委员会提供的文件中，我们相当详尽地阐述了与当前现状有关的一切问题。我想指出党中央委员会由于缺乏正确分析和没有得出正确结论而造成的某些（局部的和普遍性的）错误。

美国的客观条件发生了变化，阶级斗争开始激化，工人群众由消沉阶段转入斗争阶段，这一切在我们中央委员会的所有成员中引起了某种混乱，造成了某种错误。少数派也犯了某些错误，但是，少数派和多数派在这一方面有着很大的区别。少数派犯的错误是偶然性的错误，它已经承认并且改正了错误，而多数派一直推行错误的路线，而且至今仍坚持这条路线。

请允许我谈一谈中央委员会所犯主要错误中的一个错误。这个错误说明，中央委员会是怎样错误地估计了社会党，并寄希望于社会党内部的某个左翼能帮助我们为建立工人党而斗争。当社会党已经发展到完全蜕化变质的地步并且公开同美国的劳联、警察和政府联合在一起，反对工人群众的时候，我们的中央委员会竟然能够对社会党作出了这样的估计，即建议让一部分共产党员加入社会党，从社会党内部实行什么"内部爆炸"。请允许我逐字逐句宣读一下党的书记洛夫斯通同志在1927年12月14日会议上向政治局提出的这个建议："责成书记处会同各州详细研究关于少数优秀共产党员加入社会党，以便在社会党内开展工作，实现我党建立工人党的路线的问题。"

这不是偶然的或孤立的错误。这个错误来源于根本错误的观点。少数派提议否决这条政治路线，但在政治局里却遭到了失败。国际上众所周知的"**潘肯路线**"就出自这个总方针。在纽约市里有这么一个叫潘肯的法官，他是一个社会党人。他长期担任法官，是一个典型的社会民主派——也就是说，是工人阶级的敌人。

在最近持续了两年之久的纽约缝纫工人的斗争中，这位潘肯法官充当了警察、美国劳联和老奸巨猾的"社会党"官僚们组成的三位一体匪帮的代理人。潘肯是这群匪帮中的佼佼者，后来，当他被提名为候选人参加竞选时，我们党又出了一个绝妙的主意，建议投票赞成潘肯先生为候选人，而放弃提出自己的候选人与他相对抗。我们曾为反对这个提议而斗争，但是我们的斗争毫无结果。多数派声称，提潘肯为候选人，是"结成统一战线对付反革命"的问题。

这个"统一战线"是由谁组成的呢？社会党的组织和纽约的共产党组织先后表示了对潘肯的信任，同意提名潘肯为候选人。《纽约世界报》和《纽约时报》两家货真价实的帝国主义报刊在选举运动展开时都支持潘肯，而我们党充当了这个"统一战线"的尾巴，在工人阶级和共产国际面前丢尽了脸。

我们不仅在政治局里反对这种做法，而且还把这个问题提到了二月全会，在会上我们对多数派的路线提出了反对意见，但是一切都徒劳无益。如果有充分时间的话，我可以向大家列举他们为了说明潘肯法官代表着反对反动势力的统一战线而向我们奉献的种种奇怪的论据。他们还以德国的总统选举（这次选举中开展了反对君主主义的斗争）为先例，拿来作为必须投票赞成潘肯的根据，然后对我们说，如果我们对工人说，要他们必须投票反对潘肯，"工人会不理解"的。

这不是一言了之的偶然性错误，在波士顿发生的比勒克和密尔沃基事件中就曾出过这种事情，当时就有人建议，不要提出我们自己的候选人去与美国社会党维克托·伯杰相对抗。

按照我们党中央多数派的看法，这就是我们应该在全国范围内实行的政治路线。现在请允许我宣读1927年10月7日政治局会议记录中洛夫斯通同志的下述建议，这个建议提出，我们在其他地方的选举中也不要提出自己的候选人与民主党人对抗。这项建议的内容是：

　　"在一切可能做到的地方，都应当在不破坏统一战线或不干扰工人阶级其他政党提出的当地候选人的情况下，按工党的名单提出我们自己的候选人。"

这里指的那些"工人阶级其他政党"是什么样的党呢？当然是指社会党。

我们党的多数派不仅在对社会党的评价和对社会党的策略方面推行了一条错误的和顽固的机会主义路线，而且在工会运动中同样是这种做法。美国劳联日益堕落，变成了高度熟练工人独特的帮会组织。美国劳联的群众性工会已不复存在。这个政策执行已有多年，劳联的工会领导机构同整个政府机构和资本主义机构日益融合。在这种情况下，应该得出什么样的明显结论呢？在美国现有的2500—3000万工人中，仅有300万人参加官办的劳工联合会组织。因此，明显的结论是，党的工作方向应该是组织广大不熟练工人参加到新的工会中去。

红色工会国际和共产国际一再要求我们党实行这一政治路线。我党少数派也拥护这个要求。但是，我们党在履行自己的职责，把没有参加组织的群众组织到新的工会中去和吸引他们投入新的战斗方面遇到了巨大的障碍，这个障碍恰恰就是我们党中央委员会多数派的优柔寡断、摇摆不定和机会主义的政策。

我们可以举出许多这样的例子，先说矿工的罢工。一年多以前，当罢工刚刚开始之时，少数派就提出召开全国范围的左翼代表会议，作为从刘易斯集团手中夺取领导权的预备性措施。这个任务现在还在执行中。可是，中央委员会以这个建议是"工会运动中的两面性政策"为借口，拒绝了这项建议，这样一来，事情就耽搁了11个月。罢工持续了一年，力量消耗殆尽，直到此时，党才采取组织新工会所必需的这一准备步骤，着手组织全国范围内的左翼代表会议。各州都曾出现过许多便于用来组织新工会的机会，可是我们党错过了这些机会。这是不是偶然的呢？不是。这些失败是由于对美国的整个情况和斗争的前途持保守的估计而造成的。

几个月前，红色工会国际第四次代表大会通过决议，以极其坚决的态度要求我们在建立新的工会方面实行更积极和更坚决的政策。我们的党中央是怎样对待这一决议的呢？它拒绝表示同意这个决议：布哈林同志在其提纲中指出，必须同德国党内那种对抗工会国际决定的右倾趋向作斗争。我们要指出，这个要求应当同样适用于美国，因为在整个共产国际中，没有任何地方像在我们党的领导层中那样顽固地抵制着红色工会国际最近一次代表大会的决议。

　　还是因为保守，因为过分地谨小慎微，加上被美国资本主义和官办的美国劳联的雄厚力量所慑服，党在这方面也和其他方面一样，始终处于束手无策的状态。产生所有这一切的原因是，错误地估计了形势，因而无力在斗争的高潮时期对党实行领导。

　　类似上面列举的错误，在党的工作的各方面都有表现。我们在提交给美国委员会的书面文件中详细地介绍了这些错误的情况。

　　在选举运动中，我们看到了同样的情况：优柔寡断、动摇不定，在社会党提出其候选人名单前，一直拒绝提出自己的候选人。还在这一年的 8 月，就有人设想到 1928 年选举前，便可以把工人党成立起来。似乎这个党一成立便将成为群众的领袖。《工人日报》刊登了许多谈论工人党的文章，把它说成是"带来解放的力量"，是美国劳动群众"唯一的希望"。

　　在统一战线策略方面，在工会工作和在合作化运动方面，以及在妇女工作中，无论你接触到党的那个工作部门，你都会看到我们刚才列举的事实中所指的那种机会主义政策。

　　面对这一切事实，党的领导究竟在做些什么呢？他们是否宣布要对右倾危险展开斗争呢？没有那么回事。多数派同志否认美国存在右倾的危险。在今年 5 月召开的党的全会上，无论是政治决议，还是政治报告，都只字未提同右倾危险作斗争的问题。整个辩论把矛头指向了那些从共产国际和红色工会国际政治路线的观点出发对党进行批评的同志。

　　党的多数派与威信扫地的洛尔集团的残余，与党的整个右翼和党的机会主义分子抱在一起，组成了一个联系紧密的派别，一起来反对中央委员会中为反对机会主义路线而斗争的少数派。多数派的同志们否认右倾危险的存在。他们断言，多年来在缝纫工人中推行机会主义政策右倾错误的人，现在"已经克服了自己的错误"，实行着正确的路线。可是，就在不久以前，这些得到洛夫斯通—佩珀集团支持的头头们，还同毛革工会中的所谓"中间派"签订了书面协定，保证"任何党任何集团都不应控制毛革业工会的领导权"。在数不胜数的情况下——要举这种例子就太多了——多数派同志们是否认这种右倾危险的存在的。

　　多数派用以掩盖自己机会主义路线的办法是歪曲中央委员会少数派的真实立场，从而制造一些足以吓人的东西来反对少数派。在国际上以正确政治路线代表者而闻名的佩珀同志昨天在这个讲台上所作的发言我可以作为此类斗争的一个例子。对于我们美国人来说，佩珀同志不是什么新闻人物，所以我们不认为他的论据具有多大分量。但是他在这里是以中央委员会多数派名义发言的。佩珀同志宣读了我们文件中并不存在的一些话，然后又根据他臆造出来的这些话大发议论，几乎长达一小时之久。他断言，我们在文件里写过，美国帝国主义现在已经处于衰落状态。但是，从我们的文件里可以看得清清楚楚，我们根本就没有说过这样的话。佩珀同志就这样把纯属捏造的说法强加在我们头上，同我们辩论了整整50分钟。当然可以问一下：难道在共产国际内能允许这样一种斗争方法吗？

　　在我们美国，客观上是存在着很大的机会的。我们党有种种机会成为工人阶级日益发展的斗争的领导者。这种战斗已经打响，正在不断发展深入，许多大的工业部门即将爆发罢工，这种形势要求我们当机立断，具有明确的、战斗的共产主义路线。可是，这种有可能使党加强其作为群众真正领袖的地位的机会，却被党的领导，被他们的机会主义方针埋葬了，被他们所开展的反对那些竭力端正党的路线的同志的斗争埋葬了。

共产国际应该告诉这些反左勇士们："调转你们的枪口，去反对右翼吧。"共产国际应该纠正我们党的右的错误并为实现正确的政治路线创造必要的条件。

中央委员会的多数派看不到在这个斗争时期造成党内不和的机会主义，也看不见右的危险，因为他们本身就代表着这种右的危险倾向，我们为实行正确的共产主义路线而斗争，使党能充分利用目前存在而且近期内将继续存在的形势所提供的种种客观机会。

伊列克（捷克斯洛伐克）：

鉴于我们大家都准备在辩论捷克斯洛伐克问题时对捷克斯洛伐克的政治和经济形势作出详细的分析，我现在仅根据我党中央委员会社会经济部的材料谈几个有代表性的问题。**捷克斯洛伐克的国民经济处于景气状态已一年有余**，而且我们有一定的材料为依据，足以说明捷克斯洛伐克的国民经济整个说来已超过战前水平，某些工业部门甚至大大地超过了战前水平。捷克斯洛伐克的景气局面与其说是由于国内原因，不如说是由于德国良好形势所促成。根据国家对一部分失业者的统计资料来看，今年的失业人数是捷克斯洛伐克建国以来最少的。1928 年头 5 个月，煤的消费量比 1927 年同时期增加了 15%，而比 1926 年同一时期增加了 21.5%。铁路货运量增长数字也与此类似。1928 年头 5 个月里运货约 235 万节车皮，而 1927 年的这几个月里货运量为 220.2 万节车皮。1928 年第一季度营业税的纯收入总数接近 5.85 亿克朗，而 1927 年仅 4.935 亿克朗。这些资料还可以通过金融市场的情况得到证实。金融市场的紧张情况是迄今为止捷克斯洛伐克前所未有的。金融市场的紧张和利率的提高也影响到交易所，使那里出现了萎缩的趋势。今年建筑业、

铁路和机器制造业的发展情况非同寻常。对外贸易也达到了前所未有的
规模。由于受美国和德国市场行情疲软，以及其余中欧国家当前情况的
影响，捷克纺织工业的状况明显恶化，这说明捷克斯洛伐克的景气状态
已经达到了顶点。3/4 产品供出口的制糖工业现在已经出现了困难。这
个经济部门受到来自美国关税部门的威胁。糖业大老板们利用这种困难
局面希望从国库获取补贴，并且力图依靠改良主义者的帮助在最近的运
动中降低工人的工资。资本家在景气时期通过对工人的加倍剥削和实行
生产合理化所获得的利润，在最近时期已达到了十分庞大的数额。去年
的剩余价值为 200% 。而工人的境况不仅没有改善，相反，越来越坏。
不少工业部门工人的工资虽有所增加，根据我们的估计，平均增长约
5% ，但是，由于物价飞涨和开征农业税，这一点增长数又化为乌有了。
资产阶级从各个方面向工人发动进攻。**阶级矛盾严重激化**，这在政治生
活中也表现了出来。在经济领域中我们可以指出最近期间发生的许多次
罢工，特别是纺织工业、采矿工业、建筑业以及玻璃工业的大罢工，还
有捷克斯洛伐克农业工人的罢工，以及在所有工业部门进行的关于工资
问题的谈判。这个争取提高工资的运动，是对资本家进攻的回答。群众
的思想日益激进，更积极地参加我们党今年组织的"五一"游行；北
波希米亚矿工的罢工和其他许多为提高工资而开展的运动取得显著成
绩；在市政选举和工厂委员会改选中，投捷克斯洛伐克共产党的票数增
加，而改良主义政党所得的票数减少，这一切都证明，群众明显地向左
转了。

　　我国的资产阶级同样在谋求一种能提高自己竞争能力的政策，而同
时又在进行大规模的战争准备。资产阶级加紧对工人阶级实行高压政
策，而对改良主义领袖则采取给予补偿的办法，利用他们去对付群众的
左倾化策略。为了这个目的，资产阶级给改良主义领袖们提供待遇优厚
的国家职位，把原属大土地所有者的大片土地分配给改良主义的合作

社。所有的改良主义者随时都准备同资产阶级妥协，尽管资产阶级并不认为有必要对改良主义者作出重大让步。这在修改社会保险法的谈判中表现得最为清楚。社会民主党人温特尔博士为了便于开展院外"斗争"，甚至以举行街头活动来威胁资产阶级。在维护资产阶级国家的生存和安宁方面，改良主义者甚至比资产阶级本身更卖劲。他们甚至不让共和国受资产阶级政府集团的侵害（见图克事件）。在罗瑟米尔勋爵运动时期，社会民主党人德雷尔博士写道：我们关注的是"保护和捍卫捷克斯洛伐克"，他还竭力向英国证明，处于目前状况中的捷克斯洛伐克是对付苏联的最可靠的支柱。改良主义者对所有的军事法案都投了赞成票，理由是，保卫捷克斯洛伐克国家是他们的天职，与此同时，他却一直掩盖战争的危险性。捷克斯洛伐克社会民主党公开抛弃了马克思主义，捷克斯洛伐克总统马萨里克成了他们的精神领袖。社会民主党对资产阶级政府采取反对派的立场，是为了等待时机，以便在不改变现有社会关系的情况下，再次进入资产阶级政府。对捷克斯洛伐克社会民主党影响最为明显的事实是，它已经不再是一个工人政党。社会民主党最近一次代表大会的工作报告清楚地告诉人们，由于党内的工人成分处于完全无能为力的状态，小资产阶级已经控制了这个党并在党内为所欲为。捷克斯洛伐克两个改良主义党都在维护捷克斯洛伐克的资产阶级外交政策。在摩拉维亚—俄斯特拉发地区的工厂委员会中，甚至还有德国社会民主党人与资产阶级结成紧密的联盟，同法西斯分子联合在一起反对共产党人。他们进行卑鄙无耻的诽谤。他们与政治警察沆瀣一气，不惜采取一切手段来对付共产党人，充当了奸细和代理人的角色。被我们开除的反对派分子也帮助改良主义者来反对共产党人，其中一人在社会民主党的《人民权利报》上发表的一篇关于布尔什维主义不可能实现的文章里还得出结论说："未来只能属于社会民主党"。改良主义分子力图使我们同广大工人群众隔绝。最近以来他们照搬在工会运动中的做法开始破坏合作化的统一。德国社会民主党分子在分裂自由主义者组织和体育团体的运动。在最近开展的保护工资的行动中，改良主义领袖们采取了"更激进的"阶级背叛，公开充当工贼。最近时期，他们采用这种方法使斗争的工人遭到失败。由此可以得出结论，如果工人要改善自己的困难处境，必须坚定不移地斗争，首先要采取坚决行动反对改良主义领袖，揭露他们，防止他们进行进一步的叛卖活动，除此之外，没有别的出路。我们党的大部分党员依然存在着传统的思想残余，这就表明，捷克斯洛伐克共产党至今未能十分有力地同改良主义领袖们展开斗争。在这方面还有许多事情需要我们去做。

随着阶级斗争的激化和国际矛盾的加剧，对革命运动及其领袖——共产党的迫害也不断升级。资产阶级采取最能使我们党遭到损害的措施来对付我们党，它禁止和压制我们对党员进行政治教育，想以此来妨碍我们克服党的工作人员的缺点。他们检查我们所有的报刊，以此阻挠我们迅速地向广大工人群众提供正确的信息。他们侵犯我们的议员豁免权，没收他们的演讲稿，不让我们党适当地利用议会的讲坛。资产阶级多次企图借改良主义分子之手从内部瓦解我们的党。当他们采取攻击领导人的做法毫无结果的时候，资产阶级便采取了恐怖手段。资产阶级先是企图让机会主义分子和取消主义分子渗透到我们党的无产阶级群众组织中来，接着又开始迫害这些组织，指望通过这些办法至少使捷克斯洛伐克共产党的布尔什维克化进程受阻。资产阶级迫害红色工会，镇压无产阶级的体育运动。可是，我们党没有对资产阶级的这些进攻作出足够的反应。党还没有能力很快地对资产阶级的每一措施作出反应。群众有组织地进行反抗的能力还很薄弱。遭到禁止的集会和示威游行在多数情况下均未达到目的。我们的党员中还严重地存在着"尊重"资产阶级法律的传统观念，因此还有很多人过分地强调合法地位。我们甚至出现过这样的事情，罢工工人要求共产党议员代他们担任纠察队。尽管一部分党员已经意识到为了争取合法地位必须进行无情的斗争，但在争取合法地位的斗争方面，我们还存在着严重的缺点。布拉格庆祝国际青年节的活动、纪念十月革命 10 周年的游行活动，以及不顾禁令而于 3 月 29 日在布拉格举行的争取改善社会救济的游行示威均获得成功，这一切表明由于开展了广泛的劳动群众运动，即使在资产阶级与改良主义者串通起来对付政治游行示威的情况下，只要依靠广大劳动群众开展运动，政治性的游行示威仍然可以取得成功。

简单地谈一下我们的红色节问题。这次行动我们没有搞成。在某些地方，特别是在布拉格，这次行动对我们来说是以失败而告终的。通过对红色节的整个准备工作和遭受失败的原因的分析，我们看到的情况大致是这样：我们是在斯巴达克运动会遭到禁止之后立即宣布举行这一活动的，因此在群众中造成了这样一种印象，似乎红色节是对这个禁令作出的回答，这样一来我们的宣传鼓动纲领的意义就缩小了。中央委员会意识到了这一点，知道自己犯了错误，自然认为必须立即纠正这一错误。而为此需要克服巨大的困难。我们最得力的助手——刊物，只要提到红色节和对斯巴达克运动会的禁令就会被没收。读者在报上看到的只是经检查后留下的天窗。我们收到的来自国外的没有被没收的刊物不但不及时，而且数量也不够用。议会的讲坛也没有得到应有的利用，来为我们的宣传目的服务。此外，由于我们在议会中的代表有关红色节的发言稿一概遭到没收，所以也很难利用议会的讲坛，这样一来，我们就不能渗入到广大群众中去。为准备红色节所开展的运动也因此而成了党的积极分子的内部事情，因为我们还可以通过传达指示信的办法及时地向积极分子通报情况。为开展红色节而进行的鼓动工作没有把重心放在企业里，尽管工厂支部在这段时间里表现比较积极，但他们在工厂中的积极性远未得到充分发挥。我们党的党团活动从总体上讲还很薄弱。所以我们还不能激起群众的同情，群众依然处于被动的状态。工厂委员会也没有像我们所需要的那样参与这项工作。另一方面政府却作了极其充分的准备。资产阶级报刊和改良主义政府采取了一切预防措施。这些报刊劝告工人不要去布拉格参加红色节活动，以避免无谓的流血。所有的警察和整个宪兵机构都被动员起来。某些地方的资产阶级还企图动用军队。红色节前几天，布拉格就宣布实行戒严，所有通向城市的道路都被封锁。外省的宪兵还在各车站阻止我们的同志离开当地。宪兵还没收载重汽车，不让这些汽车运送工人前往布拉格。有些地方克服重重困难，派出几辆公共汽车运送参加红色节活动的人去布拉格，也在途中被扣，只得返回原地。红色节前夕就有很多人被捕。7月6日那天，布拉格有上万名宪兵出动。这一天警察除了通常装备的军刀之外，还配备了手枪和步枪，甚至架起了机枪。尽管政府采取了上述种种预防措施，仍然有好几千工人从共和国遥远的地区来到布拉格，以便和布拉格的几千工人联合行动，为自己争取游行示威的权利。既然在布拉格有好几千工人，为什么没有举行示威游行呢？关于这一点，我将在下面谈到党中央的立场时来讲。至于全共和国范围内红色节的进展情况，我还无法作全面的报告。我只提一下卡尔斯巴德、赖兴贝格、俄斯特拉发和布吕恩等州及斯洛伐克的情况。在上述地区，尽管政府采取了一切措施，示威游行仍然举行了，有些地方的示威游行还具有相当的群众性，连资产阶级报刊也得承认这一点。红色节除了失败的一面外，也有其积极的一面。首先，最重要的是，资产阶级当时是如此地惊慌，以致不寻常地动用了整个国家机器；其次，我们的党组织和积极分子还从来没有像这次那样表现积极。这次运动比以往任何一次运动都更加有条不紊。在运动准备期间，党员们懂得，为了争取党的合法地位，必须把合法斗争同地下斗争结合起来。从某种程度上讲，这次行动是我党组织的第一次大规模的地下斗争。再其次，在准备和开展运动的过程中，党的各种缺点也暴露无遗。如果我们现在能明确我们的错误所在并采取措施予以克服，那么，毫无疑问，我们是能够在实现党的布尔什维克化方面进一步取得成果的。

我们当中没有一个人想低估我们遭受失败的程度。我们不想掩盖我们的错误和失算。我们都赞成对我们党的全部工作和所有决议进行毫不留情的批评，并且随时准备得出具有深远意义的结论。关于红色节的经验教训问题，在有我们党最重要的各州州委书记参加的捷克斯洛伐克共产党中央委员会扩大全会上已经进行了讨论。施特恩和扎波托茨基同志在全会上作了报告。报告之后又以布尔什维克的态度开展了广泛而坦率的辩论。通过这些报告和讨论，揭露了我们这次行动失败的原因。中央委员会、各州委员会和所有党组织开展了毫不留情的和全面的批评和自我批评。经过了两天会议，我们得出了下面的结论，这个结论的大部分内容获得一致通过。

"举行红色节活动是政治形势的需要。党在这次行动中遭受的失败之所以十分糟糕和严重，原因在于：捷克斯洛伐克共产党几个星期以来，一直斩钉截铁地强调，必须开展一次规模巨大的、对无产阶级切身利益有极其重要意义的行动，可是，在最后时刻，党却没有作出哪怕一点点尝试去真正开展这个红色节。这样的失败不能用任何行动都会发生个别错误和缺点作解释，它还有更为深刻的原因，这些原因基于我们党的整个状况，并最终导致了严重的后果和极大的错误。"

失败的原因不应当从党的一般政治路线的错误中去寻找。总的来说，党对形势的估计是正确的，并由此得出了正确的政治结论。党存在着巨大的弱点和不足之处，这是不止一次被指出过的，不言而喻，这些错误和缺点对这次失败起了很大的作用。但是，仅仅用这些错误和缺点来解释这次失败是不行的。自我批评和正确地判明党内存在的相当严重的错误和缺点，这一点在实际工作中并未得到贯彻，也没有以足够的精力和始终如一的精神去考虑这些问题。

错误也不在于这次行动整个来说是一次新采取的行动。从整个政治局势看，从革命组织面临着可能被剥夺公开开展工作的权利的危险（而这意味着无产阶级的切身利益将受到威胁）来看，组织这次行动是势在必行的。如果不是党犯了严重错误的话，这次行动计划是绝对没有超出党的能力之外的。

导致红色节活动失败的错误和缺点主要在于以下几点：

1. 这次行动没有或者说没有充分地贯彻统一战线的策略。尽管最初曾在这方面提出过正确的口号，可是党却未能充分地向广大群众讲清红色节活动真正的政治涵义及其对劳动者的意义，没有把非党群众消极的同情变为支持和保证行动胜利的力量。党对形势的困难也估计得很不足。

2. 行动的准备工作仅仅在党员积极分子中进行，而且连这一点也只是限于党内，目的是组织党员参加行动，而不是动员和吸引广大群众参加进来。为了吸收一些得不到秘密指示的人来参加活动而准备的关于集合时间和地点的公开通知发布得太晚了。

3. 事先规定行动的日期是在策略上犯了错误。它使我们难于机动行事和选择有利的时机，也使我们难于实行退却和克服群众中存在的错误观点：似乎举行红色节活动仅仅是对斯巴达克运动会遭到禁止而作出的回答。

4. 部分领导同志内心对这次行动的必要性和重大意义不甚相信，因而出现动摇。党的大部分同志，包括最上层，受资产阶级威胁和恐吓战术的影响太深。

5. 大部分党员积极性不够，特别是布拉格的党员。不积极参加支部会议，支部工作存在着错误，生产支部的工作更是如此。支部在企业中不做任何工作，在工厂委员会开展活动之后，支部在工厂委员会和各种委员会中也不做任何工作，连群众组织中的党团活动也完全没有了。诚然，一小部分党员在不遗余力地工作着，但是，工作的方向不对。通过这次行动的准备，党的积极性有了很大的提高。党的支部在以往的任何一次行动中都没有像这次行动那样广泛动员起来，但是，这次动员没有得到良好的利用。举行红色节活动的问题没有在基层组织中进行充分讨论直至作出最后的决定。

6. 游行指挥和联络工作组织不善，在应该行动时不能胜任自己的任务，这在布拉格表现得尤为明显。

7. 过分突出声势的渲染，在报刊上进行了错误的宣传，而没有充分注意讲清红色节的政治意义。没有充分地利用议会讲台进行合法的宣传鼓动，以便在统一战线策略的基础上使广大群众关心这次行动。在新闻检查机关使党的刊物无法进行这项工作的情况下，这种合法宣传尤为必要。

8. 在7月6日当天，奉命前往扭转局势的演说者们没有作出任何挽救局势的努力，他们既没有执行党中央的命令，也没有提请中央下达新的指示。中央委员会没有采取足够有力的措施以保障自己命令的执行，也没有灵活地指出其他的解难之法——在全面准备运动的情况下，对可能的退却缺乏足够的保障措施。

失败必然给党和无产阶级带来严重的后果，而资产阶级自然要利用我们的弱点进一步发动进攻。党的威信和它在党外广大群众中以及党员中享有的信任都受到严重的威胁和很大的破坏。作为党内当前最大危险的机会主义分子和极左分子一道，竞相利用这次失败以反对列宁主义路线。无产阶级党的自觉性和战斗力受到了严重的损害。

但是，从另一方面讲，失败也促使我们清醒地觉察到党的严重错误和失误，从而为消除这些错误和失误提供了条件。

在这种局面下党必须首先采取以下措施：

党必须由下而上地进行改组并同自己的缺点展开坚决的斗争，使这些缺点得以克服，使党得以挽回自己在劳动群众和党员中享有的充分信任。失败不应当阻碍党根据现实形势进一步开展自己的战斗行动。党应当回击同时表现出的两种错误的极端情绪：一种极端是对失败的严重性估计不足，这会使我们难于改正缺点；另一种极端是产生失败主义情绪，这种情绪会使人们怀疑政治路线的正确性，怀疑我们为了消除对革命组织的存在形成的威胁而采取战斗行动的必要性。为了弄清所有的错误和缺点，必须进行全面的讨论，在讨论过程中，应当使每个党员都能够作完全公开的和不留情面的批评。为此，应当先在党内进行这种讨论，然后进行公开的讨论，讨论的时间将由捷克斯洛伐克共产党中央委员会决定。应当提倡并真正实行党内自我批评。

在弄清经验教训的基础上，应当重新审查下述各方面问题：

1. 中央委员会的工作方法；

2. 中央委员会对各部门的态度；

3. 对各州的态度，首先是对第一州的态度，以及各州对基层组织的态度；

4. 对各群众组织的态度，共产党党团在其群众组织中的工作性质，以及统一战线问题；

5. 民主集中制问题，也就是说在形势严峻的情况下党员群众在多大程度上参与解决党的重大问题。

在捷克斯洛伐克共产党中央全会会议上出现了两派意见。其中的一派意见反映在扎波托茨基同志的报告中。根据这种意见，红色节失败的主要原因是在政治上犯了错误等：

1. 口号提得不对；

2. 没有正确地估计形势；

3. 没有运用统一战线策略，而以浪漫主义和宗派主义的态度对待这次行动。

第二派意见是州党组织书记斯兰斯基同志阐述的：

1. 除了其他的错误以外，在红色节活动的形式和性质问题上提法有错误；

2. 失败的原因是党在政治上犯了严重的错误，这些错误主要是机会主义性质的错误。这在以往的行动中已有所暴露，是党的实际政策中的右倾表现；

3. 党的领导对党内主要危险——右的危险开展的思想斗争和政治斗争软弱无力；

4. 党的领导没有充分积极地去提高党员的布尔什维克水平和吸收他们参加讨论和解决所有的党的问题；

5. 党的领导忽视了自我批评，阻碍自我批评的开展，没有花费应有的精力去克服错误和缺点；

6. 为了同右的危险作坚决的斗争，为了消除党的机构的种种缺点，党的领导必须具有布尔什维克的巨大魄力，必须通过增加布尔什维克成分的办法来改善党的领导。

而现在**雷曼**同志在捷克斯洛伐克代表团会议的讨论中却断言，如果党的路线确实是正确的话，这种失败一般来说是可以避免的。

在结束我的发言时，还想就党内的状况说几句。

在一个很长时间内，党的敌人还将来自右边。我们的党员是名副其实的群众的党，目前有党员 15 万人。从最近一次党的危机，即 1925 年的危险时算起，党员人数几乎增加了 1 倍。从最近一次党代表大会算起，党员人数几乎增长了 10%。党员现在是由 6 个民族的代表组成，1/3 以上的党员工作很积极。他们不知疲倦地为人民服务并且影响着那些没有正常开展工作的大多数党员。这些党员合在一起又对上百万的选民产生着思想上的影响，也就是说对全国 1/7 的选民群众产生着影响。

捷克斯洛伐克共产党的基础是工厂支部。党的领导以及各州的领导机关，整个说来都在改进自己的工作。在大多数情况下他们都能对政治事件作出正确的反应。但是，在各州和支部里还没有做到这一点。直到现在我们仍可看到，那里的政治生活不够活跃，工作节奏相当缓慢，因此往往总要过相当一段时间，基层组织才对事件作出反应。我们的主要错误在于，我们在自己的行动中没有把工作重点放到生产支部上去。除此以外，我们党还暴露出严重的地方主义倾向，不能对具有国际意义的问题作出充分的反应。它所造成的结果主要表现在动员群众同资产阶级和改良主义作斗争的时候。党缺乏能够积极开展工作的人员。对党员的教育工作远不能满足希望。最近党已着手对党员进行系统的政治教育，因此，可以期望，在不久的将来，我们便能冲破警察的禁令，克服因使用多种语言而造成的困难，较大幅度地解决工作人员不足的问题。在开展党团活动方面我们存在着很大的缺点。迄今为止，我们未能在所有的无产阶级群众组织中建立起党团组织。我们的党团活动尚处于萌芽状态。必须全力加强我们在这方面的工作。除了红色工会以外，我们这里还有改良主义的工会组织、至今仍然统一的强大的合作化运动、力量雄厚的无产阶级体育团体、群众性的自由主义者组织、战争受害者组织和房客组织、志愿消防组织、特种军团支队，等等。我们这里还有庞大的劳动农民组织。我们还可以成立国际工人援助会组织，国际支援革命战士协会组织和对苏友好团体。共产主义青年团同样也可以成为群众性组织。如果我们共产党能正确地开展工作，我们将赢得很多胜利。我们的党团活动已经取得了明显的成绩，但是我们对已建立起来的团体很少进行指导，我们党组织的成员缺乏系统的训练，非党组织往往不受党的控制，也得不到党的教育。我们没有充分发挥那些积极参加政治运动的工厂委员会的作用，我们至今没有给工厂委员会以足够的重视。除了大企业之外，我们甚至不去参加工厂委员会的选举准备工作。我们对工厂委员会的选举结果缺乏应有的概念。这可说是一大失误。我们党的工会工作开展得很差。我们不善于正确而充分地利用有利的形势。为克服工会活动中的缺点而开展的工作，进展十分缓慢。无疑应当加快这项工作的步伐。我们的青年直到最近仍然完全忽视工会工作。在农村工作方面，我们也远远地落后了。应当给我们的工作规定出具体的内容。工作应该是多方面的。党必须采取坚决措施提高党员的积极性，并且千方百计地使生产支部在政治上活跃起来。党应该全力以赴完成这些主要任务。应当不断完善工作方法。只要对党的工作建立起经常的监督，我们就一定能有很大的把握做到，不仅在口头上谈论党内的错误和缺点，而且能有力地纠正这些错误和缺点。如果受过布尔什维克训练的党的工作人员不断增加，那么党开展正确工作就有了保障。

从发生最近一次党的危机之后至今的三年里，我们党大大地前进了，但是，与党的布尔什维克化相比还很不够，我们党到目前为止还没有经受严重的革命考验，因此，党的布尔什维克化过程有不少困难。最近时期党的布尔什维克化速度又减慢了。

如果党能在共产国际执行委员会领导下正确地利用红色节活动的全部经验，那么，布尔什维克化速度将会加快，党必将在战无不胜的捷克斯洛伐克无产阶级十月革命的道路上向前迈进一大步。

沙尔基（波斯）：

波斯代表团基本上同意布哈林同志的提纲。我个人还同意巴尔干各国代表团的声明并想指出一点，即布哈林同志的提纲，对存在于东方各国的尖锐的农业问题阐述得不够明确，也不够完整。现在，当所有东方国家共产党把土地革命的具体口号列入自己的策略纲领时，毫无疑问，应当更加详细地和明确地谈一谈这个问题。同志们在会上谈到了在巴尔干各国和欧洲国家的农民问题和农民阶级分化问题。我想针对近东国家，主要是就波斯的情况谈一谈这个问题。在波斯这个国家里农民是居民的主要部分，也就是说，是推动波斯革命的最强大的力量。

在这些国家里，特别是在波斯，农民的处境非常困难。现在，波斯农村里的阶级斗争是现实存在的。我们看到农民正在发生分化，几乎每年都可以看到此起彼伏的农民暴动。所有这一切都是由于农民的处境和这一部分居民遭受的剥削所引起的。在英国帝国主义支持下，依靠欺骗和谎言上台的礼萨汗·巴列维反动王朝，代表大地主的利益，使农民本来就十分困难的处境更加恶化。目前在我们波斯，如同在所有的东方国家一样，本国的民族资产阶级无力同外国资本家竞争，闲置的民族资本全都投入了土地。在我们波斯，几乎所有地区的商人和买卖人都在购买土地，而不去开办新的工厂或工业企业。这些与农业相联系的商人当然绝对不会去改变波斯的农业经营方式，相反，他们全盘继承了封建波斯所实行过的种种剥削方法。

惨无人道的剥削制度造成了波斯广泛的农民运动。在共产国际第五次代表大会和第六次代表大会之间的时期里，波斯爆发了4次大的群众性农民起义和几次小的农民暴动。在这些起义中农民所有队伍都共同高呼"打倒地主和地主政府"的口号。农民们纷纷提出自己的阶级口号、殴打和杀死地主、烧毁他们的庄园，等等。

所有这一切表明，我们的代表大会和共产国际应该更多地注意土地问题并且尽可能地讲清这个使我们大家都感兴趣的问题。

第二个问题是近东问题。我认为布哈林同志在其提纲中同样叙述得不够。近东问题具有特殊的意义，因为英国在近东国家中的阴谋活动已经达到了危险的地步，在出现新的帝国主义战争的现实威胁的今天，情况尤其如此。

在世界政治中，近东过去和现在都具有重大的意义。为争夺近东地区曾发生过多次流血战争。在世界大战期间，近东起了不小的作用。同志们，现在英国帝国主义在策划新的战争，正在这些国家中为自己建立牢固的基地。英国帝国主义已在土耳其、波斯、阿富汗、印度和其他国家获得巩固的阵地。英国帝国主义已经图谋夺取波斯湾中具有重大战略意义的巴林群岛。英国军用飞机已获得自由飞越波斯南部国界的权利。英国帝国主义正在占领波斯的全部石油产区。它是修建跨越波斯国境铁路的主要倡议者。它正在集中大批力量，为进攻苏联而在印度边境地区实行大规模动员。同志们，一旦爆发战争，不管近东各国是否愿意保持中立，近东将不可避免地再次成为重大战事的舞台。

因此，布哈林同志若能考虑到这个问题的全部意义，他自然而然就应该在自己的报告和提纲中较为详细地谈一谈这些国家的作用和这些国家共产党应当奉行的政策。英国帝国主义的稳定不仅是依靠殖民地国家，而且还依靠一些落后国家，如土耳其、波斯、阿富汗和其他近东国家。

遗憾的是，不仅在报告里没有给近东国家以足够的注意，共产国际在其日常工作中也同样很少注意近东国家。

我看应当结束这种不正常的情况。共产国际应该更多地重视近东国家和近东共产党。

同志们，下面还想讲一讲近东国家共产党对这些国家的社会党、民主党和民族党的态度。布哈林同志在其报告中谈到了西方共产党对欧洲各国社会民主党的态度问题。当然，我们那里没有社会民主党。但是我们那里有近似这种类型的党，如社会党和民族主义党等。我们曾长期同社会党结盟，但最近以来它成了典型的机会主义政党，多次公开地反对共产党，出卖了共产党。

波斯的社会党过去不是，将来任何时候也不会成为群众性的党，不久的将来，必将同这个党内毫无原则的活动家们那种冒险行径决裂。可惜共产国际在这些问题上也没有肯定而明确的路线。例如，1926 年共产国际提出过蒙古的经验，也就是在蒙古成立民族革命政党的经验。于是共产国际就说，应当把蒙古的经验运用到我们那里去，也就是说要取消共产党，成立民族党。我们一再说明这种事干不得。结果虽没有取消共产党，但成立了民族革命党。可是，事隔一年，我们又接到新的指示，要我们根据中国的经验取消民族党，加强共产党。这种做法是不正常的！我们年轻的共产党需要明确的路线和确切的指示，以便不犯中国和其他国家犯过的那些错误。除此之外，我认为共产国际在其他方面，如提供情报方面还可以把工作做得更好些。

在波斯最近的选举中，共产党独立地提出了自己的竞选纲领。当然，我们犯了某些错误，也存在某些失误。我想对一个年轻的党来说，这是情有可原的。但是，我来到这里以后得知，其他东方国家也曾经犯过类似的错误。当然如果共产国际能及时地把这些情况通报我们，我们也许就不会犯这些错误了。但是它没有这样做，结果重犯了这些错误。

我还想谈一谈各国共产党彼此之间的关系问题。在以往的几次代表大会上，对宗主国的共产党同依附于宗主国的殖民地和半殖民地的共产党联合行动的问题谈得很多。在布哈林同志的提纲中甚至还专门列出一条谈这个问题。但遗憾的是，这仅仅是纸上谈兵。到目前为止，在这方面我们没有看到任何一点实际的东西。例如，英国共产党是有很多事可做的，它可以给波斯共产党、给印度共产党以很大的帮助。法国共产党也同样能够为叙利亚和其他国家做很多事情。但是很遗憾，这些党什么也没有做。我想这个问题非常重要，代表大会应当促使有关国家的代表团注意，今后宗主国的共产党应放弃孤立主义的态度，同殖民地和半殖民地的共产党进行必要的联合。

比特尔曼（美国）：

我基本上同意布哈林同志提出的提纲，但是我认为提纲的某些部分尚需作进一步的研究，另一些还要提得更清楚一些。布哈林同志在其提纲中正确地指出，战争是威胁工人阶级的最主要的危险，是世界共产主义运动中的主要问题。我们的代表大会是在动员群众反对战争的口号下进行的。这也是大会在工人阶级国际斗争中应起的作用。

在未来战争中美国帝国主义将起领导作用。我们知道美国帝国主义这支帝国主义最强大的力量正在扩大军事工业，积极准备战争。因此，美国共产党在即将发生的大规模世界冲突中将发挥历史性的作用，这样美国共产党就需要在共产国际的帮助下，确定自己的立场和奉行的路线。

所谓的"凯洛格和平攻势"影响十分广泛，所以共产国际和我们党应当比现在更加有力地同它进行斗争。凯洛格的"和平攻势"不过是用来掩盖战争准备的一种烟幕。它是一种手腕，目的在于消除苏联争取和平和裁军的斗争，麻痹群众的斗志，向美国工人阶级灌输和平主义的幻觉。因此，揭穿美国帝国主义者和所谓凯洛格和平建议的伪善面目，是我们同战争危险和帝国主义战争作斗争的极其重要的环节。

美国的和平主义是一个不容忽视的因素。在美国群众中，和平主义幻想的传播极其广泛，连我们党也不止一次染上了这种毛病。仅举几个例子就足够了：

（1）美国共产党中央委员会对美国水兵在尼加拉瓜的被杀或死亡提出了抗议；

（2）中央委员会不久前提出过这样的论调，似乎美国帝国主义在中国的行动受大英帝国的领导，美国帝国主义只是英国帝国主义的工具，接着又出现了另一种论调，说什么美国帝国主义没有奉行独立的侵略路线，只是支持日本帝国主义的行动。在最近保卫尼加拉瓜的运动过程中，我们提出了几个完全无法接受的和平主义口号。从上述事例中可以清楚地看到，同和平主义和和平主义幻想作斗争是多么重要。

现在谈谈世界经济形势问题。提纲完全正确地谈到，由战争和资本主义战后危机所引起的深刻结构变化，使资本主义制度的种种矛盾极度激化。但这仅仅是一个总的公式。这就是我们通常所说的"代数"分析法，而对于一般性提纲来说，我们需要的是简单的算术。提纲分析的主要是外部矛盾，主要是国家之间已经成熟的和已经存在于各国之间的冲突。但是，我认为，必须对内部矛盾作更具体的分析，指出这些矛盾是如何发展、如何日益成熟的，更重要的是要指出，这些矛盾对群众的生活条件产生了何种影响，对工人阶级开展斗争有何意义。提纲对内部矛盾和外部矛盾之间的相互依存关系也说得不够充分。

提纲描述了所有资本主义国家都将爆发大规模阶级搏斗的前景。但是，这个分析根据不够，难以使所有共产党人无条件地信服。

现在来谈谈美国。我认为，共产国际在美国问题上应当提出一点新的东西，因为最近几年以来，美国发生了某些意义颇为重大的事情。请允许列举数例，在我看来，这些事例要求我们重新强调美国的作用和对美国提出一点新的东西。

第一，美国的资本主义经济经历了根本的变化。提纲谈到了结构的变化，这是具有重要意义的。

第二，在美国工人阶级的队伍里和阶级关系方面发生了具有变革性的变化，通过对美国的经济分析可以看出，经济领域中发生深刻的质变时机日益成熟。所以，指出美国帝国主义仍处于上升阶段，而且仅仅指出这一点是不够的，当然这本身是正确的。之所以不能这样做，特别是因为在我们美国共产党内多数人相当片面地和错误地理解美国资本主义高速发展对我们的前景、政策和策略的意义。

美国资本主义在现阶段有哪些特点呢？不妨简要地摘引我们党中央委员会少数派致共产国际英美书记处文件中的几段话，看一看少数派是怎样说的：

"美国资本主义现阶段的状况是由下述基本因素决定的：（1）由于美国资本主义的内部矛盾日益成熟（生产能力提高的速度和产品增长的速度之间比例失调，产品的增长和消费量之间的比例失调，失业，合理化，资本输出和贫富两极分化造成的种种矛盾，等等），整个经济体系开始发生质的变化；（2）这些内部矛盾是在世界资本主义不断衰退和苏联社会主义目前发展的条件下，在美国资本主义的种种矛盾日益尖锐、激化、加速发展和接近于崩溃的条件下成熟起来的。

对这些矛盾成熟程度的分析表明，美国资本主义正处于达到其发展巅峰的前夜，进一步的扩张必将促使它采取新的和更加坚决的措施来降低美国群众的生活水准和试图通过武力重新瓜分世界市场和划分帝国主义的统治范围；而所有这一切必将使上述种种可能导致美国帝国主义崩溃的矛盾更加激化。"

这几天佩珀徒劳无益地试图证明，这个文件似乎肯定美国帝国主义已经进入衰落时期。现在你们每个人都听到了，这个文件是怎么说的，而佩珀又是怎样讲的。不过，关于这一点以后再谈。

现在我们先说内部矛盾。请允许我向你们提供几个数字，数字不多，但颇令人生趣。首先是关于生产能力的增长速度和产品数量的增长速度之间不相适应的问题，我们看到如下的情况：铸钢工业在1923—1928年间生产机构增长了14%，而产品仅增长6%。甚至在产量创纪录的年代里也从未超过生产能力的80%。1928年5月10日《纽约时报》写道："人均消费量（指钢）未见增长，而消费和生产能力之间的比例却开始出现不良的现象。"另一方面，产品的增长和消费量之间出现了不相适应的现象。从这里我们看到一种颇为重要的趋势，那就是大部分美国居民购买力在下降，也就是说工人阶级、土地较少的和自己参加劳动的小农场主的购买力在下降。你们可以看到国民收入用于工资部分的比重在不断缩小。1920年雇佣劳动者——不仅是工人，而且还包括职员——所得仅占整个国民收入的59%，而1925年更下降至38%。从事农业的 400 万工人，1920 年的收入占国民收入的 2.3%，而 1924 年降为 1.3%。从事工业的雇佣劳动者 1925 年所得比 1923 年少约 2.7 亿美元，而同一时期的工业产值增加了 10 亿美元。

再举一些数字。工业部门的雇佣劳动者所得占 1914 年国民收入总额的 41.8%，而 1925 年为 40.1%。

至于农业，1919 年农业人口占整个人口的 16%，其纯收入占整个国民收入的 11.8%。1924 年在农业部门领取工资的人占人口总数的 14.3%，而他们的收入仅占国民收入的 6%。

由于工人和农场主是国内市场的基础，因此不难理解，群众购买力的下降必然要妨碍国内产品的增长，加剧美国资本主义在国外的侵略性。

第三个问题是产量增长速度缓慢。我这里讲的可能对佩珀同志有利，那就是我没有讲美国资本的衰落，而是讲产量增长速度缓慢。关于这方面可以举几个有趣的数字。1919—1923 年间，美国采掘业的产量增长 36.3%，而 1923—1927 年间仅增长 1.9%。1919—1923 年间加工工业产量增长 20.2%，而 1923—1927 年间仅增长 5%。1919—1923 年间整个工业产量增长 21.6%，而在 1923—1926 年期间仅增长 5%。这些数字再清楚不过地说明了增长速度减慢。

如果我们再了解一下那些能说明美国出口贸易增长速度的数字，我们会看到什么情况呢？我们同样将会看到速度减慢的趋势。面对这种趋势自然会出现一个问题：这一切意味着什么呢？我认为，只有从这些趋势出发和面对世界市场竞争愈益激烈的事实，我们才能真正懂得，为什么美国帝国主义者要准备战争，而且不是在宣传上，而是在实际上进行着战争的准备。

我还想谈一谈合理化和大规模生产引起的内部矛盾，以及诸如失业之类的重要事实。瓦尔加同志详细地阐述了这些问题，我只想补充几个数字，从这些数字中我们可以对美国的情况得出一个明确的概念。

1924—1927 年期间加工工业增长 12.7%，但在加工工业部门就业的工人却减少了 3.2%。有关铁路运输的资料也令人颇感兴趣。从 1927 年 7 月到 1928 年 1 月为止，被解雇的铁路员工达 209055 人。目前在铁路上工作的员工比 1920 年少 40 万人。一些说明铁路修配厂工人情况的数字更有说服力。1928 年在铁路修配厂工作的人数比 1927 年少 41500 人，比 1923 年少 112126 人。5 年间铁路修配厂工人人数不断下降，减少了 20%，30 万矿工无活可做，而且这不是什么偶然现象，也不是由于暂时的萧条引起的短暂现象，而是美国资本主义经济结构和构成成分上的变化所造成的后果。

资本输出依然保持高速增长。但是，不应忘记它所引起的矛盾。美国把资本输往拉丁美洲和欧洲，在这些国家建立起工业，这些工业同美国工业发生竞争，这就更加缩小了美国扩大本国工业的可能，使经济体系中的腐朽和衰退成分更加增长。

在世界帝国主义处于衰落时期的情况下，美国资本主义经济中的这些矛盾日趋成熟，由此我们可以清楚地看到，战争的危险性和美国帝国主义侵略性的不断增长。

现在再来谈佩珀昨天提出的批评性意见。他说，从我们的观点来看，似乎美国帝国主义已经开始衰落。可是，我们从没有这样想过。我们的观点不管是在文件里，还是在代表大会上的发言中都表述得够清楚的了。我们只是认为，那些渲染美国帝国主义力量强大的人是不对的。为美国帝国主义作宣传，这不是我们的义务，不是共产党人应做的事。我们不需要为美国帝国主义作广告，而应当以共产主义的观点来分析美国帝国主义。你们却没有意识到这种观点在我们党内的危险性。有时我觉得，这些同志甚至为美国帝国主义感到自豪——为"我们的"美国帝国主义，"我们的"间谍系统，"我们的"舰队，"我们的"水兵等感到自豪。

我举一个小小的事例，这个事件可以说明佩珀同志对美国情况和国际局势所作的"马克思主义的"分析。他说：正当美国帝国主义因为不断发展而热衷于战争的时候，你们怎能肯定它不是处于发展的上升阶段呢。假设佩珀同志对我们的观点叙述得不错的话，（实际上他歪曲了我们的观点），那么就出现了一个问题：怎样看待英国的情况？英国的力量处于衰落状态，可是英国仍在进行战争准备，其准备程度不比任何一个资本主义国家差。

7月17日《真理报》发表了佩珀同志一篇文章，他在文章中写道，任何一个国家的资产阶级都不像美国资产阶级那样具有如此无限的能力去瓦解广大工人阶层。同志们请注意，他说的是"无限的力量"。

由此可见，同志们既然作出这样的分析，你们就不难理解，为什么佩珀同志提出美国劳联，而不是左翼领导的新工会存在着不断发展的前景；你们就会理解他为什么断言，似乎我们既没有右的危险，也不存在右翼。

同志们，在递交给共产国际英美书记处的文件里，我们指责党中央奉行了右倾路线。这是严重的指责，但我们准备拿出证据来证实这一指责。

近日佩珀同志在会上发言时要人相信，似乎是他第一个发现了美国的机会主义。好吧，就算这样，那么到底是怎么回事呢？既然佩珀同志最终是以右倾错误的角度看待美国的党，那么他又从何发现这些错误呢？原来他是在4年前即1924年在我们党提出的选举纲领中发现的。为什么不去研究最新的即1928年的选举纲领呢？在这个纲领中他将发现这样的政治要求："美国共产党要求（在1928年）取消国会，取消最高法院，取消总统的否决权。"

1928年美国共产党要求对资本主义国家实行改革，而佩珀同志却要去搬出 1924 年的纲领！看来 1928 年与我们党的工作和政策关系更为密切。（在美国代表团的席位上有人喊道："为什么你们投票赞成呢"？）我和少数派的其他代表一起向党中央建议撤销这个要求，但是在投票表决时，多数派胜利了。

再举一个事实，就是佩珀同志惯用他那一套混淆是非和在讨论中搅浑水的手法，他说 9 个月前少数派的代表在莫斯科曾说，整个美国工人阶级正在资产阶级化，而现在少数派的代表却说美国工人阶级几乎正在全部转向共产主义。但是，同志们，9 个月前我们说过的话，在共产国际的记录里已记录在案，我们说的是正确的，共产国际也肯定了这一点。无产阶级的上层，即工人贵族已经资产阶级化并且对工人阶级的下层产生着一定影响。我们曾要求开展有力的斗争，反对这种资产阶级化。而现在难道我们说过美国工人现在已跟着共产党走了吗？不，完全没有这回事。坎农同志指出，在讲到美国出现激进潮流和美国群众发生左倾化现象的时候，我们对这种现象所设想的方式是实际的，是符合美国情况的。我们指的有如下事实：

最近三四年以来，美国工人阶级在资产阶级面前不断退却，现在开始表现出战斗激情并准备进行斗争，特别是那些非熟练工人、半熟练工人和未参加组织的工人。我认为这些群众正在左倾化，所以我们不同意我们党中央委员会以及洛夫斯通和佩珀同志的观点。按照他们的观点，既然 13 个铁路工会的官僚支持胡佛，所有的铁路员工也就都拥护胡佛。我们不同意洛夫斯通和佩珀同志的意见，认为劳工联合会支持阿尔·斯密斯，说明整个工人阶级都拥护他。我们不同意这种看法。我们不认为美国劳工联合会和铁路工会的官僚们是群众情绪和观点的忠实的唯一的表达者。我们看到资本家在实行合理化，我们看到工资在下降，阶级战斗不断增长和日臻成熟，工作日越来越长。对工人的剥削日益加重，失业现象也日趋严重。我们说这一切是产生左倾化的原因，首先是引起半熟练工人和非熟练工人左倾化的原因。我们党应该利用这个过程来组织群众和引导群众去进行斗争。这就是我们的观点，而且我们坚持这一观点。

我们的态度和党中央不一样。每当你对党中央提出批评时，它就声明：请不要来碰我们，我们是一个年轻的、不大的党。请允许我们提醒你们，到 1927 年 9 月，美国党就 10 岁了，也就是说它已经不像有时想象的那样年轻了。诚然，我们的党不大，但是建立在那种认为美国帝国主义庞大、强壮，而我们党则既小且弱的理论基础上的策略，对于加强美国共产党是绝无用处的。（鼓掌）

同志们，我的发言就要结束了。我们不想造成这样一种印象，好像我们少数派没有犯错误，好像我们完全没有过失。不是这么回事，我们也从未这样说过。我们犯过错误：对党中央所犯的机会主义错误，我们也是负有部分责任的，不过我们承认了自己的错误，分析并纠正了这些错误，而中央委员会的多数派却毫无这种表示。远不是它的习惯。我们在共产国际大会上阐明我们的观点，说的就是一件事，那就是要端正党的路线。我们肯定地认为，中央委员会、洛夫斯通和佩珀的政策阻碍着党的发展。他们的右倾政策以及他们同组成我们党内右翼的那些分子的合作，必将造成一种使党不可能发展的局面。我们要纠正这种政策，我们要努力实现一条正确的共产主义路线。

在共产国际执行委员会第九次全会期间，佩珀同志在美国《共产党人》杂志上发表文章是想达到什么目的呢？他想证明，如果共产国际说群众正在向左转，那指的是欧洲，而不是美国。要知道美国是个例外。当第九次全会指出各国共产党内的战斗情绪日益增长时，佩珀却说，这种说法适用于欧洲，而不适用于美国。我们声明，尽管美国不是欧洲，但共产国际的总路线对我们党照样是有效的，我们希望美国共产党能阐明这条路线，理解它并将其付诸实施。

季米特洛夫（保加利亚）：

　　布哈林同志在其报告和提纲中没有专门谈到巴尔干形势，也没有指出巴尔干各国共产党的任务。但是，如果由此而得出结论，认为巴尔干在世界政治中和整个世界革命战场上不占多大地位，那就完全错误了。出现这一疏忽的原因只能是，布哈林同志在其总的分析中力图把代表大会的注意力集中到国际政治中最重大的问题和最关键的因素上。

　　诚然，巴尔干各国是落后的，是以农业为主的国家，在整个世界经济体系中不起什么决定性作用。然而，从未来的帝国主义战争和正在策划中的专门针对世界上第一个革命工人国家的战争的角度来看，以及从国际无产阶级革命的角度来看，世界政治中和整个革命战场上的这个地区却有着巨大的意义，现在和将来都起着极其重要的作用。

　　众所周知，巴尔干是欧、亚两洲的通道。它实际上是连接直布罗陀和苏伊士运河的地中海的腹地，因此控制着世界各地通往印度的道路。由于巴尔干所处的特殊地理位置，它成了当前正在疯狂策划中的反苏军事进攻的极其重要的军事战略基地。其次，巴尔干还是工业大国重要的原料产地之一，也是这些国家工业产品的一个销售市场。

　　所以非常清楚，同志们，帝国主义大国之间为控制巴尔干而展开的斗争现在正处于最紧张的时期。相互角逐的除了大英帝国、法国和意大利之外，正在复活的德国帝国主义如今又回到了巴尔干。势力强大的美国也越来越积极地插手巴尔干各国的关系和巴尔干的政治。帝国主义势力经常进行的干涉及其相互间的角逐（这种角逐当然毫不妨碍它们奉行共同的反对苏联和反对巴尔干革命运动的反革命路线），使巴尔干各国本身之间的新老矛盾和冲突不断加深和激化，随时都有可能导致国际性的军事冲突并造成国际性的后果。由于同样的原因，巴尔干一切重大的政治问题，如尖锐的阿尔巴尼亚问题、意大利和南斯拉夫之间关于亚得里亚海的争执、保加利亚和南斯拉夫之间关于马其顿的争执、南斯拉夫和希腊之间关于萨洛尼卡的争执、希腊和保加利亚之间关于色雷斯和爱琴海沿岸地区的争执、保加利亚和罗马尼亚关于多布罗加的争执等等，既成了国际性的争执，又成了国际性的问题。

巴尔干国家没有奉行自己独立的民族政策。巴尔干各国本身的资产阶级和王朝在其反对无产阶级、农民和被压迫民族的革命运动时以帝国主义为靠山，在这些资产阶级和王朝的推动下，巴尔干国家变成了帝国主义大国的半殖民地。帝国主义大战结束后的时期内，巴尔干国家一直存在着深刻的内部经济和政治危机，这种危机因罗马尼亚、南斯拉夫、希腊和阿尔巴尼亚存在大量的封建残余，以及尚未获得解决的复杂的民族问题（马其顿、阿尔巴尼亚、多布罗加、比萨拉比亚、色雷斯、赫尔瓦次卡和其他等等）而更为激化。现在由于帝国主义的压力，由于帝国主义的倾轧，以及希望保持巴尔干已形成的混乱局面和阻碍其生产力发展的帝国主义大国总的政策的影响，这种危机更加严重，日益扩大和尖锐。

韦尼泽洛斯在希腊执政，由此而出现了在军事上发生内讧的征兆；南斯拉夫议会发生凶杀案，南斯拉夫的民族矛盾愈演愈烈，塞尔维亚—赫尔瓦次卡矛盾极度激化；罗马尼亚规模巨大的反对布勒蒂亚努政权的农民运动依然存在，只是暂时的平静；保加利亚民主党的妥协政策垮台，普罗托格罗夫将军被杀，马其顿民族主义组织发生新的流血内讧，保加利亚发生新的军事政变的迹象已经表面化；阿尔巴尼亚正准备宣布艾哈迈德·索古为国王，它同南斯拉夫的关系出现新的紧张；白色恐怖和法西斯对巴尔干的进攻正日益紧张。总之，所有这些最近时期发生的重要事件都是巴尔干深刻危机日渐激化的表现，而资产阶级既无力长期消除，也不能最终解决这个危机。

另一方面，劳动群众惨遭破产，贫穷不堪；工人的劳动遭到残酷剥削；封建的土地关系和对农民的强盗式掠夺、民族压迫、强制推行丧失民族特征的和殖民主义的政策，所有这一切都促使巴尔干地区的工人运动、农民运动和民族解放运动的新高涨。保加利亚的无产阶级不顾其先锋队多次遭到的大规模屠杀，依然保持着坚韧不拔的战斗精神和积极性；南斯拉夫的工人运动日益活跃，最近在萨格勒布还爆发了街垒战；希腊无产阶级掀起了英勇的罢工斗争，最近发展到街垒战，克里特岛农民举行了武装示威游行；比萨拉比亚爆发了农民起义，罗马尼亚出现了"阿尔巴尤利亚"组织；巴尔干各国贫苦农民都出现了左倾化和活跃起来的现象；民族革命运动有所进展——所有这一切都是最生动的迹象，表明巴尔干地区的群众斗争正在蓬勃发展。

同时，巴尔干地区——南斯拉夫、罗马尼亚、阿尔巴尼亚和希腊——即将爆发土地革命和民族革命的前景日益显露出来。但是，在目前的巴尔干局势和国际局势下，无论是土地革命，还是民族革命只有同无产阶级革命联合起来，通过巴尔干各国无产阶级、贫苦农民和被压迫民族的联盟并在无产阶级及其共产主义先锋队的领导下，才能取得胜利。况且巴尔干各国的群众越来越清楚地看到，要摆脱目前这种难以忍受的处境，巴尔干各国人民必须联合起来，组成巴尔干工农共和国联盟，而这种联盟只有在无产阶级革命取得胜利的情况下才有可能实现。除了这条出路以外，巴尔干各国便只能沦为帝国主义殖民地，巴尔干各国人民便只能充当帝国主义战争的炮灰。

可以肯定地说，世界上任何地方都不会像我们所看到的那样，资本主义的不稳定是如此的不巩固，在这种不稳定的土壤上发展起来的矛盾是如此的尖锐。巴尔干始终是一个火药库。巴尔干无疑是世界资产阶级和帝国主义统治最薄弱最易于攻破的环节之一。

现在，当帝国主义正竭尽全力巩固他们的这块阵地，企图把巴尔干变成世界反革命可靠基地，建立起巴尔干国家反苏联盟的时候，我们最最重要的责任就是，依靠巴尔干各国的革命力量和革命因素并利用现有种种巨大的和各方面的矛盾和冲突来对抗帝国主义分子的阴谋，并在巴尔干地区建立起国际无产阶级革命的牢固阵地。但是，为了做到这一点，除了巴尔干各国必须加强群众性布尔什维克党的建设以外，共产国际（红色工会国际和农民国际也应与共产国际一道）必须特别注意巴尔干的局势和斗争情况，给巴尔干的无产阶级及其先锋队以最广泛的帮助，使他们能顺利地克服法西斯主义、白色恐怖和帝国主义压力造成的困难，完成自己艰巨而复杂的革命任务。

巴尔干的共产主义运动由于遭受法西斯主义和白色恐怖的打击，由于在领导方面犯了某些重大错误，最近几年连续遭到了一系列的严重失败，发生了多次严重的内部危机。巴尔干各国的共产党是由原来的社会主义政党组成的。它们处于残酷的白色恐怖制度之下，并且是带着沉重的社会民主党遗产和搞合法活动的许多习惯走上布尔什维克化的道路的。在这些党的队伍中，甚至在它们的领导机关中，有许多社会民主党和半社会民主党的成分。它们同样不具有任何革命经验。保加利亚"6月9日"（1923年）所犯的严重机会主义错误，南斯拉夫共产党1921年在其被宣布不受法律保护时所表现出来的机会主义的消沉情绪及其在农民问题和民族问题上所犯的错误，希腊共产党在1925年前在民族问题上以及工会问题上所犯的错误，罗马尼亚共产党在1925—1926年期间采取机会主义态度运用工农联盟策略及其在工会问题上所表现出来的机会主义的动摇态度等，都是出于这个原因。

不言而喻，主要作为对这些严重机会主义错误的反应而出现的是，巴尔干各国党内几乎都出现了某种极左的和宗派主义的倾向和趋势。

但是，巴尔干各国共产党在共产国际的帮助下，利用自身所犯的错误和失败的大量教训，正在脱离内部危机时期，纠正自己的政策和策略路线，在经受失败后开始清醒过来，并克服巨大困难，更加勇敢地和有条不紊地沿着实现自身布尔什维克化和把自己转变成为真正的群众性无产阶级革命党的道路前进。巴尔干原先的革命社会主义政党在发展和转变为真正的布尔什维克党的过程中，特别有以下三件事很有意思：

（1）逐步地从共产党内清除了与党格格不入的社会民主党分子和半社会民主党分子，如南斯拉夫的日沃特·米洛伊科维奇集团，希腊的科尔达托斯—季米特拉托斯和马克西莫斯—别里乌波洛斯集团；罗马尼亚的克里斯泰斯库和其他集团；保加利亚的萨卡罗夫—马诺夫和卢卡诺夫—波波夫集团。无产阶级分子没有跟这些与共产主义运动格格不入的小集团和少数取消主义分子走。他们十分孤立，为革命无产阶级所唾弃。

（2）共产党原先的领导人多半不能胜任在新的条件下领导共产党的任务；必须由新的、出身于无产阶级并具有布尔什维克精神和素质的党的活动家来取代他们。在南斯拉夫共产党内，由于一些原领导人人为地支持和挑起派别斗争，领导班子的更迭遇到很大困难，进展缓慢。但是，由于党内群众的积极干预和共产国际的有力促进，这种派别斗争正在得到消除。为巴尔干各国党培养和教育一批干练的布尔什维克领导人和党的干部问题，现在仍然是巴尔干共产主义运动最重要的课题之一。

（3）巴尔干各国共产党要进一步实现布尔什维克化，就必须同右的和投降主义的倾向作坚决的和连续的斗争。这些倾向客观上的依靠力量是无产阶级中那些在白色恐怖条件下享有特权的阶层。这些倾向是当前巴尔干共产主义运动的主要危险；另一方面，在实现布尔什维克化的进程中，也必须彻底克服在某些地方还时有表现的极左的和宗派主义的情绪。

巴尔干地区各国共产党在无产阶级当中享有无可争辩的重大影响。但是，这种影响远没有在组织上得到巩固。各国党在组织上和数量上都还相当薄弱。布哈林同志在报告中指出的共产党的影响与其组织力量之间不相适应的情况，正是在巴尔干地区表现尤为突出。

　　同一些资本主义大国中的情况有所不同。巴尔干的社会民主党对无产阶级群众没有什么影响并且一直处于衰落之中。产生这种情况的主要原因是，由于巴尔干各国所处的特殊历史、经济、社会和政治条件，通常被社会民主党作为依靠力量的无产阶级特权阶层，数量上微不足道而且眼光短浅；另一方面，还是由于上述特殊环境的缘故，巴尔干各国尖锐的阶级斗争始终没有停息过。

　　巴尔干的社会民主党早就充当了资产阶级反革命的代理人。特别是在最近几年，暴风骤雨般的事件已使社会民主党的反革命本质在群众面前暴露无遗。无产阶级中的积极分子现在十分仇视社会民主党。

　　但是，巴尔干社会民主党对群众没有影响这一事实，决不表明它对革命运动已不构成危险。作为资产阶级的代理人和在国家职员及小资产阶级中社会法西斯主义思想的传播者，它所扮演的角色依然会造成巨大的危险，因此必须同社会民主党作毫不懈怠的斗争。

　　托洛茨基主义在巴尔干共产党内和无产阶级当中没有找到拥护者。托洛茨基在巴尔干的辩护士是社会法西斯分子和共产主义运动最恶毒的叛徒。

　　按照保加利亚代表团的看法，巴尔干各国共产党面临的主要任务如下：

　　无产阶级要从组织上巩固自己并加强内部的布尔什维克团结；

　　加强和扩大同群众的联系，成为群众的先锋队和领袖；

　　培养出足够的布尔什维克干部；

　　建立无产阶级和贫苦农民的联盟，以及无产阶级、农民和被压迫民族的革命联盟，以便同资本主义和法西斯主义的进攻作斗争，同极端的白色恐怖制度作斗争，同帝国主义的压力以及帝国主义的战争危险和对苏联发动军事进攻的危险作斗争，并把工农群众的直接利益同这一斗争结合起来，使斗争在"建立工农政权"和"建立巴尔干工农共和国联盟"的口号下进行。

巴尔干共产党的相当一部分任务属于整个巴尔干共同性的任务，因此只有通过巴尔干的所有共产党经常不断的相互合作和共同努力，才能实现这些任务。反对帝国主义战争危险和保卫苏联的斗争，反对巴尔干的法西斯主义和帝国主义的斗争，以及为建立巴尔干工农共和国联盟的斗争，不仅应当在个别国家中，而且应当在整个巴尔干范围加以组织和领导。

巴尔干各被压迫民族反对民族压迫和争取民族解放的斗争同样是巴尔干的共同任务。在革命的无产阶级领导下，建立无产阶级、农民和被压迫民族的巴尔干联盟，将土地革命和民族革命同无产阶级革命结合起来。这是一切巴尔干共产党的共同事业。只有在巴尔干各国无产阶级和它的工会组织紧密合作和协调行动的情况下，巴尔干地区反对资本进攻的斗争才有可能取得胜利。最后，在国外组织反对巴尔干白色恐怖和法西斯主义的运动，也是巴尔干各国共产党的共同事业。

巴尔干国家之间是如此紧密地联系在一起，以致任何一个巴尔干国家无产阶级革命的胜利都与其他巴尔干邻国的局势和这些国家革命运动的状况和力量直接有关。

鉴于这一切，以及巴尔干危机的日益尖锐和战争危险的日益逼近，现在比以往任何时候更需要巩固和发展早在 1910 年即已组成的巴尔干共产主义联盟（后称巴尔干社会主义联盟）。

必须加强巴尔干共产党这一联盟的威力，以便在共产国际的领导下协调各党的努力和行动。在土地和农民问题、民族问题，以及其他巴尔干的共同问题上实行统一的路线，组织整个巴尔干范围内的运动。

巴尔干共产党联盟并不是介于共产国际和与共产国际执行委员会保持直接联系的巴尔干各个共产党之间的中间组织。它的使命只是帮助巴尔干各国共产党协调地、顺利地完成各党所担负的巴尔干共同性的革命任务。对巴尔干的共产主义运动来说，这个联盟是最迫切的政治需要，所以巴尔干各国共产党必须作出一切努力巩固和活跃这个联盟，并要求共产国际给予全力协助。在这方面任何动摇不定、任何拖延都是非常有害的。与此同时，必须在巴尔干共产主义联盟和土耳其、意大利、匈牙利及捷克斯洛伐克等国共产党之间，特别是在共同的反帝和反战运动方面建立起最紧密的接触。

小国阿尔巴尼亚是迄今为止唯一尚未建立共产党的巴尔干国家。但是，建立阿尔巴尼亚共产党所必需的某些条件也正在准备之中。

近期的任务就是要克服目前的困难，为阿尔巴尼亚的共产主义运动奠定基础，并让这个新的年轻的支部加入共产国际和巴尔干共产主义联盟。这个新支部虽然很小，但由于阿尔巴尼亚的内部情况和它在巴尔干和整个地中海地区所处的特殊位置，它将起重要的作用。

保加利亚代表团坚信，巴尔干的无产阶级及其先锋队在共产国际的领导和经常帮助下，必将沿着布尔什维主义的道路奋勇前进，在巴尔干未来反对帝国主义、保卫苏联以及争取无产阶级革命事业胜利的重大事件和艰苦斗争中完成自己的革命责任。

温斯通（美国）：

很遗憾，世界代表大会的会议变成了英美书记处的会议，整个会议都在极其详尽地审议美国共产党内部的分歧。在世界代表大会上根本不可能深入地讨论每个问题的细节。让英美书记处去完成这一任务是完全正确的。但是，某些美国同志在大会上提出的指责是如此严重，以致我们虽然肩负着分析美国斗争前景和我们党任务的责任，却不得不对美国共产党中央委员会反对派同志在这里提出的指责作一番分析。

我要说，在会上发言的反对派，在他们指控中央委员会时是矫揉造作和无原则的。以坎农为例，他在反对右倾危险的时候，是如此的能言善辩，而且给人这样一种印象，如果现在时兴反"左"的话，他这番娓娓动听的发言可以同样轻而易举地转向反"左"。他在发言时声称，党中央妨碍了党的发展。比特尔曼同志一再说，党中央妨碍了党的发展。可是，仅仅在几天以前，同比特尔曼和坎农同志有往来的福斯特同志就曾在红色工会国际说过，共产党领导了美国所有大的罢工斗争并且掌握着美国左翼运动的领导权。请问：该相信什么呢，是相信福斯特同志的说法呢？还是相信坎农同志如此轻松地作出的声明呢？布哈林同志提出的提纲指出，美国共产党以坚定的态度指导着激烈的阶级战斗。我们能否说，如此英勇地领导了 15 个月之久的矿工罢工斗争和 5 万缝纫工人 18 个月的罢工斗争并且正在赢得对纺织工人罢工的领导权的党，患了阻碍党发展的毛病呢？

坎农同志一心希望揭示我们党内的右倾，于是眉毛胡子一把抓，把重要的和不重要的东西统统揉到一块。我们党是否有右的危险呢？是否有右的倾向呢？否定右倾的存在是荒诞的。但是，如果分析一下我们党所犯的错误，那么我们可以看到，反对派的同志们和党中央多数派的同志一样，对这些错误是负有责任的，除此之外，他们还犯过某些受到党中央批驳过的错误。

同志们，不仅如此，党中央在二月全会和五月全会上就揭露了我们党内的右倾错误，列举并批判了这些错误，而没有去查问这些错误是原先支持中央委员会的同志所犯，还是反对派的同志所犯。

坎农同志对所谓潘肯事件讲了许多话。这到底是怎么回事呢？对纽约州委会所犯的错误，这个委员会中的所有同志一概都负有责任。派同志去参加社会党的事，比特尔曼和福斯特同志是投票赞成的，而且他们还亲自提出建议要派党员参加社会党，最后通过决议，从获得情报的目的出发，只派一定数量的同志——经过挑选的一小批同志参加社会党。

然而正是这些同志指责中央对社会党的政策是错误的。党中央的路线基本上是正确的，但同时也犯了某些错误。那么，这些同志是否就与党所犯的这些错误毫无关系呢？以中央委员会致社会党中央的公开信问题为例。要写这封信的建议是比特尔曼同志提出来的，而坎农和福斯特以及在这里抱成一团的中央委员会少数派的其他同志都是投票赞成的，当社会党领导变成彻头彻尾的反动派的时候，当需要同社会党的工人结成统一战线反对其领导人的时候，我们却向其中央委员会写信，搞上层统一战线，这是错误的。但是，上面提到的那些同志不仅是提出这项措施的倡导者，而且一而再、再而三地在政治局会议上提出给社会党写这种信的问题。

坎农同志提到了在工人党问题上的错误。在这个问题上，我们党改变了自己的策略，关于这一点我下面再谈。但是，高举反对党内右倾危险旗帜的坎农等同志，只字不提比特尔曼同志的建议，这是怎么回事呢？比特尔曼曾建议除了工会以外，我们应该把以个人身份去参加的俱乐部作为工人党的基础。要知道，这个政策是被我们开除出党的右翼领袖洛尔提出的。这个遭到政治局坚决驳斥的政策才是有关工人问题上货真价实的机会主义路线和政策。坚持实行这一政策必将导致共产党内的取消主义。

为什么坎农同志对比特尔曼提出的另一个"小小的"建议也只字不提呢？比特尔曼不久前曾向党建议主动停止采煤工的罢工，他把这个建议作为向矿工联合会的反动分子刘易斯奉献的一份礼物。我们共产党人对停止这次罢工是不负任何责任的。现在报道说，罢工已经停止，已被刘易斯出卖，这就为我们党揭露矿工联合会的反动官僚们提供了条件。而在这里和约翰斯顿同志一起装模作样来反对美国共产党内右翼的比特尔曼同志就曾经建议我们停止罢工，以此来使我们对福斯特同志所说的那种在客观上起着工贼作用的行为负责。

如果我们真想同我们党内的倾向作斗争，如果我们想端正我们的策略路线并改正无论何处所犯的错误，那我们应该不仅提到右的错误，也应该提到我们党内"左"的错误。无论是坎农同志，还是比特尔曼同志，都没提到比特尔曼要我们在美国目前的情况下，在日常宣传工作中号召进行政治性抗议罢工的建议。其实，在美国目前的政治经济条件下，这个建议当然是不适宜的，如果把这个建议付诸实施，那只能促使我们党脱离群众。对比特尔曼同志所犯的另一个极左性质的错误也是讳莫如深，这个错误是他在我们代表团动身来莫斯科之前一星期的时候犯的。他建议工会宣传联盟、美国黑人工人代表大会和美国农场主宣传联盟（在选举中）一律接受共产党提出的候选人，并且采纳共产党的（竞选）纲领，包括无产阶级专政。如果中央委员会拒绝这项建议，是否就可以指责它右倾呢？坎农和福斯特同志反对比特尔曼同志的这个极左建议，但在递交给英美秘书处的提纲里却只字未提这项建议和建议的错误之处。

根据邓恩同志关于黑人工作问题的发言，可以清楚地看到，这些同志中的某些人在对中央委员会提出指责时是多么地轻率。必须强调指出，我们绝没有完成自己的共产主义责任，我们对组织美国黑人工人的问题——这是美国共产党的一项重要任务——重视不够，为此应当受到严厉的指责。但是，邓恩同志把产生这一缺点和全党都负有不够重视的责任全部推到了党的中央委员会身上；他还指责中央委员会犯了它根本没有犯过的错误。例如，他认为中央委员会应对红色工会国际机关报《黑人工人报》上出现的一篇文章负责，说在共产党的报纸上根本不该出现这类小资产阶级的文章。由此可见，他对中央委员会的指责简直是滑稽可笑。因为谁是这个机关刊物的编辑呢？是邓恩和福特，他们转载这篇文章时未加任何按语，未作任何评论。《黑人工人报》编辑们声称，"黑人工人应向共产党芝加哥组织出席代表大会的候选人提出坚决的要求"，是否中央委员会对编辑们提出的这项政策也要负责任呢？工人向百万富翁——共和党的候选人提出要求，这是否是"左"的政策呢？也许邓恩会说，这是一位与中央委员会多数派有联系的某某人授意他的，所以他才要中央委员会负责？不管怎样称呼这种做法，把它叫做轻率还是滑稽可笑，或者别的什么，反正这个例子表明，我们的一些同志在这次会上表现出来的反对立场不管怎么说是故意做出来的。

还有一点足以证明，对党中央的所有这些攻击是多么地缺乏原则，那就是在中央五月全会上，这些同志并没有提出任何一条建议指出中央委员会是右的或者执行着右的路线。他们也没有对今年五月中央全会通过的关于我党政治任务的决议提出任何一项反建议。5月，在投票决定接受共产国际4月13日的来信时，他们也未置一词，根据彼得罗夫斯基同志证实，约翰斯顿和邓恩对信中的每句话都负有责任。信中谈到，"中央委员会的二月会议本身就是令人信服的证据，说明党在政治团结方面取得了一定的成就"。当时这些同志到哪里去了呢？为什么他们当时不指出党内的右倾危险呢？

在目前我们党还处于年轻阶段而且思想水平较低的时期，右倾和右的错误是它的最大的危险。如果说中央委员会不想进行斗争和主动地去纠正这些错误，或者说在共产国际主动提出纠正这些错误时，中央委员会克服得还不够快，那么指责它犯有"右倾"也许还有某种根据。

但是，中央委员会正在同右倾错误作斗争，而且我们看到反对派中的这些同志本身就和右倾错误有关，这就充分地证明，他们在这里的反对立场在许多方面都是故作姿态和无原则的。

由于组成反对派的同志们在这次会上以讽刺的态度来谈论中央委员会对社会党和工人党的政策，因此有必要把党的真正政策阐述清楚。这项政策是中央委员会二月全会通过、并经政治局在今年4月批准的，而且在所通过的决议中明确指出了：

（1）社会党已彻底地向右转了；（2）它已经放弃了工会工作中的

独立自主路线；（3）它成了官僚们手中普通的附属品；（4）它已经同警察沆瀣一气反对工人；（5）它不仅放弃了阶级斗争，甚至放弃了阶级术语，它的最新态度是从它宣布"我们是美国人……"开始的；（6）它不再有党员了，并且改变了自己的组织形式，因此，它现在依靠的不是一个个党员，而是依靠选民。

在这种情况下，我们党宣布必须加紧开展反对社会党的斗争，提出不是同社会党的头头们建立统一战线，而是同社会党的工人建立统一战线，反对社会党的官僚政治和它的领袖。因此，作为一条总的原则，投社会党候选人的票是不允许的。

对工人党的政策，是我们党一个非常重要的问题，如果不是我们感到为难，担心把世界代表大会变成英美书记处的会议的话，这个问题本来是应该在这里详细地加以讨论的。不过，在中央委员会的五月全会上，我们党已经改变了这项政策。我们完全欢迎布哈林同志在提纲中建议作出的变动，并且认为，这些变动是和中央委员会提出的政策相吻合的。我们认为：

（1）现在工会主要由一些工人贵族分子组成；（2）工会成员已显著减少；（3）目前不存在组织工人党的群众基础；（4）从工会官僚和社会党领袖们所采取的立场来看，工人党只有通过反对工会官僚和反对社会党头头及官僚的斗争才能建立起来。

在这种情况下，我们采取的政策是明确宣布：（1）当前，组织工人党的口号只是宣传口号；（2）我们只有通过同工会官僚和社会党头头们的斗争才能建立起工人党；（3）建立工人党的全部问题都与我们能否将没有参加组织的工人组织起来的问题有关，而且要看我们在建立新的工会方面取得的成绩如何；（4）我们应当在工厂和矿井建立委员会，把这些委员会作为组织工人党的基础之一。

我还要就比特尔曼同志对经济形式所作的分析讲几句话。我觉得比特尔曼同志并未同意布哈林同志的提纲。他口头上宣称，总的说来他同意布哈林同志的提纲，然而，中央委员会少数派提出的提纲唱的却是相反的调子。不过，在没有谈这一点之前，请允许我就比特尔曼同志指责中央委员会渲染美国帝国主义实力强大一事发表一点意见。在这方面我们中央委员会的处境是良好的：布哈林同志在其讲话中说，美国帝国主义在前进，也许某些同志会说这是悲观的估计。斯大林同志在列宁格勒发表讲话时说，美国帝国主义之星正在上升。这是怎么回事呢：是在宣扬美国帝国主义的强大还是为了制订摧毁美国帝国主义政权的路线而作出的分析呢？比特尔曼同志没有读到递交给英美书记处的提纲对经济所作的分析中的一段话，这段话说，美国帝国主义的侵略性，来源于对美国帝国主义实力逐渐衰退的正确分析。而布哈林同志关于美国的提纲的中心意思是什么呢？其中心意思在下面的几句话："必须承认，经济重心转向北美合众国和在此基础上美国帝国主义侵略性的增长，是现代整个资本主义发展中最重要的因素。"布哈林同志在其提纲中断言，美国帝国主义富于侵略性，是因为美国成了世界的经济中心，比特尔曼同志的提纲却说，"美国帝国主义的侵略性来源于对美国帝国主义后备力量逐渐衰退的正确分析。"

最后谈几句关于把没有参加组织的工人组织起来的问题。布哈林同志的提纲正确地指出，必须在这方面开展更有力的工作。这是全党的任务，也是党的工作中的一个缺点。正如中央委员会本身就这一问题所叙述的那样，党没有很快地做到面向无产阶级的基本群众，面向没有参加组织的群众。但是，坎农同志说，中央委员会没有接受红色工会国际的决议，那么，说得客气些，我得声明，坎农同志讲的不是实话。中央委员会说过，我们在如何组织没有参加组织的工人方面做得很不够。但是，与此同时，必须肯定（不是为在这方面的缺点辩解），在矿工开展斗争的过程中党曾组织过新的工会，在缝纫工人罢工期间党同样组织过新的工会，在纺织工人进行斗争的过程中党也这样做过。对于这些努力有必要作为事实加以指出。

有些同志声称他们是赞成把没有参加组织的工人组织起来的，他们的全部政策都是立足于没有参加组织的群众，而中央委员会的策略是以美国劳工联合会为基础的。但是，他们拿不出任何一份党的文件来证实这种说法。

还想就党内总的情况讲几句。中央委员会在党内政策中所执行的基本路线是正确的，团结党内积极力量的工作在前进。比特尔曼同志和福斯特同志彼此之间在政治问题上的分歧，已经达到了比特尔曼同志和中央委员会之间的分歧那样的程度。只要看一看我们政治局的会议记录，就可以确信，党在政治方面的团结正在向前发展，只有在这里提出的种种指责和在这次代表大会上发言的少数派同志的反对态度才会妨碍这一进程。这些同志本身在2月和5月也承认过，我们在改善党内状况方面取得了很大的成绩，摆在我们面前的任务只是排除党内残存的派别思想。

去年有人正确地批评了中央委员会在党内政策方面实行过分狭隘的路线，但是，从那时起中央委员会摒弃了派别路线，在实现党的团结和统一方面迈出了步子，虽然有时还有某些摇摆和不够坚决的地方，中央委员会的任务是继续贯彻这条路线，同所有的和一切想复活党内宗派斗争的人进行斗争，同狭隘的宗派思想作斗争，而不管这种思想来自何处——哪怕是来自中央委员会最亲密的支持者，或者来自过去的反对派和现在的反对派。同去年相比，情况发生了相反的变化。当时有人批评中央委员会在党内实行过分狭隘的路线，而现在中央委员会正在为反对这种政策而斗争。它的基本路线已经摆脱了那种不正确的立场。可是反对派的同志——坎农同志和其他一些同志当时高举为统一而斗争的旗帜，现在都完全放弃了这个纲领。现在这些同志坚持不断进行党内派别斗争的立场，奉行始终一贯从事派别活动的路线。他们是不会成功的。这种做法与党的利益背道而驰。为了完成把没有参加组织的工人组织起来的任务，为了利用现在的有利条件在美国开展共产党的活动，为了消除我们党在黑人工作方面的缺点，党必须团结一致。中央委员会已经开始着手这一工作，不管反对派如何进行派别活动，也不管反动派如何进行派性挑拨，中央委员会将在共产国际路线的基础上继续奉行使党摆脱有害的派别思想的路线。

帕迪（印度尼西亚）：

印度尼西亚代表团总的来说同意布哈林同志的提纲。但是，觉得还有某些东西应该包括进去。根据布哈林同志的提纲，目前国际形势的特点是，工业国家的无产阶级和被压迫的殖民地各国人民的运动同时得到发展。意味深长的是，在目前形势下，第二国际比过去任何时候都更加积极地在争夺对殖民地民族解放运动队伍的影响。在8月即将举行的第二国际代表大会上，殖民地的问题将占有显著的地位。

按照我们的看法，我们应当继续批判改良主义的第二国际的殖民地政策。第二国际将会像它在欧洲所作的那样竭尽全力来混淆被压迫人民的任务和削弱处于帝国主义压迫下的殖民地无产阶级的组织。为了阻挠殖民地国家争取独立运动的发展，第二国际将会给殖民地国家的反动分子以鼓励。不言而喻，社会民主党人绝不会忘记向国际资产阶级指出日益增长的民族革命的危险，以便阻挠我们利用这个运动来促进广大群众的革命化，在了解到中国事变情况之后，民族资产阶级变得比过去更加反动。这一点越来越清楚了。因此，对民族资产阶级必须特别注意，同时我们认为，在提纲中应当强调指出，必须在殖民地国家建立和加强共产党，并且推动欧洲各国共产党本着国际团结的精神，千方百计地支持殖民地国家的共产党，必须促使欧洲各国共产党不断地揭露社会民主党企图在民族主义者队伍中制造混乱的叛变政策。

几个星期前，应邀出席伦敦的工党代表大会的印度工会的改良主义头头们，为了表示对麦克唐纳的帝国主义立场的抗议，拒绝参加这个会议。但是，这并不意味着他们倾向于同我们合作。因此，我们应当巩固我们在殖民地国家的党，以便对抗民族改良主义的倾向。

其次，我们认为，在布哈林同志的提纲里，应专门写进一段关于保护关税政策对加剧帝国主义矛盾的影响的问题。根据我们的看法，正是在帝国主义国家之间竞争日趋尖锐的今天，保护关税政策起着重要的作用。

在第三章《资产阶级国家政权和阶级力量的重新组合》一章里，我们读到如下的一段话：

　　"目前在大多数资本主义国家中，资产阶级的政策是由两个最主要的任务决定的：第一，进一步提高'竞争能力'，即进一步推行资本主义合理化……"①

我们建议在这段文字中补充下面一句话："……并且实行和强化保护关税政策。"

其次我们认为，在提纲里应该提到我们的荷兰共产党，提醒荷兰的同志们必须加紧他们的活动，因为印度尼西亚共产党在思想意识方面是明显受荷兰共产党的影响的。

我们希望代表大会能考虑我们的意见。

印度尼西亚代表团认为有必要扼要地向代表大会通报印度尼西亚最近发生的事件并对印度尼西亚的起义作出历史性的总结。印度尼西亚共产党很年轻，1920年它才成立，而且在发展过程中没有得到来自共产

---

　　①　参见《国际共产主义运动历史文献》第48卷收录的《国际形势和共产国际的任务（根据尼·伊·布哈林同志的报告拟定的提纲）》。——编者注

国际方面的任何领导，因此错误是难免的。在这个时期，由于联系困难和缺乏怎样领导群众运动的指示，我们只能在不指望外援的情况下开展活动。

尽管荷兰当局实行残酷的反动统治和野蛮的白色恐怖，我们党仍然获得了迅速的发展并在群众中享有巨大影响。

在1920—1925年的合法存在时期，我们党成功地清除了民族运动队伍中的改良主义领袖并在工会和农民组织中传播了共产主义思想。我们的影响不仅存在于无产阶级之中，而且还扩及农民、军队和某些知识界人士。

政府预感到这种事态的发展，于是给共产主义运动和革命运动设置了一系列严重障碍。数以百计的共产主义运动领袖被捕和流放。政府下令封闭运动的总部并逮捕了中央委员会的成员。1925年党在爪哇召开了一系列会议，决定向共产国际通报印度尼西亚共产党的危急情况。中央委员会向共产国际执行委员会详细地介绍了我们党的状况。我们担心的是，同志们没有相信我们，对这些通报的重大意义估计不足，缺乏有关印度尼西亚所处严重情况的全面材料。结果共产国际忽视了我们党，对我们党持一种错误的观点，对我们党的实际力量估计不足。最后，起义是在我们党自作主张的情况下爆发的。党遭到破坏，这一情况犹如严重的包袱压到了我们肩上。

我们认为，在持续两个月的起义过程中，共产国际未作出任何反应，这是犯了严重的错误。在这个问题上不应该责备我们的荷兰党，因为同志们为了支持起义做了他们力所能及的一切。共产国际当时应该向所有支部，特别是德国、法国和美国的支部布置任务，要它们支持印度尼西亚的起义，举行保卫印度尼西亚起义的示威游行并在报纸上进行宣传鼓动，等等。这一切都没有做。这是一个严重的错误，但是我们希望今后不再重犯类似的错误。

　　印度尼西亚代表团希望，在目前大批印度尼西亚共产党员被捕的情况下，欧洲应当提出立即释放被捕者的要求，要求毫不迟疑地释放那些被判处长期监禁的同志们。我们希望通过这种宣传能使这些同志们获释。

　　（会议休会）

第十次会议

(1928 年 7 月 26 日)

主席：加香

讨论布哈林的报告（续）

威克斯（美国）：

昨天有人在这里说，美国共产党中央表现出一种吹捧美国帝国主义的倾向。我们之所以被人指责，是因为我们赞成布哈林同志在提纲中对美国帝国主义所做的正确评价。世界资本主义经济中心转移到美洲，可是承认这一事实就被解释为吹捧美国帝国主义。这种恶意的责难来自对我党中央持反对立场的同志。为了拟定我们所面临的斗争的方式，必须正确评价美国帝国主义；但是不能，比如说，像比特尔曼同志指出某些内部矛盾已经来临时那样来论述这个问题，绝对不能这样发现新大陆。比特尔曼同志不同意布哈林的提纲，并强调指出，他把美国帝国主义叫做新的内部矛盾。

比特尔曼同志谈到生产力和产品总额之间的不平衡，难道在这个不平衡中有什么特别的新东西吗？当然没有。既然美国打算向全世界市场供应产品，那么生产能力自然要比实际产品总额大得多。再则，这个不平衡是怎么出现的呢？它里面是否有些新的东西呢？当然没有。在世界大战期间，美国大大增加了自己的生产能力，这种能力战后仍在增长，一直持续到今天。当然，谁也不会去证实，美国由于在世界大战中处于有利的地位，除了增加生产实力之外还会干些其他什么。在欧洲资本主义经济逐步恢复的同时，美国的生产力和实际产量之间出现不平衡也是很自然的。

此外，比特尔曼同志完全忽略了另一个重要因素，即这样一个事实：美国的帝国主义老板们有意识地扩大生产能力，并且在组织工业时着眼于能够在最短时间内使其转入战争轨道。比特尔曼同志，您是否记得1925年美国举行的那一次会议，即有已故的埃尔伯特·加里、亨利·福特、爱迪生和杜邦参加，由安德鲁·梅隆的侄子、共和党政府实际首脑W. L. 梅隆担任主席的那些在美国召开的重要会议中的一次会议。就是在那次会议上决定，在组织工业时要考虑到使工业能在两昼夜内转入战时轨道。比特尔曼同志，您是否想说，在当时的条件下这个决定带有特殊的性质，而您在美国经济的内部矛盾方面又发现了与提纲相抵触的新内容。我认为，这种立场是令人可笑的。

现在谈谈发展极限问题。究竟是否有某处提到过美国已达到了发展的极限呢？绝对没有。没有任何地方有这样的提法。相反，提纲中正确地指出，美国还在向上发展。我们讲达到自己发展顶点的国家，指的是这个国家已经十分接近即将开始转向低落的那一个点，因为经济不会是一成不变的。美国不可能达到它将长时间一直在那里静止不动的顶峰。讲发展顶点的同志们自然会认为，明天就要开始转向低落，对此我们不能表示同意。

至于说到比特尔曼同志为说明其另一个"发现"而发表的关于国民收入和工资之间不平衡的声明和所谓统计资料，那么问题在哪里呢？比特尔曼同志把工资总额同整个国民收入相比较，但是他忘记了，即使与生产的增长相比较，工资是相对地下降了，但美国无产阶级广大阶层的实际工资，正如瓦尔加同志所正确指出的那样，仍然是在增加。这才是美国的情况，因此在这种条件下，比特尔曼同志，不能把整个工人阶级实际工资下降这一点看做是资本主义的矛盾之一。

其次，为什么比特尔曼同志如此突出地强调国内局势呢？我们可以说，美国帝国主义将出现或者已经出现了某些将导致灾难的倾向，但是美国国民经济中，美国政治中的这种灾难首先将表现在美国国外，因为美国帝国主义靠牺牲别国，尤其是英国和日本的利益而在全世界巩固了自己的地位。也不应当忘记对外政策。我们现在也和世界大战期间一样生活在战争和革命的时代。如果反对派的同志们认真地分析一下布哈林同志的提纲，而不是轻率地指出想象出来的缺点，他们就会承认美国帝国主义的经济实力同它的殖民领地的范围之间存在着不平衡，并且会认为，现在美国帝国主义为了清除这种不平衡，正在肆无忌惮地把自己贪婪的魔爪伸向各地，尤其是伸向中美、北美和中国。这个重要事实就能说明美国帝国主义作为导致新的世界大战的最有害因素之一所起的决定性作用。我们将在讨论同帝国主义战争作斗争的措施时，即在转入下一项大会议程时再更详细地分析这个问题。

布哈林同志在提纲中批评我们在反对干涉尼加拉瓜的运动中存在的缺点。这一批评是正确的。我们没有把保卫尼加拉瓜的运动变成为我们党的中心运动，而当时是应该这样做的。不过我也想强调一点，那就是我们保卫尼加拉瓜的运动之所以未能取得应有的成果，在某种程度上是由于美国反帝同盟主席，尽管他并无多大权威，却得到派性的庇护。对这一点我们应当明确予以指出。在党中央力图尽一切可能避免爆发派别斗争的时候，这种情况是常常可能发生的。我认为即使有人会指责我们出自派性而排挤能力差的同志，中央在那种情况下没采取断然措施也是一种疏忽大意的表现。

目前，反帝工作比一切都重要。由于墨西哥局势的变化，出现了再次发生武装干涉的危险。美国正在千方百计巩固自己在墨西哥和拉丁美洲的势力。这已成为美国的对外纲领。它力图在有可能同自己的强大的帝国主义对手发生战争的地方巩固自己的地位。同样，也不能把美国在拉丁美洲的这一运动同美国政府在国内反对无产阶级、反对工人运动的种种运动分割开来。我们应当认识到美国政府同殖民地、半殖民地人民的斗争和它同工人阶级的斗争之间的联系，并且要让工人相信，美国帝国主义对外同殖民地和对内同无产阶级作斗争采取的是同一条政治路线。

现在谈谈我们党内的状况。同志们，出现这种局势，无疑是十分可悲的。但是既然它已经存在，我就对此讲几句话。在英美书记处讨论这个问题时，必然会明确地指出这是工人党内的长期的派别斗争。5 年来，我们党内某些所谓的领导同志，或大概是一些领导同志，构成了一个因各种政治问题而紧密结合在一起的派别。同志们，你们能说，这个集团在攻击中央的时候是出自某种原则立场吗？我认为，在政局不断变化的条件下出现的这种长期的派别活动，说明现在反对中央的派别是违背原则的。

昨天，我们听取了坎农同志的令人惊奇的发言，他竟把我们的一名中央委员看做是世界闻名的正确政治路线的体现者。在坎农同志这次发言之前，我曾和他交谈过。他给我读了一个文件中的一些话，这些话他后来在这里发言中说了。这个文件很值得注意：它能说明坎农是根据何种材料来源批评"世界闻名的正确政治路线的体现者"的。因此我要说，坎农同志应当对这个材料来源有一个正确的认识。坎农从中获得某种看法的材料来源是长达 100 页的、批评共产国际纲领草案的一份材料，而这份材料出自原先是同志的托洛茨基之手。

同志们，如果你们想了解这一材料来源的全部情况，这是你们的权利。但我想说的是，不要剽窃，而要指明你引用的是什么材料，尤其是当这种材料来源是臭名昭著的材料时。

我还想谈一点，即我们党内的反对派竟罪恶地企图把我们面临的黑人问题当做派性游戏，我再重复一遍，不是当成别的什么，而是当做派性游戏。少数派同志们正在谈什么白人沙文主义。我想提醒他们这样一个事实：在底特律为罢工的矿工举行过一次晚会。而这些同志们的主要支持者、他们最激进的信徒、中央委员会最不共戴天的敌人、现任党的领导集体最顽固的对手，即盖茨同志，却是应对拒绝黑人参加这次晚会负责的人。底特律区委会对盖茨同志采取果断措施，撤销了他的职务，以此纠正了这个组织的路线，并指出，即使花上几百美元，哪怕舞跳不成，会开不成，甚至引起冲突，也要按共产党的原则尽力让黑人参加晚会。

这些同志之所以大提白人对黑人实行沙文主义之类的问题，并不是真心希望加以解决，而是为了达到自己的派性目的。我这儿有盖茨写的一封信，他在信中企图对自己的行为进行解释和辩护。这封信是一位自称共产党员的人所写的最为卑鄙的文件之一。

我们应当在共产国际的帮助下彻底排除派性在我们党内再次抬头的危险。我们面临着巨大的任务，而且随着局势的日益尖锐，我们应当准备好再次转入地下。因此，共产国际应当帮助我们党不把任何派别斗争带进这个时期。

海德尔（巴勒斯坦）：

首先就稳定问题讲几句话。为了判断资本主义的状况，重要的不是机械地总结某一国的或者某一工业部门的贸易和生产平衡情况，而是要弄清这个国家出现稳定现象的前提和基础。

我认为，布哈林同志在谈到资本主义国有化的倾向时不去详细分析国有化的形式是完全正确的。因为这种倾向的意义不在于将私人企业收归国有，而主要在于所谓国家机关同资本主义经济机构相互融合。多少年来人们在资本主义世界中如此卖力地划分的政治和经济之间的界限现在正逐渐模糊起来。外交官和交易所经纪人已密切地结合在一起。对我们来说，重要的不是这个过程的形式，而是它所引起的不可避免的后果。这些后果是：

1. 资本主义社会的经济机构不断发展和扩大。合理化导致工人人数减少。它固然提高了生产效率，降低了生产成本，然而它也无限地扩大了寄生分子的数量，而资本家阶级不得不与之分享自己的剩余价值。国家官吏也不再满足于仅仅获得荣耀和权力，他们要求分得厂主和商人赢利中的一部分，而且是很大的一部分。

2. 每个企业资本家节约开支是以整个资本主义体系中马克思称之为非生产费用的那部分开支的大幅度增长为代价的。国家预算不断增加。军费开支和海关等杂项开支不断增大，而这些都是进一步发展的障碍。

3. 这里最重要的是，资本家阶级失去了它被如此夸耀的创业自由，他们榨取利润的可能性越来越受到限制。原先那种资本家阶级正日渐蜕化，正在下降到充当托拉斯资本大独裁者的普通掌柜或代理人的地位。资本主义的经济机构滋生出许多国家官吏，而至今一直统治着资本主义国家的官僚主义已成为资本主义经济的新祸患。

由此可见，稳定首先意味着资本主义经济的"法西斯化"。在意大利和其他欧洲国家已经破产了的资产阶级民主，试图或者已经把法西斯主义暂时作为摆脱革命的出路。英国腐朽的资本主义制度指望蒙德来挽救其命运，即求救于经济上的法西斯主义。经济上的蒙德，就是政治上的墨索里尼。

我还想谈一点，那就是殖民地的作用问题。我认为，不应当像布哈林同志在报告中所做的那样，把资本主义国家（在经济上）区分为拥有殖民地的国家和没有殖民地的国家。没有任何一个国家可以不需要殖民地市场，不需要殖民地的原料。就连表面上并没有殖民地的德国，在殖民地做起生意来，以及在法国和英国的殖民地同它们竞争起来，并不比法国差多少。埃及、叙利亚、巴勒斯坦和许多较大的殖民地的关税决算都说明这一点。但是，在谈论稳定问题时，我认为，我们应当指出欧洲大笔资本竞相投资的进度那种异乎寻常的热情。且以修筑铁路和开辟航空线为例。最近一段时间里，亚洲和非洲的许多地方铁路网增加了两倍或两倍以上，用于建设灌溉渠道、码头等设施的开支也很惊人。正是这一切促进了欧洲资本主义的稳定。还必须指出，殖民地农业的工业化过程进行得特别顺利，特别迅速。这种稳定的结果将是在更大的范围内发生更加深刻的危机。

再就我们的缺点说几句。我们当然欢迎布哈林同志在他的报告中提到东方部。埃及正在发生重大事件，埃及议会被解散，议会同盟瓦解了，希望在叙利亚建立君主制度的法国人正在策划阴谋，策划利用伊朋—沙特的阴谋。扶持伊朋—沙特之子登上王位的做法不仅意味着企图破坏叙利亚的革命运动，而且表明它是反对英国帝国主义的一种进攻步骤。正当伊朋—沙特同英国人进行谈判，而且眼看谈判即将以有利于英国人的方式宣告结束之时，法国所有报纸一致提出由伊朋—沙特之子继承叙利亚王位。这一招效果十分惊人，伊朋—沙特中断了谈判，叙利亚在某种程度上成为一个对英国不甚友好的国家，从这个意义上来说，这件事的意义超出了局部地区的范围。我认为，提纲中本应当给埃及和阿拉伯发生的事件留出一定的位置，遗憾的是，布哈林的报告不但一次没有提到埃及，也一次没有提到阿拉伯东方各国，也没有提到法国和意大利的阴谋。我认为，第六次代表大会应当对提纲作出相应的补充。

不过我关心的还不是这一缺陷本身，而是怎么会出现这样的事：共产国际执行委员会的报告人竟会在其包罗万象的国际形势评述中忽略了居住着千百万的阿拉伯人，而且是欧洲帝国主义种种矛盾交织的地区。

在这方面不仅布哈林同志有责任，共产国际执行委员会至今对近东也不曾给予足够的注意。

既然在共产国际执行委员会的组织活动和政治活动中都没有埃及、叙利亚和阿拉伯的位置，那么布哈林的报告中怎么会提到这些国家呢？

所有来自殖民地（印度尼西亚、波斯、南非）的同志都众口一词地说共产国际对殖民地重视不够。布哈林同志谈到我们这些支部对中国事件的态度。同志们，那么请允许我就所有同志，其中自然包括布哈林同志，对那些虽然较小但同样非常重要的国家，如埃及、阿拉伯和阿拉伯东方各国问题的态度讲几句话。埃及近 10 年的历史是一部由英国海盗、法国高利贷者，乃至欧洲各种投机商对待千百万费拉赫居民大肆掠夺和任意施虐的历史。试问，当英国的爵士、将军、总督们在埃及和苏丹摧毁费拉赫人的村庄、绞死数十名爱国人士、在监狱中折磨革命工人、捣毁工会、取缔政党的时候，我们兄弟的英国共产党又在哪里呢？当法国将军残酷迫害当地居民、血腥镇压叙利亚起义的时候，共产国际又在哪里？我们兄弟的法国党又做了些什么呢？叙利亚革命者同数量庞大的法国军队英勇搏斗了两年，但这期间欧洲的无产阶级又在何处，作为无产阶级先锋队的共产主义运动又干了些什么呢？同志们，问题是要从根本上改变我们各个支部和国际执行委员会本身对待阿拉伯东方的态度，采取何种态度，这不应当取决于国家的大小、取决于人口和面积，而只应以那个地区出现问题的尖锐程度和迫切程度为依据。

比如，大家在这里多次谈到南斯拉夫、波兰等国的纠纷，但是却没有人提一句埃及党 3 年来的艰难处境，以及巴勒斯坦党和这一地区的其他小党。共产国际东方部没有帮助他们解决面临的危机。

我再谈一个问题。我指的是反帝同盟的问题。建立反帝同盟的思想本身是极好的，但是这个同盟未及出世就夭折了。欧洲各支部在把同盟变为真正群众性的组织，变为反对殖民压迫的群众运动方面又做了些什么呢？还有，为了同近东真正的广大劳动群众建立密切的联系，而不是同那些追求刺激和捞取外快的个别外交家、冒险家、民族主义分子交往，同盟本身又做了些什么呢？有的同志说，同盟毫无用处。不对，同志们，建立同盟是个好主意，但是同盟的做法很不可取。

共产国际第六次代表大会应当结束这种令人无法忍受的状态。还应当看到，恰好在最近几年内改良主义分子正在起劲地对整个东方，其中也包括对上述地区施加影响。他们在巴勒斯坦有一个好几千人的严密组织，拥有工会组织和政治团体，这些都是阿姆斯特丹国际和第二国际在埃及和叙利亚等国进一步渗透和发展的基础。形形色色的改良主义组织和阿姆斯特丹国际组织的一大批著名首领（肯沃西、布劳恩、王德威尔得等人）正在这些国家游说，竭力想把阿拉伯无产阶级纳入他们的罗网。

我们应当在这些群众中进行坚持不懈的组织工作，以便同第二国际冒险主义分子的宣传相抗衡。然而，我们这些党却完全被置于听天由命、无人过问的境地。我们竭尽全力工作，但是只能依靠自己的力量，得不到共产国际、法国和其他国家党的足够支持。再说一遍，无论如何必须根本改变我们共产国际各支部对阿拉伯东方国家的态度。要多关心东方国家，因为那里有千百万革命战士的后备军，因为那里经常出现人民群众不可遏制的骚乱和愤怒的浪潮。

加藤（日本）：

布哈林同志在报告中强调指出，同新的帝国主义战争危险作斗争、维护中国革命和保卫苏联是世界无产阶级当前的三大任务。日本党代表团不仅完全同意布哈林同志的观点，而且鉴于日本帝国主义在太平洋所起的极大作用，日本共产党完全意识到自己在执行这些任务方面所承担的特殊责任。

年轻的日本帝国主义从它一开始出现就带有军国主义的性质。列宁在《帝国主义和社会主义运动中的分裂》一文中评论日本帝国主义时说，在侵略中国的军事政策中，军事垄断代替了金融资本的垄断。在日本，国家资本主义体系非常发达，以致国家资本占到 35 亿日元，即相当于私人资本（70 亿日元）的一半。自去年 4 月发生财政危机以来，大私人资本的集中进一步加强，大资本同国家政权的直接结盟日益巩固。这种结盟采取了国家军事资本主义的形式，因而在政治上只能导致战争。与此同时，资产阶级和地主手中的国家政权日益反动，议会也越来越成为欺骗和压迫人民的机关。工人阶级追求的目标是废除帝制，而日本天皇起着充当帝国主义手中武器的新作用。此外，日本帝国主义企图把原清朝皇帝溥仪扶上满洲的王位，以取代已被杀害的张作霖的儿子张学良。

谈谈日本对中国的侵略。今年 3 月，日本帝国主义分子袭击日本共产党，把 1000 名工人农民积极分子投入监狱，向中国派出 55000 名士兵和 55 艘军舰，把满洲和山东省纳入自己的军事体制，实际上把它们变成了殖民地。日本帝国主义打算以此扼杀中国革命，从而迈出了挑起世界大战的第一步。从 1928 年春季起，为了摧毁中国革命和进攻苏联，日本帝国主义和英国帝国主义开始相互接近。日美对立加剧。日本撕下了"同苏联友好"的假面具。

日本帝国主义确实是亚洲的反动堡垒。日本共产党的重大的国际主义义务就是争取不在中国留下一兵一卒，打消日本资产阶级干涉苏联的一切企图，把帝国主义战争变为反对日本资产阶级的国内战争。

目前，工人农民的抗议运动正在全国各地自发地展开。现在比以往任何时候都更加需要一个强大的、能够联合广大群众进行斗争的共产党。

日本共产党在它存在的几年里犯过种种错误。尽管党本身处于不合法地位，但仍然受到种种影响：合法主义用资产阶级法制限制我们的活动，取消主义力主取消党的独立存在并试图使党溶化在左派群众组织之中，而极左的宗派主义又使党与群众隔离并引起党内的派别斗争。所有这些都阻碍着我们党的发展。共产国际在 1927 年的七月提纲中详细指出了我们党的错误和失算，建议我们坚决遵循列宁主义的路线对党进行改组。自 1927 年 11 月起，党在按产业建立支部的基础上进行了改组。党开始成为无产阶级的党，吸收工人参加自己的队伍（目前工人已占我党全部党员的 80%），并开除了几个无所事事的知识分子。党清除了一度在党内占据统治地位的合法主义、取消主义、"左"的宗派主义等倾向。不服从党的革命纪律的派别被开除出党，党的统一已经形成。共产党已经在群众面前活动，开始宣传自己的革命政治路线，并在左派群众组织之外保持了自己的独立存在。党立即得到了群众的热情支持，成了发动革命群众的动员中心，成为一种独立的政治因素。我们愿意向大家介绍我们的经验，向你们说明共产国际执行委员会的提纲是多么正确，尤其是在保持政党的独立性方面，或者说，在克服取消主义方面是多么重要，以及为了消除派别斗争而建设一个统一的布尔什维克党又是多么重要。这都是在相当短的时间内取得的，但它为我们党的未来打下了基础。

目前，我们大约有 500 名同志在日本政府的监狱中受折磨，当局打算判处他们长达 10 年的徒刑。田中将军宣称他打算彻底消灭共产党。不过，同政府的期望相反，国际支援革命战士协会运动，工会联合运动和其他群众运动都在不断扩大，群众对党也给予越来越大的支持。不错，由于种种迫害，共产党遭到了沉重打击，但是它作为一个非法的政党工作得很出色。它已经不再是宗派主义团体，而是拥有革命群众的支持。我们党应当成为真正的群众性的政党，任何办法也无法阻挡它的成长。

同社会民主党作斗争在日本具有特别重要的意义。不同社会民主党进行斗争就不能加强共产党。社会民主党人同资产阶级一起企图侵略中国、发动世界大战和进攻苏联。日本社会民主党存在三个派别，其中一派聚集在铃木、阿部一伙周围，依靠的是右翼工人组织和社会民主党。他们同国际劳工局（阿尔贝·托马）有密切联系。在中国他们同蒋介石行动一致，怀有建立泛亚洲国际的念头。这是一些明显的君主主义者和沙文主义者。

另一派是中派群众组织的所谓"左派"社会民主党领袖，同在共产党人被大批逮捕之后向左转的群众相反，他们迅速转向右倾。

第三派是从共产党中分裂出去的取消主义分子。这里指的是山川、荒烟、坂井、猪俣等。他们责备共产党在群众中公开活动会使党的行动受群众的压力。这些人自然是靠拢社会民主党的。与欧洲社会民主党人不同之点是，日本的社会民主党人更加赤裸裸地充当工贼、战争挑唆者和保皇党人，并且支持对中国的干涉。

鉴于共产党面临的国际主义任务，必须再次强调农民问题的重要意义。土地革命问题是殖民地、半殖民地国家解放运动的主要课题。在日本，农民问题虽说含义有所不同，但同样起着巨大的作用。入侵山东之后，日本资产阶级在农村卖力地开展沙文主义宣传，企图让农民产生一种幻想，似乎侵略中国就可以解决日本的土地问题。通过群众革命运动解决土地问题才是我们的目的。在日本农村应当大力宣传无偿地没收大地产。我们认识到，我们党在军队中的工作是共产党人的一项伟大任务，它与农村工作是有联系的。对于拥有强大资产阶级军队的日本来说更是如此。

再就我们的朝鲜兄弟党讲几句话。朝鲜工农的起义对中国革命和消灭日本帝国主义具有巨大意义，但是朝鲜同志之间长期的派别斗争却阻碍着统一的朝鲜共产党的建立。

因此，我们建议共产国际采取具体措施，帮助朝鲜建立统一的布尔什维克党。

戈尔斯基（捷克斯洛伐克）：

我代表捷克斯洛伐克代表团发言，我想在讨论中阐述两个问题：农民问题和民族问题。

布哈林同志在讲话中指出了农民国际以及共产国际某些支部工作中的缺点。他特别强调了共产国际的集体责任。

激励我们加紧工作的不仅仅是我们在农民中影响减弱这一事实（在法国、德国和波兰的选举中均有表现），资本主义国家中格局的变化，以及农业资本同工业资本和银行资本结成统一联盟以对付劳动群众的现象，也迫使我们加快工作进度。如果说共产国际某些支部的工作不能令人满意的话，那么这在某种程度上，正如布哈林同志已经指出的那样，是由于共产国际未能成为一个善于解决农民问题的组织，而农民问题却是无产阶级和各国共产党的领导权问题的一个组成部分。

讨论夺取政权问题时忽视同农民建立联盟的问题是完全错误的。如果我们给资产阶级提供一个机会，让他们制定农民（农民不可避免地要经常产生严重的动摇）今后的发展道路，那将会对我们的革命斗争造成致命的影响。

我们不应当像社会民主党人那样消极被动。他们为了资产阶级的利益竟这样回答问题：农民是工业无产阶级的敌人，我们对他们无需关心。正相反，我们应当坚持不懈地同渗入共产党队伍中的这类观点作斗争。这种观点是反革命的观点，它使我们丧失了把农民从资产阶级后备队转变为革命无产阶级的后备队和同盟军的机会。

还必须正确判断农民内部的阶级矛盾，促进农民的分化，粉碎捷克斯洛伐克农业资本家提出的"农村是个统一的家庭"的口号。这个口号掩盖农村不同阶级利益的对立，影响中农保持中立，其目的是使贫农群众，甚至农村半无产者疏远我们。

从这个角度来看，我们至今没有真正实现无产阶级同农民的联盟是一个严重的失误。

应当坦率地说，尽管这项任务十分迫切，可是，我们至今甚至未能同农民中愿意捍卫无产阶级专政的农业工人接触。

捷克斯洛伐克的形势是这样的：

自 1918 年政变至今，捷克农业党一直在台上执政。同所谓"社会党政府"时期一样，它是真正主宰一切的。这个党在以"保护和捍卫私有制"为纲领的指导原则的所谓"绿色国际"中也颇有影响。除了这个由地主领导，依靠中、小农民甚至农民中的半无产者阶层的庞大的捷克农业党以外，每个民族都有自己的农业党。斯洛伐克有一个教权主义政党，这个党不久以前还处于反对党地位，可是现在却进入政府参加了所谓资产阶级联盟。这个政府同所有这类政府一样，采取的方针是欺骗劳动群众并使他们日益贫困。

阶级斗争的日益尖锐迫使相互敌视的资产阶级政党联合起来。捷克斯洛伐克国内形成了各民族资产阶级的统一阵线，它反对无产阶级和农民，企图建立起社会上、政治上、文化上的反动统治，即不公开使用暴力的法西斯主义。

不只是无产阶级，无地和缺地的农民群众也充满了强烈的不满情绪。

1918—1920 年间，在无产阶级掀起革命骚动的同时，农民队伍中的不满情绪曾使资产阶级，尤其是大地主的存在受到威胁。土地改革延缓了这一覆灭的来临。

许诺进行土地改革有利于农业党的壮大。这个党当时的口号符合怀有不满情绪的农民的愿望。

然而，实行农业改革的结果只是使农民感到失望。它不仅未能满足数十万要求土地而一无所获的农民的愿望，还引起虽分到土地但因而成为农业资本和财政资本盘剥对象的农民们的不满。

另一方面，由于实行土地改革，形成了新的土地贵族，即在政府任职的农业党人、人民党人以及社会民主党领袖，他们首先获得了大地产中剩余的所谓割地作为自己的份地。与他们同时得到土地的是"政治上可靠的"份子和士兵，他们则是作为殖民统治者靠牺牲当地居民而获得这些土地的。这主要是在斯洛伐克和喀尔巴阡乌克兰地区。

此外，还给原先的地主留下了相当于法定标准5倍到10倍的祖传地产，同时给予他们出卖土地的权力，使他们可以按市场投机价格出卖土地。较好的土地收归国家所有，政府把这些土地分给政府的代理人以虚构的农业合作社的名义经营。必须指出，还在土地改革未结束之前就已宣布，相当一部分大地产和主要是全部教会地产不在被没收之列。

如果考虑到农民受到难以承担的高额赋税的重压和重新的立法（林地改革法、狩猎法和土地整理法）加强了资产阶级的经济地位，再想一想农业党上层分子靠牺牲中、小农民来建立和巩固自己地位的做法，那么我们大体上可以得出这样一个概念：农民群众的不满情绪正在日益接近极限。

下层农民的不满情绪至今没有得到有组织的表现。大地产主在同工业资本和金融资本结合的过程中被迫放弃了他们曾经用来力求把农民吸引在自己周围的那些口号。广大农民群众开始觉悟，这是非常自然的事。他们在经济上确实主要依赖于不断迅速扩大影响的资产阶级。而资产阶级之所以能做到这一点，则是因为整个国家机器，尤其是在斯洛伐克和喀尔巴阡罗斯地区，都掌握在农业党的手中。

农业党成立了自己的合作社，如乳品合作社、信贷合作社、消费合作社、建筑合作社、酿酒合作社等。仅斯洛伐克境内就有这类合作社约1600个。

我们对这些农业合作社没有影响。赫林卡的斯洛伐克教权主义党是执政党，与斯洛伐克的捷克农业党相比它对更多的农民群众具有影响。

当然，它在这方面有相当深的经济基础，而且还利用教权主义机构对农民群众施加影响。我们应当同这些政党争夺农民。

由于共产党在农业党、教权主义党、各种企业中，以及在遍布全共和国的经济组织中的党团工作薄弱，尽管农民十分不满，农业党的地位依然很牢固。不过，上面这一切，主要是工业资本和农业资本的融合，以及农业党虽已初露端倪但暂时还未显露出来的危机，对我们来说是一种提示，促使我们在觉醒的农民中加紧工作。土地改革已近尾声，但是它并没有给土地关系带来任何实质性的变化。

下列统计数字可以证明这一点。

实行土地改革前的农户：

土地面积	占农户总数
2 公顷以下	7.8%
2—5 公顷	14.3%
5—20 公顷	44.1%
20—100 公顷	17.8%
100 公顷以上	16.0%

土地改革之后的农户：

土地面积	占农户总数
2 公顷以下	7.0%
2—5 公顷	16.4%
5—20 公顷	49.7%
20—100 公顷	9.3%
100 公顷以上	7.6%

在 590 万公顷的狩猎地中，土地改革仅仅触及到 7%。顺便指出，土地改革主要是在波希米亚、摩拉维亚、西里西亚进行的。在斯洛伐克和喀尔巴阡罗斯只实现了计划的一小部分。波希米亚是工业区，只有 29% 的居民从事农业，而喀尔巴阡罗斯和斯洛伐克是共和国的农业区，前者从事农业的居民占 69%，后者占 60%，这个百分比比德国和法国大得多，后两国从事农业的居民只有 35%—42%。

下面谈谈我们的工作。

提纲强调指出，共产国际对农民问题很少关心。问题不仅仅是关心不够，主要是没有做工作。我们党的历次代表大会都对农民问题作过决议，但这些决议只是停留在纸上，事实上直到捷共第四次代表大会才认真着手解决农民问题。

在共产国际第五次代表大会以后，在同捷克共产党队伍中的机会主义作斗争以后，在我们党的二大之后，我们开始了这项工作。我们准备在斯洛伐克和喀尔巴阡罗斯组织农民协会，并在捷克斯洛伐克共和国全境组织统一的农会。计划在那些无论形式上和实质上都处于我们领导之下的农民组织和无地农民联盟中进行党团活动。还着手用捷克文、德文、斯洛伐克文出版农民刊物。在州、区委员会中建立起农民工作委员会；在斯洛伐克我们甚至已经组织了"协会"，任命了主席和书记，召开了一系列代表会议，不过我们对领导权问题和工作目的还不够明确。

所谓中立的农民报纸并不中立，而带有共产党报纸的性质。我们的代表会议（尽管有其他政党的党员参加），在农民看来是共产党倡议召开的。在波希米亚和摩拉维亚合法的农民协会中我们依靠的不是组织牢固的党团，而是偶然形成的共产党多数派和同情者。

斯洛伐克农民协会书记（政府连续四次拒不同意给协会办理章程登记手续）收回了我们所有农村支部农民共产党员的党证，而发给他们农民协会的绿色会员证。这在农民共产党员的队伍中造成极大的混乱，并最终导致他们在政治上采取漠不关心的态度。

在喀尔巴阡罗斯，分管农民工作的同志把全境分为三个地区：马扎尔人地区、乌克兰人地区和乌克兰—马扎尔人地区。每个地区的首脑机关是村苏维埃，每个苏维埃有各种委员会（如组织、宣传、市政、工会、报刊等），数量多到 18 个。这就是说，建立了一个党中之党。一年之前我们不得不采取措施纠正了这种不能容许的现象。

有人会指责我是老脑筋，但我举这些例子为的是揭露我们工作中的重大缺点。

不过在我们党第四次代表大会以后，我们已经采取措施改善现状。中央建立了农民工作委员会，这个委员会按照一定的计划办事。各个州委会也建立了相应的委员会，颁发了各种指令，向党的工作者下达了指示，而且已经召开会议讨论中央的计划。但是这项工作至今仍未摆脱无所作为的状态。

1927 年进行改组之后，党的农民工作部在两个主要方面开展这项工作：

（1）在党内，扩大和巩固农村支部网，组织各区委会、州委会和农民支部中的农民工作委员会，并积极开展工作；

（2）在党外，在一切能联合农村劳动群众的政党和组织中形成一个左翼和反对派，并予以支持；在以农会章程为基础的农村组织中、在消费合作社和信贷机构中组织党团；支持希望深入到广大劳动农民群众中去的无地农民和缺地农民的反对派组织。

由于在斯洛伐克和喀尔巴阡罗斯不可能建立起合法的农民协会，我们只好探索争取农民群众的新的组织形式。

劳动农民统一阵线委员会就是这样的组织形式。分散在各个政党的农民和无党派的农民都选出自己的代表参加区一级的统一阵线代表会议，这个会议制定工作计划和今后的行动纲领。把各个区的代表会议联合起来，我们就有可能把这种组织形式推广到所有各州。斯洛伐克的工作经验证明，这种组织形式是正确的，即使是在转变时期，只要能正确地领导争取实现农民迫切要求的斗争，它也是正确的。在农民组织与统一阵线委员会平行存在的地方也同样必须把运用统一阵线委员会的经验用于争取广大农民群众。我们清楚地懂得，农民问题，即革命的无产阶级同农民联合的问题，非常重要。因此我们相信，共产国际第六次代表大会将会在这方面负起自己的责任。

下面谈民族问题。

捷克斯洛伐克是已经衰亡的奥地利的最坏翻版。在这么一小块土地上居住着 6 个民族。居于统治地位的捷克族同其他民族相比只占少数。因此，斯洛伐克人被说成是捷克族的一部分，捷克斯洛伐克国家的基础就是这样建立的，在这个国家统治民族只是依靠暴力才得以维持自己的政权。

在被捷克斯洛伐克兼并的那些地区（斯洛伐克和喀尔巴阡罗斯），占统治地位的是最残酷的殖民关系。

捷克斯洛伐克共和国不久前对个别省进行了行政改革。这个资产阶级民主的早产儿使捷克斯洛伐克成为警察国家之一。

在捷克共产党第二次代表大会以前，党对民族问题的观点同掌权的捷克资产阶级的混乱思想毫无不同之处。捷共当时的领袖似乎比捷克资产阶级更害怕民族问题上的布尔什维主义路线；他们推说，捷克工人和共产党人不理解"包括分离在内的自决权"的口号，说这有可能使他们远离共产主义。甚至在民族问题已经得到解决的第五次代表大会之后，由于霍尔蒂在匈牙利的统治，完全的自决权，尤其是对马扎尔人来说，仍然被认为是不可取的。

甚至发生了这样的事：在斯洛伐克自治的问题上某些领导同志准备采取最反动的党派的观点；至于喀尔巴阡罗斯呢，它们满足于圣日耳曼和平条约对它规定的资产阶级自治。在捷共第二次代表大会上，共产国际执委员迫不得已作出了某些让步，这些让步实质上是对右倾分子的让步。

共产国际第五次世界代表大会的决议推翻了承认统一的捷克斯洛伐克民族的原则，向斯洛伐克和其他少数民族宣布了包括分离在内的自决权。喀尔巴阡罗斯问题就是在这样的意义上解决的。

1926年7月，捷共在其斯洛伐克地区的代表会议上决定把五大提纲具体化，并在斯洛伐克发出相应的呼吁书。主要口号的阐述没有超越列宁提纲的范围。此外，还提出了把斯洛伐克从资产阶级国家机器的压迫下解放出来和在劳动居民中举行公民投票以确定对捷克斯洛伐克其他民族的态度的口号。1926年11月，喀尔巴阡罗斯代表会议，根据五大提纲，决定由俄罗斯路线转而贯彻乌克兰路线。

1927年9月，德意志地区代表会议研究了民族问题，并作出了相应的决议。这些决议实质上同在斯洛伐克通过的决议相似。

关于把第五次世界代表大会决议具体化问题，捷克共产党是完全做到了。但是，在实践中却出现了很大的缺点，这些缺点是：

（1）提纲和具体实现提纲的做法写得不够通俗；

（2）它们没有成为党的共同财富，尤其是在捷克人地区，因此

（3）提纲的实际贯彻非常不够。

从列宁主义的观点来看，统治民族的无产阶级在其宣传工作和实践中把重心放在列宁提纲的第一部分，即放在实现直到实行分离的自决权上是完全正确的。与此相反，被压迫民族的无产阶级应当把重心放在力求各民族自愿地共同生活上来。

但是在这方面我们并非没有失误。呼吁书写得不错，可是斯洛伐克文的呼吁书只在斯洛伐克族中散发，乌克兰文的呼吁书只在乌克兰族中散发，德文的呼吁书只在日耳曼族中散发则是完全不能容忍的。

不错，党的上层人物对这些呼吁书是清楚的，但是捷克的工人群众对这些决议只知道一点皮毛，或者根本不了解。这就使我们全党不可能进行有效的工作。

思想准备不足特别明显地表现在像罗瑟米尔发动的这类情况之中。捷共对这次发动反应太迟缓，这一点我们大家都感觉到了。在国际上，这个时机也没有被各支部适当地加以利用。只有兄弟的匈牙利党以它自己的发动给了我们很大帮助。捷共动作迟缓的借口是，斯洛伐克决议中已经包含了对这个问题的原则立场，但仅仅这些是不够的。

这场运动没有在全国范围内展开。正因为如此，大国主义的捷克资产阶级和斯洛伐克资产阶级（后者由于放弃反捷克纲领而刚刚经历了一场严重危机）在选举运动期间都得到了加强，并引起了一次带有帝国主义倾向和好战倾向的爱国运动。发动这场运动的结果，资产阶级逃避了它对工人阶级所犯罪行的责任。就连在斯洛伐克已经垮台的社会民主党也振作了一阵子，带头进行沙文主义的和反苏维埃的挑唆活动。这就无可辩驳地证明，只有正确的决定还不够，还必须让正确的原则变为统治民族和被压迫民族劳动群众的，首先是共产党人群众的共同财富。只有这样，党在这类情况下才能真正成为斗争的领导者，只有这样，民族问题才会成为无产阶级革命总课题的组成部分。

民族问题应当既不脱离阶级斗争也不凌驾于阶级斗争之上。它应成为无产阶级专政课题的组成部分。很明显，在党举行的发动中，任何轻视民族问题的表现都会导致有害的后果。在斯洛伐克许多地方，罗瑟米尔发动在我们党的队伍中造成那么严重的惊慌失措现象，这是不足为怪的。

在喀尔巴阡罗斯，对第五次世界代表大会决议的贯彻同样不够。一年之前，共产国际执行委员会不得不干预这件事。

我把农民问题同民族问题联系在一起，是因为它们之间有许多共同点。我想让代表大会重视这个对许多支部都有重大意义的民族问题。在结束讲话时我要说明，我是有意识地谈到我们的缺点的，当然在同样的程度上，或者在更大程度上，我本可以讲一讲我们党在布尔什维克化道路上所取得的成绩。

我认为更应当重视错误，因为我们可以从中吸取教训。只有这样，我们才能成为强大的、布尔什维主义的群众性的党，一个必将实现无产阶级专政的党。

彼得鲁列斯库（罗马尼亚）：

罗马尼亚代表团完全支持布哈林同志提出的提纲，并认为提纲规定的共产国际及其各支部今后工作的路线是非常正确的。在这条路线的基础上我们可以进一步沿着发展世界革命的道路开展我们的工作。

许多发言人都提到罗马尼亚问题。必须指出，在罗马尼亚这个国家里，资本主义稳定局面的动摇性和腐朽性全都淋漓尽致地得到反映。总的来说应当指出，罗马尼亚不是一个独立的经济机体，它一直是各帝国主义大国相互争夺的对象。近几年来，罗马尼亚的经济状况日益恶化。尽管罗马尼亚的统治者为使国家摆脱困境竭尽全力，但仍然未能奏效。法国不久前之所以向罗马尼亚提供财政援助，只不过是因为罗马尼亚同苏联接壤，在策划中的反苏战争中它毫无疑问将被当做世界帝国主义的一个忠实宪兵。

作为罗马尼亚经济基础的农业一直遭到破坏。我手头现有的关于罗马尼亚粮食输出的数字表明，尽管战后许多像比萨拉比亚那样一些产粮省份并入罗马尼亚，但输出额却大大下降。农民日益贫困，处境极端艰难。在俄国革命的压力下，罗马尼亚资产阶级不得不"实行"土地改革，但并没有给农民带来任何好处，只是对他们进行了一次欺骗。改革只是对某些大面积私有土地进行了再分配，而地主们照旧采用种种纯封建的方法残酷地剥削农民。

在罗马尼亚上述经济危机的背景下，工人农民群众的革命化过程不断发展。最近，尽管我们党的力量还很薄弱，尽管罗马尼亚到处充满了野蛮的、无法想象的白色恐怖，但在罗马尼亚仍然出现了工人运动的高潮。我们看到罢工在扩大，罗马尼亚许多省份失业工人有组织的运动在发展。特别应当指出的是罗马尼亚农民运动的壮大。布哈林同志在他的报告中也谈到这一点。运动壮大的特点是罗马尼亚各省，尤其是比萨拉比亚、多布罗加和其他一些地方，许多自发的运动发展为起义。例如今年在伊尔福夫县和津卡韦茨村发生的农民起义，那里的农民手拿镰刀草叉奋起反抗宪兵。结果许多人被杀害，成百名的农民被关进监狱。多尔日和布拉索夫两个县几乎在同一时期也发生过这样的起义。最后谈谈在阿尔巴尤利亚最近发生的一次大规模的农民示威游行，参加这一行动的有国家农民党从罗马尼亚各地召集来的 15 万农民。这次农民发动的特点是，阿尔巴尤利亚附近的数千名工人也参加了示威游行。它明显地反映出工人和农民要求结成联盟的愿望。但是由于我们党的组织涣散，这次运动没有得到进一步发展，而被国家农民党的首领们出卖了。这些没有平息的农民骚动（在新并入罗马尼亚的一些省份中是以民族革命运动的形式出现的）表明，罗马尼亚在政治上和经济上的稳定局面是很不牢固的。这些农民发动同时告诉我们，共产党在农民工作方面即掌握农民运动方面，正面临着极其重要的任务。

至于说社会民主党人，他们在罗马尼亚力量十分薄弱。但是他们同其他巴尔干国家的改良主义分子一样，又是最坏的一种社会民主党。我们那里的社会民主党人简直是特务机关的走狗，他们出卖工人罢工，出卖工人运动。正因为如此，他们对工人群众的影响日益减弱。社会民主党只在特兰西瓦尼亚、巴纳特、布科维纳等地还有一些影响，因为那些地方很久以来就有强大的社会民主党组织。在罗马尼亚的其他地方，社会民主党的影响正在消失。许多罢工的情况表明，工人群众正在离开社会民主党。我举两个例子。一个是布拉伊洛夫①的工人罢工。那里的工人都参加改良主义工会。但是当社会民主党出卖了这次罢工以后，所有工人都退出了改良主义工会。另一个例子就是我们在罗马尼亚最大的工业中心之一茹里奥乡所看到的。在那里数万名工人宣布罢工。罢工被出卖了，结果成百名工人被投入监狱。

　　所有这些都证明，罗马尼亚具备着共产党开展工作的相当良好的基础。但是，我们党直到最近还在经受严重的党内危机。党的上层领导集团无论在工会问题上、在选举期间的统一战线问题上，还是在对待农民的态度问题上，以及在对罗马尼亚具有重要意义的民族问题上，都犯下了一系列极为严重的机会主义错误。由于战争，罗马尼亚变成了一个由特兰西瓦尼亚、布科维纳、多布罗加、比萨拉比亚等这样一些杂七杂八的省份拼凑而成的"杂烩"国家。在这些省份，大多数居民由乌克兰人、俄罗斯人、摩尔达维亚人、保加利亚人等组成。因此民族问题在罗马尼亚起着相当大的作用。党还受到合法主义幻想的不良影响，白色恐怖在罗马尼亚尤为猖獗，再加上党的机会主义的错误，所有这一切使党在最近一段时期内组织涣散，丧失了自己的领导中心。结果党内只剩下一些未能形成一个统一整体的零散的地方组织。最大的机会主义分子之一克里斯泰斯库长期以来一直在党的领导层占有一定位置。现在他已作为代表前去参加第二国际的代表大会。这就是这个工人阶级叛徒所走的可耻道路。在党中央和工会的领导机关中还有另外一个彻头彻尾的机会主义分子，他就是玛丽安。党不得不下大气力摆脱这些机会主义分子，如今他们已经不在党内了。应当说，巴尔干联盟对我们党在发展过程中历经极为艰辛的时期是负有一定责任的。巴尔干联盟不够灵活，不善于

---

　　① 为俄国旧称，现称布勒伊拉。——编者注

同巴尔干各党密切接触，以便纠正这些党的路线，克服这些党从社会民主党那里接受的机会主义传统。所有这一切都说明，我们党需要共产国际最直接的关注和支持。

最近，共产国际开始更多地给予这种援助。共产国际就阿尔巴尤利亚事件致我党的信，以及根据各地方组织的倡议在共产国际的亲自参加和领导下召开的最近一次党代表大会，帮助党摆脱了它所经受的危机。代表大会选举了由健康的无产阶级分子组成的新的领导。现在这个领导中心正面临着极其复杂、极其艰巨的任务。我们希望并相信，共产国际会给予新的领导以必要的支持，对于新领导来说这种支持目前尤为需要。

同时我们认为，为了巩固我们党以及其他巴尔干国家的党，必须把各党之间的工作协调和结合起来。因此，我们认为希腊代表提出的关于共产国际代表大会组织一个委员会专门讨论巴尔干各国共产党工作问题的建议是正确的。我们也完全支持共产国际准备对南斯拉夫和波兰采取的措施。我们自己对党内存在派别斗争和党内组织涣散会造成多么严重的后果是深有体会的。

我们期望，居于重要岗位的罗马尼亚共产党（这个党开展工作的国家处于苏联和西欧资本主义两者的夹缝之中）在共产国际的领导下能够完成它所面临的重大任务。

卢（南非）：

我再次呼吁代表大会对非洲问题给予关注。亚洲殖民地革命的蓬勃高涨使共产国际忽视了对非洲殖民地的注意。非洲是个辽阔的地区，在这个地区内帝国主义的剥削几乎是毫无阻碍地发展着。不过非洲各殖民地人民的愤懑情绪种种迹象已经显露出来。共产国际的任务就是使这一新的运动加入到世界反帝运动中去。如果共产国际现在采取正确的路线，那它就能把非洲人民的运动联合到世界革命的运动中去，并及时防止社会民主党组织在非洲无产阶级队伍中得到发展。

在英国资本家企图实行的合理化过程中，英国非洲殖民领地的极其丰富而且几乎原封不动的资源正起着或者即将起到重要作用。我们是非洲汽车运输和航空运输飞速发展的见证人。而其后果恰恰是加重剥削非洲各族人民，剥夺他们的土地，使之沦为无产者，他们将在帝国主义压迫下备受苦难，给英国资本家创造利润。

在现代非洲，垄断资本的高度发达形式正在同原始共产主义的最初级形式结合在一起。因此，对非洲群众的剥削是极为强烈的。同时，非洲没有或者几乎没有能够领导革命运动的民族资产阶级和知识分子。

然而也不能认为，帝国主义在非洲各地的发展都采取相同的形式。情况远非如此。帝国主义表现为两种对立的形式，这一事实使局势复杂化了。一种形式是非洲当地的帝国主义，其中心为南非联盟；另一形式是中心在欧洲的外国帝国主义。两者在致力于剥削非洲无产阶级方面是一致的，但在为此而采取的手段方面则各不相同。这两种帝国主义当中又以当地的帝国主义更为残酷，也是非洲工人特别仇视的对象。非洲帝国主义依靠白人地产主阶级，并获得了白人工人贵族的支持。对黑人实行经济、社会和政治上的限制是这种帝国主义的典型特点之一。由于这些限制，非洲人民注定只能停留在非熟练工人的水平上。与此相反，英国帝国主义在西部非洲却并不剥夺居民的土地，而是鼓励他们发展农业经营，采取欺骗手段来剥削他们，迫使他们以昂贵的价格购买工业品，而他们对农产品只支付极其低的价钱。

在英属西非，对黑人没有实行任何限制。帝国主义需要有掌握熟练技能的劳动力，比如需要机车司机、办公室职员、泥瓦匠等，但是由于气候的原因，无法使大量的白人工人贵族移居西非，所以不能对当地人实行限制。帝国主义只得容忍少量掌握熟练技能的黑人工人存在。

　　但是在南非却居住着大量白人，其中包括白人贫民和不同工种的工人。在那里黑人受到种种限制，没有机会成为掌握熟练技能的工人。非洲的资本主义合理化取消了工业中对黑人的所有这类限制。资本主义的生产组织并不在白人和黑人中间制造任何差别，它们只对某一些部门的工人的熟练程度感兴趣。然而，在政治上组织起来的白人工人迫使南非资本家只任用白人担任技术工种。目前的南非政府是地产主、小资产阶级和工人贵族的政府。这个政府的政策，一是反对大工业资本，二是对付当地被压迫的工人。我们在判断南非的局势时应当注意到这一事实。

　　同时这两种不同形式的帝国主义的对抗在东非以及毗邻的英属殖民地乌干达和肯尼亚也有所反映。乌干达是一个重要的产棉国。乌干达政府千方百计鼓励农民在自己的土地上种植棉花，并把棉花卖给收购商。英国织布厂厂主希望摆脱自己对美国棉花的依赖，因而也赞同这一政策。

　　南非的制度在肯尼亚居优势。肯尼亚国内较好的土地均被白人占有，因为白人能够在山区居住。这个殖民地不允许种植棉花，因为肯尼亚的地产主们认为，如果殖民地种植棉花，那么当地居民可以在自己的土地上种棉花，他们就不再去白人农场当雇工。一旦农民有能力缴税，他们就不用再为白人干活了。肯尼亚和乌干达之间的对立就是这样发生的。肯尼亚不仅不准当地居民种植棉花，也不准白人种植棉花，其原因也在于此。

　　肯尼亚实行的是典型的南非类型的殖民制度，即限制黑人的制度。根据法令，每个当地居民都必须随身携带按有指纹的身份证。当地居民处于警察的监视之下，其地位与奴隶相同。

　　不过，乌干达居民的处境要好得多。两种不同形式的帝国主义的对抗是一个重要的因素，因此，非洲劳动群众甚至认为英国帝国主义对他们的态度比当地帝国主义更好一些，因为英国帝国主义允许他们保留土地，而南非帝国主义却要从他们手中夺走土地。

再讲几句关于第二国际和阿姆斯特丹工会国际在非洲的活动。以前这两个国际对殖民地国家并不关心，可是现在却对它们表现出明显的兴趣。这并不意味着他们改变了自己的策略，这只说明他们想要夺取非洲日益壮大的解放运动的领导权，想把这个运动纳入社会民主党的轨道，不让它发展成为革命运动。共产国际的责任是粉碎社会民主党人的阴谋，只要共产国际在非洲给予我们必要的支持和关注，以便回击社会民主党的反动企图，这一点就是可以做到的。

拉卡蒙（法国）：

在各国帝国主义相互竞争的不协调的合奏中，法国帝国主义不断为自己争夺市场铺平道路。它不仅要努力争夺国际市场，还要争夺自己的国内市场。这种需要迫使它在企业中加速实行毫不留情的合理化。

战前法国工业的作用并不怎么太大，然而到了战后，由于占领了洛林的列兹矿区，以及法国的财政状况发生了非常有利的变化，资本主义法国变成一个工业强国。这就是法国同所有其他国家一样致力于实现合理化的原因。

法国工业合理化的特点是什么呢？法国的企业主们并不需要特别花费脑筋，他们只不过是利用法郎稳定带来的有利条件，利用随后的危机和失业现象，采取有力手段降低工资，延长工作日而已。这就是说，法国实现合理化的第一步结果就是工资大幅度下降、九小时工作日法一再遭到破坏。随后是实行使工人精疲力竭的劳动方法，使用传送带工作，进行工时测定等，法国企业主的最后一条做法才是稍稍改善一下设备。现在他们在政府的支持下正在实现国家电气化。

由于利用瀑布和修建水坝，法国正在实现工业化和变成真正的工业国，甚至在那些缺少最必需的原料——煤的地区也是如此。

为了帮助国家实行合理化，彭加勒政府真正实现了货币稳定。这种经过长时间准备的决策为大工业的发展创造了条件。

所有这一切引起了相当严重的后果：物价飞涨，而高关税又加重了物价上涨的程度；税收不可避免地增加；房产主竭尽全力提高房价。这种状况使法国无产阶级的生活条件大大恶化，赤贫化的前景威胁着广大工人群众。一句话，大多数工人的生活水平大大下降。

为了保证自己的目的和计划得以实现，法国企业主对工人采取了两面政策。他们把虚假的让步同强有力的镇压巧妙地结合在一起。"家庭"工资制正在推行，这种做法可以保证受家庭之累的工人获得相当数目的补加工资。建立了医疗储金，体育组织也得到资助，等等。在法国，如同在其他国家一样，企业主为工人建造公寓，但速度比其他国家快得多。企业主靠这种办法使工人紧紧地依附于企业，同时采用两种手段（通过在工厂的剥削，又通过以房产主身份进行的盘剥）把工人变为真正的奴隶。除了这类由工人自己付出代价的假改革之外，企业家和政府对真正的工会，对革命组织，则进行无情的镇压。工厂的工会组织不断遭到破坏，工会工作人员和工人，即我们的工会会员，不断被解雇。警察的迫害同企业主的镇压结合进行。这里需要提一下法国对外籍工人的残酷镇压。多列士说过，法国有几百万外籍工人。他们同法国工人肩并肩地同企业主进行斗争，但是对他们的镇压特别残酷。塞纳省警察局长夏普先生几周前引以为荣的是，不到两年时间他就从巴黎一个城市遣送走了8000多名外籍工人。尽管如此，我们革命工会在外籍工人中的影响仍在不断扩大。应该说，这是由于移居法国的党的工作者表现了忘我的献身精神的结果。政府也同样拼命镇压法国人。如果党的工作者遭到打击，那么我们的革命工会组织也不可避免地会遭到打击，因为在我们的工会组织中有不少党员。

法国目前的形势大体如此。

那么社会党和法国总工会在这种形势面前采取什么立场呢？

社会党，同所有社会民主党一样，正在为"资本主义合理化"而奋斗。社会党领袖以及许多鲜为人知但已开始崭露头角的活动家正在不遗余力地开展这一宣传运动。斯皮纳斯、蒙塔尼翁、迪布勒伊等公民正在全国巡回演说，鼓吹"美国天堂"，力求证明美国所有工人的生活水平都非常之高。他们说，在美国，每5个工人就有1座别墅和1辆汽车。

改良主义工会组织（总工会）开展的宣传运动比社会党的做法更加反动。在全国经济委员会内部，我们可以看到总工会的工作人员同政府组织和资本主义组织之间存在着不可分割的、实际的和具体的联系。

实现工业合理化所采用的一切方法，对国家实行政治和经济管理的一切方法，都经过总工会和政府及大工业的代表的共同讨论，所有决定也由他们一致商定。工人组织的书记茹奥一直同大钢铁业的代表德佩梅戈夫一唱一和。只要列举以下事实就足以证明改良主义工会工作者同资本主义机构同流合污到何种程度了：有关法国殖民地合理化问题的报告就是由法国总工会的书记之一米容公民起草的，而这个报告又是如此符合资本家对殖民地的观点，以至于它几乎未作任何修改就被一致通过了。

这样做的后果又是什么呢？首先，它导致冶金工业、食品工业、纺织企业和化工企业等部门中受压迫最深的那部分无产阶级肯定无疑地向左转。这种向左转的倾向表现为法国罢工的人数日益增加。仅1928年6月一个月内，法国就发生了102起罢工，其中85起是为了增加工资，7起是反对合理化本身，10起是声援性的。

不过所有这102起罢工实际上都是反对"合理化"的，因为反对降低工资或者争取提高工资的罢工和声援性罢工（常因抗议奴隶式工作方法的工友遭到解雇而爆发），以及反对合理化本身的罢工，都是为了反对法国资本主义及其社会党盟友和工会中的盟友所企图实现的合理化计划而进行的。

在这种情况下党的任务又是什么呢？工会工作是党的主要任务之一。我们认为，前面的一些发言本应当对这个问题更加重视得多。如果我没有记错的话，列宁曾经说过，革命的工会运动是共产党赖以壮大自己的永不枯竭的源泉。从最近一次全国代表会议以来，我们一直对这个问题进行着认真的讨论。这是彻底贯彻我们党的路线的一个基本条件，而且是最重要的一个条件。

我们同意布哈林同志的报告：在工会方面必须有正确的工作。首先必须同一切改良主义者歪曲是非的行为作斗争，因为经验告诉我们：如果我们没有一个巩固的党、没有坚强的工作人员和正确的路线，只要我们一使用革命的词句，一提出最紧迫的要求，或着手在工会运动中接触使工人日夜不安的问题，极端狭隘的小圈子利益很快就会主宰一切，就会有出现严重的改良主义倾向的危险。我们应当同这种危险作斗争。因此，必须使在共产党影响下的所有工人在我们的工会组织中始终坚持革命立场，善于把日常的要求同革命运动的最终目的，同反对战争和争取世界革命的斗争结合起来。

还有一种倾向，这种倾向的危险性可能较小，但是对工会运动仍然有很大意义。这种倾向就是，党对工会运动的领导更多的是停留在口头上，没有通过工会内部的工作来加强党的领导。法共全国代表会议表明，按产业划分的支部应当成为促进企业工会组织工作的共产党机关，它应当向工会灌输共产主义精神，在任何时候、任何方面无论如何都不要掩饰共产主义思想。

此外，党的代表会议非常重视贯彻红色工会国际第四次代表大会规定的任务。我们已经开始通过在工会和党内的认真的组织工作，通过扩大共产党党团的活动来实现这些任务。在这次会上很少谈到工会党团和其他辅助组织中的党团问题。在法国中部地区，这些党团是存在的，现在正在对它们进行合理的改组。它们只要着手开展工作，就一定可以使劳动者统一工会联合会以最快的速度实现红色工会国际第四次代表大会规定的组织工作方面的任务。我们同样也要与总工会作斗争，不是同总工会所属工人，而是同它的领袖，同它的总司令部作斗争。我们应当揭穿他们在工人阶级中散布的幻想，揭露他们在群众中进行的蛊惑活动，戳穿他们同资本主义机构实行融合的事实。我们不能认为他们是误入歧途也许在某个时候能够承认自己错误的人，而应当把他们看做是受命保护资本主义的某一部分，而且是心甘情愿地保护它的人。我们也应当在大的工业地区和大企业中认真开展工作，采取措施建立和保护我们的工会支部。我们应当组织罢工运动，利用我上面提到的目前形势造成的高潮来扩大我们的宣传和工作，使我们组织的罢工运动不再是局部的行动。我们应当竭尽全力帮助这类运动，但是需要努力把它扩大到所有工业部门或者整个企业。必须保证我们对罢工的领导权。

同志们，最后一点是要致力于实现工会的统一。不是为了获得同总工会的工作人员（对于工人运动来说，他们是永难改悔的）会面而感到满足的那种感情用事的统一，而是建立在保护本阶级利益和维护最迫切的经济与社会要求的基础上的统一。党员应当在工会中努力工作，以便在参加我们革命工会的工人和因没有克服幻想而仍留在总工会中的工人中建立统一战线。我们还要努力把没有加入组织的工人争取过来。在这个基础上，我们将能逐步取得无产阶级的阶级统一。我们应当带领无产阶级为争取实现最迫切的要求，反对战争危险、保卫苏联，为实现共产国际领导的革命运动的最终目的即世界革命而斗争。

上一次党的代表大会和红色工会国际代表大会以后，我们在工会工作方面已经取得了显著的成绩。我们希望共产国际代表大会能帮助我们加强自己的工作。我们相信，在今后的几个月里，领导革命工会组织的共产党是能够把越来越广泛的工人群众团结在自己的周围的。

片山潜（日本）：

在我之前发言的日本代表已经声明，日本代表团完全同意布哈林同志的报告和提纲。我想再谈几点，目的是强调一下布哈林同志在报告中谈到的问题。

首先我谈谈各支部同共产国际之间以及某些支部之间的国际联系；然后谈谈一个国家的无产阶级同其他国家的无产阶级之间的相互关系；最后谈谈宗主国同它的殖民地之间的关系。

我们应当承认，所有种种联系形式都是薄弱的，都是完全不够的。这种情况阻碍着共产国际对各支部革命活动的领导。

共产国际在研究原则问题的同时应当在各支部所处的现实革命形势中加强自己的作用。因此，为了不错过采取积极革命行动的机会，共产国际应当迅速而果断地行动。在这里我想说明，为了完成共产国际领导革命行动的首要责任，必须大大加强共产国际的机构和领导，并且在必要时进行彻底改组，使它更好地发挥作用。为此应当把各个支部的优秀分子都动员起来。

共产国际同殖民地和半殖民地国家，尤其是同远东各国的相互关系远不是无可指责的。其次，语言上的困难也妨碍双方迅速采取行动，而各支部信息不灵和行动上出现的错误阻碍着革命活动的发展，以致造成严重的错误，中国共产党就有过这种情况。

宗主国的党和殖民地的党之间的关系远不能令人满意。列宁同志曾一再强调，宗主国的党必须千方百计地支援有关殖民地国家的革命运动。我可以指出去年英国党在对待爱尔兰和印度问题上那种犯罪的漠视态度，以及荷兰和美国党对待印度尼西亚和菲律宾的同样性质的疏忽态度。这绝非区区小事，宗主国各党应当改变死气沉沉的状态，消除惰性，想方设法促进上述各殖民地国家的革命运动。

共产国际各支部之间的相互关系也同样远不能令人满意。几乎共产国际所有支部的国际活动都没有得到应有的重视。正如布哈林和其他发言人已经指出的那样，我们不可能现在去弥补过去由于疏忽而错过的事情，但是所有各支部应当强调各支部相互之间的重要的国际义务。特别要做到的是，所有支部都要重视和全力促进中国革命，以及印度尼西亚和印度的革命运动。

对于在这次代表大会上第一次提出的黑人问题应当进行详细的研究，以便制定近期的策略。在共产国际第二次代表大会上，列宁同志和美国代表们曾仔细地研究过黑人问题，并拟定了对待这个问题的主要原则。这是因为第二次代表大会认为黑人问题非常重要。列宁同志把美国黑人视为一个被奴役的民族，把他们同爱尔兰同等看待。第二次代表大会曾指示美国党，要他们研究先在美国，然后在全世界范围内召开黑人代表大会的可能性问题。

正如福特同志指出的，曾经就这一问题通过并发给（请注意，是发给）美国党 19 项决议。但是，正如美国黑人代表在这里指出的那样，这 19 项决议和指示完全被忽视了。正如黑人代表指出的那样，美国党的这一犯罪的漠视态度是美国党内派别纠纷造成的后果。

美国黑人约占美国全部人口的 10%，他们在政治上受压迫，经济上遭剥削，并且在社会地位上受到白人的敌视。所有这一切对美国的运动来说毫无疑问是一种潜在的、具有极为重要意义的革命因素。不仅如此，黑人在世界大战后已经觉醒，表现出进行斗争的巨大能力。比如，他们在芝加哥、华盛顿、圣路易斯和俄克拉荷马黑人暴动时就表现出这种能力。

美国党从来没有利用过这种革命因素来推进革命运动。这一点在国会通过反对私刑杀人法案时表现得尤为突出。当时有很好的机会可以引导人民同情黑色人种。美国党没有利用这个机会来加强本国的革命斗争。

至于对黑人施加私刑的问题，最近几十年来，美国全国每年都有25—30个黑人被白人私刑杀害。令人高兴的是，美国党开始第一次发动宣传运动反对活活烧死黑人。不顾南部地区的激烈反对，众议院通过了一项法案，禁止对黑人施加私刑，但是参议院却把这件提案束之高阁，至今悬而未决。党应当利用这个法案坚持不懈地进行宣传，反对白人压迫和迫害黑人。

我以工人的身份在美国居住了26年，并同美国的运动保持联系，因此我有权认为美国党是我自己的党，自然也对它十分关心，尤其是对它在黑人问题方面的态度。我认为美国党应当为它无休止的派别斗争受到严厉批评。正是由于派别斗争，它忽视了自己作为共产国际一个支部应负的重要责任。现在该是停止派别斗争的时候了。只有这样才有可能进行反对美国帝国主义的有效工作。对美国党面临的每一个新问题，有人首先是根据派别的需要来进行考虑，因此，对问题的讨论就无限期地拖延下去，几乎任何时候也不会得到满意的解决。美国同志一而再、再而三地来到这里，以求解决他们的派别斗争问题，可是回到本国后又陷入新的无休止的派别纠纷。只要美国同志一天不克服派别纠纷，美国党就一天不能发展成为群众性的党。你们不能说你们确实为吸收黑人参加党尽了一切力量。当然，你们需要克服社会偏见才能在黑人中开展党的工作，不过，你们的责任是执行共产国际的指示。应当永远停止派别斗争，坚忍不拔地着手解决急待你们解决的各种问题（诸如黑人问题等等）。要从黑人中吸收党员，让他们在党的领导下独立解决自己切身的问题。意见分歧是不可避免的，但是共产党应当在自己队伍内部解决这些分歧，分歧解决之后应当贯彻党的决定。唯有如此党才能增加自己的基干党员，扩大自己的影响。

　　我们为反对帝国主义而斗争，你们也为反对美国帝国主义而斗争。殖民地国家发起的攻击，或者说（在这个具体场合下）中美和南美国家发起的攻击，是对美国帝国主义最好的进攻。你们的首要责任是在反对美国帝国主义的斗争中同上述国家实行合作。墨西哥党请求你们同它长期合作，即从它通过你们同共产国际发生直接接触时起就进行合作，但是你们过去对此毫不在意。这次代表大会应当调整两个支部之间琐碎的意见分歧，两个支部应当在反对美国帝国主义的斗争事业中相互合作。

　　最后，我想就反帝同盟说几句话。你们，共产国际各支部的代表们，大概知道这个同盟是什么组织，它的使命又是什么。我不准备再详细叙述了。正如布哈林同志在他的报告中所强调指出的那样，为了准备好反对战争、保卫苏联的斗争，迫切需要加强这个组织。如果共产国际所有支部给予这个组织以应有的关注，那么反帝同盟将获得无限广泛的条件。英国、美国和德国的党在这方面做了些工作，但是这还不够。应当对反帝阵线的这一个环节予以极大的关注，特别是由于必须对战争的危险有所准备。只依靠我们共产党的力量来做这项工作是不够的，不过经验表明，反帝同盟是有能力发动群众进行反战运动的。

　　全印大会已正式加入同盟，而且同盟在布鲁塞尔召开的十二月会议上一致通过了关于必须争取吸收太平洋工人代表大会加入同盟的决定。如果这个决定得以实现，那么世界上最大的工会联合会——全俄工会中央理事会将成为同盟的一个成员。现在已具备了利用同盟进行反对战争危险的斗争的巨大可能性。一旦战争爆发，同盟将在组织殖民地、半殖民地国家的反战斗争方面发挥巨大作用。因此我支持布哈林关于更加重视反帝同盟的建议。一位荷兰代表表示反对这个组织，因为同盟荷兰支部的工作进行得不好。但是这种结论是错误的。因为荷兰党没有在同盟的荷兰支部中做工作，而是相信了一个最不可靠的社会民主党人斯米茨。责任不在同盟，而在于荷兰党的疏忽大意。有人说要完全取消同盟。只要这个组织还有一点点用处，这种想法就是极端错误的。英国、美国和墨西哥的党已经为同盟做了不少切实的工作。我敢断言，反帝同盟值得人们认真地加以对待。殖民地、半殖民地各国人民期望他们的斗争得到反帝同盟的支持。

汉森（挪威）：

在共产国际的世界代表大会上我们应当做的第一件事理所当然是指出革命的前景。而这一点恰恰是第三国际同第二国际之间最深刻的原则分歧所在。

挪威代表团认为，布哈林同志在报告中完全正确地指出了新的帝国主义战争的前景，特别是指出了反对苏联无产阶级专政的战争的前景。据此，布哈林同志也完全正确地描绘了由于国内革命战争的结果，资本主义将在全世界覆灭的轮廓。

这绝不是说我们准备复活考茨基的那个人所共知的理论，即他曾经断言的只有通过战争才能取得革命胜利的理论。谁也不想推翻列宁主义提出的帝国主义和资本主义发展不平衡的规律。新技术、贝吉乌斯方法、全世界托拉斯化过程，所有这一切都不能推翻上述规律。关于三个时期的说法是绝对错误的。这种说法认为，似乎在战后资本主义第一阶段，欧洲存在过尖锐的革命局势；到第二阶段，尖锐的革命局势出现在殖民地国家，特别是亚洲；可是在所谓的第三时期，无论是欧洲，还是殖民地都不存在革命形势，只有罢工和宣传运动，同时最后一个时期则将以新的世界大战引起全世界规模的突然爆发而告结束。这是极端的简单化。欧洲某些国家出现局部的尖锐危机，以及在世界资本主义的某些地区发生革命高潮，这总是可能的；我们应当对这种搏斗做好准备，而没有权力错过这种机会。谁也不敢断言，像英国总罢工和维也纳起义那样的事件在资本主义所谓改造阶段不会重演；谁也不敢断言，大罢工、反对资产阶级司法制度的大规模发动和反法西斯起义等不会发展为决定性的革命，也不会发展为夺取政权的斗争；相反，大家强调说（布哈林同志的报告也这样说），在目前阶段，罢工运动以及一切所谓的经济搏斗都出现有转变为政治斗争的趋势，都带有同国家政权作斗争、各阶级为争夺政权而斗争的性质。这种前景仍然存在，尽管在规模上和基础上不如欧洲第一次大革命浪潮。但是作为世界革命政党，我们应当始终看到主要的前景，而这个国际革命运动的主要前景在布哈林同志的报告中讲得非常清楚。无论是报告还是政治提纲都强调指出和清楚地阐明了稳定局面的内在矛盾，苏联的壮大和中国革命的巨大意义，以及帝国主义国家之间矛盾的再次激化；并且指出，所有这些因素都孕育着灾难、新的战争和革命。这是世界的革命前景，而不是关于资本主义不可动摇的长期稳定局面的理论。

布哈林同志提出了实现我们运动国际化的问题。经济的发展、世界范围的托拉斯化，以及竞争的不断加强，都将促进这一过程。就以英国这样的国家为例吧。难道你们不觉得英国工人运动中的国际主义力量（我指的是无产阶级中有阶级觉悟的那些阶层）同矿工罢工前夕相比大大加强了吗？同样，谁能不看到，同我们国际运动一切弱点相反，像中国革命那样的世界事件不是大大加强了欧洲无产阶级国际团结的精神吗？摩洛哥战争，特别是同苏联作战的危险，不也正是在这方面发生影响吗？就连第二国际这个帝国主义资产阶级的主要辅助组织也不得不披上无产阶级国际主义和民主的外衣，口是心非地声称它对"解决使殖民地人民逐步获得解放的问题"特别感兴趣，面对欧洲无产阶级日益增长的国际主义精神它不得不通过了蛊惑性的殖民地问题纲领。在挪威这个地方主义表现得非常明显的国家里，特兰美尔利用民族的局限性，借助于保持民族特色等口号暂时占了我们的上风。但是，现在在国际主义精神正不断加强，我国工业的国际托拉斯化的高速度发展恰好加速了这一进程。1927 年夏季，在英国政府的指使之下，挪威发生了残酷镇压共产党的事件（借口是共产党在英国军舰上进行共产主义宣传），而几乎整个挪威的无产阶级都起来维护共产党。大多数加入工会组织的工人深切同情我们争取国际工会运动统一和同苏联工会实行合作的路线。即使存在黑克尔特同志在这里提到的阿姆斯特丹分子的行为，即使挪威和芬兰一再拖延批准哥本哈根协定，我们仍然没有理由对哥本哈根代表会议的最后胜利产生怀疑。

不管会遇到什么阴谋破坏，建立于阶级自觉基础之上的无产阶级国际主义必将取得胜利。尽管中央党分子要弄种种手腕，阿姆斯特丹分子竭尽种种威胁之能事，尽管有人企图对我们同俄国工会实行团结行动的自由的权利进行种种限制，斯堪的纳维亚—芬兰—俄罗斯联盟的路线定会取得胜利，蜕化变质的阿姆斯特丹上层集团试图抵抗这一打击将是徒劳无益的。我们的政策是明确的阶级斗争的政策。它符合我们工人阶级反对有组织的企业主资本和资产阶级国家的斗争的利益。毫无疑问，这个政策同样符合国际无产阶级的利益，符合在斯堪的纳维亚无产阶级中日益增强的、自觉的国际无产阶级团结的需要。我们相信，瑞典和丹麦工人不会因为哥本哈根协定而允许别人破坏斯堪的纳维亚各工会之间的关系。

毫无疑问，改良主义分子和中央党分子将借口阿姆斯特丹工会国际执行委员会否决同红色工会国际共同召开代表会议的主张而采取新的立场。特兰美尔毫无疑问已向挪威社会党右翼举手投降，他以种种诡辩和欺骗手段竭力掩饰自己背叛哥本哈根代表会议的真相。但是，认为群众也会跟着他走那条路，那是不对的。说共产党不曾努力把群众组织起来施加压力，以争取哥本哈根协定得到批准也是不对的。黑克尔特同志断定我们竟让中央党领袖欺骗了自己，这也是不对的。如果说挪威的中央党分子欺骗过什么人的话，那绝对不是我们党。相反，我们的策略是保持高度警惕，我们曾不遗余力地发动无产阶级同中央党首领的斗争，争取协定得到批准。我们是坚持不懈、始终不渝地开展这场运动的。没有任何理由认为哥本哈根代表会议的事业在挪威和芬兰遭到失败。这方面的重大成绩是人所共知的，而且前景广阔。在这些前景逐步得到实现的过程中，斯堪的纳维亚党、芬兰党以及苏联工会和整个红色工会国际将面临着非常重要、但完全可以解决的国际任务。斯堪的纳维亚—芬兰—俄罗斯联盟将成为我们争取统一的斗争中的重要核心，在这个问题上，我们没有任何理由产生消极悲观和失败主义情绪。国际工会运动的斯堪的纳维亚—芬兰阵线今后仍将对我们争取统一的斗争，对我们在世界工会运动中争取革命的领导权，具有巨大的国际意义。

以1928年2月执政的挪威"工党政府"为例，我们可以再一次看清，特兰美尔式的中派主义正像奥地利马克思主义一样，是同联合政策、国内和平、内阁社会主义的方针和睦相处的。区别仅仅在于，中派主义甚至为自己参加资产阶级政府提出了"革命的"理由。它说，社会民主党人建立政府是对付资产阶级的一种手段，是统一阵线中针对资产阶级政党的一种"策略"，目的在于使工人群众的落后阶层摆脱资产阶级的影响，并吸收他们参加"革命"工人党阵线。

挪威特兰美尔分子实行联合政策和奉行内阁主义的做法，与其说是按照奥地利人和莱比锡《人民报》的提示，不如说是采用了赫尔曼·弥勒上层集团的方式。采用这个独特的欺骗手段实行联合政策是十分有害的，它给我们反对"激进"的、乔装打扮的联合政策的斗争带来了很大困难。

经验告诉我们，中派主义是我们工人运动队伍中最危险的敌人，同这个敌人进行较量必须极其周密细致地考虑方法。共产党之所以必须更加严格地实行独立的政治路线，不仅仅是因为一部分直接投向敌人阵营的社会民主党领袖突然向右转，而且还由于某些国家中央党分子的"左倾"成了设在我们和正在向左转的工人群众之间的重大障碍。挪威资产阶级遇到的困难越来越大，他们也就越来越清楚地看到这一点。因此，就在本届议会期间，我们完全有可能处于必须作出抉择的境地：是否建立工人党第二届政府。目前挪威的某些社会民主党领袖虽然并不了解蒙德主义，但是他们却已在工人中间进行募捐，以"挽救""祖国所必需"的大型工业企业，免得它们和同类企业一样落入外国资本手中，受他人控制。在工人政党中已开始鼓吹恢复造船工业，鼓动工会同船主、银行、国家组织合作。尽管进行了有利于资产阶级的宣传，但是在某些资产阶级集团内部，有利于同工会和解，有利于同社会民主党和自由派市民阶层进行和平的议会合作的潮流也在加强。中央党分子掩盖并粉饰这些倾向。鉴于上述这一切，必须从政治上加强我们同中派主义的斗争，在阶级斗争中发扬独立自主的积极性，而且也不能仅限于工会一个方面。同中派主义进行正确的斗争，不为中派的言词所迷惑，保持平衡状态，在同中派主义的斗争中加强自下而上的统一战线策略，这些就是我们在许多国家所面临的任务，而且在完成这些任务时必须依靠整个国际经验。

现在谈谈我们的策略方针以及同仲裁制度作斗争的问题。我们认为，在同仲裁制度斗争方面，挪威的经验具有相当重要的国际意义。

挪威最近一次"不合法"的罢工具有很大意义，其原因何在呢？

1. 这次罢工带有明显的政治性质。这是一次反对仲裁，违背国家仲裁法庭的裁决而举行的罢工。这次罢工虽然以经济问题为起因，但却完全不可逆转地变成了政治罢工，因为资产阶级和改良主义分子为它设置了政治障碍。罢工发展为以破坏、砸烂和废除仲裁制度及一切国家罢工法案为政治目的的真正的阶级斗争。罢工期间，资产阶级国家机关被广泛发动起来同无产阶级进行斗争。政府采取了一系列重大的行政手段、政治措施，并动用警察，力求迫使工人阶级投降。

2. 罢工是由共产党倡议并组织的。我们的党通过由我们倡议而在各地建立的行动委员会和罢工委员会直接掌握着所有罢工中心的领导权。这次罢工的实践证明，我们有能力在具备一定条件的情况下建立自己的罢工委员会，从事工会工作的共产党人是能够赢得必要的信任的。

3. 共产党提出的由群众起来破坏所谓苦役法的口号，亦即通过有组织地破坏工会法和刑事法而使非法工会合法化的口号，不顾资产阶级法律而从经济上支持罢工的口号，得到了广大群众的响应。成千上万名挪威工人公开地直接破坏资产阶级法令，在明显违反法律的文件上签上自己的名字。他们不顾政府的种种威胁和改良主义分子的一再警告，不顾警方和资产阶级法庭的种种迫害，勇敢地承担起这次革命行动的责任。数百名工人被判巨额罚金，遭到拘禁，但是法律和资产阶级合法性的限制却受到越来越多的群众日益有力、日益坚决的破坏。资产阶级报刊也公开声称，国家的威信面临严重的威胁，强制仲裁法对现行的国家体制形成直接的危险。

4. 破坏企业主统一阵线的战略顺利实现，挪威建筑业的企业主组织软弱也促成了这一点。相当一部分企业主，尤其是没有参加组织的企业主，自己也常违反仲裁决定。

5. 共产党不仅卓有成效地把加入工会组织的群众团结在自己周围，不仅违背改良主义分子的意志发动并举行了罢工，而且通过群众施加压力的方法，迫使改良主义工会和工会的各级机关给予罢工（尽管是不公开地）以经济支持，社会民主工党的报刊也被迫部分地表示支持罢工，并在一定程度上支持开展斗争。

6. 罢工取得了经济上，特别是政治上的胜利。工资降低的幅度和其他条件恶化的程度，都比仲裁决定所规定的要轻微一些。由于工人采取的上述行动仲裁决定已遭违反，这种裁决本身也不复存在了。资产阶级不得不公开承认，强制仲裁法遭到破坏，并且声明，继续实行或者恢复这种仲裁已无从谈起。实际上取消仲裁判决等于宣布整个仲裁制度的失败。这是仲裁和整个反工会法的破产。今后再引用法律和规定来保护工贼和由仲裁机构进行反动的调解就不那么容易了，因为资产阶级完全公开地承认了自己的失败，而且还不只是在报刊上承认这一点。国家调解庭不得不提出与仲裁法庭作出裁决的制度相冲突的工资草案，以取代对工会采取的惩罚措施。

7. 反工会法整个说来遭到了沉重的打击。国家和法律的威信受到极大的损害，这有力地促进了工人群众从思想上摆脱盲目崇拜资产阶级法律的观念。惧怕资产阶级司法制度和资产阶级政权镇压的思想在很大程度上得到克服。

8. 这次胜利是革命策略的胜利。改良主义受到削弱，改良主义工会首领置身于运动之外。工人阶级中出现了向左转的趋势。共产党人由于在各级组织中和在斗争的所有各阶段都采取了正确的立场，因此在工会中的政治威信无疑地得到加强。在斗争快结束时我们党没有固执地坚持从原则上拒绝任何降低工资的做法，而是提出采取同意降低工资的策略，但不是按原先规定的幅度，而且必须在1929年重新调整工资。这一路线得到了广大无产阶级群众的赞同。既不采取尾巴主义的政策，也不进行脱离群众的"革命跳跃"，而是去组织广大工人群众，吸引工会、农业工人、议会党团等一起同国家作斗争，这就是我们党的路线。这次斗争标志着挪威无产阶级的转折点，标志着它们开始进行大规模的反攻。造纸业工会已要求将工资提高15%。毫无疑问，同一切蒙德分子的愿望相反，冶金工人同样也将很快开展争取提高工资的斗争。无产阶级在阶级斗争中已开始由防御转为进攻。阶级斗争正在进入更高的阶段。

我要再一次强调，这次斗争是由共产党人发动和领导的。共产党人组织了这次斗争并为这场斗争开辟了广阔的前景，使它充实了革命的内容。这场斗争的矛头指向企业主组织、整个资产阶级及其国家，以及改良主义的首领，但是它顺利地结束了，并且取得了胜利。

反对仲裁判决和反对仲裁的罢工的国际意义就在于此。

在当前所谓资本主义改造的时期，这次罢工是欧洲境内第一次反对仲裁制度的卓有成效的斗争。这可能令人感到奇怪，但事实确实如此。在德国，我们还仅处于宣传这种罢工的阶段。这次罢工表明，同仲裁制度作斗争是有可能取得胜利的。哪怕是最有约束力的、最庄严的仲裁决定，通过群众的发动还是可以废除的，这种法制的规定是可以打破的。罢工同时还表明，在这场斗争中，只有采取革命的策略和破坏资产阶级法制，工人才能取得胜利。这次罢工表明，不理睬和违反改良主义工会领袖的意图进行斗争是有可能的，在改良主义工会的范围内可以建立自己的、由接受共产党影响的革命领导人和反对派领导人共同组成一个领导核心的罢工委员会。

当然不应忘记，及时地夺占和巩固工会的阵地具有决定的意义。建筑业中所有罢工中心的某些重要工会阵地事先就已被我们占领。在组织领导核心和有策略地开展罢工时，这一点对于贯彻共产党的实际路线显然有很大作用。

已经到了不应局限于顽强防御，而应当在某些地区和某些方面（正如黑克尔特同志所指出的那样）局部转入进攻的时候了。向仲裁制度发动进攻就应当这样进行，必须力求废除整个反工会法，力求把工会从国家调解的苦役般的法律中解脱出来，使它成为同托拉斯资本及与其相勾结的国家组织和国家政权进行坚定不移的阶级斗争的工具。

想再谈谈党内倾向的根源，以及与之作斗争的方式。产生这些倾向的根源我们是很清楚的，其主要原因在于客观形势，在于革命速度减慢，资本主义在所有各个领域都有所加强，"左"的中派主义对工人阶

级和党的某些阶层施加压力，还由于存在"议会主义"、市政公用事业
的"现实"政策，由于工会、合作社的原因等；还由于我们缺乏足够
的能力更广泛地描绘出革命的政治前景，并给尖锐的日常斗争赋予相应
的内容（在日常斗争过程中常常不得不防备来自背后的攻击），缺乏足
够的理论准备，某些干部和党员群众的共产主义觉悟不高。另一个颇为
重要的原因是我们党的组织工作薄弱。众所周知，与任何一个其他的党
相比，挪威党 5 年来的历史是更充满着同机会主义、同老的工党留下来
的机会主义遗毒进行斗争的历史。如果认为击败了舍弗洛、斯特斯塔德
等人，我们就可以一劳永逸地摆脱机会主义的危险，那将是错误的。除
了历史遗留下来的右倾危险以外，还有因形势变化、社会民主党拥有实
力，以及中央党分子居心险恶的蛊惑宣传而再次泛起的右倾危险。党中
央的任务——我认为这涉及的不只是挪威一个党——不是对存在这些倾
向大喊大叫，而是要及时预见正在来临的危险，正确地判明各种倾向的
根源，开展深入的宣传工作，对策略问题进行深入的讨论，明确地制订
党在各种问题上的路线，及时采取说服教育的措施，总之，要尽可能地
预防各种倾向和机会主义危险。但这决不意味着，我们鼓吹在我们党
内，至少在我们的领导层中对机会主义或者社会民主主义倾向采取妥协
态度。在各种倾向已有明显而具体的表现并对党的路线造成威胁，给我
们的运动带来危险的地方，我们当然应该坚决彻底、切实有力地同这些
倾向作斗争，并消除这些倾向。明确的政治路线，统一集中的实际工
作，这就是我们的口号。

加兰迪（意大利）：

在对农村的阶级分化和农村各阶层的态度进行客观分析的基础上，
对我们在全世界范围内建立工农联盟的工作已达到何种程度作出判断，
是一件很有意义的事。

我不准备详细分析这个问题。柯拉罗夫同志在发言中指出了农村中贫农阶层向左转的明显征候。产生这种现象的主要原因应当到反映于农村的稳定过程中去寻找。伴随着工业生产力增长而来的稳定局面改变了城乡的相互关系。农村中的分化不断加快。通过银行向农村渗透的金融资本破坏了以往农业资本同劳动农民的联盟。这个过程把中等农民中发了财的那部分人推入了大资本的怀抱，而把贫苦农民推上了工农联盟的道路。当然，这决不是一个简单的过程，它极其复杂。在不同国家，甚至在一个国家的不同的地区都各有不同的形式。

稳定局面表明，战后时期，恩赐给农民的土地改革只不过是资产阶级阻碍建立工农联盟的一种手段。资产阶级依靠巧妙的政策收买了农村中的某些阶层，这些阶层出卖了广大小农阶层的利益。我们亲眼目睹千百万小农户沦于破产和农民失去他们在战后赢得的经济地位。通货膨胀给小农的经济地位以猛烈的、在某些地方甚至是毁灭性的打击。工业部门的合理化加剧了失业现象，降低了工人的购买力，缩小了城市市场的容量。另一方面，实行工业合理化的结果往往是实行提高工业产品价格的政策。资本主义竭力通过这项政策弥补其利润的损失。"剪刀"差不断扩大。税收政策和货币政策与劳动农民的利益背道而驰。农业危机已经笼罩着许多国家。

非常清楚，资产阶级正在花费极大精力，以便把广大农民群众控制在自己的影响之下。他们郑重其事地宣布要实行新的土地改革，对某些在群众中具有政治影响的农民倍加鼓励。资产阶级正着手建立农民政党。大家不妨回想一下劳合－乔治在英国提出并在很大程度上为工党许多代表所接受的土地改革。在德国同样可以看到建立农民政党的趋势，就连法国资产阶级也开始特别重视以自己的政治影响控制农村的任务了。

现在我想问问大家，共产国际又是怎样完成第二次代表大会和第五次扩大全会提纲所规定的任务的呢？同志们，我们几乎完全忽视了农民工作。当我听到布哈林同志在他提交代表大会的提纲里只是在匆匆谈到总的群众工作那个简短的一节中才提到共产国际在农民群众中开展工作的任务时，我感到非常吃惊。我非常清楚，布哈林同志并没有贬低在农民群众中开展工作的重要性，但是我必须指出，布哈林的报告对争取农民的任务阐述得非常不够。

而这正好又发生在几乎所有较大支部和相当多的小支部由于对如此重要的问题重视不够而犯错误的时刻。

我们并没有像共产党人和列宁主义者该做的那样在农村中开展工作。提纲把农民工作同红色体育运动国际、国际支援革命战士协会、国际工人援助会的工作相提并论。我认为这不仅不能帮助，甚至会妨碍党充分地认识到争取贫农的意义。不要忘记，贫农是无产阶级革命的主要动力之一。

我认为，提纲的第一部分，即在阐述共产国际和我们各党的任务那一部分，应当比较详细地叙述农村分化和向左转的原因和性质。必须专门另列一节指出，我们在农村的工作应当怎样进行，而且应当对共产国际（尤其是在欧洲）在这方面几乎毫无作为的这一事实给予简短的批评。

同志们，我们是否有土地政策呢？我以为是没有的，我们只有土地问题提纲。我们各个支部的政治视野仍然十分狭窄。为了制定我们所有各党的土地政策，必须承认必然胜利的无产阶级革命的"人民性"和"民族性"。

我们不能局限于把列宁的提纲同社会民主党的土地纲领相对比。我们应该有各国的土地纲领。这些纲领应以分析农民经济的历史发展和农村的社会分化为依据，具体地判断农民目前的状况，农民中出现的趋势和政治集团，在此基础上为农村制订要求。这些要求应当成为整个革命无产阶级和共产党的要求，成为具有政权意识的工人阶级的要求。

但是仅仅一个土地纲领是不够的，它不能取代整个土地政策。如何争取农民群众呢？问题就在这里。只有为实现农民的局部要求而斗争并以这些口号把农民团结起来，才能争取到农民群众。如果我们忽视了这项基础工作，如果我们日复一日地仅仅限于重复诸如我们是阶级的党、工农联盟的领导权应当属于这个阶级、我们为给农民分配土地而斗争之类的口号，我们也许会得到几十个农民的同情，但是，整个农民群众将继续留在社会民主党和资产阶级怀抱之中，我们将在客观上为反动派和法西斯准备土壤。

应当在政治提纲中强调指出，为了使我们能影响农民，必须为实现小佃农、小农场主、劳动农民的局部要求而斗争。工农联盟还没有实现。我们不能受人迷惑，必须研究土地问题，认真规划农村工作，这是政治性的工作，我们所有的同志都要予以关注，而不仅仅是所谓农民问题"专家"们才应感兴趣。这些专家由于缺乏监督和领导，常常陷于官僚主义的陈规陋习之中而不能自拔。

如果在谈论农村工作时只去批评我们各国的党，那未免失之公允，因为共产国际的领导中心未能倡导这项工作。我们听说，共产国际去年成立了一个土地委员会。共产国际中为数不多的几个关心土地政策的同志曾想在我们为第六次代表大会召开而发表的关于共产国际活动的总结报告中找到土地委员会的专题报告，结果是白费力气。我曾试图同土地委员会建立联系，注意它的工作。可人们告诉我说，它早已不在人世了，它还没有出世就夭折了。应当说，我们各国党内也有这种变成死胎的部门。

共产国际因没有一项土地政策而造成了不良后果——使农民国际丧失了活动能力，柯拉罗夫同志已经强调指出，农民国际未能变为群众组织。让我再回到那个还没有人作出回答的老问题上去。就实质而言，农民国际是个什么样的组织呢？是农民共产主义派别的领导中心或者是群众性农民组织的中心吗？我们历来认为，农民国际应当成为群众性的组织，并按照这个方向开展工作。这意味着什么呢？这意味着农民国际应当在革命农民中间组织自己的工作，也就是要为实现农民的局部要求和把他们的这些要求同作为工农联盟基础的共同要求结合起来而斗争。

欧洲的农民不了解农民国际。农民国际也没有具体的、明确的工作纲领，因为它从来没有研究过各国出现的具体问题。例如：农民国际研究过租佃关系吗？它是否知道，应当如何领导力求改善租佃条件的佃农？对于这些致力于实现当前迫切要求的小佃农不能只是反复强调必须推翻资本主义制度。对待他们必须采用别的什么方法，否则这些农业无产者会另寻道路捍卫自身的利益，并继续留在我们敌人的营垒之中。农民不会出于对农民国际的礼貌而靠拢我们。

我只举了一个例子，不过这样的例子很多。对农民国际的整个立场必须重新加以考察。为了使农民国际富有活力，共产国际应当帮助它进行工作。由于缺乏土地政策，各党没有贯彻共产国际有关这个问题的决议，或者对这些决议理解得不正确。

我提醒大家，共产国际执行委员会第五次扩大全会有关土地问题的提纲曾经非常明确地表达了共产国际对于根据我们倡议而建立农民政党一事的态度。提纲指出，"共产党人组建特殊的**农民政党**是不适宜的，也不可能建议这样做。"[①] 但是我们这里仍然有过共产党建立农民政党的事例，而且某些国家还在继续进行这项工作。

我们同意这样的说法，即我们的提纲不是教条主义的指令。提纲可以修改，但是必须在已经积累的经验的基础上重新加以审议。同志们，我们不同意匈牙利共产党党员凯梅尼同志为建立农民党进行辩解而提出

① 参见《国际共产主义运动历史文献》中央编译出版社 2012 年版第 40 卷收录的《农民问题提纲》第 51 条。——编者注

的理由。如果农民中的贫农阶层确实出现左倾化过程的话（而在这个问题上我们的意见是一致的），那么，作为联合农民的手段在任何情况下都不应是农民党，而只应是能确保无产阶级在其同农民的联盟中起领导作用的某种组织形式。

有人说，是经验告诉我们，要去组织农民政党，但是要知道各国共产党通常并没有在农民中开展工作，**我们在农村工作方面还没有取得真正的经验。**

做好农村工作的前提是什么呢？这就是要加强我们共产党的政治和思想阵地，提高我们开展争取群众工作的能力。而在主张建立农民政党的同志们的立场中和那些认为完全没有必要去组织农民，认为共产党的作用只限于以其影响去争取城乡劳动群众的同志们的观点中，都暴露出这些同志们缺乏捍卫群众日常要求的能力。就是赞成根据我们的倡议去建立革命的农民政党的同志们，他们提出的理由从政治上和思想方面来看也是不充分的。这些同志们忘记了，在我们和农民之间是谈不上从政治上划清界限的，更不能说无产阶级先锋队和贫农的目的各不相同。贫农的要求就是革命无产阶级的要求。要把这个原则变成革命的实践，各国共产党就必须在农村中加倍努力地工作，就必须研究农民问题和熟悉土地问题。

如果就此问题展开专题讨论，我们还将进一步阐明我们的观点。

我以意大利共产党的名义在大会上提出了几个问题，为的是让共产国际注意到我们在农村工作方面存在的弱点。在共产国际第六次代表大会的提纲中，必须给农村工作和对这项工作的批评留出更多的位置。

同志们，战争即将来临，面向农村吧！

扎波托茨基（捷克斯洛伐克）：

捷克斯洛伐克属于世界大战以后新建立的国家。由于具有较强的工业实力和很高的农业生产水平，捷克斯洛伐克相当快地克服了战争浩劫带来的后果，并通过加快合理化和托拉斯化的途径，加入了局部稳定的国家行列。新的国家政权在其地位尚未巩固之时曾向工人阶级提出种种社会化方案，高唱种种民主调子，但这些方案和民主高调很快被遗忘了，马萨里克的共和国完全暴露了自己真正资本主义的实质。

这一转变自然引起了阶级矛盾的激化，促使阶级战线全面展开。在生产局势高涨的情况下，经济斗争、冲突、罢工却不断加强。在阶级斗争发展的这一时期，可以看到许多现象，证明布哈林同志的提纲是正确的，证明阶级矛盾的激化正迫使资产阶级及其国家政权求助于以更加复杂的方式从政治上和经济上腐蚀工人阶级的某一部分，瓦解工人阶级的政治组织和工会组织。应当指出，即使在社会民主党没有直接参加政府的时期，这些党的上层分子的利益也是同资本主义国家的利益紧密相连，而不是同工人阶级的利益联系在一起。这些党的党员在疾病保险社、各种社会保险机构、行政管理委员会及各省和全国的种种机构中占据要职。为了保住这些职位，他们要求于社会民主党的不是对阶级斗争实行领导，而是对现政权的恭顺。所谓"社会主义"政党的机会主义，其部分根源就在于此。他们提出的主要口号是"我们国家"的利益，并以此要求工人阶级的利益服从"国家"的利益。社会党人所采取的保护国家的立场决定了他们对"我们的"工业采取保护态度。因此，改良主义工会组织不仅不抵制资本主义合理化和稳定局面，而且还直接参与合理化和稳定局面的实现。十分清楚，他们是用工业稳定和忠实地同资本家妥协的政策来代替阶级斗争。

战前，只有一小部分工会组织（国家社会主义的工会组织）声称实行所谓劳资合作政策，而捷克斯洛伐克的大部分工会都坚持阶级斗争的立场。现在，大部分工会转向另一个营垒，背叛了阶级斗争，公开鼓吹"工业稳定"，倡导通过所谓仲裁手段解决经济冲突，等等。现在在我国坚持阶级斗争的只有红色工会。这些组织拥有的会员只占加入工会组织的无产阶级的 12%，而其余的 88% 都是改良主义工会的会员。改良主义分子同资本家和国家政权一起自觉地反对工会运动中任何主张阶级斗争的倾向。他们不惜采用分裂的策略，不惜从工会组织中开除有阶级觉悟的会员。不管在哪里，只要这些会员的工作威胁他们同资本主义合作，他们就使用开除的手段。为了推行工业稳定政策和阻止罢工斗争的发生，改良主义分子在举行罢工的任何地方都竭力使罢工归于失败，以此向工人证明，采用坚持斗争的策略是不适宜的，甚至是有害的。为了不让工人取得胜利，改良主义分子不仅暗中破坏罢工，甚至还策划工贼活动。最近许多罢工都存在类似现象，例如国际工会联合会领导的赖兴堡建筑工人大罢工就是如此。正是因为社会民主党的建筑工会（德国和捷克的工会）采取了工贼行为，从而加强了企业主的抵抗，致使罢工拖延了 10 个星期之久。

改良主义工会如今起着原先由企业主的走狗——黄色工会和法西斯工会起过的叛徒作用。他们挑起同工会运动中有阶级觉悟的派别的斗争，借以促进黄色工会和法西斯工会的发展。捷克斯洛伐克工会运动中反动势力的加强，黄色工会和法西斯工会的发展，是改良主义分子奉行叛卖政策的直接后果。

改良主义工会推行工业稳定路线，拒绝举行任何战斗发动，企图配合政府和企业主完全孤立红色工会。他们排斥红色工会的代表参加任何涉及工人要求的谈判。唯恐他们坚定的战斗精神妨碍改良主义分子同资本家的友好会谈，唯恐他们把谈判情况告知工人舆论界，发动无产阶级起来斗争。

可以用布拉格建筑工人签订集体合同一事作为例证。去年秋季，大布拉格工人在国际工会联合会的领导下奋起斗争，要求增加工资，签订集体合同。改良主义分子暗中进行破坏。8 个星期以后，罢工毫无结果地结束了。但是，建筑工人果断地决定到春天建筑旺季到来时恢复已经中断的罢工。工人们懂得，革命工会的罢工策略是正确的，是改良主义分子以其暗中破坏行为出卖了工人。罢工结束 14 天以后，有 2000 名新的成员加入国际工会联合会建筑业支部，这证实了斗争路线的正确。然而，还在春天建筑旺季到来之前，改良主义的建筑工会就背着工人，不经过国际工会联合会代表同意，擅自同企业主举行谈判，并签订了集体合同。根据这个合同，工人工资增加了 13.5%，但条件是国际工会联合会的建筑业支部不得参与合同的签订。改良主义工会狡诈地抢先签订集体合同，从而破坏了预定在建筑旺季到来时进行的罢工。由于局势非常有利，这次罢工本来毫无疑问是可以取得更大胜利的。

冶金企业在进行签订集体合同的谈判时，情况也是如此。当这个支部单独拟定出要求时，改良主义分子拒绝同国际工会联合会冶金业支部共同行动。改良主义分子提出了集体合同的反方案，并要求以不准国际工会联合会参加谈判作为必不可少的条件。不言而喻，企业主欣然同意，便拒绝革命工会参加谈判。当革命工会的代表不顾这一切仍然前去出席谈判时，警察根据改良主义分子的指认将他们赶出了大厅。

要反击改良主义工会领袖这种奸诈的叛卖行为是十分困难的，况且我们党的工会工作也存在很多缺点和薄弱环节。虽然制订的计划相当出色，但是这些缺点和不足之处仍大大增加了采取灵活方式和同工人中的改良主义影响作斗争的困难程度。不仅在改良主义工会中，而且很大程度上在革命工会中，我们布尔什维克的工作也十分不能令人满意。在改良主义工会中，即使在共产党员占相当大比例的条件下，我们的影响也未能有组织地加以运用。加入改良主义工会的共产党员没有认真注意开展有计划的日常工会工作，而这种工作本来可以帮助他们取得群众的信任，把改良主义分子排挤出领导岗位和牢固地掌握重要的阵地。共产党人没有有计划地开展工会工作，只是时断时续地偶尔表现出一点主动精神。在工会代表大会、代表会议和其他发动之前，他们都力求建立一个反对改良主义领袖的战线。但是由于没有事先的工会工作来有力地支持他们的行动，他们未能完全取得群众的信任，他们的斗争也没有带来良好的结果。

在革命工会中，所有领导岗位，包括组织部门的职位都是由共产党员担任的，但是在革命工会中担任负责工作的大多数共产党员并不理解真正的布尔什维主义革命工会工作的实质。大多数工会干部都受过改良主义的旧影响，他们在完成行政管理工作和日常的工会工作时，并没有给工会工作增添多少革命的内容。革命工会的机构仍然默守旧的、已经过时的工作方法和策略，不懂得新的形势和已发生变化的生产条件要求采取新的工作方法和斗争方式。他们看不到工业部门新的改组，也不理解合理化、资本积累和托拉斯化的意义，而认为现在组织罢工和发动时仍然可以照搬过去工会同单个的、没有组织起来的企业主斗争时采用的做法。要让我们的工会工作者弄清楚经济斗争向政治斗争的转化并理解把两者结合起来的必要性，同样是很困难的。

他们没有作出努力去利用这场斗争并从中得出必要的革命结论。正因为如此，他们几乎没有利用警察镇压、逮捕甚至枪杀罢工工人的行为来开展斗争和吸引所有工人参加斗争。他们很少做激发国际团结精神的工作。对于诸如英国工人罢工、中国工人运动受迫害等事件都没有给予应有的关注。工会干部开展的反对资本主义的宣传工作十分薄弱，也没有强调指出资本主义剥削的新方法和对工人的残暴进攻，对改良主义者批判不力，对改良主义叛卖行为的真正实质也揭露得不彻底。革命工会不善于准确地使用武器去批判改良主义，甚至常常在改良主义的论据面前自感不如。因此，尽管革命工会具有吸引力，尽管它得到工人的信任，它却不能彻底地粉碎改良主义分子的阴谋，完成自己的革命任务。

最近我们党正在坚持不懈地开展有计划的工作，努力按红色工会国际第四次代表大会决定的精神克服缺点和加强革命工会的活动能力。贯彻这些决定是我们革命工会党团工作的基本问题，但遇到了许多困难和阻力。一方面。工会机关的工作落后，力量单薄，常常使工会无力贯彻这些决定，更不用说许多工会干部对此缺乏良好的愿望了。另一方面，我们经常遇到的情况是，许多党的工作者不理解这些任务。他们往往只是机械地重复来自上面的指示，而不去开展党团工作和有计划的宣传工作。虽然如此，从红色工会国际上一次代表大会以来，有关改组国际工会联合会的许多决定已经得到贯彻。国际工会联合会的个人领导为集体领导所代替，成立了各种部和委员会。某些产业支部也建立了集体领导机构，或者对建立这种机构进行了部署。同时实行提高这些机关在组织上的独立性和发挥它们的主动精神的方针。根据产业原则进行了调整和改组，建立了领导产业工会的机关，并按照"一个企业，一个组织"的口号采取措施筹建工厂组织。此外，已经着手对会员进行有系统的教育，着手组织训练班培训和教育新的工会干部。必须指出，许多工会工作人员曾经担心，我们进行的改组和在红色工会国际代表大会召开前夕在党的报刊上开展公开讨论，指出我们革命工会的缺点和错误，会给革命工会带来危害，但事实相反，这次讨论虽然开展的尚不够广泛，改组工作也仅仅开始，却已给革命工会带来了活力，并促使许多共产党员更加重视工会工作。结果，革命工会的积极性进一步提高。近半年来，即自今年1—6月底，共有31000名新会员加入国际工会联合会，而且可以期望，作为一个很大缺点的工会会员流动现象将会减少，并将向好的方向转变。

有关罢工战略的问题仍然是我们最薄弱的环节。为了贯彻正确的战略，革命工会现有的工作是不够的，因为革命工会和改良主义工会在数量上的对比是12∶88。必须加强对参加改良主义工会的工人和不过问政治的工人的工作，正确运用统一战线的策略。在工会中担任负责工作的共产党员，他们的观点至今远远没有达到要掌握战斗行动领导权这种革命观点的水平。在大多数情况下我们未能有准备地举行罢工，罢工往往是自发进行的，这样自然就不可能选择最合适的时机，即条件最为有利的时机。零星分散，毫无计划，是我们这里各次罢工的特点。在我们这个资本积聚的时代，这是一个会招致极大危险的缺点，还有一点也颇有代表性，即我们在领导罢工斗争时，通常总把财政问题摆在首位。我们的工会工作人员认为，工会组织只有在具备罢工所必需的财政来源时才能进行斗争。即使在斗争已难以避免的情况下，也必须有最低限度的开支才能进行斗争。很清楚，按照这种观点，宣布和举行罢工的决定不是根据罢工的必要性、条件和目的而作出，不是根据战斗计划是否准备妥当而作出，而仅仅取决于工会组织用于支持罢工的款额有多少。另外，还存在一种错误的危险倾向：某些组织认为，工会组织的革命性应表现为对任何一次罢工都要提供最大限额的资金支持。哪怕是对偶然爆发的和毫无准备的罢工也应如此。最近以来我们在这方面就存在重大的错误，重犯这些错误必将造成严重的危险。党的一项最重要的任务是，经常不断地强调指出这样一个原理：革命策略首先要求有计划地准备罢工，要求工会组织和罢工工人更多地发挥主动精神，准备作出牺牲，要求整个无产阶级发扬战斗团结精神并提供支持，要求对战斗行动实行有力的、果断的领导。

组织青年工人并吸收他们参加工会工作是党的另一项重大任务。青年工人独立地举行过一系列罢工就证明了这一点。在工厂青年工人代表大会的基础上建立青年委员会是吸收青年工人参加工会工作的最好的一种形式。

建立工厂委员会和地方委员会的问题，是捷克斯洛伐克一个极为重要的问题。正如布哈林同志在提纲中指出的那样，我们还没有正确地运用这些机构来进行我们的革命发动和达到我们的目的，虽然我们多次努力，试图把工厂委员会和在地区、产业和全国范围内的委员会作为工人阶级统一战线的机关，并把它们变成联合战斗发动的强大堡垒，但至今未获成功。最近一次为争取工人社会保险金不被削减而进行的发动就是其中一例。我们至今没有实现召开工人委员会全国代表大会的口号，而州代表大会又因缺乏充分准备而未能取得预期的效果。

综合上述情况，可以说：

在工会运动方面捷共还面临着许多工作。虽然最近以来它取得了相当大的成绩，但仍有许多缺点和错误有待克服。党在工会中（无论是改良工会，还是革命工会）的党团工作必须不断加强。不仅工运部的某些工作人员，而且所有党员群众，都必须更加注意工会工作。

党在工会工作和解决其他问题方面的主要任务是：同社会民主党的传统、同机会主义和取消主义倾向作斗争。正如布哈林同志在发言中所指出的那样，捷共正确革命路线的主要敌人应当从右的方面去寻找。

只有通过有计划的、顽强的布尔什维克式的工作，而不是依靠空洞无物的革命辞藻，才有可能在同这种危险进行斗争方面实行恰当的、有效的领导。

皮奥（法国）：

我要求发言，是希望停止在共产国际执行委员会第九次全会上对我们党和巴黎地区组织之间的分歧所做的错误解释。

在布哈林同志的报告中，我们党的"左"的错误和倾向是同右的错误和倾向相提并论的。对右倾危险只是从分析选举策略的角度作了阐述，而对"左"的危险则既从统一战线策略角度，又在工会问题上提出了警告。

在我们党就这些问题展开的讨论中，有人曾企图依靠第九次全会的提纲，将巴黎地区的领导机关——"地区委员会"同基层隔离开来，以便端正党的路线。我们的三月代表会议对第九次全会提纲的有关部分提出了必要的修改。

我们指出我们在这一点上的分歧，为的是使本次代表大会决议的措词不再给虚假的解释提供口实。

昨天多列士在他的报告中指出存在右的危险。我不打算再回到这个问题上去。他列举了从右的方面威胁我们党的种种危险。但同时他又提出在我们党内形成了一个"中派"。我们认为，这个中派是右派的近亲，多列士谈到的这个中派让我们看到的是右的面孔。就以工会问题为例。在工会问题上我们的分歧在哪里呢？在工会提纲的草案中提出了"中立"的原则，并说什么"党只有在工会运动中才能表现自己"。这两个论点反映了机会主义的，但并不是中派主义的路线。我们巴黎地区表示反对这个提纲草案，并在全国代表会议上对它作了许多修改。

布哈林的提纲草案指责左派"否定统一战线"。我很清楚，共产国际得到的材料往往是单方面的。法国共产党常常利用共产国际信息不灵通这一点。这些不正确的材料就成了布哈林同志这一错误的基础。布哈林同志断定，似乎巴黎地区的左派否定统一战线。他指的仅仅是巴黎地区，因为在外省并未找到左派，那里只有社会民主主义的倾向。指责左派否定统一战线仅仅是针对巴黎地区的少数派。请允许我说明真实情况。

我将谈到我们统一战线工作中正反两个方面的问题。缺点超过成绩的情况不仅仅是在我们的工作中存在，在全党的工作中也是如此。应当承认，基层只是在中央发出致总工会中央理事会或者致社会党的"一封公开信"之后才投入运动的。这是统一战线的又一个薄弱方面。

认定巴黎地区否定统一战线是错误的，在布哈林的提纲草案中就存在这个错误。可以举出几个例子：早在社会党于圣诞节召开的代表大会之前，我们就在巴黎地区的一些工厂发动力量，并在使我们向社会党提出的统一战线的建议进一步具体化方面做了许多工作。大家都知道保罗·福尔的答复：在自发地靠拢统一战线的倾向中他看到了共产党的路线。一月全国代表会议听取了工人代表团的意见，工人代表团在那里充分阐述了关于实现自己的迫切要求的纲领，我们党把这些要求看做是自己的要求，这一做法为我们党加强自下而上实现统一战线的工作打下了基础。

现在谈谈选举。我举几个数字来说明选举的准备工作。在党的选举会议上有没有来自工厂的代表呢？有的。它是否代表了整个工厂无产阶级呢？不，它只代表少数。不过这毕竟是沿着共产国际指出的道路迈出了第一步，因为共产国际要求企业成为开展选举运动的中心。我们是否百分之百地做到了这一点呢？没有，因为还存在一个主张按照居住地点开展工作的思潮，而且这种思潮在我们党内占据着优势。但是应当指出，也还有一种主张将运动中心转向工厂的思潮。我举几个例子来说明巴黎地区党组织在选举运动中所做的工作。

第6区：召开了45次会议，其中31次是在企业召开的；

第4区：召开了84次会议，其中27次是在企业召开的；

第8区：每片各召开了15次会议，另有25次是在工厂召开的。

我还可以举出瓦兹省为建立统一战线所做的工作，瓦兹省揭露出了乌里的行为。由于我们为建立统一战线做了工作，乌里只得向工人承认他同激进派的勾结。

为什么我们认为有必要在这次代表大会上发言呢？全国代表会议前夕在我们地区进行的党内公开讨论是以提纲为指导的，而全国代表会议上几乎百分之百地修改了提纲。这个提纲除了个别几处正确以外，整个来说是以机会主义为基础的。

在巴黎地区工会提纲为那些阻挠罢工运动的工会分子解除了束缚。他们利用"中立"的口号，什么事也不干，而把共产党的基层组织变成为企业工会支部的党团组织。巴黎地区运输业职工的运动就是一个例子。在那里，由于工会领导的责任，为"工会会员墙"编写的报纸未能散发出去。难道这也可以称做中派路线吗？我们说不能。我们不能同意这种政治测绘学的做法，所有实行这一路线的人对我们来说都是右派。他们同我们十分熟悉的其他右派分子是串通一气的。他们的路线不是从中间向左转，而是一贯向右，他们对抗选举策略，实行错误的工会路线，这在中央委员会五月会议上再次反映出来。这次会议认为，似乎我们处于纯粹经济斗争阶段。布哈林同志就此指出，现在任何一次由镇压和合理化引起的经济罢工都具有政治内容和政治意义。这是一个关系重大的问题，也是产生某些意见分歧的原因。

下面谈一下"阶段"论。这个理论说什么我们的共产主义运动应当根据工会运动所具有的群众性的程度来争取在工会运动中的立足点。我们反对这种理论。我们说，不，我们的党应当始终是工会运动的领袖，而不是只在这个运动赢得群众的时候才成为领袖。因为，如果运动成了群众性的运动，那么运动中就会产生更为严重的改良主义倾向，如果共产党不预先做工作，如果共产主义的思想不深入群众，那它就争取不到群众。

布哈林在提纲中提出了在工会运动领导方面的形式主义问题。这话应当对苏桑·吉罗说，这是他的方法，而不是我们的方法。结果，巴黎地区反对苏桑·吉罗、反对形式上争取工会的人们反被指责为犯有这种倾向。同志们，最好还是看一看发生了什么事情，让共产国际得到更为准确的材料，以避免在布哈林报告中对我们作出的那种错误的评价。我们感兴趣的，不是从形式上争取工会，而是争取已加入工会的群众。对我们来说，争取工会的工人群众比争取工会的一小撮头头更为重要。对我们来说，向工人灌输共产主义思想比任命一个受到工人们反对、工会群众不愿意跟着他走的共产党员担任工会书记更为重要。要知道，我们试图实行的正是这一条路线。

同志们，我们认为同右派作斗争具有重要意义。在我们党内右的派别是有的。多列士说要开除那些在地方选举中胡作非为的人。这很好。但是，如果我们在开除他们之前先努力说服他们，向他们说明选举策略的意义那就更好了。

现在谈谈被认定为"中派"的分子。我们认为，他们同右派同样危险。中派抵制"公开信"，推行错误的工会路线，提出"积极的改良主义"的概念，在工会运动中表现出修正主义的倾向。我们认为，他们是与右派一脉相承的。给他们以特殊地位就意味着放开这些分子在党内耍花招的手脚。我们的主要任务就是：同这些被认定为中派的分子（但我们称他们为右派）作斗争；同战争危险作斗争（而这是我们同社会民主党斗争的核心，是共产国际所有党的最主要的任务）；同我们党内妄图使共产党同社会民主党靠拢的右派分子作斗争。我们认为，这种倾向不仅对法国共产党，而且对整个共产国际也是同样严重的危险。必须进行认真的，而不是机械呆板的斗争来反对这一危险，这个斗争应当通过建立多数派来解决，但不是在妥协的基础上，而是在明确的路线、为法共全党和整个共产国际都能理解的明确的纲领的基础上建立多数派。法国共产党最近一次代表大会的任务就是建立和组织领导这个多数派。

加香（主席）：

主席团现提出参加讨论共产国际章程问题的委员会名单。

这个名单是在各国支部协商之后确定的。建议由下列同志参加：

贝尔纳（法国）、**伊列克**（捷克斯洛伐克）、**利马诺夫斯基**（青年共产国际）、**洛夫斯通**（美国）、**舒尔茨**（德国）、**陈宽**①（中国）、**维特科夫斯基**（波兰）。

书记：海莫。

建议被通过。

（会议休会）

---

① 即周恩来。——编者注

第十一次会议

（1928 年 7 月 26 日）

主席：洛夫斯通

致贺词

奈焦诺夫同志代表卡希拉国家发电站的工人和职员向代表大会致贺词——我们卡希拉国家发电站的工人正在从事和平建设。我们在艰难困苦的条件下建成了发电站，我们正在为加强国民经济而出力。但是国际资本主义想要破坏这个和平建设。帝国主义者到处都在拨出巨款加强军备，他们在罗马尼亚、波兰炫耀武力，各地都在搞反对我们的战争准备，以便推翻无产阶级国家。

同志们，数以百万计的无产者处在危难之中。成千上万的革命者在监狱里受折磨。同志们，万恶的匪徒们正企图把我们投入残酷的战争，用不堪忍受的劳动压迫无产阶级，难道我们还要长久地忍受这种压制吗？该是推翻这一小撮可憎恨的强盗的时候了，该是在全世界的上空升起共产国际的工人旗帜的时候了。全世界无产阶级万岁！世界无产阶级革命万岁！全世界无产阶级专政万岁！

扎罗娃同志代表《农民报》印刷厂工人向大会致贺词——印刷厂的工人把向世界革命的司令部——共产国际第六次代表大会致贺词看做

是自己的职责。工人们希望大会代表回去后以更加充沛的精力继续推进世界十月革命的事业。同志们，请允许我宣读贺词。

"亲爱的同志们！我们《农民报》印刷厂的工人和职员谨向共产国际第六次代表大会致以兄弟般的敬礼，我们深信，苏联工农在联共（布）领导下开创的把工农从帝国主义桎梏下解放出来的事业必将进行到底。

我们全体一致向共产国际第六次代表大会表示：我们将竭尽全力恢复和扩大我国的国民经济，以此向世界帝国主义证明：我们工人正在建设并且一定能够在全世界建成社会主义。

全世界工人、农民和被压迫人民大团结万岁！"（鼓掌）

讨论布哈林的报告（续）

狄克逊（美国）：

在布哈林同志的提纲中，关于战争危险问题理所当然地占有中心地位。我想提请你们注意世界的一个地区，在那里，现在最为突出地表现出互相竞争的帝国主义强国之间的对抗正导致一场战争。我指的是太平洋地区。

太平洋是美、日、英帝国主义三方正在角逐之地。这种争斗不需多久就可能酿成公开的军事行动，从而导致新的世界大战。最近几个月来，太平洋地区的这一战争危险越发加剧了。帝国主义在远东的关系十分紧张，关于战争问题的讨论已经完全公开化。未必需要详细地谈，不久前，美国陆海军武装力量就在海军"暑假"期间进行了大演习，美国舰队从自己的马尼拉基地开到了距日本在满洲的租借地仅一日航程的黄海。

比这些战争准备活动更使我们感兴趣的是，太平洋各国为预防可能爆发的战争正在采取种种措施以保障本国后方。在这里，我们看到的情形是，反动势力正在加紧活动，在军国主义的整个战线发动进攻，与此同时我们也看到，革命的民族主义正在殖民地和半殖民地兴起，帝国主义国家的工人群众正在向左转。不妨简要地评述一下某些太平洋国家的局势。

在日本，田中将军的半法西斯军国主义政府虽在国会中是少数派，但它依靠恐怖手段（首先是针对共产党人和左派工农，但在不同程度上也扩及到政府的一切政治反对派），巩固了自己的地位。这个政府在日本群众中狂热地煽动好战情绪，灌输所谓爱国精神，使电影银幕充斥所谓"光辉战役"的场面和民族英雄的形象。在新成立的秘密局（类似第一次世界大战期间美国的军事工业管理局）的领导下，日本工业正在为准备战争而实行动员。监禁数以千计的共产党人和思想左倾的工人、农民，解散革命组织，遵照天皇御旨，而不是通过国会处死共产党人和其他危险分子——所有这一切都是为发动战争所做的准备。

田中政府声称，在秋天加冕典礼时期，政府将把"有危险思想"的嫌疑分子12000人关入监狱。这次迫害革命者的运动已是日本政府近几年来第五次开展这样的运动了，并且范围一次比一次大。这一事实说明了日本群众日益左倾的程度。城市和农村的阶级斗争正不断激化，日益深入。

在菲律宾，我们同样看到了阶级斗争的尖锐化和新的发展阶段的开始。在那里，民族资产阶级在"为发展工业而共同努力"的口号下投降了美国帝国主义。新总督史汀生未经任何斗争，事实上还是在所谓的民族主义者配合下，就一步步地从菲律宾人手中攫取了控制权。但是，群众执意追求独立。他们对美国帝国主义满怀仇恨，思想骚动。他们还没有找到自己所需要的领袖，但是不要多久，他们一定会摧毁菲律宾群岛原先的政治关系，掀起公开的斗争。一度处于沉寂状态的工会运动又趋于活跃并走上了新的革命道路。与工人直接有联系的贫农群众组织，力量在增强，工作也日益活跃起来。

在澳大利亚，政府正在带头策划向工人阶级发动一场大规模的进攻。这个政府打算实行一项新的法令，把工会变成国家机构的一个部分，由特别法庭进行监督。继意大利"法西斯同盟"法令之后，这个新法令草案打击了工会方面现有的一切。与此同时，还恢复了原有的"违犯法令法"，根据该法令，许多活跃的工会领袖将被投入监狱，监禁10年。新南威尔士工人委员会的戈登同志便是这个"新"法令的最近的一个牺牲者。澳大利亚的工人战斗精神饱满，在他们的推动之下，改良主义领袖们至少在表面上不得不做出反对"新"法令的姿态。

由此可见，我们在澳大利亚看到的情景同样是反动势力在发动进攻，战争正在准备之中，而工人群众中的革命情绪在日益增长。

在印度，与反动统治的加强和战争准备同时产生的现象是，无产阶级的群众斗争日益发展。民族主义情绪似新浪潮席卷全国各地，而且工人阶级开始发挥着领导作用。铸钢工业的工人、纺织工人、铁路工人近几个月所进行的罢工大大提高了印度工人的斗志。

总之，只要略微观察一下这4个重要的太平洋国家，我们随处都会看到，一方面是帝国主义发动战争的准备工作正在加紧进行，另一方面是群众中存在着革命的愤懑情绪。

至于风暴的中心——中国，那里正在发生的历史事件是我们大家所熟知的。对于国际帝国主义来说，中国依然是随时都可能爆炸的巨大火药库。有人认为，由于中国革命遭到暂时失败，太平洋地区的稳定时期正在来到，这种看法是极大的错误。而这个错误，看来在某种程度上正是共产国际各支部发生意见分歧的所在。

从共产国际第五次代表大会以来，我们不仅是太平洋国家民族革命运动蓬勃发展的见证人，而且（我认为这也相当重要）是工人阶级有组织的运动和工会运动不断发展的见证人。工会运动在共产党的领导下正朝革命的方向迅速发展，并且已在国际工运中起着极为重要的革命作用。这个工会运动是在开展民族革命运动并领导这一运动准备进行反对帝国主义战争的斗争中，也就是说，在实现我们在太平洋国家中面临的两项主要任务方面，工会运动已成为我们在东方的共产党开展活动的主要基础和最为重要的推动力。

这个年轻的工人运动已经建立了实行国际团结的中央领导机构，即太平洋工会书记处。这个书记处是 1927 年 5 月在汉口召开的会议上成立的。

欧美有些同志一心埋头于本国的日常工作，对东方也存在着颇为重要的工会运动这种思想尚不能接受，往往低估太平洋国家工会运动的作用。这种冷漠和轻视，依我看，是我们世界工运中的严重弱点。应当克服这个弱点。我们的敌人没有犯这样的错误。下列事实就足以说明这一点：受日本政府指使的新闻界正在掀起疯狂的反对太平洋工会书记处的运动，澳大利亚、菲律宾和印度尼西亚三国政府则禁止向各该国寄送太平洋工会书记处的机关刊物《太平洋工人》。从我们开始在澳大利亚发行《太平洋工人》特刊和决定 1929 年在澳大利亚召开下次代表大会以来，澳大利亚政府便通过它的部长们在议会内和报刊上发动了一场疯狂的反对太平洋书记处的运动，声称，政府将不会允许在澳大利亚举行代表大会。太平洋书记处在各国许多代表被捕，不少人领不到出境护照，等等。这些国家的政府企图通过上述手段阻挠太平洋书记处的工作。

不仅帝国主义分子和殖民主义政府这样的敌人重视我们在太平洋国家的相互接触，而且阿姆斯特丹工会国际和第二国际也没有忽视远东。国民党叛变后，为了同蒋介石组织的法西斯工会及某些军阀建立联系，阿姆斯特丹工会国际采取了种种步骤，这些行动还只是改良主义者和社会民主党企图在远东站稳脚跟，掌握远东工会运动领导权的新方针的一种迹象。英国职工大会总理事会在印度的活动和阿姆斯特丹工会国际在印度尼西亚的活动才是社会民主党在东方采取的新方针的典型。第二国际在这方面采取的最新措施，即邀请国民党和其他殖民主义组织参加他们下个月在布鲁塞尔召开的大会，是全面推行其发展路线、把一切反动势力引向远东的典型事实。

太平洋书记处存在的本身，就促进了这一事态发展，对太平洋各国整个工人运动产生了强大的影响；绝大多数的远东工会加入了太平洋书记处，唯一的、重大的例外是受日本帝国主义影响的右翼工会、改良主义工会和中派工会。印度工会选派了代表，后因印度政府指使警察进行阻挠，未能参加会议。参加太平洋书记处的有中国、菲律宾、朝鲜和印度尼西亚的革命工会，以及苏联革命工会、日本左翼工会，还有帝国主义国家（美国、法国、英国）的革命工会和工会少数派，以及澳大利亚工会运动。这是一个关系紧密的联盟，是在帝国主义国家的有组织的工人与远东新生的年轻工会和胜利的苏联工会之间进行联系的一种组织形式，它在消除民族和种族隔阂，确定处理太平洋重大问题的共同对策，给工会输入新的活力，以及为反对帝国主义战争和彻底消灭帝国主义压迫而开展大规模群众运动奠定基础方面所做的工作超过了 10 年抽象的宣传。

这里不是详细讨论太平洋工人运动的工作及其问题的场所。我们日本同志、菲律宾同志和中国同志会介绍它的实际意义、它的作用和存在的缺点。澳大利亚的工会理事会虽然遭到来自政府、工党和右翼首领方面最猛烈的进攻，刚才仍在会上再次肯定了要加入太平洋书记处的态度。这些事实应当足以唤醒我们所有的同志，使他们摆脱对太平洋工人运动所抱的漠不关心和消极态度，促使他们更加积极地参加与太平洋工人运动有关的工作。

我特别赞成布哈林同志提纲中关于帝国主义压迫国家的共产党必须支持殖民地运动，尤其是中国和印度的殖民地运动的那部分内容。大会作出的这一指示，对于激励那些只知醉心于本国日常工作而"不能抽出"干练人员去殖民地工作的同志和共产党来说，是绝对必需的。应当有一批不仅肯"跳进"太平洋，而且能认认真真地在那里游一番泳的同志。这项工作应成为帝国主义国家的共产党和同志们的首要任务。

再就提纲中有关我们的中国共产党讲几句。在谈到中国共产党的那一节里，提纲正确地阐述了当前的形势和我们的任务。不过，我还想建议，要提醒中国共产党防止机会主义盲动主义和冒险主义倾向的重演。

最后讲几句美国的情况。我同意美共中央少数派比特尔曼同志的发言。好几个月前，当我离开美国时，我就曾清楚地意识到，中央委员会的多数派实行的是右的路线。这个机会主义对我们在中国开展的反帝工作影响极大。去年，我们那里出现过一种论调，说美国对华政策的特点是，美国与英国帝国主义搞联合行动并且听命于英国帝国主义。今年我们那里又出现了这样的论调：似乎美国在支持日本。不管在哪一种情况下，都有人向我们建议要提出反对"别国的"帝国主义的口号并且向我们指出，"美国现行的"对华"政策"是十分必要的。

在我离开美国的时候，有些同志正在与某些错误作斗争。但是还不存在有组织的、有系统的反对派。所以，当我1月份在莫斯科的英美书记处发表反对这个正在发展中的右的路线的意见时，我仅代表我个人，与党内原先所有派别均无关系。但是，现在我在这次大会上，发现存在着一个渴望纠正美国共产党机会主义路线的真正反对派，所以我愉快地表示支持他们的政治立场，乐意与中央委员会的少数派同志站在一起。

赫谢尔（青年共产国际）：

我的发言只涉及党与青年团的相互关系，以及捷克斯洛伐克党的某些问题。

应当承认，党与共青团的关系至今不够协调。只要比较一下共青团的人数和党组织的人数就足以证实这一点了。在大部分国家中团员和党员人数的比例是1∶10。在我们的政治工作和工会工作中，党提供的帮助也是不够的。我们党的工会机构本应积极支持和帮助我们，但是它们对我们的工作却毫无反应。现在，正处于战争危险日益迫近的时期，正是青年在生产部门所占的比重不断增长的时期，我们必须更加重视争取青年工人的工作。党与青年团在本企业中的合作具有特别重大的意义。在捷克斯洛伐克的许多企业中，虽然党拥有十分强有力的基层组织，但是这些企业中的青年却依然处于共产党的影响之外。而生产部门的党支部只有在它拥有青年的情况下，它的工作才称得上是出色的。

当然，所有这些因素只是大体上规定了党对青年团所担负的任务。许多文件，如关于实现布尔什维克化的提纲，关于战争危险问题的决议，乃至共产国际给各国共产党的专门指示信，都给各支部规定了十分明确的任务。可是，各国共产党几乎没有或者只是极少地执行了这些决定和决议。根本谈不上他们在日常工作中经常给青年以帮助。

我敢肯定，这种对青年工作的全部重要意义缺乏理解的态度，无异于忽视了我们运动的基本要求。

现在谈谈有关捷克斯洛伐克共产党的问题。

在我看来，布哈林同志在其提纲和报告中对捷克党的缺点，对导致最近这次失败的党的策略的批评是太软弱无力了。党在红色节遭到的失败（它自己曾把红色节的成败同自己的威望问题紧紧联系在一起），要求我们采取有力的措施加强整个党的工作，并开展斗争以纠正党在最近时期所犯的政治错误。

党在红色节的失败，是以前各种错误导致的结果。这次失败的过错不在工人阶级，不能责备工人阶级消极被动，失败的过错在党本身。党在红色节的失败是一系列原因造成的政治上的失败。在这里我仅指出几点。（1）错误在于党提出了举行红色节的口号，作为对禁止斯巴达克运动会的回答。红色节被看做是取代斯巴达克运动会的活动。不仅广大工人群众，而且党员都是这样理解党提出的这个口号的。党没有去组织声势浩大的抗议以回击对斯巴达克运动会的禁令，而是从一开始就满足于掀起一场运动，通过一系列决议。这是因为党指望通过上级政府机关来撤销这个禁令。尽管后来不断充实口号的具体内容，红色节始终被理解为是取代斯巴达克运动会的活动。无产阶级并没有把红色节看做是捍卫自己重大利益的行动。（2）硬性规定行动日期也是一个错误。党没有注意到局势的重大变化，未能使自己的策略适应这个变化。在这次行动中党显得应变能力很差。（3）造成这次失败的其他原因还有，党的基层支部积极性不高，首先是群众性组织（红色体操联合会、工会、合作社、自由主义者同盟，等等）中的党团工作极不得力。例如，有些地区的红色体操联合会几乎是与党的指示对着干的。（4）最后，红色节那天事态发展过程中还出现了一系列错误。响应党的号召参加这次活动的有 4000—6000 名来自各地的工人和 2000—4000 名布拉格的工人。虽然政府已采取极端措施来维持安定和秩序，但是，为了不辜负群众的信任，党还是应当举行这次发动的。可是，党却表现了犹豫不决的犯罪态度，工人漫无目的地、毫无计划地在街上徘徊。如果党行动起来，那么，即使失败，也是光荣的失败，而不是蒙受耻辱的失败。去年，德国共产党在钢盔行动中也有过类似的情况。那时抗议示威也是被禁止的，但是，通过妥善的群众工作，党成功地动员了工人，顺利地举行了示威游行。

　　现在我们党进行争论的问题是，党的一般政治路线是否正确。这里指的是支持税收改革的运动，就维也纳事件采取的行动，为保护萨柯和万泽蒂采取的行动，经济罢工和争取改善社会保障的斗争（例如，提出召开工人基层委员会的口号和规定举行总罢工的日期），以及党的工会工作开展得不够有力等。在这些方面我们不仅在组织上，而且在政治上犯了大错误，党中央的某些同志把一切都说成是组织工作上的错误，应当向他们指出，党的组织工作和政治工作是紧密相连的，还要指出严重的组织错误所产生的政治后果。

党的一般政治方针规定，对资产阶级的进攻要实行反攻并根据这种实行反击的路线开展各种活动，这一方针是正确的。但是在开展这种活动的实践中，在实际利用工人阶级的情绪的过程中却犯了很多政治错误。这样一来，实际做法与正确的一般政治路线就发生了矛盾。只是把正确的政治路线写在纸上是不够的，正确的政治路线应当在实际工作和政治活动中得到反映。

应当承认，党的整个工作在体制上是不健全的。党员群众对党的行动袖手旁观，这种情况应当说是不健康的。往往有这种情况：党预定采取某种行动，而党员群众却认为上头的这项命令不一定非执行不可。他们没有意识到自己是组织的一员，必须参加整个工作和一切行动。因此，我们面临一项巨大的任务——提高党员群众的积极性。这对于任何一个人数众多的党来说都是不可缺少的。如果党员群众不能确信党的路线的正确性，难道还有可能把非党群众吸引到自己方面来吗？难道还有可能运用统一战线的策略吗？以红色节前一个星期在布拉格召开的一次大会为例，参加会议的党员只占15%。其余85%的党员对如此盛大规模的政治行动不感兴趣，而党在最近召开的全国性会议上曾把这次行动与党的威望问题联系在一起。

这个问题也值得在共产国际代表大会上讨论一番。为什么党员群众对党内发生的事采取如此漠不关心的态度呢？因为党内生活只在极其有限的范围内进行。党很少就我们的任务问题组织政治讨论。中央的借口是，党员群众受布尔什维克的思想教育不够，适应不了布尔什维克式的速度，正如通常所说，"马达的功率小了"。可是中央并没有采取什么办法调整这个速度，所以党员群众不知道真正的速度是什么样的。开展党内民主问题，是捷克斯洛伐克共产党必须予以解决的问题。一定要使党员群众真正成为党的政治路线的执行者和体现者。

红色节遭受的重大政治失败使党内的不满情绪迸发出来了。而且我们看到，党员群众已开始明白错误的根源。他们提出要改变党内生活，实现党的布尔什维克化。例如，上星期召开的布拉格积极分子大会的大多数人都赞成这个意见。他们认为，对党的领导机构做这样的改变，是党实现真正的布尔什维克化的保证。由此可见，党的基本骨干决不是倾向于机会主义的，不是有些同志所说的那样，机会主义是造成这次失败的原因。相反，捷克斯洛伐克的无产阶级毫无疑义地具有健全的阶级本能。

为了度过已经造成的严重局面，恢复群众对党的信任，党应当怎么办呢？必须展开严肃认真和深刻的讨论，迅速召开党的代表大会，充实党中央委员会成员，改组党的关键部门，从中央到基层，在全党范围开展党内民主，注意检查已通过的决议的执行情况，克服对地下工作方法的成见，同时保持公开进行党的活动的机会，认真组织并坚持不懈地开展各群众组织中的党团工作——上述这些任务及其他种种任务都是与捷克斯洛伐克共产党进一步布尔什维克化紧密相关的。

由于党最近遭受的失败，党内存在着严重的右倾危险。必须像同现在正有所抬头的原俄国反对派中的极左追随者作斗争那样同右倾分子展开坚决的斗争。应该强调，主要危险来自右边。红色节暴露出来的倾向和错误也是机会主义性质的倾向和错误。

我们在谈到捷克斯洛伐克共产党的错误和缺点的时候，无意贬低它在第五次和第六次代表大会期间所作出的成绩。这些成绩必须无条件地予以肯定。但是，只有在广泛开展自我批评并承认自己实际工作中的一切失误和过错的情况下，党才能实现布尔什维克化，才能消除这些缺点。捷克斯洛伐克共青团也不总是正确地对待党的行动，在实际工作中也犯过错误，但是，它的工作和它的缺点将是青年共产国际代表大会进行专门讨论的对象。

我认为，对这些涉及共产国际一个主要支部的问题加以阐述是很必要的。我在这些问题上的观点是与捷克斯洛伐克共青团的观点一致的。

台尔曼（德国）：

德国代表团完全同意布哈林同志向第六次代表大会提出的并得到联共代表团和共产国际执行委员会赞同的提纲中规定的基本路线。我们在政治委员会提出的修正案中指出，必须强调对局势总的评价，并专门加进了一条关于社会民主党左翼作用的内容。

这里我要回顾一下第五次世界代表大会，那次大会是在资本主义刚刚进入相对稳定时期召开的。从那时起4年过去了，这是取得丰富经验的4年、各国党充满激情斗争的4年、全世界无产阶级进行艰苦和困难战斗的4年。共产国际执行委员会各次扩大全会根据这4年的变化情况给某些支部作了决定和指示，在策略问题上给它们以很大的支持，例如共产国际执行委员会第九次全会的决定对英国和法国共产党同资产阶级和社会民主党的斗争就大有帮助。

在这些年内，资本主义的稳定究竟带有什么性质呢？请看最近这4年发生的重大事件：英国总罢工和持续整整数月的矿工罢工、印度尼西亚的暴动、中国大革命事件、中欧罢工浪潮、斯堪的纳维亚国家反对罢工法的罢工、全世界保卫萨柯与万泽蒂的大规模运动、维也纳起义、巴尔干国家的农民起义和希腊的最近事件——所有这一切表明资本主义在相对稳定时期矛盾的增长。第五次世界代表大会所作的评价是正确的。稳定只是暂时的、局部的、相对的。

第六次世界代表大会应当依据最近几年的丰富经验，作出实际的结论。在布哈林同志的报告中和在辩论中充分阐述的资本主义日益增长的矛盾，无论是内部矛盾，还是外部矛盾，都在不断加剧；而且两者密切相连，互为作用。内部矛盾，由于帝国主义矛盾而给资产阶级造成的困难，将导致革命和帝国主义国家彼此间的战争，或帝国主义反对苏联的战争，这同样不可避免地会引起无产阶级革命。

不可能事先预言，哪条道路会更快地导致资产阶级和无产阶级之间的决战。我们的任务是竭尽所能在帝国主义分子点燃战火之前动员群众，并在具备相应的主客观条件的前提下发动革命。

在提高我们本身的积极性的同时，我们应当利用资本主义的矛盾来加强政治斗争；这样我们同样能够推迟战争。假如没有共产国际，没有各国共产党进行坚决斗争反对帝国主义的战备活动，假如没有苏联用和平政策束缚住战争贩子的手脚，帝国主义分子大概早就互相厮打起来了。但是，我们不应当视而不见战争危险性正在世界各地以惊人的速度迅速增大的这一事实。我只举4个明显的例子：

（1）美国和英国在世界范围内发生的严重冲突；（2）中国最近的事件和日本的武装干涉；日本帝国主义在中国干的勾当不是在准备战争，而是已经进行战争；（3）第三件严重的事是立陶宛和波兰的冲突最近加剧。谈判突然破裂，关系急剧紧张，士官开始动员，等等，最近几天在维尔诺地区和西白俄罗斯还举行了军事演习——凡此种种都增大了战争的危险性。最后，（4）从白卫军的恐怖活动直到准备经济封锁，连续不断地对苏联进行攻击。

在第八次全会上，我们曾经谈了世界上战争危险性日益增长的问题。在专门成立了军事委员会并一致通过军事提纲的日子里，英国中断了同苏联的经济谈判，数日后苏联驻华沙的全权代表沃伊科夫被暗杀。从那时起我们可以列举许多新的事实：在中国，苏联的一些代表被无耻地杀害；法国外交政策进行着反苏的离间活动；由于苏联存于美国的黄金问题，双方发生冲突和今年春天在华沙对苏联代表暗杀未遂；最后还有德国的斯特来斯曼政府借口一些从事反革命活动的德国工程师被逮捕而采取了中断俄德经济谈判的粗暴挑衅行为。所有这些只不过是我不准备在这里谈的一系列事件中的数例。除此以外，我们决不应当忘记在外交家办公室的阴暗角落里不断进行的战争准备活动。

国际社会民主党在这些帝国主义的战争准备中起着巨大作用。每个人都应当清楚，假如社会民主党不支持帝国主义的所有战争准备活动，帝国主义分子就决不可能发动战争。1914 年，社会民主党在资产阶级和战争面前投降了，背叛了国际的一切决定。现在，它又在极其卖力地为帝国主义在全世界推行其战争措施而创造条件。在这方面，德国社会民主党起着特殊的作用。新帝国主义得以发展的国内因素是：有高超的、发展速度空前的技术，资本主义生产合理化正在加强，生产规模日益扩大，急切希望更积极地参加世界市场竞争。德国资产阶级力图为自己夺取更好的阵地，在对外政策方面表现得越来越反动。社会民主党政府的组成极其清楚地证实，托拉斯资本和社会民主党之间存在有协议。在这个政府中，社会民主党是对苏联进行战争准备的推动因素。

目前的财政部长、社会民主党人希法亭就在不久前国会讨论停止俄德谈判的问题时，曾要求断然拒绝给苏联贷款；他要求不仅停止谈判，而且实行加剧紧张关系的对苏政策，以致连德国的民族主义分子代表和其他资产阶级政党领袖都感到惊奇而采取了另一种基调。

非常值得注意的是，资本主义相对稳定时期的内部矛盾和外部矛盾在社会民主党的发展和本质中得到了反映。在一些不同的国家里可以观察到改良主义正在朝社会法西斯方向发展；可以就此举许多例子。例如以德国来说，在这里改良主义是资产阶级的最重要的支柱，在最近年代里，只要共产主义运动得不到更大的加强，改良主义将始终扮演这种角色。所谓的"帝国旗帜"突击队在竞选斗争中对红色前线战士同盟和共产党人采取暴力行动。在波兰，我们可以指出同样事例：5 月 1 日，当华沙的无产阶级英勇地举行大规模示威游行时，法西斯警察得到了波兰社会党队伍的支持，在这场反对革命无产阶级的斗争中被打死、打伤的游行示威工人达数百人之多；根据《国外通讯》上的一篇文章报道，波兰社会党的队伍甚至袭击了工厂里的工人阶级革命骨干，并在那里殴打共产党人。改良主义向社会法西斯的这种转变是同资产阶级战争准备的加强和战争危险性的增大密切有关的。社会民主党不仅是一个反对革命无产阶级和无产阶级革命的战斗组织；今天它还在建立军事组织，以便在这种思想基础和军事基础上更紧密地同资产阶级联合起来。

在德国，社会民主党已经开始在"帝国旗帜"——社会民主党为"保卫"共和国而建立的这个组织中灌输民族主义社会思想；并且竭力用此类精神来教育自己所有的追随者。社会民主党人帕格尔斯在一次柏林的"帝国旗帜"大会上作关于《帝国旗帜与射击运动》的演讲时说道："我劝同志们不要成为过于执著的和平主义者。青年同志的使命是在可能发生叛乱时帮助警察。因此对于青年同志来说，重要的恰恰是取得用小口径步枪进行射击的技能。"

这是什么意思？这意味着，这些组织应当在发生革命暴动时反对工人阶级，也就是说，要采取措施在"帝国旗帜"组织内进行系统的军事教育。

"帝国旗帜"中央委员会在1928年6月给各州委员会的秘密指示中写道：

"所有同志都应当成为体育协会的成员，以便通过体育本身进行锻炼和军事操练。"

我还注意到，在其他资本主义国家内由于战争危险性的增长，一些受社会民主党影响的群众组织也发生类似的变化。再举一例：《前进》周刊针对《消息报》提出的就停止俄德经济谈判一事发表看法的建议时写道：

"我们不可能为了颇为可取的对苏友谊而去牺牲欧洲所绝对必需的德国与西方国家之间的良好关系。"

这是赤裸裸的反布尔什维克的语言，十分清楚地道出他们将在反苏斗争中支持联合起来的西欧资产阶级。

还有一个事实：德国的改良主义者正在分裂工人体育运动，企图使这项运动也浸透帝国主义思想。几周前在莱比锡召开的体育协会代表大会毫无理由地开除了一部分最优秀的革命斗士。在柏林和哈雷也完全公开地采取了这个分裂方针。

最后还有一个足以表明社会民主党领袖已经与法西斯同流合污到何种程度的最新事例：这就是托马在去年意大利法西斯工会代表大会上的发言。大家知道，托马不是一个普通的社会民主党人，而是第二国际和阿姆斯特丹工会国际的主要领导人之一。他以这种身份担任了国际劳工局的主席。请听托马是这样说的：法西斯意大利是"为公正对待所有工人而斗争的先进战士"。他接着又说："法西斯政府保证为所有工人进行有益的和公正的改革"，"意大利的法西斯经验可能对其他国家也是非常有用的"。按照托马的话来说，墨索里尼"只有一个唯一的强烈愿望：保证工人们工作，提高他们的福利以及他们的道德和精神状态"。最后，托马还肯定地认为，法西斯主义和社会主义相互之间只有方法上的不同，但是两者都捍卫工人的利益。这些不多的事实比一切都更好地说明，这些领袖们已经堕落得有多深了。

资产阶级用来镇压工人阶级的方法有二：改良主义和法西斯主义。随着共产主义运动的增长和改良主义影响的减少，用资产阶级的民主手段来驯服工人阶级已不够了。于是资产阶级就不得不采取更强有力的法西斯方法。

社会民主党最反动的趋势集中地表现在它的联合政策上。当社会民主党政府坚决执行资产阶级政策的时候，工人们就会从社会民主党周围跑开；继续奉行这种政策将使社会民主党受到与无产阶级劳动群众彻底决裂的威胁，这些劳动群众将离开它去投向共产主义。如果它执行帝国主义政策不够坚决，摇摆不定，那么金融资本将会让它彻底完蛋。在反对改良主义的斗争中，我们的基本任务之一就是进行反对社会民主党联合政策的斗争。各国社会民主党政府的整个对内政策都是旨在镇压工人阶级。它们在对外政策方面则是在伪善和和平主义幌子下支持帝国主义的军事行动。

社会民主党人的这种背叛活动，加上共产党和革命运动的工作和发动，使社会民主党的拥护者开始动摇并倒向共产主义这边。在这种形势下"左派"社会民主党粉墨登场，目的是阻止社会民主党工人大批转入共产党。

社会民主党的联合政策只有依靠各个国家"左派"社会民主党人的支持才有可能实行。大家知道，在社会民主党于基尔召开的党的代表大会上，当希法亭就联合政策问题提出"向国家接近"的概论时，左派领袖没有对他采取任何对抗行动。在维也纳起义以后，鲍威尔一伙与伦纳等右派共同决定提出在奥地利也同资产阶级实行联合的问题。德国代表团建议给布哈林同志的提纲作一些修正，目的就是为了在今天就指出"左派"社会民主党的危险性，因为由于战争威胁的日益增大，"左派"社会民主党将起着比现在看来更大的作用。战争越近，"左派"社会民主党就越危险。第八次全会通过的关于战争的提纲已经指出，在工人运动中，共产主义最危险的敌人是"左派"社会民主党领袖，在矛盾日益加剧和共产主义运动不断加强的时刻，他们用革命的辞藻和虚伪的左的鼓动方法，帮助了右派的联合政策和军事政策；并且他们的整个政策都是旨在支持反苏和反共斗争以及镇压工人阶级。这就是为什么我们对待"左派"社会民主党的立场在目前具有极其重要意义的原因所在。在揭露"左派"社会民主党人方面的任何犹豫、任何迟延，都将受到我们队伍中最坚决有力的反击。（有人喊道：对！）

在我们德国共产党内，由于右翼集团在对待"左派"社会民主党方面采取模棱两可的策略，我们之间存在分歧。在埃森召开的党的代表大会上通过的决议，把"左派"社会民主党看做是共产主义和工人运动最危险的敌人。我们希望第六次世界代表大会就这一问题作出明确的决定，因为对于许多支部来说，这个问题具有极为巨大的意义。只要指出英国、奥地利、波兰以及德国就够了。

我们看到，帝国主义反对无产阶级革命的十分庞大而又复杂的战斗机构采用了一切斗争方法：资本主义国家的整个政权、法西斯主义、资产阶级政党，最后还有它的最重要的武器，即社会民主党，包括其"左派"领袖。我们能用什么来对抗这个敌对力量体系呢？这就是由三个部分组成的阵线：苏联、资本主义国家内无产阶级的阶级斗争、殖民地解放战争。

我认为，在第六次世界代表大会上确认苏联在目前的"改造"时期取得了巨大成就这一点是十分必要的。我们不可能充分估计苏联社会主义大工业产量每年增长 15% 这一事实的意义。苏联新建立起许多工业部门：汽车制造业，飞机制造业，化学工业和机器制造工业。大工业中工人的数量在最近 3 年增长了 33%。如果注意到这些成就几乎是在没有引进外资，而是在社会主义积累的基础上取得的，那么我们应当说，苏联创造了世界纪录。世界无产阶级都极其关心苏联的社会主义经济建设。苏联经济战线上每一项新的重大成就都向全世界无产阶级又一次证明社会主义制度比资本主义制度优越。这个具有重大世界历史意义的问题最终将由我们与资产阶级、共产主义与社会民主党之间的斗争来解决。不言而喻，在无产阶级专政总的发展中存在着许多困难；这些困难并非标志着停滞，而是意味着前进。国际社会民主党在谈到社会主义建设成果的问题时一贯说假话、不老实，它到处大喊大叫，为的是更牢固地把工人群众拴在资本主义制度上，使他们弄不清社会主义建设发展的真相。它这样做，是因为它知道，无产阶级群众对苏联的同情现在比任何时候都更加强烈。无产阶级专政在其存在 11 年以来的总的发展表明，布尔什维克党依靠自己的力量、首倡精神，依靠自己对千百万劳动人民的影响，不断克服每一个新的困难，一次又一次获得新的胜利。凡是见到过千百万群众对"克拉辛"号破冰船上红水兵建立的功勋表现出兴奋疯狂的人，都感到了这一反响的政治意义。并非仅仅因为这是救生行为，而是由于这是世界上唯一的无产阶级国家——苏联所完成的真正的英雄业绩，正是这一事实才引起了全世界劳动人民热烈的赞扬。问题不在于 6 名法西斯冒险家的被救；千百万人的这一反应证明了劳动人民对世界上唯一工人国家的强有力的支持。

现在谈几点关于左倾化的动向。除战争危险性日益增长外，这是目前时期最重要的迹象之一。各国选举就非常明显地表明了这一点：波兰和法国的选举显示出左的情绪在增长，而最近时期的经济斗争和罢工浪潮更加清楚地证明了这一现象。在德国出现了新高涨的趋势。

我们党在选举中获得了 55 万多张新选票，其中 80% 是在 13 个最重要的工业州取得的。党有了新的拥护者：在德累斯顿有 41000 张，在哈雷有 38000 张，在莱比锡有 3 万张，在汉堡有 26000 张，在开姆尼茨有 16000 张，特别是在红色柏林及其郊区还有 23 万多张选票。我们在 40 个大工业城市一共获得 21 万张新选票。尤其在工人阶级有悠久传统的那些城市，如柏林、汉堡、莱比锡、德累斯顿、美因河畔法兰克福等城市的选票数量都增加了。这些事实表明，德国无产阶级最先进的骨干真正拥护我们党，拥护共产国际。

当然，不能否定社会民主党获得了 900 万张选票的这一事实；但是，它是在借助于资产阶级意识形态来进行选举和在采取社会民主党参加大联合的方针的情况下取得这些选票的。而我们则是在竞选斗争中高举无产阶级专政旗帜而赢得我们选民的。

我再举一个事实，这个事实是我们应当把它与社会民主党的联合政策联系起来加以考虑的。

可以认为，社会民主党获得的 900 万张选票中约 300 万张是小资产阶级投的；由此可见，社会民主党的社会基础发生了变化。而投我们票的几乎全是无产阶级。在我们失去选民的那些州里，社会民主党从我们这里夺去了一部分工人选票，但大部分选票获自小资产阶级选民。

不言而喻，在德国出现的左倾化进程不具有一面倒的性质。这种现象是非常复杂的。我们党所面临的策略问题，不管我们明天、后天、不久的将来处于任何局势下，都需要尽量地使其具体化。

德国代表团完全同意提纲中所指出的，一方面是各国共产党的影响有了巨大的增长，另一方面是党的政治影响与其组织力量之间存在着很大的矛盾。共产党员的人数对党在工人阶级中已经拥有的强大影响来说，也是很不相称的。这种畸形现象，我们可以用各种各样原因来加以解释。原因之一就在于我们的同志工作过重，劳累不堪，每天都必须进行大量革命工作。许多同情我们的非党人士被这种沉重的工作吓住了，另一些人在转到我们党内来以后，重又离党而去。因此形成大量的流动。在那些需要运用统一战线策略和利用每一个有利局势从非党工人和社会民主党工人中争取新的拥护者的地方，我们的党、我们的同志表现得不够灵活，缺乏耐心。全党应当共同努力克服这个缺点，必须实行新的改进了的工作制度。

选举结果，成立了社会民主党联合政府。现在已经可以说这个政府的活动有两个发展阶段。第一阶段是许愿阶段，那时社会民主党还可能使工人阶级产生某些幻想，还可以把群众保持在自己党内和自己的势力范围内。在新国会工作时间不长的日子里，社会民主党所进行的活动已经向我们表明，它在竞选运动中许下的愿并没有兑现。甚至连共产党人曾经给予支持过的某些社会民主党提案，政府也在社会民主党人的帮助和支持下拒绝了。在这个发展的第一阶段，资产阶级利用社会民主党人来实现一些连资产阶级也不想使自己声誉遭到败坏的行动。正如 1919年社会民主党政府签署凡尔赛和约一样，现在它又将奉行与法国接近的政策，而这项政策是资产阶级政党，特别是右翼政党不甚乐意实行的。可社会民主党政府将按照资产阶级的指示去完成这项任务。

不言而喻，以后斯特来斯曼和弥勒政府将肆无忌惮地加强一切反苏措施。

发展的第二阶段将非常短暂，它必然导致社会民主党联合政策的破产。

正因为群众的压力不断增强，如果社会民主党不愿失去群众的话，它就不得不在某种程度上成为政府的反对派；另一方面，如果它不执行帝国主义资产阶级的对内对外政策，那么，资产阶级就会把它从联合阵营中赶出去。

由于无产阶级群众的压力，由于我们党和国际支援革命战士协会的长期工作，由于争取释放政治犯和要求大赦的运动的开展，社会民主党政府不得不从监狱和城堡中放出了无产阶级俘虏，政府之所以这样做，仅仅是因为受到群众的压力，以及希望以此造成劳动人民的某些幻想。

我们的同志、革命者马克斯·赫尔茨（热烈鼓掌）和所有其他无产阶级囚徒回到党的工作中来受到我们全体最热烈的欢迎。德国共产党保证尽一切力量使马吉斯等这些还在监狱中受折磨的革命者都能够在最近的将来由于无产阶级在德共领导下施加压力的结果而回到无产阶级的队伍中，回到自己的阶级弟兄的身旁。（热烈鼓掌）

简短地谈几点关于经济斗争的情况。席卷德国的经济斗争浪潮，无论是客观形势，无论是资产阶级政策，无论是社会民主党在政府中的活动，都不能使其平息，相反地，在最近几个月中它将更加汹涌澎湃。由于实行资本主义生产合理化方法而加剧了物价上涨、工资下降，以及在市场不景气的情况下今冬失业人数必将增多——所有这些事实表明，在最近几个月内德国可望出现大规模的经济斗争。

共产党的主要任务是把日常的要求同反对资本主义国家的根本斗争、同建立工农政府的口号联系起来。我们现在为破坏仲裁制度而进行的经济斗争，由于部分工会机关和工会官僚同国家机关勾结在一起，它比以往任何时候都更具有政治性质。随着资本主义倾向的增长，一切经济斗争的政治性质将比最近几年更为强烈。所以必须使党在同资本主义国家进行斗争和为争取无产阶级专政而斗争的同时，在所有日常问题和日常任务上能作为一个独立的因素，作为一支真正能捍卫无产阶级和所有劳动群众利益与要求的唯一力量更有力地、更积极地行动起来。

同社会民主党联合政策作斗争的问题是包括许多方面的综合性问题，策略问题是最最复杂的。这一斗争的重点是：第一，当前将为提高工资、减少工作时间而进行经济斗争；第二，为反对政府的税收政策而进行坚决有力的斗争；第三，为反对社会政策的日益恶化和为德国所有劳动者争取改善这一政策而斗争。我们应当把所有这些问题同反对帝国主义和战争危险性的斗争联系起来。

在党内讨论这些策略问题时，出现了策略上的某些差异和分歧。在这方面最主要的问题是，在企业和工会内为争取实现日常要求而组织斗争的问题。在这些问题上，党对群众的领导是不力的。我们的提案中应当包括对群众、对企业和工会工作的指示内容。

工会官僚们对我们以企业为出发点提出的要求将不得不采取一定的立场。工会官僚们会用仲裁手段试图扼杀一切斗争；我们能用以唤起工人阶级斗争愿望的方法，不是提出"迫使工会官僚进行斗争"的口号，而是提出我们自己的要求，并把这些要求提交企业，从而迫使工会官僚必须对这些要求表态；只有这样我们才能表现出，唯有我们是真正捍卫无产阶级利益而反对社会民主党的背叛行径和反对资产阶级的。除了这些策略上的困难以外，还要加上国内政治上的困难和党内困难：在改良主义面前实行总退却，机会主义的危险逐渐增多，甚至出现某种背叛情况，在另一些情况下则表现为赞同改良主义的工会政策。在一次工会代表大会上，我们的同志就曾经赞同社会民主党关于谴责共产党刊物对社会民主党所持态度的决议。这是我能举出的许多例子中的一个。在工厂工人工会联合会大会主席团的工作报告中，我们看到：

"总的说来，同各级工会组织和共产党人的摩擦极其令人可喜地减少了。不过，这不是共产党领导具有善良愿望的结果。共产党领导一如既往地向我们的工会同志和对地方工会组织及整个工会的策略竭力扩大他们的影响。他们没有能做到这一点，这就是工会机制健康的征象。"

"我们认为值得赞扬我们的共产党同事，凡是在他们和我们一起在争取改善劳动条件和增加工资的斗争中担任负责工作时，一般说，他们的行动是支持我们的。在这种情况下，某些例外反而证实是合乎常规的。"

诚然，这些话不完全符合事实，但是它证明，在这个工会工作的同志们表现得不够积极、不够坚决。谈几点关于德国五金工人工会最近一次选举结果的情况。这次选举结果比1928年5月德国国会选举的结果差得多。这次结果一方面是因为企业和工会内改良主义的活跃，另一方面则是由于共产党领导下的革命的工会反对派在当时情况下没有充分有力地支持经济斗争。（有人喊道：对！）无须怀疑，凡是反对派工作真正得力的地方，凡是我们更坚强捍卫我们的革命路线的地方，我们取得的成就都比在德国其他地区取得的要大得多。我们不应忘记，我们必须努力提高党支部工作的政治水平；在进行和准备罢工时，我们应当更清楚地显示出工会反对派工作中的革命路线；我们应当作为工人阶级有魄力的领导人更坚决地行动起来，遗憾的是，在这以前行动是不坚决的。

　　某些德国同志把五金工人选举结果不能令人满意的原因归咎于没有提出过渡性口号。诚然，这些同志没有像右派集团那样提出监督生产的口号，但是他们想寻求其他的过渡性口号，而大家知道，这种口号在当时形势下是不可能存在的。对我们来说，过渡性口号只有在出现尖锐革命形势的时候才有可能作为行动口号而存在。如监督生产、建立苏维埃、武装无产阶级等，都是我们用以区别于我们在那个时期所要提出的最终要求的过渡性口号。但是在目前形势下，要求把过渡性口号作为行动口号提出，那就是一种机会主义倾向。根据具体形势，党应当提出局部要求和采取广泛开展群众工作的策略。

　　我们还不得不指出在总的政策中的一些缺点和失误。例如，我们没有及时地觉察到在基尔召开的代表大会上出现的改良主义方法上的最新转变，也没有与此相适应地改变我们自己的具体策略。除此以外（关于这一点在讨论党内状况时我还将谈到），必须在党内进行更有力的监督，努力使党在这方面的工作得到加强。尽管存在着这些缺点，但是德国共产党对工人阶级的影响仍在不断增长。改良主义者的策略和他们在工会和一切群众组织中推行反对共产党人和革命者的分裂政策，就是我们取得成就的最好证明。

　　矛头指向共产党人的分裂政策还从来没有像最近几个月以来推行得这样猛烈：在共产党人影响下的各地工会小组大多被解散了。在莱比锡召开的工人体育协会代表大会上，改良主义分子决定在体育运动组织内进行一次大规模的分裂活动，因为他们害怕，明年我们会在这个协会内取得多数。一些优秀的共产党人因此而被开除，数日后，柏林和哈雷的体育组织内也发生了分裂。

　　几周前，在法兰克福的全国自由主义者代表会议上同样采取了这样凶狠的策略。我不准备继续举例来说明了，当时一些优秀的共产党领导工作人员往往由于一篇文章，由于任何一个表面上的错误，由于在议会内的任何一次讲话，就被随随便便地赶出工会和其他群众组织。鉴于竭力制造分裂的改良主义分子的这次进攻，我们应当动员无产阶级群众为争取在共产党领导下统一工人运动而行动起来，我们应当采取一切手段阻止工会组织的分裂。

不言而喻，随着资本主义相对稳定时期矛盾的增长，随着帝国主义力量的加强，随着共产主义运动的发展，社会民主党在其反对革命运动的斗争中也将越来越肆无忌惮。德国就是这一政策的典型例子。

德国也在进行共产国际执行委员会第九次全会所主张的最大限度地加紧反对社会民主党的斗争。政治局势的这种变化在党内产生一定的后果。现在我就这一问题谈谈党内冲突和对党内状况的分析。

在这第六次代表大会上，我们可以肯定下述情况，即德国共产党在最近 3 年来第一次能够高兴地宣布，极左的托洛茨基叛徒们已经彻底地、完全地失败了。（热烈鼓掌）他们一部分变成了小资产阶级市民，一部分则参加了社会民主党。没有必要为他们多费口舌了。

德国资本主义稳定时期的压力、社会民主党政府的政策、企业主的进攻、企业内反对派工人和革命工人的被解雇、改良主义分子为分裂工会而发动的进攻——所有这一切明白无误地证明，我们共产党的部分工作人员在向社会民主党交出阵地；部分原因是党内的教育不够，监督不力，缺乏坚定不移的精神。如果这种倾向开始有理论为依据，去迎合改良主义，那么，这些现象对党来说是危险的。在布兰德勒同志的行动纲领中提出的监督生产的口号，其实质就在于此。遗憾的是，这个口号不仅是我们党内右派分子的理论；它还经常贯彻于我们日常政策的实践之中。

在我们的具体政策中还暴露出强烈的机会主义趋势和倾向。最近以来，这些现象表现在：对红色工会国际第四次代表大会的决定持激烈反对的态度；对"左派"社会民主党抱有调和主义的情绪；向反动的工会官僚和社会民主党领导投降；迎合资本主义的仲裁，在一些市政机关内犯有极其严重的机会主义错误。

作为例证，我只要从为党的积极分子出版的机关刊物中引用两段话就够了。在莱比锡州工作人员的机关刊物《党的工作》上对台尔曼同志的文章进行了一次论战；有位作者写道：

"党应当向工人阶级声明，它准备支持社会民主党政府。党应当明确、具体地说，它要对政府提出哪些要求。"

这是彻头彻尾的机会主义理论，它使我们想起党的领导在 1923 年来采用的理论。

在图林根的工作人员机关刊物《布尔什维克》上关于左派社会民主党是这样写的：

"在东图林根，'左派德国社会党'的论点要比'抽象的共产主义观点'更得到这些地区社会民主党工人的支持。不言而喻，我们应当将共产主义观点献给工人，但是'左派'的论点则是唤起社会民主党工人和使他们投入到反对联合政策捍卫者这个运动中去的更好的出发点。"

总之，我们从这里首先看到的是要利用社会民主党内的分歧；凡是有右派社会民主党人的地方，我们就应当用"左派"的论点去反对右派，而且我们不应当在我们的日常斗争中把"抽象的共产主义观点"提到首位。简直是乱七八糟！社会民主党越向右倾，这种倾向的危险性就越严重。

现在，危险是不是来自极左或"左"的方面呢？绝对不是！目前，主要危险是右倾危险。我们一向把极左分子看做是一种偏离共产主义的小资产阶级思潮。我们始终把他们的意识形态作为右的思想来斗争。我们曾经预言，他们将会转向社会民主党。不过，既然现在党内存在

"左"的趋势和情绪，那么，只要统一战线策略运用得不够具体，极左思潮就可能表现出来。

但是，这已经不是1924年以来曾经存在过的那种重要的危险来源了。

在我们德国有一个老的社会民主党，有许多老的工作者，另一方面有一个只是在革命烈火中诞生的年轻的共产党。这个党积累了大量的经验，它经历了1923年的十月危机（这场危机没有特别费劲地就被消除了）和鲁特·费舍主持中央工作的时期；党成长了，并且更加成熟了。然而，尽管它成长了，目前在德国，产生上述危险的根源甚至比德共领导同志自己所预料的还要强大。因此，领导应当为党的布尔什维克化创造条件，反对社会民主党的影响渗入到我们党的队伍中来。党应当加强反右倾斗争。当然，我们党内的右派还只是一小撮，他们对党的群众没有真正的影响。但是，最近以来这群右派为反对党的政策而采取的行动已经带有宗派的性质。因此，在第六次代表大会上也有必要提醒一下关于铁的纪律、党章和列宁在第二次代表大会上提出的并得到一致通过的21项条件。在其中的第12条写道：

> "加入共产国际的党，必须是按照民主**集中制**的原则建立起来的。在目前激烈的国内战争时代，共产党只有按照高度集中的方式组织起来，在党内实行近似军事纪律那样的铁的纪律，党的中央机关成为拥有广泛的权力、得到党员普遍信任的权威性机构，只有这样，党才能履行自己的职责。"①

这一条在目前形势下具有现实意义，并且不仅对德国共产党，而且对共产国际其他支部来说都是如此。波兰共产党的状况在某些方面也是

---

① 参见《国际共产主义运动历史文献》中央编译出版社2012年版第30卷收录的《加入共产国际的条件》。——编者注

一个例子。值此战争危险性日益增长之际，波兰所起的作用是众所周知的。波兰作为侵犯苏联的基地和出发点起着极其重要的作用。因此，在派别倾向和派别集团表现得非常严重的波兰共产党内，必须使用一切手段努力恢复团结。在这里，即在第六次代表大会上，我们应当尽力找到实现党的团结的方法。目前，只有资产阶级及同它在一起的社会民主党才会从波共的党内状况中得到好处。（鼓掌）

在21项条件中写着，少数要无条件服从多数，议会党团、工会党团和报刊要服从中央委员会。在我们遇到很大困难和准备迎接重大事件的今天，21项条件中提出的要求尤为必要。不言而喻，有了21项条件，并不意味着我们就应当不再努力运用我们所拥有的一切思想宣传手段去说服那些有偏离倾向的同志，使他们放弃错误的观点。这就是中央委员会和全党的首要任务。但是，如果没有更多的保证来实现党的正确政策，那么，仅使用思想手段是不够的。我们需要广泛的党内民主。我们应当从上到下和自下而上地加强全党的集体工作。但是，纪律不应因此而放松，纪律应当更要加强。

在第九次全会上，俄国和德国两个代表团就对待右倾危险分子的忍耐问题作出了共同的决定。存在着一种倾向——政治上与右倾划清界限，但同时对德共党内右的危险都估计不足。首先，这些同志低估了那些已经形成了完整的右倾思想体系的人的思想影响。他们没有看到，在目前条件下，改良主义正在加紧对我们党施加影响，右的思想不仅影响到工会、议会、群众组织中的部分工作人员，甚至影响到党的委员会。由于这种错误的政治评价，许多同志有时还反对采取必不可少的措施。州的某些领导同志往往冲淡和粉饰右倾集团的理论倾向和他们在实际工作中机会主义错误的意义，尽管这些错误有时接近于对德国共产党和工人革命运动的背叛。我们代表团在第六次世界代表大会上对这一问题同样存在某些分歧。诚然，绝大多数同志表示反对对右倾危险分子持忍耐态度。俄国代表团还单独就这个问题提出了补充提案，经征得俄国代表团的同意，我把这项补充提案宣读如下：

　　"德国共产党是国际无产阶级革命大军中最优秀的队伍之一，与此同时它的对手则是在国内扎根很深、组织得极其出色的社会民主党，这就为共产主义运动本身内部的右倾提供了良好的土壤。因此，始终不渝地同右倾现象（如目前提出的生产监督的口号，对红色工会国际第四次代表大会的决定的反对立场，对左派社会民主党的妥协态度，等等）作斗争，坚决消除对这种倾向的调和主义思潮，同时吸收那些拥护红色工会国际和德共埃森代表大会决定的党的所有优秀分子参加党的负责工作，坚决奉行全党统一的方针，团结现有领导层的一切力量和加强集体领导，少数绝对服从多数——这就是当务之急"，等等。

　　德国代表团的多数人同意这项提案。根据这条路线，德共领导将继续奉行和深入实行埃森代表大会所通过的统一全党的方针。同时，党应当比以往任何时候更加紧努力吸收新的无产阶级分子参加党的工作。不言而喻，我们不会对党的组织工作中和党实现其政治路线中所出现的一系列缺点和疏忽视而不见。我们存在的问题主要还不是直接犯错误，而是疏忽。领导人和全党的自我批评，不论在上层，还是在基层，都没有充分开展。但是，我们不会让党内右派集团利用党的工作的任何弱点来达到他们的派性目的，即达到他们攻击党的基本路线和党的领导的目的。

　　我们把俄国代表团的提纲看做是实现我们在德国面临的任务的新的基础。我希望，第六次世界代表大会的各位代表能支持我们的观点，从而帮助我们在德国共产党的发展中进一步取得胜利。

　　最后，我提请我们这次代表大会的代表们和所有党务工作者特别认真地注意。在战争危险性日益增长的目前形势下，必须使所有国际支部，包括德国支部在内，充分有力地利用无产阶级青年和共产主义青年团的反军国主义传统去同帝国主义战争作斗争。（鼓掌）青年们由于有毅力、有热情、有自我牺牲精神、有主动性，因此是最重要的革命因素之一，共产党应当依靠他们进行革命工作去反对帝国主义战争和把帝国主义战争转变为国内战争。生产过程中的社会重新组合越来越吸引妇女参加日常的政治工作。在同日益增长的帝国主义战争危险进行的斗争中，我们同样应当吸收妇女参加，并把她们组织起来。共产党应当特别注意这方面工作，应当在妇女中加强革命工作和加强宣传鼓动。

还有一句话要敬告所有国际支部，其中也包括德国共产党。这次代表大会上谁都不会怀疑，我们正在迎接重大事件。谁也不知道，帝国主义是不是会留给我们足够的时间，使共产国际第七次世界代表大会能够在和平时期的条件下召开。资本主义的稳定正遭到破坏。新的革命高涨时期日见成熟。在这种形势下，我们比以往任何时候更需要国际主义、全世界劳动者的革命团结、与殖民地被压迫人民的联盟。（鼓掌）几年来，我们不得不同托洛茨基主义进行了斗争。在这场严肃的斗争中，列宁主义在共产国际所有支部内始终是无可争议的胜利者。（鼓掌）在这场严峻的斗争中，国际主义精神、对共产国际的绝对忠诚和对共产国际的领导党——联共（布）党的坚定信念得到了巩固。（热烈鼓掌）这种革命精神应当一如既往地支配我们，指导我们的一切思想和行动。在共产国际这个世界上唯一真正的国际的领导下，革命毅力和对无产阶级和所有劳动者革命力量的不可动摇的坚定信念，必将保证我们获得胜利。（长时间的热烈鼓掌）

斯佩克特（加拿大）：

布哈林同志的提纲是对社会民主党人最清楚不过的回答。那些社会民主党人硬说什么，在我们和他们对资本主义稳定的理解之间没有任何真正的差别，整个实质仅在于我们不如他们真诚。然而，在这个问题上，提纲草案中阐述的我们的观点不同于社会民主党的观点，正如街垒的一方与另一方互相对立一样。在提纲草案中，我们指的是帝国主义世界大战和无产阶级革命时代矛盾急剧激化时期的稳定，这些矛盾乃是资本主义为了达到稳定而采取的措施本身造成的结果。正是在稳定中包含着新的世界大战的前景，即在苏维埃祖国和资本主义敌对的包围之间为争夺统治权而斗争的前景。

群众左倾化向深入发展和第二次世界革命浪潮不断增长的前景是与资本主义在所谓"新的工业或技术"革命、世界托拉斯化等的基础上取得新的有机发展的观念完全对立的。其实，这种观点就是希法亭、鲍威尔、麦克唐纳和他们在各个国家内的拥护者的理论。这种理论不仅反映出他们自身的愿望。由于采用这种理论，他们就不得不竭尽全力去证实这一理论是正确的，因而采取阶级合作政策，积极支持巩固资本主义和捍卫国家资本主义思想的一切趋势。于是他们支持生产合理化、蒙德主义、"工业稳定"；于是他们支持一切束缚工会运动手脚的措施；于是他们敌视苏联，同情国际联盟。

在向代表大会提交的纲领草案中写道，帝国主义正大大加剧世界经济生产力的增长与民族国家边界之间的矛盾。我们在布哈林同志提纲草案中所看到的这种对稳定的观点，是为整个共产国际，而不是为某一个国际支部所作的分析。这个分析也不是为世界的某半球而作的。

当然，美洲在资本主义的总危机中现在起着与欧洲不同的作用。但是，美洲和欧洲——这是反映现代世界资本主义总危机的同一幅世界全景的两个部分。我强调这一点，是因为毫无疑问存在着某些趋势，我知道，在我们加拿大有些同志就暴露出有这样一种趋势，即认为对稳定的这个分析总的来说不适用于北美洲的条件，尤其不适用于加拿大的情况。我们同志中有人也持有这种观点，但是把这种观点在群众中进行传播的，当然是社会民主党人，我们应当同这种观点进行坚决斗争。

例如，有人指出最近几年加拿大的生产力增长了。不错，我们发展了许多新的工业部门。仅最近一年中，资本集中的情况比许多年的总和还要多。加拿大工人的劳动强度不断增大。1927 年最后几个月工人就业的指数比 1921—1924 年时期勉强增长了 10%，而工业产量则增加了 50%。在产量大增长的同时，企业倒闭者增多，经常性失业人数增加。

加拿大的资产阶级依赖于农业和国际市场。欧洲是它的主要市场之一，因此，尽管不能说加拿大现在正经历着危机或者甚至出现停滞，或者出现某种萧条（这是使用美国同志谈到邻国状况时所用的术语），但加拿大的昌盛毕竟是很不稳定的。它的昌盛完全依赖于国际状况，这一点是实实在在可以感觉到的。加拿大的工业化更加重了这一情况，因为我国的资产阶级已开始作为竞争者出现在世界市场上。

加拿大生产机构的开工率还从来没有超过 75%。因此，即使在加拿大目前的昌盛时期，企业主也千方百计地反对工人提高工资的任何微小尝试，他们不是以直接反扑作为回答，就是把工人的要求转交调解庭处理。在目前时期，加拿大工人本来似乎能够轻而易举地争取到更好的生活条件和劳动条件，而实际上在这方面与 1921—1924 年经济萧条时期相比，没有任何重大改善。我想不起最近期间有哪一次罢工是以工资得到较大幅度的提高而结束的。相反地，我却想起诸如在温哥华、新斯科舍等地举行的一系列罢工，这是木材工人、矿工、建筑工人举行的罢工，其结果，有些是工人所得甚微，工资毫无增加；有些是工人的要求被企业主和工会官僚的共同压制所破坏。因此我认为，加拿大同志的主要任务之一是，他们应当依据布哈林同志的提纲，强调加拿大目前的繁荣完全是相对而言的，并且应当使工人们做好今后战斗的准备。

我们现在在加拿大可以看到，一方面是未加入组织的工人发生骚动，另一方面是工人运动中的右翼力量正在加强，在这种情况下，我觉得上述方针就尤为必要。加拿大工人党正处于一个发展的新阶段，确切点说，正处于衰退阶段。曾经有过一个时期，像辛普森这样一些领袖都同意与共产党人建立统一战线，但是，目前情况表明，辛普森完全背叛了自己对统一战线的立场，并接受了英国工党典型的观点。他声明，现在与共产党人一起工作是不可能的，与此同时这位社会民主党人却同美国劳工联合会的官僚们接近了。结果，辛普森在安大略省使工党造成分裂，现在他同独立工党一起在全国各地活动来组织全国性的社会民主党（他们把该党称为社会民主党还是独立工党，这并不重要）。在艾伯塔省，他们正在制造分裂；在不列颠哥伦比亚省，分裂已经发生；在魁北克省，一些共产党人被开除出党。共产党人在加拿大全国面临的问题是，对工人党应采取何种策略。辛普森制造的分裂无疑将会加强加拿大工会官僚对共产党人的诽谤中伤。

应当指出，独立工党目前在众议院有 4 名议员，在马尼托巴省立法机关和温尼伯市委员会也有代表。独立工党一贯反对建立加拿大工人党，并由于我们参加了该党而对该党不断进行破坏。加拿大独立工党的纲领对工人阶级是巨大的危险。这完全是社会民主党精心策划的实行叛卖的明确纲领。社会民主党在议会中为之辩护并在群众中广为传播的思想。乃是工人帝国主义的思想。非常值得注意的是，出席帝国工人代表会议的，有职工大会主席汤姆·莫尔、著名的工会官僚塔隆和独立工党的两名成员（两人都是加拿大议员），而且他们都同英国工党的帝国主义分子携手合作，当印度代表举行示威并离开会议厅时，加拿大的代表们却支持兰斯伯里和英国工党帝国主义分子的反对殖民地的立场。

加拿大独立工党的纲领是一个支持国际联盟和支持以所谓"合作政府"这种隐蔽形式出现的联合政府，支持国家资本主义（独立工党领袖伍兹沃思经常发表千篇一律的讲话，主张在加拿大现有条件下实行银行国有化），甚至不再像过去那样侈谈工人监督而直接支持国有化的纲领。所有这些就是加拿大独立工党的思想，总而言之，它鼓吹的是工业民主和"惠特利委员会"① 制度。

在工会工作中，我们党面临着存在两个工会中心的问题。一个中心是职工大会，这是从属于美国劳工联合会的组织；另一个中心是新成立的独立职工大会的中央机关。既然这次代表大会是在自我批评的精神下召开的，那么应当说，我们党未能完成支持这个新的工会中心的任务，总的说来，采取了一条在工会问题上不正确的路线，党落后于事态的发展。我们只是在不久前才开始确定以下新任务为方向：不仅同意建立这个新中心的原则，不仅批评新中心的领袖们没有这样去做，而且认为我们自己有义务走到前面，着手解决把未加入组织的工人组织起来的问题。

目前，在加拿大关于统一战线问题在很大程度上可以归结为组织未加入组织的工人的问题。加拿大工人的基本部分还没有组织起来，这部分未加入组织的工人对两个中心开展活动来说都是一支巨大的物质力量。只要问题涉及北美洲，加拿大本国的美国劳联职工大会就与美国劳联的官僚们携手合作，而在涉及大英帝国的问题上，职工大会则支持亲英国政府的"日内瓦"方针；在这两方面，职工大会都是反对左翼少数派和共产党人的。结果，共产党试图组织左翼的做法导致一些著名的工作人员被实际上开除出工会。美国劳工联合会在加拿大完全无力完成组织未加入组织的工人的任务。而且，由于一系列新工业部门的发展，这些部门的工人又都是没有组织起来的，因此在加拿大，这个问题便更加尖锐了。共产党面临的任务是竭尽全力去巩固新的工会中心，以此来实现统一的口号。我们对加拿大工会统一的口号的理解迄今为止一直是非常抽象的。把整个问题归结为只是两个职工大会即加拿大工会运动两个中心合并这样一个含义狭窄的口号。我们过分相信通过某个职工大会

---

① 英国在战时设立的仲裁委员会。——编者注

会议作出正式决议的办法就能把工人联合起来。

现在根本谈不上加拿大职工大会将同意讨论关于与新的工会中心实行统一的决议的问题，因为新的工会中心所持的立场是保持加拿大工会运动的独立性。当然，不应由此得出结论，认为我们应当脱离旧的工会和脱离美国劳联的职工大会，不要认为，我们应当试图使任何一群希望参加新工会中心的极少数工人从他们本来的、还未准备参加新工会中心的组织中分裂出来。

然而，只有在我们能够改变这两个职工大会现有的力量对比，以及着手进行并真正把未加入组织的工人组织到新的职工大会的时候，工会的统一才会在加拿大彻底实现。统一战线运动应当从下面做起：应当组织联合的统一委员会；应当确定统一的行动纲领，必须有联合理事会——关于这些问题在美国劳联木工统一联谊会和独立木工联合会发生争斗期间，我们已经取得了少量经验。

由于我们面临着国际规模的战争危险，加拿大的右翼力量正日益增强，加拿大职工大会内部的反共运动不断加剧，承认这一事实是极其重要的。加拿大目前处在英美之间的位置上，而且这两个国家都在为争取把加拿大作为一旦发生战争时的战略基地而斗争着。加拿大共产党面临的任务是动员工人反对帝国主义战争，保卫苏联，既反对美帝国主义，也反对英帝国主义。独立工党正在加紧散布和平主义幻想，似乎工人们通过政府官方机关、委员会，采取支持国际联盟，实行强制性仲裁等手段，就可以同战争危险性作斗争。加拿大共产党应当用"保卫苏联"和"国内战争"的革命口号来动员工人。我们应当利用加拿大的地理位置，促使加拿大与澳大利亚、美国和参加这一运动的其他国家一起加入太平洋书记处。

还谈几句关于我们党内的情况。这个问题与我刚刚说的有密切的联系。很遗憾，我们应当承认，我们党总是跟不上加拿大各种事态的发展：我们被资本主义的稳定和昌盛弄得目眩神迷，以致我们低估了工人的战斗力，而过高估计了资产阶级的力量和它压制工人运动的能力。

让我举几个例子。就拿保卫萨柯与万泽蒂的运动来说吧。我知道，在共产国际最近一次全体会议上，曼努伊尔斯基同志有机会对法国共产党进行了批评，因为法共低估了巴黎无产阶级的战斗激情而在举行反对美国驻巴黎特种部队的示威游行问题上退却了。我认为，我们存在着低估工人士气和他们的斗争准备程度的危险性，因为我们过分陷入了关于资本主义稳定的刻板观念，忘却了群众斗争。在加拿大，共产党无疑地低估了这场运动在工人群众中可能产生的影响，我们党中央因为没有得到来自中心的指示，未敢组织总罢工或宣布 24 小时罢工，以致有一天早晨突然读到有 5000 名采煤工人在新斯科舍省为保卫萨柯与万泽蒂而举行罢工的消息时便大吃一惊。罢工是由几个有战斗精神的工人临时发动的，我们党与此毫不相干。

毫无疑问，我们低估了这些工人要求斗争的意愿。再举另一个例子，就以霍林格公司的矿井发生的惨祸来说。许多年来，安大略省北部的矿工很难组织起来。我们根本无法获得工人的响应和向他们阐述组织起来的意义。但是，突然矿井发生了爆炸，于是全体工人都行动起来，反对霍林格公司所属企业的制度。我们碰上了一个开展组织工作的绝好机会。但是，我们错过了这个机会，因为党没有迅速地对此事作出反应。我们太迟钝了，因为我们低估了工人要求斗争的潜在决心。可是，当党对情况迅速而灵活地作出反应并立即着手把未加入组织的工人组织起来的时候，例如在新斯科舍省，在温哥华岛，或者如着手组织艾伯塔省的采煤工人工会、组织木材工人工会，总之，不管在加拿大什么地方着手组织未加入组织的工人的时候，在那些地方都是由于加拿大共产党开展活动而取得的成果。

共产国际应当给我们以比迄今为止更多的帮助，这将是在加拿大目前情况下共产国际所提供的最好服务。像我们这样的小党往往处于孤儿般的状态。我们同共产国际有联系，但是我觉得，完全有必要请共产国际在比迄今为止更大的程度上直接干预加拿大共产党的工作。我们面临着我们时代最大的任务——战争危险问题等。可是，我们党甚至还没有做好在一旦发生战争危机时设立秘密机构的准备。

同志们，最后我想指出，我向你们描绘了加拿大形势的这样一幅情景，并不是因为我对形势悲观，而是因为正如我已经说过的那样，这次代表大会是在自我批评的精神下召开的。所有来到这里并参加讨论的同志都应当谈谈各自党的弱点和缺点。布哈林同志在他的提纲中未能给加拿大留一个位置，因为加拿大所处的形势就其重要性来说，是不可能同诸如德国、法国、美国之类的国家所处的形势相提并论的。

希塔罗夫（青年共产国际）：

青年共产国际代表团委托我声明，我们完全支持共产国际以往的路线和布哈林同志在这次代表大会上提出的提纲。你们知道，青年共产国际及其各支部一贯是共产国际最可靠的支柱之一。我们希望，将来仍然能光荣地起到我们的作用。常常有人责备我们——就在这次代表大会上还听到了这种责备——说我们青年共产国际、青年团"过多地从事政治"。我们认为，从以下两个原因来说，这种责备是毫无根据的和绝对错误的：第一，同志们，要知道在评价青年运动的作用和任务方面，我们不同于社会民主党人之处恰恰在于我们除了用政治和通过政治来教育青年进行阶级斗争以外，不可能考虑使用其他方法。我们坚决反对使青年脱离政治。我们根本不应当容许我们的队伍中存在这种思想。第二个原因是，任何人都应当清楚，青年共产国际由于这些年进行的革命工作，在各自国家内已经成长为党的一个巨大的政治因素。无论是整个青年共产国际，还是它的个别支部，都在共产国际和自己党的工作中起着杰出的作用。因此我们决不应当容许限制我们的政治活动。诚然，有时我们共青团往往过多地从事党的政治，而且是从狭义的理解，也就是说从不正确的理解角度去从事党的政治。我在这里举两个例子：就以波兰和美国来说，你们都熟悉波兰事件。你们知道，在那里共青团也被卷进了激烈的党内派别斗争，而且党中央在这场派别斗争中已经发展到解散了共青团中央的程度。我们认为，在那里党内斗争过分强烈地渗入到共青团内。我们曾多次警告我们波兰共青团的同志，说他们在那里站到某派的一边去了。不过应当说，共青团被卷入党内派别斗争所带来的危害并没有妨碍我们波兰共青团进行广泛的革命群众工作。美国的情况则略有不同。我们的美国同志也许会不满意，但是我应当坦率地说，我们认为，我们的美国共青团过多地注意党的问题。党员在共青团内的百分比很大，这种情况已经不够健康了。一半以上的共青团员是党员，党内的整个派别斗争转到了共青团内，这对我们的青年运动是非常有害的。这使共青团没有充分的可能去完成纯属共青团的任务。但是，我们决不是说，它根本没有这样去做。近几年，它越来越出色地完成了自己的基本任务，即完成在青年无产者中的工作。不过，以上我指出的两个例子都是用以说明我们共青团从狭义理解因而也是从有害的理解角度从事党的政治的事例。但是，也还有其他例子，我只想提一下中国和法国。众所周知，我们共青团在这两个国家中起着多么大的作用。在这次代表大会上决不会有谁去争论，对我们这两个共青团来说，当时坚决地和直接地干预党的工作和党的政治是必要的，也是适当的。同志们，对我们来说，这些问题已提到首位，我说的是关于党和革命的兴旺、灾难、生命和未来。既然党的盛衰和存亡在这两个国家已处于决定关头，既然革命的命运特别是在中国已处于关键时刻，那么我们完全持这样的观点，即共青团应当首先地和主要地解决这些问题——直接从事党的工作。

　　我们有时还会遭到责难，说我们要教训党，说我们要改正党的错误和扮演导师的角色。同志们，这是不确实的。我们不想去教导党，而且我们根本不适合扮演这个角色。要知道，我们有时也跟着党重犯党的错误。这种情况在一系列国家都曾发生过，我们同党一起犯了许多错误。但是，绝对无可争辩的是，各国共产主义青年团能更快地避免犯这些错误。当它们认识到自己的错误时，它们通常都能更快地、更坚决地予以克服，并避免再犯错误。为什么会这样呢？这是因为共青团的成员没有受到社会民主党旧传统的影响，而这种旧传统对我们某些党的影响却仍然很大。如果我们列举共产国际中各个党或者部分党偏离正确路线的情况，那么我们就可以得出结论：党内发生这种情况要比团内多。这是一个可以用统计方法确定的事实，也是我们不应忽略的事实。我们在这里肯定这个事实的目的，不是为了自我吹嘘，而只是为了再一次指出，我们认为我们共青团从事重大的政治问题仍然是必要的。

在共产国际中存在着一些不妨一看的偏僻角落，而共产国际本身往往没有机会及时地看一下所有这些角落。于是常常出现这样一种情况：青年共产国际及其支部率先做了这项工作，只是在那以后，共产国际才着手研究青年共产国际提出的问题，并继续加以发展。我举一个例子，即希腊问题。这个问题是我们首先提出来的。

现在我们可以肯定，共产国际正在非常详细地、认真地研究希腊问题。今后我们仍将这样做。在这次代表大会上我们也绝不会忘记说，还有些问题我们想要提出，我们想请代表大会给予重视。

例如奥地利问题就是这样的问题。我不想谈这个问题的实质，但是我想表明我们的看法。我们确信，如果共产国际不注意奥地利兄弟党内发生的事情，如果它不帮助该党弄清党内的是非，那么奥地利将面临危险，它在与庞大有力的社会民主党的对抗中将会日益削弱以致被彻底消灭。

另一个问题涉及捷克斯洛伐克。当然，捷克斯洛伐克不是共产国际的一个偏僻的角落，捷克问题也并非小问题，这是一个很大的问题。我们的报告人在发言中已经指出了这个问题。为什么我们要求共产国际更加认真地讨论它呢？我们认为，红色节事件标志着捷克斯洛伐克党的工作中的一次重大失败，出现了困难的局势，按照我们的看法，共产国际对这种局势作出的反应不够强烈、不够认真。一个大党的重大行动遭到如此惨败，无疑地值得在这次代表大会上给予更大的重视。我只能完全同意我们捷克斯洛伐克共青团代表赫谢尔同志所说的。我们只想提一个问题：如果情况发展为真正重大的事件，如果我们真正被卷入我们正在面临的战争之中，那么这样的党在那个时候能够作出什么反应呢？它又怎样能完成共产国际的指示，响应国际无产阶级发出的号召呢？如果在那边发笑的同志是来自捷克斯洛伐克的，那么我感到非常遗憾，对这样的问题有什么可好笑的。我们指出一个非常重大的危险性，即在一旦发生战争时，该党就可能会屈服。

我们青年共产国际首先肩负着在资产阶级军队中进行艰苦工作的重担，必须开展反军国主义的工作，因此我们说，我们有权要求各个党具有战斗力和活动能力，要求它们能回击反动派的打击，要求它们在重大情况下不会像捷克斯洛伐克在红色节事件中那样处于不利的局势。

同志们，因此我们不能允许剥夺我们谈论党的某些问题、发表我们的意见和以这种精神教育我们共青团的权利。因为这是我们青年共产主义运动中至关重要的问题之一。

青年问题在这次代表大会上讨论得非常详尽。这是共产国际代表大会如此认真、如此详细研究青年共产主义运动问题的第一次代表大会。我们高兴地确认这个事实，我们对此表示欢迎。是什么原因使共产国际及其各党对青年问题提高了兴趣呢？有两个基本原因：第一，各党逐渐地学会了正确评价共青团的作用、意义及其工作。现在我们能够说，青年共产国际已经可以说是为自己牢固地获得了共产国际经常给予关注的地位，并且在这个位置上并非无所作为。这一点是每个人都承认的。

以上是一个原因。第二个原因是，由于战争危险日益增长，企业实行生产合理化引起生产部门和工人阶级内部青年的比重增大，由于资产阶级为了在意识形态上争夺青年而频频发动进攻，因此青年工作问题便具有极其重要的政治意义。只要指出法西斯意大利和其他法西斯国家就够清楚的了。只要看看法西斯为了使青年接受其影响作出了多大的努力也就够清楚的了。法西斯分子很懂得，未来的斗争将由这些青年来解决，对法西斯分子来说，这个问题是一个生死攸关的问题。因此共产国际应当日益重视研究青年问题，要比过去更加有力得多地支持共青团。

这次代表大会应当给即将召开的青年共产国际第五次世界代表大会提出一条指导性的路线，它应当向我们作重要指示，我们将根据这些指示来召开我们的代表大会。

现在，如果主席允许，我再谈几句关于青年共产国际的状况。我们是不是满意青年共产国际的状况呢？不，不满意。在这里我们应当明确地、坦率地这样说。如果某些同志不仅在想，而且说我们似乎不太重视自我批评，似乎自我批评在青年共产国际中未占有应有的位置。这是不对的。我们批评我们的缺点，其严厉程度不比党内批评差，也许还更严厉些。我们看到了我们的过失，在许勒尔同志的讲话中非常清楚地说明我们运动的主要缺点和错误在哪里。这些错误和缺点不在于我们似乎"过多地从事政治"，而在于我们还没有学会使政治为青年所理解，使政治适合于青年，并根据青年的特点和以更容易为青年所理解的形式去进行政治工作。我们还不会根据政治形势发展和党的策略引导广大青年群众投入日常的斗争。因此我们的任务不是削弱我们的政治意识和我们的政治工作，而是相反地，在吸引广大群众参加共青团的行动中去加强和扩大它。我们应当通过这种途径来努力改善我们的方法，为此我们想召开我们的代表大会。我们将按照这种精神讨论关于工作方法、工作错误和疏忽的问题。我们向共产国际代表大会保证，我们将以毫不留情的自我批评精神召开我们的代表大会，我们在我们的代表大会上将严厉地、明确地指出我们工作中的弱点，我们将竭尽全力在今后克服这些弱点，我们将在那些老的方法不能完全奏效和我们也许采取了错误途径的地方，努力寻找新的途径和新的更好的工作方法。

我们向共产国际代表大会保证做到这一点并请求它给我们作出关于我们如何召开代表大会的重要指示。我们深信，有共产国际的支持，我们必能比过去更好地解决我们今后的任务，我们必能成为全世界工农青年的真正群众性组织。我们要对共产国际说，如果它率领自己的队伍投入决战，那么它将看到青年共产国际冲在最前面。

曼纳（芬兰）：

我想根据我们芬兰的经验谈三个问题，虽然这些问题是布哈林同志在报告中和某些同志在讨论会上的发言中已经提到过的。

第一个问题是，在建立了白色政权，更确切地说是在建立了法西斯政权的我们国家里，社会民主党是怎样变成这个政权的组成部分和得力部分的，这个白色的社会民主党又是怎样玩弄左的辞藻，以此来掩盖自己的法西斯本质的。

10 年前工人革命失败以后，在 3 万名被打死的工人尸体的“基础上”建立起来的现在的芬兰社会民主党及其领导骨干，从恐怖政权刚一成立之日起，就已经成为这个政权理所当然公认的和经常使用的武器。社会民主党的任务就是把工业无产阶级、农村的无产阶级和半无产阶级居民聚集在自己周围，并教育他们效忠和服从白色政权。

社会民主党着手实现这项任务，为此而使用了两种方法：

1. 它宣布，它要为遭受反革命迫害的工人阶级进行斗争。在刚革命以后不久的时期，有时可能会觉得情况真是这样。诚然，它也宣布过，它同样要同共产主义作斗争，其方法似乎是仅限于使用思想武器。有时候，它甚至建议政府在同共产主义的斗争中不要采取暴力措施。

2. 但是与此同时，社会民主党又在自己的刊物上向政治警察告发革命阵营中自己的对手。

社会民主党用这种两面派策略力图把群众吸引到自己这边，并以此恐吓他们，迫使他们紧跟社会民主党走。但是这种策略未能特别奏效。工业无产阶级群众越来越离开了社会民主党。在农民劳动群众中同样出现了可以证明社会民主党对他们的影响日益削弱的趋势。社会民主党人的主子——居统治地位的资产阶级便越来越多地用责备和嘲笑的方法去唆使他们为自己卖力。

于是社会民主党的行动开始具有新的性质。同共产主义的意识形态斗争成为无用的武器而被抛弃了。社会民主党哪怕只是为了做做样子而采取行动来保卫被迫害革命者的这种情况也越来越少了。社会民主党承认对"犯罪的"共产党人的迫害是合法的和可以允许的。社会民主党刊物及其政治代表人物越来越经常地为政治警察效劳，向他们告发革命者的活动。社会民主党过去和现在从未采取任何步骤去同政府措施以及同解散革命的社会主义工人党和两个革命的社会主义青年团的行动作斗争。

这样一来，芬兰社会民主党就彻底地从白色政权的隐蔽的拥护者演变成为这个政权完全公开的捍卫者了。

这个时期的芬兰社会民主党干了以下的一系列卑鄙勾当。

在资产阶级司法部门的帮助下，它强占了人民的工人之家；它用强制手段夺取了工人体育协会的领导权，干脆把根据章程完全合法选举出来的50名左翼代表的当选证书宣布作废。由于工会联合会不管社会民主党玩弄什么策略仍然能保持统一，而且其中多数持有阶级斗争观点，芬兰社会民主党便不断要求政治警察注意工会联合会是共产党的组织。

它还利用刊物帮助资产阶级搜罗工贼，有时则提供这种败类；总之，社会民主党的刊物成了政治警察的喉舌。

1927 年，社会民主党组成了清一色的社会民主党人政府，这是它作为一个替白色政权效劳的政党积极活动最为得势的一年。政府的产生，其部分原因是资产阶级本身阵营内发生分歧，另一部分原因是工人运动在当时正经历高潮阶段。但是最有可能的是，英国帝国主义劝告把政权交给社会民主党，因为这个党是英国反苏政策的最可靠的支柱。

从便于研究社会民主党演变的角度来说，这个时期是最典型的。1926 年社会民主党还曾经宣称，它将同政治警察作斗争，并且拒绝投票赞成从国家预算中给警察拨款。1927 年，社会民主党政府却提出国家概算草案，其中规定给政治警察拨款 300 万马克。有个时期，社会民主党曾经宣布同扩大军备作斗争，但是一成为执政党后，它就决定建造第一批 3 艘潜艇。1926 年，它还声明，八小时工作制的法令应当继续有效，而 1927 年它却允许部分地废除这项法令，并且从某种意义上来说，它自己就是提出这项措施的发起人。以往它表示要同法西斯的警卫队作斗争，而 1927 年它却从国库中给这些队伍发放了津贴。从前它赞成同苏联保持友好关系，但在执政期间，它拒绝就互不侵犯条约问题继续进行谈判。以前它有时还建议资产阶级不要对共产党人采取暴力措施，可是成为执政党之后，它就下令逮捕了 100 多名革命无产者，并把其中大部分人投入监狱服苦役。在政府中担任内政部长一职的社会民主党主席在这方面表现得尤为出色。社会民主党政府为围剿共产党人和革命无产者不断准备条件，结果，已有 47 名革命者被送交司法部门受审。社会民主党为了证明自己对芬兰大资本和英国帝国主义的忠诚，按照英国金融资本的要求，使大规模掠夺芬兰东部数百农民的土地和森林的行为合法化了。

由此可见，社会民主党是白色政权和英国帝国主义的公开的帮凶和极其得力的助手，它竭力为它们巩固阵地。芬兰的一位"自由主义者"教授、前总理文诺拉在一次记者采访时承认，社会民主党在执政期间加强了白色芬兰在国际经济界和帝国主义列强中的政治地位和经济信用。芬兰一家主要的资产阶级经济机关刊物《市场》杂志在去年的 12 月一期上写道：

> "当芬兰在这些日子里庆祝国家独立 10 周年的时候，总结一下过去的 10 年，就可以看到，总的说来，无论从政治角度还是从经济角度来看，结果都是完全令人满意的。人们通常把我国整整 1 年来由社会民主党政府执政这一事实作为社会和政治迅速巩固的证明。它作为一个少数派政府，只能具有以它那种学究思想的精神来施加影响的有限能力。虽然这个政府由于当时存在的议会条件，主要是因为国会否决了它的关于降低粮食税的提案而垮台了，但是，我们仍然不能不承认在该党执政期间这个政府所表现出的那种温和精神，那种善于考虑到现有政治矛盾的才能。不言而喻，我们的社会民主党是基于自己的专门利益，按照一定的社会主义原则而行动的，但是它做这件事时采取了忠诚的、议会的方式。然而，与工人阶级成为资产阶级社会的敌人时的 1918 年相比，该有多么大的差别啊！"

法西斯分子的领袖唐纳公开承认，社会民主党内"出现了重大的、可喜的变化"，他表示希望法西斯组织今后会得到社会民主党的直接支持。

社会民主党政府的任务，一方面是限制工人革命运动的发展，另一方面是阻止广大群众的左倾化。社会民主党在完成这项任务方面未能取得任何重大成就，很快它就不得不实行自己政府的政策而彻底暴露了自己。社会民主党政府商业部长古普利承认，社会民主党在执政的这段时期授人以柄，使共产党人掌握了可用来反对社会民主党的极其有力的武器。确实如此，我们手中掌握着这种武器。在这方面重要的是，芬兰群众比以往任何时候更加认清了社会民主党的本来面目。现在，工人群众将不难想象，这个社会民主党必将伙同装备有各种杀人技术兵器的法西斯将军们一起反对工人阶级，因此无产阶级不会感到措手不及。在执政时期结束时，社会民主党政府前部长坦纳在他的讲话中说：

> "过去有人认为，开明的君主制是最好的政体。这也许是对的，如果确实是由一个开明的和有远见的人来执掌政权的话。"

这听起来几乎像是某个未来的墨索里尼在讲话。

部分群众，特别是工业无产阶级中的部分群众纷纷离开社会民主党，这是不难理解的。在执政期间社会民主党实际上在选举中遭到了失败。在数以百计的工人大会上，对政府进行了批评。这在社会民主党阵营内引起了巨大的不安。该党明智的先生们觉察到，他们已经过分地暴露了自己。必须运用新的方法来挽救局势。人人都清楚，群众的批评和他们对社会民主党政府策略作出的反应造成了政府的垮台。于是前任部长先生们互相指责对方使社会民主党暴露了真实面目。左的辞藻立即重新出笼。从去年年底起，也就是从社会民主党垮台之日起，社会民主党的报刊就试图使我们相信，这些法西斯代理人，即我们称之为后备法西斯分子的这些人，不仅要"保卫"马克思主义的共产主义，而且甚至还在谈论夺取无产阶级专政。他们"批评"目前的资产阶级农民政府实行迫害共产党人的政策，他们写道，内阁社会主义"对于较长时间来说已表明是不适合的"。

他们仿效英国，展开了争论：从工人阶级的利益出发，是不是可以同资产阶级实行联合？不言而喻，凡此种种纯属欺骗。所有这些讲话的目的依然是为了隐瞒社会民主党及其反动头目的白卫分子和法西斯分子性质，从而防止尚留在他们阵营内的群众继续离去。

社会民主党的这种左的辞藻和欺骗手法是目前芬兰社会民主党的特

点之一。我们认为，揭露社会民主党这种玩弄辞藻的行径，是我们当前最重要的一项任务，我们还要补充说，如果在其他国家也有这种现象，那么共产国际在确定各党的任务时应当考虑到这种情况。

社会民主党执政时期由于资本主义的局部稳定，所以在革命队伍中产生了某些糊涂思想和动摇现象。我们可以看到存在着以下一些不正确的观点：有些同志认为，既然说社会民主党政府具有资产阶级性质，那么就没有必要采取任何特殊措施去揭露它，因为对每个人来说，即使不这样做也很清楚，资产阶级政府是资产阶级性质的。这种观点产生了消极态度。另一些同志认为，社会民主党、政府毕竟比一般的资产阶级政府要好些，因此不应批评它，使它难以工作。第一种观点形成了极左倾向，第二种观点发展成右倾，这两种倾向的结果都是以某种形式支持社会民主党政府。除此以外，还存在着第三种倾向，这种倾向的代表者指出了在社会民主党执政期间有发生法西斯叛乱的可能性。这些同志想集中一切力量同预计的法西斯叛乱作斗争，而不是同社会民主党政府斗争。这些同志没有考虑到，社会民主党实际上是法西斯的预备队，**这支预备队现在已经被调到前沿阵地**。这些错误的倾向在社会民主党执政的头几周就已经显示出来了，在合法的革命运动内尤为明显。至于我们党，它从一开始便对这种危险性提出了警告，并对社会民主党政府作出了正确的评价。党用自己的工作使这些倾向只能在很小的程度上影响到揭露社会民主党的斗争。

我在这里想说的第二个问题是关于在哥本哈根召开的工会团结代表会议。黑克尔特同志在这里曾经说道：

　　"特别要避免发生我们的挪威同志和芬兰同志所犯的错误，这些同志竟然接受了中央党人关于不应批准哥本哈根协议，即芬兰、挪威、俄国三国条约的劝告，因为他们在中央党和特兰美尔的影响下仍然认为有必要向阿姆斯特丹工会领袖们建议，同他们一起建立广泛的工人大联合，当然，那是要站在阶级斗争的立场上。"

关于这个问题必须说几句。芬兰代表团认为，黑克尔特同志在某些方面搞错了。不言而喻，改良主义分子曾竭尽一切力量要使哥本哈根决定成为一纸空文。不言而喻，中央党人表现出动摇。但这是它本身的事情。事实终归是事实，芬兰工会联合会还没有批准哥本哈根条约。但是，如果说似乎芬兰同志是由于黑克尔特同志所说的那些动机而拒绝批准的，那就不对了。当然，这种情况也适用于挪威共产党人。说芬兰共产党人和革命党人对阿姆斯特丹工会国际存在着那种像黑克尔特同志所强加在他们身上的想法，那就不对了。至于芬兰工会联合会未批准哥本哈根协议的问题，在分析事实时必须考虑下列情况。

那次代表会议的准备和进行是非常仓促的，以致工会有组织的群众未能及时动员起来，也未能充分掌握情况。社会民主党则在召开代表会议之前就开始广泛活动，以分裂进行威胁，这种活动到代表会议结束后仍在继续进行。1926年在芬兰还有可能主要依靠广泛的群众运动击退这种分裂工会运动的威胁。这一次我们不能不承认，确实被迫作了某些让步。但是，不论共产国际，还是红色工会国际，在这个问题上都未对芬兰共产党人作任何指责。参加芬兰工会运动和一贯遵循阶级观点的同志们，不打算给社会民主党提供方便的借口，使它得以利用法西斯民警和保安队来袭击工会运动；这种观点无疑是正确的，也是我们党所赞同的。要知道必须考虑到，假如荷兰的工会运动发生分裂，那么工会运动革命分子进行工作的机会就要大大缩小，而社会民主党则将在工会运动中取得垄断地位。目前，社会民主党就没有取得这种局面，因为大多数工会会员都在向左转。但是，从另一方面说，明显的是，有阶级觉悟的进步分子，包括共产党人在内，都在大力工作，为实现哥本哈根决议中规定的目标而斗争。像改良主义分子和中央党人自己不得不承认的那样，由于2/3参加工会组织的工人都拥护哥本哈根决议，上述目标就更可以实现了。现在必须动员工会群众，并把社会民主党工人也争取到支持哥本哈根决议的这一边来，使法西斯社会民主党领袖无法或者难以搞分裂活动。这项动员工作正在进行，这些问题已交群众讨论，正在作出捍卫哥本哈根代表会议的决定。

至于挪威和芬兰的工会联合会关于呼吁阿姆斯特丹工会国际和红色工会国际联合召开代表会议的建议，这是符合哥本哈根代表会议的决定的。苏联工会的中央组织也同意采取这一步骤，不过认为必须发表自己的声明。芬兰人认为，哥本哈根决议在芬兰至少可以起到这样的作用，即揭露阿姆斯特丹工会国际是工会在阶级斗争基础上实现国际统一的敌人。如果阿姆斯特丹工会国际作出否定的回答，那就可以帮助社会民主党人懂得，在这个问题上阿姆斯特丹工会国际和第二国际的政策同工人阶级的利益存在着多么深刻的分歧。假如所有的党当时在国际范围内集中自己的力量在这个问题上揭露阿姆斯特丹工会国际，那么，也许获得的成果会更大。无需怀疑，芬兰同志对阿姆斯特丹工会国际过去并未抱有任何幻想，现在也不存在这种幻想。对挪威同志来说，大概也是如此。

现在谈最后一个问题，即关于前景问题。芬兰代表团肯定地说，芬兰工人阶级左倾化的过程正在顺利地向前发展。顺便说一下，1927年的选举结果就证明了这一点。工会会员的人数在近两年里增长了50%。在此期间，罢工浪潮连绵不断。各次罢工均以工人获得全胜或局部胜利而告终。工人的积极性无论在抗议逮捕的运动中，还是在示威性的罢工中都表现了出来。在农村，工人和贫苦农民越来越聚集在革命的工业无产阶级的周围。我们党的影响增大了。正是在这样的时刻，约有50名同志面对资产阶级司法机关的审讯，其中一些优秀分子英勇地捍卫共产主义事业，在被带出法庭时每次都高呼："共产国际、芬兰共产党和世界革命万岁！"资产阶级报刊不得不为共产主义作宣传，因为这些报刊不能避而不谈我们同志在法庭上的英勇行为（顺便提一下，这是为了保卫瑞典少数民族）。但是，从另一方面说，白色政权的进攻越来越凶狠了。社会民主党是白色集团中的重要组成部分。如果再考虑到，资本主义稳定的过程越来越显示出接近结束的征兆，这不可避免地会引起新的矛盾，那么就很清楚，在芬兰我们也正面临着大规模的日益激烈的群众性战斗和以革命方式来解决这些矛盾的前景。

（会议休会）

第十二次会议

（1928 年 7 月 27 日）

主席：西坎德尔·苏尔

讨论布哈林的报告（续）

拉姆利（英国）：

受英国党的委托，我想向大会谈谈英国党的某些经验。我们认为，其他国家的兄弟党可以从我们的经验中吸取宝贵的教训。

综观最近两三年内，特别是总罢工以来英国的事态，我们可以说，当前在那里发生的那场伟大斗争，乃是以共产党为一方同以工党和工联主义运动的改良主义领袖为另一方，为争夺对工人阶级的领导权而进行的斗争。在总罢工前，工党和职工大会领袖的主要论据是，英国工人对于立宪制，即"议会制"似乎笃信不移。然而总罢工的经验却证明，英国工人阶级同任何国家的无产阶级一样富有战斗力，一样坚决果断，一样愿意投身于斗争。它还证明，改良主义领袖们甚至在拥有一支像英国工人这样的工人战斗大军的情况下也不愿进行斗争。

这个时期是英国工人运动的转折点。在整个这一时期中，我们看到改良主义领袖们在利用一切机会阻止英国工人阶级参加斗争，而不是去帮助它进行斗争。他们帮助、配合和千方百计地促使英国资本家阶级实行反对工会的法案。这一法案表明，资本家们已经懂得了总罢工的全部意义，并决心不让它再次发生。工党领袖们在总罢工期间举手投降，并且说，"再也不干了"。他们还叫嚷说，罢工是违背宪法的，社会应当保护自己，如此等等。正是这些头头们后来看到，在议会讨论工会法案时，他们自己提出的论据被人用来反对他们自己。资本家和鲍德温政府利用这些论据来证明：对于社会来说，重要的是要使工会永远失去团结英国工人群众为反对资本而斗争的可能。

1927 年 9 月召开的工联代表大会采取了进一步束缚英国工人手足的步骤。在会上，所谓左翼分子之一的希克斯作为大会主席在致辞时邀请英国的资本家、帝国主义者和工业家参加联席会议。蒙德①以及其他一些企业家对这一邀请作出了响应。结果，便召开了有名的"蒙德"会议，目的是讨论保持英国工业稳定的问题。

在会上，所有改良主义领袖再一次倒向资本家阶级一边。他们公开抛出诸如工人和企业主利益一致，不存在阶级斗争这种东西等观点，并采取种种措施把工会变成资产阶级国家的附属物用以反对工人阶级。然而，正当这些论调甚嚣尘上之时，资本家却采用了最残酷的阶级斗争手段来攻击工人。我可以从亲身经历中举出一些具体例子。例如，在**迪勒姆煤矿区**，资本家把工人赶出企业门外，逼迫工人同意进一步削减工资，许多矿工村还发生了工人被赶离住宅的事。而改良主义头头们还在继续散布保持工业稳定的说教。所有这些措施是相互关联的，是为了制服工人所必需的，它们为资本家改造英国工业和实行合理化创造了必需的条件。

与此同时，我们也是英国工人阶级逐渐觉醒的见证人。矿工们准备

---

①　阿弗里德·蒙德是化学工业托拉斯的首领，提倡工业合理化和保持工业稳定的重要人物。根据工联代表大会所提的建议，召开了蒙德领导下的一批有势力资本家和总理事会代表之间的会议，目的是制定工业稳定的基本原则。

现在就抵制对矿工接连受挫负有责任的立宪民主派领袖的政治路线和建议。在**迪勒姆**区，改良主义头头们利用工会运动建立工贼组织，用以对付那些反对根据**普伦德决议**①大幅度降低工资的矿工。由于这个原因，爆发了一系列非正式罢工。矿工们信赖地让共产党领导这些罢工。

表明形势变化程度的另一个例子是，从 1926 年开始，自爆发总罢工时候起，职工大会和工党的领袖们同资本家建立了统一阵线，他们加紧勾结掀起诽谤共产党的运动。我们还看到，在不久前召开的矿工代表会议上没有讨论关于如何帮助矿工收回过去所作的某些让步和如何帮助他们准备对矿主进行有组织的反击的问题。可是，改良主义头头们却决心不惜一切力量，采取除名和剥夺工会权利等手段向共产党人和左翼运动的拥护者进行明目张胆的攻击。但这一点恰好可以证明，英国共产党尽管人数不多，但因在工会内进行了顽强的工作，仍然享有很高的威望。正是依靠这一点才使工人们在斗争尖锐的时刻，违拗反动的改良主义头头而拥护我们的口号并信任我们的领导。在这种条件下，改良主义分子的反抗成了一场你死我活的斗争，他们为此而利用一切工具，并采取一切欺骗手段，希图击败共产党，使它威信扫地。但是我们一方拥有这样一种优势，即工人的革命性日益增强。他们开始理解到"工业稳定"和阶级合作政策的实质。世界市场上的激烈竞争迫使英国资本家不间断地向英国工人阶级发动进攻。工人不能不作出不懈的抵抗以回击这些进攻。而改良主义头头们不想带领工人群众投入战斗，这就促使工人日益靠拢共产党和追随它在工会内的领导。英国共产党将率领工人阶级进行斗争。其他国家共产党的党员应该了解在英国工人思想中占统治地位的保守主义思想的实质。英国工人一向受的教育是使自己的行动服从于宪法。我们在英国的任务就在于尽可能地利用改良主义运动。我们利

---

① 以普伦德为主席的仲裁法庭所作的关于德尔赫姆矿工工资的决议。

用这一运动，只能是为了使群众和我们在一起，为了和群众建立联系。最后，我们的任务还在于赢得对群众的领导权。工会运动内部也好，工党内部也好，哪里有群众，哪里就应该有我们。我们的使命是引导群众，使之直接面对反对群众的机构。

群众根据亲身经历必将懂得，他们应该撇开这个蛊惑人心的改良主义机构去进行反对资本家的斗争。那时，他们将认识到，我们现在指出必须采取特殊方法，进行非正式罢工，例如**迪勒姆**矿工反对**普伦德决议**的罢工等的做法是正确的。通过这种途径，共产党就能够在不远的将来在英国工人群众中赢得比以往更高的威信。

英国共产党通过这种途径，执行新的政治路线，就定能使自己发展成为人数众多的政党。

我们看到，英国工人继续向左靠拢，而他们的改良主义头头们却越来越右倾。这种现象不仅出现在一国范围之内，而且出现在国际上。改良主义领袖们准备为英国帝国主义助一臂之力的地点不仅有中国，而且有英国帝国本身所属的各部分。英国工党就曾从自己的党团中派出两名成员到下议院，以便参加西蒙委员会①的合作。其中一名就是矿工区选进议会的代表，而且矿工选民们对他投了不信任票。

手中掌握有机构的英国改良主义分子准备采取一切手腕，甘冒任何风险，为的只是不让普通工人群众的真正情绪暴露出来。

我们在英国所面临的困难是十分巨大的。我们不得不同最老的而且最有经验的资产阶级进行斗争。英国资本家极其狡诈多谋。他们支持工会领袖和工党领袖同共产党进行斗争。而且，一旦工人阶级认识到议会制对自己毫无用处，他们随时就会把议会制这套把戏全部抛进垃圾箱。其实，英国资本家准备现在就改行法西斯制度，在这方面他们得到了改

----

① 为了调查 1919 年实行各项"改革"的成效而派往印度的一个委员会。

良主义分子的支持。就以诺丁汉郡的"斯潘塞主义"①为例来说吧，这是地道的法西斯主义，只不过戴上了一副特殊面具罢了。

我们还看到，在南威尔士，工会的改良主义头头们现在正利用矿工的不满情绪来建立同南威尔士矿主的统一阵线，以达到使铁路员工工作条件恶化的目的。

虽然这些例子只具有地方意义，但也不应忽视。鉴于上述种种现象和这种特殊的形势，英国共产党拥护共产国际第九次全会制定的新的政治路线。我们人数虽不多，但我们愿意比以往任何时候都更顽强地同改良主义领导层作斗争。我们准备公开地同他们进行斗争，同时我们认为，统一战线的口号应当作为共产党的武器之一保留下来。我们懂得，工人领袖脱离了工人群众就什么也不是了。我们知道群众在哪里。群众在工人运动内部，在职工大会运动内部。因此，现在比以往任何时候都更有必要打破改良主义分子对共产党人采取除名的手段和剥夺其工会权利的企图，坚持留在这些组织的内部，并与这些组织的无产阶级分子保持统一战线，同时带领群众反对这些官僚及其官僚机构。

现在，必须让英国工人群众接受有必要成立工厂委员会的思想。成立工厂委员会的目的是：通过这种方法我们可以动员本生产部门的群众；通过这种途径我们可以揭露改良主义领导层的叛卖行为；当群众性的斗争在英国蓬勃发展起来的时候（在不久的将来就会出现这种局面），共产党可以率领群众反对工人运动内部的而且事实上正在支持资本家阶级的社会民主党人和改良主义分子，同时也反对整个资本主义的国家机构。

我们认为，我们的经验对于兄弟共产党具有一定的重要意义。共产国际如能运用我们的经验，特别是工会工作经验，就将变得更为强大。

---

① 斯潘塞是诺丁汉郡矿工工会的叛徒，是矿工区法西斯联盟的组织人。

我们认为，英国共产党的前途是十分美好的。在即将召开的代表大会上，英国共产党将能显示党员人数的巨大增长，并且表明它已走上向人数众多的共产党发展的道路。

尼施维茨（德国）：

有一个问题，尽管它与大会提出的各项问题有极其密切的内在联系，但在报告中却没有涉及，在提纲中也只是一带而过。我指的是对无产阶级妇女进行工作的问题。德国代表团认为有必要对提纲作出相应的补充。我将谈谈资本主义国家中女工的作用，以及争取她们参加阶级斗争和实现共产党思想的最有效方法。

请允许我简略地谈谈德国女工的现状。由于德国在加紧进行工业的合理化，还由于技术和劳动分工的发展，对熟练劳动力的需求量正在下降，并有可能以非熟练劳动力和较廉价的妇女劳动力替代熟练劳动力；男工和女工的工资差达到了50％，甚至超过此数。结果是无产阶级的生活水平急剧下降。加紧使用女工的不仅仅是那些专用女工的工业部门、纺织业、服装业等部门，就连最现代化的工业部门也因进行合理化改革而有条件使用女工了。其中最重要的部门有电机工业、无线电工业、人造丝制造业和化学工业。女工在纺织工业中所占比重只增长了31％，而在化学工业中则增长了79％，在电机工业中增长了49.5％。这些数字可以证明，资本主义吸收妇女参加生产过程已达到了何种程度，资本主义依靠无限制的剥削女工增加自己利润已达到了何种程度。然而，我们并没有看到在使用女工的同时也创造了相应的社会条件。在德国的企业里，没有妇女劳动保护，劳动时间不加以规定，也没有妇婴保护措施。资本主义国家不但不发展社会救济事业，相反地，却越来越厉害地压缩社会救济的规模。德国有一个工作时间法，似乎规定了八小时工作制。但这项法律伸缩性太大，实际上没有任何单位遵守八小时工作制。加班加点在德国是司空见惯的现象。德国也有一个妇婴保护法，但实际情况却是另一回事。法律赋予女工在产前和产后各享受 6 周休假的权利，但是也缺乏实现这一权利的社会前提。女工在休假期间得不到工资，而患病职工补助会只付给少得可怜的补助金——只占本已很低的工资的 2/3。由于这个缘故，女工被迫在机床旁坚持工作直到临产。这就为女工的健康、无产阶级的健康以至整个人民的健康带来了危险。这种残酷的剥削激起了无产阶级妇女的反抗。女工们相当广泛地参加工人阶级的经济斗争是不无原因的。然而，她们还不仅限于参加共同的罢工，在纺织工业内，女工们往往一连几个星期、几个月地独立进行斗争。根据纺织工人工会的统计，参加罢工的女工人数达 50%，有时甚至达到 70%。总之，近几年来，妇女们已不只是消极地参加斗争，而是积极地行动起来，而且在一定条件下甚至还领导斗争。改良主义的工会领袖在对待女工运动方面扮演了资本主义帮凶的可耻角色。他们不支持女工们最起码的要求，总是千方百计地压制女工们的自发运动。改良主义的工会在工资问题上低头屈服，签订了极其不利的长期工资合同。它们在劳动时间的问题上也低头屈服，竟擅自容许仲裁机构规定工作时间。

因而，我们在女工问题上的一项极其重要的任务就在于加强对工会的工作，组织一支积极的团结一致的反对力量。尽管改良主义的工会领袖和社会民主党人有种种叛卖行为，但改良主义分子在女工中仍具有重大影响。他们借助于激昂慷慨的言词，和平主义的和脱离政治的纯文化性的夸夸其谈，得以巩固自己在女工中的影响，并诱使她们追随自己。最近的议会选举就是一个最好的例证。在社会民主党的 900 万张选票中，无产阶级妇女的选票占有相当大的比重。然而，笼络女工的不仅是社会民主党，资产阶级也在起劲地拉拢女工。他们采用一切方法力求使女工脱离工人阶级，脱离阶级斗争，通过全国性的和基督教的联合会对她们进行反无产阶级的教育，不间断地为将来的斗争进行准备。共产党应当开展一次集中吸收女工参加组织的活动，以对付敌人方面的加紧拉拢。有哪些方法能帮助我们顺利地接触企业中和家庭内的女工呢？在工业地区，我们的首要任务在于争取企业的女工。在这里，妇女代表会议制证明是十分有效的。俄国的妇女同志们依靠召开妇女代表会议的方法取得了出色的成就。至于包括德国在内的其他国家，则这项工作在许多地区还只处于开始阶段。造成这种状况的原因有二：其一，实行妇女代表会议制的方法不当；其二，我们在生产部门基层支部的同志工作方法不正确。在这项工作中存在着重大的缺陷：代表会议没有明确的非党性质，同志们不善于为代表会议谋得工厂和工会的支持，而过分地把共产党提到了首要地位。另一个缺点是，代表会议之间的休会期太长，这就妨碍了对妇女代表进行有计划的教育，并导致某些代表退出会议。至于代表会议人员组成符合要求的程度如何，我将举柏林的一次代表会议作为例子予以说明。

参加该代表会议的 258 名妇女可分类如下：工厂妇女 125 名，工人 7 名，失业工人 25 名，家庭主妇 100 名。[①]

这次代表会议的人员政治情况如下：非党人士 175 名，共产党员 80 名，德国社会党人员 3 人，德国国社党人员 1 人。[②]

可见，参加代表会议的主要是非党妇女。不过，我们还没能把企业中的社会民主党女工都争取过来，使她们脱离社会民主党。上述例子表明，我们要做的工作还很多很多。

在妇女代表会议休会期间，代表们执行我们给予的任务：散发书刊读物，收集宣传材料，结合共产党的政治口号研究关于征集工作（征收

---

① 数字计算不准确，原文如此。——译者注
② 数字计算不准确，原文如此。——译者注

工会会员）的专门资料。这项预备性工作收到了效果，它对妇女代表在共产党开展的各种运动中积极地进行合作起到了良好的作用。

红色妇女和女青年联盟也担负了重大任务。尽管这一运动还很年轻，但它已成功地争取到非党妇女和女青年，把她们吸收到组织里来，并在她们中间进行教育工作。

总之，我们在妇女运动中的基本任务是：加强企业和工会内的工作，加强工厂支部的活动，推广妇女代表会议制度。这些任务的完成将有助于我们争取企业女工和家庭主妇，并吸收她们参加共产党进行的阶级斗争。共产党应当永远地懂得，没有一支无产阶级的妇女大军，世界革命就不会胜利。

科斯切娃（波兰）：

波兰代表团基本上同意布哈林同志的报告提纲，同时建议补充某些内容，这就是：

（1）至于谈到战后时代划分为三个时期的问题，我们认为，区分第二和第三时期的界限不能以技术进步为特征，因为技术进步是战后资本主义发展总的恢复时期的前提。第三时期的特征究竟是什么呢？最有代表性的特征是这样一个事实，即由于生产力的高度发展而在稳定过程中积累起来的那些矛盾，现在开始表面化并震撼着整个资本主义社会制度。这些矛盾分布在三个方面：在经济方面，这就是竞争着的资本主义大国加紧争夺市场，争夺原料产地，争夺投资领域。在国际政治方面，这就是重大的世界性矛盾压倒了相对而言属于地方性的矛盾，而世界性矛盾占上风，一向是危机时期的征候。我指的是英美之间的矛盾，帝国主义世界与殖民地国家之间的矛盾，最后是整个资本主义世界体系与苏联之间的占主要地位而且无所不包的对抗。在社会关系方面，这就是阶级斗争和社会矛盾的激化，工人阶级的左倾化，对工人阶级采取的恐怖手段日益加剧，以及工人阶级中出现的新的分化。

这就是第三时期所出现的并构成该时期特征的三类主要矛盾。这个第三时期把我们带进了经常发生极大规模的冲突、帝国主义战争和极大规模阶级搏斗的时代。

（2）下一个补充内容涉及如何评价美国对其他资本主义国家的关系。在欧洲与美国之间的均势遭到破坏的问题上，起首要作用的应该是英美之间最严重的对抗，而不是德国与美国之间的对抗。此外，对英美之间对抗的特点应当比较充分地予以说明。美国的迅速扩张不可避免地使自己的利益与英国帝国主义的利益发生冲突。英国帝国主义虽然正在腐朽，但仍很强大，它日益严重地面临着退居半从属性的世界二流国家的地位的威胁。除了争夺销售市场和对主要工业原料的控制以外，发生冲突的主要因素是争夺海洋统治权，即战争时期对贸易的控制权，这一斗争已经导致裁减海上军备的会议以失败而告终。

（3）我们希望补充的第三项内容是，必须对工会与国家机构相结合的过程作出较具体的说明。这里有必要指出结合的一切类型，指出各种对等组成的或混合组成的仲裁机关、自治机关和司法机关，下自"工会法庭"保险机关等起，上至最高经济委员会止。还必须指出工人官僚化的某些形式，如担任议会代表、进入自治机关等形式。国家机构和工会上层人士就政治和经济生活的所有重大问题经常举行会议，也是工会与国家机构互相接近和结合的一种形式。

（4）第四项补充内容涉及对社会民主党的评价。我们认为，把社会民主党内部现已出现理论上的蜕化变质这一事实纳入提纲是十分重要和有益的。至今，我们在宣传中对社会民主党在理论上的蜕化和基本纲领的改变没有给予足够的重视。在我们的宣传中没有充分利用这一点。但我们认为，在提纲中不仅要指出社会民主党向工党的自由主义方面的转变，而且同时要注意到它向法西斯主义理论的演变。现在，社会民主党的理论家们正在发展法西斯主义的理论（如宣称议会民主制是不充分的，必须以工会代表予以充实等）。

下面，关于社会民主党还有一个意见。我们感到，把战后第一时期社会民主党的和平主义当做小资产阶级和平主义来描述，是不完全正确的。乌托邦的软弱无力的小资产阶级和平主义和社会民主党的和平主义，在我们看来并不是同一个东西。社会民主党只是为了自己的目的在利用小资产阶级和平主义罢了。战后时期，社会民主党一贯反映大资产阶级的利益和意向。社会民主党的和平主义极其充分地反映了英美资本的愿望，而英美资本力求使西欧的各种关系在一定时期内处于某种"和平状态"。这种和平主义在德国为履行凡尔赛和约条款的政策铺平了道路，德国资产阶级的所有领导阶层都逐步走上了这一道路。

最后，提纲内应该补充一段关于联共和苏联的内容，其中最好谈谈联共第十五次代表大会制定的并由最近一次全会通过的政策。

我们应该着重指出这一政策的重要性，因为它提出了实现国家工业化和以更快速度进行农村的社会主义建设的计划。

我们应该拥护坚定的列宁主义路线的贯彻实施，这一路线指出，在加强同中农的联盟时，要不断地同富农作斗争，要以贫农为主要依靠力量。我们应该指出通过发展集体农庄、国营农场和个体农户的合作化加速社会主义建设的重要性。

以上就是我们想在布哈林同志报告提纲中增添的主要内容。

现在我谈谈波兰问题。

波兰共产党的特殊作用在哪里呢？

首先，同志们，我想提请大会全体同志注意波兰的共产主义运动对于整个世界革命的特殊作用。而且这是有许许多多原因的。第一，因为波兰共产党是在这样一个国家里进行斗争的，这个国家是世界帝国主义的桥头堡，在这里，国际资产阶级正集中全力准备反对苏联的战争。这是第一个原因。

第二个原因是，在波兰国内，阶级矛盾和阶级关系比其他国家更为紧张，而且我们斗争的经验可以为其他国家共产党所用。同志们！我们的这些经验，例如结合进行地下工作，成立政治性的农民激进党派；又如我们在乌克兰和白俄罗斯干得最为成功的在农村建立广泛的共产主义组织网的做法，以及我们为反对军国主义而进行的工作，这些都是财富，是波兰共产党对我们的国际宝库作出的贡献。

使波兰共产党的分量得以提高的第三个因素就是波兰无产阶级具有丰富的多年的革命传统。我们的革命干部的特点是经受过特殊的革命锻炼。几十年来，我党队伍中经常有半数人被关在监牢里。我党的骨干不仅拥有在工人运动中多年进行革命工作的经验，而且其中大多数人还具有多年坐牢的经历，具有在警察局、监狱和街道遭受折磨和毒打的经历。

但是，最重要的，应能引起整个共产国际对波兰支部重视的乃是第四个因素，即波兰目前的局势。这就是皮尔苏茨基分子即将发动新的政治进攻（而这种进攻乃是变本加厉地对工人阶级实行恐怖政策的预兆）；这就是存在着加紧推行军事独裁的倾向；这就是出现了战争危险加剧的信号，这场战争正通过外交关系、实行军国主义化和技术等各个方面积极进行准备。我特意要指出下列事实：集中管理和扩充民间军训组织，并使之与军队建立更密切的联系；加紧进行扩充这种组织的宣传，特别是对农民进行宣传；发展各种军事技术装备；使军队干部年轻化；采用一切伪装手段扩充现有兵员，等等。与立陶宛最近发生的冲突悬而未决，以及企图占领立陶宛。这就是波兰的整个内外形势，与其他任何国家相比，它更有可能在不久的将来成为最严重的震动、最重大的事件的发生地，这些事件将最终动摇资本主义的稳定局面，并使全世界动荡不安。

　　在这种条件下，波兰的斗争进程意义十分重要，共产党能否善于领导这场斗争，对于整个共产国际有着重大的意义。

　　我们党在最骇人听闻的法西斯恐怖下进行斗争，为了沿着光荣的布尔什维克党的足迹前进，我党作出了一切努力，而且在某种程度上达到了这一目的。它在千百万群众的战场上进行斗争，组织和领导了整个罢工运动和一切大规模的政治运动。所有这些活动完全是在共产党的领导下进行的。

　　我们党是各被奴役民族强大的民族解放运动的真正领导者。

　　我们党深入农村，尤其是在白俄罗斯和乌克兰，在那里，党实实在在地领导着大量的农民。

　　为了正确地领导无产阶级运动，为了有效地保证无产阶级在农民运动和民族运动中的领导权，党必须有一条正确的路线。

　　我们党在五月政变时刻犯了重大的机会主义错误之后，端正了自己的政治路线，并且正像共产国际执行委员会全体成员承认的那样，已经以坚定的步伐走上了正确的道路。但是，这一成果我们党是得之不易的，因而我想请大会注意，曾经使我们党的政策得到锤炼的那场严重的内部斗争。我想提请大会注意的是，在波兰共产党进行斗争所处的那种条件下，党内少数派所犯下的、与极左错误交织在一起的右倾错误，是孕育着极其严重的直接危险的。

　　在这种条件下，党的领导为巩固、发展和运用正确的政治路线而进行的斗争应当得到整个共产国际的坚决支持。

　　构成无产阶级政党正确的政治路线的基本因素是什么呢？这就是正确的形势判断，正确的策略结论和指导。

　　我们把五月政变判定为法西斯政变。法西斯主义是资本主义制度危机产生的政体，是这种危机迫使资产阶级采取极端手段以挽救自己的生存而产生的政体，我们并没有随便地把它同作为整个垄断资本主义时期特征的一般性政治反动混为一谈。而法西斯政体则是资本主义社会发展中最严重的危机因素的征兆。我们曾经指出过,已实现法西斯政变的国家内的斗争条件与我们只看到某些法西斯发展征兆的国家内的斗争条件,是有差别的。

波兰的法西斯政权标志着整个资产阶级在大资产阶级和金融资本的领导下结合了起来。大资产阶级和金融资本力求消除某些工业部门之间的矛盾、工农业之间的矛盾、波兰某些工业地区之间的矛盾,以及资产阶级和少数民族之间的矛盾。在大资产阶级和金融资本(法西斯政权体现了它们的利益)的领导下正在推行把工农业资产阶级所有阶层都联合起来的经济纲领。这个纲领的内容是:借外债,提高粮食价格,发放工农业贷款,鼓励各种卡特尔和辛迪加,加紧剥削群众,取消土地改革。至于皮尔苏茨基的对外政策,这就是在服从于英国的帝国主义反革命计划的条件下进行扩张,这就是像对待内外敌人一样实行同革命作斗争的政策。民族政策是法西斯谋求稳定和实行备战政策的重要环节。为了进行战争,争取同情并把资产阶级以及乌克兰、白俄罗斯小资产阶级和农民的上层分子拉拢到自己一边来,是十分重要的。因此,法西斯政府采取了不同于以往历届政府的做法,让少数民族的资产阶级也分享它所获得的资本主义稳定带来的好处。法西斯政府正在排除过去使波兰资产阶级和少数民族的资产阶级互相分离的深刻对抗。

在社会方面,法西斯政府实行的是一种居心十分恶毒,但却是灵活巧妙的政策。这个政策一方面以恐怖手段对待工人阶级,同时利用激进的言词进行蛊惑人心的宣传,并在政府机关中起用冒牌的民主激进党或自由党的小资产阶级分子,用以欺骗工人和劳动群众。

法西斯政府设置了一系列新的机关,用以束缚工人阶级的手脚,使其无法举行大规模的发动。属于这类机关的有仲裁委员会、工业法庭,还制订了奴役性的集体合同法和雇佣合同法。总之,这是一整套法西斯法令，它利用所有这些敌视工人阶级的机构网把工人阶级束缚起来，而工人阶级要想冲破这个网是十分困难的。

我们党驳斥了少数派同志在涉及法西斯政变问题上提出的一系列错误的机会主义论点。党认为，菲德勒、雷格等同志的论点是不正确的，在他们看来，似乎法西斯政变是小资产阶级的胜利，似乎小资产阶级在皮尔苏茨基的率领下将要发动反对大资本的进攻。这个错误是五月错误的继续，也是由于过高估计小资产阶级的作用而产生的。后来，在政变问题上再次产生这种想法，其原因是过高地估计了小资产阶级的独立作用。我党还摒弃了少数派提出的另一个也很错误的论点，这个论点认为只有垮了台的国家民主党才是真正的法西斯分子。直到今日波兰社会党人还提出这种论点，它造成的结果是，把皮尔苏茨基看成是为害不大的人。党驳斥了所有这些论点。党还认为，那种把法西斯主义的起源仅归之于单纯经济基础的法西斯主义定义是不正确的。党驳斥了把法西斯主义当做卡特尔的一般上层建筑和当做垄断资本主义的正常职能的说法，而少数派竟把垄断资本主义当做中世纪行会式的卡特尔。这种从纯经济角度对法西斯主义所下的定义使法西斯主义脱离了整个社会基础，脱离了社会革命时期，也脱离了恰恰推动着资产阶级走上建立新社会制度道路的危机时期。这个论点也为我党所批驳。它也反映了波兰社会党人把"五月后的政府"当做"通常的资本主义政府"的看法之一。

根据对波兰政治形势的分析，认清社会民主党在法西斯制度下的作用是一个重要问题。在这方面，波兰的形势不同于意大利。在意大利，社会民主党从最初时刻起就成了法西斯主义加紧迫害的对象。而在波兰，社会民主党则是法西斯主义的走卒，它支持和保护法西斯政权，并在工人群众面前掩盖法西斯主义获胜的事实。社会民主党不论过去、现在和将来都支持法西斯政权，这正是波兰法西斯主义的重要特征。但是，这并不妨碍出现以下情况：法西斯主义必然倾向于使自己党占据完全的统治地位，因而越来越渴求使妥协派政党，特别是波兰社会党，服从法西斯政府的直接指挥，把这些政党所剩无几的组织上的独立性剥夺殆尽，同时把它们的党员群众吞并过来。法西斯主义越来越强烈地力求根据赤裸裸的法西斯纲领和"超阶级"国家、阶层组织思想、社会团结、非党派原则等法西斯口号来组织群众。情况发展的双重性在于，法西斯主义一方面利用妥协分子，同时又力求破坏他们的影响和建立纯粹的法西斯组织。为了揭露妥协分子的真正作用，必须看清这一套复杂的手法。这些妥协分子日益成为法西斯政府机构的组成部分，并处于向公开的法西斯组织过渡的阶段。

至于说到社会民主党的"左翼"领袖，那么他们在波兰比在任何其他地方都更充分地在工人群众面前暴露了自己的面目并且威信扫地。他们已经有一段参加我们运动的长长的经历。他们的经历是：每当妥协分子的叛卖行为在劳动群众中引起强烈不满时，每当他们的党遭受到大量工人退党的威胁时，总有"左翼"反对派出来活动。它的目的是挽留住那些已脱离妥协分子的群众，向他们灌输妥协派政党可以改善的期望，把他们引往另外一个方向。而一旦不满情绪的浪潮平息下去，这些"左翼"小丑们又变成官方妥协派教会的温顺儿女。这就是他们的经历，这种伎俩在我们这里已重演几次，它充分暴露了社会民主党这些假装的"左翼"领袖。

这种经历提供了一个样板，共产国际所属各党可以据此进行研究，"左翼"改良主义的真正作用究竟是什么。

对稳定过程进行细致的研究，既研究它的成就，也研究在此基础上发展起来的矛盾，这是正确评定波兰形势的十分重要的部分。不能不承认，波兰的局部稳定获得了一定的成就，如在提高产量和平衡预算方面，在减少失业工人方面，在振兴农业方面，等等。下面我只提出某些数字，它们能向我们表明国内市场和国内消费获得一定发展的情况。生铁消费量增长了 95%，钢消费量增长了 50%，煤消费量增长 25%。波兰所有主要工业部门（钢、生铁、煤、纺织品）的总产值都有大幅度的提高。在农村边远地区，法西斯政府对农民上层分子和一部分知识分子实行了收买政策，因而也取得了某些成就。在白俄罗斯和乌克兰，法西斯成功地分裂了民族运动。甚至使中农阶层也追随他们，更不必说富农了。法西斯政府在波兰农村也建立了基地，并使全部富农分子和相当大一部分中农分子投靠到政府一边。这些就是波兰的法西斯政权所获得的成就。

但是，在稳定过程的同时也造成了一些极其深刻的矛盾，这些矛盾破坏着整个这种制度，而且它们在波兰表现得比任何地方都更深刻，更尖锐。

最大的矛盾，这就是工人阶级与资产阶级之间的矛盾。在波兰，由于战争后果造成的工业崩溃，由于技术落后和一系列经济上的困难，还由于很大部分国民收入用于备战，用于支持法西斯政权本身（警察、监狱等）和用于支付借债的利息。而这些债款大部分又用于非生产性开支，在波兰就是由于上述种种条件，对工人阶级的剥削达到了无以复加的地步。甚至国际联盟也承认，波兰的工资低于所有其他资本主义国家，似乎只有葡萄牙是唯一的例外。波兰机关的统计资料指出，自 1925 年起工资就没有增加过。而 1925 年是危机最严重、失业人数最多的一年，就在大量工人失业的基础上，企业家们把工资降到了最低限度。

所以，在近两年的形势较好的整个时期内，工人的工资并没有得到增加。政府依靠各种法西斯欺骗手法和对工人阶级上层分子的贿赂，依靠仲裁系统和各种法西斯立法手段，才得以暂时制止大规模罢工运动的发生，并使工人阶级忍受这种极低的工资水平。

罢工运动在一定时期内的削弱，首先是对工人阶级施加恐怖手段的压力的结果，而不是像我们的少数派认为的那样是工人阶级境况有了改善的结果。工人阶级在经济和政治上受到压迫，这就是最明显的矛盾，因为它激起工人阶级强烈的不满情绪和骚动，促使其革命情绪增强。农村的形势也是如此。同志们，波兰农村是所有西方资本主义国家中最贫穷的农村。在保留大地主土地占有制的情况下，多数农民，甚至绝大多数农民都是半无产者，他们被迫离家外出挣钱，但其中很大一部分人现在是挣不到钱的。在波兰，向国外移民在战前曾起到过安全阀的作用，而且移民的规模也很大。现在，这条路也几乎堵死了。波兰农村的失业者年年增加，得不到工钱的赤贫者的数量不断增大。波兰农村人口的年增长额达到 35 万人。农村的人口过剩达到了极其危险的地步。这支逐年增大的失业大军乃是农村常年动乱不安和怨声载道的因素。农村的失业大军同时也使工业中心的工人阶级受到压力。城市的失业大军极其庞大。同志们曾指出，在其他欧洲国家，失业人数为工人阶级的 10%—12%。而在波兰，失业人数竟在 18%—25%—30% 之间上下浮动。失业者只能得到微乎其微、少得不能再少的补贴。生活极其贫困的失业大军所造成的这种压力，是阻碍罢工运动发展的原因之一。

除上述矛盾之外，还有一系列纯经济性质的矛盾和困难。波兰是一个农业耕作十分落后，致使收成波动极大的国家。前后两次收成的差额可以高达 40%。这是使整个经济生活的平衡受到威胁的因素。国家处于严重歉收的威胁之下，这当然会给政府带来极大的困难。由于平衡贸易的条件恶劣，由于经济的景气有赖于进一步的投资，波兰的经济生活陷入了高度依赖外债的境地。但是，波兰引进的外国资本犹如涓涓细流，而且条件苛刻，利率极高。利息的问题同时也成了对工人阶级和劳动群众加重赋税压力、使其境况急剧地和不断地恶化的问题。

在这种条件下，法西斯政权在农村和工人阶级的某些特权阶层中建立的基础是不可能扩大的。不过，即使法西斯主义得以深入到工人的个别阶层，使他们直接依附于法西斯政权，即使这样，也改变不了革命浪潮正不可避免地不断增强和日益高涨的普遍事实。认识到这一点，对于法西斯政权来说是一种推动力，促使它在军事冒险中去寻求摆脱这种处境的出路。为了采取军事行动，当然需要使整个经济具有一定程度的稳定性，当然需要一定的城乡支持力量。但是，在这方面，法西斯政府是不可能指望有重大成效的。

少数派的同志们不去考虑虚假的法西斯"稳定"过程的全部辩证关系，却把工业崩溃说成是产生革命发展形势的唯一原因。这些同志认为，只有工业的彻底崩溃才能为革命发展和革命倾向的增强创造先决条件。这些同志不懂得，战后的稳定过程和在该过程中使生产力得以发展的条件，为极其严重的新矛盾的迅速发展造成了更广泛的基础。他们把一切都归之于设想中的彻底的工业崩溃，而对于确实存在着的矛盾却视而不见，所以他们或者是预言彻底的经济破产，或是无力抵制法西斯主义散布的稳定的幻想，总是在这两者之间摇摆不定。华沙委员会的代表们断言，法西斯的稳定改善了无产阶级众多阶层的境况，八小时工作制没有被废除等。他们的这种意见不可能不影响到少数派的整个策略，而在对待罢工斗争以及采取夸夸其谈、但实际上完全消极被动的策略这一问题上影响特别明显。

党的策略。在波兰的现实条件下，领导无产阶级的经济斗争，是党的最重要的任务之一。发挥最大限度的积极性是党在这项工作中的基本原则。虽然近一年来由于法西斯的打击、仲裁的条件和妥协分子的一再背叛，致使罢工运动的规模有所缩小，但仍必须指出，在波兰境内所发生的所有罢工都是根据我们党的倡议组织和进行的，而且在绝大多数场合下是由我们党领导的。就是政府和妥协分子借以压抑群众积极性的那些仲裁协议，在许多场合下也是在罢工的威胁下产生的，而且它们的结果还受到下列事实的影响，即群众已经愿意参加罢工，并根据我党的倡议进行罢工的准备。我们对问题的提法是，组织、准备和领导罢工，而不像我们的少数派所做的那样，只是预告、约定和宣布罢工，但对罢工的准备工作却漠不关心。

在我们阐述的上述条件下，我党的中心任务是为反对策划中的对苏进攻而斗争，保卫苏联，宣传它的一切成就，向群众讲明策划中的战争的全部意义。这一反战活动是我们党全部活动的真正核心。我们不折不扣地把这种活动同波兰无产阶级和劳动群众的所有大规模发动结合起来。为了进行这种反战活动，党的领导认为必须做到的并首先努力去做的，是把整个反战运动同无产阶级迫切的日常需求结合起来，尽可能让群众具体地了解战争准备的全部情况。我们过去和现在一贯认为，不应该只向工人阶级和劳动群众灌输战争是不可避免的这类抽象的词句，而应该尽可能全面地向他们展示把我们推向战争的全部现实情况。我们认为，在我们的宣传中必须突出地予以揭示的正是行将发生的战争的阶级性质，这场战争不是通常的帝国主义的冲突，而是一个阶级反对一个阶级的战争，整个资本主义世界反对新生的社会主义社会的战争。我们曾经解释过把波兰推向战争的所有错综复杂的情况，我们指出过的有：经济因素，这就是工业力求向外扩张；外交政策因素和波兰作为英国手中的工具所起的作用；整个法西斯政权的冒险主义倾向。但首先并且每次都指出的则是对苏维埃国家不共戴天的仇恨的社会阶级根源。这种仇恨在波兰尤其强烈，因为波兰资产阶级比任何其他国家的资产阶级都更强烈地感受到社会革命的危险，而这种革命的范例就出现在与波兰直接毗邻的国家内。但是，对于整个资本主义世界同新的社会主义世界之间的这样一场巨大冲突，少数派的同志们却令人费解地固执己见，硬把它归结为纯经济性的局部冲突，并认为这个冲突是由于西里西亚的采矿工业需要扩大市场所致。

选举运动是我党最近时期所进行的最大运动之一。这个选举运动就好像是一面哈哈镜，反映出了波兰阶级力量的分布情况。说它是哈哈镜，是因为它是在法西斯加强恐怖的打击下进行的。选举运动时期不仅不是自由更多一些、公开活动的可能性更大一些的时期，相反地，却是恐怖手段加强的时期。选举运动是在法西斯使用最无耻的压迫手段的情况下进行的，它竟无耻到把政府集团候选人名单偷偷塞进选票箱的地步。然而，尽管处在这种空前的恐怖状态之下，尽管政府耍尽了种种手段，我党在议会选举期间，仍作为巨大的、最实在的政治因素出现在全国和欧洲的面前。共产党的和靠拢共产党的候选人得到了约85万张赞成我党所领导的反法西斯联盟的选票。在这场运动中，我们的组织表现出了广泛采取灵活行动的巨大能力。我们的党把选举活动发展成为真正群众性的运动。党不仅收集到选票，还征集到了6万个表示赞成共产党候选人名单和反法西斯联盟候选人名单的公开签名。这就是说有6万名波兰工人和革命农民签上了自己的姓名，公开地向整个法西斯政权宣布，"我们是波兰共产主义的拥护者"。虽然在选举运动期间反法西斯联盟候选人的名单大多数都作废了，但党还是成功地动员了数万名工人和农民投票选举未暴露身份的候选人，尽管劳动群众只是在最后时刻才得知他们是共产党方面的人，仍然遵照党的指示投了他们的票。凡是候选人名单作废的地方，群众便把数以万计的选票投给被取消的候选人，他们以此证明，我党所进行的选举运动已摆脱了一切对议会抱幻想的成分。群众在投票选举时，并不指望法西斯议会能给他们带来什么改善，并不指望进入议会的代表能在法西斯议会内争取到他们生活的改善。群众投票无疑地是赞成共产党的纲领，赞成作为自己日常斗争中的领袖和领导者的共产党，赞成改善生活和摧毁法西斯政权，赞成工农政府。

但是，同志们，在这个选举运动期间，我们党内也出现过重大的分歧，主要是在如何对待妥协派政党方面的分歧。我党的少数派建议我们党同妥协派政党、社会法西斯党和波兰社会党上层搞统一战线。我们党的领导认为这个建议是最不能容忍的右倾机会主义错误，否定了这个建议。少数派同志的这个严重的右倾错误还与特殊的、看来是极左的错误纠结在一起，因为他们不理解我们党对激进农民的党派和其他某些组织的政党所采取的机动灵活策略，我们同这些组织建立政治联盟的基础是拥护下列口号：保卫苏联，成立工农政府，土地归农民所有，实行自决直到分离独立。少数派完全是机械地、从该联盟合法化的角度来理解党的领导权。他们认为，如果组成反法西斯阵营的各个党不建立这种合法的共同的委员会，那就等于放弃我党的领导权。这种论调天真幼稚，勿需置评，在法西斯居于合法地位的条件下更是如此。

由于我的发言时间快要用完，我只好把我的发言中很重要的一部分内容省略不讲了，这就是有关民族政策和农村政策的问题。在这些方面，党的路线也是经过重重困难的磨炼而形成的。我们犯过某些错误，第四次代表大会对此提出过批评。但是，尽管四大指出了这些错误，在四大后，中央委员会仍不得不同少数派进行斗争，因为他们在民族问题上，在对待富农和清除瓦西里基夫分子问题上又犯下了一系列严重的右倾错误。

最后，我还得把自我批评的问题略去不讲，也不去指出四大后我党及其领导存在的缺点和错误。

如何解决党的危机？怎样消除党内危机呢？这个问题是迫切需要解决的。目前正出现某些极其重大的事件：战争危险增长，备战活动变本加厉，军事独裁日益加剧，以及工人阶级先锋队面临遭受屠杀的威胁。现在，最重大的任务是动员群众参加政治发动和政治性罢工。总罢工的口号应在我们的政治活动中占据中心位置。党应该调动自己全部力量去实现这一口号。我提请大会全体同志注意，波兰的事态具有特殊的极其重大的意义，不久的将来我们将成为重大事件的见证人，这些事件是我们的大多数支部所预料不到的，并可能使我们手足失措。

　　在这种条件下，同志们，正确的政策和对我党正确的领导就成了最重要的问题。我的发言即将结束，但我还得就如何解决这个难题、如何消除我们正在进行的党内斗争讲几句话。这场党内斗争是执行正确政策道路上的绊脚石，它阻碍了我党的发展。同志们，如何消除这场斗争呢？我认为，俄国代表团对德国党提出的那些问题和建议对波兰党来说也是正确的。的确，同志们，我们也需要提高警惕，需要同右的倾向作斗争。必须把党团结在正确的政治路线之上，必须在党内建立铁的布尔什维克纪律。这就是我们党所需要的消除这一斗争的方法，因为近来我们党的纪律由于派别斗争而松弛下来。这里有必要把共青团也提一下。共青团和我党肩并肩地英勇斗争在自己的岗位上，但与此同时，少数派把其中相当大的一部分变成了他们与中央和中央正确路线进行派别斗争的工具，变成了用以同选举策略、同议会党团及其揭露社会主义叛徒的策略进行斗争的工具，而少数派对于这些策略不仅一贯反对，而且简直达到了肆意中伤的地步。

　　我们党内的这种状况必须予以消除。不应该存在下面这种状况，即正确路线和错误主张在党内并存，在政治上平等对待，使派别集团在组织上得到巩固，而中央委员会却受到内部结构的束缚，这种结构维护派系存在，使党分裂成各派系独霸山头的现象得到保护。同志们，这种状况必须消除。但我们从这个讲台上听到的关于撤换领袖的建议并不是摆脱党所遭受的危机的出路。布哈林同志试图从我党骨干分子中区分出能进行斗争的来自生产岗位的工人，用以同领导人、领袖相抗衡。这种建议，我再重复一遍，是不能解决问题的。在我们党内存在的正是这样的条件，即全体骨干分子，所有领导人和领袖都像战场上普通士兵那样进行战斗。我在前面已经说过，我们的干部不仅有蹲监牢的经历，还有遭受毒打和屠杀的经历。把他们区分成能英勇斗争的基层人员和似乎不能进行斗争的领导干部，这种做法完全不符合实际，不符合我党的全部历史，因此，它将无济于事，在我们党内没有人会相信这种做法。试图找到某些完全未受派系斗争影响、没有卷入政治斗争、对斗争袖手旁观的干净人，也是办不到的。必须寻求摆脱我党困难处境的出路，但上面这种建议完全是不现实的，因而不可能达到目的。

消除我党危机的问题，首先就是在正确的政治路线基础上的坚强领导的问题。这就是说要保证坚强的领导，保证那种在同各种偏差和错误的斗争中能贯彻执行正确政治路线的领导；这就是说要保证领导有可能进一步贯彻执行正确的政治路线，但要使摩擦和干扰少一些，要遵守铁的布尔什维克纪律，要少数服从多数。（喧嚷，笑声）只有这样才能实现党的统一和团结，才能共同对少数派进行富有成果的工作。这是可以导致消除危机的唯一道路。我党应该在四大以后的正确路线的基础上团结起来。这条路线在发生各种党内冲突的情况下取得了胜利。曾试图建立另一条路线，例如在选举问题上的路线，但遭到了反对。党的领导现在执行的正确路线曾经取得胜利，但那是在不断地同少数派，更多地是同少数派右的倾向和错误进行斗争过程中取得胜利的。必须记住这一点，必须支持领导在极其重要的岗位上进行这场困难的斗争。我希望，共产国际将帮助我们找到摆脱危机的正确出路。我希望，我们能团结全党，达到布尔什维克的统一，把波兰的革命引向胜利。

埃韦特（德国）：

共产国际在前几次代表大会上曾不止一次研究过德国党的问题。1921 年的第三次代表大会要纠正三月起义的错误，谴责右倾取消主义分子并把他们清除出党。第四次代表大会同德国共产党一起详细讨论过关于运用统一战线策略的问题，当时，大会既要克服"左"倾分子的反对，又要同右倾分子的观点进行斗争。在第五次代表大会上，共产国际批评了当时党的领导所犯严重的机会主义错误，因为他们对 1923 年德国无产阶级未能利用有利的形势负有很大的责任。

在第六次代表大会上，也存在着一些需要说明的问题，然而已出现的分歧绝不应导致党的危机。这些分歧来源于德国共产党在目前的资本主义稳定时期所面临的某些困难。这里指的是，在党内要建立和巩固广泛的统一战线，以便能共同行动，共同解决问题，以便能更好地运用自己以往的经验，使经验的运用适应于现实的具体形势并取得最大成效。在我们德国有着欧洲最先进的、组织程度最高的资本主义，因而产生了许多新的现象和矛盾，我党应该在保持团结一致的情况下予以解决。但是，在这方面存在着一定的危险。在党内，由于受到党的发展的老作风的影响，某些不良倾向未能得到克服。每逢出现意见分歧或试图讨论实际问题之时，总会出现这种倾向，即事先不作任何解释就给持不同意见的同志扣上一顶帽子，而不去用辩论的方法解决问题。

下面就布哈林同志的报告和提纲中作出的分析讲几句话。这里可以提出这样一个问题：在分析的问题上是否存在严重的分歧？回答自然是否定的，尽管相当多的德国同志无疑地赞成这样一种意见，即提纲中提出的前景过于悲观。某些同志指出，这是一种停滞的前景。（台尔曼插话：“这指的是谁？”）我提请您回忆代表团会议上的争论情况。（台尔曼插话：“这种说法是不真实的！”）在当前稳定时期是否存在一个可以称之为资本主义基础的改造、恢复和扩展阶段的阶段呢？如果客观地分析事实，那么否定这一点是不可能的。不仅在技术和组织方面，而且在一系列其他方面都显示出存在这个阶段。我们看到，有人企图利用五花八门的合作方法，更深地把工人组织纳入资本主义体系之中，并用同样的方法把工人阶级的许多阶层拉过去。我提请注意美国、英国、德国和其他高度发达的国家内出现的种种这类企图。这类发展合作体系的企图不论在哪里都同立法措施相互配合，而那些方法措施的矛头又都是指向工人组织，例如英国的反对工会的法令，其他各个国家的仲裁制度等。

当然，可以把整个任务说得轻松些，办法就是，我们只描绘出最近似的、尽可能"乐观的"前景，而对于目前存在的现象则用印象主义的手法予以解释。我们中间有不少同志就是这样做的。但是，我们知道，列宁曾不止一次地告诫革命者不要陷入这种错误。我们还知道，共产党正确策略的首要条件，就是对前景作出正确的、实事求是的估计。不言而喻，这种估计才能最严厉地驳斥孟什维克的任何企图或断言革命已经完结的取消主义分子所发出的社会民主党人式的一切胡言乱语。

在这方面，共产党人只有一种观点。马克思指出，正是由于资本主义的发展和向更高形式的过渡才使矛盾激化。现在高度发达的资本主义国家里所发生的一切，同时造成了内外政策一切领域内的矛盾的尖锐化。在对外政策领域，这表现在关于战争的问题上；在对内政策领域，这表现在导致革命的阶级矛盾的尖锐化。而且这个过程并不是仅仅用一个简单的公式就可以说明的简单过程。工业中垄断的集中和垄断程度的提高，就某种意义而言阻碍了工人阶级的斗争，给这一斗争带来了困难。原因是很清楚的：无产阶级中缺乏阶级觉悟的阶层现在所承受的资本的残酷压迫，比战前更要严重得多，尤其是，资本家们甚至力图把工人阶级本身的某一部分拉入资本主义体系。

但与此同时，这个强大的已十分集中的资本所具有的侵略性又促使形势日益紧张，而这点是必须着重指出的。虽然现在，特别是受工会组织执行叛卖政策的影响，号召工人阶级参加重大斗争比较困难；虽然发动类似斗争对我们来说比较困难，但是这些斗争的规模更为巨大了，性质更为激烈了，其结果也更具有革命意义了。即使在最重要的工业部门有时能组成庞大的国际卡特尔，那么这一事实也只能加剧争夺市场的斗争，只能加强帝国主义的掠夺政策以及对苏联的侵略性。虽然总的发展是一个统一的过程，但不同国家的发展情况仍然互不相同。只要把美英两国比较一下，就足以看出这个过程和这个过程的发展速度是极其多种多样的。

　　下面我将对某些认为提纲内没有充分强调英国的衰落和大英帝国的崩溃的同志提出批评。我认为，英国衰落的事实已无可争辩，在共产国际内部已得到公认，没有必要千百次地反复强调它。更重要的是必须使工人阶级注意到大英帝国所包藏的对革命的种种危险。没有任何一个共产党人，也没有任何一个严肃的资产阶级经济学家会对大英帝国和英国宗主国没落的事实提出异议。

　　某些同志指责提纲，说它预料，只有在发生新的战争，即帝国主义国家之间的战争，或帝国主义国家反对苏联的战争之后，才有可能产生新的革命浪潮。我认为，对这种指责应该予以驳斥。没有任何共产党人会认为，只有爆发战争，才可能爆发革命。在共产国际内部，没有任何人会维护这种观点。战争和革命是紧密相关的。战争和革命是为解决现存资本主义社会制度的矛盾而采用的两种办法，是当今时代为争夺政权而进行斗争的两个阶级所采取的两种尝试。资本家用战争来解决问题，工人阶级用革命来解决问题。内外政治矛盾的尖锐化以及随之而产生的工人阶级内部革命浪潮的不断增长，同时也使帝国主义者更强烈地企图通过战争解决问题。除此之外，对战争和革命这一问题的回答还取决于我们对战争危险逼近程度的认识如何。合理化、托拉斯化和当前稳定阶段的整个发展过程推动着最重要的资本主义国家进一步地向外扩张。而与此同时，这种扩张正日益加剧、而且必然会把矛头指向苏联，为的是把被革命分离出来的世界六分之一土地再次纳入资本主义经济体系，为的是消除危及资本主义的这个巨大危险。

　　所有同志都说，战争危险已经迫近。但就在对提纲的抨击中也包含着某种危险。（有人喊道：“对谁危险？”）对攻击提纲的那些人，因为在这些攻击中表现出对战争危险估计不足。根据发展的可能进程来看，在最近的将来我们在许多国家中进行的战斗将是这样一种性质的战斗，即其中只有一部分战斗推动我们直接投入夺取政权的斗争。我想以此说明的是，在目前资产阶级联合在一起的条件下，各国共产党不可能一举获得胜利。这种理解也许过分简单了。最需要注意的是以下情况：在所有主要的资本主义国家中，广泛的群众运动由较低阶段向较高的决定性阶段过渡是要经过一系列革命性的和半革命性的战斗的，而这些战斗不一定立即就以夺得政权而告终。诚然，维也纳无产阶级的起义和英国矿工的伟大斗争似乎与这种说法相矛盾。但我认为，把奥地利这个只由一个城市组成的国家发生的具有突然性因素的例子，搬用到工业大国去是不正确的。英国的总罢工和矿工的罢工恰恰既表明了工人阶级的力量和英勇精神，同时又表明了目前仍存在的资产阶级稳定状况相当牢固可靠。（有人喊道："牢固可靠吗？"）是的，牢固可靠，因为资产阶级在进行反对工人阶级的斗争时并未表现出过分焦躁的征候。这是否意味着，我们应该准备进入一个偃旗息鼓的时期呢？不，绝对不是。但是我特别地强调过这些因素，因为对于共产党来说现在开始了一个决定性的时期，在整个这个时期中，我们应该扩大自己的基地，以便在即使是突然的革命危机到来之时，我们也能够率领广大群众进行胜利的革命。

　　某些同志要求在提纲内更明确地指出苏联所取得的成就。我认为，没有任何人会反对这一建议，我只想对它略作补充。对于资本主义国家的大量产业工人，我们在指出成就、指出蒸蒸日上的社会主义建设的同时，还应该比以往所做那样更多地指出随着无产阶级专政国家内的这一建设而产生的特殊困难。因为正是这些产业工人常常习惯于按照自己国家的经济情况来看待苏俄发生的事件，而且他们的眼睛因受改良主义毒素和资产阶级诽谤的毒害往往迷糊不清。在苏维埃共和国处境最困难的时刻，列宁曾指出过，必须把所有这些困难情况完完全全地告诉外国工人。（有人喊道："难道没有这样做吗？"）是的，当然是这样做了，只是我认为，应该比过去做得更好。恰恰是这样介绍情况，才使工人阶级有可能理解无产阶级专政的种种问题。而工人阶级在理解这些问题的同时，就增强了自己的抵抗力，能更好地抵制改良主义的备战活动和改良主义目前在工人阶级中散布的战争思想。

我认为，提纲的总路线和提出的前景是正确的。它告诉人们，在当前的稳定阶段，时代同样具有革命的性质。提纲既揭示了革命的前景，同时也没有忽视困难和所有共产党都必须清楚地看到的那种复杂的形势。

再就工人运动的形势谈几点意见。假如整个形势不是如此复杂的话，那么我们怎样才能解释左倾化过程的矛盾性质呢？这种矛盾性是一个普遍现象。几乎所有资本主义国家内都出现社会民主党及其领袖右倾化的过程，而群众则日益左倾。群众左倾化过程既对共产党有利，在一定程度上也对社会民主党有利。这里存在着程度上的差别。这不仅涉及到不同国家内共产党和社会民主党在发展程度上的不同，而且，正如德国、法国及其他国家的选举情况所表明的那样，在每一个国家内部发展也是极其不平衡的。以德国的选举为例，它表明了什么呢？它表明，在所有最重要的工业地区，共产党都有迅速的发展，而在某些地方更取得了突出的进展。这种发展，与社会民主党的发展相比，有的地方大些，有的地方小些，在速度和规模方面也是不平衡的。但是总的说来，在最重要的工业地区，我们已经着手从思想上把工业无产阶级群众争取到我们一方来。在多种经济并存的地区和农业地区，我们还看到了另一种过程：共产党员人数的增长较少，有时甚至停滞不前和数量下降；可是，社会民主党在这些地区总的说来却取得了长足的进展。这个情况表明，目前在德国；整个工业无产阶级的左倾化正以某种形式在进行着；同时这个左倾化或者正在达到完全的革命自觉的程度，或者向左转的工人群众在退出资产阶级政党的时候，暂时还没有越出改良主义的范畴。然而，这种阶级分划过程的性质还不能使我们完全满意。的确，除了处在个别特殊紧张的革命形势之外，无产阶级的阶级成熟性很少能达到像现在这样高的程度，这是事实。但这一事实是否就排除了形势的复杂性呢？还不能够说，投靠德国社会民主党的主要是小资产阶级群众，而靠向德国共产党的主要是工人。靠向我们一边的几乎全是工人，而且大多是产业工人，这是无可争辩的事实。但是，在德国享有选举权的工业无产者，连同他们的妻子计算在内，至少有 1600 万人。此外，还要加上几百万农业工人，几百万小官员和工商部门的职员。这些实质上属于无产阶级的阶层大多数已经退出明显的资产阶级政党，但还有几百万人追随这些政党，他们还没有受到左倾化总过程的触动。在充分指出我们在选举上所取得的重大胜利的同时，我们不能认为，我们获得的选票，其分量重如金石，而社会民主党获得的选票则轻如草芥。（有人喊道："我们得到的选票比社会民主党的更有价值。金石对草芥这比喻是正确的。"）台尔曼同志认为，金石与草芥之比是正确的。我完全同意的是：在革命形势下，共产党获得的选票将像金石一样掷地有声，即使处在目前的形势，它也是颇有分量的。但是，有许多选票是工人阶级的众多阶层投给社会民主党的，我认为，这些选票现在也是重如金石，它们对另一个阶级有利，即对资产阶级有利。

我想谈谈社会民主党占据优势地位的基础是什么，它获得的 900 万张选票意味着什么呢？这个胜利是一时情绪的反映呢？还是基于自己组织（这些组织的传统和职能在德国工人阶级的生活中仍有深厚的根基）的活动而取得的呢？后者是对的。社会民主党取得这一胜利依靠的是拥有 80 万党员的党组织，以及与资本主义国家、市政当局、各种社团等有联系的党的机构。仅仅这一事实就可表明它具有比我党更高的组织程度。但社会民主党的力量还不仅在于此。除此之外，社会民主党还控制着强大的工会机构，操纵着消费合作社系统、保险机关和文化团体，它通过这些文化团体，对工人群众施加的思想影响远远超出自己组织的范围之外，它还依靠这些团体从组织上拉拢工人群众。

改良主义分子在上述组织颇有影响，这一事实本身就潜藏着危险性，这一事实造成了形势的严重性，正因为如此，必须加强反对改良主义，反对共产党内右倾倾向的斗争。

主要工业国家的共产党为能胜任自己面临的历史任务，必须充分理解这一课题的全部意义。

下面还谈一个问题。社会民主党取得胜利靠的是什么？也许是由于它在选举运动期间隐瞒了自己的企图？根本不是。社会民主党曾公开而明确地表示赞成联盟政策，但在革命的工人运动兴起的年代，该党反对工人阶级和摧残革命工人的行动却又不止一次地破坏了这一政策。尽管如此，社会民主党还是获得了 900 万张选票。

德国资产阶级明确地、不加掩饰地承认这一事实。它不否认在选举中的失败，不过它有个自我安慰的想法，即社会民主党现在在政府内部也承担了资产阶级政党的某些职能。《科隆报》在与重工业部门的某些机关报进行论战时十分清楚地表达了这个想法。例如，该报写道："喋喋不休地一味谈论工人阶级向马克思主义方向的发展，是没有用的、多余的和有害的。当然，这个现象是存在的，共产党得票的增加说明了这一点。但另一方面，我们看到了工人阶级更多部分的资产阶级化。"

我并不是说这些事实对我们有决定性意义。但在我们某些党的分析中，过分小看了这些事实，没有充分地认识到这一问题的全部重要意义。这必然会导致低估任务的重要性和困难，导致削弱我们理应完成的工作。我们不是已看到，例如德国社会民主党现已成功地拉拢了几百万工人，当然不是全部 900 万人，那种说法是不对的。但是，这几百万人确切无疑地已被社会民主党拉拢过去保卫资本主义共和国，维护这个国家的继续生存。社会民主党还成功地鼓动和唆使这几百万人去反对共产党人，教育他们把共产党人当做这个国家、这个资本主义共和国的敌人去加以痛恨。

　　而且，社会民主党的上述活动，恰恰是在工人阶级这样一部分人中颇为奏效，这部分人在工人运动和企业内的组织作用特别重大。黑克尔特同志曾说过，在我们党和其他许多党内有相当多的工人贵族分子，其中一部分，据他说，属于小资产阶级阶层。有些革命党，如革命前夕的列宁格勒布尔什维克组织等，其骨干主要是由熟练的五金工人组成。它们的经验表明，熟练工人能更好地接受我们的影响。现在，技术在不断发展，工业的合理化正威胁着他们的境况，使他们在生产过程中的特殊地位逐步丧失，在这样的条件下，熟练工人越来越容易接受革命思想。而大量未受训练的工人（"当前"状况的特点就在于此）则与此相反，在许多工业国家内，动员这种工人自己发动大规模的群众斗争是很困难的，况且现在的斗争与直接的革命形势下的斗争，性质完全不同。在革命高潮时期，工人阶级的这些阶层多数是最易冲动的分子。但在目前的形势下，动员他们独立举行大规模罢工，总的说来要比动员熟练工人（就与企业主的关系而言，他们在生产过程中居于较有利的地位）反而困难些。必须认清这个事实，因为它说明了目前我们在许多国家的工会策略中所看到的和感受到的种种困难之由来。

　　为什么我如此尖锐地提出这个问题呢？这是为了转入我们当前工作中具有决定意义的问题。现在，我们面前没有直接的革命斗争，因此，党和工人阶级首先应该摧毁本组织内改良主义反抗势力的壁垒，这是发动独立斗争的需要。克服组织内部改良主义领导的反抗，打破束缚工人手脚的改良主义的羁绊，这一切是向企业主发动全面进攻的第一步。这里隐藏着右倾错误最主要根源之一，隐藏着右倾错误的客观原因。要知我们看到什么吗？我们党的工作中最严重的摇摆，恰恰发生在我们对群众组织的工作上。在这些组织中，共产党人的行动往往显得不明确，不坚定，而且由于自己思想上的软弱无力，因而缺乏动员工人群众参加战斗，并使他们摆脱改良主义羁绊的能力。在当前情况下，我们的同志，一方面拥有部分愿意斗争的工人，另一方面又有一部分觉悟不高、比较落后的工人。此外，他们还要同自觉的社会民主党骨干分子打交道，这些人起劲地反对共产党的政策，结成统一战线来反对共产党。在加强我党对工人阶级影响这项工作中，我们的党员同志常常遭受挫折，其原因或是由于胆小怕事，或是由于投降情绪，或是由于能力不强；指导不够以及我们党组织的工作缺乏计划性也是原因之一。

当我们这个伟大的总的运动正一步一步地、迂回曲折地向革命接近之时，阻碍这个运动向左发展的还有这样一个事实：在许多国家中，资本主义的联合及其相对的稳定已达到的程度，使改良主义分子获得了玩弄权术的一定自由。在德国，我们清楚地看到了他们这种玩弄权术的本领。改良主义分子一方面提出了将重工业收归国有的口号，另一方面，又阻止重工业部门的工人争取提高工资和减少劳动时间的罢工运动。一方面，为举行不会伤害整个制度的中等规模罢工开放绿灯；另一方面，社会民主党又在众目睽睽之下进入联合政府，并为扼杀罢工开动仲裁机器。于是，我们遇到了这样一个问题：我们的工会工作有哪些不到之处？它有哪些典型的特征？在许多场合下，我们工会工作的缺点是始终跳不出社会民主党的老框框，工作方法、影响群众的方法和组织罢工的方法，都是社会民主党得力的基层工会干部在一定形势下采用过的那一套。我们还没有完全抛弃掉这些过时的方法。这就是我们应该花气力的地方，而且在推广良好的工作方法、把主动权转交给群众的同时，还应该把实行这些方法同公开揭露社会民主党工会领袖结合起来，这就是说要坚持不懈地要求他们执行由工会内有组织的工人作出的并经工会组织通过的决议所提出的任务。这还意味着在方法上要求得到统一：把工作重心转向独立地发动群众投入战斗，同时要提出要求，责成各地的改良主义领导人执行工人的决议。这样，我们就能使这些头头威信扫地，使社会民主党工人离开他们。在其他某些策略问题上也应该这样办。

总之，可以说存在着危险，这就是由于解决我们日常的策略问题而往往会把德国革命的普遍性问题置于次要地位。党本身也负有部分责任，由于日常任务繁重，对于德国工人阶级未来可能遇到的种种问题考虑不周、讨论不深。

在这种客观基础上，产生了第三个右倾危险，这表现在右翼集团的某些倾向上。该集团提出了监督生产的错误口号，从而给党内某些人士带来了思想混乱。在这种形势下共产党究竟应该采取什么行动呢？我认为，这种问题不仅德国支部有，而且欧洲其他支部也有。或许只有那些条件完全不同的国家（如意大利和波兰等）的党属于例外。

对于我们特别重要的首先是：从原则上彻底弄清所有问题，提高全党的思想水平；从详细分析总形势逐步转向更确切、更清楚地为每个具体场合规定专门的任务和口号。

其次，我们亟须使党具备灵活运用策略的高超本领，要能对改良主义分子和资产阶级的每一个步骤作出更迅速、更有把握、更积极的反应。在我们的许多党及其领导机关内，常常发生不是他们领导工作，而是工作牵着他们走的现象。他们往往预见不到事件的发生，而是跟在事件后面跑，然后对自己的错误批评一番了事。我认为，捷克同志针对自己党提出的指责表明，正是这方面的重大弱点必须克服。克服这个重大弱点，主要是领导的任务，只有同党员群众建立最密切的联系，支持他们的主动精神，这个任务才有可能解决。

第三，必须认真地准备战斗，领导战斗，而这种领导应能丰富群众的经验，促进其组织性的加强，并能巩固群众对共产党的信任。

为能圆满地完成这些任务，当然需要一定的党内环境。布哈林同志在自己的报告中就曾说过，在不同的党内，出现了一些奇怪的倾向，没有充分的政治理由就拉帮结派，大搞派系斗争，从而妨碍了党的发展、党的生活及其他等等。我想扼要地谈谈这个问题。我认为，为能从原则上彻底弄清问题，为能获得随机应变的能力以及准备和进行战斗的本领，为能增强革命决心和组织性，必须创造某些先决条件。第一个先决条件，就是党的正确政策。大体上说，党的政策是正确的。但是，我已说过，它应该更快地、更有根据地、并以更具体的形式产生出自己的政治路线。（台尔曼插话："政策是大体上正确吗？"）是的，大体上是正确的。（台尔曼插话："塔尔海默也是这么说的！"）我认为，每个党在执行自己的政治路线时当然都会犯错误。因此，说党的路线只是大体上正确，这并不是离开了党的路线，正如同把草案只作为基础并不是脱离了草案一样。这就为进一步完善草案留下了余地。而需要我们加以改善的东西则是很多很多的。

第二个先决条件是正确的党内方针。我们是否存在偏离这个方针的倾向呢？同志们，在我们代表团的会议上，曾发生过关于右倾分子问题的争论。这种争论我们以前就有过。争论中，在采取一定的组织措施是否恰当，例如恢复布兰德勒和塔尔海默的党籍是否恰当的问题上，产生了分歧。我们就这个问题发表的观点，在第九次全会后的联共（布）和德共代表团会议上遭到了拒绝。此后，在我们的分歧中，这个问题没有起过任何作用。全会以后，对于某些地区和工会内必须作一定的组织变动的问题，也没有不同意见。但是，与这一事实相反，竟发生了反对党内部分工作人员的倾向，而这些工作人员执行了埃森党代表大会制定的路线，积极地捍卫和贯彻了这一路线，并履行了自己在这方面应尽的职责。事情发展到如此严重地步：第九次全会后通过的、不允许对右倾代表人物采取容忍态度的决议，竟被解释成对遵循党的路线的工作人员也要采取组织措施。在莫斯科举行的代表团会议上，更进一步宣布，构成主要危险的不是右倾集团，而是对右倾集团抱容忍态度的同志。许多坚持党的立场的同志，竟毫无根据地被扣上帽子，被说成是这个右倾集团的分子，而且还宣称，要对他们作出组织结论。我认为，这种路线正危及党内方针，它将导致新的派系斗争在缺乏充分的、有根据的政治基础的情况下重新抬头。这种做法必将给党的团结带来困难。在没有严重政治分歧的情况下搞派系斗争，必将导致迷失方向，使错误观点和思想得到发展，使很有作为的党的工作人员感到害怕。必须在这种危险刚一露头时就发出警告，因为它已经有所表现，它还使德国共产党面临严重倒退的危险。这种路线将使党无法胜任面临的伟大任务，必将造成在党内生活中热衷于纯组织问题的局面。这种路线还会造成在领导问题上的派系掌权，使派系思想占统治地位。十分清楚，这种状况同对政治问题应取公正态度是不相容的。它造成的结果是，人人都把别人看成是自己的敌人。在这种状况下，往往发生争执，而这些意见在正常条件下本可以通过协商顺利解决；每个党和每个党的领导层内不可避免的分歧，被广泛地用来为夺取优势地位和党内权力而争斗。这种状况使党的生活僵化，给党选拔新干部的工作带来困难，而布哈林同志所说的群众需要与党的干部水平不高之间不相适应的现象，也将因此而更为加剧。

　　显然，就连居于领导地位的多数派也可能蜕化为派别集团。这已见之于不同国家的党内。这种派系思想也可能产生于多数派，而且我已经说过，在德国党内，在一定程度上就存在着这种危险。于是产生了这样一个问题：第六次代表大会的决议，特别是俄国代表团的修正案，能不能阻止这种现象呢？我想对这个问题作出明确的答复。只有在所有各方真正决心贯彻通过的决议和改变现状的条件下，这才有可能办到。目前，改良主义在德国颇为得势，在这种情况下当然需要反对右倾偏向及其代表人物，这是不言而喻的，我在发言中也明确地强调过这一点。这个斗争容不得任何程度的忍让。但是，对右倾偏向不抱容忍态度，并不意味只应采取组织措施来进行斗争。每个负有重大责任的党的领导层应该明白，组织措施乃是对付那些企图把错误观点带进党内的同志的最后手段。采取组织措施，是为了缩小错误观点的影响，是为了有效地同错误理论进行斗争。但是，与此同时，还要进行教育群众的工作，要采用说服的手段。改善党的状况的另一个先决条件是，从党内的气氛中消除掉近来在党内产生的有害东西。为此，必须驳斥那种把一大批捍卫党的路线的同志看成是党的最主要危险的观点。在德国代表团会议上表达出来的政治观点，必将导致斗争的尖锐化。为什么我们反对德国代表团多数派就容忍态度问题提出的那种说法呢？因为它清楚地表明，与它同时联系在一起的就是我刚刚提到过的对执行党的路线的同志也要采取组织措施的方针。

我们对俄国代表团提出的建议表示赞成……（登格尔插话："这是合乎情理的。"）……同时我们要说，如果多数派同志今后还坚持他们在代表团会议上维护的、在我看来是不容许的观点，那么，现状将得不到任何改善，相反，将恶化下去。必须特别指出，领导层和全党都应参加反对右倾偏向和观点的斗争，但其目的应该是求得党的团结，团结所有领导力量，加强集体领导，巩固民主集中制。这自然就意味着党内少数派执行多数派的决议，不过，多数派同时也承担使用党内民主方法的义务，因为党内民主能使我们选拔出优秀的党的工作人员和干部。我相信，不论在德国，还是在其他帝国主义国家，加强共产主义运动的前景都是十分良好的。工人群众为进行极其伟大的革命斗争而团结一致的过程，虽然缓慢些，但却在进行中。现在，资产阶级具有更大的侵略性，它正在准备对苏进攻。历史赋予每个共产党人重大责任——为革命竭尽所能和减轻党所面临的困难。不可能预言，对于某些党来说，决定性考验的时刻何时到来。我认为，在这次代表大会上必须指出两个前提，它们对于在未来的战斗中团结群众、赢得战斗胜利、巩固和发展已取得的成就是极其重要的。第一个前提，就是联共党在其一贯执行的工人、贫农与中农群众结成联盟的政策基础上团结一致，这项政策也是共产国际及其各支部团结一致的最重要保证之一。第二个前提，就是在资本主义国家，特别是在德国，执行这样一种政策，它应能保证各国共产党冲破阻力，接近工人阶级的新阶层，特别是社会民主党的工人，应能促使无产阶级的斗争向更高形式发展。

我想本着这个精神结束我的发言。我相信，我们的大会也会本着同样精神为德国共产党提出行动的指导路线。这将不是一条悲观主义的路线，而是对我们面临的危险所作的正确判断。同时还应通过最认真的工作为迎接革命进行准备。必须把可能导致德国共产党已经摒弃的旧的派系斗争再次出现的种种观点，从党内排除出去。

斯特拉霍夫（中国）：

同志们，因为纲领和殖民地问题还要专门讨论，我今天只对总提纲简要地提点意见。先谈国际性问题，再谈中国问题，因为正是在这个领域内产生了一系列重要的策略问题。

同志们知道，中国人一般都有点"民族局限性"的缺点，虽然中国共产党内有许多所谓的"知识分子"，但是，我们的知识仍十分贫乏，尤其是在国际问题上。因此，我只是提出一些国际问题。我对许多国际问题不甚了然，但是仍想谈谈布哈林同志在提纲中提到的几个问题。第一个问题是关于总的形势。现在总的形势的特点是资本主义稳定和帝国主义阵营内部矛盾日益增长。我们面临着战争危机、反苏战争的危机以及干涉中国革命的危机。

共产国际的总任务就是防止战争，保卫苏联和保卫中国革命。可能这三项任务就是所谓第三时期的特点。但是，我认为，这里还有一个不足之处，就是在经济分析方面，在谈到工业生产力的增长、技术的改善等情况时，只是轻描淡写地谈了一下新经济形势对农业、对亿万农民境况的影响。这方面的分析是浮光掠影或不够清楚的。

农民的作用，不论在东方国家和殖民地国家，还是在欧洲国家，对将来的战争都是举足轻重的，无论如何，不会亚于农民在第一次帝国主义战争期间（1914—1918 年）曾起过的作用。这个问题同共产国际的整个策略问题，同无产阶级对待农民的策略问题有关。许多同志，特别是罗马尼亚、波斯、保加利亚等代表团的代表们已经提及这一点。我同意这些同志的意见，而且建议在提纲中更确切、更清楚地阐述这个问题。

至于殖民地问题，这个问题是相当清楚的。现在，殖民地农民普遍赤贫化，许多东方国家，尤其是中国，农民起义此起彼伏，欧洲各国国家资本主义方兴未艾，这种组织程度更高的资本必将变本加厉地剥削本国的农民，特别是殖民地的农民。如果战争就是帝国主义之间争夺市场、争夺殖民地的斗争，那么，殖民地和许多东方国家，即所谓农业国，恰恰就是这种原料产地。由于殖民地国家中的土地逐步兼并到地主和高利贷者手中，因而农民的土地逐渐丧失，东方各国的土地问题就变得日益尖锐了。我们亲眼看到，不论在印度还是在中国，土地问题成了中心课题，是目前时期革命的主要内容。如果发生战争，尤其是在太平洋地区发生战争，那么，中国和印度的农民就一定会说出自己的意见。

现在我谈谈提纲的第三点。这里对帝国主义者之间的矛盾作了精辟的分析。我认为，似乎应该更详细地分析所谓的太平洋问题。现在大家都认为，或者说，至少是倾向于这种看法：一旦发生战争，远东将会起到第一次大战期间（1914—1918 年）巴尔干各国所起到的同样作用。太平洋问题涉及中国、日本、美国、英国和印度。这里是世界矛盾的总汇。由于日本武力干涉济南，战争事实上已经开始了。另一方面，我们看到，虽然帝国主义者之间的战争尚未发生，但是，实际上由日本、英国，现在又有美国（美国支持蒋介石）所操纵的中国军阀之间的战争已在一处或多处进行着。我认为，这就是应该更详细剖析的太平洋矛盾的问题和课题，因为中国和日本的党还很年轻，缺乏国际经验，还不能独自剖析这些具有国际意义的重大问题。这个问题具有世界意义，它不仅对殖民地，而且对欧洲和美国都是至关重要的。须知美国是当今世界霸主，它将在太平洋战争中起主要作用。

自第五次代表大会以来，在第六、第七、第八、第九次全会期间，中国党未曾收到过有关国际问题的任何决议。我们只收到最近一次全会关于中国问题的决议，而那也是会后两个月才收到的。我们代表团在讨论布哈林同志的提纲时，对于其中提到法国党内对第九次全会关于法国问题的决议持有某些反对意见这一点，我们不了解内情。在这里，我们才发现了一些过去从未能找到的资料。在直接涉及中国的远东问题或太平洋问题上，我们也遇到了同样的情况。我认为，这个问题需要在大会上提出来，还应通过书籍或小册子广为传播。如果不能在大会上提出，那么，执行委员会今后应当向所有与太平洋问题和印度问题有关的国家发出相应的指示。

由于我们在提纲中得不到足够明确的答案，由于事情涉及农业问题、殖民地问题和太平洋问题，所以，在我们看来，所谓第三时期和第二时期区别甚微。（有人喊道："对！"）不错，提纲中提到了战争，提到了保卫中国革命，并且还有一个特殊问题——保卫苏联。第五次代表大会上没有提出过这些问题，因为当时还处在一系列帝国主义国家承认苏联的时期。只是在中国革命发展到轰轰烈烈的地步，并开始威胁英国之后，英国才和苏联断绝了外交关系。而这是不久前，就是去年发生的事情。我认为，提纲中还是应该提出第三时期，但是，要更详尽、更准确地提出，为什么所有列强在现在开始认真准备反苏战争，而不是在我们召开共产国际第五次代表大会的时候，等等。需要更明确地提出来的就是这些问题。这对于那些缺乏国际知识和国际经验的各党尤为必要。

现在我再谈中国问题。中国革命遭到了严重失败。姑且不谈我们领导上的机会主义错误，我只是要说，这次失败的客观原因之一是帝国主义的强大。事实上，帝国主义者过去和现在都是我国国内反革命力量的组织者。1927 年初的中国革命战争高潮没有得到西方，如德、英等国无产阶级的强大革命运动的配合。印尼和印度也未发生殖民地起义。即使当时发生这些情况，其规模也不够大，不足以造成对我们的声援，就更不必说当时我们的革命是处于上升的形势，而英国的总罢工已是失败的局面了。因此，我们首先必须向我们每个兄弟党提出这样一项任务，即做好准备，以便在可能发生战争，特别是太平洋战争的第三时期，西方和东方能在全世界协调一致地共同反对帝国主义。其次，必须指出，由于阶级力量经历了重大改组，中国无产阶级的领导作用现在更加增强了。我们现在多次谈到的广州起义，虽然有许多缺点，但是它彻底打消了对国民党的一切幻想，开辟了中国革命的新时代，即苏维埃革命的新时代。广州起义以后，中国革命抛弃了任何右的和左的国民党的旗帜，正在并将永远在苏维埃旗帜下前进。

我们知道，中国无产阶级的领导权，对于中国革命的发展具有十分重大的意义。现在的问题是，城市的工人运动呈现出消沉情绪，当然，目前它已不像城市工人运动横遭镇压的恐怖时期那样突出地令人感觉出来。但是农民自 1927 年秋开始直到现在从没有停止过地方性的起义。他们建立了许多乡、村苏维埃，数量达 131 个。其中许多遭到反动派的破坏，但是也有许多保存了下来，或又重新建立起来。保存下来的苏维埃驱逐了本地的地主豪绅之流。现在产生了这样一个问题，如果无产阶级的城市起义（如广州起义）不能取胜，如果胜利了又得不到巩固，那么中国革命能否（哪怕是在几个省内）胜利？我们对这个问题的回答应该是否定的。因此就要求我们加强工会的群众工作，以使工人运动恢复元气，以使中国工人阶级能够真正领导农民。至于我们的错误，这里我想谈几点看法。弄清别人对我们的错误应承担几分责任，对我们来说是并不重要的，别人为我们少说几分错误也无关紧要。对于我们至关重要的是，应该弄清楚我们的错误究竟在哪里。问题就在于，在武汉时期，我们对待农民的策略，以及我们对农民、小资产阶级和资产阶级的态度，完全是非布尔什维克的。这就是我们的主要错误。（有人喊道："对!"）如果过去我们说过，甚至同民族资产阶级结盟也是必要的，那这并不意味着，我们自己要变成民族资产阶级或小资产阶级。在武汉时期，为了联合小资产阶级，我们自己在政治上却变成了小资产阶级。再者，也不能说，既然我们应当和全体农民结成联盟，或更准确地说，和农民的大多数，即贫农和中农结成联盟，那么我们就应该变成农民。而我们曾经有过，也许直到现在也还有这样一些同志，他们认为，既然农民群众要求平分土地，那么我们的党，无产阶级的共产党，就应当同意这种纲领。他们真以为，这种平均主义就是社会主义。我认为，我们的任务在于，要以过去的错误为戒，端正我们的布尔什维克路线。要贯彻这条路线，我们就得有独立的阶级立场。只有在这样的条件下，我们才能领导中国农民。谁都知道，中国资产阶级已成了彻头彻尾的反革命阶级，完全投向了反革命阵营，只有无产阶级和农民依然是革命的动力。革命斗争的矛头不仅是指向帝国主义者和军阀，而且要指向中国资产阶级，因为不同"本国的"资产阶级作斗争，不推翻国民党反革命政权，不打倒一切军阀，不实行土地革命，就不可能从帝国主义手中解放中国。在这种形势下，我们应该力争在城市中建立立足点，争取群众，为新的高潮做好准备，因为除了革命以外，其他任何途径都不可能解决土地问题。现在我不能详谈这个问题，我只是要说，目前中国反动政权保持"稳定"是可能的，其他一切情况也都是可能的，但是，要想使中国资产阶级（即使有美国资本的帮助）完成中国的土地改革，这是办不到的，这是不可能的。目前中国的形势是：赤贫化发展迅速；地方性农民起义时有发生，在南方，有的地方在中国共产党领导下建立起农会；在北方，运动具有原始的、半宗教的农民战争形式（北方的农民发动，大多数被富农，甚至小地主操纵，他们暂时也反对军阀）。关于农民问题就谈这些。这里还有个重要的士兵问题。士兵也就是破产农民，他们既不能到工厂做工，又找不到别的工作。须知这些农民和士兵——汪洋大海般的群众，现在每天都在威胁着土豪劣绅，使他们深感恐惧。除非彻底消灭农民和士兵，否则谈不上消灭革命。但是，当他们在无产阶级领导下发动起义的时候，谁也抵挡不住如此广大的群众。显然，由于中国的这种形势，军阀混乱必将继续下去，必将成为形形色色帝国主义国家政策的传播工具。但是，即使有国际背景的军阀混战继续打下去，即使中国资产阶级和军阀联合行动，甚至借助各种改良方法也不能解决农民问题，那也并不意味着中国革命现已胜利在望。不，我们的敌人十分强大，他们虽然相互厮打，但同时又组成统一阵线镇压我们，他们用白色恐怖，用你们西方同志闻所未闻的白色恐怖来扼杀我们的运动。我们中国人感到不可思议的是，这里竟煞有介事地谈论法西斯主义是什么东西，工会官僚和国家官僚相结合是怎么一回事，因为所有这一切我们是太熟悉了。中国之所谓"工会"，本来就是遵奉国民党政府、南京政府、北京政府之类的旨意建立的。它们干的是白色恐怖勾当，而我们所听到的在意大利发生的那些"小事"，它们是决不干的。它们在杀人，它们在杀工人，在广州 3 天之内就杀了 5700 名工人。他们不是一般地杀人，而是在杀人时还施展亚细亚式的残暴手段。我无法用俄语来表达这种惨状，因为对应的汉语词句是难以翻译的。我们就是在这种环境中工作的。我们必须工作，我们必须坚定不移地准备新的高潮，因为高潮是不可避免的，而且已经出现了某些征兆。因此，我认为，布哈林同志在提纲中对于中国政治形势的分析，对于中国革命形势的评价，是正确的。我知道，在这种形势下，我们的总路线就是争取群众。这个任务也就是为今后必将出现的新高潮，为举行武装起义做好准备。在新高潮必将到来的情况下，我党和中国无产阶级的迫切任务就是使党在必要时刻做好起义准备，因为只有采取武装斗争手段才能打倒整个国民党败类。用其他方法来完成和解决中国革命任务是不可能的。我认为，提纲中应当明确规定出我们的这个任务，因为如果笼统地谈对工农的群众工作问题，那么这个任务对一切时代，对所有党都是适用的。现在必须像共产国际执行委员会最近一次全会所做那样，明确规定我党的总路线是为争取群众而斗争。必须强调指出：现在，在两个革命浪潮之间的时期内，党的总路线就是争取群众；党的责无旁贷的、刻不容缓的总任务，就是在全国范围内，或至少在较大范围内，为胜利的、有组织的武装起义做好准备。

因此，在工人、农民和工会中间做群众工作，巩固党等，乃是头等重要的任务。只有到那时我们的形势才会明朗起来。

最后，我谈谈倾向问题。有人说，如果说西方国家存在着右倾危险，那么在东方，特别是在中国，则是"左"倾盲动主义的危险。是的，在中国确实存在着很大的盲动主义危险。大家看到，在那里，备受压迫和贫困破产的广大群众，往往走投无路，铤而走险。我们党应当坚持布尔什维克路线，领导他们，组织他们，而不是跟在他们后面跑。但是，**在济南事件以后，当城市反帝运动开始有些活跃，小资产阶级群众趋向"左"倾的时候，我们又开始发生新的右倾——机会主义重新抬头**。阐述这个问题的文件，是我们在听过布哈林同志报告之后收到的。我们的文件指出，近来，在6月底，有些同志认为，现在在国民党统治之下，应该提出召开国民大会的口号，应该要求国民党**恢复**民众运动，更有甚者，居然还通过党组织作出了这样的决议。何谓恢复民众运动？大家昨天可能看到了《真理报》的报道，目前，上海的银行家和资本家要求"重建"或"恢复"（两词汉语含义相同）民众运动。这是什么意思呢？大家知道，当国民党还革命的时候，它设有工人部、农民部和妇女部、民众运动委员会、示威游行筹备委员会等形形色色的组织。现在，这些东西早已无影无踪了。广州起义以后，各种力量两极分化，国民党明令禁止"民众运动"，撤销了上述各部，而现在资本家、银行家和"第三党"却要求国民党恢复民众运动。为什么呢？因为他们担心，正在兴起的工农革命将要推翻他们，需要下点工夫美化和粉饰国民党政权，为其恐怖政策开脱罪责。"虽然我们搞反共的恐怖活动，但是你们不是看到我们开始组织工会了吗？"就应当从这个意义上来理解恢复民众运动。可是，我们的同志却要提出这种给工农队伍带来幻想和混乱的口号。我们应当号召群众起来争取自由，而不是"号召"国民党恢复它的"民众运动"。至于国民大会，这个问题大家是很清楚的。即使我们依旧不提苏维埃口号，难道能够不提武装起义问题，不提坚决战胜国民党和军阀问题，反而提出召开国民大会这样的问题、这样的口号吗？不管召开什么名目的会议，现在一概不能提这个问题。召开这个会议的将是军阀，而参加这个会议的必然是一切残渣败类、我们所说的各式各样的"军阀走狗"和一切军阀代表人物，尽管他们完全可能同时是某某"工会"的代表，但是，他们一定是李济深、蒋介石或别的什么人委派的。现在我们绝不能提出召开国民代表会议或国民大会的口号。否则，就可能意味着完全否定或取消苏维埃的口号。**看来，我们也应该指出这些右的倾向。**（有人喊道："对！"）

最后，我要说，我们指出新高潮的一些征兆，指出它的必然到来，决不是聊以自慰，而是因为我们面临一场极其严重的斗争，我们的敌人是包括最强大的美国帝国主义在内的一切反革命力量。这可不是玩笑！必须指出，我们应该锤炼我们的党，应该动员群众，应该动员整个共产国际，以准备迎接远东的革命高潮。

因此，我向大会呼吁，号召一切外国同志关注远东问题，并尽可能改进我们之间——中国党和其他党之间的联系。这就是世界性的远东问题的重心所在。今天我们在报上看到，英、美两国都在向满洲渗透。我们知道，日、美、英之间的矛盾是个十分严重的问题。美国金融资本很可能企图借助于日本染指满洲、蒙古和华北。美日之间也可能爆发武装冲突。总而言之，我们共产国际各党对此应有充分准备。

拉斯特（英国）：

关于青年共产国际已完成的工作和当前任务的问题在大会的工作中占有显著地位。这自然是由于最近一次世界代表大会以来，青年共产国际在共产国际中起了重要作用，而青年共产国际未来发展的问题对整个共产主义运动具有巨大意义。

布哈林同志极其详尽而确切地介绍了青年共产国际的现状，并指出，必须采取果断措施广泛推行新的工作方法，同时还要保持青年工作的战斗性政治特点。大家还认识到，青年共产国际代表大会应成为推广新工作方法的重要阶段。同时，我以为我们应当承认，在群众组织中采用新工作方法和加强我们的积极性方面，已经迈开了步子。我之所以这样说，并不是因为青年共产国际想掩饰采取果断措施以推行新工作方法的极端必要性，而只是为了明确这样一个事实，即采用新工作方法和扩展群众工作的基础已经奠定，现在需要的是青年共产国际的所有成员加紧工作，以使这些新工作方法将来成为青年共产国际活动的鲜明的固有特点。

许勒尔同志在报告中已经指出，共产主义青年在工会工作方面的实际经验，使我们青年不得不承认，第二次代表大会所作关于青年组织在工会内部不必采用特殊工作形式的决议是错误的。实际经验表明，必须发展诸如少年支部、青年委员会和青年代表制等特殊的工作形式。承认这个事实，就是向推广新方法迈出的一大步，至于说认识到在工会中必须采用新的工作形式是来之于实际经验，这种说法当然是完全正确的。

　　如果把目前青年共产国际在工会工作中的地位同青年共产国际第四次代表大会前的状况相比较，就可以很容易地看出有了长足的进步。当时只是讨论过这个问题，只是在我们的报刊上谈到过这一问题，而现在共青团则日益广泛地（当然还不够）投身到青年工人的日常战斗中去。

　　下面我谈谈青年的经济斗争和罢工。许勒尔同志谈过这个问题，我谈它只是因为这个问题涉及工会工作。

　　以德国为例，在第四次代表大会之前，我们在工会内只拥有200个职位；而现在，德国共青团成员所占有的工会职位达700个，此外，还有共青团领导的120个青年支部。

　　英国的经验还证明，共产主义青年有能力在改良主义工会内开展工作，同时还发展了特殊的少年组织。在五金工人工会和矿工工会内，我们做成了两件事：一是在共产主义青年提出的要为共青团的最低纲领而奋斗的口号的基础上选举产生了专门的青年委员会；二是通过选举向各种工会机关输送了一批青年代表人物。此外，我们还在工会内部召开了正式的和非正式的青年代表会议。这种会议既为英国共青团，也为整个青年共产国际提供了极其宝贵的经验，因为这涉及工会内部的工作方法问题。

　　在红色工会内开展工作较为容易，因为我们在那里工作的青年同志，可以得到这些组织的工作人员的支持（尽管不都是十分有力的支持）。例如在法国，参加法国总工会的工人达50万人，我们在9个大工会的中央委员会内都拥有青年代表：在总工会的中央委员会内我们有2名代表；在五金工人工会中央委员会中有5名；纺织工人工会中3名；木器工人工会中2名；公务员工会中2名；矿工工会中5名；食品工人工会中3名；建筑工人工会中3名；化学工人工会中2名；制革工人工会中2名。这就是说，总共有27名青年代表参加领导机关。

　　此外，在各种工会的省一级所有委员会中都有青年代表。他们组织青年代表会议，领导工会中的青年工作。不难令人相信，由于在工会中广泛运用上述各种组织青年的形式，由于修改了青年共产国际第二次代表大会的决议，扩大工会中的群众工作就有了可能，这反过来又为共青团扩大自己的影响提供了条件。然而，必须指出，在红色工会内，这项工作在很大程度上是自上而下推行的，是由领导机关指派青年代表来开展此项工作，而不是建立在青年自身积极性的基础之上。这种现象在捷克斯洛伐克尤为严重，青年共产国际在这个国家的工会工作中所做成绩极微，青年只在一个纺织工人工会中有组织地开展了工作。

在谈到红色工会内的工作时，我还可以说，我们同红色工会国际的相互关系不仅大有改善，而且可以认为是十分令人满意的。最近召开的红色工会国际代表大会，曾就青年问题通过了青年委员会制定的决议。此外，选自青年的代表出席了代表大会，而且还有青年代表被选入红色工会国际执行局。趁此机会，我要着重指出，各国共产党应当重视工会国际代表大会通过的关于青年工作的决议，不要使它成为一纸空文，工会内的党组织应大力贯彻这一决议。这一点十分重要，尤其是因为阿姆斯特丹工会国际近几个月来特别重视青年工作。当然，它这样做是因为想同工会内共产主义青年日益增长的积极性作斗争。阿姆斯特丹工会国际提出了自己的纲领，并建立了一个与青年社会主义国际保持极其密切联系的委员会。由此可见，得到党的积极支持，对于共产主义青年在工会内开展工作是多么的重要。而且，这种积极支持不仅是共产主义青年团体所需要的，在吸收未加入组织的青年参加工会方面也需要这种积极支持。现在的问题是，广大青年工人群众还没有组织起来，因而我们面临着一项重要任务——把这部分青年吸收到工会运动中来。

现在，改良主义头头们（特别是在英国）正蓄意破坏我们在组织青年工人参加工会方面的努力，因为他们知道，青年是潜在的革命力量，此外，青年工人一旦加入工会，就会提出自己的要求，并将加强革命的工会反对派反对改良主义官僚的力量。

　　鉴于我们负有组织青年工人、组织未参加组织的青年工人的任务，我们应当再次强调广泛采用新的工作方法并要求各共产党在这方面给予协助。以英国为例，纺织工业地区的织补工（纺织工中的一个专业）正在开展一项运动。织补工们组织了称之为"织补工改革运动"①的委员会，动员青年工人为争取加入职工大会（这个反动工会一直拒绝吸收青年工人入会）的权利而斗争，或者虽然被接受入会但在权利上受到限制时则为争取享有充分的权利而斗争。青年工人用组织非正式委员会的形式为争取加入工会的权利而发动的这个改革运动，是一种值得我们各党注意的重要工作方法。

　　鉴于我们负有把未参加组织的青年工人组织起来的任务，我认为必须着重指出在东方组织青工和童工的重要性。青年共产国际已经注意到这项任务，向红色工会国际提出了这个问题，现已采取措施把在东方国家工厂中劳动的青工和童工组织起来。

　　下面我要谈的是群众组织中的另一项工作，也是青年共产国际活动中极其重要的一个部分，这就是体育组织中的工作。首先必须坦率地说，我们的青年团并不懂得体育组织对于青年共产国际的全部重大意义。对体育组织的工作极不重视。

　　青年共产国际准备在即将召开的代表大会上突出地强调在体育组织内部有计划、有组织、周密地开展工作的必要性。即使在那些已成立了红色体育运动国际支部的国家里，我们的青年团以及共产党也没有在红色体育运动国际支部内进行有组织的党团工作，其结果是，共产党在这些支部内的领导不够有力。因此，必须要求各国共产党认清体育组织对于青年共产国际的全部意义，并协助它开展这一工作。体育组织对于我

------

　　①　英文名称为"Piecers Reform Movement"。

们之所以重要，不仅因为它是扩大共青团影响的手段和发展新团员的场所，而且因为它是工人阶级的群众组织，在共产党人的影响和领导下，它能够参加反对资产阶级，特别是反对社会民主党的革命斗争。社会民主党对体育组织是十分重视的。同志们知道，现在德国的社会民主党人正在开展把革命分子和红色体育运动国际的拥护者从改良主义的体育组织中清除出去的运动。他们这样做自然是为了尽可能地使共产党人更加孤立于工人群众组织之外。卢塞恩体育运动国际是一个影响颇大的、强有力的国际组织，因而就更需要我们对发展红色体育运动国际的工作予以关注并付出精力。必须指出，在国际共产主义运动中，红色体育运动国际在某种程度上处于"被遗弃的"境地。在我们这里，红色体育运动仿佛成了"灰姑娘"。我们的共青团和共产党应该既从发展共青团的角度，也从发展共产党的角度考虑问题，充分认清和理解红色体育运动国际和发展资本主义国家的红色体育组织的重大意义。

8月份将在苏联举行的斯巴达克运动会，应该成为开展旨在扩大红色体育运动国际的大规模运动的开端。今后，在那些至今都不曾有过工人体育运动的国家内，共产党应协同共青团采取措施发展此项运动。以英国为例，虽然它号称体育的发祥地，但这里却不曾有过工人体育运动。那里只有一个名存实亡的称为"英国工人体育联盟"的运动。这个联盟根本不进行，或极少进行工作。改良主义分子虽也承认这个联盟，但却不给予任何帮助。共青团已开始在这个组织内进行工作。由于开展了积极的活动，还由于依靠了原有的联系和同俄国体育运动的交往，我们得以大大发展这个组织。现在，它已拥有5000名左右成员，而且看来它还能为进一步发展做很多事情。共产党人在这个组织内部处于极其有利的地位。尽管卢塞恩体育运动国际阻止该联盟参加斯巴达克运动会，并为此作出决议，但是共产党人争取该联盟参加运动会的活动获得了成功。职工大会根据其压制任何真正积极性的政策，撤销了它对联盟的承认，现正采取措施建立与资产阶级体育运动合作的内奸组织，但尽管如此，我们还是成功地把该联盟的领导权掌握到自己手中，并使该组织得到发展。

最后，既然我们谈到了体育运动，我们就应看到，资产阶级，特别是为配合工业合理化的实行，正集中力量为建立工厂的和公司的体育俱乐部而加紧活动，我们应该从这个角度出发指出体育工作的重要性。资产阶级这样做是为了扼杀青年工人日益提高的阶级觉悟，诱使他们脱离无产阶级组织，也是为了利用这些体育机构来增强青年的体质和消除由于生产过程合理化从而使劳动强度提高而造成的过度疲劳。争夺青年的斗争，特别是在体育领域内的斗争，同在工会内部一样日益加剧，甚至比在工会内部还要剧烈。因此，共青团加强自己的工作是十分重要的。

我谈的只是上述两类群众工作，但它们都是极其重要的工作。我认为，青年共产国际在这方面已经采取的措施，将能保证我们坚定而果断地贯彻执行大会提纲中提出的关于开展我们的工作的一切指示。

（会议休会）

第十三次会议

（1928 年 7 月 27 日）

主席：萨拉

讨论布哈林的报告（续）

梅利夏尔（捷克斯洛伐克）：

布哈林同志提纲中关于共产国际捷克斯洛伐克支部的主要缺点和错误的阐述是完全正确的。党十分消极被动：它不大能够迅速发动群众和组织群众性的反击，它在自己的实际工作中过高地估计了合法性的作用，对农民重视不够，而且克服工会工作中的缺点也极其缓慢。

然而，党在最近期间的行动却暴露出更多的严重失误，对此我们必须完全直言不讳地在共产国际代表大会的讲台上加以叙述。

为了客观地评价这些缺点，必须了解党的整个发展情况和党实现布尔什维克化的过程。

与大多数共产党不同，捷共是从几个社会民主党脱胎而成的，捷共的主要干部就由这些党的党员组成。几个独立的共产党民族支部联合在一起，构成了统一的有各种民族成分的捷克斯洛伐克共产党。

这个党在最初发展阶段只不过在名义上称做共产党。它的整个思想和实践，由于大多数党员保留着根深蒂固的社会民主主义传统，仍然具有社会民主党的性质。直到不久之前，即 1924—1925 年期间，党的整个思想和实践同党所面临的革命任务发生了激烈的冲突从而出现了深刻的危机，正是在克服这场危机的过程中，党才成长为真正的群众性的无产阶级政党。在共产国际的帮助下，由一度得到相当多党员群众支持的取消派和明显的机会主义者所组成的强有力的小集团被粉碎了；一个核心小组建立了起来，其目的是保持党的团结统一，以及同党的队伍中的机会主义作斗争。这个核心小组的使命是按照共产国际的路线引导全党实现布尔什维克化。核心小组胜利地完成了这项任务，这一点毫无争议。党的团结统一得以保持，实现布尔什维克化的方针也取得了十分重大的成效。

胜利进行的多次发动，大大加强和扩大了党对城乡无产阶级各阶层的影响，从而使党在 1925 年 1 月的选举中赢得了将近 100 万张选票。去年市政局的选举和不久前的工厂委员会的选举运动都证明，近年来上述影响又有所增长。党的影响的增长也反映在组织方面。今年党员人数将近 15 万人，而去年，在党内发生危机之后，为 7.2 万人，1926 年为 9.2 万人。崭新的党的机关建立了起来，进行了分工，所有党的活动分子都掌握了新的工作方法，并学习过如何运用这些方法。党按照在生产单位建立基层组织的原则进行了组织调整，大部分企业的基层组织都积极开展了工作。与此同时，按列宁主义的要求对党员群众和工作人员进行了训练，并且吸收了有理论基础和经过实践锻炼的新生力量参加党的工作。

但是，尽管取得了上述种种成绩，党内仍然存在许多缺点。这一点在组织最后陷于失败的"红色节"的行动中表现得最为明显。而这些缺点中最严重的一个缺点，仍然是大多数党员群众表现了一种极端有害的消极被动状态，这个缺点不但感染了全党，而且妨害了党的活动分子的工作。党员群众思想水平低和社会民主党的传统依然强大，对党来说也是一个重大障碍。社会民主党的传统特别突出地表现在争取社会保险运动的第一阶段，即实际实现自下而上建立统一战线之际，并且几乎使整个运动转向机会主义方向。

另一个缺点是，按列宁主义的要求进行教育不够，特别对青年教育不够，既缺乏经常性，也未能普及到广大群众，而且没有同党的实际活动联系起来，致使我们在这方面的一切努力至今收效甚微。同样，通过吸收党员群众参加研究和决定所有党务问题而对他们进行实际教育方面的工作也极其薄弱。

党在工会组织和其他群众组织中的党团工作也出现了严重错误。被撤离党务工作的所有机会主义分子都涌向这些组织，而由于他们具有实际工作经验就被委以重要工作。他们进入了各种组织的共产党党团的领导层，然而他们不是帮助党在这些组织中扩大和运用党的影响，而是在那里同党进行斗争，阻挠这些组织实现党的任务。

最近以来还发生了另一个过失，那就是大大延缓了实现布尔什维克化的过程。除了上述种种情况外，其原因还在于生产单位的基层组织在加强活动时遇到严重的障碍。这些障碍一方面是客观条件造成的（残酷的迫害、企业中特务活动加强、合理化迅速实现并带来种种后果），另一方面也有主观的原因。建立生产单位的基层组织本身和党员转入这些基层组织的进程相当顺利。但是，生产单位基层组织加强活动所遇到的困难却导致一些后退的现象。部分党员不愿意积极参加生产单位基层组织的工作；由于一开始就出现种种困难，使他们对于工作是否适宜产生怀疑，于是他们又回到街道基层组织。出版工厂小报也发生同样的情况，报纸的数量去年有所减少。生产单位基层组织的领导机构同工厂委员会党团及其领导机构的联系未能完全实现。所有这一切延缓了实现布尔什维克化的过程，而党的领导机关也未能及时通过对各个组织执行任务的情况作出更详尽的指导和细致的监督，来克服这种危险的现象。

除了上述各种普遍性的严重错误外，还存在以下缺点：

企业中党的工作薄弱，对党在工厂委员会中的阵地未能很好地加以利用。这一失误在争取召开工厂委员会各省代表会议和代表大会的运动中显露了出来，以致这一运动虽然对无产阶级群众产生了相当深刻的印象，但对党来说最终仍以失败告终。

把工会工作当做某一个特殊部门的工作来进行，而不是看做为全党的工作。

党的机关仍然没有充分开展对无产阶级妇女的工作，没有把这项工作同妇女的日常要求结合起来，而是过于抽象地看待这一工作。对实行妇女代表制度的工作组织不力就最有力地证明了这一点。

党的青年工作也同样不能令人满意。捷克斯洛伐克的共产主义青年运动与广大青年工人群众相隔绝，在工会中几乎毫无影响。而在这方面也是党的过错所致。它对青年重视不够，结果自受其害，因为青年入党的很少。

我们公开承认，应对这些缺点负责的首先是党的领导机关。它们未能及时注意激发党员群众必不可少的主动精神，对他们执行所承担任务的情况进行监督，并不断给以指导。关于党在组织"红色节"中遭到失败的原因，曾在各组织中进行过讨论。共产国际六大结束以后，我们将公开进行这一讨论。通过这样的讨论，不仅能够揭露出党的工作的所有缺点，而且还能找到克服这些缺点的途径，进而使捷共的布尔什维克化推进到更高的阶段，使捷共真正成为群众性的无产阶级革命先锋队。

洛佐夫斯基（红色工会国际共产党党团）：

我完全同意布哈林同志的提纲。主要想就工会问题向大家作一些说明。你们知道，关于这个问题共产国际在各次代表大会和执行委员会全体会议上都曾通过相当明确切实的决议。在涉及各个国家的决议中，国际执行委员会也大力强调必须开展工会工作，组织工会，等等。但是，如果你们想完全客观地总结最近 4 年来各国共产党在工会中的工作，你们就会不得不承认，事情的进展极其缓慢，而在许多共产党人看来工会工作问题、在群众日常需要的基础上组织群众的问题，仍然还是一个抽象的理论问题，而不是经常性的实际问题。

当然，如果说根本没有任何成绩，那也是错误的。成绩是有的，**但是各国共产党政治影响的增长同它们在工会中的影响相比，同它们的影响在组织上的巩固相比，则是完全不相称的。**

这种不相称的状况已经成了所有各国共产党的传统，而这很不好。许多同志虽然确认这一事实却又心安理得，忙于从事日常的迫切工作。然而，如果在这个问题上的剪刀差继续加大，**势必也将阻碍各国共产党对群众的政治影响的增长。**

正因为如此，共产国际才不得不一次又一次地把有关工会的策略问题列入议事日程，并再三讨论共产党人在工会中的组织工作的方法。

共产国际执行委员会第九次全体会议
和红色工会国际第四次代表大会

今年 2 月底召开的共产国际执行委员会第九次全体会议非常仔细地讨论了这个问题。全会为在红色工会国际工作的共产党人规定了方针，这个方针体现在红色工会国际第四次代表大会的工作和各项决议中。

红色工会国际第四次代表大会是世界工会运动中的一个十分重大的事件，这不仅因为有代表参加的国家数量众多，而且还在于这次大会的性质突出，工作规模很大，通过了众多的决议。红色工会国际第四次代表大会是在严格的自我批评的旗帜下举行的。尽管我们遭到阶级敌人的无情攻击，我们在会上仍然坚决揭露自己的所有缺点。资产阶级的报纸和社会民主党的报纸抓住一大堆我们的批评意见、我们的批评性发言和决议加以利用，试图证明自我批评恰是虚弱和衰败的象征。对于这类攻击我们可以不加理会。我们不羡慕改良主义的"诸事顺遂"，也不准备加以仿效。代表大会不是国际间的聚餐会，可以让工会官僚们在空闲时间如同在阿姆斯特丹国际巴黎代表大会上那样大搞个人之间的相互攻讦。召开革命工人的代表大会是为了进行总结和确定今后开展斗争的方式和方法。我们在自己的代表大会上就是这样做的。

红色工会国际第四次代表大会的特点在于，除了涉及所有国家的一般性决议之外，还就某些重要的国家和重要的问题通过了一系列实际的决议，也就是说，我们代表大会的大部分决定都具有纯粹实际的性质，也可以说具有指导的性质。我想在座的代表都已了解红色工会国际第四次代表大会的人员组成、工作性质和各项决议，因此对这一切不准备详细叙述。

还想再说明一下的只有以下两点：1. 在红色工会国际第四次代表大会上我们极其彻底地揭露了我们的一切缺点和错误，因此现在谈论红色工会国际及其所属各个组织的弱点和错误是没有意义的；2. 共产国际执行委员会第九次全体会议提出的总方针同红色工会国际第四次代表大会是完全一致的，而且也不可能不如此，须知参加工会活动的共产党人无论现在、过去和将来都始终贯彻执行自己国际的路线。

红色工会国际第四次代表大会各项决议的反对派

在第四次代表大会上，虽然有各国党和非党的代表参加，所有决议都是一致通过的。既然代表大会的参加者和他们所代表的组织如此一致，看来似乎他们都将坚定不移地贯彻第四次代表大会通过的各项决议。但是，第四次代表大会刚刚结束就已发现，有人并不喜欢大会的决议。在德国和美国，已出现有组织的反对红色工会国际第四次代表大会各项决议的反对派。德国共产党内的右派分子妄图诋毁第四次代表大会通过的决议的正确性，而且他们在各地区都提出了明显地或隐蔽地反对代表大会决定的各种决议案。

红色工会国际第四次代表大会的决定中有哪些内容引起右派分子的不快呢？他们所不喜欢的恰恰是红色工会国际第四次代表大会不同于第三次代表大会之处，而我们中的许多人也正是这样来表述他们对第四次代表大会的攻击的："其决定与第三次代表大会的决议相矛盾。"似乎国际的任务就在于在每一次代表大会上都重弹同一个调子！

第四次代表大会的决定有哪些独到之处呢？这次大会对于我们的策略提出了什么新的内容呢？这些新的内容可以表述为以下几点：

1. 强化反对改良主义工会官僚及其世界中心——阿姆斯特丹国际的斗争。

2. 实行以自下而上为主的统一战线策略。

3. 领导经济斗争，如果改良主义的工会机关涣散群众的斗争意志，也要反对改良主义的工会机关。

4. 在工会运动处于分裂状态的国家中要加强革命的工会联合组织，不仅要吸收没有参加组织的工人，而且要吸收已被争取到我们一边的改良主义组织参加。

5. 在重要工业部门的工人还完全没有联合起来的地方（如美国）把没有参加组织的工人组织成新的工会。

6. 强化反对开除工人的斗争，谴责投降主义和不惜代价寻求统一的策略。

就是这几点引起了德国共产党内的右派分子的攻击。从各种会议的记录可以看出，反对红色工会国际第四次代表大会决议的人竟提出这样一类论据来反对所通过的决议，使人有时不禁想到这些论据是出自共产党人之口还是来自左派社会民主党人？现在我列举几项并非在社会民主党的会议上而是在共产党的会议上十分流行的这种"思想"的杰出范例。

头脑混乱的德国右派分子的思想

斯莫尔卡同志在图林根州委员会扩大全会上抱怨说："诸如'阿姆斯特丹分子是帝国主义的工具'一类提法，在我们所处的局势下是极其危险的。"波勒则认为，"如果有人以为必须采用阿姆斯特丹分子是资本的盟友和工贼的提法，那我们就无法继续前进。"

南德一家工人报纸的编辑哈默同志怀疑，"难道能说阿姆斯特丹国际是资本家的工具？"按照他的看法，"红色工会国际代表大会的决议给我们在工会中的工作造成困难。"

德国共产党图林根委员会政治书记蒂特尔同志认为，说阿姆斯特丹分子是资本主义的工具的提法是不正确的。

不过，还是克劳斯同志在斯图加特市委扩大全会上对自己的观点表达得最为明朗。照他说来，加强同改良主义者的斗争就是为分裂制造前提。进行维护罢工委员会和争取建立罢工委员会的斗争是错误的。提出"反对改良主义者"的口号是错误的。把反对仲裁制的斗争放到首位是错误的。红色工会国际代表大会关于必须在希尔施—敦克尔派工会和基督教工会等工会组织中开展党团的工作的决定是错误的。

例如，斯图加特的克恩同志之所以反对第四次代表大会的决议，就是因为：第一，通过了关于建立罢工委员会的决定；其次，通过了关于必须在基督教工会和希尔施—敦克尔派工会中建立反对派小组的决议；以及最后，对阿姆斯特丹国际作为同帝国主义者勾结的组织进行了批判。此外，克恩同志还反对我们对仲裁制采取否定的态度。

我可以从恩德勒、豪森、瓦尔歇、梅尔歇尔、施特勒贝尔、施图克、弗伦策尔和其他一些同志的文章和演说中摘引几十段话来说明，他们不是为贯彻执行第四次代表大会通过的各项决定而积极工作，而是表现出严重的具有腐蚀作用的悲观情绪，并在事实上拒绝在德国贯彻代表大会的决议。这些同志被改良主义的强大所慑服，他们习惯于老的一套，他们对于充当毫不负责的反对派角色已经十分习惯，以至于只要稍一试图把他们从发表反对派言论的地位推向群众工作舞台，迫使他们在同我们的敌人作斗争时采用新的方法，以及运用在群众中已经赢得的影响发动群众反对资本主义和改良主义的统一战线，他们就会拼命抵抗。这是一批被改良主义吓破了胆的变态的共产党人。

那么这类反对意见究竟散发着什么气味呢？我们看到，德国共产党的这些党员染上了（但愿说得缓和一些）社会民主党的毒素。既然这些党员是从这样的角度对红色工会国际代表大会的决议表示异议的，那么就产生一个问题。他们原先究竟是在哪些方面赞同共产国际和德国共产党的。我不想对这些思想混乱的人逐一进行批驳，也不想劝服他们。我只准备指出一点，莫纳特在自己的机关报《无产阶级革命》上就是逐字逐句这样写的。但是要知道他置身于共产国际之**外**，而上述那些同志却身在共产主义运动之**中**。有一点十分清楚：谁在共产国际内部就**这类**问题进行争论，谁同共产主义运动的联系就是非常微弱的。我们关心的是另一点：对待问题的这种不正确的而且是明显反共产主义的态度根源何在？毫无疑问，根源在于对于社会民主党特别是"左"派社会民主党的评价不正确，对工会组织抱有偶像崇拜的态度，以及采取不惜代价寻求统一的错误策略。克尔同志说过一句绝妙的名言："工会的任务是对剥削加以调整。"这句话足可以作为例子说明，我们面对的是地地道道的社会民主党倾向，因为没有一个阿姆斯特丹分子会比这一句话说得更加精彩。现在谈谈社会民主党。

社会民主党是工人政党吗？

从这个意义上说，德国社会民主党特别值得借鉴，因为虽然相当多的工人阶层都跟着这个党走，但社会民主党是否是工人政党的问题仍然存在。德国共产党的右派分子认为，社会民主党是"工人"政党"之一"。从"左"派社会民主党口中也同样可以听到这样的论断，他们一直在讲存在两个工人政党。但是这样讲是否正确呢？难道一个党的政治面貌是由它的社会成分决定的吗？迄今为止，我们都不是这样看待此类问题的。当然，德国社会民主党也好，法国社会党也好，英国工党也好。它们都拥有相当多的工人阶层，但是难道德国的中派没有工人吗？而且难道不是有更多的工人阶层跟着德国的民族主义分子走吗？难道不是还有成百万的工人投票支持英国的自由党人和保守党人吗？而且难道不是还有成千万的工人跟着美国民主党和共和党走吗？这是否能说明，这些党都是工人政党呢？显然不是。这样一派分子忽略了一个十分重要的情况，即各国社会民主党在保留了大部分原有社会成分的条件下变为资产阶级政党。我们所处的战后时期的历史特点也正在于此。最近若干年来这一特点表现得尤其明显。社会民主党及工会的改良主义上层分子同资产阶级国家之间日益增长的紧密合作意味着什么呢？那种强制性的仲裁制以及工业稳定等等又是什么呢？这些无非是社会民主党及工会的改良主义上层分子同资产阶级国家及企业主组织相互融合而已。不过这一切也证明，上述政党已不再是工人政党，而成为资产阶级政党的一个特殊变种。它们与其他资产阶级政党的不同之处在于，它们保留了一部分工人成分，保留了马克思主义的社会主义词句，保持着同很多工人阶层的联系，因为社会民主党和改良主义工会的干部大部分都是出身于工人。谁要是认为社会民主党是工人政党，谁要是认为阿姆斯特丹分子是犯错误的兄弟而不是工人阶级的敌人，谁要是认为社会民主党和改良主义领导机关的存在对工人阶级仍然有好处，那么谁就理所当然地要反对红色工会国际第四次代表大会的决议。

不过我希望我们在这里把一切都谈彻底。我很不喜欢德国那些同志所玩弄的毫无必要的外交手段。这种毫无必要的外交手段在于，他们反对红色工会国际，而借此又掩盖自己反对共产国际策略的立场，但问题的实质恰恰又在于此。他们在反对红色工会国际的旗帜下奉行反对共产国际的路线，看来心中以为谁也识不破这种并不高明的政客手腕。可是事实上我们面对的不仅是红色工会国际的反对派，而且是共产国际的反对派。说出这一点来是需要勇气的，而德国共产党内的右派分子恰恰没有这种勇气。他们不着边际地兜着圈子，在攻击红色工会国际的决议时采用种种狡诈的对比手法，力图证明：我个人的发言同红色工会国际的决定是不一致的，但红色工会国际的决定同共产国际的决议不一致，等等。所有这一切编造得极其牵强而拙劣，正如俄国谚语所说：无理寸步难行。

美国式的思想混乱

在德国，反对红色工会国际第四次代表大会各项决议的意见来自个别分子。其中一些同志公开表示反对，另一些同志隐蔽地进行反对；一些同志说他们不同意，另一些同志表示有所怀疑。他们一起消极抵制贯彻执行通过的决议。不过，中央委员会是支持代表大会决议的，坚决反对右派分子和他们的机会主义言论、悲观情绪和消极态度。美国的情况就不同了。那里反对第四次代表大会决议的先锋是中央委员会。还在红色工会国际第四次代表大会召开之前，美国共产党中央委员会中就有人因为我曾激烈批评该党领导机关对待工会宣传联盟的错误态度、在组织未参加工会工人问题上的消极情绪、对待黑人工人的错误态度和对反动的美国劳联的盲目崇拜而表示出极大的不满。这种不满表现为美国共产党中央委员会抗议红色工会国际给工会宣传联盟代表会议（1927 年 12 月）的号召书，理由是这份号召书中指出必须把没有加入工会的工人组织到工会中去。这种不满后来还表现为几篇文章，就思想混乱程度而言，佩珀同志的几篇文章占有特殊的位置。佩珀同志在《共产党人》上发表文章，试图证明美国资本主义极为强大，美国工人阶级的组织程度极差，党极度虚弱，总之在美国整个说来存在很大困难。关于这一点他在代表大会上也说了。佩珀同志一面发现着再次发现的美洲①，一面避而不谈红色工会国际第四次代表大会前夕我在几篇自我批评的文章中提出的那些重大问题。为了使问题更加混乱，佩珀同志提出了美国劳联有可能扩大的理论。他为什么要这样做呢？是为了把党的注意力从今天的组织未参加工会工人的当前迫切问题引开，引向一旦美国劳联重新扩大将会发生的未来问题。所有这类用咖啡渣占卦的做法②只有一种政治目的，那就是分散党的注意力，不使其集中于解决最迫切的任务。我不打算现在剖析佩珀的"理论"，不过只想说明，原先佩珀同志常常在欧洲的事情上表现出思想混乱，如今我们从他在这里的发言则可以断定，他对美国的事情也产生了混乱思想，因此他不折不扣地可以被称做为搞不清两个半球事务的糊涂人。

不过还是放下佩珀同志来谈谈美国共产党中央委员会吧。美共中央反对红色工会国际第四次代表大会关于美国问题的决议。至于中央委员会为什么要反对，它却隐瞒不说。但是，当中央委员们来到莫斯科后发现反对红色工会国际第四次代表大会决议并不特别合适，于是他们在这

---

① 意为重弹老调。——译者注
② 指毫无根据的猜测。——译者注

里，在莫斯科，说是他们早就赞成第四次代表大会的决议。在我们参加的几次红色工会国际的会议上都出现了滑稽的场面：大部分中央委员确认中央赞同红色工会国际第四次代表大会的决定，而也是中央委员的福斯特、比特尔曼、坎农、约翰斯顿等同志却说并没有作出过这样的决定。事实上中央委员会的记录中确实连这类决议的影子也没有。试问，这像什么话？当然，每一个党的中央委员会都有权反对红色工会国际通过的决定，但应当有勇气说明这一点，而不要装聋作哑，不要把问题搞乱，把事情说得一切都很好。总不能在从纽约到莫斯科的路上把对第四次代表大会决定的否定态度变成肯定的态度。有一点是明白无误的，即在德国共产党内的右派分子与美国共产党中央委员会的大多数人之间就这个问题形成了一个十分奇特的统一战线。我们的美国同志难道不认为这一类统一战线无助于提高美国共产党中央委员会的威信吗？

红色工会国际第四次代表大会决议
在法国和捷克斯洛伐克

　　法国和捷克斯洛伐克在贯彻执行第四次代表大会决议方面所做的工作最多，但就在这两个国家进展也十分缓慢。我不详细说明代表大会就我们在这两个国家的策略所作出的决议，只提一下核心的问题是吸收广大工人群众参加革命工会。必须指出，无论在法国还是在捷克斯洛伐克，这方面事情很不顺利，某种转折尚未到来。此外，未参加工会的工人在法国还占90%以上。有一些同志倾向于把这种现象的原因解释为法国工人的天性，这是不值一提的。要知道参加各类互助储金会的就有300多万法国人。问题不在于法国工人的天性，而在于我们法国的工会工作存在一些缺点，而且也并非天生的缺点。正是在法国，宣传鼓动工作取代了组织工作。在这个意义上，法国共产党的巴黎地区表现得最为杰出。皮奥同志在这里指责法共中央犯了机会主义。这种指责只有一点根据，那就是皮奥同志的强烈的气质。当然，错误是存在的，中央委员会也不指望毫无过失。大家知道，只有上帝才毫无过错，而这也只是因为上帝并不存在。皮奥同志按说应该告诉我们，为什么在他认为并没有机会主义气味的巴黎地区组织五金工人工会的事如此不顺利。为什么拥有好几百名五金工人共产党员的巴黎党组织竟找不到一批工作人员来从事巴黎地区几十万五金工人的组织工作。在对待工会问题上具有指挥官气质的皮奥同志忘记了下面几点：（1）对工会是不能指挥的；（2）对工会进行领导，指的是吸引群众参加工会并教育他们；（3）党应当善于发动新的工人阶层，吸收新的分子参加领导机构，唤起群众的主动精神，而不是事事包办代替；（4）最后，共产党员必须在无产阶级的一切战斗中站在前列，并善于领导群众的日常斗争。在实现这些条件时，仅仅在巴黎一个地区还可以吸收几十万工人参加。皮奥同志，请你不妨试一试按这种方式行动。我向你保证，这样做没有丝毫机会主义倾向。工会决议中的错误是在中央的帮助之下，而不是由于反对中央才得到改正的。遗憾的是，我们的实际工作还存在缺点。法国共产党和统一工会联合会在吸引千百万工人参加统一工会方面拥有广阔的活动余地。要极其坚毅果敢地着手进行这项工作，只有这样我们才能有组织地巩固我们在法国的日益增长的政治影响。

至于捷克斯洛伐克，那里最重要的迫切问题也是再吸引几万、几十万工人参加多民族的工会联合会。谁不继续前进，谁原地踏步，谁就将被抛到后面——斗争的逻辑就是如此。

罢工战略的问题

下面我想谈谈罢工斗争问题，即我们的罢工战略的问题。这个问题是红色工会国际第四次代表大会注意的中心，因为近一年来的经济罢工的浪潮提出了这个问题。

在罢工策略问题上，德国共产党的右派分子也反对第四次代表大会的决议。不过，他们为什么又不反对第九次全会关于罢工问题的专门决议呢？整个共产主义运动面临的基本问题是什么呢？问题在于，群众对于资本的进攻，对于狂热的合理化等等的日益增长的不满情绪被改良主义者纳入了与工人群众的利益背道而驰的强制仲裁和同企业主组织妥协的轨道。工会机关，至少其主要领导部门，恰是企业主组织在工人阶级中的继续，正因为如此，一旦在群众中掀起运动，改良主义者就明目张胆地或隐蔽地进行消极抵制。

我们的某些德国同志提出的究竟是什么样的口号呢？现在的口号是："强迫工会官僚领导罢工（Zwingt die Bonzen）。"这就是说，可以通过压力把社会民主党人变成真正的战士。"强迫工会官僚领导罢工"的口号在群众中散布幻想。这种口号的出发点是：社会民主党是工人政党，工会领导人虽然不好，但毕竟是工人阶级利益的捍卫者，只要对他们施加压力，他们就会成为工人们的优秀捍卫者。这种观点不是共产党的观点，对我们的党是有害的，因此这类"策略"在共产国际的队伍中遭到了严厉的反击。工会机关如今成了压迫群众的工具，压制群众积极性的工具。我们的任务就在于把改良主义的领导赶下台来，让真正的革命无产者取代他们，站到自发罢工的前列，领导罢工反对资产阶级，也反对改良主义的工会机关（如果它暗中破坏劳动群众基本利益的话）。共产国际执行委员会第九次全会是这样说的，红色工会国际第四次代表大会也正是这样说的。

请问，在当前情况下这样提出问题难道不对吗？英国总罢工和矿工罢工的经验、最近鲁尔冲突的经验，以及德国中部五金工人罢工和法国及其他国家一系列罢工的经验都必须记取。难道所有这些实践都徒劳无益吗？难道各国共产党竟不能从这些事件中，从这些严重的阶级搏斗中为自己吸取教训吗？看出"强迫工会官僚领导罢工"的口号是消极等待的口号，而不是积极动员群众的口号，看出寄希望于工会的改良主义上层分子就等于放弃共产党人组织和动员群众反对改良主义上层分子，反对资产阶级这一起码的义务吗？

德国共产党的右派分子不喜欢我们的罢工战略。但是他们的建议和提出的口号又是什么呢？他们提议用什么样的行动路线来代替共产国际和红色工会国际规定的行动路线呢？他们的策略十分简单：丝毫也不要反对改良主义工会上层分子的意志，而是等待有朝一日我们掌握住工会机关。不仅如此，这些同志所理解的掌握工会并不是用革命的机关取代改良主义的机关，而是对改良主义工会官僚进行重新教育，把糟糕的改良主义者转变成为无产阶级事业而奋斗的优秀战士。

我想，这样的消极策略对于共产国际及其所有支部都是万分危险的，正是从这一点出发，共产国际第九次执行委员会全体会议才通过了关于经济斗争和共产党员的任务的专门决议。红色工会国际第四次代表大会也正是从这一点出发才极其重视罢工战略问题的。

在这方面，从共产国际第九次执行委员会全体会议和红色工会国际第四次代表大会的决议可以得出的结论是：应当始终和群众在一起，应当认真地倾听群众日益强烈的不满情绪，应当组织群众并和工会机关一起领导群众前进，如果需要，那就摆脱工会机关或与工会机关针锋相对地领导群众前进，不要过分崇拜工会，不要把改良主义组织变成偶像，而要牢记，改良主义组织是资产阶级国家和企业主组织手中镇压革命工人运动和奴役广大无产阶级群众的工具。

争取统一，但并不是不惜任何代价
为反对开除共产党人而斗争

多年来，红色工会国际和共产国际都坚定地为争取各国和国际的工会运动的统一而斗争，但无论是共产国际还是红色工会国际都不把这种统一看做为崇拜的偶像。统一并不是目的，而是达到目的的手段，因此不能根据统一的状况来决定反对派存在和形成的问题，决定我们共产党在工会中的策略问题。事实上，例如在德国，就有这样的共产党人，在他们看来统一高于一切。难道我们没有看到过这样一些同社会民主党人一起签署决议谴责德国共产党的策略的共产党人？难道我们没有看到过这样一些为了取得统一而甘愿放弃自己路线的共产党人？

我不想摘引大量的言论，不过只从德国那些主张不惜任何代价寻求统一的人们最近的活动中援引两个例子。在 1928 年 6 月德国皮革工会代表大会上，共产党员采取的立场是："在'纯粹工会'问题上不赞同共产党的观点，仍然可以是一个好党员。"在 1927 年 7 月德国制鞋工会代表大会上，来自克莱沃的共产党员席夫勒宣称，他"不同意共产党人的某些诬蔑性文章"。共产党员们在这次代表大会上宣告："工会支持合理化的做法是正确的。"为什么共产党员们在这两次代表大会上（我不再列举其他事例）这样说呢？那是因为他们把自己工会的统一看得高于一切。德国同志们可以在这里举出几十个例子，不过我想以上所述已经足够了。我肯定地说，这不是共产党人的行为，这种方针同共产国际的全部理论和实践毫无共同之处，而且毫无疑问，那些为保持统一而不惜任何代价的同志们，那些认为工会的团结高于一切的同志们，当共产党员被开除时一定仍然抱消极观望的态度。在这些分子中特别流行的一句话是：不要受人挑拨。这句话在原则上无疑是正确的，但右派分子却把这个正确的说法用来专门掩饰自己的消极态度。众所周知，德国社会民主党在自己对待资产阶级国家和霍亨索伦的德国的策略上很早以前就提出了"不要受人挑拨"这个口号。当然，只有地道的白痴才会让自己受人挑拨，但是请回忆一下，德国社会民主党运用这个口号做了些什么呢？这个公式不仅被利用来掩盖消极态度，而且被利用来掩盖放弃斗争的行为，此外它还用于掩盖同霍亨索伦分子，以及后来同资产阶级国家实行妥协。

正因为如此，当右派分子不去反对开除共产党人而开始高谈阔论起"不要受人挑拨"时，人们不禁想起，随着"不要受人挑拨"口号的提出德国发生了什么事。为反对开除共产党人而斗争，这对于党来说是生死攸关的问题。可是右派分子不是去加强反对分裂的斗争，不是去动员群众反对工会官僚的罪行，而是开始为消极态度和投降主义思想凭空臆想种种理论。他们不愿意为反对开除共产党人而斗争，于是就着手在我们自己队伍中寻找制造分裂的罪魁祸首。所有的右派分子都断言红色工会国际第四次代表大会采取了分裂的路线，用这类谰言来为开除共产党人的改良主义政策辩解。人们指责红色工会国际第四次代表大会奉行分裂路线，这才真正是地地道道的神经病大发作。红色工会国际第四次代表大会只字未曾提到必须分裂的话，而是说必须为反对分裂而斗争。我们知道英国就有过这样的事实，苏格兰通过全民选举被选上的革命工人无法着手工作，因为工会官僚们依靠资产阶级国家赶走多数派的代表。瑞士工会联合会开除巴塞尔联盟，就是因为巴塞尔联盟反对法西斯，支持中国革命，而且从根本上主张阶级斗争。因此在主张不惜代价寻求统一的人们看来，我们的英国同志就应当低头顺从工会官僚的意志，否则就会造成分裂。我们的瑞士同志就要顺从本国工会官僚的意志。而我们的美国同志就要顺从华尔街代理人的意志，只要能保持住统一就行！不是努力去把组织掌握在自己手中，加强自己的影响，增加、提高、扩大自己的影响，并在反对分裂分子的斗争中恢复统一，而是举手投降——这就是不惜代价寻求统一的结果。共产国际任何时候都不能同意这类投降主义思想。如果共产国际和红色工会国际竟赞同这样的观点，那么就应当解散所有的党，解散这两个国际。要同分裂分子作斗争，但更需要同投降派作斗争，因为这些投降派把统一看做为目的，认为为了达到统一应当放弃我们把群众争取到阶级斗争一边来的神圣权利。

当前的任务是把没有参加工会的工人组织起来

由于上述原因，组织未参加工会工人的问题就突出地摆在我们面前。对于美国，以及对于日本、阿根廷、巴西、哥伦比亚、古巴、墨西哥、南斯拉夫、希腊、保加利亚、罗马尼亚等国家来说，这个问题就更加尖锐。

在工会运动发生分裂的国家，有关未参加工会工人的问题是十分清楚的（如日本、法国、捷克斯洛伐克、罗马尼亚、南斯拉夫、希腊等国），也就是说，需要吸引群众参加革命工会。而在美国，由于没有平行的工会联合组织，对这个问题要另作研究。美国无产阶级的绝大多数都没有参加工会。在未参加工会的工人中有成百万的钢铁工人、纺织工人、橡胶工人、水运工人等等。要使我们的美国同志根本摒弃关于统一的虚幻观念，需要若干年的时间。在未参加工会的工人中建立新的工会，也需要若干年的时间。美国应当建立新的工会。那里有2400万—2500万未参加工会的工人、职员、国家官员，有几百万黑人（他们是一支潜在的强大革命力量）。直到现在为止，我们在美国还未能做到在那些白人不吸收黑人参加工会的工业部门着手组织黑人工会。不言而喻，在新建立的工会中工人不分种族和民族都一律平等。

如果说美国的问题现在已经完全清楚了，那么其他一些国家的问题还并不完全清楚。就举波兰为例吧，栋布罗瓦矿区几年前曾有过几万名有组织的工人，可是近三四年来这个矿区只剩下了仅仅拥有几百名会员的残缺不全的波兰社会党工会。试问，为什么在这个地区拥有巨大影响的我们的同志们不试一试把95%的未参加波兰社会党工会的矿工联合起来？难道我们应当在栋布罗瓦地区围着波兰社会党工会的残骸跳舞吗？该是对这一切认真思考的时候了，不然的话，我们就会迁就刻板公式而不去组织群众，我们就会迁就不惜代价的统一而不去把成千成万的无产者团结在阶级斗争的战斗旗帜之下。确实应当对这个问题十分认真地加以思考。毫无疑问，"不惜代价争取统一"策略的支持者们会围绕这一点大吵大闹。他们会说，这样做就是分裂，让几万名矿工不参加工会比把他们组织到新的工会中去更好。不过，我们并不主张不惜代价的统一，所以这类大吵大闹吓不倒我们。我们主张统一，但并不是不惜任何代价。我们的所有决议、所有发言都证明我们是主张统一的，我们同意芬兰和挪威工会提出的关于召开国际会议的建议。阿姆斯特丹国际则表示拒绝，而原因在于阿姆斯特丹国际的领导人认为，他们迄今为止仍然是大地的中心。让他们用这种幻想去自我安慰吧，而我们要继续为建立以阶级斗争为基础的统一的包罗一切的国际而斗争。

关于统一派小组

据此，我想简略地说一说统一派小组问题和统一运动问题。大家知道，红色工会国际和共产国际主张统一。大家也知道，不久以前相当大数量的左派改良主义分子集合在统一的口号之下，而且这个运动最为兴盛之时正是英俄委员会存在时期。英俄委员会被摧垮之后，这些小组发生了分化。在英俄委员会纲领的基础上形成的小组有的宣告瓦解（如荷兰），有的发生分化（如比利时），有的气息奄奄（如法国、奥地利、捷克斯洛伐克），而有的小组（如德国）即使有一些活动，也只是在出版物方面。不过，另一方面，挪威、芬兰的工会加入了统一运动，前不久召开的苏联、芬兰、挪威三国工会代表会议是为争取统一而斗争的一个阶段。

我想把挪威、芬兰、苏联三国工会代表会议的问题放在一旁，只谈谈统一派小组。我们不必隐瞒，这些小组现在十分软弱无力，而且就连其中最强大的小组，例如德国的统一派小组，也是很软弱的。我愿意在这里极其坦率地说出自己的观点，这些小组为什么软弱无力。

以德国为例。这个统一派小组的软弱当前表现在什么地方呢？其软弱之处在于，这个小组是一个纯粹的写作出版小组，它没有实际的行动纲领，它的全部工作只不过建立在关于统一的谈论上。但是，如果只就统一发表文章，即使把文章写得十分冠冕堂皇，也仍然是不够的。应当讲清楚，为什么要实现统一，需要什么样的统一，是否应当对德国生活的实际问题作出回答，而在这方面并非什么都十分顺利。

首先，这个小组在反对开除共产党员的问题上的做法就不妥当。按说这个小组本应极其坚决地反对把共产党人开除出工会。但是我们并没有看到这一点。不知为什么这个问题并未能使《统一》杂志编辑部感到激动不安，这个问题在这份机关刊物上并没有得到明显的反映。然而，如果一个统一派小组既没有对各种问题的明确纲领，甚至又不进行反对开除共产党员的斗争，那么请问：这个小组的任务究竟是什么呢？这样的小组能指望不断扩大自己的影响吗？很值得怀疑。只有通过日常斗争才能不断扩大影响。如果小组在主要的现实问题上能坚持阶级斗争的立场，它的影响就会增长。如果小组能对开除共产党员的任何行动和分裂行为进行坚定的斗争，它就能扩大影响。不然它的影响将不断下降。统一派小组的力量之所以不断削弱，而在不少国家里甚至陷于瓦解，其原因就在于它们没有具体的行动纲领，而一旦需要为统一而斗争，为反对分裂而斗争时，它们最多只不过是提出某些抗议而已。德国的统一派小组也面临着这样的危险。

下面我想指出《统一》杂志的一些怪现象。《统一》杂志是由共产党人和社会民主党人共同出版的。我们当然不能要求《统一》杂志内的社会民主党人陈述我们的斗争观点。但是我们有权要求在那里工作的共产党人捍卫党的观点，捍卫红色工会国际和共产国际对于我们的社会民主党对手所反对的问题的观点。我们有权要求我们党的党员在统一派小组中一面同社会民主党的工人一起进行斗争，一面并不卷起自己的旗帜，不放弃对在我们的共同机关刊物上撰稿的社会民主党人的错误、含糊其辞和模棱两可提出批评。在我看来，在《统一》杂志编辑部工作的同志们在这方面并没有表现出足够的积极性和坚韧性。

我本可以从《统一》杂志中摘引出大量言论，但由于时间不够，我不准备这样做了。我只想提醒大家，在《统一》杂志上可以看到这样一些文章，其中说到某些共产党领袖表现出一种滑稽可笑的自吹自擂，认为自己天生是而且有能力成为工人阶级的领导人。在那份杂志上还可以看到这样一些说法，如共产党人"像孩子般地逞强好胜"，"共产党人沾染了贪图党派小利的利己主义"，"他们除了对左翼领袖和社会民主党不遗余力地恶意诽谤之外，根本想不出什么更好的东西"，等等。① 我们当然不能要求社会民主党人讲共产党的好话，可是我们可以要求在机关刊物《统一》中工作的共产党人对于在统一战线旗帜下无理攻击共产党的做法给予应有的回答。

我们同社会民主党工人在统一派小组中一起工作目的何在呢？目的在于，同社会民主党的优秀工人一起为反对阶级合作，反对改良主义领袖的工贼行径而斗争，把工会变成为民主组织而斗争，等等。如果是这

---

① 见《统一》杂志1927年7月9日第14期。

样的话，而这一点是毫无疑问的，试问：为什么《统一》杂志不提出关于同德国的工会反对派组成统一战线的问题，而写道，"我们不赞同反对派对手的所有行动"①，但又不明确指出不赞同什么？为什么《统一》杂志不报道（即使发发消息也好）红色工会国际第四次代表大会及其决议？为什么？这样的既想置身斗争之外又想超脱一切的杂志是什么机关刊物？在我看来，这种脱离生活的状况正是德国统一派小组力量微弱的基本原因。

总的说来，在这方面我准备只作下面这样一个结论。为使统一派小组能够生存、发展并源源不断地吸收新的工人阶层，仅仅夜以继日地重复庄严的"统一"二字而在发生开除共产党员的事件时却不能很好地维护这个团结，那是不够的。必须拥有实际的行动纲领，组织群众反对改良主义首领的分裂政策，倾听工人的日常需要，而当共产党人领导群众反对改良主义领袖的叛卖行为时，则应当同共产党人一起并肩战斗。如果不这样做，那么"统一"派小组将仍然是小小的写作出版组，而不能成为在阶级斗争基础上联合工人阶级的有利因素。

秘密工会运动问题

当前，共产国际和红色工会国际面临着一系列极端复杂的建立秘密工会的问题，因为阶级工会运动在越来越多的国家中被迫转入地下。看一看中国、意大利、智利、印度尼西亚、委内瑞拉以及现在的日本和许多工会运动不能合法存在的国家的情况，大家就可以理解，这种新的情况给我们提出了多少新的问题。一向公认的看法是工会不可能处于秘密状态，但是生活批驳了这种公认的看法。对于秘密工会来说，联系群众

---

① 见《统一》杂志 1928 年 3 月 3 日。

的问题比任何其他场合都更为尖锐。人人都懂得，秘密工会运动不可能有组织地吸收成百万的工人。秘密工会不可能定期收到会费、定期散发会员读物，等等。因为，例如在中国，读秘密工会的会员读物就会危及生命安全。毫无疑问，在这种情况下需要掌握特殊的联系群众的方式，不言而喻，群众组织将具有某种特点。在秘密工会运动方面我们的主要任务是什么呢？那就是把工人阶级的富有战斗精神的优秀分子团结在工会的周围，并且同所有大小工厂建立联系。一个组织的规模可以不大，但它的影响却可能扩及成百、成千、成百万人，一切取决于工作的方式和方法。正因为如此，红色工会国际才花费了很大精力研究中国工会运动的行动纲领。正因为如此，红色工会国际的工作人员才为最近一次中国工会代表大会拟订了详细的决议案。在保存秘密工会的同时，还必须寻找各种公开和半公开的立足点，以便脱离地下状态转入公开活动。需要什么样的立足点呢？这根据各个国家的情况而有所不同，取决于政治形势，这种问题的解决要因时制宜和因地制宜。对于这一类国家，红色工会国际一向下达的指示是：不懈地巩固和扩大秘密工会。哪里有工人，就要在哪里开展工作。如果工人被迫参加了法西斯的政府官方工会，那么，就必须进入这些工会，瓦解这些法西斯工会，从内部分化它们，把仍然留在这些工会里的落后工人争取到阶级斗争方面来。对于工会运动处于秘密状态的国家，这一指示今后仍然是正确的。在这些国家中，领导经济斗争的问题特别重要。这个问题对于共产党和秘密工会来说是生死攸关的问题，因此凡工会运动处于秘密状态的国家的共产党必须注意这方面的问题，在这些国家特别需要注意。这是通向群众的捷径。

各国共产党是否应当贯彻执行红色工会
国际第四次代表大会的决议？

对这个问题只能给予肯定的回答。为什么呢？因为红色工会国际第四次代表大会总结了世界整个革命工会运动的工作。红色工会国际第四次代表大会研究的不是抽象的理论，而是活生生的实际。没有一个工会运动策略方面的问题不曾在会上进行了严肃而全面的讨论。红色工会国际对所有产生的问题作出的回答根据何在呢？根据在于世界共产主义运动的正反两方面的丰富经验。红色工会国际第四次代表大会的决议之所以必须贯彻执行，不是为了抬举红色工会国际，而是因为红色工会国际所积累的经验是共产党人和革命工人在工会中开展工作的经验。不能说共产党的报刊对红色工会国际的决议进行了系统的宣传运动。许多同志认为，只要他们刊登一两篇文章，三四则消息，并且陈述某一项决议的内容，那就算进行了宣传运动。我必须指出，这不是宣传运动，而是敷衍塞责的官样文章。应该记住，对于宣传第四次代表大会决议抱消极态度只有对右倾取消主义倾向有利，而这种倾向尽管不多，但在我们队伍中还是存在的。整个说来，还不是所有各国的共产党都已学会组织真正的宣传运动，特别是世界性的宣传运动。提纲指出某些党全世界观念不足和存在一定的地方主义，这一点是完全正确的，在中国事件期间，这个缺点表现得格外明显。例如，不妨回忆一下红色工会国际组织的国际援助中国工人运动双周活动的情况。第四次代表大会号召所有共产党全力支持这次双周活动，但是据判断，这次国际双周活动的气氛和规模同刚毅英勇的中国无产阶级的行动相比，是不相称的。如果再考虑到既不善于组织长时期的宣传运动，又对红色工会国际第四次代表大会所总结的经验的积极意义认识不足，就可以理解为什么许多国家的共产党还没有认真宣传第四次代表大会的决议。这种消极态度将首先对这些国家的共产党和整个国际共产主义运动带来危害。

结论

争取群众这个课题给共产国际及其所属支部提出了大量问题，我在自己的发言中只涉及了其中的一小部分问题。工会工作问题不是一个抽象的理论问题，而是日常的实际问题。我们现在已经有了足够的经验，已经能够说出什么方法好和什么方法不好。我们拥有足够的力量，能够开展群众工作，能够进入有工人群众的任何地方，以及能够领导日常斗争。并不是在所有国家我们都有足够的力量，也不是在所有的地方我们都有可能违背改良主义领袖的意志而领导罢工和战斗。但是，只有通过为争取对群众的领导而进行的斗争，共产党才能发展壮大，只有通过顽强的日常琐碎工作，只有对群众的情绪极其关切，我们才能使我们所有的党变成群众性的组织。我们面对的是资产阶级国家的企业主和国际改良主义的统一战线。国际改良主义指责我们制造分裂，但是你们要知道这种指责花费了多大的代价。我只援引两件事实：当工会太平洋地区书记处成立之时，阿姆斯特丹分子不是支持太平洋沿岸地区工人的这个联合组织，不是支持这个组织反对美国和日本帝国主义、反对新战争的斗争，而是反对这项创举，指责工会太平洋地区代表会议是莫斯科的产儿。再有，当工会拉丁美洲书记处根据我们的倡议而奠定了基础的时候，阿姆斯特丹国际不是号召拉丁美洲的所有工人组织加入这个组织，而是力图建立自己在拉丁美洲的组织。为此，他们在日内瓦召集了几个来自拉丁美洲的人开会，并在阿根廷人的庇护下组成一个阿根廷工会联合会联络局。这是一个只把阿根廷改良主义者同委内瑞拉、乌拉圭和古巴的一些骗子手联结在一起的联络局。这就是阿姆斯特丹分子对国际工会运动统一的理解。

不过无法期望他们能够做出什么别的事情。阿姆斯特丹分子按自己的主张行事，我们也应当按自己的观点行事。资产阶级国家、企业主和改良主义分子的统一战线还是一支强大的力量。工人运动的革命一翼在许多战斗中遭到失败，不过我们正在从失败中学习，各国的党在成长，工会运动的革命一翼正在形成。正因为如此第一项议程的提纲和讨论都充满了对我们必然胜利的巨大信心。

这种胜利信心的基础是对国际资本主义的状况和对工人阶级和资产阶级的力量对比，及对工人阶级本身内部的力量对比作出了清醒的马克思主义分析。

国际改良主义的力量仍然强大，因为资本主义仍然强大。不过，请比较一下第四次代表大会期间和现在我们的力量。请比较一下 4 年前即 1924 年的和 1928 年的红色工会国际和共产国际。1924 年，中国无产阶级尚未登上历史舞台。1924 年，中国无产阶级还没有动摇英国、日本和美国的强大帝国主义的基础。1921 年，在印度的工业中心城市还没有出现现在这样数十万工人的罢工。那时，拉丁美洲的工人运动大部分还处于无政府工团主义和改良主义思想的支配之下，而如今拉丁美洲的大部分工人都正在向红色工会国际和共产国际靠拢。我们的力量正在壮大，正因为如此，我们坚信必定能战胜资本主义及其改良主义奴仆。（鼓掌）

李光（中国）：

资产阶级背叛中国革命并不是偶然的。早在一年以前，即 1926 年 3 月，蒋介石就试图叛变。我们党曾经警告过，说反革命行动正在日益临近，但只限于在口头上议论。党没有采取任何具体的预防措施，因此 1927 年 4 月 12 日上海的大屠杀使我们党措手不及。4 月 15 日在广州和

7 月 15 日在武汉，我们党也陷入张皇失措的境地。从实质上说，党当时还支持了国民党的领袖。党解散了工人纠察队和少先队组织，而且压制了土地革命和长沙的工农起义。党的政治局表现出迟疑不决和左右摇摆。这是机会主义的错误。我们知道国际代表有过错，但我们也知道中国共产党同样有过错。我们党当时的首领陈独秀尚未公开承认这个严重的错误，因此共产国际指示中国党开展反对机会主义的斗争。

1927 年 8 月 7 日召开的会议就这个问题通过了决议，还通过了关于土地革命、关于武装起义夺取政权和关于组织"工农"政府的各项决议。这条武装起义的路线当然是正确的。

武汉省①的同志们还在 1927 年 8 月 30 日就准备举行起义。中共中央建议他们对起义做好更加细致的准备，但是直到 9 月 10 日任何准备工作也未进行。浏阳和平阳②的几十万农民举行了起义。党的湖南省委不但不帮助起义者，反而破坏了起义，因为领导铁路工人工作的工运部反对在铁路举行罢工，致使军阀们有可能立即调遣军队镇压农民起义。但是到了 12 月 10 日，省委未作任何准备却突然号召举行暴动。湖北省东部的负责同志也未发动农民举行起义，理由是今年庄稼很好。不过到 12 月份，共产党员试图发动起义，并在 1928 年 1 月又举行了一次。应当指出，中央委员会却纠正了这类"盲动主义"的错误。

南昌起义陷于失败，原因在于同志们没有土地纲领，没有吸收农民参加起义。

广东省倒是动员了农民军举行起义，但也没有吸收广大农民群众参加。党在汕头遭到失败以后，群众在海丰、陆丰、海南岛和广东其他各地举行了起义。

---

① 原文如此。——译者注
② 原文如此，显系平江之误。——译者注

后来，国民党加强了迫害行动，开始封闭工会，废除工人同企业主签订的协议。逮捕和枪杀日益频繁。汪精卫摧毁了同帝国主义斗争了一年零四个月的香港工人。

广州工人清楚地看出，国民党左派也同样无非是军阀手中的工具。在1927年4月至12月期间，广州举行了大量群众性的政治示威游行。广州工人的革命情绪达到了最高点。正当此时，爆发了张发奎（人们认为他属于国民党左派）和李济深之间的军阀战争。工人们意识到必须摆脱自己的反动首领。于是，广州工人于去年12月11日举行起义，夺取了政权。起义恰似一声巨雷轰鸣，对整个东方和全世界无产阶级产生了强烈的印象。广州起义之后，中国工人认识到，工人、农民和士兵夺取的政权才是摆脱当前处境的唯一出路。

广州起义后，中国许多其他地方的农民纷纷举行武装起义。土地革命进一步深入。广州起义期间是有过种种错误，但是无论如何不能把它称做为盲动。

下面我谈一谈中国共产党面临的任务。共产国际执行委员会第九次全会指出，中国革命正处于资产阶级民主革命阶段。我们的首要任务是把千百万群众团结在共产党的周围。在新的革命高潮到来之前，武装起义的口号将一直是宣传口号。我们的任务可归结为以下几点：

1. 加强同帝国主义的斗争，把工人、农民和小资产阶级组织起来。

2. 普遍开展土地革命，建立军队，准备在一省或数省夺取政权。

3. 加强城市中的工会运动。

4. 同机会主义和盲动主义作斗争。

我还想补充一点，那就是我们在反对帝国主义方面的工作不够有力，对帝国主义的状况了解不够。在这方面我们需要共产国际给予更多的指示。土地革命正在深入，正在动摇反动统治的根基，缩小帝国主义剥削的范围。在土地革命过程中要避免抢劫、烧杀等错误做法。

　　我们党面临的主要任务之一是组织工会运动。迄今为止，我们在这方面的工作不够主动，而且犯有许多严重错误。在土地革命期间必须加强城市的工人组织。要避免这样一类错误做法，例如不预先让群众做好准备而由参加工会的工人下达宣布罢工或不宣布罢工的指示，也要避免另一种失误，例如同那些群众不愿跟它们走的反动法西斯工会联合等。必须彻底搞清工厂委员会的问题。还必须同因简单化地解释统一战线口号而产生的错误现象作斗争。

　　我们的任务是：争取千百万群众，把他们团结在我们党的周围，并且深入到群众之中。我们还应当寻求组织工人和培养积极的工会工作者的新方法。同时还要明确划分党组织和工会组织的界限。

　　新的革命浪潮正在不可逆转地来临，这个浪潮给我们提出了一个认真做好准备的任务。我们必须同盲动主义作斗争，而且我们应当知道，盲动主义的危险还没有消失。可以举一个例子来说明：不久前中国曾决定提出召开国民会议、恢复群众性的国民党、争取言论自由等口号。

　　这显然是地地道道的机会主义。我们应当像反对盲动主义一样坚决地反对机会主义。

　　再谈谈国民党和"第三党"。前者也好，后者也好，都是屠杀工人阶级的刽子手。我们应当清楚地知道，孙中山的所谓三民主义是小资产阶级的反动的主张。所谓"民族"是要巩固加强一个居民阶级并由它主宰所有其他阶级，所谓"民权"是要否定阶级斗争并建立最反动的专制制度，而所谓"民生"，其实质就是要把工人引入歧途的改良主义。这就是孙中山的三民主义。现在，据我们所知，国民党加入了第二国际，从而使自己的反动性质最终固定了下来。

　　至于"第三党"，它归根到底同国民党并无不同，在这方面不应抱任何幻想。

　　还要谈一谈白色恐怖。白色恐怖使中国损失了31万工人、农民和

2万名共产党员。至今中国的白色恐怖仍然十分猖獗，因此我们必须坚定不移地反对白色恐怖。白色恐怖是以最野蛮、最残忍的方式进行刑讯和杀人：上电刑、砍头、分尸等等。我们不在西方的工人报刊上公布这些材料就是犯下严重的错误，就会让帝国主义者有可能任意造谣。

还要谈一谈中国党同其他国家兄弟党的相互关系。兄弟党应当更加关心中国革命。同时，还应当更加坚定地大力组织反对帝国主义、反对帝国主义向中国派遣陆海军、反对帝国主义在中国实行白色恐怖的运动。应当制订出这方面的具体措施，并建立各国党之间更加密切的接触。我已经说过，我们对于西方帝国主义国家的情况了解极少，因此我们希望兄弟党更加详尽地为我们提供情况。

连斯基（波兰）：

整个说来，我赞同共产国际第六次代表大会提出的政治提纲。由于时间不够，我主要谈一谈波兰共产党的党内状况。我认为，我们党内的问题极其尖锐，而布哈林同志也极其尖锐地提出这个问题，因此必须特别予以重视。我们向专题委员会提出了自己的建议，其内容可归纳为：第一，突出强调法西斯倾向与现代资本主义的垄断性之间的联系。这种联系的基本要素已在提交大会的提纲中作了说明。需要用一个总的表述对这些要素加以概括归纳。这个问题是在我们党内延续了半年之久的一场争论的根本问题之一。拉品斯基和塔尔海默两位同志仍在继续推行的科斯切娃同志小组的错误，从根本上说就是因为不理解法西斯倾向同资本主义的垄断性之间的联系。关于这些错误我们将在政治委员会或纲领委员会中加以说明。其次，需要突出强调说明，用法西斯方式镇压工人阶级的做法正在走向国际化。1927年的一次国际执委全会已经指出了这一点。在所有欧洲国家，如德国、法国、英国，我们都看到用法西斯方式镇压工人阶级的各种做法。台尔曼同志说社会民主党是实现用法西斯方式镇压工人阶级的做法国际化的工具，这是完全正确的。台尔曼同志也完全正确地强调指出，社会民主党正在从社会改良主义政党变成社会法西斯政党。这一点在我们波兰特别明显，那里社会党同法西斯的国家机关正越来越紧密地融合在一起。

最后，还必须对法西斯主义方法作出确切的表述。法西斯主义方法不仅仅在于实行一系列恐怖手段，而且还有一整套从思想上毒害群众的办法。在这方面我们党有丰富的经验，我们想介绍给共产国际。

现在我接下去谈谈波兰的事情。人们在这里已经多次强调说，波兰共产党在我们的时代在国际革命运动中处于责任最重大的岗位之一。共产国际领导机构一向给予波兰党以极大的关注。它曾帮助波兰党克服一些重大的错误，如1923年的托洛茨基主义、1926年5月的错误，并帮助波兰党在巨大困难面前沿着布尔什维克化的道路前进。

我们党从共产国际领导机构得到一系列指示和教导，据此确定了自己在大规模群众运动中，例如最近一次议会选举中的策略。

在共产国际领导下，我们党召开了第四次代表大会，认真地批评了过去的重大错误，为近期内党的活动制订了明确的政治路线。

但是，我们党所面临的任务，以及我们党内的状况，都要求共产国际给予更大的关注。在资本主义稳定中的矛盾日益尖锐化的过程中（对这一过程布哈林同志曾作了描述），一些可能对国际革命运动和苏联今后建设的整个进程产生巨大影响的事件正在波兰酝酿成熟。我们眼见，而且多次强调指出，战争的趋势在波兰大大加强，波兰的全部生活都处于从军事上和从思想上准备反苏战争的标志之下。这就是皮尔苏茨基的对内对外政策蓄意追求的目标。

我们党去年召开的代表大会强调指出："法西斯政府在同英国紧密勾结下奉行的对外政策，其目的就在于把波兰纳入全欧稳定和准备反苏战争的轨道。"波兰在法西斯政权统治下经济发展和政治发展的全过程正在不断证实这一判断的正确。

皮尔苏茨基政府正在加速把波兰置于外国资本的奴役之下。它利用向美国借债来维持波兰货币的稳定性，为此它不仅像在波兰的美国银行代表杜威所说的那样"用波兰的荣誉和声望作担保"，而且还以从关税到国有企业的"各种收入作抵押"。波兰的关税是正式抵押给杜威的，因此他就控制了波兰的国家银行和整个经济生活。波兰所有最大的银行都是经过乔装打扮的外国银行的分支机构。

在国际市场上，波兰越来越成为外国工业产品的消费国和原料及半成品的供应国。这只要指出以下数字就足以说明了：1923 年工业品的输出额占输入额的 5/6，而如今仅为 1/5。不仅如此，在国际市场竞争日益激化的影响下，半成品的输出量也在明显下降。

结果，今年上半年的外贸逆差达到近 6600 万美元。这对波兰来说是一个巨大的数字。随着面临的农业歉收和外国棉花的输入，这种局势还将进一步恶化。从国内日用消费品市场情况来看，某些工业部门的萧条现象将越来越触目惊心。杜威正在大力促其实现的同德国的通商条约也必将对波兰工业产生不利影响，因为波兰的杜威化恰恰是对德国道威斯化的某种补充。所有这些因素都加强了波兰帝国主义的扩张意向，而其矛头是指向苏联的。资本主义稳定内部矛盾的增长正在加速波兰卷入战争的过程。正因为如此，波兰和立陶宛的关系日益尖锐化，波兰法西斯主义在国际联盟的支持下，在社会党叛徒的极力协助下，利用种种借口力图吞噬立陶宛。最近波兰同意大利的接近，同罗马尼亚恢复军事条约，以及波兰在波罗的海沿岸耍弄的种种伎俩，等等，这些都是投向苏联的同一根链条的一个个环节。

战争准备的进展十分迅速。其主要表现有：军队本身的预算增加了 38%，大批组织正在实现军事化，狂热地训练青年骨干，发展军事工业，扩大战略性铁路网等。

法西斯政府的对内政策服从于备战的任务。除了采用疯狂的恐怖手段对付革命运动，以及利用社会法西斯主义的战斗队打击革命运动的先锋队共产党以外，正如布哈林同志所说，法西斯分子还力图大量渗入工人阶级和农民群众的队伍中去。不仅如布哈林同志所说在华沙是如此，而且在波兰全国都是如此。他们还企图瓦解农民运动和民族革命运动中的不坚定分子。他们制订了一整套法西斯劳动立法，妄图藉以束缚工人阶级的手脚，迫使其服从于法西斯权贵而放弃阶级斗争。正在大力推行的工会法西斯化是对工人运动的极大威胁。

一些妥协主义政党（如波兰社会党、"解脱"派）的领袖们，虽然采用的是其他手段，也同样在这个方面努力活动。这些领袖们除了毫无顾忌地唆使人们反对苏联外，还玩弄激进民主主义的言词与反对派的言论，试图以此阻止群众参加反对法西斯政权的革命斗争。

群众的不满情绪日益增长，而且常常自发地爆发出来。政治压迫不断强化，经济剥削日益加重，赋税猛增，物价暴涨，所有这一切都推动劳动群众走上斗争的道路。最近以来，波兰一些最大的工业部门罢工浪潮迭起。失业者和在业工人的群众性示威游行时有发生。此外，由于法西斯分子划分土地，进行土地整理，横征暴敛和警察任意肆虐，农民开展大规模发动的时期也已开始。随着斗争的开展，我们党在工农群众中的影响迅速增长。最近一次议会选举说明，我们党在栋布罗瓦、华沙和罗兹等大的工业中心城市已经争取到了工人阶级的绝大多数，同时不仅在西乌克兰和白俄罗斯，而且在波兰本土大大扩大和巩固了自己在被剥削劳动农民中的基础。共产国际第五次代表大会对于波兰共产党实现布尔什维克化、对于它克服布尔什维主义口号与实际活动的不一致，起了重大的作用。自此以后，波兰共产党大大成长了，已不愧为工人、农民和被压迫民族革命运动的领导者。在克服右倾和极"左"倾向的过程中，党在思想上大大地巩固了。由于第四次党代表大会作出了正确的指示，波兰党富有成效地（虽然并非没有错误）开展了一系列宣传运动，尽管力量并不强大，却发动了广大群众。

不过，同志们，同党所面临的任务相比，这些成绩是远远不够的。

党的主要缺点是，党的影响范围之大与其组织上的不够巩固，组织上控制局面的能力之薄弱对比极不相称。此外还有：在农民工作中重视一般的宣传而不注意具体地关心广大农民群众的日常困难，没有把这类要求同我们的反战宣传运动紧密地结合起来，以及许许多多诸如此类的缺点。

影响党的发展速度和活动的最为严重的障碍之一，是第四次党代表大会前后党所经历的领导机构的危机。在共产国际第六次代表大会上，波兰问题又一次显得十分突出，成为共产国际最为尖锐的问题之一。这次危机的根源，同志们，首先就在于机会主义的错误和背离了第四次党代表大会的路线，这使我们党的团结产生了困难，使党内斗争激化起来。国际代表大会主席团重新建立的华沙委员会常委会和共青团中央被解散，是我党领导机构执行反对团结政策的悲惨结局。

向共产国际第六次代表大会提出的提纲完全正确地指出，我们党内进行的尖锐派别斗争"并不是由于任何一种较重大的分歧所引起的"。同志们，我们认为，党内存在的分歧可能也应当通过非派别斗争的方法加以消除，但是在第四次党代表大会以后关于分歧的讨论被生硬地制止，甚至在我们党的理论刊物上也不再进行。

这些分歧涉及波兰法西斯主义的基本趋向和党的策略任务。限于时间，我只谈一谈争论的主要问题。

第一类问题是因布兰特同志一本论述五月政变的经济因素和现今政府的政策的小册子而引起的。我们党用这本小册子教育干部已经半年了，至今科斯切娃同志的小集团还在维护这本书。实际上，这本小册子只不过是把贝尔韦代雷宫御用经济学家的观点用马克思主义的语言改写一遍罢了。布兰特同志对于波兰法西斯集团的纲领作了如下表述："发展资本主义农业并加速向外输出，在工业战线上对欧洲采取守势，在国内市场实现集中并**聚集力量准备将来向东方扩张**。"

这就是说，资本只在国内市场实现集中，现在并不推行向东方扩张的政策，这种扩张只是很远的将来的事。

在论述发展前景的一节中，布兰特在指出波兰工业有摧毁东方壁垒的意向时直截了当地说，"这只是历史的趋势，虽然这还不是今天的现实"。照布兰特的意见，波兰的工业界目前并不希望同苏联作战。既然布兰特否认波兰帝国主义存在现实的经济上的刺激因素，那么他客观上就站到了掩护皮尔苏茨基侵略苏联阴谋的小资产阶级和平主义的立场上了。而且布兰特完全颠倒了列宁的帝国主义论，散布"后起的资本主义国家"在工业战线上采取的是守势，"它们是利用实力最雄厚的资本主义国家之间的矛盾"以保持经济独立等论调。

布兰特的小册子是同第四次党代表大会的决议背道而驰的。四大强调指出，"国内市场的自我发展根本不可能成为波兰资本主义获得真正发展的基础"，而客观条件"正在推动并将越来越有力地推动波兰资产阶级加速向东方扩张"，同时这也是波兰在经济上和政治上日益依附于外国资本这种现象的发展趋向。代表大会明确地向党指出，战争危险的加剧和日益临近，是由资本主义稳定中矛盾的增长（其中包括争夺新的销售市场的必要性日益迫切）所决定的，而就后面一点而言波兰并不是例外。

第二类争论的问题是由于西乌克兰共产党因其原领导机构奉行民族机会主义政策而经历的危机所引起的。尽管四大强调指出，必须同原瓦西里基夫领导集团的民族机会主义倾向作坚决斗争并通过了决议，但我党政治局的多数派仍然继续支持近来已成为法西斯主义的最凶恶工具的这个集团。

他们很久以来就否认瓦西里基夫集团执行民族主义路线，不敢对它开展有力的批评。由于对如此明显的右倾危险采取了上述态度，致使西乌克兰共产党内的危机不断激化和加深，导致发生了布哈林同志提到的分裂。

争论的第三类问题涉及对妥协主义政党所起作用的评价。这类问题可归结为：不了解社会妥协主义者采取的反对派手法的实质，对他们阵营内部的摩擦估计过高，认为所谓"左"派的发动几乎都具有革命意义，对于妥协主义政党提出的捍卫议会民主的口号揭露不够。

例如，科斯切娃同志的小团体就阐述过这样一种观点，即波兰社会党目前正处于腹背受敌的境地，即处于波兰共产党和波兰法西斯的夹击之中。这个小集团一再肯定并在中央委员会的号召书中宣称，达申斯基——著名的社会党叛徒之一，皮尔苏茨基法西斯政府最热心的同伙之一，已通过为议长，这是因为妥协主义政党代表为我们的议会党团人员遭到法西斯警察毒打表示了义愤。我们发现，这类错误不仅在号召书中存在，而且也出现在瓦尔斯基同志的议会发言中。他也着重强调妥协主义者的愤懑情绪，并且谆谆告诫社会妥协主义的领袖应怎样为争取议会民主而斗争。同德国共产党的右派集团一样，在我们这里也存在一种对妥协主义政党"左"派领袖的错误态度。例如，不久以前，瓦尔斯基同志在党代表大会的发言中断言，在这些"左"派分子的影响下波兰社会党已不再殴打华沙工人。同志们，在这里有人提到是我们在挑唆议会党团。这完全不是事实。我们不拒绝对我党个别代表所犯错误进行批评。我们不仅批评瓦尔斯基同志1927年以前的发言，而且也要批评他1927年以后的发言，只要发现其中有错误。在第四次代表大会期间，我们的批评的正确性基本上已经得到承认。我向大家举出一件事实，它足以作为对类似蛊惑宣传的最好的政治答复。当法西斯分子袭击我们的议会党团时，华沙组织接连几个小时动员工人抗议殴打我们的议会代表。

此外，科斯切娃集团还歪曲中央少数派同志的错误。对这些错误我们已及时进行了公开的批评。四大以后的主要错误在于，少数派中的某些同志认为：为了揭露妥协主义领袖和所谓社会主义联盟，不应排除在选举运动中采用自上而下的统一战线策略的可能性。首先由于我和原先少数派中其他同志的原因，他们不久放弃了这项提议。在共产国际的专题委员会里，我当即发言反对这种错误。但是，在这里，在这个讲台上，科斯切娃同志提出了完全虚构的材料，说原先的少数派建议同波兰社会党缔结选举联盟，等等。与此同时，多数派集团力图利用形式上的威望来阻挠对自己错误的批评，而这些错误的结果是使党的实际工作遭到机会主义的歪曲。在对妥协主义政党采取错误态度的影响下，近来在罗兹和华沙出现了违背华沙组织代表们意愿的采用自上而下统一战线策略的最恶劣的事例。随即在罢工策略方面也发生了一系列错误。同志们，在我之后一位来自国内的代表将要发言，他将向大家通报这些错误。不仅仅由于派别斗争的影响，而且也由于这些错误的影响，在波兰罢工浪潮高涨之际我们未能起到应该起的作用。在我们党内存在过一种观念，以为只有在党拥有工人阶级的决定性多数的地方它才能够在罢工期间独自行动，以及其他诸如此类的机会主义观点。

当然，任何一个集团都不能担保自己不犯机会主义的错误，而且在我们给全党的加强团结号召书草案中我们也完全开诚布公地谈到了这一点。但是，同志们，最难保险不犯这类错误的则是那些丝毫不愿意对自己错误进行自我批评的人。科斯切娃同志就对自己和自己集团的错误一字不提。她所谈的只是中央原少数派的并不存在，或虽然存在但却被她加以夸大了的错误。在这方面，科斯切娃同志的集团是同党的干部背道而驰的，而党的干部经过代表大会前的讨论在政治上成长了。这个集团在这方面也同第四次代表大会的指示背道而驰。四大强调指出，"右倾危机和极'左'危机的经验教训应当印入每一个党员的心灵深处。"同时代表大会还指出，"在同极左倾向作斗争时，党应当特别注意右的错误，把它看做为当前最危险的错误。"

值得注意的一个事实是，新的错误是旧错误的继续。所有新的错误都证明，科斯切娃同志的集团并没有彻底克服他们的遭到我党第四次代表大会批评的观点。应当着重说明，这个集团在第四次代表大会上没有承认共产国际对他们错误的批评是正确的。

例如，在乌克兰问题上这个集团在宣言中就不同意说西乌克兰共产党中央委员会实际上用"按农民委员会规定的价格把土地分给农民"这种残缺不全的口号取代了"土地不要赎金"的布尔什维主义口号。共产国际对这种富农倾向的批评并未被科斯切娃同志的右倾集团所接受。对于其他错误也是一样。正因为如此，在代表大会以后党内才出现了实际上否认波兰法西斯主义的侵略野心具有现实性的观念，以及使党猝不及防地面临西乌克兰共产党发生分裂的局面。由于存在资本主义稳定局面和法西斯主义政策（这种法西斯主义政策，正如我在前面所说，是一整套愚弄群众的措施）的客观条件，右倾危险就更增长了。在这种时候，对于机会主义错误不进行开诚布公和切实有力的批评是特别危险的。在这种时候，即使整个中央委员会，整个党的领导机构的路线总的说来是正确的，但若继续坚持这些错误，就可能发展到右倾的程度。党的正确路线是由于我们参加了领导机构并在中央委员会进行了认真的批评才得以形成的。党以我们的提纲为依据，一直工作到现在。不能像科斯切娃同志那样把这一条路线归功于右倾集团。只有通过切实的全面的自我批评，党才能使自己免于机会主义的错误。

右派集团企图通过硬性施加压力来改变党内的力量对比，使之有利于自己。这个集团现在同党内的多数派，同华沙、上西里西亚、西白俄罗斯等大的党组织，都存在分歧，至于同共青团更是如此。它差不多同中央委员会的所有部门在作战，把本派别的专权放在党的集体领导之上。

科斯切娃同志在这里提到在党内必须要有铁的纪律。这话不错。特别在目前，铁的纪律是不可或缺的。但是，科斯切娃同志的小集团在对待共产国际方面并不遵守这种纪律，因为不通过共产国际和青年共产国际即行解散华沙委员会和共青团中央就是最明显地破坏了纪律。

由多数派单方面对华沙组织进行的分裂主义试验，表明了一种威胁着全党的危险。华沙组织是我们党内人数最多、积极性和战斗性最强的组织。在地方选举时这个组织征集到 75000 张选票支持后来被废除的候选人名单。沃伊科夫同志被杀害后，这个组织发动了数万工人表示抗议。尽管力量集中的首都法西斯机构运用种种恐怖手段施加压力，这个组织在议会选举期间仍然巩固了自己在工人中的影响。

它在法西斯专政的首都组织了参加人数最多的一次五一节示威游行，并在武装的社会法西斯分子的袭击面前捍卫了自己的旗帜。

我们今天从报纸上得知，昨天举行了示威游行。这最有力地证明，华沙组织至今仍然坚持在自己的战斗岗位上。试图在这个组织中制造分裂和摧毁它的领导机构，就是对整个波兰的革命运动进行打击。

我们建议把这个问题提交共产国际解决，不把冲突带到各个基层，带到各个党组织。这个建议被在当地的中央多数派单方面所否决。同志们，我们现在得知，我们党内的分裂仍在继续，关于解散华沙委员会的问题已提交华沙组织进行一种独特的全民表决。这种全民表决正在华沙组织的所有基层支部进行。关于全民表决的结果，将由从波兰来的那位同志向大家介绍。正是鉴于这种情况，我们认为，不能等到大会结束，必须提前召集共产国际六大的波兰委员会。必须由波兰委员会采取一系列果断步骤制止我们党的队伍中这种恶劣的做法。

同志们，我们深信，国际六大将为我们党的真正团结创造条件。共产国际在制止我们党内的派别斗争的同时一定能保证我们党运用自我批评这种用以克服任何背离列宁主义路线行为的唯一武器，这种最好的教育全党的布尔什维主义方法。我们决心尽一切可能协助共产国际完成这项任务，结束削弱党的派别斗争。

同志们，我的发言即将结束。我们希望我们党能有一个坚强有力的、有威信的领导机构，一个无论在党的一般政策方面，还是在组织政策方面都能坚决执行第四次党代表大会的路线，克服错误，把党的干部团结在自己周围的领导机构，一个不仅在口头上，而且在行动上能最大限度地保证同右倾危险作斗争的领导机构。台尔曼同志曾经正确地指出，必须做到少数服从多数。但是不能用这一点掩盖一些头脑错乱的人的行动，他们分裂党，用自己单方面的意见制造多数。我认为，保留这样的多数并不是摆脱目前局面的布尔什维主义办法。

只有在布尔什维主义原则基础上团结起来的党，以及能正确理解自己对全党和共产国际所负责任的党的领导机构，才能够成功地击退法西斯主义的疯狂攻击，阻挠其实现罪恶的侵略阴谋，才能够真正起到作为群众为建立工农政府、为建立苏维埃的波兰、为实现被奴役民族的自决权而斗争的领袖的作用。

福斯特（美国）：

我同意布哈林同志提纲的基本路线，不过我想就专门涉及美国形势的几点内容谈一点意见。

首先，我想指出，提纲乃至整个共产国际应当更多地关心在提纲中称之为腐蚀工人阶级的美国方法的这种东西。我想特别提请大会注意在美国广泛流行的一种阶级合作的思潮，这种思潮是伴随着美国帝国主义的合理化纲领和战争纲领而来的。这种思潮是构成资产阶级改良主义总的新体系在理论、组织和实际工作方面各种学说和手段的一个组成部分。由于没有更好的名称，在我们美国党内把这种思潮称做为"资本主义生产率的社会主义"，这里的社会主义当然是带括号的。这正是所谓劳动美国化的最高表现。

这种运动的目的首先在于把工人卷入美国资本家正在各工业部门推行的加快工作速度的体系中去，从根本上消除工人阶级对企业主加强剥削的反抗。从更广泛的意义上说，这个运动的任务还在于取消无产阶级的所有政治组织和经济组织，灌输阶级合作的幻想，以及诋毁任何关于阶级斗争的思想。此外，其目的还在于消除无产阶级的阶级意识，扼杀一切发展革命前景可能性。

这种大力推行提倡阶级合作的运动，是在一大批为提高资本主义生产率而奋斗的工程师①和经济学家的领导下进行的。这个运动引起了大量出版物问世。整个资本主义报刊，无论是一般性报刊还是专门的经济报刊，都充斥着关于这个运动的一般思想的报导。这一次倡导阶级合作的激烈运动提出了一系列旨在满足产业工人日常需要的理论和设施。他们甚至向工人推荐摆脱资本主义剥削的手段。正是由于此种运动具有这样一个特点，我们才把它称之为假社会主义的变种。

下面我简要地谈一谈这个运动提出的最迫切的几个"口号"。

第一，必须指出支持御用工会的运动。这是在工业中制造假民主气氛的一套办法。御用工会是为了取代职工大会而提出来的。

御用工会运动的着眼点在于取消职工大会或使职工大会蜕化为御用工会。

与这种支持御用工会的总的运动相联系的，是一种主张职工大会与御用工会合并的口号，或者说得更确切些，是这样一种组织严密的运

---

① 即"efficiency engineers"，"效率工程师"，指研究工业组织和劳动生产力等问题的专家。

动。目前，这种合并已在美国工人运动的各个部分开始实行。

此外，我们还看到这种倡导阶级合作运动的另一个侧面，即所谓"福利运动"。这种运动的目的在于给工人制造一种幻想，似乎资本家正在努力改善工业无产阶级的劳动和生活条件。一个名叫威廉斯的研究提高生产率的工程师正在从理论上对这个运动进行论证。他的观点是，工人并没有任何根本的革命要求，他们的要求只涉及一些次要的缺点，而资本家能够通过一整套改善工人福利的工作克服这些缺点，因为这样做既直接于资本家有利，并可借此取消革命运动。

除了以上种种趋向以外，还有一种颇有声势的运动，其主旨是建立企业主与工会在生产中的合作。这一口号的提出是为了取代在工业中为提高工资和改善一般劳动条件而开展的阶级斗争。在美国，这个运动表现为一系列各式各样的纲领，作为这些纲领核心的基本蓝图在美国主要是所谓的"B. O. 计划"① 或工会董事会协会（union management corporation）② 这种协议规定工会应协助企业主提高劳动生产率等，而企业主则以微小的让步作为代价。这个计划，同上述阶级合作运动的所有其他种种形式一样，也是由研究生产率提高问题的工程师们拟制的。

这种假"社会主义"在"教育"方面，即在各种工业部门开展资本主义宣传、建立互助团体、利润分享协会、信用券制度等方面，有一整套实际做法。不过，我愿意提请代表大会特别注意目前在美国兴起的这种资产阶级改良主义体系的一些最新表现，那就是这批资本的奴仆所提出的一些假革命的方案。他们硬说这样的方案能够使工人群众摆脱资本主义剥削制度。例如，著名的美国资产阶级经济学家卡弗就提出一种

① "B. O. "代表巴尔的摩—俄亥俄铁路。御用工会计划最早就是在这条铁路线上提出来的。

② 这是工会和企业董事会订立的协议的一种形式。

理论，断言工人通过获得资本主义公司的股票就能够成为某一个工业部门的所有者，并从而摆脱资本主义的剥削。再如，一个名叫吉列的百万富翁资本家兼生产效率专家提出的理论是，不仅仅工人，全体人民都可能通过获得股票而一个一个地买下所有工业部门，然后在集团原则的基础上对它们加以改组，把各个工业部门统统合并成一个统一的全民公司。他坚持说，这样一来就有可能废除资本主义。此外，美国研究大批量生产的专家之一特格韦尔教授也提倡一种理论，他断言资本主义可以并且正在克服自己的矛盾。他建议设置资本主义的"国家计划委员会"，由它来有步骤地克服这些矛盾。他扬言，通过大批量生产、提高工资和降低成本，工人的处境可以逐步得到改善，最后他们在财政方面的实力可能变得十分雄厚，以致生产资料的资本主义私人所有制会自行消失并为某种社会主义制度所取代。

还有一种凡勃伦的理论，他宣扬另一种思想，即通过工程师们的活动，资本主义将自行消失，社会将按非资本主义原则得到改组。他完全否认无产阶级的革命作用。

所有这些资本主义乌托邦贯穿着一个共同的思想：要让工人们相信，他们应当放弃斗争，他们不需要建立任何无产阶级组织，无论是政治组织还是经济组织，他们应当放弃一切革命理想，同资本家进行合作，以便借此获得自身的解放。所有这些资产阶级理论家极端敌视无产阶级组织和无产阶级斗争的一切形式。现在美国的所有工业工程师们都充斥着我所简略地加以描绘的这类思想。产生这种运动的直接原因就在于企业主想要镇压美国的职工大会或者迫使它们实际上蜕化为御用工会。

在欧洲各资本主义国家中，资本家力图把工人纳入合理化计划和战争计划中去，在这方面他们主要想依靠在社会民主党的政治领袖和工会领袖中收罗到的仆从。

　　在美国，我们看到的是另一种趋向。美国帝国主义者一方面竭力利用社会民主党的政治领袖和工会领袖，但与此同时又把使工人卷入合理化计划这件事紧紧地抓在自己手中，交由自己的工程师们来直接实现这项任务。出现这种情况的原因之一是，美国改良主义的领袖和组织对于广大无产阶级群众的影响十分微弱。美国不存在群众性的改良主义政党——无论是社会民主党还是工党，改良主义工会只能影响极少数工人。因此十分自然，这些组织的领袖对于工人阶级不可能起到资本家所期望的那样巨大的影响。因此，资本家就力图利用自己更为亲近的仆从——工业工程师——来取代这些社会民主党的工会领袖和政治领袖。

　　此外，还存在另一种明显的趋势，那就是要使改良主义的领袖和工会更直接地从属于他们自己的资本主义组织并溶化在其中，以及对它们进行更加直接的控制。因此，工程师在运动中就起着重大的作用。美国劳联的领袖们已经完全处于企业主的这个提高资本主义生产率纲领的影响之下。工程师们已经把对保守的美国工人运动的思想上的领导权，在不少场合也包括组织上的领导权掌握到自己手中。许多工会吸收从事提高生产效率的工程师参加自己的机构。工会报刊充斥着这些工程师按上述精神写成的文章。

　　这个运动的总的趋势是十分清楚的。这就是力图把工人贵族纳入资本主义组织，布哈林同志的提纲已提到了这一点。这是一个从精神上瓦解广大非熟练工人和半熟练工人群众的纲领，必须同这个纲领作斗争。美国的这一次旨在提高资本主义生产效率的新的"社会主义"运动产生了一系列国际性的后果。它破坏了国际社会民主党发展的总路线。蒙德主义就是这个总趋向的表现之一。社会民主党的领袖们接受了企业主的合理化纲领，也就是同时接受了这个我们称之为资本主义生产率"社会主义"的基本原则。他们将越来越背离卡尔·马克思的思想和纲领，越来越吸收美国资本家的工程师仆从所提出的思想和纲领。我们的纲领本应该更加明确地指出这个总的形势。

我想谈的下一个问题，是在提纲中必须对美国帝国主义内部矛盾的规模和后果作出更为详尽的分析。在这些矛盾中，应当指出生产能力与生产实际增长的不相称、生产的增长与消费的不相称、存在失业现象等等。比特尔曼同志在发言中详细地剖析了这些矛盾，瓦尔加同志也有部分涉及。由于时间不够，我不准备对这些矛盾作详细说明。对于美国帝国主义的内部矛盾之所以必须进行更为详尽的分析，是由于以下一些原因：第一，因为这些矛盾是促成未来世界大战的根本因素。这些矛盾越发展，美国帝国主义就越需要争夺市场和原料产地，战争的危险就会越来越严重。美国是为首的帝国主义大国，它的内在动力、内部矛盾正在推动它奉行一种穷兵黩武的帝国主义政策，从而使全世界被卷入战争的危险日益加剧。对于整个共产国际说来，对此进行详尽的剖析是十分重要的。第二，布哈林同志对于美国帝国主义内部矛盾的分析之所以还要进一步具体化，其原因还特别在于要为美国党的政策奠定牢固的基础。

我在发言中主要将涉及第二个原因。我之所以建议详细地进行分析，特别是因为我们中央委员会的洛夫斯通—佩珀多数派在这个极其重大的问题上执行了不正确的路线，犯了右倾错误。中央委员会多数派的根本错误在于：一贯对美国帝国主义的内部矛盾估计不足，而对它的潜在力量估计过高。这就决定了中央委员会的多数派在其整个党的政策中造成右倾错误。

中央委员会多数派在分析美国帝国主义时只是强调其强大的实力，而忽视了破坏这个实力的各种因素。他们的注意力集中于那些说明美国帝国主义向上发展的征兆，而对于其内部矛盾则只是例行公事似地、笼统抽象地说一说。在我们的多数派看来，这些内部矛盾不是发展变化的因素，不是现今正积极发挥作用的因素。比特尔曼同志说得十分精彩，这些人的立场差不多可以归结为赞美颂扬美国帝国主义的强盛和发展。

　　他们的发言人中没有一个人涉及美国帝国主义的内部矛盾，这就十分典型地说明了他们的整个世界观。只要能够证明美国帝国主义正在向前发展，他们就极其满意了。他们竟天真可笑地看不到这样一个事实，即我们党的巨大危险不在于我们可能忽视美国帝国主义的实力，因为关于这一点各方面都在向我们喋喋不休地唠叨不停，这种危险恰恰在于，我们可能像中央委员会多数派那样在这种实力面前解除了思想武装，从而忽视了现实存在的同资本家作斗争的可能性。中央委员会的少数派与多数派不同，他们不满足于中央委员会多数派关于美国帝国主义仍在不断向上发展的含混不清、观点模糊的声明。他们坚持主张详细研究美国帝国主义更加具体的发展前景。对于整个共产国际来说，对于我们党也是一样，在这次代表大会上描绘出这个前景是极其重要的。

　　中央委员会的少数派完全同意美国帝国主义仍在向上发展的看法（佩珀同志指责说，似乎我们认为美国帝国主义目前正处于衰退时期。这纯属捏造），但与此同时也强调另一个事实，即由于日益增长的内部矛盾，以及由于在世界范围内遭到其他帝国主义大国、不断壮大的苏联和殖民地各国人民蓬勃发展的解放运动的日益增强的抵抗，美国帝国主义的前进变得越来越困难了。

　　我们的观点是：面对日益增长的本国和世界范围的冲突和矛盾，美国帝国主义并不可能像中央委员会多数派所预言的那样期望获得持续不断的、无止境的发展。为了继续向前发展，美国帝国主义不仅不得不向美国工人现有的生活水平发起进攻从而引起罢工和冲突，而且还不得不采取更加气势汹汹的帝国主义侵略政策，而这样做又会使世界大战的威胁日益临近。美国帝国主义目前所处的国际环境与几年以前欧洲因经历世界大战而受到极大削弱的情况完全不同。

　　中央委员会多数派关于美国帝国主义无止境前进的理论包含着对战争危险估计不足。由于看不到打击美国帝国主义的力量及美国帝国主义日益激化的内部矛盾，他们也不能认识这种发展前景推动美国帝国主义同其他帝国主义大国发生冲突的一切后果。也正因为如此，他们对于美国帝国主义在中国的与众不同的侵略作用认识不足。去年他们提出一种理论，似乎美国并没有自己野心勃勃的政策，美国只不过是英国在中国的工具。现在他们又把美国说成是日本在中国的伙计和工具。从所有这类错误论调可以十分明显地看出，他们对战争危险估计不足。

中央委员会多数派夸大美国帝国主义的强盛和繁荣，以及对其日益增加的困难认识不足，还造成另一个后果，那就是他们对群众向左转的趋势估计不足，而且始终不善于根据斗争不断发展的形势判断一般发展的前景和确定党的方针。

这种右倾错误具体表现为：

1. 对当前工业不景气现象的规模、深度、实质和后果估计不足。这表现为他们在提纲和文章中引用关于工业"退潮"属于"偶然"现象的资产阶级理论。

2. 对于工资降低的幅度和对工人的总的压力估计不足，看不出计件工资降低的情况将广泛扩大。出现了这样一种倾向，即忽视整个主要工业部门非熟练工人和半熟练工人大规模转向革命的趋势，只承认在所谓"患病的"工业部门——采矿工业、纺织工业和缝纫工业存在这种趋势，而且按照他们的观点，这些工业部门现在也只是由于推行合理化才经受着危机。

3. 对企业主为摧毁工会而发动攻击的力量估计不足，因而对于工会的危机不够重视，并企图依靠这些旧的工会，而不是去大力建立新的工会，以便把未参加工会的群众组织起来。

结果，中央委员会的多数派由于不能正确判断群众日益高涨的战斗精神，也就无法对群众的斗争进行果断的领导。在工会工作中这一点可以看得特别明显。中央委员会策略的特点是根本不相信群众的战斗精神。这是中央委员会对于把未参加工会的群众组织到新的工会中去这项伟大任务采取敷衍塞责态度的主要原因之一。中央委员会对于在这里发生的冲突极不关心。因此，我们的工会工作因为一些完全不应发生的失误而停顿不前。例如，我们在汽车、制鞋、五金等工业部门开展的组织运动就彻底失败了。

另一方面，中央委员会的少数派既清楚地看到美国帝国主义的力量，也同样清楚地看到它的矛盾，不是简单地把当前的工业危机看成是普通的战前那种周期性危机，而是把这种危机看成是美国帝国主义日益增长的困难的反映和更加深刻的危机的预兆。我们看到，不仅在"患病的"工业部门，而且在整个工业中，工资大幅度下降，"提高工作速度"的运动正在开展。我们看到，不仅在采矿工业、纺织工业和缝纫工业（这些所谓美国工业的"薄弱点"）中，而且在汽车工业、肉类包装工业、制鞋工业及许多其他工业部门中，非熟练工人和半熟练工人群众的抵抗精神正在不断高涨。这种论断完全符合实际情况。

佩珀指责说，似乎去年我们就曾认定所有工人都资产阶级化了，而今年又断言他们又全都革命化了。对此我不准备再作答复。比特尔曼同志对这一指责的反击完全正确。少数派一年以前在莫斯科曾说过，熟练工人的上层是美国无产阶级内部资产阶级化了的分子，而广大非熟练工人群众没有发生这种资产阶级化。而现在我们说，在非熟练工人和半熟练工人中，亦即去年我们明确地断定为美国无产阶级中没有资产阶级化的阶层中，出现新的抵抗精神和向左转的倾向。目前，他们正处在资本家的强大攻击之下，这种攻击表现为降低工资、加快工作速度、失业现象增长等。可见，我们的立场并没有任何矛盾。

正是中央委员会的少数派按马克思主义的观点正确地分析和判断了美国当前的形势，这种形势在很多方面都是全新的。正是少数派成了组织未参加工会的群众这个运动中的推动力。我们党在莫斯科可以指出的一个实际成绩是：在开展上述运动期间，采矿工人兴起了规模宏大的斗争。但是，运动期间的政策实际上百分之百都是少数派的同志们制订的。在战斗第一线进行领导和实际贯彻执行这个政策的也是少数派。在很多场合下，采矿工业部门制订富有成效的策略的工作常常遭到中央委员会多数派的反对，在各次发动期间也往往遇到同样的反对。

我想谈谈提纲中肯定共产国际的主要危险来自右的方面的有关内容。这一点就美国党来说特别正确，因此提纲对这一点应特别予以强调。从我上面谈到的关于对美国帝国主义内部矛盾认识不足和由于这种错误判断而产生的错误政策中可以看到，洛夫斯通多数派在制订和实现党的当前任务方面顽固地采取了右的方针。对整个党的工作做一番总的回顾就可以看到，我们存在着根深蒂固的右的倾向。

在工人党问题上，中央委员会多数派一贯犯有右倾。这表现在他们培植和容忍这样一种理论，似乎工人党像多数右派分子所断言的那样，将为无产阶级事业而斗争，甚至为之大开绿灯。这也表现在他们把建立工人政党运动的重心从工业无产阶级转向农场工人，表现在他们违背共产国际与此相反的决议而把农场工人和工人联合在一个政党中，表现在他们企图在组织工人政党时依靠工会官僚机构。

在反帝和反战运动中，正如比特尔曼同志所指出的那样，中央委员会多数派犯了重大的右倾错误。在工会工作方面他们反对提出建立新工会的口号，并且宣称少数派的所有这类意图是想建立双重工会。在这方面行动迟缓，全党都是负有责任的，但是洛夫斯通多数派对此要特别承担责任。在黑人工作方面，多数派的毛病是对这项工作的重要性认识极差。当然，对此仍然是全党都应受到严正的指责。共产国际和农民国际的可贵功绩之一，就是它们终于迫使美国党认识了在黑人群众中开展工作的极端重要性。

在妇女工作方面，多数派着眼于家庭主妇而不是工业中的女工。在合作事业方面，他们犯了严重的机会主义错误，使我们在纽约的全部合作事业计划目前面临彻底失败的危险，这可能引起公开的闹剧，并对全党产生致命的影响。在统一战线问题上多数派暴露出一种更多着眼于自由党人和进步党人而不是着眼于工人和左派的严重倾向。

此外，我们中央委员会的多数派在对待社会党问题上也采取了错误的立场。这特别表现在支持潘肯在纽约的候选人资格方面。对此坎农同志等人已经作了说明。

由于对美国帝国主义作了总的错误分析而在党的实际工作中表现出来的所有这些倾向，构成了我们中央委员会多数派的一定程度的右倾错误。

佩珀同志在他的讲话中宣称中央的多数派为反对右翼进行了斗争。他举出4年前提出的选举纲领作证，不过佩珀同志忘记说明这个纲领是鲁滕贝格同志拟定并向中央委员会提出的，而且这个纲领是中央委员会一致通过的。既然佩珀同志愿意退回到4年前去寻找右的错误，那么我想不如提请他注意当时所犯的更加严重的右的错误，那就是第三次美国革命理论。（鼓掌）这种理论认为，美国的小资产阶级势力在拉福莱特的领导下能够战胜大资产阶级。

佩珀同志在讲话中用了50分钟时间说明同左派的斗争，用了2分钟时间讲同右派的斗争。这一点正是中央委员会整个路线的典型表现。他们并没有同右派作任何斗争，因为他们确信危险来自左方。当我们坚持必须建立新的工会时，他们斥责我们是左派分子和双重工会的支持者。当我们同潘肯进行斗争并反对一切同社会党勾结的错误做法时，他们也宣称这是"左"倾。当我在中央委员会宣称共产国际致法国党和英国党关于加强同工党及左派联盟斗争的信对于美国的局势也适用时，他们嘲笑这种说法，认为这是把仅仅适用于欧洲的政策机械地搬到美国来。

他们是怎样同右翼作斗争的呢？这一点在我们党中央最近一次全体会议上暴露得十分清楚。当我们试图极其和缓地谴责缝纫工业中洛夫斯通一类机会主义首领时，我们当即被打得头破血流，攻击的全部力量都指向我们。他们一贯歪曲我们的立场。例如，佩珀就曾断言，我曾把比特尔曼关于宣告煤矿工人罢工失败的建议称做为工贼政策。实际上我说的是，这种做法在我看来是错误的，可能使我们被指责为工贼。洛夫斯通集团没有同右翼进行过任何斗争。它本身就是右翼。

温斯通同志指责我们说，我们反对中央委员会的做法是无原则行为，中央委员会的所有错误我们都有分。事实并非如此。确实，少数派犯有和参与了某些右的错误，正如犯有和参与了某些"左"的错误一样，如给社会党的公开信、对黑人工作重视不够，等等。但是，他们的总的政治路线要比中央委员会多数派的路线正确得多。

我们反对洛夫斯通关于美国帝国主义的国际作用的错误观念。我们坚决反对对当前的工业危机和无产阶级战斗精神不断高涨估计不足。我们反对同潘肯勾勾搭搭。在我们政治局中，我们——比特尔曼同志、坎农和我——一再发言和投票反对同潘肯勾搭，这种勾搭表现为支持那个也得到共和党和纽约大资产阶级报纸支持的社会党候选人。而在这个问题上我们不仅反对多数派，而且也反对维护上述勾搭行径的共产国际代表。

我们坚持不懈地反对合作社中、缝纫工业中、妇女工作中的机会主义，而在这场斗争中我们一直遇到来自洛夫斯通集团的顽强抵抗。洛夫斯通集团的策略比我们的策略要多得多。我们的策略尽管偶尔出现错误，但基本上是共产国际的策略。这正不断得到事实的证明。

洛夫斯通同志会向大家说，还在不久以前——在我们的二月全会上，我们过分缩小了我们党内的政治分歧，因此我们现在不应该对中央委员会提出指责，说成是机会主义。

　　毫无疑问，在二月全会上我们犯了错误，没有十分尖锐地把不断增长的政治分歧暴露出来。部分原因在于这些分歧还没有成熟到能令人清楚地认识它们的程度，另一部分原因是因为我们希望结束旷日持久的派别斗争。我们本来是应该以个别提纲的形式对洛夫斯通的提纲提出修改，以改变整个路线的。其次，我们当时是应当展开反对洛夫斯通集团的斗争的，因为他们的策略不正确，而我们的策略是正确的。

　　最近几年来，我们一直处于目前中央委员会多数派的反对派地位，反对他们的错误。他们的错误主要在于极端不重视工会工作和在工人党问题上采用错误的政策。但是，只是在最近几个月里，随着领导权转入洛夫斯通同志手中和美国的形势发生了变化，这个集团的右倾性质才彻底暴露出来。

　　斯大林同志1926年1月在共产国际执行委员会上发表讲话时曾谈到右的和极"左"的危险。他说：当客观局势使革命发展的速度由较慢转入较快时，威胁特别大的是右的危险。美国的局势正是如此。目前，我们正从相对平静的时期转向斗争更加激烈的时期，而洛夫斯通集团无法理解这一点因而也不能采取加强进攻的办法来迎接这个时期。

　　正是在当前这个转折时期，洛夫斯通集团最明显地暴露出他们的右倾性质。洛夫斯通集团不能理解新形势的意义，因此无法加强向资本主义的进攻。他们对工业萧条现象的规模和后果估计不足；他们无法理解群众日益增长的抵抗精神。他们不能根据这种前景给党提出更加积极地进行斗争的新方针。这些都证明了他们严重的右倾性质。

　　5月16日，共产国际曾经给美国党发出一封信。这封信纠正了中央委员会整整半打严重错误。所有这些错误都是右倾性质的错误。这封信清楚地证明，洛夫斯通多数派顽固地采取了背离共产国际路线而向右转的方针。现在，共产国际应当不局限于只提出这封信中的那些批评意见。它应当十分明确地承认洛夫斯通集团肯定实行了右的方针，并采取果断措施纠正它的路线。

　　尽管现在的中央委员会多数派执行了右倾的政策，我们党在对群众发挥领导作用方面还是取得了很大的成就。但是，如果有正确的政策，党就能取得更加大得多的成绩。客观形势对我们越来越有利了。群众在客观条件的强大压力下开始觉醒。但是，只有取消目前的右倾方针，我们才能充分运用现有的条件。

　　为了实现我们面临的巨大任务，党的统一是绝对必须的。但是，有一些同志的看法是错误的，他们认为只要在党内的政治分歧之间搭上一座桥，就能人为地达成统一。我们党的统一取决于中央委员会多数派的政策正确与否，取决于能否对党的领导机关进行相应的改组。那时党就有充分的准备，能够向前迈进，并顺利实现它作为美国无产阶级先锋队所面临的伟大任务。

东巴尔（农民国际共产党党团）：

　　我只想谈一个问题，就是农民工作。应当承认，布哈林同志在其报告中提出的批评以及某些代表的发言都提到了这项工作的重要性，也指出了农民国际必须加强自己的工作。对于我们农民国际共产党党团的工作人员来说，看到人们明了农民工作应当受到极度注意，心中是非常高兴的。但是，在提纲中只谈到要加强农民国际的工作，而对农民运动面临的任务却只字未提。

　　我想简要地描述一下农村的局势。资本主义的稳定在农业领域也表现了出来。这种局面一方面造成了现有制度的暂时稳固性，一方面也使阶级矛盾激化，为农民革命运动的新高涨创造了前提。

　　资本主义稳定年代的特点是，金融资本大大发展并日益控制农业。银行资本、辛迪加、卡特尔和托拉斯越来越控制着农业领域的销售和供给。农业的结构正在发生变化。农业实行工业化主义的方针日益加强，销售领域卡特尔化的趋势，如国家粮食贸易公司（Reichsgetreidehandelsgesellschaft）、加拿大小麦联营公司等，以及生产领域的托拉斯化的趋势，正在不断增长。此外，以粮食垄断等形式出现的国家进行干预的倾向也在加强。在发达资本主义国家，资本主义企业和大农业越来越和整个资本主义体系融合在一起，而小农和部分中等农民的处境则日益恶化，它们越来越难以同生产效能更高的大农业相竞争。

贫农和中农负担着赋税中极不相称的很大一部分，而它们从信贷和合作事业等方面所得却微不足道。伴随着资本主义发展而来的是农民的分化不断加剧，其结果是农业无产阶级和向他们靠拢的贫农逐渐联合，中农越来越不稳定。在存在封建农奴关系残余的国家中，特别是在殖民地和半殖民地国家中，由于金融资本进入农业领域，由于帝国主义势力的加强以及资本主义的普遍发展，现在的农村生活结构迅速崩溃。各地的土地租售价格普遍上升，租赁条件日益恶劣。在许多国家，特别是在殖民地国家，土地占有者开始大量地驱赶佃户离开土地（如印度就是如此）。在不少国家，资本主义的发展引起了现有土地关系的破坏，特别是引起了村社土地所有制的破坏（如北非、印度尼西亚等）。这些国家的资本主义的发展大大激化了农村的阶级斗争。这些国家的资本主义越发展，农民就越趋向于革命。

随着资本主义的发展，土地法也要适应资本主义发展的要求。帝国主义大战后在不少国家开始进行的土地改革，不但未能解决农村中的基本矛盾，未能从议事日程上把农民革命的任务取消，反而破坏了现有的土地关系。这种改革大都有利于富农经济的发展。

归根到底，这类改革使小农的处境恶化，造成越来越多的农民对现状不满。

最近以来，在印度尼西亚、印度（通过皇家委员会的工作）这样一些国家，以及一定程度在日本（实行租佃法）和北非等地，土地改革正在准备之中或者已在进行。这类改革的方针大体上与 1905 年革命后沙皇政府实行的所谓斯托雷平改革的方针相同。着重发展富裕农民、巩固对土地的私有制而使贫农走向赤贫化和无产阶级化，这些做法必然加速新的革命爆发。

农村上层分子同金融资本及帝国主义在经济上的融合，必然同时造成发达资本主义国家和保留有封建关系残余的农业国的农村政治反动势力的加强。这一过程表现为富农组织向右转的趋向（波罗的海沿岸国家、波兰、罗马尼亚、巴尔干半岛国家）。在农业向上发展的基础上，法西斯主义往往能够带动中等农民跟着它走，同时摧毁和用法西斯手段镇压左翼农民运动（波兰）。

资本主义的稳定也反映在美国农民的向右转方面，反映在法国和德国的左派组织在最近的选举中失去了农民的选票，等等。

这一切给左翼运动的发展造成客观的困难，但是与此同时，在资本主义稳定基础上矛盾的普遍增长，特别是农业无产阶级人数的增加，以及小农和部分中农处境的恶化（其背景是金融资本和帝国主义的发展），也为农村革命运动的发展创造了条件。

在殖民地和半殖民地国家中，中国的农民革命运动和原先一样具有巨大的意义。中国农民革命运动的任务并没有解决。各地的农民运动虽然屡遭挫折，但仍在前进，印度和印度尼西亚这类国家的农民斗争正不断激化。在中美洲和南美洲，农民参加斗争的人数越来越多。除了早已在进行革命斗争的墨西哥农民以外，玻利维亚和中美洲、南美洲其他国家的农民也正在投入斗争。由于那里的农民革命运动是同美国帝国主义作斗争，因而具有特别重大的国际意义。

同志们，关于农民国际及其工作的问题，是与整个农民和农民运动问题直接相关的。农民国际工作中遇到的困难，除了其他原因以外，在很大程度上是因为世界农民运动的发展面临着一系列困难。对农民国际采取取消主义态度，就是对革命的农民运动采取取消主义态度。

托洛茨基反对派正是由于不理解农民在不同国家革命发展不同阶段的作用，所以对无产阶级领导农民的能力估计不足，对农民国际的活动采取了取消主义态度。这绝不是偶然的。农民国际的基础是革命的农民运动。否认农民国际的作用，看不到它的工作的基础，必不可免地要否认农民革命运动的作用和意义。

农民国际应当成为党外的群众性农民政治组织，其任务是在工人阶级和农民结成联盟的基础上组织农民群众参加革命斗争。柯拉罗夫同志在其发言中强调指出这一点是完全正确的。毫无疑问，他的主张总的说来是正确的，在这方面也必须采取相应的措施把农民国际变成为群众性的农民组织。参加农民国际的各个农民组织，在革命前是团结和组织农民群众的机关，在革命到来之时则应转变为农民协会或成为它们的组织核心。根据各国的不同条件，农民协会应当同工会一起或者成为无产阶级和农民革命民主专政的机关，或者和现在苏联的村苏维埃一样，成为无产阶级专政的机关。这就是我们农民国际发展的前景。

这就是说，参加农民国际的农民组织应当和职工大会、青年组织等一样成为共产党的纽带，共产党通过它们来实现对群众的领导。不妨提醒一句，列宁就十分重视农民组织。例如1905年革命期间，列宁就曾认为当时处在自由党人和小资产阶级知识分子手中的农民协会具有巨大的意义。1917年时，列宁对于掌握在右派社会革命党人手中的农民苏维埃的活动也极为重视。列宁把农民组织看做为团结农民群众的机关，看做为自下而上地没有衙门作风地组织农民的手段。他号召全党以最大的决心在农民组织中开展工作，这是正确无误的。我们党果然从富农政党的领导下把农民组织争取了过来，并通过它们带领农民跟随自己前进。不妨回忆一下，1917年农民苏维埃转到革命方面来的情况。

只有不理解农民组织（甚至包括处于资产阶级和富农领导下的农民

组织）的重大作用，才会因为农民国际在南斯拉夫斯特凡·拉迪奇的党内和在处于异己势力领导下的其他农民组织内开展工作而批评农民国际。

主要的任务是发展农民国际及其所属组织，使其成为真正的党外群众性的农民组织，成为共产党和广大农民群众之间的纽带。

这就是说，共产党党团在农民国际和农民组织中的工作应当成为各国共产党开展农民工作的一种特殊形式，应当有别于党组织自身的工作，特别是乡村基层支部的工作。

当然，共产党党团在农民国际及其所属各组织中的工作应当同共产国际及其各支部的工作协调一致，但是主要的是，共产党党团不应当取代整个农民国际和农民组织。

国际执行委员会的土地委员会（其基本核心应由农民国际共产党党团工作人员组成）应当关注共产国际各支部执行土地政策的情况。

农民国际进一步开展工作的基本任务是：吸收真正非党农民活动家和农民积极分子参加农民国际的工作，从仅仅执行宣传鼓动任务转向建立和加强同当地农民组织的直接组织联系并扩大这种联系。

在当前情况下，我应当说：必须规定农民国际要有重要国家非党农民的代表，而各重要的国家中要有农民国际的代表。应当建立起若干组织方面的据点。鉴于存在新的帝国主义战争的危险，这样做就更加必要了。现在就必须在各个国家召开一系列农民代表会议，并筹备农民国际代表大会。农民国际已经5年没有召开代表大会了。此外，还应当举行一些主要共产党农村工作领导人的会议。与此同时，必须采取措施加强农民国际的非党性质，不过也要同时加强农民国际的共产党党团。还必须给国际农业研究所增加学术力量。同时也必须贯彻执行共产国际执行委员会第五次全会关于在群众性农民组织中开展工作促使其参加农民国际和关于建立新的农民组织的指示。尽管困难重重，力量不足，而且开始时缺乏现成的基干工作人员，农民国际的共产党党团还是完成了相当大量的工作，不断为把农民国际转变为群众性的农民组织创造条件，目前农民国际正在实现这种向群众性农民组织的转变。

这些就是建立和发展农民国际的党外组织的前提条件。不妨回忆一下，在建立农民国际时，除了联共（布）党以外，在其他党内既没有农业委员会也没有农村工作部，只有波兰共产党和德国共产党各有一个还是同工会工作部联合在一起的农村工作部。如今，差不多所有各国的党都在我们的协助之下建起了农业委员会或农村工作部。现在我们正在帮助许多党纠正自己的错误，并在农民群众中开展实际工作。

至于在农民中开展群众工作方面，我们在下列国家已经建立了支部：波兰、德国、保加利亚、法国、意大利、墨西哥、瑞典、挪威、美国、捷克斯洛伐克、菲律宾、印度尼西亚、印度。此外，我们还在不少国家形成了左派。需要说明的是，我们的一些支部被法西斯恐怖手段所摧毁。总的说来，各支部的力量都很薄弱。它们人数不多，但是正在成为沿群众组织方向进一步发展的基础。

至于非党农民积极分子骨干，那么在不少国家已经形成。

应当承认，组织工作十分薄弱，必须加强。

至于宣传鼓动工作，除了共产党的农民报纸外，办起非党农民报纸的已有以下国家：德国、法国、波兰、希腊、保加利亚、瑞典、挪威、美国，等等。固然，这些报纸的发行量并不大，但在有几个国家达到了16000份。作为农民报纸，这样的发行量已经相当可观了。此外，我们在最近期间还出版了若干有关选举运动的小册子，若干有关苏联问题的小册子，出版了一本《苏联农村》图片集。这本图片集已售出80％。谈到我们在其他方面的成绩，还可以提到我们已在这段时间内建成了自己的学术基地——国际农业研究所。这个所的工作日益开展，值得所有各国共产党予以关注。

下面谈谈我们工作中的弱点。我们的主要弱点是群众工作做得很不够，在这方面必须采取果断措施。农民青年工作至今还是空白，在这方面也必须坚决改变现状。

共产国际的个别工作人员以及在各国共产党内，对于农民国际的地位和它在不同国家（如：（1）没有共产党的国家；（2）共产党力量薄弱的国家；（3）共产党力量强大的国家）应完成的任务，没有明确的认识，态度不正常。这种状况必须克服。

再谈谈农民国际的工作方法。农民国际在自己的工作中必须以具体情况，而首先必须以不同国家乃至不同地区的局部要求为出发点。它的工作应当根据各国乃至各个地区的不同条件而有所变化。例如，在南斯拉夫就不能规定一般性的工作计划，因为不同地区应有各自不同的计划。认为在发生农民革命的国家以及一切已爆发农民群众的直接革命斗争的国家（如中国等）农民国际不应开展工作的观点是错误的。必须弄清直接的党的工作和与之平行的非党群众工作的问题。应当坚决地着手把农民国际改变为非党的群众性组织。我在这里表示欢迎柯拉罗夫同志的建议，不过不能同意他的一个提法，即农民国际应当用一种非共产党的办法对待群众，应当采用自己的非共产党的语言，等等。农民国际开展的活动实质上当然应该是布尔什维主义的、共产主义的活动，不过要使这种活动适应农民工作的特殊条件。

至于各个国家的工作状况，我只谈谈几个国家的共产党，并举出若干事例来说明农民工作薄弱到何种程度。先说波兰，这个国家过去和现在都被认为是开展农村工作的典范。这个国家存在的缺点说明，那里并非一切都很顺利。我必须指出，波兰工作的弱点是由于工作主要在宣传鼓动方面，而不是在直接行动方面，而且还出现了一种从实用主义出发阉割革命口号的倾向，如试图取消"土地不付赎金"的口号而代之以"以低廉价格获取土地"的口号，以及要求公正地整理土地，等等。

在独立农民党和村社大会党被摧毁之后，我们没有采用新的群众工作方式，而是在原地踏步不前，抱着旧的工作方式不放，没有认真地考虑到法西斯在农村的工作方法（夺占合作组织，在各县设置军事督导员以组织法西斯团体"射手团"等）。

存在着一种不善于区分合法的农民工作与地下的共产党的工作的现象。而这又导致另一种倾向，即把农民组织看做为共产党的"代理机构"，某些同志甚至试图在农村工作中用农民党来代替共产党。

在地方自治工作中对于合作经济组织也重视不够。注意力几乎只集中于对农民进行政治动员，而且始终未曾努力建立一个在农民经济组织中开展工作的主要基地。因此，在激进的农民组织被摧毁后，我们几乎就悬挂在半空中了。在选举期间，城市无产阶级和农民之间缺乏联系。共产党在农业工人中几乎毫无影响，而农业工人却是在农村开展工作的基础。人们感觉到对工作缺乏经常性的指导。波兰社会党的影响大大加强，其原因就在于我们的农村工作十分薄弱。法西斯在农村的势力也在不断巩固。

所有这一切都要求我们认真关注波兰共产党的农村工作。为了描述近期以来这项工作的状况，我要引用一封信，把其中一段读一下，因为这封信说明工作近来的确没有进展。这是农村工作部一个成员写来的。他写道：

"每一个县都有一名中士和两名下士长期留驻。工作很不顺利。但是愿意参加'射手团'组织的人日益增多，因为游逛嬉戏能吸引每一个人。我们对此能抗衡的程度甚至不及5%。独立农民党（处于地下）活动期间的农村工作同现在相比真是黄金时代。农村存在激进的情绪，而且有所加强，不过这不是我们工作的结果。这纯粹是过去工作的结果，是选举产生的结果，也是农村悲惨的经济状况造成的。

我们只是在形式上存在，有的无非是谁也不需要的统计资料。我在这里也好，我不在这里也好，反正都毫无进展。也感觉不到有人注意到这一点。原因很清楚：因为存在党内斗争。这种状况必须改变。今天谁也无权借口农村工作困难而回避工作。今天门是打开着的。"

同志们，这一呼声告诉我们，必须认真关注波兰共产党的农村工作。

至于德国，应当说领导机构对于农民问题关心很少。在选举期间也出现过一些值得注意的现象。我想，当时有人提出工农政府的口号以及对这个口号的理解都不过是把它当做一种皆大欢喜的口号，而当必须将这个口号具体贯彻的时候就把它忘记了。选举之后，在一部分农民中，甚至在农民共产党员中，出现了强烈的不满情绪。他们因为选举时农民候选人被放在最后并且均未当选而感到屈辱。

我想，我们不应当向农民许诺我们无法做到的事。共产国际应当注意到这一点。不应使工农联盟问题受到威胁，不应增加农民群众的不满情绪。

谈到法国的工作，可以说经过4年之后到今天我们才得以说服法国同志把农民协会建成群众性组织。我们希望，这项工作能够做好，也希望法国共产党能够支持我们。

至于捷克斯洛伐克，我应当说，在这个农业资产阶级当政的国家共产党迄今还没有在农村大力开展工作。应当说，那里的领导机构对这项工作的看法是完全不正常的。在一次会议期间，一名工作人员说，他不能在农村工作，因为他怕被指控为反对派。也有像另一个同志那样地"解释"说，党未进行农村工作，是因为"忙于实现布尔什维克化"。

至于民族地区的工作，我们的缺点就更多了，特别是在乌克兰的喀尔巴阡山一带，那里迄今为止还没有把工作整顿好。不过既然指出了错误，那么也应该谈谈工作中的长处。我们在兹沃伦区建立了一个团结委员会，除了共产党人外，参加的有农民党党员、改良主义者和教权主义者，领导权则掌握在共产党人手中。不过应当指出，在党这样做以前，农民坚持提出这种要求已经有很长一段时间了。迄今为止，这项工作在其他区还没有开展。因此，除温文尔雅的恭维话之外，应当向共产党指出，它必须开展自己的工作。

在奥地利，值得注意的是：在1927年内，当人们纷纷讨论土地税和举行群众性示威游行的时候，共产党的中央机关刊物《红旗》尽管对什么事情都发表看法，但对土地问题几乎一字不提。这家报纸不停地转载各种各样的苏联诗歌、民谣等，却不给严肃重要的农民工作让出一席之地。同样，当现在围绕农业工人保险问题展开斗争的时候，我们看到《红旗》采取的也是这种态度。这时，《红旗》又一次保持沉默。应当指出，总的来说，不仅仅只是奥地利一国的共产党报刊很少阐述农村工作。

至于罗马尼亚，在这里应当指出，那里农民的革命化转变正在不断加强，农民运动正在呈现明显的巨大高潮。这次高潮不是一下子就来到的，它是从群众集会开始而逐渐发展起来的。今年3月，在有15万多农民参加的在阿尔巴尤利亚召开的代表大会之前，在布加勒斯特举行过一次有6万农民聚集的农民大会。但是，共产党竟没有注意到这一点，于是农民的运动也就不理会共产党。不仅如此，当前，当民族主义的农民党对议会进行抵制并试图召开自己的议会时，还在说这只不过是资产阶级的两个派别在斗争，这样就要在罗马尼亚重复1923年保加利亚的错误。因此，对罗马尼亚共产党必须认真加以注意。共产国际必须对罗马尼亚共产党施加影响，使其改进农民工作。

现在再谈谈南斯拉夫的形势。那里农民运动正在掀起一个大高潮。高潮正在原先的塞尔维亚兴起。那里的运动第一次具有了群众性，并且指向执政的资产阶级。普列昌出现了大规模的农民运动，克罗地亚、伏伊伏丁那和原先奥匈的其他区正在兴起具有民族色彩的运动。拉迪奇和法西斯资产阶级，以及普里比切维奇等，都在利用这个运动，而共产党虽有许多同志在搞农民运动，却只开展了一些很微弱的、不经常的工作。那里也做过一些努力，试图通过农民国际中的共产党党团来加强这项工作。应当加强共产党的领导机构，组织起相应的农业委员会，使我们不至于落在塞尔维亚"土地派"和普列昌地区拉迪奇的屁股后面。

希腊的运动刚刚才开始。同志们只是最近在农民国际的协助下才开始着手工作，已经取得一些成绩。只要工作做得正确，就有可能在党的领导下把农民协会组织起来。不过迄今为止，马其顿逃亡农民的工作还未做好，去年和今年的逃亡农民代表大会几乎都没有我们参与。

至于保加利亚，应当说保加利亚共产党在农民中开展了广泛的活动。不过那里也有一些不足，如这个国家的党在对待非党农民工作干部的态度上就出现过发号施令的做法。

至于殖民地国家和东方，就东方而言，我们的主要任务是：

同那些参加民族运动，团结较多农民群众，还处于资产阶级和小资产阶级民族主义分子强烈影响下的那些农民组织建立联系。

这一点涉及多数东方国家。在朝鲜、印度、菲律宾，以及部分地区包括印度尼西亚，许多农民群众还站在资产阶级和小资产阶级的旗帜之下。几乎在所有这些国家中，我们已经同当地的农民组织建立了联系，获得了它们的一定支持，并拟订了它们的工作计划。这些组织力量很弱，对农民斗争的目的认识得也不明确。那里我们遇到的困难很大。其原因首先在于共产党力量薄弱或没有共产党存在（如菲律宾），而共产党本应成为农民国际在活动中的支柱。不管怎样，农民国际在这些国家中已经打下了工作的基础。

在其他殖民地和半殖民地国家，如埃及、波斯、土耳其，情况要差一些。那些国家还没有农民组织，人数不多的共产党刚刚着手开展农民工作。关于农民国际在这些国家的工作问题现在才提出来。在某些国家，如埃及，不得不确立利用民族运动左翼派别的方针。而在土耳其和波斯则相反，只有在共产党的直接领导之下，组织农民的工作才能顺利进行。

农民国际在中国的工作是一个特殊问题。这个国家的强大的农民运动完全是在光荣的中国共产党的思想领导和组织领导下进行的。在对待东方工作问题上，存在着某些影响农民国际工作的倾向。这一点必须指出，并应坚决克服。我不准备详细介绍这方面的全部情况，不过这确实是我们同开展大规模农民运动的国家联系很差的原因之一。应当指出，在完成这一任务时，农民国际共产党党团得不到共产国际东方部的足够关注。目前，由于国民党政权获得暂时稳定的前景并未排除，建立中国农民斗争合法形式的问题就提出来了。在新的革命高潮来到之前，中国的农民运动由于没有与游击战争汇合在一起而被迫转入地下。这就大大地妨碍了动员农民群众，妨碍了农民工作。在我们看来，建立合法的农民组织，即使以农民的局部要求为基础，也能够帮助我们保存干部，以及重新整顿被驱散的农民协会和使它们做好参加未来战斗的准备。

我的发言即将结束。我必须说明，整个说来我同意柯拉罗夫同志的发言，只不过正如我已经指出那样，不应该采用这样的提法，即农民国际应该按自己特有的方法工作，不用共产党的方法。我也不同意他的这样的一种错误观点，似乎巴尔干国家的中农全部都站在资产阶级一边。不过总的说来，柯拉罗夫同志正确地指出了农民国际不应当成为共产国际的质量低劣的翻版。农民国际应当是一个独立的组织，它应当形成自己特有的工作方法。柯拉罗夫同志的这个建议应予接受并使之实现。

至于凯梅尼同志提出的应该把农民党看做是进行农民工作的唯一的和最重要的工作形式，以及应该对共产国际执行委员会第五次全会决议加以修订的建议，我认为这个观点是不正确的。他十分狭隘地看待这个问题，并且认为农民国际指出在农民运动中有更好的工作方式是犯了错误。组织这样的党，并且主动承担这件事，并不是我们的任务。我想，波兰的例子说明，那不是开展农民工作的最好方式。我们应当采用各种形式，例如建立团结委员会等，但不需要对第五次执行委员会扩大会议的决议作任何修改，需要的是贯彻执行这些决议，而现在并没有这样做。

我同意戈尔斯基或许稍有夸大的说法：我们的每一次代表大会都就农民问题作出决议，但可惜的是这些决议一直是纸上谈兵。一般说来，在所有的代表大会上，也许今天是例外，但通常并不例外，讨论农民问题总是在人们已经拿了皮箱准备启程的时候，总是在人们都很疲劳，都像现在这样打瞌睡的时候。（笑声）我想，这种状况应该改变。戈尔斯基同志基本上是正确的，这方面应有改进。

至于对提纲的更加详尽的建议，农民国际共产党党团将以书面形式提出。必须说明，农民国际共产党党团自然需要全面的支持，我们感谢柯拉罗夫同志，因为他击中了我们工作最薄弱的地方，也就是党外群众工作这个弱点。正是在这方面应当采取相应的措施。

最后，我必须说明，目前富农的活动确实正在加强，社会民主党的影响正在增长，他们在农村加紧活动，法西斯主义也在不少国家的农村取得了胜利（这在很大程度上是由于暂时的客观条件所致，但在一定程度上也是因为我们没有学会在农村开展实际工作，我们的领导机构对此没有给予应有的重视），资产阶级和地主正在大力开展争取农民的斗争。在这种情况下，代表大会必须认真讨论我们的农民工作的状况。我们的决议确实不错，但实际上我们的工作却很差。必须加强工作，特别是因为我们现在正面临战争的危险，而这恰是决定我们全部工作的中心因素。在未来的战争中农民将起重大作用。因此，在小结我们的工作时，除了指出赤色农民国际及其各支部今后的工作方向及如何改组为群众性组织以外，我们还要使同志们认识到必须加强在农民中、在农业工人中，特别是青年农民中的工作。我们认为，这次代表大会必将推动这方面的工作。我以为有必要再一次指出，必须召集参加代表大会的个别重要的党的领导人就此举行专门的会议，因为情况紧急，迫使我们要敲一敲警钟。我认为我们不会张皇失措，不会走上托洛茨基反对派的取消主义道路，但是我们必须讨论如何清除我们工作中的障碍，讨论如何改进赤色农民国际今后的工作，因为面对战争危险，赤色农民国际将要起重大的作用。我们必须采取一切实际措施加强赤色农民国际的工作，据此必须加强各国共产党在农村的实际工作，因为各国共产党是进一步开展群众工作的基础，它们必定会在最近期间在农村起到决定性的作用。（鼓掌）

（会议休会）

图书在版编目（CIP）数据

共产国际第六次代表大会文献（1）／戴隆斌主编.
— 北京：中央编译出版社，2013.12（2019.8 重印）
（国际共产主义运动历史文献／王学东主编；45）
ISBN 978 - 7 - 5117 - 1950 - 8

Ⅰ. ①共…
Ⅱ. ①戴…
Ⅲ. ①共产国际 - 代表会议 - 会议文献
Ⅳ. ①D165
中国版本图书馆 CIP 数据核字（2013）第 290360 号

共产国际第六次代表大会文献（1）

出 版 人：刘明清
出版统筹：薛晓源
责任编辑：李媛媛
责任印制：尹　珺
出版发行：中央编译出版社
地　　址：北京西城区车公庄大街乙 5 号鸿儒大厦 B 座（100044）
电　　话：(010) 52612345（总编室）　　　　　(010) 52612335（编辑室）
　　　　　(010) 52612316（发行部）　　　　　(010) 52612346（馆配部）
传　　真：(010) 66515838
经　　销：全国新华书店
印　　刷：北京环球画中画印刷有限公司
开　　本：710 毫米 × 1000 毫米　1/16
字　　数：499 千字
印　　张：38.25
版　　次：2013 年 12 月第 1 版
印　　次：2019 年 8 月第 2 次印刷
定　　价：220.00 元

网　　址：www.cctphome.com　　　　邮　　箱：cctp@ cctphome.com
新浪微博：@ 中央编译出版社　　　　微　　信：中央编译出版社 (ID: cctphome)
淘宝店铺：中央编译出版社直销店 (http://shop108367160.taobao.com)
　　　　　(010)55626985

本社常年法律顾问：北京市吴栾赵阎律师事务所律师　闫军　梁勤
凡有印装质量问题，本社负责调换，电话：(010) 55626985